民法典法律适用与案例指引系列

总主编　李永军

民法典合同编
法律适用与案例指引

主　编　李永军

副主编　席志国　郑永宽　陈汉

中国民主法制出版社

图书在版编目（CIP）数据

民法典合同编法律适用与案例指引/李永军主编；
席志国，郑永宽，陈汉副主编 . —北京：中国民主法制
出版社，2022.3

（民法典法律适用与案例指引系列）

ISBN 978-7-5162-2338-3

Ⅰ.①民… Ⅱ.①李… ②席… ③郑… ④陈… Ⅲ.
①合同法—法律适用—中国 Ⅳ.①D923.65

中国版本图书馆 CIP 数据核字（2022）第 058414 号

图书出品人：刘海涛
出 版 统 筹：乔先彪
责 任 编 辑：乔先彪 逯卫光

书名/民法典合同编法律适用与案例指引
作者/李永军 主 编
      席志国 郑永宽 陈 汉 副主编

出版·发行/中国民主法制出版社
地址/北京市丰台区右安门外玉林里 7 号（100069）
电话/（010）63055259（总编室）   63058068 63057714（营销中心）
传真/（010）63055259
http：// www.npcpub.com
E-mail：mzfz@npcpub.com
经销/新华书店
开本/16 开   710 毫米×1000 毫米
印张/40.75 字数/612 千字
版本/2022 年 5 月第 1 版 2022 年 5 月第 1 次印刷
印刷/三河市宏图印务有限公司

书号/ISBN 978-7-5162-2338-3
定价/158.00 元
出版声明/版权所有，侵权必究。

本书编委会

主　　任　李永军

副　主　任　席志国　郑永宽　陈　汉

编委会成员（按姓名拼音排序）

　　　　　陈　汉　韩新磊　李大何　李伟平

　　　　　李遐桢　李永军　刘志军　苏紫衡

　　　　　王伟伟　席志国　辛巧巧　于程远

　　　　　张兰兰　张亦衡　甄增水　郑永宽

撰　稿　人（以撰写章节先后为序）

　　　　　李大何：第一章至第八章

　　　　　甄增水：第九章至第十二章、第十八章

　　　　　王伟伟：第十三章

　　　　　席志国：第十四章、第十六章

　　　　　韩新磊：第十五章、第二十七章至第二十九章

　　　　　辛巧巧：第二十章至第二十二章

　　　　　张兰兰：第二十三章至第二十六章

作者简介

李永军　法学博士，中国政法大学二级教授、博士生导师，中国法学会民法学研究会副会长，中国法学会民法典编纂领导小组成员。国家社科基金重大项目"民法典编纂的内部与外部体系研究"（项目号 18ZDA141）首席专家；主持国家社科基金重点项目"民法典分则立法的内在与外在体系研究"。代表著作有：《民法总论》《民法总则》《合同法》《自然之债论纲——源流、规范体系与效力》《民事权利体系研究》《海域使用权研究》《破产法律制度》《破产重整制度研究》《合同法原理》《票据法原理与实务》。代表性论文有：《我国民法上真的不存在物权行为吗?》《契约效力的根源及其正当化说明理论》《我国合同法是否需要独立的预期违约制度——对我国正在起草的合同法草案增加英美法预期违约制度的质疑》《重申破产法的私法精神》《私法中的人文主义及其衰落》《论商法的传统与理性基础——历史传统与形式理性对民商分立的影响》《民法上的人及其理性基础》《物权与债权的二元划分对民法内在与外在体系的影响》《论债的科学性与统一性》《论债法中本土化概念对统一的债法救济体系之影响》《集体经济组织法人的历史变迁与法律结构》《民法典编纂中的权利体系及其梳理》《物权的本质属性究竟是什么?——〈物权法〉第 2 条的法教义学解读》《论我国民法典中无因管理的规范空间》《论民法典"合同编"与"总则编"和"物权编"的体系关联》《民法典侵权责任编的内在与外在体系》《婚姻属性的民法典体系解释》《民法典物权编的外在体系评析——论物权编外在体系的自洽性》《对我国〈民法典〉上"民事责任"的体系化考察》。

席志国 法学博士，中国政法大学民商经济法学院教授。兼任中国法学会民法学研究会理事、北京市物权法研究会理事。代表性著作有《中国物权法论》等；代表性论文有《论德国民法上的所有人占有人关系——兼评我国〈民法典〉第459—461条之规定》《民法典编纂视野下的动产担保物权效力优先体系再构建——兼评〈民法典各分编（草案）二审稿〉第205—207条》等。

郑永宽 法学博士，厦门大学法学院教授，兼任中国法学会民法学研究会理事，福建省法学会民商法学研究会副会长。代表性著作有《人格权的价值与体系研究》等；代表性论文有《医疗损害赔偿中原因力减责的法理及适用》等。

甄增水 法学博士，华北电力大学法政系教授，硕士生导师。代表性著作有《民法中的善意》等；代表性论文有《双轨制：我国善意取得制度设计的应然路径——兼析〈中华人民共和国物权法〉第106条》等。

李遐桢 法学博士，中国矿业大学（北京）文法学院教授、硕士生导师。代表性著作有《我国地役权法律制度研究》等；代表性论文有《无权处分他人之物转让合同效力的展开》等。

陈 汉 法学博士，中国政法大学民商经济法学院副教授、硕士生导师。兼任中国法学会婚姻家庭法学研究会副秘书长，北京市债法研究会常务理事。研究方向为传统家事法、家事法与其他法律的交叉问题。

于程远 法学博士，中国政法大学民商经济法学院副教授、硕士生导师。代表性论文有《论法律行为定性中的"名"与"实"》《论先合同信息风险分配的体系表达》《民法上目的性限缩的正当性基础与边界》《〈民法典〉时代家庭契约的效力审查体系》等。

李大何 法学博士，最高人民法院民二庭法官助理。代表性论文有《论附随义务及其救济方式》《未来民法典中人格权财产利益的保护模式》等。

刘志军 法学博士，华北电力大学法政系副教授。代表性著作有《民法精要：原理新述·真题精解·判例评析》《劳动法治论：以劳动争议处理为中心》等；代表性论文有《流浪儿童的法律预防机制探讨》《"以房养老"中签订遗赠扶养协议相关问题分析》等。

王伟伟 法学博士，北京市社会科学院法治研究所助理研究员。北京市物权法学会理事。

李伟平 法学博士，青岛大学法学院讲师、硕士生导师，中国政法大学民商法学博士，主要从事民法基础理论、债法等方面的研究，在《政治与法律》《民商法论丛》《法律适用》等期刊发表学术论文多篇；主持、参与国家级、省部级项目多项，曾获青岛大学第九届青年教师教学大奖赛优秀奖。

苏紫衡 法学博士，杭州电子科技大学法学院讲师，浙江省三农法治研究会理事、副秘书长。代表性论文有《对赠与任意撤销权的质疑——以赠与合同观的历史考察为核心》等。

韩新磊 法学博士，中国计量大学法学院讲师。代表性论文有《物权变动混合模式的经济学分析》《未经批准合同的效力状态与责任认定研究——基于对〈合同编（草案）〉第二百九十四条的规范修正》等。

辛巧巧 法学博士，中国政法大学民商经济法学院博士后。代表性论文有《算法解释权质疑》等。

张兰兰 法学博士，中国政法大学民商经济法学院师资博士后。代表性论文有《农村集体经济组织形式的立法选择——从〈民法总则〉第99条展开》和《履行费用过高规则的动态适用——对〈合同法〉第110条第2项第2种情形的具体化》等。

张亦衡 四川大学民商法在读博士生，中国政法大学民商法硕士。代表性作品有《民法典知识竞赛1000题》等。

◎ 总 序

2020 年 5 月 28 日第十三届全国人民代表大会第三次会议通过了《中华人民共和国民法典》（本丛书简称《民法典》），这是我国政治、经济、文化、社会生活、法治建设中的一个里程碑事件。在《民法典》出台之前的中国民法学研究可谓"百花齐放"，当然亦可说是处于一种"众说纷纭"的状态——因为没有体系化的《民法典》作为基石与起点。因此，即使是民事单行法，在体系上也难免迷失方向而找不到坐标。特别是在我国没有债法的一般性规定的时候，甚至连"什么是物权""什么是债权"这样的基本概念及其区分都存在很大的争议，来自不同法系的观点交织在一起，很难得出"共识性"的知识。《民法典》的颁布与实施，正是立法机关努力解决这一现象的集中体现。然而，法典化从来都不能一劳永逸地解决所有法律上的难题。法典生命之树长青的秘密恰恰在于由学者、法官、律师以及其他法律工作者所构成的法律共同体，以其为基础和依据，所构建起来的法律教义学体系。

我国《民法典》无论是自其所颁布的时间而言，还是就其内容而言，抑或是自其结构体例来看都可以说是迄今为止全球最新的《民法典》。作为全球最新的《民法典》，我国《民法典》在内容上一方面充分反映了 21世纪科学技术最新成果以及人类社会所面临的全新问题，不但将虚拟财产、数据、个人信息、电子合同等纳入其中加以规范，而且还将绿色原则作为其基本原则指导民事活动；另一方面，我国《民法典》还博取世界各国法律文明之长，如在担保制度中大量吸收了美国商法典动产担保制度的规定，从而致力于促进融资、改善营商环境。更为重要的是，我国《民法典》还作出了一系列制度创新，如在总则编中增加了英雄烈士人格利益保护条款、见义勇为条款；在物权编中首创了"土地所有权—土地承包权—土地经营权"的三权分置理论；在婚姻家庭编中首创了离婚冷静期制度；在侵权责任编中增加了自甘风险原则、好意同乘条款、高空抛物致人损害责任等。由此可见，我国《民法典》是一部国际化与本土化、民族化并重的全新法典。

自法典的结构体系而言，我国《民法典》亦颇具特色。从法典的模式来看，从罗马法开始到《法国民法典》，可以说是"三编制"的代表。直至《德国民法典》，其式样可以说是"五编制"的代表。自《德国民法典》以后，世界各国（民法法典化国家）就区分为"法法法系"和"德法法系"。我们必须要明白的是：任何一个法系式样，都不是放之四海而皆准的模板。自我国法律现代化的历史以观，整体而言，我国《民法典》仍然采纳了德国法律科学所发展出来的潘德克吞立法体例，也即采纳了提取公因式的总分结构模式。这体现在我国《民法典》不但设有总则编，而且在每一分则编中均采取了进一步的提取公因式的做法，形成了"总则—分则（小总则—分则）"的模式。但是我国《民法典》并未亦步亦趋地模仿《德国民法典》，而是基于我国长期以来已经形成的法律体系及学说观点构建了"七编制"的《民法典》，也即"总则编 + 物权编 + 合同编 + 人格权编 + 婚姻家庭编 + 继承编 + 侵权责任编"。其中具有特色的首先应当是将"人格权"独立成编，体现了我国立法对于人权保护的重视。其次是不设独立的债权编，而是将其区分为合同编与侵权责任编两编，并将侵权责任编置于整部《民法典》的最末，作为所有权利的救济手段。但是，自体系化的视角来看，侵权责任编与合同编仍然是债权编的主要内容。特别是我国《民法典》第118条第2款规定："债权是因合同、侵权行为、无因管理、不当得利以及法律的其他规定，权利人请求特定义务人为或者不为一定行为的权利。"其中合同编的通则分编代行债法总则的功能，对此《民法典》第468条规定："非因合同产生的债权债务关系，适用有关该债权债务关系的法律规定；没有规定的，适用本编通则的有关规定，但是根据其性质不能适用的除外。"该条所指的本编通则即是指合同编的通则分编。

时间如白驹过隙，自 2021 年 1 月 1 日《民法典》实施之日起，至今亦一年有余。在这一年多的时间里，学说上对《民法典》的诠释已经汗牛充栋，仅仅关于《民法典》的评注书就有十余部，发表的学术文章更是不计其数。最高人民法院则依据《民法典》对以往民商事领域中的司法解释进行了全面的清理，有的予以修改、有的予以废止，目前正在准备陆续出台《民法典》诸编的全新司法解释。这无疑是民法理论界与实务界一次真正的学术盛宴。作为学术共同体的一部分，我们亦有义务做出自己的贡献。当前呈现给读者的这套《民法典法律适用与案例指引系列》丛书，意在为《民法典》的准确理解与适用提供一个法教义学的体系性解读，其特色在于一方面我们尽量用最为通俗易懂的语言精确地阐释《民法典》的条文和精神，另一方面还精选了一定的案例对重点疑难法律问题的适用加以说明。正如德国联邦最高法院的判决所指出的：法律解释，特别是宪法性法律解释具有商谈的品性，其中即便是方法上毫无争议的作业，在法律专家中亦不能保证获得唯一正确的结论，毋宁在于一方面提出论证的理由，驳斥相反的论证理由，最终选择最佳的论证理由以支持其结论。职是之故，我们的解释仅仅是一种论证的理由，其本身非完美无瑕，肯定还存在诸多错误和不足，敬请各位同人不吝赐教。您的批评和建议将是我们进步和完善的动力和源泉。

在此，还想代表所有作者对所有关心这套著作出版发行的同人和编辑表示衷心的感谢，感谢你们的支持和帮助！

李永军

2021 年岁末

目　　录

第一部分

法条精解与适用

第三编 合 同

第一分编 通 则

第一章 一般规定

第四百六十三条 本编调整因合同产生的民事关系。

【要义精解】

本条是关于民法典合同编调整对象的规定。

与合同有关的法律规范的制定过程，我国是按照"三步走"的方式来完成的：第一步是三部合同法的制定。党的十一届三中全会以来，我国先后制定了《经济合同法》、《涉外经济合同法》和《技术合同法》三部合同法。这三部合同法对保护合同当事人的合法权益，维护社会经济秩序，促进国内经济、技术和对外经济贸易的发展，保障社会主义建设事业的顺利进行，发挥了重要作用。但是，随着改革开放的不断深入和扩大、经济贸易的不断发展，这三部合同法的一些规定不能完全适用了。第二步是统一合同法的颁布。经过 10 多年的实践，在积累大量经验的基础上，对有关合同的共性问题作出统一规定，吸收行之有效的相关行政法规和司法解释。在总结实践经验的基础上，结合新的情况，进行修改、补充和完善。兼顾法律的连续性，并从我国实际出发，充分借鉴国外合同法律的有益经验。[1] 第三步是法典化，将调整合同法律关系的规范有机整合于民法典合

---

〔1〕 胡康生主编：《中华人民共和国合同法释义》（第 3 版），法律出版社 2013 年版，第 2 页。

同编之中。这一步的完成，除了需要在内容上吸收 20 年来相关司法解释、行政法规和判例，结合我国经济社会发展的实际并参考外国法的相关规定外，还需要在形式上去掉部门法色彩，作为独立的一编统合进《民法典》中，这除了对语言文字进行打磨修改之外，更重要的是在逻辑上打开原《合同法》的闭环并将其接入《民法典》中去，这就要求其相关规定既需要被民法典总则编统合，又可以与其他编如侵权责任编、人格权编等规范在精神和效果上互不冲突甚至交相呼应。本编即是新中国合同法律规范法典化的第一次突破，对我国乃至世界的民事立法具有重大意义。

【对照适用】

本条规定与原《合同法》第 1 条即关于合同法立法目的的规定有所区别，主要体现在：原《合同法》第 1 条规定的是《合同法》的立法目的，而本条规定了民法典合同编的调整对象。之所以会有这样的区别，是因为《民法典》作为一部统一的法律规范，其关于立法目的的宏观宣示性规范被放到了总则的第一条，而一部法律仅需要规定一条立法目的，因此作为《民法典》其中一编的合同编无须另行规定，只需要阐明其调整对象即可。

第四百六十四条 合同是民事主体之间设立、变更、终止民事法律关系的协议。

婚姻、收养、监护等有关身份关系的协议，适用有关该身份关系的法律规定；没有规定的，可以根据其性质参照适用本编规定。

【要义精解】

本条是关于合同定义以及民法典合同编调整范围的规定。

根据本条的规定，我们可以总结出合同编所调整的债权合同概念的以下三个要素。

第一，合同产生于民事主体之间，根据民法典总则编的相关规范，民事主体最核心的性质在于他们之间的平等性。因此，当具有管理调控效能的政府机关不以管理者的身份出现在合同中时，即应当将其视为民事主体，从而适用本编的相应规范。例如政府采购，对政府的采购行为本身，应当通过《政府采购法》来加以规范，目的是为了防止浪费、杜绝腐败、保护民族工业等。但这种规范仅是对政府的采购行为加以约束，并不是约束采购合同的相对方，政府与对方之间订立的采购合同要适用民法典合同编。[1]而当政府机关行使管理职权，以行政主体身份出现在合同中时，则不适用本编的规范，例如政府订立的有关征用征收补偿、综合治理、计划生育、环境保护等合同。

第二，合同的成立需要有合意，即合同主体意思表示一致。既然合同属于民事法律行为的一种，那么按照《民法典》第134条的规定，合同基于双方或者多方的意思表示一致而成立。从"合同"一词的语意可以看出，合同就是相互之间达成一致意见的产物，是合意产生的结果。在特殊情况下，这种一致的意思表示具有一定的拟制色彩，例如当国家下达指令性任务或者国家订货任务时，合同的成立确实需要一致的意思表示，但是合同主体均负有达成合理的一致意思表示的义务。

第三，合同必须有特定的目的。这是由合同的本质所决定的。人们之所以会订立合同，是希望通过合同对另一民事主体的财产性权利施加一定的影响，使其按照自己的意思承担向自己或其他人给付的义务。

因此，一个合同的成立至少需要两个民事主体协商一致的意思和法律目的必须同一的行为。[2]

【对照适用】

本条规定与原《合同法》第2条的规定[3]相比，增删了部分文字，使得其表述更加全面、准确，体现了法典化。首先就是将合同主体由"平等主体的自然人、法人、其他组织"改为"民事主体"，这是由于前者即为民事主体的概念，已经被规定在了民法典总则编中，此处无须重复。其次是将第2款原《合同法》"适用其他法律的规定"进一步细化为"适用有关该身份关系的法律规定；没有规定的，可以根据其性质参照适用本编规定"。不仅一改原条文参照法律过于泛化，表述不准确的不足，更进一步提出，关于身份关系的协议并非一概不适用本编规定，在相关身份关系

---

[1] 胡康生主编：《中华人民共和国合同法释义》（第3版），法律出版社2013年版。

[2] ［德］汉斯·哈腾保尔：《法律行为的概念——产生以及发展》，孙宪忠译，载杨立新主编：《民商法前沿》（2002年第1、2辑），吉林人民出版社2002年版，第142页。

[3] 原《合同法》第2条规定："本法所称合同是平等主体的自然人、法人、其他组织之间设立、变更、终止民事权利义务关系的协议。婚姻、收养、监护等有关身份关系的协议，适用其他法律的规定。"

的法律中没有规定的，只要合同的性质符合本编中关于合同的定义，即可以参照使用合同编的规定。

> 第四百六十五条　依法成立的合同，受法律保护。
>
> 依法成立的合同，仅对当事人具有法律约束力，但是法律另有规定的除外。

【要义精解】

本条是关于合同法律约束力的规定。

合同的成立与合同的生效不同，一份成立的合同如果不想被宣告无效，还需要合同主体具备相应的民事行为能力、意思表示真实、内容不违反法律、行政法规的强制性规定，不违背公序良俗，其生效还需要符合法定或者约定的生效要件。因此可以说，合同的成立是当事人意思自治的体现，而合同的效力则是国家通过法律对合同给出的评价。

正是由于成立和生效的不同，法律对这两个阶段的保护也有所区别。合同成立但被宣告无效时，可以产生缔约过失责任；合同成立但尚未生效时，因履行义务尚未产生从而不存在违约责任；合同成立并生效时，当事人违反合同约定将承担违约责任并排斥缔约过失责任的存在。由此可见，在合同仅仅是成立时，法律所能够提供的保护仅限于所谓的法律约束力，就是说，当事人应当按照合同的约定履行自己的义务，非依法律规定或者取得对方同意，不得擅自变更或者解除合同。[1] 否则法院或仲裁机构将依照对方当事人的请求，使其重新回到受合同约束的状态或承担缔约过失责任。而在合同成立并生效时，当事人如果不履行合同义务或者履行合同义务不符合约定，就要依法承担违约责任，包括继续履行、采取补救措施或者赔偿损失等。

【对照适用】

本条规定与原《合同法》第 8 条的规定[2] 相比，除了将第 1 款和第 2

---

[1] 胡康生主编：《中华人民共和国合同法释义》（第 3 版），法律出版社 2013 年版。

[2] 原《合同法》第 8 条规定："依法成立的合同，对当事人具有法律约束力。当事人应当按照约定履行自己的义务，不得擅自变更或者解除合同。依法成立的合同，受法律保护。"

款的内容对调之外，删除了对法律约束力的进一步解释，相应的内容已在民法典总则编民事法律行为一章中进行了规定，此处无须重复规定。此外，合同约束力部分新增了"法律另有规定的除外"的规定。这一规定既是出于严谨，考虑到本编中存在第三人受到合同约束的特别规定；也是涵盖了原《合同法》颁布后出台的司法解释、以商法为主的特别法以及司法实践中所确立的第三人受到合同约束的特殊情形，为"民商合一"提供了条件；更是为接下来更多的第三人受到合同约束的情形提供了《民法典》中的接口，体现了我国《民法典》的成长性。

> **第四百六十六条** 当事人对合同条款的理解有争议的，应当依据本法第一百四十二条第一款的规定，确定争议条款的含义。
>
> 合同文本采用两种以上文字订立并约定具有同等效力的，对各文本使用的词句推定具有相同含义。各文本使用的词句不一致的，应当根据合同的相关条款、性质、目的以及诚信原则等予以解释。

【要义精解】

本条是关于合同条款发生争议或者词句不一致的解释的规定。

合同是双方当事人意思表示一致达成的产物，但是由于作为载体的语言具有模糊性，当事人真实的意思往往不能在合同文本中被完全如实的表达。这就引起了实践中当事人对某些合同条款的意思发生争议，此时就需要对合同进行解释。合同的解释就是确定当事人双方共同真意的过程。而裁判者要想解释合同，以公平正义的方式达到探求真意的目的，就不能任意凭借自己的好恶对合同进行解释，而必须遵从一定的原则和方法。本条即规定了对合同解释的原则和方法。

本条第1款规定了合同解释的一般原则，即根据《民法典》第142条第1款关于有相对人的意思表示解释方法的规定进行解释。《民法典》第142条第1款规定："有相对人的意思表示的解释，应当按照所使用的词句，结合相关条款、行为的性质和目的、习惯以及诚信原则，确定意思表示的含义。"

在这一客观主义佐以主观主义解释原则的语境下，本条规定了如下解释方法。首先是体系解释，即将合同的全部条款和构成部分看成一个统一的整体，从它们的相互关联中对争议的合同内容作出解释。其次是历史解释，即通过参考当事人订立合同的历史过程中所留下的资料，如磋商记录、来往文件和合同草案等书面合同以外的证据来解释合同，即《民法典》第 142 条第 1 款所谓"行为的性质"。值得注意的是，原《合同法》中并没有确认这一解释方法。再次是目的解释，即将合同视为当事人达成目的的手段，以符合合同目的的方式解释争议合同。从次是习惯解释，即以习惯为参照对合同进行解释，采用这一解释方法需要具备两个前提，第一是该习惯确实普遍存在于合同相关领域；第二是合同当事人均属于习惯所属的交易群体。[1] 最后是诚信解释，即解释结果须符合诚实信用原则的要求，是为解释方法之补充。

本条第 2 款规定了合同文本采用两种以上文字订立时的解释原则，当合同文本采用两种以上文字订立并约定具有同等效力时，推定各文本使用的词句具有相同的含义。当各文本使用的词句一致时，按照第 1 款规定的原则进行解释。当各文本使用的词句不一致时，由于出现了两份"不同的合同"，此时再通过合同语义、相关条款含义进行解释毫无意义，因此需要根据合同的性质、目的以及诚信原则等予以解释。

【对照适用】

与原《合同法》相比，本条规定进行了体例上的调整，由原《合同法》第 125 条提至本编第 4 条。相比于在原《合同法》其他规定的位置，本编的体例更加符合处理合同纠纷的思路，即首先确定合同是否成立，其次确定合同内容。这说明合同的解释在原《合同法》颁布后的 20 多年司法实践中收获了诸多经验，得到了更大的重视。

> **第四百六十七条** 本法或者其他法律没有明文规定的合同，适用本编通则的规定，并可以参照适用本编或者其他法律最相类似合同的规定。
>
> 在中华人民共和国境内履行的中外合资经营企业合同、中外合作经营企业合同、中外合作勘探开发自然资源合同，适用中华人民共和国法律。

---

[1] 李永军：《合同法》（第二版），中国人民大学出版社 2008 年版，第 218 页。

【要义精解】

本条是关于无名合同及涉外合同如何适用法律的规定。

社会经济活动的内容丰富多彩，根据意思自治原则，人们可以在法律不禁止的范围内根据自己的意志自由订立各种内容的合同，且随着信息技术的发展不断地产生新类型和新形式的合同。因此，民法典合同编只能将一些现实生活普遍发生并较为成熟的合同在本编中特别加以规定。这种在合同编中被明文赋予特别名称且通过专门条文加以规范的合同被称为有名合同，又叫做典型合同。

对于法律没有特别规定，也没有赋予特定名称的非典型合同，又叫无名合同。根据本条的规定，这类合同受到本编通则的规定，并可以参照适用本编典型合同或者其他法律最相类似合同的规定，即类推适用。在这类合同当事人的意思表示不完备的时候，由于欠缺法律专门为其预设的任意性规范，因此需要通过合同编通则、最相类似的典型合同的专门规定，结合当事人的合同约定、诚实信用原则以及交易习惯来补充完善当事人之间的法律关系内容。

原则上，涉外合同的当事人可以选择处理合同争议所适用的法律。但是在中华人民共和国境内履行的中外合资经营企业合同、中外合作经营企业合同、中外合作勘探开发自然资源合同，由于涉及国家安全、经济调控、环境资源开发利用等有关国计民生的重要领域，因此本条特别规定，上述合同应当适用中华人民共和国法律，当事人不能选择其他国家或地区的法律。

【对照适用】

与原《合同法》相比，本条规定进行了体例上的调整，由原《合同法》第124条调至本编第5条，并且加入了原《合同法》第126条第2款的内容。

> **第四百六十八条** 非因合同产生的债权债务关系，适用有关该债权债务关系的法律规定；没有规定的，适用本编通则的有关规定，但是根据其性质不能适用的除外。

【要义精解】

本条是关于非合同之债如何适用法律的规定。

产生债权债务的原因很多，本编仅调整因合同而产生的债权债务关系。即因当事人基于意思自治主动与他人订立与财产性权益相关的协议从而产生的债权债务关系，其他非因合同产生的债权债务关系应当首先适用有关该债权债务关系的法律规定。例如，因侵害民事权益而产生的债权债务关系受到民法典侵权责任编的调整；因继承、离婚而产生的债权债务关系分别受到民法典继承编和婚姻家庭编的调整；因人格权而产生的债权债务关系由民法典人格权编予以调整；因不当得利、无因管理而产生的债权债务关系则受到本编第三分编准合同的规范。

当非因合同产生的债权债务关系缺乏法律规定时，根据本条规定，应当适用或者类推适用民法典合同编通则的有关规定，除非根据其性质不能适用，例如债权债务关系的主体缺乏平等性、债权债务关系的内容具有非财产性等。

【对照适用】

本条属于新增规范，与属于部门法的原《合同法》不同，作为《民法典》的构成部分，本编还需要考虑除了合同之外的债权债务关系如何适用法律的问题。

因为我国《民法典》没有设立债法总则编。因此，规范最详细、提取公因式最全面的合同编通则部分，则作为调整债权债务关系的集大成者，在某些类型的债权债务关系缺乏规范时起到了债法总则的作用。合同编通则的部分规定，可以作为公因式涵盖到整个债权债务关系中，起到了弥补法律漏洞的作用。

第二章　合同的订立

第四百六十九条　当事人订立合同，可以采用书面形式、口头形式或者其他形式。

书面形式是合同书、信件、电报、电传、传真等可以有形地表现所载内容的形式。

以电子数据交换、电子邮件等方式能够有形地表现所载内容，并可以随时调取查用的数据电文，视为书面形式。

【要义精解】

本条是关于合同形式的规定。

从本条的规定来看，《民法典》合同编继承了我国自原《民法通则》《合同法》以来的传统，对合同的形式采取非要式主义，即整体上不对合同的形式作出特别的要求，法律规定采取特殊形式的除外。当事人可以采用书面、口头或者其他形式订立合同，只要当事人具有相应的民事行为能力，意思表示真实，内容不违反法律、行政法规的强制性规定，不违背公序良俗的合同就是有效的。本条第 1 款的列举事实上包含了订立合同的全部形式，也表明了民法典合同编通则对合同成立和生效的判断标志不在其形式，而是通过合同的实际内容和签订背景等加以判断。

书面形式是合同书、信件等可以有形地表现所载内容的形式。这种形式可以将当事人的意思表示通过文字、纸张等载体明确地固定下来，可以做到有据可查，防止遗忘或反悔。其本身即可作为一项书证，在与合同有关的纠纷解决中作为裁判的依据。特别是在合同内容较为复杂、标的价值较大的时候，以书面形式订立合同如今已经成为几乎所有当事人的第一选择。

口头形式是指当事人面对面地谈话或者以通信设备如电话交谈达成协议。以口头订立合同的特点是直接、简便、快速，数额较小或者现款交易通常采用口头形式。如在自由市场买菜、在商店买衣服等。口头合同是老百姓日常生活中广泛采用的合同形式。口头形式当然也可以适用于企业之间，但口头形式没有凭证，发生争议后，难以取证，不易分清责任。[1]

其他形式订立的合同最常见的是通过当事人的行为或特定情形推定成立的合同，也称为默示合同。如房屋租赁合同约定的租赁期间届满后，出租人未向承租人主张腾退房屋，承租人也未表示不再续租而是继续按照合同约定的金额缴纳房租，出租人仍然接受租金。根据双方当事人的行为，我们可以推定租赁合同继续有效，期限变为不定期。再如，当乘客乘上公共汽车并到达目的地时，尽管乘车人与承运人之间没有明示协议，但可以依当事人的行为推定运输合同成立。[2]

以电报、电传、传真、电子数据交换、电子邮件等方式能够有形地表现所载内容，并可以随时调取查用的数据电文，视为书面形式。这里需要注意两个地方：第一，是需要有形地表现所载内容，即合同内容需要以文字、图片、语音、视频等形式表现出来，表现的载体则没有具体要求，纸张、显示器、电子书、手机屏幕等都可以，而且合同内容通过上述方式表现出来后，还需为对方收悉。如一方拿着存有书面合同的手机向对方念出合同内容，对方表示同意但未收到相关文字信息的，则不能视为通过书面形式订立。第二，是可以供双方当事人随时调取查用。可以随时调取查用是书面形式合同区别于其他形式的根本特点，这一特点将合同内容作为一项客观证据加以固定。值得注意的是，以诸如微信语音、视频传输等形式订立的合同，由于也符合本条规定的"能够有形地表现所载内容，并可以随时调取查用的数据电文"的要求，故也应当视为以书面形式订立，而不能想当然地认为是以口头形式订立的合同。此外，一方当事人通过隐藏录音录像设备所获取的电子资料也不能被视为通过书面形式订立，而只能作为证明合同内容的录音录像证据。因为其获取方式并非通过电子信息交换这一本条所列举方式的共同点，且对方当事人一般也无法随时调取查用。

【对照适用】

本条涵盖了原《合同法》第10条、第11条的主要内容，除了在语言

---

〔1〕 胡康生主编：《中华人民共和国合同法释义》（第3版），法律出版社2013年版。
〔2〕 胡康生主编：《中华人民共和国合同法释义》（第3版），法律出版社2013年版。

上进行了精简之外，还进一步明确了数据电文的一大特点，即可以随时调取查用。这就使得语音信息、视频等与原《合同法》第11条列举的以文字为载体的数据电文形式不同的订立合同方式明确为书面形式，以适应时代发展的需要。

第四百七十条　合同的内容由当事人约定，一般包括下列条款：

（一）当事人的姓名或者名称和住所；

（二）标的；

（三）数量；

（四）质量；

（五）价款或者报酬；

（六）履行期限、地点和方式；

（七）违约责任；

（八）解决争议的方法。

当事人可以参照各类合同的示范文本订立合同。

【要义精解】

本条是关于合同内容的规定。

本条规定属于注意规定，合同内容既无须包含所列举的全部内容，又不限于所列举的范围，仅仅是起到一个示范和提示的作用，合同的具体内容还需要当事人以自己的意思、根据合同性质进行约定。

虽然合同不需要包含本条所列举的全部内容，但是本条所列的部分条款却是合同必须具备的，欠缺它们，合同就不成立。一般认为，当事人条款和标的条款即本条第1款第1项、第2项是必备条款，它们决定了合同主体和合同类型。第3项至第8项则为普通条款，此类条款的缺失并不会影响合同的成立，但是对确定当事人权利义务、减少风险和纠纷并最终实现合同目的具有非常重要的作用。在订立合同的过程中，如果当事人就第1、2项未达成一致意见，则合同不成立；如果当事人就第3项至第8项未达成一致意见，除非一方当事人坚持合同的订立以对其中某一事项达成一致为条件，否则不影响合同的成立，未达成一致的条款可以留待后续进一步商定。下面将本条第1款规定的内容简述如下。

其一，当事人的姓名或者名称和住所。这是每一个合同必须具备的条款，当事人是合同的主体，是合同权利的享有者和合同义务的承担者。没有当事人，合同的内容就失去了存在的意义。因此合同中需要准确、清楚地列明各方当事人姓名、名称、住所地和联系方式等信息。

其二，标的。标的是合同当事人的权利义务指向的对象。标的是合同成立的必要条件，是一切合同的必备条款。没有标的，合同就没有目的，继而也就失去了订立的意义。本条所规定的标的应当被理解为标的物，而非学理语境中的给付行为。因此，有形财产、无形财产、劳务、工作成果等均可视为本条所列的合同标的。合同对标的的约定应当细致、准确、清楚，防止差错。还应当注意各种语言、方言及习惯称谓的差异，避免因认识错误产生纠纷。

其三，数量。在大多数的合同中，数量也是必备条款，缺乏约定则合同不能成立。特别是买卖合同等有偿合同，数量直接决定了双方的权利义务。合同对数量的约定要尽量准确，选择使用共同接受的计量单位、计量方法和计量工具。根据不同情况，约定不同的精确度，允许的尾差、磅差、超欠幅度、自然耗损率等。个别合同因标的的性质无须规定数量，此时数量当然不是必备条款。但是在需要通过数量来确定具体权利义务的情形下，数量条款即为必备条款。

其四，质量。对于有形财产来说，质量是物理、化学、机械、生物等性质；对于无形财产、服务、工作成果来说，也有质量高低的问题，并有衡量的特定方法。对于有形财产而言，质量亦有外观形态问题。质量指标准、技术要求，包括性能、效用、工艺等，一般以品种、型号、规格、等级等体现出来。质量条款的重要性是毋庸赘言的，许许多多的合同纠纷由此引起。合同中应当对质量问题尽可能地约定细致、准确和清楚。国家有强制性标准规定的，必须按照规定的标准执行。如有其他质量标准的，应尽可能约定其适用的标准。当事人可以约定质量检验的方法、质量责任的期限和条件、对质量提出异议的条件与期限等。

其五，价款或者报酬。价款或者报酬，是一方当事人向对方当事人所付代价的货币支付。价款一般指对提供财产的当事人支付的货币，如在买卖合同的货款、租赁合同的租金、借款合同中借款人向贷款人支付的本金和利息等。报酬一般是指对提供劳务或者工作成果的当事人支付的货币，如运输合同中的运费、保管合同与仓储合同中的保管费以及建设工程合同中的勘察费、设计费和工程款等。如果有政府定价和政府指导价的，要按照规定执行。价格应当在合同中规定清楚或者明确规定计算价款或者报酬的方法。有些合同比较复杂，货款、运费、保险费、保管费、装卸费、报关费以及一切其他可能支出的费用，由谁支付都要规定清楚。

其六，履行期限。履行期限是指合同中规定的当事人履行自己的义务的时间界限。履行期限直接关系到合同义务完成的时间，涉及当事人的期限利益，也是确定合同是否按时履行或者迟延履行的客观依据。不同的合同，对履行期限的要求和严格性是不同的。不同的合同，其履行期限的具体含义也是不同的。买卖合同中卖方的履行期限是指交货的日期、买方的履行期限是交款日期，运输合同中承运人的履行期限是指从起运到目的地卸载的时间，工程建设合同中承包方的履行期限是从开工到竣工的时间。正因如此，期限条款还是应当尽量明确、具体，或者明确规定计算期限的方法。

其七，履行地点和方式。履行地点是指当事人履行合同义务和对方当事人接受履行的地点。不同的合同，履行地点有不同的特点。如买卖合同中，买方提货的，在提货地履行；卖方送货的，在买方收货地履行。在工程建设合同中，在建设项目所在地履行。运输合同中，从起运地运输到目的地为履行地点。履行地点有时是确定运费由谁负担、风险由谁承担以及所有权是否转移、何时转移的依据。履行地点也是在发生纠纷后确定由哪一地法院管辖的依据，在涉外合同中，还是确定适用哪国法律的依据。因此，履行地点在合同中应当规定得明确、具体。

履行方式是指当事人履行合同义务的具体做法。不同的合同，决定了履行方式的差异。履行可以是一次性的，也可以是在一定时期内的，还可以是分期、分批的。运输合同按照运输方式的不同可以分为公路、铁路、海上、航空等。履行方式还包括价款或者报酬的支付方式、结算方式等，如以物易物、分期付款、抵销、现金结算、委托付款、信用证等。履行方式与当事人的利益密切相关，应当从方便、快捷和防止欺诈等方面考虑采取最为适当的履行方式，并且在合同中应明确规定。

其八，违约责任。违约责任是指当事人一方或双方不履行合同或者不适当履行合同，依照法律的规定或者按照当事人的约定应当承担的法律责任。违约责任是促使当事人履行合同义务，使对方免受或少受损失的法律措施，也是保证合同履行的主要条款。违约责任在合同中非常重要，因此，当事人为了特殊的需要，为了保证合同义务严格按照约定履行，为了更加及时地解决合同纠纷，可以在合同中约定违约责任，如约定定金、违约金、赔偿金额以及赔偿金的计算方法等。

其九，解决争议的方法。解决争议的方法指合同争议的解决途径，对合同条款发生争议时的解释以及法律适用等。解决争议的途径主要有：一是双方通过协商和解，二是由第三人进行调解，三是通过仲裁解决，四是通过诉讼解决。当事人可以约定解决争议的方法，如果意图通过诉讼解决争议是不用进行约定的，通过其他途径解决都要事先或者事后进行约定。依照仲裁法的规定，如果选择适用仲裁解决争议，除非当事人的约定无效，即排除法院对其争议的管辖。但是，如果仲裁裁决有问题，可以依法申请法院撤销仲裁裁决或者申请法院不予执行。当事人选择和解、调解方式解决争议，都不能排除法院的管辖，当事人可以提起诉讼。涉外合同的当事人约定采用仲裁方式解决争议的，可以选择中国的仲裁机构进行仲裁，也可以选择在外国进行仲裁。涉外合同的当事人还可以选择解决他们的争议所适用的法律，当事人可以选择选用中国的法律、我国港澳特区的法律或者外国的法律。但法律对有些涉外合同的适用有限制性规定的，依照其规定。解决争议的方法的选择对于纠纷发生后当事人利益的保护是非常重要的，应该慎重对待。但要选择解决争议的方法比如选择仲裁，是选择哪一个仲裁机构要规定得具体、清楚，不能笼统规定"采用仲裁解决"。否则，将无法确定仲裁协议条款的效力。

由于经济贸易活动的多样性，如果当事人缺乏经验，所订合同常易发生难以处理的纠纷。实践中合同的示范文本对于提示当事人在订立合同时更好地明确各自的权利义务起到了积极作用。因此，本条第2款规定订立合同可以参照各类合同的示范文本，其目的与第1款一样，就是为了使当事人订立合同更加认真、更加规范，尽量减少合同规定缺款少项、容易引起纠纷的情况。[1]

第四百七十一条　当事人订立合同，可以采取要约、承诺方式或者其他方式。

---

〔1〕　参见胡康生主编：《中华人民共和国合同法释义》（第3版），法律出版社2013年版。

【要义精解】

本条是关于合同订立方式的规定。

合同是民事主体之间设立、变更、终止民事法律关系的协议。合同的成立标志是合同当事人达成一致的意思表示。其包含了缔约方自接触、磋商、讨价还价直到最终达成合意的整个动态过程。民法典合同编则以典型交易为理论模型将当事人合议的过程抽象成"要约—承诺"的程式。这一程式在《民法典》中被确立为订立合同的一般程式，绝大多数的合同均通过这种方式得以订立。向对方提出合同条件作出签订合同的意思表示称为"要约"，而另一方如果表示接受就称为"承诺"。一般而言，一方发出要约，另一方针对该要约作出承诺，合同即告成立。但自"二战"时期开始，德国的法学家博豪特即发现了在社会生活中存在大量的当事人不发生意思交流，仅凭行为即告成立的合同。例如乘坐公交车，乘客上车即视为合同成立。还有一些合同订立的过程有时是漫长而又曲折的，当事人经过多轮的磋商和讨价还价，一条一条地打磨合同条款，合同书几易其稿才得以最终达成一致意见，要约和承诺往往难以区分，此时再去梳理哪个是要约、哪个是承诺将花费巨大的精力；而随着社会进步特别是电子数据交换的发展，交易模式较几个世纪甚至几十年以前相比，已经产生巨大的变化。而以典型交易为理论模型的"要约—承诺"程式已经无法涵盖所有的合同订立形式，这就导致了以"要约—承诺"来描述某些缔约形式将会出现不恰当的地方，甚至产生困难。因此，民法典合同编规定了合同还可以通过其他方式订立。

【对照适用】

与原《合同法》第13条仅规定了"要约—承诺"这一种订立合同的方式相比，本条增加了"其他方式"的规定。这标志着在《民法典》的制定过程中，立法机构很好地吸取了原《合同法》施行20余年以来的学理和实践经验。某些订立合同的过程如果以"要约—承诺"程式来分析，将会很难指出其中的哪一个行为可以被视为要约，哪一个可以被视为承诺，总会出现不妥之处。例如在超市购物时，如果把陈列商品并明码标价视为要约，顾客拿取商品视为承诺的话，那么顾客拿到商品时买卖合同即告成立，他在结账前即使发现了更适合自己的产品也无法放弃购买原商品，显然与事实不符；而如果将收银员的结账行为视为超市同意顾客按照标价购买商品的承诺的话，那么顾客一旦放弃购买经过收银员扫码的商品即构成违约，又导致了与实际经验的矛盾——我们可以在结账前因为任何理由随时放弃部分商品或全部商品的购买；如果将顾客的付款行为视为承诺，那么，超市陈列商品并明码标价的行为将视为什么呢？如果是要约，那么要约与承诺之间的拿取货物、收银行为又将如何定义？如果是要约邀请，那么要约人和承诺人将同为顾客一人。

正因为缔约模式的不断丰富，使得本条在"要约—承诺"程式外还规定了当事人可以通过其他方式缔约。这种规定主要针对某些特殊的缔约形式，以弥补"要约—承诺"程式之不足。例如拍卖——由拍卖人发布拍卖公告，且保留最终缔约的决定权。以及招标、优等悬赏广告等过程较为复杂的缔约形式。又如无要约寄送，指出卖人直接向未订购商品的人寄送商品，如收货人经过一段时间不付款的，出卖人除非将商品取回，否则视为对收货人的赠与，这一过程中双方并无前期接触，也就没有典型的要约行为，收货人对要约也没有当然承诺的义务，合同的性质是买卖合同还是赠与合同则取决于双方在收货后的行为：如果收货人付款的，则成立买卖合同；如果出卖人期满后不取回商品的，则成立赠与合同。再如向公众提供水、电、热、气等的公共服务合同，双方当事人之间不存在典型交易模型中的"要约—承诺"过程：消费者购买的房子交付时即铺设了相关管路，公共服务提供者也无权拒绝缔约。还有本编规定的物业服务合同，当事人只要取得业主身份，即需要按照业主委员会与物业公司订立的物业服务合同的约定缴纳物业费，即使他没有参与合同订立的过程，甚至反对物业服务合同的内容。

第四百七十二条　要约是希望与他人订立合同的意思表示，该意思表示应当符合下列条件：
（一）内容具体确定；
（二）表明经受要约人承诺，要约人即受该意思表示约束。

【要义精解】

本条是关于要约的规定。

当事人的意思表示如果想要构成有效要约，根据本条的规定和合同法理论来看，其必须符合下列条件。

其一，要约必须由特定人向其希望缔约的对象发出。这里强调三点，首先是发出要约的主体须为特定人，即能为外界所客观确定的人。因为发出要约的目的是订立合同，要约人能被确定是承诺得以作出的前提。这里的能为外界所客观确定指的是一种可以接受承诺的客观状态，而非必须明确要约人究竟是谁。在现实生活中存在大量无意了解要约人即作出承诺的合同。如自动售货机，消费者在投币时并不会关心其是由哪家公司安置，谁是真正的要约人。其次是要约必须是由特定人或其代理人自主产生的意思表示，根据意思自治原则，只有当事人自愿作出的意思表示才能对其产生约束力。再次是要约必须向希望缔约的对象发出。一般情况下，要约的相对人是特定的，以便为接受承诺和订立合同作出安排。但是根据要约人的意思或是要约的内容，要约的相对人也可以是不特定的。如面向过路人的自动售货机，行驶在路上的公共交通工具，剧院、体育赛事的售票行为等，均是向不特定的相对人作出的要约。

其二，要约必须有订立合同的目的。要约一旦被接受，合同即告成立。这一特性意味着欠缺明确直接的缔约目的的意思表示，例如寻求磋商机会、邀请参加庆典等意思表示不能被视为要约。

其三，要约须表明经受要约人承诺，要约人即受该意思表示约束。换言之，要约中必须表明要约人放弃最终决定权的意思。根据"要约—承诺"模型的安排，是否与要约人订立与其要约内容一致的合同的最终决定权属于受要约人。因此，诸如招聘信息、拍卖公告、招标公告等最终决定权属于发出人的意思表示不构成要约。这里存在的问题是：如果要约人在要约中提出了保留最终决定权的内容时，该"要约"是否还能成为要约呢？此时由于要约人的意思表示不符合本条关于要约的定义，根据《民法典》第471条的规定，这种情况应当属于采取其他方式订立合同的一种情形。

其四，要约中含有合同成立的基本要素。一旦受要约人同意要约，合同即告成立，因此要约决定了合同的内容。要想订立的合同能够被履行，要约必须含有合同成立的基本要素，即《民法典》第470条规定中的必备条款。具体来说，即必须含有当事人、标的条款，在合同具体权利义务需要通过数量加以确定时，还需要包含数量条款。其他不影响合同成立的基本条款可以通过后续的协商或根据《民法典》第510条、第511条的规定加以确定。要约中没有包含合同必要条款的，应当视为要约邀请。

> **第四百七十三条** 要约邀请是希望他人向自己发出要约的表示。拍卖公告、招标公告、招股说明书、债券募集办法、基金招募说明书、商业广告和宣传、寄送的价目表等为要约邀请。
>
> 商业广告和宣传的内容符合要约条件的，构成要约。

【要义精解】

本条是关于要约邀请的规定。

要约邀请是指希望他人向自己发出要约的表示。当事人作出要约邀请的意思表示，可以唤起相对人的要约意识，以期待其向自己发出要约，从而将最终是否成立合同的决定权留给自己。在司法实践中，区分一个与订立合同有关的意思表示到底是要约还是要约邀请是具有重要意义的。在相对人对其收到的意思表示进行了承诺，但要约人却主张合同没有在双方之间成立时，必须对相对人作出承诺的对象是否是要约进行判断。如果是要约，则合同成立；如果是要约邀请，则合同不成立。由于经济活动的多样性和缔约过程的复杂性，本条关于要约邀请的概念的规定并未给出一个一般的规则，事实上也无法对要约邀请的构成要件进行归纳，于是本条将现实生活中常见的容易与要约相混淆的要约邀请进行了罗列。

一、拍卖公告

拍卖是一种特殊买卖方式。一般认为，在拍卖活动中，竞买人的出价为要约，拍卖人击槌（或者以其他方式）拍定为承诺。拍卖人在拍卖前刊登或者以其他形式发出拍卖公告、对拍卖物的宣传介绍或者宣布拍卖物的价格等，都属于要约邀请。

二、招标公告

所谓招标是指招标人采取招标通知或者招标公告的方式，向不特定的人发出，以吸引投标人投标的意思表示。所谓投标是指投标人按照招标人的要求，在规定的期限内向招标人发出的包括合同全部条款的意思表示。对于招标公告或者招标通知，一般都认为属于要约邀请，不是要约。而投标是要约，招标人选定中标人，为承诺。英美法系国家也认为招标属于要约邀请，但认为招标有一定的法律意义，因为招标中对有关合同条件的说明，对达成协议的双方都具有拘束力。

三、招股说明书

招股说明书是股份有限公司在公司设立时由公司发起人向社会公开募集股份时或者公司经批准向社会公开发行新股时，向社会公众公开的说明文书。其目的是让社会公众了解发起人或者公司的情况和认股人自己所享有的权利和承担的义务。招股说明书是向社会发出的要约邀请，邀请公众向公司发出要约，购买公司的股份。认股人认购股份，为要约；公司卖出股份，为承诺，买卖股份的合同成立。但是，如果发起人逾期未募足股份的情况下，则依法失去承诺的权利，认股人撤回所认购的股份。招股说明书是要约邀请，但并非一般的要约邀请，是具有法律意义的文件。

四、债券募集办法、基金招募说明书

债券募集办法是企业为了筹集资金，依据法律、法规的规定，以及中国证监会对本期债券的核准，对拟发行债券的基本情况如债券名称、发行总额、期限、利率、发行方式、发行对象、信用级别、担保等进行披露的文书。基金招募说明书是基金发起人按照国家有关法律、法规制定的并向社会公众公开发售基金时，为基金投资者提供的、对基金情况进行说明的一种法律性文件。它们作为投资人向企业、基金发起人作出要约的参考和重要依据，其性质与招股说明书相似。

五、商业广告和宣传

商业广告是指商品经营者或者服务提供者承担费用、通过一定的媒介和形式直接或间接地介绍自己所推销的商品或者所提供的服务的广告。商业广告以及不具备商业广告形式的其他宣传方式的目的在于宣传商品或者服务的优越性，并以此引诱顾客购买商品或者接受服务。对于商业广告和宣传，一般认为是要约邀请，但是根据本条第 2 款的规定，商业广告和宣传的内容符合要约条件的，即内容中表明一经承诺即受拘束的意思的，构成要约。

六、寄送的价目表

寄送的价目表，无论在大陆法系国家还是在英美法系国家，都认为是要约邀请。根据对要约构成要件的分析，价目表仅指明什么商品、什么价格，并没有指明数量，对方不能以"是"或者"同意"等肯定词语答复成立合同，自然不符合作为要约的构成要件，只能视作要约邀请。[1]

---

[1] 胡康生主编：《中华人民共和国合同法释义》（第 3 版），法律出版社 2013 年版。

第四百七十四条　要约生效的时间适用本法第一百三十七条的规定。

【要义精解】

本条是关于要约生效时间的规定。

要约具备了法律规定的要件后，就会发生法律效力。但是其究竟何时生效，则需要本条作出具体的规定。作为一种希望和他人订立合同的意思表示，根据本条的规定，要约的生效时间适用《民法典》第137条关于意思表示生效时间的规定，即以对话方式作出的要约，相对人知道其内容时生效。以非对话方式作出的要约，到达相对人时生效。以非对话方式作出的采用数据电文形式的要约，相对人指定特定系统接收数据电文的，该数据电文进入该特定系统时生效；未指定特定系统的，相对人知道或者应当知道该数据电文进入其系统时生效。当事人对采用数据电文形式的要约的生效时间另有约定的，按照其约定。

由此可见，《民法典》规定的要约生效时间根据是否以对话方式作出的而有所不同。通过对话作出的要约的生效时间采了解说，即以相对人通过感官交接领会了要约的内容时该要约方得生效。而以非对话方式作出的要约则采到达说，即以要约到达相对人为要约生效的时间，这也是大陆法系诸多国家民法典以及国际公约所采纳的学说。

【对照适用】

本法吸取了原《合同法》的有益规定，并与时俱进地进一步细化了关于以非对话方式作出的采用数据电文行使要约的生效时间的规定，尤其是明确了数据电文形式的要约的生效时间可以由当事人在其他合同中另行约定。此外，要约作为意思表示的一种，《民法典》将要约的生效时间并入了总则编意思表示的生效时间一并加以规定，突显了《民法典》的体系性。

第四百七十五条　要约可以撤回。要约的撤回适用本法第一百四十一条的规定。

【要义精解】

本条是关于要约撤回的规定。

要约的撤回是指在要约发生效力之前，要约人希望阻止其发生效力的意思表示。无论要约是否可以撤销，在其生效之前，要约人可以自由地改变想法，或是撤回后根本取消要约，或是修改内容后重新发出。正如科宾所言，当一方当事人向他方作出订立合同的要约时，他便设立了他方的承诺权。然而，他也保留了收回的权利。即使要约人在提出自己的要约时，已经明确地给受要约人指定了承诺期间，或者说要约将在一定期间内保持有效，这个要约仍然可以依照要约人的意思予以撤回。[1]

根据本条的规定，要约作为意思表示的一种，它的撤回适用《民法典》第 141 条关于意思表示撤回的规定，即要约人可以撤回要约。撤回要约的通知应当在要约到达相对人前或者与要约同时到达相对人。根据本条规定的精神，要约可以自由撤回，但是仅仅可以在要约生效前撤回。要约生效后则涉及撤销问题，不能再适用本条关于要约撤回的规定。

【对照适用】

本条在内容上吸取了原《合同法》的有益规定。要约的撤回作为意思表示的一种，本法将要约的撤回并入了总则编，对意思表示的撤回一并加以规定，体现了《民法典》的体系性。

> **第四百七十六条　要约可以撤销，但是有下列情形之一的除外：**
> **（一）要约人以确定承诺期限或者其他形式明示要约不可撤销；**
> **（二）受要约人有理由认为要约是不可撤销的，并已经为履行合同做了合理准备工作。**

【要义精解】

本条是关于要约撤销的规定。

要约的撤销是指要约人在要约发生效力之后、受要约人发出承诺之

---

〔1〕【美】A.L. 科宾：《科宾论合同》（一卷版）（下册），王卫国等译，中国大百科全书出版社 1998 年版，第82 页。

前，取消要约的行为。要约的撤销与要约的撤回最主要的不同在于作出意思表示的时间节点不同：要约的撤回发生在要约生效之前，而要约的撤销发生在要约生效之后。所以要约撤回的通知必须在要约到达之前或与要约同时到达受要约人。

一、要约人以确定承诺期限或者其他形式明示要约不可撤销

本项规定了不可撤销要约的客观要件，即对不可撤销要约的内容要求。按照本项的规定，要约中规定了承诺期限，则该要约就是不可撤销的。如"本要约确定，10 日内有效"。除了确定承诺期限之外，要约人还可以以其他形式明示要约不可撤销。这种明示可以用不同的形式作出，最直接和最清楚的方式是由要约人在要约中作一个有效的声明，例如，"我们将受到我们作出的要约的拘束，直到收到你方回复"。另外，还可以从要约人的其他表示或者行为推断出来，但是推断依据必须足够明显地表达出要约不可撤销的意思。例如，要约人在要约中坚持要求受要约人予以答复，并多次催促受要约人。

二、受要约人有理由认为要约是不可撤销的，并已经为履行合同做了合理准备工作

本项规定了不可撤销要约的主观要件，即对受要约人的合理信赖以及受要约人出于这种信赖所进行的付出的保护。根据《民法典》规定的诚实信用和公平原则，受要约人的信赖可以源于要约人本身、要约人的行为，也可以源于要约本身的内容和性质。比如，要约人口碑一直很好，是大型央企；受要约人与要约人曾经进行过数次成功的商业往来；因标的的特殊性从而对要约人设置了准入门槛或专门程序等。

由于某些合同或是因为标的物结构复杂，或是因为相关领域信息封闭等原因，受要约人在决定作出承诺之前即需要付出较大的成本为订立合同或是为履行即将订立的合同做准备。例如，要约人向某造船厂发出定制一艘货轮的要约，造船厂在承诺前需要根据设计图纸继续向其他几百家公司发出定制配件的要约，大体确定有能力承建，并初步核算造价后才会作出承诺，答应建造。又例如，向某一新产品投资的要约，投资人在作出承诺之前需要委托专门公司在相关领域内进行广泛的、费用昂贵的市场调研以确定该产品的盈利前景。

需要注意的是，首先，并非所有受要约人为履行合同做了准备工作的要约都是不可撤销的，裁判者还需要对准备工作的数量和质量进行评价，准备工作须合理，心理准备等几乎无法体现的准备工作，或是明显超出要约人合理预见的准备工作均不能认为是合理的准备工作。其次，即使受要约人的准备工作被认为是合理的，本项前半句即"有理由认为要约是不可撤销的"仍然需要进行检讨。不能一旦受要约人为履行合同做了合理准备工作就认为要约是不可撤销的，因为缔约过失责任所赔偿的范围有一项就是在合同未成立时因对方的合理信赖而导致的损失，如果所有受要约人为履行合同做了合理准备的承诺均不可撤销，那么这种缔约过失责任也就不存在了。

【对照适用】

本条在内容上将原《合同法》第18条、第19条的内容进行了整合，在进行了适当的精简后，在原文"为履行合同作了准备工作"的基础上，增加了"合理的"修饰语。在裁判者依据本条规定判断要约是否可撤销时，对自由裁量权的行使进行了引导和规范。

> **第四百七十七条**　撤销要约的意思表示以对话方式作出的，该意思表示的内容应当在受要约人作出承诺之前为受要约人所知道；撤销要约的意思表示以非对话方式作出的，应当在受要约人作出承诺之前到达受要约人。

【要义精解】

本条是关于撤销要约生效时间的规定。

撤销要约的意思表示需要在作出承诺之前生效才具有意义。因为承诺一旦作出，合同就宣告成立了。根据本条的规定，撤销要约的意思表示的生效时间根据是否以对话方式作出的而有所不同。以对话方式作出的，生效时间采了解说，即以相对人通过感官交接领会了撤销要约的内容时该意思表示方得生效。而以非对话方式作出的撤销要约意思表示则采到达说，即以到达相对人为撤销要约的意思表示生效的时间。这一规定与《民法典》所规定的要约生效的时间形成了一致对应的关系。《民法典》规定，以对话方式作出的要约，相对人知道其内容时生效；以非对话方式作出的要约，到达相对人时生效。

【对照适用】

本条在内容上与原《合同法》第18条相比，区分了以对话方式作出和非对话方式作出的撤销要约的意思表示，这一规定除了在形式上与要约生效时间的规定一致以外，还具有现实意义。例如，某甲拟通过视频通话的方式向某乙作出撤销要约的意思表示，但是在说话时因信号问题产生了卡顿，卡顿结束后收到了某乙的承诺。某乙在作出承诺后知道了某甲撤销要约的意思表示。此时按照原《合同法》第18条的规定，某甲的要约已经依法撤销，因为他在某乙承诺前即开始向其进行撤销要约的通知。但是根据本条的规定，由于某乙还没有知道某甲的撤销要约的意思表示，其当然可以进行承诺。此时合同成立，某甲撤销要约的意思表示不生效。

> **第四百七十八条　有下列情形之一的，要约失效：**
> **（一）要约被拒绝；**
> **（二）要约被依法撤销；**
> **（三）承诺期限届满，受要约人未作出承诺；**
> **（四）受要约人对要约的内容作出实质性变更。**

【要义精解】

本条是关于要约失效的规定。

要约的失效，也可以叫做要约的消灭或者要约效力的终止。失效的要约不再具有法律效力，要约人不再受其约束，不再负担接受承诺的义务，受要约人亦不再有作出承诺以成立合同的权利。本条规定了要约失效的几种情形。从作出本条规定的四种行为的主体来看，可以将要约失效的原因分为三类，即因要约人导致的要约失效、因受要约人导致的要约失效以及承诺期限届满。具体来说：

首先，在受要约人作出承诺之前，要约人可以按照本编的规定撤销要约，要约被撤销的，自然失效，此处不再赘述。

其次，在要约人无意撤销承诺时，受要约人拒绝承诺，则要约失效。根据本条的规定，受要约人未承诺可以进一步区分为三种情形，即受要约人拒绝了要约，受要约人对要约作出了实质性变更，受要约人在期限届满后未作出承诺。

受要约人拒绝要约的方式在现实生活中主要有三种，他既可以向要约人明确作出拒绝要约的意思表示，或用其行为表示拒绝作出承诺，例如就相同标的与他人达成了合同。也可以对要约置之不理，或既没有说明接受要约，也没有明确拒绝要约，也没有明确提出反要约，而是在给要约人的回复中仅仅表示了，例如价格有无降低的可能，是否可以分期付款，是否能提前交货等内容。后续直至承诺期限届满仍无其他回应。还可以对要约提出一些不同的条件，不同意要约的部分内容，从而对要约的内容进行了实质性变更，即以反要约的方式拒绝原要约。

再次，当要约人无意撤销要约，且受要约人也无意拒绝承诺时，要约还可能单纯因承诺期限届满而失效。承诺期限是要约人受到其要约拘束的期间，期间届满的，要约当然失效，此时受要约人向要约人作出的承诺视为新的要约。承诺期限可以是被明确规定在要约中，也可以是按照通信速度、要约内容、受要约人的能力、行业习惯等综合确定的合理期限。

第四百七十九条　承诺是受要约人同意要约的意思表示。

【要义精解】

本条是关于承诺定义的规定。

所谓承诺，是对要约的完全接受，是指受要约人向要约人发出的无条件同意接受要约的全部内容，并决定以要约的内容与要约人订立合同的意思表示。要约人作出承诺是合同得以成立的决定性标志，除了法律另有规定或者当事人另有约定的情况外，符合生效条件的承诺作出后合同即告成立。此时的要约即从一个对受要约人没有任何拘束力的意思表示变成了一个对双方均有拘束力的合同。

简单而言，一个具有法律效力的承诺应当具备以下几个条件：由受要约人作出；在承诺期限内作出；内容与要约的内容相吻合向要约人作出。

作出承诺的人必须是受要约人。因为只有受要约人才被要约人赋予了作出承诺的权利，而与这种权利相对应的即是要约人的这样一种义务：他必须接受受要约人行使的承诺，并且受到因行使承诺权而成立的合同的约束。因此，具有这种权利的人必须是受要约人。当然，除了受要约人本人之外，其代理人也有权作出承诺。而向非特定人发出的要约，任何接受要约条件的人均有权作出承诺。

> **第四百八十条** 承诺应当以通知的方式作出；但是，根据交易习惯或者要约表明可以通过行为作出承诺的除外。

【要义精解】

本条是关于承诺方式的规定。

承诺方式是指受要约人向要约人作出承诺的意思表示所采取的方式。有效的承诺一经作出，即可使得合同成立。而以何种方式才能作出有效承诺则关系到合同是否因此成立这一重要问题，因而必须加以规定。按照本条的规定，承诺应当以通知的方式作出，特定情况下可以通过行为作出。

所谓通知的方式，是以口头或者书面的形式向要约人明确作出承诺的意思表示。这也是本条规定受要约人作出承诺的通常形式。在法律没有特别规定或当事人之间没有特别约定或者存在共同遵守的习惯时，以口头形式作出承诺即可。

所谓行为的方式，又称为默示的方式，即受要约人尽管没有通过书面或者口头方式明确表达其意思，但是通过实施一定行为的形式作出了承诺。只有根据交易习惯或者要约、当事人之间达成的其他合同的约定等表明允许通过行为作出承诺的，才可以以行为作出承诺的意思表示。日常生活中存在大量以行为作出承诺而订立的合同。例如，顾客在菜摊前询价后将挑选的菜交给摊贩称重，通过将菜交给摊贩这一行为作出了承诺，这是买菜的交易习惯所允许的。所谓的行为通常是指履行的行为，因为通常而言，履行合同的行为才可以在缺乏明确意思表示的情况下作为表明合同已经成立的标志。比如甲通过微信向乙借款，乙未回复但直接将相应款项通过微信转账给甲。

沉默是不作任何表示，与默示不同，默示不是明示但仍然是表示的一种方法，通过行为作出承诺即为默示的一种。原则上，沉默不能构成承诺。因为要约仅赋予受要约人权利，而不能给其附加任何义务，因此，受要约人有权不理会要约从而保持沉默。而沉默可能意味着受要约人对要约的不知晓、不理解或是不接受，正是由于沉默这种不确定性，各国法均规定，沉默不构成承诺。但是在确定这一原则的同时，各国法律或者是判例又承认着一些例外。例如《民法典》第140条第2款规定："沉默只有在有法律规定、当事人约定或者符合当事人之间的交易习惯时，才可以视为意思表示。"如果没有法律规定和当事人的约定，也没有习惯做法，而仅仅由要约人在要约中表明如果不答复就视为承诺是不可取的。因为要约不能给受要约人附加任何的义务。除了《民法典》第140条规定的情形外，受要约人事先对要约人声明自己的沉默构成承诺的，承诺也可以以沉默的形式作出。

如果要约人在要约中规定承诺需用特定方式的，承诺人作出承诺时，必须符合要约人规定的承诺方式。即使是这种要求的方式在一般人看来是很特别的，只要不为法律所禁止，那么受要约人也必须遵守。

第四百八十一条 承诺应当在要约确定的期限内到达要约人。

要约没有确定承诺期限的，承诺应当依照下列规定到达：

（一）要约以对话方式作出的，应当即时作出承诺；

（二）要约以非对话方式作出的，承诺应当在合理期限内到达。

【要义精解】

本条是关于承诺到达时间的规定。

要约的作出使得要约人受到要约内容的拘束，但是这种拘束是有时间限制的，这个时间限制就是要约人在要约中确定的承诺期限，也即本条中所规定的"要约确定的期限"。超出承诺期限到达要约人的，承诺无效。

在要约中没有确定承诺期限的，要约人也并非将要一直受到要约的拘束，根据本条的规定，以对话方式作出的口头要约，承诺也应当即时作出。如果当时不立即表示接受，则在谈话结束后，该项口头要约即不复存在，要约人亦不再受到要约的拘束。除非要约人在对话中表明可以不必立即答复，或受要约人感到难以立即作出承诺，请求要约人给出一定时间考虑，要约人表示同意。

以非对话方式作出的要约中没有明确承诺期限的，承诺应当在合理期限内作出并到达要约人。这种合理期限必须是通常情况下可预期到达的时间。包括要约和承诺的在途期间和供受要约人考虑和准备的必要时间。合理期限应当按照通信速度、要约内容、受要约人的能力、行业习惯等予以综合确定。在实务中通常在上述必要时间之外加以适当的宽限，以促进交易并促使要约人在要约中明确承诺期限，更加理性地设定其权利义务。

第四百八十二条　要约以信件或者电报作出的，承诺期限自信件载明的日期或者电报交发之日开始计算。信件未载明日期的，自投寄该信件的邮戳日期开始计算。要约以电话、传真、电子邮件等快速通讯方式作出的，承诺期限自要约到达受要约人时开始计算。

【要义精解】

本条是关于承诺期限起算时点的规定。

根据《民法典》第481条的规定，承诺须在承诺期限内到达要约人。而未明确承诺期限的，也需要根据各种因素综合确定一合理期限以作为承诺期限。而判断一个承诺是否超出承诺期限，则必须对承诺期间起算时点加以规定。

与要约须受要约人理解其意思或到达受要约人处方得生效不同，以信件或是电报作出的要约的承诺期限的起算时点是从电报的交发日期开始计算，信件未载明日期的，则自投寄该信件的邮戳日期开始计算，此时承诺期限还包含了要约的在途时间。在这种情况下，即使要约人确定了一个明显不合理的承诺期限，以至于受要约人收到承诺时承诺期限即届满或即将届满，此时除非要约人及时通知受要约人其作出的承诺有效，否则根据《民法典》第481条的规定，也应当认为承诺因未在承诺期限内作出而告无效，不能以要约中确定的承诺期限过短为由，视为没有确定，从而人为地另行确定一合理期限。因为确定合理期限的前提是要约中没有确定承诺期限。承诺期限代表了要约人愿意受到其要约拘束的时限，不同于合同履行期限，承诺期限内的要约人仅有接受承诺的义务而并无相应的权利，故承诺期限是要约人理性和意思自治的重要体现，不能由非要约人以外的意志加以补充。在确定的承诺期限过短且要约人对逾期的承诺没有表示时，应认为这是要约人欠缺缔约意思，向受要约人发出的无意义的玩笑。

而要约以电话、传真、电子邮件等快速通讯方式作出的，由于收发同步，所以在途期间可以忽略不计，此时承诺期限自要约到达受要约人时开始计算。

第四百八十三条　承诺生效时合同成立，但是法律另有规定或者当事人另有约定的除外。

【要义精解】

本条是关于承诺生效后果的规定。

除法律另有规定或者当事人另有约定之外，以要约、承诺方式订立的合同，自承诺生效时合同成立。承诺作为承诺人同意要约的意思表示，承诺生效也就意味着订立合同过程的完结，同时也因为这一过程在双方之间达成了一致的意思表示，合同也因此而成立。这就是生效的承诺所达成的后果。承诺生效之时，就是合同成立之时。

承诺生效时合同成立，这是最大量、最普遍的方式。但合同成立还有其他方式。传统上还有三种方式，一是交叉要约，二是同时表示，三是意思实现。

除此之外，法律对部分合同的成立时点有特殊规定，不以承诺的生效为成立时点。例如《民法典》第586条规定，定金合同自实际交付定金时成立。当事人也可以对合同成立的标志或者时点另行达成约定。

《民法典》第490条、第491条还规定了三个合同成立的特殊时点。第一，当事人采用合同书形式订立合同的，自当事人均签字、盖章或者按指印时合同成立。在签字、盖章或者按指印之前，当事人一方已经履行主要义务，对方接受时，该合同成立。法律、行政法规规定或者当事人约定合同应当采用书面形式订立，当事人未采用书面形式但是一方已经履行主要义务，对方接受时，该合同成立。第二，当事人采用信件、数据电文等形式订立合同要求签订确认书的，签订确认书时合同成立。第三，当事人一方通过互联网等信息网络发布的商品或者服务信息符合要约条件的，对方选择该商品或者服务并提交订单成功时合同成立，但是当事人另有约定的除外。

【对照适用】

本条规定与原《合同法》第25条相比，增加了"法律另有规定或者当事人另有约定的除外"的规定，在表述上更加全面、严谨。在法律另有规定或者当事人另有约定时，合同不因为承诺的生效而成立，有可能承诺尚未生效而合同则告成立，也可能是承诺即使生效合同也不成立，还可能是合同以无须承诺的其他方式成立。

> **第四百八十四条** 以通知方式作出的承诺,生效的时间适用本法第一百三十七条的规定。
>
> 承诺不需要通知的,根据交易习惯或者要约的要求作出承诺的行为时生效。

【要义精解】

本条是关于承诺生效时间的规定。

除了法律另有规定或者当事人另有约定的,承诺一经生效,合同即告成立。因此,在绝大部分情况下承诺生效的时间等同于合同成立的时间,当事人则从此时开始享有合同权利、承担合同义务。此外在司法实践中,合同成立的时间又与合同订立的地点密切相联,后者则直接确定了与法院管辖以及法律的选择适用。所以确定承诺生效的时间非常重要。

根据《民法典》的规定,承诺一般应当以通知的方式作出,只有在交易习惯或者要约允许时,才可以通过行为作出。相应地,本条以承诺是否以通知作出为区分标志,分别规定了承诺的生效时间。

以通知方式作出的承诺,生效时间适用《民法典》第137条关于意思表示生效时间的规定,即以对话方式作出的承诺,相对人知道其内容时生效。以非对话方式作出的承诺,到达相对人时生效。以非对话方式作出的采用数据电文形式的承诺,相对人指定特定系统接收数据电文的,该数据电文进入该特定系统时生效;未指定特定系统的,相对人知道或者应当知道该数据电文进入其系统时生效。当事人对采用数据电文形式的承诺的生效时间另有约定的,按照其约定。不需要通知,而是根据交易习惯或者要约的要求通过行为作出的承诺,承诺自作出承诺行为时生效。因为绝大多数通过行为作出的承诺,其行为都是与履行合同密切相关的,或者是履行合同的必要准备,或者根本就是履行行为。因此,行为一旦作出即视为承诺生效,在双方之间成立合同。否则,若采取到达主义或是了解主义,对作出承诺行为的受要约人显然是不公平的。

【对照适用】

本条规定与原《合同法》第26条相比,在保留了以承诺是否以通知方式作出作为区分标志的表述方法外，将相应内容并入了总则编第137条的规定。除了在内容上较原《合同法》更为全面、先进之外，更体现了《民法典》的体系化。

第四百八十五条　承诺可以撤回。承诺的撤回适用本法第一百四十一条的规定。

【要义精解】

本条是关于承诺撤回的规定。

承诺的撤回，是指在承诺人阻止承诺发生效力的意思表示。根据《民法典》第483条的规定，一般来说，承诺一旦生效，合同即告成立，此时自无撤回的余地。

根据本条的规定，承诺作为意思表示的一种，它的撤回适用《民法典》第141条关于意思表示撤回的规定，即受要约人可以撤回承诺。撤回承诺的通知应当在承诺到达相对人前或者与承诺同时到达相对人。根据本条规定的精神，承诺可以自由撤回，但是只能在承诺生效前撤回。承诺生效后，除了法律另有规定或者当事人另有约定以外，合同即告成立，双方的权利义务关系已经被合同所固定下来，此时撤回承诺即无从谈起了。因此，承诺也不涉及撤销问题，合同成立后，除了法律规定的无效或者可撤销的情况外，任何单方面反悔的行为都视为对合同约定的违反。

【对照适用】

本条在内容上吸取了原《合同法》的有益规定。承诺的撤回作为意思表示的一种，《民法典》将承诺的撤回并入了总则编，对意思表示的撤回一并加以规定，体现了《民法典》的体系性。

第四百八十六条　受要约人超过承诺期限发出承诺，或者在承诺期限内发出承诺，按照通常情形不能及时到达要约人的，为新要约；但是，要约人及时通知受要约人该承诺有效的除外。

【要义精解】

本条是关于逾期承诺的规定。

本条规定的逾期承诺，是指未在要约期限内作出承诺，也包含了承诺期即将届满，按通常情形承诺已经不能及时到达要约人的情况。各国法均将逾期承诺视为受要约人向原要约人发出的新的要约。因为此时要约已经因为受要约人超过承诺期限未作出承诺而失效，而那些不抱期望能够及时到达要约人的临期承诺则被视为未作出承诺。这背后的原因是各国法均认为逾期承诺是受要约人的主观意志所导致的，故应由其承担承诺权消灭的风险。但事实上，逾期承诺也可能是由于要约人规定的承诺期限太短所导致，但是在大部分情况下，一个诚信并且善良的要约人从顺利缔约的角度出发，总会规定一个合理的承诺期限以供受要约人作出决定。

【对照适用】

与原《合同法》第28条的规定相比，本条规定增加了"或者在承诺期限内发出承诺，按照通常情形不能及时到达要约人的"内容，以作为受要约人超过承诺期限发出承诺的补充情况，在内容上更加严谨。

> **第四百八十七条** 受要约人在承诺期限内发出承诺，按照通常情形能够及时到达要约人，但是因其他原因致使承诺到达要约人时超过承诺期限的，除要约人及时通知受要约人因承诺超过期限不接受该承诺外，该承诺有效。

【要义精解】

本条是关于承诺迟到的规定。

承诺迟到是指受要约人在承诺期限内发出了承诺，该承诺如无意外能够及时到达要约人，但却由于受要约人意志以外的原因未能在承诺期限内到达要约人。在这种情况下，根据《民法典》的规定，要约人负有不接受该承诺的通知义务。这一规定的目的在于保护尽到善良注意义务的受要约人，一个诚信、善良、能及时作出承诺并对合同得以成立怀有合理期待的受要约人不应承担合同无法缔结的风险。而要约人如果怠于履行其拒绝接受承诺的通知义务，则将受到本应失效的要约的重新拘束。例如，甲在给乙发出的要约中明确，承诺期限截止到4月30日，通常邮政传递到甲需要5天，乙于4月20日通过邮局寄出载有承诺的信件，但因邮局内部管理漏洞，导致信件在途中某一中转站中丢失，后来被工作人员发现并于5月20

日寄到甲处。乙的承诺虽然迟到，但根据本条规定仍然有效，除非甲及时通知乙拒绝接受他的承诺。本条规定与大陆法系其他国家、《国际商事合同通则》《联合国国际货物销售合同公约》的相关规定相一致。

第四百八十八条　承诺的内容应当与要约的内容一致。受要约人对要约的内容作出实质性变更的，为新要约。有关合同标的、数量、质量、价款或者报酬、履行期限、履行地点和方式、违约责任和解决争议方法等的变更，是对要约内容的实质性变更。

【要义精解】

本条是关于承诺内容的规定。

"实质性变更"这一概念的内涵因为不够清晰从而常常引起人们的争论，即使是提出这一概念的美国也没有抽象作出一种普遍性的规则，而是认为，一种变更是否为实质性变更需要由法院根据案件的具体情况加以自由裁量。本条以列举的方式对何为实质性变更进行了规定。有关合同标的、数量、质量、价款或者报酬、履行期限、履行地点和方式、违约责任和解决争议方法等的变更，是对要约内容的实质性变更。这一列举的内容均为《民法典》第470条规定的合同主要条款。这一列举具有提示作用，实质性变更不限于所列各项，而本条所列的实质性条款也并非对任一具体合同必然构成实质性改变，还须就个案的具体情况进行具体分析。

下列变更不应认为构成实质性的变更。

第一，对于要约中没有规定的但为合同的履行所必需的补充性条件，而该条件按一般的公平的理念能被认为是合理的。例如，要约中没有规定运输工具，受要约人在承诺的同时补充"以最合理和方便的运输工具运输"的条件，就不构成对要约内容的实质性变更。

第二，对要约中没有规定的法定义务进行重述。例如，甲向乙发出出卖家具的要约，乙对之进行承诺的同时，补充道："甲应保证其交付的家具与说明书上同等的质量并对于家具的瑕疵负担保责任。"这种附加也同样不构成对要约内容的实质性变更。

第三，承诺中含有对要约中规定的条件的抱怨。美国学者柯宾指出，承诺的表示不因为有"抱怨"的事实而失去其明确性和无条件性。下面的措辞应该是有效的："我接受你的开价，不过，我觉得你的开价太狠了点。"这叫做"嘟嘟囔囔的同意"[1]。

> **第四百八十九条** 承诺对要约的内容作出非实质性变更的，除要约人及时表示反对或者要约表明承诺不得对要约的内容作出任何变更外，该承诺有效，合同的内容以承诺的内容为准。

【要义精解】

本条是关于承诺非实质变更要约内容后果的规定。

原则上，承诺与要约的内容应当完全一致。而当承诺对要约的内容作出非实质性变更的，承诺原则上也是有效的，双方当事人之间成立以承诺为内容的合同。除非要约人及时表示反对，或者要约完全排除了承诺人对要约的内容作出变更的权利。我国法律的这一规定，首先是减少了交易的成本，避免了"要约—反要约—再要约"这样的拉锯战，动辄任何变动就构成反要约，将承诺的内容在有限度的范围内放宽；其次是促成合同的订立，鼓励了交易；再次则使得合同通过承诺人的补充完善，内容更加明确，有助于培养当事人的理性和纠纷的解决。同时，为利益平衡考虑，也赋予了要约人反对和排除非实质性变更的权利。

> **第四百九十条** 当事人采用合同书形式订立合同的，自当事人均签名、盖章或者按指印时合同成立。在签名、盖章或者按指印之前，当事人一方已经履行主要义务，对方接受时，该合同成立。
>
> 法律、行政法规规定或者当事人约定合同应当采用书面形式订立，当事人未采用书面形式但是一方已经履行主要义务，对方接受时，该合同成立。

【要义精解】

本条是关于采用合同书形式订立的合同何时成立的规定。

《民法典》第483条规定，承诺生效时合同成立，但是法律另有规定或者当事人另有约定的除外。以合同书形式订立合同的成立时间即为《民

---

[1] 【美】A. L. 柯宾：《柯宾论合同》（一卷版）（下册），王卫国等译，中国大百科全书出版社1998年版，第172页。

法典》关于合同成立时间的一项特别规定。

虽然以合同书形式订立的合同的成立时间以当事人的签名、盖章和按指印等外部形式作为标志，但这并不意味着《民法典》放弃了对当事人内在真实意思的追求。一个本应以合同书形式订立的合同，可能当事人在签章之前已经达成了一致的意思表示，而仅仅因为没有签名盖章，就认定合同不成立，则可能违背当事人的真实意思，从而产生不公平。而要想认定一个尚未签章的合同已经提前成立，则必须存在一个比签章的证明力更强的行为以推翻合同尚未成立的推定。这一行为即是履行。当事人一方已经按照合同的约定履行了主要义务，对方也表示了接受，当然是合同已经成立的铁证。因此，在应当采用合同书形式订立合同时，在签名、盖章或者按指印之前，当事人一方已经履行主要义务，对方接受的，合同自对方接受时成立。法律、行政法规规定或者当事人约定合同应当采用书面形式订立，当事人未采用书面形式但是一方已经履行主要义务，对方接受时，合同也自接受履行时成立。

这里的接受可以采取明示的方式，也可以采取默示的方式。只要在对方履行时或知悉对方的履行后没有及时明确地表示拒绝，则合同均告成立。权利人也可以以合同并未成立为由拒绝对方的履行。

【对照适用】

本条的规定是对原《合同法》第32条、第36条、第37条的整合和细化。在内容上对当事人签订合同的方式规定得更为细致，增加了按指印这一方式。将原《合同法》中"对方接受的，该合同成立"的表述，改为"对方接受时，该合同成立"，一字之差，使得合同成立时间更加明确。而通过对原《合同法》三条不连续的法条的整合，形成了关于以合同书形式订立合同的成立时间的一个明确规定，从而能够更方便地适用相关规定，不致因疏忽而未找到相应分散各处的内容。

第四百九十一条 当事人采用信件、数据电文等形式订立合同要求签订确认书的，签订确认书时合同成立。

当事人一方通过互联网等信息网络发布的商品或者服务信息符合要约条件的，对方选择该商品或者服务并提交订单成功时合同成立，但是当事人另有约定的除外。

【要义精解】

本条是关于要求签订确认书的合同以及互联网订单合同何时成立的规定。

根据本条的规定，合同确认书的签订标志着合同的成立。在国际商业实践中，当事人通过信件、电报、电传等方式达成协议而要求签订确认书的情形非常普遍。一般的规则是：要约方要求签订确认书的，应当于其要约同时提出，或者在其有权撤回要约的期限内送达受要约人。受要约方提出签订确认书的，也应当在答复原要约的同时，或者在其有权撤回答复的期限内送达原要约人。除要求签订确认书的一方明确表示以其一方确认和签字为准的以外，确认书应当由双方签字。双方隔地签订确认书的，经签字的确认书相互送达后合同方为成立。[1]值得注意的是，当事人要求签订合同确认书的，仅当在承诺生效前提出时，合同确认书的签订方可作为合同成立的标志。如果在承诺生效后提出，合同已经成立，合同确认书仅剩下了确认相应内容的合同已经成立的作用。

本条第2款的规定与《电子商务法》第49条第1款的规定在内容上具有一致性。当事人一方通过互联网等信息网络发布的商品或者服务信息符合要约条件的，以对方提交订单成功时作为合同成立的时间。提交订单的行为，意味着承诺方同意以互联网上的商品或者服务提供方标明的价格来换取相应的产品或服务，并提供提交订单的行为将承诺通过网络送达给要约方。因而提交订单在此类合同中，最能够体现承诺生效的特点，而且该行为能够被系统所记录，因而为本条规定为一般情况下此类合同成立的标志。本条还规定，当事人可以就合同成立的时间进行另行的约定，但是在目前的实践中，这种约定主要是网络上商品或者服务的提供方以格式合同的方式进行单方面的声明，对方当事人只要想购买其产品或者服务，就不得不接受提供方对合同成立时间的单方面主张。针对这一现象，《电子商务法》第49条第2款特别规定，电子商务经营者不得以格式条款等方式约定消费者支付价款后合同不成立；格式条款等含有该内容的，其内容无效。该规定可资借鉴。

---

〔1〕 关安平主编：《国际商法实务操作》，海洋出版社1993年版，第233页。

【对照适用】

本条第 1 款的规定将原《合同法》第 33 条进行了语言上的精练。本条第 2 款为新增规定，通过对在互联网上订立的电子合同的成立时间进行规定，以适应社会生活的发展，为解决互联网交易合同何时成立的纠纷提供了民法中明确的法律依据。

> **第四百九十二条**　承诺生效的地点为合同成立的地点。
>
> 采用数据电文形式订立合同的，收件人的主营业地为合同成立的地点；没有主营业地的，其住所地为合同成立的地点。当事人另有约定的，按照其约定。

【要义精解】

本条是关于合同成立地点的规定。

因承诺具有使当事人确定合同法律关系的效力，所以合同在何地成立，直接决定了法院的管辖权的确定以及准据法的适用问题。因此合同成立地点至关重要，特别是在国际贸易中。

一般情况下，承诺生效的地点就是合同成立的地点，而且在一般情况下，这二者是一致的。采取发信主义原则时，承诺的发出地即是合同的成立地；在采取受信主义原则时，承诺的收到地即是合同的成立地。具体而言，根据《民法典》第 484 条及第 137 条的规定，以对话方式作出的承诺，要约人知道其内容时所在的地点为合同成立地。以非对话方式作出的承诺，要约人收到时所在地为合同成立地。不需要通知，而是根据交易习惯或者要约的要求通过行为作出的承诺，承诺行为作出地即为合同成立地。

本条第 2 款对以数据电文形式订立的合同的成立地点作出了特殊规定，并没有采取以承诺生效的地点为合同成立的地点，而是以收件人的主营业地为合同成立的地点；没有主营业地的，其住所地为合同成立的地点。此款的目的是解决数据电文的收到地点问题。之所以没有规定电文进入收件人指定的特定系统，或者未指定特定系统的收件人知道该数据电文进入其系统时，系统的所在地为合同成立地，主要原因在于要处理电子商业中特有的情况，那就是，收件人收到数据电文的信息系统，或者检索到数据电文的信息系统常常是设在非收件人所在地的一个管辖区内。例如，大多数大型信息系统的存储中心所在地位于贵阳，这就意味着可能绝大多数通过数据电文订立的合同的承诺生效地都是贵阳，如果按照第1款的规定，那么贵阳将成为绝大多数通过数据电文订立合同的成立地，由此可知，本条第2款采取这一规定的出发点，是要确保一个信息系统的地点不作为决定性因素，将营业地视作合同成立地不仅更加符合交易的实际情况和人们的一般认识，而且发件人可以随时查到该地点。该款的规定只是在法律事实上确立一种不容反驳的推定，当另一项法律（如有关合同订立或法律冲突的法律）要求确定一项数据电文的收到地点时，即可使用这种推定。[1] 采取数据电文形式订立的合同，当事人也可就合同成立的地点另行约定。

第四百九十三条　当事人采用合同书形式订立合同的，最后签名、盖章或者按指印的地点为合同成立的地点，但是当事人另有约定的除外。

【要义精解】

本条是关于书面合同成立地点的规定。

根据《民法典》第490条的规定，采用合同书形式订立合同的，自当事人均签名、盖章或按指印时合同成立。因此，本条规定采用合同书形式订立合同的成立地点为最后签名、盖章或者按指印的地点。当事人也可以就合同成立的地点另作约定。如果当事人在签订合同书之前已经达成协议，如在签名、盖章或者按指印之前，当事人一方已经履行主要义务，对方接受后又协商签订合同书的，除非当事人另有约定，合同已于承诺生效时成立，承诺生效的地点为合同订立的地点，不适用本条的规定。

本条规定，也适用于双方当事人在合同成立前约定签订确认书的情况。如无特别约定，则最后在合同确认书上签名、盖章或者按指印的地点为合同成立的地点。

【对照适用】

本条的规定与原《合同法》第35条相比，具有两点改进：第一，在合同签订形式方面增加了"按指印"的方式，更加符合我国民间经济活动的实际情况；第二，明确规定了当事人可以约定合同成立的地点。

---

[1] 胡康生主编：《中华人民共和国合同法释义》（第3版），法律出版社2013年版。

> **第四百九十四条**　国家根据抢险救灾、疫情防控或者其他需要下达国家订货任务、指令性任务的，有关民事主体之间应当依照有关法律、行政法规规定的权利和义务订立合同。
>
> 依照法律、行政法规的规定负有发出要约义务的当事人，应当及时发出合理的要约。
>
> 依照法律、行政法规的规定负有作出承诺义务的当事人，不得拒绝对方合理的订立合同要求。

【要义精解】

本条是对依照国家的指令性任务和国家订货任务订立合同的规定。

随着我国改革开放不断深入，社会主义市场经济体制不断完善，市场对资源配置如今已经起到主要的作用。我国作为一个社会主义国家，国家指令性计划作为以行政手段调控经济资源的重要方式，在今天仍然具有不可或缺的作用，也是国防军工、重点建设及国家战略储备得以保障的重要手段。国家指令性计划的具体指标，由国家计委会同有关部门确定。有的重要物资的指令性计划，还要报国务院批准。

因此，对于国家下达的指令性任务和国家订货任务，必须给予充分的保障，负有要约义务的当事人，必须按照上级要求，依照有关法律、行政法规规定的条件及时准确地作出要约，而受要约的民事主体也不得以意思自治为借口拒不接受要约，拒绝落实国家下达的指令性任务或者国家订货任务。

负有发出要约义务的当事人在收到国家下达的指令性任务和国家订货任务后，必须及时发出要约。要约的内容必须合理，不得包含明显过低的价格、过短的履行期限、过多的数量等，否则负有作出承诺义务的当事人有权拒绝其不合理的订立合同的要求。

【对照适用】

本条的规定与原《合同法》第38条相比，具有两点改进：第一，将"有关法人、其他组织之间"的表述，改为"有关民事主体之间"，因为民法典总则编中已经设立了关于民事主体的详细规定，此处需要进行提取公因式的操作，使得本条规定更加精练、周延；第二，增加了后面两款，具体明确地规定了国家的指令性任务和各方民事主体的义务，各自向他们提出了明确要求，凸显了《民法典》中民事主体的平等性。

> **第四百九十五条**　当事人约定在将来一定期限内订立合同的认购书、订购书、预订书等，构成预约合同。
>
> 当事人一方不履行预约合同约定的订立合同义务的，对方可以请求其承担预约合同的违约责任。

【要义精解】

本条是关于预约合同的规定。

预约合同，是当事人就将来一定期限内订立合同达成一致意思表示而成立的合同，其形式包括认购书、订购书、预订书等。本条将含有将来缔约之意的一致意思表示明确为预约合同。

值得注意的是，被视为构成预约合同的协议，必须含有明确的当事人就将来缔约而达成的合意。因此，并非所有以认购书、订购书、预订书等名目出现的协议均构成预约合同。实践当中存在着大量的以预订书、意向书等形式签订的文件，但是其内容可能是在将来条件成熟后就本约继续深入磋商，或是未来给予对方缔约机会等，其预约内容缺乏明确的订立合同的合意，因而此时不适用本条的规定，认为构成预约合同。此外，上述关于在一定期限内订立合同的约定如果可以被视作预约合同，那么它们必须具备一个合同所成立的必要条款，即当事人和标的，绝大多数情况下还需要包含数量。

当事人一方不履行预约合同约定的订立合同义务的，对方可以请求其承担预约合同的违约责任。该违约责任的形式可以是继续履行，如强制缔约；当标的不适宜强制履行或非违约方无意令违约方继续履行合同时，其还可以请求解除合同并赔偿损失。此时赔偿损失的数额应当根据预约合同中的具体内容加以确定，在预约合同中缔约意思明确的，赔偿范围应当等同本约的履行利益。如果预约合同中没有明确的缔约意思，仅约定了诚信磋商，则赔偿范围仅包括信赖利益，如为准备缔约所付出的成本等。

【对照适用】

本条为新增规范，在内容上吸收了2012年《最高人民法院关于审理买卖合同纠纷案件适用法律问题的解释》（现已失效，以下简称《买卖合同司法解释》）第2条的规定，该条规定："当事人签订认购书、订购书、预订书、意向书、备忘录等预约合同，约定在将来一定期限内订立买卖合同，一方不履行订立买卖合同的义务，对方请求其承担预约合同违约责任或者要求解除预约合同并主张损害赔偿的，人民法院应予支持。"从而在立法上正式将符合要求的预约合意视为合同，并规定违反预约合同应当承担预约合同的违约责任。

> **第四百九十六条　格式条款是当事人为了重复使用而预先拟定，并在订立合同时未与对方协商的条款。**
>
> 采用格式条款订立合同的，提供格式条款的一方应当遵循公平原则确定当事人之间的权利和义务，并采取合理的方式提示对方注意免除或者减轻其责任等与对方有重大利害关系的条款，按照对方的要求，对该条款予以说明。提供格式条款的一方未履行提示或者说明义务，致使对方没有注意或者理解与其有重大利害关系的条款的，对方可以主张该条款不成为合同的内容。

【要义精解】

本条是关于格式条款定义及其成立条件的规定。

格式条款具有以下三个明显的特征。

第一，要约具有广泛性、持久性和细节性。所谓广泛性，是指格式条款的要约是向公众发出的，或者至少是向某一类有可能成为承诺人的人发出的；所谓持久性，是指要约一般总是涉及在某一特定时期所要订立的全部合同；所谓细节性，是指要约中包含了成立合同所需要的全部条款。[1]

第二，条款内容的不可协商性。这也是格式条款最主要的特征，即格式合同的使用者预先将自己的意志表示为文字，与之缔结合同的对方当事人只能对之表示全部接受或全部不接受，而无与之就合同的个别条款进行协商的余地。

第三，合同双方经济地位或法律地位上的不平等性。格式条款的使用者多是在经济或法律上处于较强的地位，占据了大量的资源，存在众多的缔约对象，甚至形成了法律上或者事实上的垄断，因而可以将预先由其拟

---

[1] 尹田：《法国现代合同法：契约自由与社会公正的冲突与平衡》，法律出版社 2009 年版，第121 页。

定的反映其单独意志的合同条款强加于他人。而对方只能在是否与之订立合同之间进行选择。

格式条款的使用使得条款提供方大大减少了与每个缔约人协商的时间，显著降低了个别交易成本，并加快了交易过程，提高了生产效率。格式条款是伴随着机械化大生产而出现的必然产物，而多由任意性规范组成的民法典合同编也为合同法律规范被格式条款所替代留出了空间。因此，我们必须正视格式条款的存在。但是，由于排除磋商的格式条款毕竟是对契约自由原则的背离，从而在内容上将有极大的可能导致对接受方的不公平，例如，强迫对方接受不合理的限制对方权利、免除己方义务的条款。因此，必须对格式条款的内容进行规制。

根据本条第 2 款的规定，采用格式条款订立合同的，提供格式条款的一方应当遵循公平原则确定当事人之间的权利和义务。格式条款的提供方必须向对方履行提示或者说明义务，使得对方注意到所有与其有重大利害关系的条款，如果因条款复杂或者晦涩，对方要求说明的，则必须对相关条款予以说明，直到对方表示了解。否则，对方可以主张相关未经提示或者说明的条款不成为合同的内容。

【对照适用】

本条的规定与原《合同法》第 39 条相比，首先，对第 1 款、第 2 款的位置进行了对调，先规定格式条款的定义，再规定格式条款的成立条件，更加符合逻辑。其次，关于提请注意解释说明的合同内容，将原《合同法》中的"限制其责任"改成了"减轻其责任"，用词更加精确。并增加了兜底条款"与对方有重大利害关系的条款"。这一规定有现实意义，因为一些不寻常的条款并不能归入免除或是减轻提供方责任的范畴，但是却直接影响了对方的权利。例如，格式条款规定当消费者预订的产品无法提供时，销售方有权以高出原价 5% 至 10% 的其他同类产品代替之。这一规定并没有减轻使用格式条款的销售方的责任，他们的责任甚至被加重了，但是对于消费者而言，这一条款对他的权利义务则具有重要关系：他可能被迫购买一件他并不喜欢的商品。再次，本条吸收了原《最高人民法院关于适用〈中华人民共和国合同法〉若干问题的解释（二）》（现已失效，以下简称《合同法解释（二）》）第 9 条的内容，增加了格式条款提供方不履行提示、说明义务的法律后果，即对方可以主张该条款不成为合同的内容。从而使得本条成为了一个完整的请求权基础。

> **第四百九十七条　有下列情形之一的，该格式条款无效：**
>
> **（一）具有本法第一编第六章第三节和本法第五百零六条规定的无效情形；**
>
> **（二）提供格式条款一方不合理地免除或者减轻其责任、加重对方责任、限制对方主要权利；**
>
> **（三）提供格式条款一方排除对方主要权利。**

【要义精解】

本条是关于格式条款无效情形的规定。

根据本条的规定，具有下列三种情形的，即使使用方尽到了相应的提示和说明义务，格式条款依然无效。

首先，具有《民法典》第一编第六章第三节和第506条规定的无效情形。具体而言：接受方为无行为能力人的，与限制行为能力人订立的与其年龄、智力、精神健康状况不相适应的格式条款且法定代理人拒绝追认的，双方以虚假意思表示订立格式条款的，格式条款的内容违背公序良俗的，使用方与接受方恶意串通损害他人合法权益的，含有造成对方人身损害时的免责条款的，含有因故意或者重大过失造成对方财产损失的免责条款的。

其次，提供格式条款的一方不合理地免除或者减轻其责任、加重对方责任、限制对方主要权利。在格式条款中，本条规定的情形经常会通过以下形式表现出来：第一，格式条款与法律基本原则不相符合或者规避法律强行性规定。第二，格式条款排除或者限制因合同而发生的重要权利或义务，致使合同目的不能达到：（1）直接限制责任的条款；（2）赋予提供方以任意解除合同的权利的条款；（3）限制对方重要权利的条款；（4）就与契约无关的事项限制一方权利的条款；（5）要求对方放弃权利的条款；（6）限制对方寻求法律救济手段的条款。

再次，提供格式条款一方排除对方主要权利。格式条款接受方的主要权利有两种类型，即因合同而获得的权利以及寻求法律救济的权利。这两种权利对于格式条款接受方都是极其重要的，合同项下的主要权利是签订格式条款的目的所在，如果合同项下的主要权利被排除，那么必然将导致接受方不能实现合同目的，合同也将变成一方只有义务却几乎没有权利的霸王条款。而通过格式条款在纠纷尚未发生时即排除协商地剥夺了接受方在纠纷发生后寻求救济的权利的做法显然是无效的，如若不然，则将使接受方失去法律的保护。这种在内容上显失公平的合同按照民法典总则编的规定，本应是可撤销合同，但考虑到其排除对方协商的格式条款本质，以及接受方可能由于知识不足、维权成本过高而无法请求法院撤销的现实，故本条直接将上述情形规定为无效。

【对照适用】

本条的规定与原《合同法》第40条相比，首先，在体例上以分项的方式对格式条款的无效情形进行了规定，内容更加全面，逻辑也更加清晰。其次，在内容上，导致格式条款无效的原因较原《合同法》增加了提供方不合理地减轻其责任、限制对方主要权利的情形，使得原先只能依照法理被解释为无效的上述两种情况，如今可以直接根据法律规定被认定为无效。

> **第四百九十八条**　对格式条款的理解发生争议的，应当按照通常理解予以解释。对格式条款有两种以上解释的，应当作出不利于提供格式条款一方的解释。格式条款和非格式条款不一致的，应当采用非格式条款。

【要义精解】

本条是关于格式条款解释规则的规定。

本条规定了解释格式条款的三项原则。首先，对格式条款的理解发生争议时，应当按照通常理解予以解释。即根据《民法典》第142条第1款的规定，按照所使用的词句，结合相关条款、行为的性质和目的、习惯以及诚信原则，确定格式条款的含义。其次，当格式条款有两种以上的解释时，应当作出不利于提供格式条款一方的解释，即不利解释原则。不利解释原则起源于罗马法，被我国及两大法系的许多国家所采纳。其背后的逻辑是这样的：作为格式条款的提供方，在享受格式条款给其带来的便利和好处之余，也有避免其中存在歧义的能力和"义务"，因此提供方必须承担因格式条款歧义所造成的不利后果。再次，当格式条款和非格式条款不一致时，应当采用非格式条款的规定，即非格式条款优先的原则。相比于多旨在重复使用，排除对方协商的格式条款，经过双方协商而订立的非格式条款显然更能代表双方的真实意思，即"特别优先于一般"，因此，非格式条款的效力优先于格式条款，当二者存在矛盾时，采取非格式条款的规定。

值得注意的是，对格式条款的理解发生争议即意味着格式条款存在两种以上的解释，此时应当按照通常理解进行解释，还是应当作出不利于提供格式条款一方的解释呢？我们认为，应当优先贯彻不利解释原则，这不仅更加符合公平正义的价值判断，也是对这一貌似矛盾的规范详加分析得出的结论。本条第1、2句应当这样理解：对格式条款的理解发生争议的，首先应当按照通常人的认知，按照双方不同的理解方式分别对格式条款进行解释。如果都解释得通，则采取不利于提供格式条款一方的解释方式；如果格式条款接受方对格式条款的理解按照常人的认知是无理取闹，不能称之为一种解释方式的，则不认可其提出的解释方式。

> **第四百九十九条**　悬赏人以公开方式声明对完成特定行为的人支付报酬的，完成该行为的人可以请求其支付。

【要义精解】

本条是关于公开悬赏的规定。

从本条规定的内容来看，我国《民法典》虽然没有明确规定公开悬赏的法律性质，但是应当将其理解为单方法律行为。首先，本条没有规定完成特定行为的人须具备行为能力，这就意味着完成特定行为的无行为能力人依然可以根据本条的规定得以保护，而如果将公开悬赏理解为要约，则完成特定行为的无行为能力人的利益只能在无因管理制度中寻求保护。其次，本条对发出悬赏与完成特定行为的时间先后顺序和行为人在完成行为时，对悬赏广告的知悉没有作出要求，这就意味着在公开悬赏发出之前，就完成特定行为的人以及那些完成行为时不知道公开悬赏内容的人，均可以根据本条请求悬赏人支付报酬，而如果将公开悬赏理解为要约，则以上两种人完成的特定行为均不能被视作承诺，因为没有或者不知道要约，则无从承诺。此外，支持要约说的一项重大理论依据就是要约可以撤销而单方法律行为不得撤销，但是按照民法典总则编的规定，单方法律行为也是可以撤销的。除公开悬赏人声明不可撤销的以外，其可以在特定行为完成前按照自己的意思撤销其公开悬赏。

【对照适用】

本条为新增规范，我国 1999 年在起草《合同法》的过程中，对是否规定悬赏广告有不同的观点。在最初的专家建议稿第 13 条规定了悬赏广告，但在后来几稿及通过后的《合同法》中，则没有规定。这就导致了长期以来的司法审判中，对公开悬赏的法律性质和效力认识模糊，裁判标准不统一的情况屡屡发生。公开悬赏毕竟不同于一般的合同和民事法律行为，因而各国民法典对此都有特别规定。我国在《民法典》中新设了关于公开悬赏的规定，这对明确公开悬赏的法律性质和效力具有重大意义。

> **第五百条　当事人在订立合同过程中有下列情形之一，造成对方损失的，应当承担赔偿责任：**
> **（一）假借订立合同，恶意进行磋商；**
> **（二）故意隐瞒与订立合同有关的重要事实或者提供虚假情况；**
> **（三）有其他违背诚信原则的行为。**

【要义精解】

本条是关于缔约过失责任的规定。

本条规定了三项应当承担缔约过失责任的情形。首先是假借订立合同，进行恶意磋商。即当事人缺乏缔约的真实意思，而以阻止对方与他人顺利缔约等为目的，恶意地与对方进行缔约谈判，使得对方的时间被无意义地浪费，错过了与他人的缔约机会或是最好的交易行情。

其次是故意隐瞒与订立合同有关的重要事实或者提供虚假情况。对于如何分辨故意隐瞒哪些与合同订立有关的重要事实，或者提供哪些虚假情况属于本条中应当承担缔约过失责任的情形，有理论认为：哪些信息是应当提供的，应由社会一般标准来衡量，可以将这种标准称为"团体理性的约束"。换言之，任何当事人提供信息的决策或者行动都要受到体现团体理性的诚实信用原则与公序良俗的制约。如果根据这种团体理性，应当提供而没有提供，则有过错，否则，便没有过错。[1]德国学者指出：在大多数情况下，这些义务必须通过利益权衡予以确定，并指出了在进行利益权

---

[1] 冯文生等：《缔约过失责任制度论要》，载《河北法学》2002 年第 2 期，第 83 页。

衡时的标准：一是看哪一方当事人享有必要的信息或者更容易获得信息；二是要考察有关信息对另一方当事人的重要性；三是合理期待性也具有很大的意义。[1]也就是说，根据诚实信用原则，一方当事人提供信息的义务是否是对方的合理期待，例如，我们不能认为，一个出卖商品的人对其周围出售同样商品的价格信息之说明义务是买方的合理期待。这种"合理期待"与上述"团体理性约束"之理念是一致的。

再次是其他违背诚信原则的行为。本项为本条的兜底条款。可以进一步解释为"其他违背因诚信原则而生之附随义务的行为"。最典型的例如，缔约之际未尽保护义务而致他人身体健康遭受损害，因合同无效或被撤销而导致对方所受到的损害，无权代理导致对方发生的损害，泄露或者不正当使用商业秘密而致对方发生的损害，明知合同因客观给付不能而无效导致对方的损害等。

缔约过失责任的赔偿范围以信赖利益为限，即赔偿因其过错使相对方的合理信赖所遭受的一切损失，并使受害方的利益恢复到未发生合理信赖之前的法律位置。但是，不应大于合同有效时的履行利益。

【对照适用】

本条规定的缔约过失责任，在各国传统学理和实践中均以合同未成立、无效或者被撤销而为适用前提。本条规定并未禁止在合同有效成立的情况下对该条的适用，我国的部分学者也认为可以在合同有效的情形下，向符合本条规定的一方当事人主张缔约过失责任。我们不能一概认为这一观点是错误的，例如，顾客在挑选货品时因为店家的地面湿滑而摔伤，但是他依然忍痛购买了货品，此时他依然有权要求店家承担因未尽到保护义务而产生的缔约过失责任。但是在绝大多数情况下，如果在合同成立后依然允许相对人主张缔约过失责任将导致不公平的结果。当一个人在合同订立后发现对方在合同订立过程中存在故意提供虚假情况时，他有两个选择：要么撤销合同并要求对方赔偿损失，要么经过利益权衡选择忍受并保有履行利益。而不能占尽好处，既保有履行利益又要求赔偿缔约过失责任。例如：甲向乙购买一套商品房，因乙在缔约时提供了虚假情况，导致甲花费了120万元成交，而该套商品房的市场价仅为100万元。后甲获悉了乙提供

---

〔1〕　［德］迪特尔·梅迪库斯：《德国民法总论》，邵建东译，法律出版社2013年版，第345页。

虚假情况的事实，而房价已经增长至 260 万元。此时他要么选择撤销合同并要求乙赔偿因其过错而导致的损失，要么保留该房而选择忍受乙的隐瞒。

第五百零一条 当事人在订立合同过程中知悉的商业秘密或者其他应当保密的信息，无论合同是否成立，不得泄露或者不正当地使用；泄露、不正当地使用该商业秘密或者信息，造成对方损失的，应当承担赔偿责任。

【要义精解】

本条是关于当事人保密义务的规定。

商业秘密是指不为公众所知悉、能为权利人带来经济利益、具有实用性并经权利人采取保密措施的技术信息和经营信息。在订立合同的过程中，有时为了促成交易而不得不告诉对方当事人一部分商业秘密，如材料的详细配方、部分独到的程序代码等。对方当事人一旦知悉这种商业秘密，即负有不得泄露和不正当使用的目的。而一些不属于商业秘密，但是按照一般常识判断属于应当保密的信息，对方当事人亦有义务不予泄露，也不能使用。如果违反规定，则应当承担由此给对方造成损害的赔偿责任。

本条规定的赔偿责任基础是《民法典》第 500 条规定的缔约过失责任。当符合侵权行为的构成要件时，还可能根据侵权行为编的规定得以救济。不得泄露或者不正当地使用商业秘密，不仅仅是《民法典》的要求，其他法律如《反不正当竞争法》等也有规定。因此，违反法律规定泄露或者不正当地使用商业秘密的，不仅仅限于承担民事赔偿责任，还有可能承担行政责任甚至刑事责任。

第三章　合同的效力

第五百零二条　依法成立的合同，自成立时生效，但是法律另有规定或者当事人另有约定的除外。

依照法律、行政法规的规定，合同应当办理批准等手续的，依照其规定。未办理批准等手续影响合同生效的，不影响合同中履行报批等义务条款以及相关条款的效力。应当办理申请批准等手续的当事人未履行义务的，对方可以请求其承担违反该义务的责任。

依照法律、行政法规的规定，合同的变更、转让、解除等情形应当办理批准等手续的，适用前款规定。

【要义精解】

本条是关于合同生效时间的规定。

合同的生效与合同的成立不同，一般而言，当事人意思表示一致合同即可成立。而生效则是法律对成立的合同按照特定的标准（例如，标的合法、符合公序良俗等）进行评价后所做的肯定。合同的效力，从本质上说，是国家对私人行为的法律评价。任何国家的法律都不可能规定，仅凭双方当事人一致的意愿就可以毫无限制地发生其预设的效果。

合同生效后将产生一系列的后果。在当事人之间，当事人即受到合同的拘束，按照合同约定享受权利，依照诚实信用原则全面、妥当地履行义务，在客观情况发生重大变化时，当事人必须依照法律或者取得对方的同意，才能变更或解除合同。当事人均不得违反合同义务，否则将承担违约责任。

那么合同自什么时候开始生效呢？根据本条的规定，只要不存在导致无效情形的合同，一般而言，自成立时生效。但是法律另有规定或者当事人另有约定的除外，例如，法律规定需要履行申报、审批方能生效的合同，以及当事人约定了生效条件但条件尚未成就的合同。而法律、行政法规规定应当办理批准等手续生效的，依照其规定办理批准手续后合同生效。未办理批准等手续的，合同与批准事项相关的内容不生效，但是不影响履行报批等义务条款及相关条款的效力，履行报批等义务条款及相关条款符合生效条件且当事人并无特殊约定的，自合同成立时起生效，故当事人未履行上述义务的，构成违约，对方可以请求其承担违约责任。

上述规定不仅适用于合同初次生效的情形，法律、行政法规规定合同的变更、转让、解除等情形应当办理批准等手续生效的，也适用上述的规定。未办理批准等手续的，相应合同的变更、转让、解除未生效，原合同依然有效。但是有义务办理相关变更、转让、解除的批准等手续的当事人未办理的，对方可以请求其承担违约责任。

【对照适用】

本条的规定与原《合同法》第44条的规定相比，更加细致全面。不但在第1款增加了"法律另有规定或者当事人另有约定的除外"的内容，而且明确规定了未履行报批等手续导致合同不生效时的责任以及责任的性质。并规定相应需要履行批准等手续才能变更、转让、解除的合同，也适用关于需要经批准等手续生效的相关规定。

第五百零三条　无权代理人以被代理人的名义订立合同，被代理人已经开始履行合同义务或者接受相对人履行的，视为对合同的追认。

【要义精解】

本条是关于以行为追认合同的规定。

根据《民法典》第171条的规定，行为人没有代理权、超越代理权或者代理权终止后，仍然实施代理行为，未经被代理人追认的，对被代理人不发生效力。相对人可以催告被代理人自收到通知之日起1个月内予以追认。被代理人未作表示的，视为拒绝追认。行为人没有代理权、超越代理权或者代理权终止后仍然实施代理行为的，统称为无权代理。无权代理人以被代理人名义订立的合同，只有经过被代理人的追认才能约束被代理人，即对其发生效力。

根据本条的规定，被代理人对无权代理人为代理行为而订立的合同的追认，不仅可以通过明确的意思表示作出，还可以通过默示的行为作出：

被代理人已经开始履行合同义务或者接受相对人履行的，视为对合同的追认。被代理人一旦开始履行合同义务，享受合同权利，则意味着他受到了无权代理人为代理行为而订立的合同的约束，之后其拒不履行合同义务的行为将构成违约，从而将对对方当事人承担违约责任。例如，无权代理人甲以被代理人乙的名义与丙签订了货物买卖合同，被代理人乙对此未作表态，但却接受了丙送来的货物。此时，甲与丙签订的货物买卖合同因为乙对丙履行行为的接受而被视为经过了追认，货物买卖合同对乙开始发生效力，乙必须按照合同约定的数额和付款方式向丙支付货款。否则即构成违约，应当对丙承担违约责任。此时乙不能以其未表示追认为由主张合同未生效，仅仅承担更轻的不当得利返还义务。

【对照适用】

本条规范继受了原《合同法解释（二）》第 12 条的内容，并增加了"接受相对人履行的，视为对合同的追认"这一内容，从而使得未表态而仅接受对方履行的被代理人不能再主张合同不能约束己方，仅须承担绝大多数情况下更轻的不当得利返还义务。被代理人从此接受履行将更为谨慎，也将会有越来越多的被代理人通过接受对方履行而被视为作出追认，被代理人对无权代理人为代理行为所签订合同的沉默也将越来越少，更有利于保护相对人的权益。

> **第五百零四条**　法人的法定代表人或者非法人组织的负责人超越权限订立的合同，除相对人知道或者应当知道其超越权限外，该代表行为有效，订立的合同对法人或者非法人组织发生效力。

【要义精解】

本条是关于越权订立的合同效力的规定。

在现实生活中，大量的合同是由法人的法定代表人或非法人组织的负责人代表公司与他人订立的。诚然，法定代表人、非法人组织的负责人的权限受到法律、行政法规和公司章程、股东会决议等的约束，并非是无限制的。然而合同的相对人一般情况下并不知悉也没有义务知悉法定代表人或者非法人组织负责人的权限到底有哪些，而是有理由相信具备法定代表人、非法人组织的负责人基于上述身份，有权代表法人或非法人组织与他人订立合同，他们签订合同的行为属于正常的履职行为，所产生的一切后果都应当由法人或者非法人组织承担。相对人这种基于代表人、负责人而产生的合理信任是值得保护的，如果认为法人或者非法人组织的内部规定对合同的相对人也构成约束力的话，相对人将不得不花费大量时间和金钱去查明甚至是侦查法定代表人、非法人组织负责人的具体权限，严重降低经济活力，将超越权限的法定代表人、负责人订立的合同视为无效合同也将给合同相对人的利益造成严重的损害，如果合同相对人就合同标的物与他人另行签订了合同，还将对交易安全产生不利的影响，这样规定还将助长个别缺乏诚信的法人或者非法人组织借机逃避责任，谋取非法利益。因此，规定法人的法定代表人或者非法人组织的负责人超越权限的行为一般也有效，可以有效地防止上述现象的发生，平衡双方风险，维护交易安全。

但是，合同的相对人知道或者应当知道法人的法定代表人或者非法人组织的负责人超越权限，而仍与之订立合同，则被视为具有恶意而被认为不值得保护，此时订立的合同将不再约束法人或者非法人组织。

【对照适用】

本条的规定与原《合同法》第50条的规定相比，根据民法典总则编关于民事主体的新规定，调整了相关用语，以"非法人组织"代替了原条文中"其他组织"的概念。并且在法律效果的规定中以更详细的"订立的合同对法人或者非法人组织发生效力"，代替了原条文中需要进一步理解的"该代表行为有效"。

第五百零五条　当事人超越经营范围订立的合同的效力，应当依照本法第一编第六章第三节和本编的有关规定确定，不得仅以超越经营范围确认合同无效。

【要义精解】

本条是关于超越经营范围订立的合同效力的规定。

经营范围是指国家允许企业生产和经营的商品类别、品种及服务项目，反映企业业务活动的内容和生产经营方向，是企业业务活动范围的界限，体现着企业民事权利能力和行为能力的核心内容。因此，原《民法通则》第 42 条规定："企业法人应当在核准登记的经营范围内从事经营。"随着市场经济自由度的不断提高，当事人超越经营范围逐渐不再被视为否认合同效力的一项独立事由，而是可能导致行政处罚的一个原因。根据本条的规定，超越经营范围订立的合同受到《民法典》的保护，其是否有效的判断依据是民法典总则编第六章第三节和本编的有关合同效力的规定，单独超越经营范围而订立的合同，在无其他无效事由的情况下是有效的。例如，一食品商店超出经营范围向顾客出售香烟，而其并未办理相关许可，其与顾客订立的香烟买卖合同不因超出经营范围而无效，而是因违反了法律对于烟草专卖的效力性强制性规定而无效。

【对照适用】

本条规范继受了《最高人民法院关于适用〈中华人民共和国合同法〉若干问题的解释（一）》（现已失效，以下简称《合同法解释（一）》）第 10 条的内容，并在此基础上进行了更加全面的改进，使之更加符合《民法典》的立法语言和逻辑体系。不仅仅以是否违反国家限制经营、特许经营，以及法律、行政法规禁止经营的规定来判断合同的效力，而是以本法规定的全部无效事由为标准进行判断。

> **第五百零六条　合同中的下列免责条款无效：**
> **（一）造成对方人身损害的；**
> **（二）因故意或者重大过失造成对方财产损失的。**

【要义精解】

本条是关于免责条款效力的规定。

一、造成对方人身损害的免责条款无效

对于自然人的生命权、身体权和健康权，法律是给予特殊保护的，我国民法典人格权编，确立了对生命权、身体权和健康权予以保护的原则，任何组织不得侵害。因此，必须对此类免责条款加以禁止。在实践中，大部分此类的免责条款都是与另一方当事人的真实意思相违背的，几乎没有人愿意为了经济利益而放弃生命权、身体权和健康权。

二、因故意或者重大过失给对方造成财产损失的免责条款无效

本条之所以否认此类条款的效力，是因为这种条款严重违反了诚实信用原则，突破了社会交往的底线。当事人订立合同的目的是为了实现经济利益，以期获得收益，使得名下的财产增加。而这类免责条款不但会使得当事人的上述目的落空，还将使得免责方对其财产实施的严重侵权行为因对方的"允许"而避免承担侵权责任。免责方可以凭借此类免责条款，任意处分对方的财产而无须付出代价，这是与原《合同法》的立法目的甚至社会的基本准则完全违背的。对于本项规定需要注意的有两点：第一，因一般过失造成对方财产损失的免责条款，可以认定为有效。例如，租车公司向愿意支付更高租金的租赁人提供了不计免赔服务，即非因故意或者重大过失而导致的交通事故，承租人无须向租车公司赔偿本应由其负担的部分。第二，对于故意或者重大过失行为必须限于财产损失，如果是免除人身伤害责任的条款则绝对无效，不管当事人是否具有故意或者重大过失。

以上两种免责条款是为法律所不承认的，故不论是以格式条款的形式出现在合同内容中，还是经过了充分协商，完全出自双方当事人的真实意思，其效力都是绝对无效的。

第五百零七条　合同不生效、无效、被撤销或者终止的，不影响合同中有关解决争议方法的条款的效力。

【要义精解】

本条是关于非有效合同中解决争议方法的条款效力的规定。

本条所说的有关解决争议方法的条款包括以下几种形式。

一、仲裁条款

仲裁条款是仲裁协议的一种表现形式，是当事人在合同中约定的用仲裁方式解决双方争议的条款。仲裁条款有排除诉讼管辖的效力。如果当事人在合同中订有仲裁条款，则当事人在发生争议时，不能向人民法院提出诉讼。《仲裁法》第19条第1款规定，仲裁协议独立存在，合同的变更、解除、终止或者无效，不影响仲裁协议的效力。

二、选择受诉法院的条款

《民事诉讼法》规定，合同的双方当事人可以在书面合同中协议选择被告住所地、合同履行地、合同签订地、原告住所地、标的物所在地人民法院管辖，但不得违反本法对级别管辖和专属管辖的规定。当事人选择受诉人民法院的条款，不受其他条款的效力影响。

三、选择检验、鉴定机构的条款

当事人可以在合同中约定，若对标的物质量或技术的品种发生争议，在提交仲裁或者诉讼前，应当将标的物送交双方认可的机构或科研单位检验或鉴定，以检验或鉴定作为解决争议的依据，这种约定出于双方自愿，不涉及合同的实体权利和义务，应当承认其效力。

四、法律适用条款

对于具有涉外因素的合同，当事人就可以选择处理合同争议所适用的法律，当事人没有选择的，不影响合同的效力。当然，对于中国具有专属管辖权的合同，与我国的社会公共利益、主权、安全等密切相关的合同只能适用中国的法律。[1]

> **第五百零八条　本编对合同的效力没有规定的，适用本法第一编第六章的有关规定。**

【要义精解】

本条是关于合同效力适用法律的规定。

在《民法典》的编纂过程中，原《合同法》中关于合同效力的大部分规定的内容，均被规定在了《民法典》第一编第六章以第三节民事法律行为的效力为代表的法律规范之中，作为全部民事法律行为的公因式而统摄整部《民法典》。因此，在合同编中仅对合同的效力进行了特殊的规定。作为民事法律行为的一种，合同的效力除了适用本编的规定外，当然还应当适用总则编第六章第三节关于民事法律行为效力的有关规定。

---

〔1〕　胡康生主编：《中华人民共和国合同法释义》（第3版），法律出版社2013年版。

第四章 合同的履行

> **第五百零九条** 当事人应当按照约定全面履行自己的义务。
>
> 当事人应当遵循诚信原则，根据合同的性质、目的和交易习惯履行通知、协助、保密等义务。
>
> 当事人在履行合同过程中，应当避免浪费资源、污染环境和破坏生态。

【要义精解】

本条是关于合同履行原则的规定。

合同的履行是指债务人全面地、适当地完成其合同义务，债权人的合同债权得以完成实现。[1]合同的履行是缔约的真正目的和原《合同法》的全部意义，原《合同法》对合同效力的确认和保护、对违约的救济等均是以保证或促进合同的履行为核心的。本条规定了合同履行的三项原则。

第一，全面履行原则。既然履行是合同的全部意义之所在，那么合同生效后，当事人即应当按照合同的约定全面履行自己的义务。只有全面履行了己方的义务，才能够保障相对人的期待利益，进而使得整个社会经济和生活秩序顺利运行。

第二，诚信履行原则。诚信原则已经被《民法典》确立为基本的准则，当然也是合同履行的基本原则。本条在此又进行了特别提示，"当事人应当遵循诚信原则，根据合同的性质、目的和交易习惯履行通知、协助、保密等义务"，从这一规定的内容上看，显然重点在于"因诚实信用原则产生的附随义务"上。本条中的这一规定是为合同履行中因诚实信用原则而生之附随义务，提供了明确的请求权基础。再加上我国《民法典》

---

〔1〕 王利明等：《合同法新论·总则》（修订版），中国政法大学出版社 2000 年版，第 317 页。

第 500 条、第 501 条及第 558 条规定因诚实信用原则而生的先合同义务及后合同义务，构成了整个合同从缔约到终止过程中因诚实信用原则而产生的附随义务。

第三，绿色履行原则。《民法典》在总则编第 9 条中规定了"绿色原则"，即"民事主体从事民事活动，应当有利于节约资源、保护生态环境"。本条作为绿色原则在合同履行中的贯彻，旨在起到引起当事人在合同履行中对资源和生态的保护和重视，弘扬节约、环保的优秀品德，进而提高当事人的环保意识，避免在履行合同过程中因浪费资源导致自己的经济损失，因污染环境、破坏生态而导致承担相应责任的作用。

【对照适用】

本条规范与原《合同法》第 60 条相比，增加了关于避免浪费资源、污染环境和破坏生态的规定，作为合同履行的基本原则。贯彻了民法典总则编中的绿色原则，对节约我国自然资源、保护生态环境具有重要的意义和作用。

> **第五百一十条　合同生效后，当事人就质量、价款或者报酬、履行地点等内容没有约定或者约定不明确的，可以协议补充；不能达成补充协议的，按照合同相关条款或者交易习惯确定。**

【要义精解】

本条是关于合同约定不明时如何处理的规定。

质量、价款或者报酬、履行地点等内容，不是合同的必备条款，故没有约定或者约定不明确的，不影响合同的成立和生效。但是，上述条款毕竟是合同的主要条款，与合同当事人的权利义务息息相关。如果不能确定，势必将影响合同的履行，当事人合同目的的实现程度也将大打折扣。

根据本条的规定，在合同生效后，当事人就质量、价款或者报酬、履行地点等内容没有约定或者约定不明确的，首先充分尊重当事人的意思自治，鼓励他们通过后续的磋商，以协议的方式对缺乏明确约定的合同内容进行补充。当无法达成补充协议时，由于合同已经生效，故此时应当按照合同的其他有关条款、合同性质、合同目的或者交易习惯加以确定未明确约定的合同内容。换言之，即按照《民法典》第142条第1款规定的方式对合同相关内容进行解释。此外，之所以没有规定《民法典》第142条第1款中的诚信原则，是因为诚信原则已经作为合同履行的一项基本原则规定在了前一条中。

【对照适用】

本条规范与原《合同法》第61条相比，增加了按照合同性质、合同目的确定的规定，使得确定约定不明的合同内容的参考依据更为丰富也更为科学。

> **第五百一十一条** 当事人就有关合同内容约定不明确，依据前条规定仍不能确定的，适用下列规定：
>
> （一）质量要求不明确的，按照强制性国家标准履行；没有强制性国家标准的，按照推荐性国家标准履行；没有推荐性国家标准的，按照行业标准履行；没有国家标准、行业标准的，按照通常标准或者符合合同目的的特定标准履行。
>
> （二）价款或者报酬不明确的，按照订立合同时履行地的市场价格履行；依法应当执行政府定价或者政府指导价的，依照规定履行。
>
> （三）履行地点不明确，给付货币的，在接受货币一方所在地履行；交付不动产的，在不动产所在地履行；其他标的，在履行义务一方所在地履行。
>
> （四）履行期限不明确的，债务人可以随时履行，债权人也可以随时请求履行，但是应当给对方必要的准备时间。
>
> （五）履行方式不明确，按照有利于实现合同目的的方式履行。
>
> （六）履行费用的负担不明确的，由履行义务一方负担；因债权人原因增加的履行费用，由债权人负担。

【要义精解】

本条是关于合同约定不明时重要条款如何履行的规定。

当合同生效后，当事人之间约定不明确的质量、价款或者报酬、履行地点等内容直接关系到双方具体权利义务的形态，关乎当事人的重要利益，所以必须要加以确定。但是按照《民法典》第510条规定的方法并不能够确定每一个约定不明确的条款应当如何履行。毕竟不是每一项约定不明的内容当事人都可以达成补充协议，并不是每一个无法达成补充协议的约定不明的内容都能通过有关条款、合同性质、合同目的加以确定：很多内容简单的合同缺乏其他相关条款，部分约定不明的内容与合同性质、合同目的毫无关系，甚至合同本身的性质和目的就因为相应的约定不明而不明确。此外，交易习惯也不是万能的，并不是每一项内容都存在相应的交易习惯，双方当事人也并非均知道习惯的存在或者受到习惯的约束。因此，本条便规定了当合同约定不明且按照前一条的规定仍不能确定时，相应主要条款的履行方式，以为缺乏约定的当事人请求对方正当履行义务提供请求权基础。

根据本条的规定，质量要求不明确的，按照强制性国家标准履行；没有强制性国家标准的，按照推荐性国家标准履行；没有推荐性国家标准的，按照行业标准履行；没有国家标准、行业标准的，按照通常标准或者符合合同目的的特定标准履行。价款或者报酬不明确的，按照订立合同时履行地的市场价格履行；依法应当执行政府定价或者政府指导价的，依照规定履行。履行地点不明确，给付货币的，在接受货币一方所在地履行；交付不动产的，在不动产所在地履行；其他标的，在履行义务一方所在地履行。履行期限不明确的，债务人可以随时履行，债权人也可以随时请求履行，但是应当给对方必要的准备时间。履行方式不明确的，按照有利于实现合同目的的方式履行。履行费用的负担不明确的，由履行义务一方负担；因债权人原因增加的履行费用，由债权人负担。

【对照适用】

本条规范与原《合同法》第 62 条相比，有如下三处进步：首先，将原来成并列关系的"国家标准"和"行业标准"区分了先后顺序，即先是按照国家标准，没有国家标准的才按照行业标准；其次，将国家标准进一步区分为强制性国家标准和推荐性国家标准，并规定按照强制性国家标准、推荐性国家标准、行业标准的先后顺序确定履行合同的方式，没有前一顺序的标准的，才按照后一顺序的标准；再次，明确规定了因债权人原因增加的履行费用，由债权人负担，权利义务分配更为公平。

> 第五百一十二条　通过互联网等信息网络订立的电子合同的标的为交付商品并采用快递物流方式交付的，收货人的签收时间为交付时间。电子合同的标的为提供服务的，生成的电子凭证或者实物凭证中载明的时间为提供服务时间；前述凭证没有载明时间或者载明时间与实际提供服务时间不一致的，以实际提供服务的时间为准。
>
> 　　电子合同的标的物为采用在线传输方式交付的，合同标的物进入对方当事人指定的特定系统且能够检索识别的时间为交付时间。
>
> 　　电子合同当事人对交付商品或者提供服务的方式、时间另有约定的，按照其约定。

【要义精解】

本条是关于电子合同交付时间的规定。

根据本条规定，通过互联网等信息网络订立的电子合同，按照交付标的的不同，交付时间的确定方式也相应不同。

电子合同的标的为交付商品并采用快递物流方式交付的，收货人的签收时间为交付时间。因此，标的物在运输途中毁损、灭失的风险应当由卖方承担，卖方在给买方提供了符合约定的商品后，其损失可以向快递物流方另行追偿。因而相应地，为了确保卖方能够履行风险负担的义务，买方在快递物流服务提供者交付商品时，负有当面查验的义务，如果经快递物流服务提供者提醒没有查验的，除非有确切证据证明，否则不得要求卖方承担标的物在运输途中毁损、灭失的风险；如果商品是由他人代收的，经收货人同意的，代收时间为收货时间。

电子合同的标的为提供服务的，生成的电子凭证或者实物凭证中载明的时间为交付时间；前述凭证没有载明时间或者载明时间与实际提供服务时间不一致的，实际提供服务的时间为交付时间。一般而言，在正规平台上订立的以提供服务为标的的电子合同均会提供一个载明具体服务时间的电子或者实务凭证，以作为缔约和请求对方履行的证据。而一些电子合同没有提供载明时间的凭证的，例如，个人通过网络形式经过充分协商后成立的电子合同，或者载明时间与实际提供服务时间不一致的，以实际提供服务的时间为交付时间。

电子合同的标的为采用在线传输方式交付的，合同标的进入对方当事人指定的特定系统并且能够检索识别的时间为交付时间。

电子合同当事人对交付方式、交付时间另有约定的，按照其约定。但是不能以格式条款的方式对对方施加不合理的约定，否则将可能导致约定无效。

【对照适用】

本条为新增条款，借鉴了《电子商务法》第51条的规定，针对目前网络购物相应电子合同的交付时间，在《民法典》中提供了明确的法律依据。

> **第五百一十三条**　执行政府定价或者政府指导价的，在合同约定的交付期限内政府价格调整时，按照交付时的价格计价。逾期交付标的物的，遇价格上涨时，按照原价格执行；价格下降时，按照新价格执行。逾期提取标的物或者逾期付款的，遇价格上涨时，按照新价格执行；价格下降时，按照原价格执行。

【要义精解】

本条是关于执行政府定价或者政府指导价的合同价格执行标准的规定。

政府指导价，是指由政府价格主管部门或者有关部门按照定价权限和范围规定基准价及其浮动幅度，指导经营者定价的价格。政府定价，是指由政府主管价格部门或者其他有关部门按照定价权限和范围制定的价格。当国家对买卖标的物规定了政府指导价的，双方当事人应当在政府指导价的浮动幅度内商定标的物的价格，国家对买卖标的物规定了政府定价的，则标的物价格以政府定价为准，排除当事人的协商，出卖人违反价格管理规定的，买受人可以请求其退还多收的价金。

在上述不以市场价确定价格的合同中，在合同约定的交付期限内政府价格调整时，采取从新原则，即按照交付时的价格计价。逾期交付标的物的，采取不利于卖方的原则，价格上涨时，按照原价格执行；价格下降时，按照新价格执行。逾期提取标的物或者逾期付款的，采取不利于买方原则，价格上涨时，按照新价格执行；价格下降时，按照原价格执行。

> **第五百一十四条** 以支付金钱为内容的债,除法律另有规定或者当事人另有约定外,债权人可以请求债务人以实际履行地的法定货币履行。

【要义精解】

本条是关于金钱之债履行币种的规定。

以支付金钱为内容的债,一般会对币种进行特别的约定,或者根据标的的性质由法律作出规定。当法律没有规定,当事人也没有约定时,则按照实际履行地的法定货币履行。履行地可以是合同中明确约定的,当合同没有约定履行地时,按照《民法典》第511条的规定,给付货币的,债权人所在地为实际履行地。例如,所在地为中国的债务人向所在地为美国的债权人履行金钱债务,在法律没有规定,当事人也没有约定币种和履行地时,应当以债权人所在地的法定货币即美元履行。

【对照适用】

本条为新增条款,明确了金钱债务的币种如何确定的问题。这一问题在国际贸易日趋频繁的今天有着重大的现实意义。

> **第五百一十五条** 标的有多项而债务人只需履行其中一项的,债务人享有选择权;但是,法律另有规定、当事人另有约定或者另有交易习惯的除外。
> 享有选择权的当事人在约定期限内或者履行期限届满未作选择,经催告后在合理期限内仍未选择的,选择权转移至对方。

【要义精解】

本条是关于选择之债的规定。

选择之债是指债的关系成立时有数个标的,享有选择权的当事人有权从数个标的中选择其一而为给付的债,当事人选择其一而为给付,即产生债的消灭的效力。根据本条的规定,除了法律另有规定、当事人另有约定或者另有交易习惯之外,债务人享有选择权,其在约定的数个标的中任选一项予以履行，均构成按照合同约定履行全部债务。例如，在买卖合同中约定，买受人将随机获取三种产品中的一种，那么出卖人有权在三种产品中选择任意一项交付买受人，即视为履行了给付义务。

选择权为形成权，选择权的行使将使得选择之债变成标的确定的简单之债。故即便选择权为权利而非义务，选择权人并非必须行使，但是，如果选择权人不行使选择权，会使选择之债因标的不能确定而无法履行，因此本条第2款规定，选择权应于约定期间内或者履行期届满前行使，选择权人在上述期限内未作出选择的，无选择权的当事人可以催告选择权人行使选择权，选择权人经催告后在合理期限内仍未选择的，则选择权转移至对方。

> **第五百一十六条** 当事人行使选择权应当及时通知对方，通知到达对方时，标的确定。标的确定后不得变更，但是经对方同意的除外。
> 　　可选择的标的发生不能履行情形的，享有选择权的当事人不得选择不能履行的标的，但是该不能履行的情形是由对方造成的除外。

【要义精解】

本条是关于选择权行使的规定。

选择权的行使，应当以意思表示的形式向对方为之。当行使选择权的通知到达对方时，选择生效。因为选择权是形成权，故无须对方承诺。行使选择权的通知为意思表示，故其作出形式、生效、撤回、撤销等适用《民法典》关于意思表示的规定。选择权有效行使的后果是债务标的从此向未来确定，并溯及至合同成立时。非经对方同意则不得变更。债权人不履行其选择的内容时，将承担违约责任。

可选择的债务标的之中发生不能履行情形的，在不能履行的情形非由对方造成时，享有选择权的当事人不得选择不能履行的标的。此时如果数个标的中的一个不能履行，而剩余的标的仍有数个可供选择时，享有选择权的当事人需在剩余的标的中选择一项履行；如果因发生不能履行情形，导致合同标的仅剩一项可以履行的，由于选择权已无从行使，该选择之债成为简单之债；如果数个标的均无法履行的，则按照《民法典》关于不能履行的规定进行处理。

当不能履行的情形是由对方造成的时，享有选择权的当事人可以选择不能履行的标的，从而免除其债务。鉴于本条能够产生使得债务人得以免除债务的重大后果，因此，应对"不能履行的情形是由对方造成"进行限缩解释，以免产生不符合诚实信用原则或者当事人之间权利义务严重失衡的结果。此处的"不能履行的情形是由对方造成"，应被理解为对方恶意造成不能履行。毕竟我们在履行合同时需要符合合理履行、诚信履行的基本原则，而且本来合同约定了几种标的，让债务人在剩余可履行的标的中择一履行，并不会过分偏离其签订合同时的预期，对其也不发生不公平，其没有理由选择不能履行的标的。例如，甲与乙约定，乙需要将还款汇至某由甲控制的公司，或者将某船舶转让给甲以抵偿借款。合同生效后，约定接受还款的公司因甲的原因而注销，若此时允许乙选择第一种履行方式以免除其债务，显然是不合理的。

【对照适用】

本条及上一条均为新增条款。《民法典》中新增了选择之债的规定，这是原《合同法》中没有的新内容，这一规范的增加使得选择之债的履行有了明确的法律依据，增强了《民法典》法律规范的全面性。

> **第五百一十七条** 债权人为二人以上，标的可分，按照份额各自享有债权的，为按份债权；债务人为二人以上，标的可分，按照份额各自负担债务的，为按份债务。
> 按份债权人或者按份债务人的份额难以确定的，视为份额相同。

【要义精解】

本条是关于按份之债的规定。

按份之债，是指两个或两个以上的债权人或债务人各自按照一定的份额享有债权或承担债务的债。根据本条的规定，按份之债的构成要件如下。

第一，债的一方当事人为两人或两人以上。无论是债的一方当事人为多数，还是债的双方当事人为多数，均可成立按份之债。当债权人为多数时，为按份债权；当债务人为多数时，为按份债务。在按份之债中，可能是按份债权，也可能是按份债务，还可能既存在按份债权，又存在按份债务的情况。

第二，标的可分。即作为债的标的可以分为数个而不损害其价值。当债的给付内容为物时，标的物须为可分；当给付内容为行为时，此行为须可以分解为由数个人完成的行为。不可分的给付，不能成立按份之债。无论是给付内容在性质上的不可分，还是当事人约定标的的不可分，均属于标的不可分的情形。值得注意的是，就某一标的物成立按份债权时，如数人集资购买一处房产，债的标的并非房产本身而是房产价值的份额，因此是可分的。

第三，债的发生须基于同一原因。按份之债的发生须基于同一原因，比如基于同一法律行为而发生债权债务。在特殊情况下，因债的移转，如债权一部让与、债务一部承担，也可以发生按份之债。

第四，当事人依一定的份额享有债权或负担债务。在债的关系成立时，数个债权人依一定的份额享有债权，数个债务人依一定的份额负担债务。如果在债的关系成立时，此份额不能确定，则在当事人之间只能成立共同债权或共同债务；但是，当事人在债的关系成立后，如果通过协商确定了各自的债权份额或者债务份额，这时也成立按份之债。

按份之债，因为标的可分，就债务来说，各个债务人按照各自的份额负担债务；就债权来说，各债权人按照各自的份额享有债权。连带债权人只能按照自己的份额请求债务人履行债务；各个债务人按照自己的债务份额向债权人履行义务。即使一个债务人履行有瑕疵，例如，迟延履行、不完全履行等，对于其他的债权人和债务人不产生影响；某一债权人或某一债务人作出的免除债务、提存、抵销、债的关系无效或被撤销，以及某一债务人因不可抗力或时效完成而消灭债务等事项，对其他债的当事人也不发生影响。

在当事人就成立按份之债无异议，但因证据不足，导致按份债权人或者按份债务人的份额难以确定的，视为份额相同。

【对照适用】

本条为新增条款，借鉴了原《民法通则》第86条的规定。《民法典》中新增了按份之债的规定，这是原《合同法》中没有的新内容，这一规范的增加使得按份之债有了明确的法律依据，增强了《民法典》法律规范的全面性。

> **第五百一十八条** 债权人为二人以上，部分或者全部债权人均可以请求债务人履行债务的，为连带债权；债务人为二人以上，债权人可以请求部分或者全部债务人履行全部债务的，为连带债务。
>
> 连带债权或者连带债务，由法律规定或者当事人约定。

【要义精解】

本条是关于连带之债的规定。

连带之债指的是债权人中的任何一人或债务人中的任何一人都有请求清偿全部债务的权利，或者承担全部债务的义务。其中，数个债权人的债权称为连带债权，数个债务人的债务称为连带债务。只要任何一个债务人清偿了全部债务或任何一个债权人主张了全部债权，整个连带之债随之即告消灭。根据本条的规定，连带之债的构成要件如下。

第一，连带之债的债权人或者债务人为二人以上。有时候债务人一方有两个以上，而债权人为一人；有时债权人为两个以上，债务人为一人；有时双方都为二人以上。凡二人以上者均为连带之债，或为连带债权人，或为连带债务人。

第二，须基于法律的规定或者当事人的约定。在当事人有明确约定的情况下，连带之债可以因约定而发生；在没有明确约定的情况下，连带债权或者连带债务的发生原因由法律规定。

第三，须存在实质连带关系。即连带债权的每个债权人均有权请求债务人履行全部义务，连带债务的每个债务人都有义务履行全部债务，债权债务关系因一次全部履行而消灭。

法律规定连带之债的目的在于确保债权人的利益。在连带之债中，每一个债务人对债务均负全部清偿的义务，债权人有权要求任何一个债务人履行全部义务，因而所有债务人以其所有的财产作为债权人债权实现的责任财产，当其中一个债务人无力清偿债务时，债权人可以向其他债务人提出请求，这样对债权人非常有利。但是，对债务人而言，连带之债加重了债务人之间的责任，因而除有法律规定或者当事人特别约定时，不得适用连带之债。基于法律规定发生的连带之债大体有以下几种：（1）个人合伙债务。每一个合伙人对于合伙组织对外所负债务均负连带责任，都有义务全部清偿债务；同理，每一个合伙人对于合伙组织的对外债权都享有连带债权，都有权要求债务人全部清偿。（2）合伙型联营。联营各方仍然保持各方独立的法人资格，各方共同出资另组联营组织，即合伙组织或者合伙企业，联营企业盈利由联营各方按出资比例或者协议的约定进行分配；联营亏损由联营各方按照出资比例或者协议约定，以各自所有的或者经营管理的全部财产承担连带责任。（3）代理关系中的连带责任。是指在代理关系的三方当事人中，由其中的某两方当事人共同向另一方当事人承担民事责任，并且其中的任何一方当事人都负有承担全部责任的义务。如委托书授权不明时产生的连带责任、代理人和第三人串通产生的连带责任、无权代理产生的连带责任、代理关系中因违法行为产生的连带责任，以及转委托中的连带责任等。（4）共同侵权行为人的连带责任。《民法典》第1168条规定："二人以上共同侵权行为，造成他人损害的，应当承担连带责任。"（5）连带保证中的连带责任。根据《民法典》第688条的规定，连带责任保证的债务人不履行到期债务或者发生当事人约定的情形时，债权人可以请求债务人履行债务，也可以请求保证人在其保证范围内承担保证责任。（6）共同承揽人对定作人的连带责任。（7）总承包人或者勘察、设计、施工承包人经发包人同意，将自己承包的部分工作交由第三人完成时，第三人就其完成的工作成果与总承包人或者勘察、设计、施工承包人向发包人承担连带责任。（8）两个以上承运人以同一运输方式联运的，损失发生在某一运输区段的，与托运人订立合同的承运人和该区段的承运人承担连带责任。

【对照适用】

本条为新增条款，借鉴了原《民法通则》第87条的规定。《民法典》中新增了连带之债的规定，这是原《合同法》中没有的新内容，这一规范的增加使得连带之债有了明确的法律依据，增强了《民法典》法律规范的全面性。

这里的连带之债是真正连带，即基于共同的意思而发生，或者基于共同的目的和事先的意思联络和主动加入而触发了法定连带之债的构成要件。例如，通过连带保证合同明确约定对某一债务承担连带清偿责任。又如，自愿作为某建设工程施工承包人承包的部分工作的承揽人，进而依法就其完成的工作与承包人承担连带责任。再如，与他人通谋一同对某人实施侵权行为，造成他人损害的。

不真正连带之债是指多个债务人因基于不同原因而偶然产生的同一内容的给付，各负全部履行之义务，并因债务人之一的履行而使全体债务人的债务均归于消灭的债务。不真正连带之债属于广义的请求权竞合中的一种，债权人就同一给付对数个债务人分别单独发生请求权，因一请求权的满足而使其他债务均归消灭。无共同目的是区分连带之债和不真正连带之债的关键。真正连带之债各债权债务人之间具有共同目的，不真正连带之债只有各自单一的目的，各债务人之间对债务的发生在主观上也无联系，给付相同纯属法律关系偶然巧合。产生后尽管一人的履行可使全体债务消灭，但这只不过为维护公平及不使债权人额外获利而设，即使其内部相互偿还也仅是基于公平的责任承担，而非连带之债法定的内部分担关系。例如，当消费者因购买缺陷产品导致损害时，生产者因其生产的商品存在瑕疵而对消费者负有侵权责任，销售者因存在过错导致本已存在瑕疵的产品具备了破坏力，此时销售者和生产者之间因偶发而独立的原因巧合地成立了不真正连带债务，消费者可向任一方请求赔偿。

> **第五百一十九条** 连带债务人之间的份额难以确定的，视为份额相同。
>
> 实际承担债务超过自己份额的连带债务人，有权就超出部分在其他连带债务人未履行的份额范围内向其追偿，并相应地享有债权人的权利，但是不得损害债权人的利益。其他连带债务人对债权人的抗辩，可以向该债务人主张。
>
> 被追偿的连带债务人不能履行其应分担份额的，其他连带债务人应当在相应范围内按比例分担。

【要义精解】

本条是关于连带之债内部分担方式的规定。

连带债务的效力是各债务人对外向债权人承担连带责任，向债权人履行全部债务，对内则按照各自的法定或约定份额分担责任。连带债务人之间的份额难以确定的，视为份额相同。

本条第2款的规定涵盖了以下三个内容：首先，债务人相互之间具有追偿权。因为在连带债务中，每个债务人都有义务履行全部债务。因此，有的债务人被债权人请求时，就很有可能超出自己的份额向债权人履行。

这也是其应尽的义务。实际承担债务超过自己份额的连带债务人，有权就超出部分在其他连带债务人未履行的份额范围内向其追偿。

其次，求偿基础的债权转移。当某个债务人超出自己应当承担的份额履行了义务，债权人的相应债权也转移到其名下，他便可以以债权人身份要求其他连带债务人偿还。

再次，债务人对债权人的抗辩对超额履行的连带债务人可以行使。既然超额履行适用"债权转让"规则，那么如果某债务人对债权人有抗辩权，而超额履行的债务人没有抗辩就履行，当他向其他连带债务人追偿的时候，被追偿的连带债务人就可以向债权人行使抗辩权。

本条第3款规定，被追偿的连带债务人不能履行其应分担份额的，其他连带债务人应当在相应范围内按比例分担。例如，甲、乙、丙、丁四人为连带债务人，份额相同，甲向债权人履行了全部债务后，向乙、丙、丁追偿。此时丁已经失去偿还能力，故乙、丙应当按比例分担其份额，即各自承担37.5%的份额。

【对照适用】

本条为新增条款，在原《民法通则》第87条的基础上，细化明确了连带之债内部的分担方式。这一规范的增加使得连带之债在连带债务人之间如何分担有了明确的法律依据，增强了《民法典》法律规范的全面性。

> **第五百二十条**　部分连带债务人履行、抵销债务或者提存标的物的，其他债务人对债权人的债务在相应范围内消灭；该债务人可以依据前条规定向其他债务人追偿。
>
> 部分连带债务人的债务被债权人免除的，在该连带债务人应当承担的份额范围内，其他债务人对债权人的债务消灭。
>
> 部分连带债务人的债务与债权人的债权同归于一人的，在扣除该债务人应当承担的份额后，债权人对其他债务人的债权继续存在。
>
> 债权人对部分连带债务人的给付受领迟延的，对其他连带债务人发生效力。

【要义精解】

本条是关于连带之债部分债务人债务的消灭对全体连带债务人免责的

规定。

本条第 1 款规定了部分债务人的债务因履行、抵销、提存而使全体债务人免责的情形，部分连带债务人履行债务、抵销债务或者提存标的物的，全体连带债务人对债权人的债务因此履行、抵销或提存行为而相应地消灭，如果该债务人消灭的债权数额多于其应当负担的份额，则其可以依据《民法典》第 519 条的规定向其他连带债务人追偿。

本条第 2 款规定了因免除部分债务人债务而使得全体债务人相应免责的情形，部分连带债务人的债务被债权人免除的，在该连带债务人应当承担的份额范围内，其他债务人对债权人的债务消灭。例如，连带债务人甲、乙、丙、丁对债务各承担 25% 的份额，债权人对丙表示："这笔债你不用还了，我找他们三个人还。"此时，债权人只能请求甲、乙、丁三人承担 75% 的债务，原债务的 25% 即丙的份额因债权人的免除而消灭。

本条第 3 款规定了部分连带债务人的债务因混同而使得全体债务人债务相应消灭的情形。部分连带债务人的债务与债权人的债权同归于一人的，在扣除该债务人应当承担的份额后，债权人对其他债务人的债权继续存在。

本条第 4 款规定了债权人对部分连带债务人的给付受领迟延的，对其他连带债务人发生效力。即对该部分给付的受领迟延，视为对全体债务人的相应数额的给付受领迟延。如因受领迟延而产生不利后果，不得另行请求其他连带债务人再为相应给付。

【对照适用】

本条为新增条款，在原《民法通则》第 87 条的基础上，细化明确了连带债务的部分连带债务人因提存、免除、混同、抵销而对全体债务人免责的规则。这一规范的增加使得部分连带债务人债务的消灭对全体债务人的效力有了明确的法律依据，增强了《民法典》法律规范的全面性。

> **第五百二十一条** 连带债权人之间的份额难以确定的，视为份额相同。
>
> 实际受领债权的连带债权人，应当按比例向其他连带债权人返还。
>
> 连带债权参照适用本章连带债务的有关规定。

【要义精解】

本条是关于连带债权的行使规则的规定。

根据本条的规定，连带债权的行使方式，参照适用本章关于连带债务的有关规定，本条还特别明确了连带债权行使的规则。

实际受领超过自己份额的连带债权人负有向其他债权人返还义务。因为任一连带债权人均有权向债务人就全部债权主张给付，但是这并不意味着该债权人有权保留其受领的全部债权。连带债权在各个债权人之间是有份额的。实际受领超过自己份额的连带债权人，应当按比例向其他连带债权人返还。这个份额可以是法定或者当事人约定。如果既没有法定，也没有约定的，或者连带债权人之间的份额难以确定的，则视为份额相同。

连带债权参照适用本章连带债务的有关规定。例如，部分连带债权人免除债务人债务时的效力。债权可以被放弃，但是作为连带债权人的一员，在没有取得其他连带债权人同意或者授权时，仅有权放弃自己那部分的债权，而不能就他人份额的债权表示放弃。部分连带债权人免除债务人债务的，即使是就全部债务表示免除，在扣除该连带债权人的份额后，也不影响其他连带债权人的债权。

【对照适用】

本条为新增条款，在原《民法通则》第87条的基础上，细化明确了连带债权的行使规则。这一规范的增加使得连带债权人如何行使债权，尤其是其超额受领债权、免除债务人债务的后果具有了明确的法律依据，增强了《民法典》法律规范的全面性。

> **第五百二十二条**　当事人约定由债务人向第三人履行债务，债务人未向第三人履行债务或者履行债务不符合约定的，应当向债权人承担违约责任。
>
> 法律规定或者当事人约定第三人可以直接请求债务人向其履行债务，第三人未在合理期限内明确拒绝，债务人未向第三人履行债务或者履行债务不符合约定的，第三人可以请求债务人承担违约责任；债务人对债权人的抗辩，可以向第三人主张。

【要义精解】

本条是关于利他合同的规定。

所谓利他合同，就是指合同当事人约定，由债务人向债权人之外的第三人履行给付义务的合同。它又被称为"为第三人利益的合同""向第三人给付的合同"等。[1]

合同尽管是合同当事人之间的协议，但是，这并不禁止合同当事人约定合同的债务向债权人之外的第三人给付。例如，公司为其雇员向保险公司购买医疗保险，当雇员生病时，保险公司按照公司与公司约定的条件和金额向雇员支付相应医疗费。利他合同仅仅是合同相对性的一个简单的例外，仍然是遵循"契约自由"原则的产物——仅仅是合同双方约定本来应向债权人的给付改为向第三人给付而已，任何有名合同或者无名合同均可能以约定向第三人给付的形式成立利他合同。因此，利他合同被规定在了合同编总则的部分。

利他合同根据第三人对债务人有无独立的给付请求权，区分为纯正的利他合同与非纯正的利他合同。纯正的利他合同是指第三人对债务人享有以给付为内容的独立的请求权的合同。本条第 2 款规定的利他合同即是这种纯正的利他合同。非纯正的利他合同是指尽管合同约定债务人向第三人履行债务，但第三人对债务人却不享有独立的给付请求权。本条第 1 款规定的利他合同就是指这种合同。

在第 1 款规定的非纯正利他合同中，当债务人不履行或者履行不合约定时，第三人对债务人没有履行请求权或者违约责任请求权，只能由债权人向债务人主张。合同当事人协商解除合同或者变更合同，无须经过第三人同意。因为第三人不是合同当事人，也没有独立请求权。但是，由于合同终止可能会影响第三人利益的，按照债权人与第三人之间相应的法律关系处理，例如，债权人与债务人订立利他合同的目的是对第三人的赠与，则按照赠与处理；如果是履行法定义务，则按照不履行法定义务处理；等等。

在第 2 款规定的纯正利他合同中，在债务人不履行债务或者履行不合约定时，第三人对债务人有履行请求权或者违约责任请求权，债务人对债

---

[1] 王洪亮：《债法总论》，北京大学出版社 2016 年版，第 475 页。

权人的抗辩，可以向第三人主张。值得注意的是，当债务人不履行债务或者履行不合约定时，纯正利他合同的债权人基于其合同债权人身份，天然地具有履行请求权和违约责任请求权，当债务人需要承担违约责任时，债权人与第三人之间构成连带债权人关系。在合同解除和变更方面，按照合同的一般原理，因第三人不是合同当事人，当事人解除或者变更合同不必经过第三人同意，就可以产生解除或者变更的后果。但给第三人造成损害的，有相应法律关系的人应当赔偿。

【对照适用】

本条的规定在原《合同法》第64条的基础上，增加了第2款即关于纯正利他合同的规定，明确赋予了纯正利他合同第三人的履行请求权和违约责任请求权，并对这种权利进行了规制，规定债务人对债权人的抗辩，可以向第三人主张。该规定使得《民法典》关于合同履行部分的内容更加全面。

> **第五百二十三条**　当事人约定由第三人向债权人履行债务，第三人不履行债务或者履行债务不符合约定的，债务人应当向债权人承担违约责任。

【要义精解】

本条是关于由第三人履行的合同的规定。

由第三人履行的合同，又称第三人负担的合同，指双方当事人约定债务由第三人履行的合同。例如，甲乙约定由丙负责将货物送达乙处。由第三人履行的合同，债权人与债务人之间仅仅达成了由第三人向债权人给付的合意，并非是债务承担或者转移，第三人因此仅仅具有履行义务而不承担违约责任。

根据本条的规定，履行债务的第三人不是合同的当事人。因此，当第三人不履行债务或者债务不符合约定的，如债务人在签订合同时未征询第三人意见，事后也未获得其同意，根据合同的相对性，由债务人向债权人承担违约责任，债权人在没有法律规定或者债务人与第三人的约定的情况下，不得要求第三人履行债务或者向自己承担违约责任。

第五百二十四条　债务人不履行债务，第三人对履行该债务具有合法利益的，第三人有权向债权人代为履行；但是，根据债务性质、按照当事人约定或者依照法律规定只能由债务人履行的除外。

债权人接受第三人履行后，其对债务人的债权转让给第三人，但是债务人和第三人另有约定的除外。

【要义精解】

本条是关于与履行债务有合法利益的第三人代为履行债务的规定。

当债务人不履行债务从而影响第三人因债务的履行而产生的合法利益的，第三人有权向债权人代为履行。例如，A 对 B 负担金钱债务，C 为该笔借款提供房屋抵押。那么，A 是否履行债务就对 C 关系重大：如果 A 不履行还款义务，B 就有可能拍卖房屋获得优先受偿，C 就有可能无处居住。此时 C 可以替代 A 向 B 履行偿还借款义务。又例如，A 是房屋的出租人，B 是房屋的承租人，当 B 欠付 A 的房租拒不缴纳时，作为次承租人的 C 为了防止出租人 A 收回房屋从而影响其在房屋继续居住的状态时，次承租人 C 可以替代承租人 B 向 A 缴纳拖欠的房租及违约金。但是，这种义务一般应该说具有财产性，人身性质的债务一般具有与特定人不可分割的专属性质，即使第三人对履行债务有合法利益，也不能替代履行。替代履行符合无因管理的构成要件的，应当被视作无因管理。第三人的履行虽然更多的是为了自己的利益，但是不能认为完全不含有为债务人利益的丝毫考虑，况且从结果上来看，也应当被推定为为了债务人的利益。法律允许兼顾自己意思与他人意思的无因管理。

替代履行后，在债权人与第三人之间发生债权转让的法律效果，以便于第三人对债务人追偿，除非债务人和第三人另有约定。

【对照适用】

本条为新增条款，对与履行债务有合法利益的第三人代为履行债务进行了规定。这一规范的增加使得何种债务允许与履行债务有合法利益的第三人代为履行、代为履行之后发生的法律效果等进行了明确的规定，对定分止争具有积极意义。

> **第五百二十五条**　当事人互负债务，没有先后履行顺序的，应当同时履行。一方在对方履行之前有权拒绝其履行请求。一方在对方履行债务不符合约定时，有权拒绝其相应的履行请求。

【要义精解】

本条是关于同时履行抗辩权的规定。

同时履行抗辩权也称为履行契约的抗辩权，是指双务契约当事人一方于他方当事人未为对待给付前得拒绝自己给付的权利。同时履行抗辩权产生的理论基础乃是基于双务契约对价的交换性、原因的相互依赖性以及与此相关的本质上的牵连性。因而其制度价值是基于对具有相互依赖性的双务契约的双方当事人利益的保护，即"对于不恪守诺言的人无须恪守诺言"。[1]

同时履行抗辩权的适用条件如下。

第一，双方权利义务必须是基于同一双务合同而产生。由于同时履行抗辩权产生的基础在于合同双方权利义务在本质上的牵连性，只有双务合同才具有这种特性，故必须是双务合同才能适用同时履行抗辩权。这里需要说明的是合伙合同。合伙合同是设立特别团体的一种合同，当事人订立这种合同的目的是为了形成一个交易实体，各合伙人为追求同一目的而结合，其出资义务迥然有别，不具有对价性。[2]故虽然一般学说与判例认为合伙契约为双务契约的一种，但由于其目的一致的特殊性，应否认适用同时履行抗辩权为宜。但是，这一要件也不是绝对的，在有的情况下，债务虽然不是基于双务合同而生，但两个债务在性质上有牵连性时，法律为求公平起见，允许准用同时履行抗辩权的规定，例如，当事人因契约解除而生的相互义务。《全国法院民商事审判工作会议纪要》第34条规定："双务合同不成立、无效或者被撤销时，标的物返还与价款返还互为对待给付，双方应当同时返还。关于应否支付利息问题，只要一方对标的物有使用情形的，一般应当支付使用费，该费用可与占有价款一方应当支付的资金占用费相互抵销，故在一方返还原物前，另一方仅须支付本金，而无须支付利息。"

第二，当事人须同时履行债务。同时履行抗辩权必须以各方"同时履

---

〔1〕　尹田：《法国现代合同法：契约自由与社会公正的冲突与平衡》，法律出版社2009年版，第356页。

〔2〕　苏俊雄：《契约原理及其实用》，中华书局1983年版，第91—92页。

行"为条件，即抗辩者有请求对方履行的权利。如果一方有先为给付的义务，而相对方给付义务在后，先为给付义务的一方尚无权请求对方履行，而对方则有权请求其履行，此时，他只能先履行自己的义务而无权援用同时履行抗辩权。应该说，在信用制度较为发达的今天，同时履行的情形较少，而多数债务均具有时间上的差异性。

第三，相对人未履行或者未适当履行自己的对待给付义务。当一方当事人未履行自己应负的义务而请求对方履行义务时，对方得以义务之牵连性提出不履行的抗辩。当相对人的履行或履行的提出为一部分或不完全时，不问债务人是否拒绝受领，于其补正前，债务人得拒绝自己的给付，为不完全履行的抗辩。本条也明确规定，"一方在对方履行债务不符合约定时，有权拒绝其相应的履行请求"。

第四，对方的对待给付在客观上尚为可能。同时履行抗辩权的行使须以对方尚有可能履行为前提。如果一方当事人的给付为客观不能时，应视履行不能可否归责于债务人为判断。如因不可归责于双方当事人的事由而为不能时，该当事人免除义务，他方当事人也免除对待给付义务，自不生同时履行抗辩权的问题。相反，如果履行不能是因可归责于债务人的事由而成为损害赔偿之债时，也应允许援用同时履行抗辩权。

同时履行抗辩权属于延期抗辩权，没有否定对方请求权的效力，仅有使对方请求权延期的效力，即在对方没有履行或未提出履行前，得拒绝自己的给付。

同时履行抗辩权只能由当事人自己行使，法院不能依职权主动适用。当事人在行使同时履行抗辩权时，只须有援用同时履行抗辩权的意思表示即可。但是，当事人未为此意思表示，依然有排除给付迟延的效力。因为当事人既然享有同时履行抗辩权，纵然没有行使，在法律上仍有正当理由在他方未为对待给付前，得拒绝自己的给付。

第五百二十六条 当事人互负债务，有先后履行顺序，应当先履行债务一方未履行的，后履行一方有权拒绝其履行请求。先履行一方履行债务不符合约定的，后履行一方有权拒绝其相应的履行请求。

【要义精解】

本条是关于先履行抗辩权的规定。

先履行抗辩权是指合同双方当事人互负债务，先履行的一方没有履行或者履行债务不符合约定的，后履行一方可拒绝其相应履行请求的权利。[1]先履行抗辩权在传统民法上并不是一种独立的权利，我国《民法典》创造性地将其规定为一种独立的抗辩权，对于当前的司法实践具有重要意义。

先履行抗辩权的构成要件如下。

其一，当事人互负债务。也就是说，合同必须是双务合同，合同双方当事人相互之间都有义务。如果是单务合同，例如赠与合同，这种抗辩权就不成立。

其二，双方当事人的债务履行有先后顺序。如果没有先后顺序，就是同时履行抗辩权，这也是其不同于同时履行抗辩权之处。

其三，先履行一方未履行或者履行债务不符合合同约定。先履行抗辩权是法律赋予后履行一方的特殊权利，而不安抗辩权则是法律赋予先履行一方的权利。

先履行抗辩权的效力是：当先履行一方未履行或者履行债务不符合合同约定时，后履行者可以拒绝自己相应的履行。后履行抗辩权属延期的抗辩权，只是暂时阻止对方当事人请求权的行使，是一种非永久的抗辩权。当先履行方履行了自己的责任，或者对不完全履行进行了补救后，先履行抗辩权消灭，当事人应当履行自己的义务。需要注意的是，第一，如果先履行方没有按照约定履行，再履行对于后履行方没有任何意义时，后履行方有权解除合同；第二，后履行方的抗辩权并不影响其追究先履行方因迟延履行而需要承担的违约责任。

第五百二十七条　应当先履行债务的当事人，有确切证据证明对方有下列情形之一的，可以中止履行：

（一）经营状况严重恶化；

（二）转移财产、抽逃资金，以逃避债务；

（三）丧失商业信誉；

（四）有丧失或者可能丧失履行债务能力的其他情形。

当事人没有确切证据中止履行的，应当承担违约责任。

---

〔1〕　李永军：《合同法》（第二版），中国人民大学出版社 2008 年版，第 261 页。

【要义精解】

本条是关于不安抗辩权的规定。

所谓不安抗辩权，是指当事人一方依照合同约定应向他方先为履行，但如在订立合同后他方的财产明显减少或履行能力明显减弱，有难为给付之虞时，可以请求他方提供担保或为对待给付。在他方未履行对待给付或提供担保前，可以拒绝自己的给付。

根据本条的规定，不安抗辩权的具体使用条件是：（1）权利人须先为履行。（2）满足有法定事由，即经营状况严重恶化的；转移财产、抽逃资金以逃避债务的；严重丧失商业信誉的；有其他丧失或可能丧失履行债务能力的情形的。（3）主张行使抗辩权的一方当事人应当就对方具有上述事由举证。如没有确切证据而中止履行的，应承担违约责任。

如果具备了不安抗辩权的发生要件，先履行义务人即可主张这一权利，在对方恢复履行能力或者提供适当担保之前，中止合同的履行。

【对照适用】

本条与原《合同法》第68条的规定相比，对证据标准的要求有所降低，不再要求"有确切证据证明"才能中止履行，从而更加切实保障先履行义务一方当事人的合同权益。

> **第五百二十八条** 当事人依据前条规定中止履行的，应当及时通知对方。对方提供适当担保的，应当恢复履行。中止履行后，对方在合理期限内未恢复履行能力且未提供适当担保的，视为以自己的行为表明不履行主要债务，中止履行的一方可以解除合同并可以请求对方承担违约责任。

【要义精解】

本条是关于不安抗辩权行使规则的规定。

当事人行使不安抗辩权从而中止履行其应当先为履行的合同义务的，应当及时通知对方，对方提供适当担保后，不安抗辩权即行消灭，先为给付义务人应依约履行自己的义务。

中止履行后，对方在合理期限内既没有恢复履行能力也没有提供适当担保的，视为以自己的行为表明不履行合同主要义务。此时中止履行的一方可以解除合同，并可以请求对方承担违约责任。

如果相对人拒绝提供担保或为对待给付，也不负迟延责任，因为其履行义务的期限尚未届至。相对人为恢复履行而提供担保不仅可以是物的担保，也可以是人的担保。

【对照适用】

本条与原《合同法》第69条的规定相比，增加了两项内容。第一，对方在合理期限内未恢复履行能力并且未提供适当担保的，视为以自己的行为表明不履行合同主要义务。即在合理期限内未恢复履行能力并且未提供适当担保的，构成逾期违约。第二，此时中止履行的一方可以请求对方承担违约责任。

> **第五百二十九条　债权人分立、合并或者变更住所没有通知债务人，致使履行债务发生困难的，债务人可以中止履行或者将标的物提存。**

【要义精解】

本条是关于因债权人难以寻找而导致履行困难的规定。

当出现债权人分立、合并或者变更住所时，应当及时通知债务人相应地变更信息及债务履行方式，以方便债务人履行债务；当债权人分立、合并或者变更住所没有通知债务人，且债务人难以自己查询时，将会导致债务人因债权人没有通知的原因而难以向其履行债务。此时若视而不见任由债务人陷入履行迟延，则将导致对债务人的不公平，甚至鼓励那些不诚信的债权人在签订合同后消失，然后向债务人主张迟延履行的违约责任的情形。因此，当债权人分立、合并或者变更住所没有通知债务人，致使履行债务发生困难的，债务人可以中止履行，标的物为有体物的，还可以将标的物提存以避免迟延履行。

> **第五百三十条** 债权人可以拒绝债务人提前履行债务，但是提前履行不损害债权人利益的除外。
>
> 债务人提前履行债务给债权人增加的费用，由债务人负担。

【要义精解】

本条是关于债务人提前履行债务的规定。

债务人应当按照合同约定的期间履行债务，迟延履行将会导致承担违约责任，但是提前履行属于对合同履行期间的变更。债务人提前履行债务如果不损害债权人利益，债权人应当接受。但是更多情况下，债务人提前履行债务将会损害债权人的利益，债权人或是还没有做好接受履行的准备，例如，装修房屋时预订的家具提前送到，但是地砖尚未铺设完成；或是增加了债权人支出的费用，例如，供货商提前将一批新鲜水果送达债权人，而此时债权人尚未与买家谈妥条件，需要额外支出一笔贮藏保鲜的费用；或是减少了债权人的预期收益，例如，将债权人的有息借款提前归还；或是导致债权人的合同目的无法实现，例如，将债权人高价预订的反季节鲜花提前在花季交付给债权人；甚至还可能导致合同的无效，例如，债务人将债权人旨在盐业专卖制度取消之后抢占市场而预订的一批盐，在盐业专卖制度尚未取消之前即交付给债权人，从而遭到政府部门的没收。因此，当提前履行损害债权人利益时，债权人可以拒绝债务人的提前履行。

如果债权人同意债务人提前履行，因提前履行债务给债权人增加的费用，由债务人负担。

> **第五百三十一条** 债权人可以拒绝债务人部分履行债务，但是部分履行不损害债权人利益的除外。
>
> 债务人部分履行债务给债权人增加的费用，由债务人负担。

【要义精解】

本条是关于债务人提前履行债务的规定。

合同的履行应当采取"全部"和"全面"履行的原则，原则上是禁止部分履行的，除非部分履行不损害对方利益或者债权人同意。

这一规则之所以必要，是因为合同义务的整体履行与部分履行或者分期履行，在大多数情况下都会造成债权人的利益损害，如风险增加、履行失去意义、不能实现合同目的等。因此，法律一般不赋予债务人部分履行的权利。例如，甲欠乙1万元。约定一次性偿还，如果甲采取每天偿还1元的方式履行债务，那么对于乙来说，这1万元因为漫长的偿还期限失去了意义，等同于乙几乎没有收到任何钱。

债权人同意债务人部分履行债务的，债务人部分履行债务给债权人增加的费用由债务人负担。

第五百三十二条　合同生效后，当事人不得因姓名、名称的变更或者法定代表人、负责人、承办人的变动而不履行合同义务。

【要义精解】

本条规定了当事人不得因姓名、名称、法定代表人的变更或者承办人的变动而不履行合同。

合同既然已经生效，当事人就应当按照诚实信用原则全面履行自己的合同义务，不得以任何借口逃避应当由自己履行的合同义务。合同成立后，合同权利义务的主体即已确定，权利义务从此即指向当事人本身，而不因事后当事人姓名、名称的变更或者法定代表人、负责人、承办人的变动而失去作用。

本条为注意规定，即使不作规定，也是当然之理。然而在实践中，确实有些当事人以自己或对方的姓名、名称、法定代表人或者承办人发生变化为借口，拒绝履行债务。因此本条作此特别规定，提醒那些妄图通过改名、换人等方式逃避自己合同义务的当事人诚实守信地履行合同。

第五百三十三条　合同成立后，合同的基础条件发生了当事人在订立合同时无法预见的、不属于商业风险的重大变化，继续履行合同对于当事人一方明显不公平的，受不利影响的当事人可以与对方重新协商；在合理期限内协商不成的，当事人可以请求人民法院或者仲裁机构变更或者解除合同。

人民法院或者仲裁机构应当结合案件的实际情况，根据公平原则变更或者解除合同。

【要义精解】

本条是关于情势变更抗辩权的规定。

情势变更抗辩权又称情势变更原则，是指合同有效成立后，因不可归责于双方当事人的事由发生情事变更而致合同之基础动摇或者丧失，若继续维持合同会显失公平，因此允许变更合同内容或解除合同的原则。[1]

情势变更请求权的适用条件如下。

其一，对于相应的重大变化如何处理，既没有法律规定，也没有当事人的明确约定，即存在"双重漏洞"。德国学者梅迪库斯认为：属于交易基础的东西，不可能是行为的内容。交易学说适用的前提乃是存在一个双重的规定漏洞。即当事人合同没有约定，法律也没有规定的情形。如果法律行为或者法律已经包含了某项规定，那么就不需要交易基础学说来填补漏洞了。[2]

其二，作为缔约基础和环境的客观情况发生异常的变化。如果当事人缔约时以某种客观情形作为基础，而这一基础已发生变化，依附于该基础并以其存在作为利益判断的当事人之意思表示也应相应地变化。这里所说的异常变化，应以这一基础是否丧失、缔约目的是否可以实现等作为判断。德国联邦最高法院判例认为：必须发生了如此深刻的变化，以至于若恪守原来的约定，将产生一种不可承受的、与法和正义无法吻合的结果。因此，恪守原来的合同规定对于相关当事人来说是不可合理期待的。[3]

其三，情事变更须发生在合同成立后。在民法典合同编中，对于当事人之救济有各种措施，只有在缔约后发生情事变更，才有适用该规则的必要。如果在缔约之前业已发生，则是合同效力的问题。

其四，情事变更为当事人在缔约时没有预见。情事变更原则无非是一种对于不测风险的分配规则，有时当事人会在合同中明确约定当某种意外事件出现时，应如何分配该意外事件所带来的风险，这时就没有必要再以情事变更原则去衡平这种风险的明确分配。

在具体操作上，为了防止臆断。应当用一个一般的人作为参照模式，如果这个一般的人能够预见而缔约人没有预见，就认为他有过失，不能主

---

[1] 王家福主编：《民法债权》，中国社会科学出版社 2015 年版，第 393 页。

[2] ［德］迪特尔·梅迪库斯：《德国民法总论》，邵建东译，法律出版社 2013 年版，第 653 页。

[3] ［德］迪特尔·梅迪库斯：《德国民法总论》，邵建东译，法律出版社 2013 年版，第 656—657 页。

张情事变更的抗辩。

其五，情事变更须不可归责于双方当事人。情事变更原则建立在公平分配损失的理念之上，如果这种损失的发生可归责于双方或一方当事人，应按其过错分配风险，而不适用情事变更原则。

其六，情事变更适用的对象不是应当由合同当事人承担的商业风险。任何交易均存在风险，商业风险应当由当事人自行承担，如商品供求的波动、市场价格的涨跌等，如果幅度未超出一般人的合理预期，则不能适用情势变更抗辩权。

其七，情事变更后若再维持原合同的效力将显失公平。这是适用情事变更原则的关键所在，即因情事变更使得缔约双方所赖以判断自己权利义务的基础发生动摇或根本损失，使得当事人的权利义务严重失衡，故有恢复平衡的必要。如果情事变更并未引起权利义务的变化，或虽发生变化但不显著时，也无适用情事变更原则的必要。

【对照适用】

目前，情事变更原则在大陆法系的绝大部分国家民法典中均有规定，并被判例所运用，我国在原《合同法》的立法过程中因对是否规定情势变更原则存在争议，故没有对其进行规定。而是在 2009 年的原《合同法解释（二）》第 26 条规定了情势变更原则。我国《民法典》在司法实践的基础之上，进行了改造性的继受，首先是变化的对象从"客观情况"变成了"合同的基础条件"，更加准确；其次是在适用条件上去掉了"非不可抗力造成的"，降低了适用门槛；再次是删去了"继续履行合同……不能实现合同目的"，表述更为简洁；从次是明确了有权提出情势变更抗辩权的主体是受到不利影响的当事人，而非任一当事人；最后是增加了协商前置程序，鼓励当事人就出现的重大变化重新安排双方的权利义务。

第五百三十四条　对当事人利用合同实施危害国家利益、社会公共利益行为的，市场监督管理和其他有关行政主管部门依照法律、行政法规的规定负责监督处理。

【要义精解】

本条是关于当事人利用合同实施危害国家利益、社会公共利益行为的规定。

合同是当事人通过意思自治达成经济目的的工具，也可能成为不法当事人实施危害国家利益、社会公共利益行为的手段。对于这些危害国家利益、社会公共利益的不法当事人，不仅会受到《民法典》中的相关法律规范的约束，导致合同无效并承担相应责任的后果，就其危害国家利益、社会公共利益行为本身，还将受到市场监督管理和其他有关行政主管部门依照法律、行政法规的规定实施的监管和严厉打击。

第五章　合同的保全

> 第五百三十五条　因债务人怠于行使其债权或者与该债权有关的从权利，影响债权人的到期债权实现的，债权人可以向人民法院请求以自己的名义代位行使债务人对相对人的权利，但是该权利专属于债务人自身的除外。
>
> 代位权的行使范围以债权人的到期债权为限。债权人行使代位权的必要费用，由债务人负担。
>
> 相对人对债务人的抗辩，可以向债权人主张。

【要义精解】

本条是关于债权人代位权的规定。

债权人的代位权是指债权人为确保其债权的受偿，当债务人怠于行使对于第三人代位权财产权利而危及债权时，得以自己的名义替代债务人行使财产权利的制度。与代理权不同，债权人行使代位权是以自己的名义为之。代位权虽有代位诉权、间接诉权之称，然其仍属债权人的实体权利而非程序法上的权利。代位权行使的结果，也直接发生实体法上的权利义务关系的消灭。

代位权的适用条件有以下三点：一是债权人必须有保全其债权的必要，即债权人的债权有不能依债的内容受清偿的危险。二是债务人须陷入迟延，即债权人对债务人的债权已届清偿期。三是债务人怠于行使其债权以及与该债权有关的从权利。具备上述条件，债权人即可行使债务人的权利，以自己的名义请求第三人向债务人清偿债务，但是该权利专属于债务人自身的除外。

代位权的行使范围以债权人的到期债权为限。不得超越此范围行使代位权。例如，债权人对债务人享有到期债权50万元，债务人怠于行使其对相对人100万元的到期债权，则债权人仅能就其中的50万元行使代位权，要求相对人向其清偿，而不能要求其清偿 100 万元。

对于第三人而言，债权人行使代位权，与债务人行使权利具有相同的地位，故凡第三人得对抗债务人的一切抗辩权，对债权人均得行使。

【对照适用】

本条的规定与原《合同法》第 73 条的规定相比，除了在表述上面更加规范以外，还作了以下的修改：首先是债务人怠于行使的债权不再仅限于到期债权，如果怠于行使与债权（无论是否到期）有关的从权利而影响债权人的到期债权实现的，债权人即可行使代位权；其次是增加了第 3 款的规定，明确了相对人对债务人的抗辩，可以向债权人主张。

第五百三十六条 债权人的债权到期前，债务人的债权或者与该债权有关的从权利存在诉讼时效期间即将届满或者未及时申报破产债权等情形，影响债权人的债权实现的，债权人可以代位向债务人的相对人请求其向债务人履行、向破产管理人申报或者作出其他必要的行为。

【要义精解】

本条是关于债权人保存性代位权的规定。

保存性的代位权，是指债权人在债权到期之前，为防止债务人的债权或者与该债权有关的从权利的消灭或者变更，从而影响债权人的债权实现时，债权人可以代为保全债权人权利。

保存性代位权的适用条件有以下三点：第一，权利有代位保存的必要。即如果不进行保存行为，权利将失效或者消灭。例如，债务人的权利存在诉讼时效期间即将届满或者未及时申报破产债权等情形，将影响债权人的债权实现。第二，这种行为必须发生于债权人的债权到期前。如果发生在债权到期之后，就是上一条规定的请求行为的代位权了。第三，这种保存行为的目的是为将来债权实现做准备，而不是债权实现本身。

【对照适用】

本条为新增条款，对债权到期前债权人的保存性代位权进行了规定。这一规范的增加使得债权人可以在债权到期之间，即防御性地保全债务人的责任财产，使得债权人可以在债权到期前对影响债权实现的债务人权利消灭的事由进行干预，对实现债权具有积极意义。

> **第五百三十七条** 人民法院认定代位权成立的，由债务人的相对人向债权人履行义务，债权人接受履行后，债权人与债务人、债务人与相对人之间相应的权利义务终止。债务人对相对人的债权或者与该债权有关的从权利被采取保全、执行措施，或者债务人破产的，依照相关法律的规定处理。

【要义精解】

本条是关于债权人行使代位权的效力的规定。

与传统民法的理论不同，我国《民法典》中关于代位权行使的效力更加注重公平与效率，允许债务人的相对人直接向债权人履行债务，从而鼓励债权人行使代位权以保障自己的债权得以实现。

本条规定的债权人就代位所得的债权优先受偿虽然不符合债权的平等性，但如果考虑到行使代位权的债权人在程序上所花费的金钱和劳力，为平衡其为全体债权人利益所为的牺牲，赋予其个人优先受偿权也无不妥，反而通过赋予行使代位权的债权人，以优先受偿权的方式大大增加了代位权制度的实际意义。

【对照适用】

本条将原《合同法解释（一）》第20条的规定进行了语言上和内容上的修改，以立法语言整体性地规定了行使请求性代位权与保存性代位权的效果，提升了相关规范的立法层级。

> **第五百三十八条** 债务人以放弃其债权、放弃债权担保、无偿转让财产等方式无偿处分财产权益，或者恶意延长其到期债权的履行期限，影响债权人的债权实现的，债权人可以请求人民法院撤销债务人的行为。

【要义精解】

本条是关于对债务人无偿处分财产权益行为的撤销权的规定。

债权人的撤销权又称"废罢诉权"，是指债权人对于债务人所为的有害债权的行为，得请求法院予以撤销的权利。撤销权与代位权同为保护债务人财产的担保力所设的制度。所不同的是，代位权是对债务人消极地不行使权利而使财产减少以害及债权人的行为的救济，而撤销权是对于因债务人的积极行为使财产减少而害及债权人的行为所作的救济。

对债务人无偿处分财产权益行为的撤销权的行使条件如下：（1）债务人在客观上存在放弃其债权、放弃债权担保、无偿转让财产等方式无偿处分财产权益，或者恶意延长其到期债权的履行期限的行为。（2）债务人的行为须以财产为标的。非以财产为标的的行为无行使撤销权的必要。例如，债务人通过多次故意行使侵权行为使得责任财产减少的，其侵权行为无从撤销。（3）债务人无偿处分财产权益的行为须影响债权实现。如果债务人的行为虽然会导致财产的减少，但债务人仍有足够的财产清偿债务时，自无撤销的必要。（4）债务人的行为必须是在债权成立后所为。在债权成立前，债务人的行为不发生危害债权的可能性，故债权人自无行使撤销权的余地。

债权人中的任何人均得行使撤销权，可单独行使，也可以共同行使。债权人行使对债务人无偿处分财产权益行为的撤销权的，需要以自己的名义通过诉讼的方式向人民法院请求撤销债务人的行为，而不能以通知等方式自行行使。

> **第五百三十九条** 债务人以明显不合理的低价转让财产、以明显不合理的高价受让他人财产或者为他人的债务提供担保，影响债权人的债权实现，债务人的相对人知道或者应当知道该情形的，债权人可以请求人民法院撤销债务人的行为。

【要义精解】

本条是关于对债务人以不合理对价处分财产行为的撤销权的规定。

对债务人以不合理对价处分财产行为的撤销权的行使条件如下：（1）债务人在客观上存在以明显不合理的低价转让财产、以明显不合理的高价受让他人财产或者为他人的债务提供担保，影响债权人的债权实现。（2）债务人以不合理对价处分财产行为须影响债权的实现。如果债务人的行为虽然会导致财产的减少，但债务人仍有足够的财产清偿债务时，自无撤销的必要。（3）债务人的相对人知道或者应当知道该情形。债务人虽然在转让或者处分财产时的价格并不合理，但是与无偿处分不同，债务人的相对人毕竟为此支付了对价，双方达成的是双务合同；债务人为他人债务提供担保的动机虽然是逃避履行债务，但是毕竟形成了担保关系，为了维护交易关系的稳定，保护善意第三人的权益，故只有当债务人的相对人知道或者应当知道该情形时，债权人方可行使撤销权。（4）债务人的行为必须是在债权成立后所为。在债权成立前，债务人的行为不发生危害债权的可能性，故债权人自无行使撤销权的余地。（5）债务人的行为的危害性于撤销权行使时，尚需存在。若某行为在行为以前为有害行为，但在撤销权行使时，其危害性已经不复存在，自无行使撤销权的必要。例如，债务人将自己的不动产以低价出卖与他人，但在债权人欲行使撤销权时，遇到不动产价格暴跌，以现在的价格计算，债务人原低价出售的危害性已经不复存在，债权人行使撤销权的结果是给自己招致不利，故无撤销的必要。

债权人行使对债务人以不合理对价处分财产行为的撤销权的，需要以自己的名义通过诉讼的方式向人民法院请求撤销债务人的行为，而不能以通知等方式自行行使。

第五百四十条　撤销权的行使范围以债权人的债权为限。债权人行使撤销权的必要费用，由债务人负担。

【要义精解】

本条是关于撤销权行使范围及必要费用负担的规定。

撤销权的行使范围以债权人的债权为限。不得超越此范围行使撤销权。例如，债权人对债务人享有50万元债权，债务人放弃其对相对人100万元的到期债权，则债权人仅能就其中的50万元行使撤销权，撤销债务人的放弃的意思表示，而不能要求撤销其放弃100万元的意思表示。

债权人行使撤销权的必要费用，由债务人负担。但是债权人行使撤销权时，须以良善之人的标准行事。行使撤销权支出的费用明显超出必要限度的，由债权人自行承担，行使撤销权造成债务人损失的，有过错的债权人应当承担相应的损害赔偿责任。

【对照适用】

本条规定与《民法典》第538条、第539条一起构成了债权人的撤销权制度。《民法典》第 538 条至第 540 条的规定与原《合同法》第 74 条的规定相比，具有以下明显变化：首先，增加了债权人可以行使撤销权的情形，债务人放弃债权担保的、恶意延长其到期债权的履行期限的、以明显不合理的高价受让他人财产或者为他人的债务提供担保的；其次，区分了无偿和不合理对价时行使撤销权的不同条件，对于债务人放弃财产的，则只要该行为有害于债权，债权人即可行使撤销权。如果第三人取得债务人的财产支付了对价，那么，撤销权的行使不仅要有客观要件，而且要求债务人及第三人均有主观上的恶意，从而更好地保护善意第三人的利益。

第五百四十一条　撤销权自债权人知道或者应当知道撤销事由之日起一年内行使。自债务人的行为发生之日起五年内没有行使撤销权的，该撤销权消灭。

【要义精解】

本条是关于撤销权行使期限的规定。

撤销权仅凭债权人一方向人民法院提出请求即可发生效力，无须债务人的同意，因此撤销权应当属于形成权，其行使期限为除斥期间，是固定不变的，不适用中止、中断、延长的规定。

撤销权自债权人知道或者应当知道撤销事由之日起一年内行使。但是，只要自债务人的行为发生之日起五年内，债权人没有行使撤销权的，即使债权人尚不知道或者不可能知道相应撤销事由，撤销权也告消灭。

第五百四十二条　债务人影响债权人的债权实现的行为被撤销的，自始没有法律约束力。

【要义精解】

本条是关于行使撤销权效力的规定。

债务人影响债权人的债权实现的行为被撤销的，视为相应行为从未发生，因而自始没有法律约束力。债务人的相对人因该行为取得的财产，应返还给债务人。不能返还的，应折价赔偿，已经向债务人支付了对价的，可以同时请求债务人返还对价。行使撤销权的债权人就收取的财产并无优先受偿权，而是作为全体债权人的一般担保，重归于债务人处。

【对照适用】

本条为新增条款，吸收了原《合同法解释（一）》第 25 条的相关内容，使得《民法典》中关于债权人撤销权的规定更加完整。

第六章　合同的变更和转让

第五百四十三条　当事人协商一致，可以变更合同。

【要义精解】

本条是关于合同的约定变更的规定。

合同是当事人意思表示一致的产物，合同成立后，当事人应当按照合同的约定全面、诚信、绿色地履行合同。任何一方未经对方同意，都不得擅自改变合同的内容，否则将构成违约从而应当承担违约责任。但是，在合同成立并生效后，当事人或是因为发现了在订立合同时存在考虑不周的情形，或是因为在合同履行完毕前出现了客观情况的变化，或是在主观上失去了履行或者请求对方履行合同约定义务的兴趣，因此希望与对方就合同内容重新修改或者补充，重新约定双方的权利义务关系。当事人在变更合同内容时，也应当本着协商一致的原则进行。当事人通过协商变更合同内容的，需要根据要约、承诺等有关合同成立的规定来确定变更后的合同是否成立。合同一经变更，变更后的新内容就取代了原合同的内容，双方当事人须按照变更后的内容履行合同。

当事人协商一致，变更后的合同即告成立，但变更后的合同若想生效，还须符合法律规定和当事人约定的生效条件，在特定情况下还须依法履行相关审批、变更、登记等手续方得生效。

应当指出的是，虽然从广义上讲，合同主体的改变也是合同变更的一种原因，但是原《合同法》对合同主体的变化是通过本章债权转让和债务转让的制度调整的。所以，本条规定的合同变更仅指合同内容的变更，不包括合同主体的变更。

【对照适用】

本条与原《合同法》第 77 条相比，删除了第 2 款"法律、行政法规规定变更合同应当办理批准、登记等手续的，依照其规定"，相应的内容被并入《民法典》第502条的规定。从而使得本编的规定更加凝练、简洁。

> **第五百四十四条**　当事人对合同变更的内容约定不明确的，推定为未变更。

【要义精解】

本条是关于合同变更内容约定不明的处理的规定。

从逻辑上看，当事人对合同变更的内容约定不明确的，即是双方没有就相应内容达成明确的变更约定，此时推定为未变更是合乎逻辑的。因此，当合同变更的内容约定不明确时，当事人只须按照原有合同的规定履行即可，在没有足够证据能够推翻这一推定时，任何一方不得要求对方履行变更中约定不明确的内容，法院或仲裁机构也无须对变更中约定不明的内容进行确定。

> **第五百四十五条**　债权人可以将债权的全部或者部分转让给第三人，但是有下列情形之一的除外：
> （一）根据债权性质不得转让；
> （二）按照当事人约定不得转让；
> （三）依照法律规定不得转让。
> 当事人约定非金钱债权不得转让的，不得对抗善意第三人。当事人约定金钱债权不得转让的，不得对抗第三人。

【要义精解】

本条是关于合同债权转让的规定。

我国《民法典》即规定了以下三项不得转让的情形。

首先，根据债权的性质不得转让的债权，这种债权只能在特定当事人之间发生效力，如果将合同权利转让给第三人，将会使合同内容发生变更，从而使转让后的合同内容与转让前的合同内容失去联系性和统一性，且违反当事人订立合同的目的。[1]一般包括以下几种情形：（1）以特定身

---

[1]　王利明等：《合同法新论·总则》（修订版），中国政法大学出版社2000年版，第425页。

份为基础的债权不得转让，例如，抚养请求权、退休金领取权等。规定此类债权不得转让的目的是保障特定人的基本生计。（2）以特定债权人为基础的债权，不得让与他人，例如，赔偿人身损害的定期债权，以及对特定债权人提供劳务的债权。（3）以债权人和债务人的特殊信赖关系为基础的债权，原则上不得转让，例如，雇佣、委任等关系。（4）不作为债权原则上不得让与，只有与其所附属的关系一并移转时，才能让与，例如，禁止同业竞争的债权，只有与营业一起让与。（5）从权利原则上也不得转让，因为从权利不能脱离主权利而单独转让，它只能随同主权利的移转而移转。例如，担保权利，就不能与其所担保的主债权分离而让与。（6）当合同的权利的转让将实质性地增加债务人的风险时，该合同权利不得转让。例如，保险合同，投保人的情况不同，保险人所承担的风险也就不同。因此，投保人的改变可能会实质性地增加保险人的风险。（7）基于尚未订立的合同而将来可能产生的债权不得转让，因为没有其将来发生的任何可把握的因素。

其次，依照法律规定不得转让的债权。这里的"法律规定"不仅包括民法，也包括其他强行性法律规范。对于这些禁止性规定，当事人应当严格遵守，不得违反法律的规定，擅自转让法律禁止转让的权利。例如，法律、行政法规规定转让应当办理批准、登记等手续的，批准或者登记机关经审查，未同意的，则属于依照法律规定不得转让的债权。又比如，私自倒卖文物给外国人的。

再次，按照当事人约定不得转让的债权。在有的情况下，在排他性地向原来的债权人履行其债务方面，债务人还是有相当的利益关系的。如果是这样，他会为了保护自己，通过在合同中约定债权是不可让与的，从而达到债权人不得变更的目的。[1]但这种约定的效力如何，则是一个十分重要的问题。从本条的规定可知，我国《民法典》将当事人关于债权不得转让的约定视为有效。也就是说，当事人关于债权不得让与的约定，在当事人之间发生效力。如果债权人违反此约定而为让与时，应当承担违约责任。

---

〔1〕〔德〕海因·克茨：《欧洲合同法》（上卷），周忠海等译，法律出版社2001年版，第389页。

第五百四十六条 债权人转让债权，未通知债务人的，该转让对债务人不发生效力。

债权转让的通知不得撤销，但是经受让人同意的除外。

【要义精解】

本条是关于债权转让通知义务的规定。

债权人转让债权，无须经过债务人同意，但是不经通知，对债务人不发生效力。根据本条的规定，负有通知义务的是债权人，因此在收到债权人通知以前，没有证据的受让人即使告知了债务人债权转让的情况并请求债务人向其履行债务，债务人也可以置之不理，仍然可以向原债权人履行债务，这种履行依然可以产生债务消灭的效力。通知的相对人可以是债务人，也可以是其继承人或其代理人。在连带债务中，如果债权人欲使债权转让对于全体连带债务人发生效力，应对全体连带债务人为通知，否则，仅对通知到的连带债务人发生效力。债务人一旦接到债权让与的通知，应当向受让人清偿债务，不得再向原债权人为清偿或其他法律行为，否则为不当履行，不发生债务消灭的效力。在债权转让合同生效后，债务人收到通知前，债务人向原债权人清偿债务使得债权部分消灭的，受让人可以向债权人要求赔偿。转让人已将债权让与事宜通知债务人的，即使最终没有实际转让或者转让无效，债务人仍得以在此期间发生的得对抗受让人的事由对抗转让人。

债权转让合同自成立起生效，因此当债权人与数个第三人签订多个债权转让合同时，所有的转让合同都是有效的。当然仅仅有一份能够履行，债权人应当向不能履行的债权转让合同的其他受让人承担违约责任。此时，应当优先履行最早通知债务人的债权转让合同。因为除了第一次通知债务人时，其均不再是合同的债权人了。但若是债权人重复转让债权，却都没有通知债务人，此时应当参照《买卖合同司法解释》的相关规定，确定优先履行的合同：（1）两个以上的转让中，有偿转让的受让人取得债权；（2）两个以上的转让中，有可撤销事由的转让的，无可撤销事由的受让人取得债权；（3）两个以上的转让中，有公证转让合同的受让人取得债权；（4）两个以上的转让中，若后一个受让人知道或者应当知道前一债权转让事实的，不能对抗前面的受让人。

为保护受让人的利益，许多国家法律均规定，非经受让人的同意，转让通知不得撤回或者撤销。《民法典》第 546 条第 2 款即规定，债权转让的通知不得撤销，但是经受让人同意的除外。

> **第五百四十七条** 债权人转让债权的，受让人取得与债权有关的从权利，但是该从权利专属于债权人自身的除外。
>
> 受让人取得从权利不因该从权利未办理转移登记手续或者未转移占有而受到影响。

【要义精解】

本条是关于从权利随主权利一并转让的规定。

从权利是从主权利派生出来，并依附于其上的，从权利不得脱离主权利而单独存在。根据对主权利的处分及于从权利的原则，当主合同权利转让时，从权利也随之一并转让。根据本条的规定，债权人转让主权利时应当将从权利一并转让，受让人在得到主权利的同时，也随之取得与之相应的从权利。考虑到有的从权利的设置是针对于债权人自身的，与债权人有不可分离的关系，本条第 1 款在确立从权利随主权利转让原则的同时，规定专属于债权人自身的从权利不随主权利的转让而转让。

受让人在取得主债权时，从权利随着主债权自然地转移给受让人，受让人取得从权利不因该从权利未履行转移登记手续或者未转移占有而受到影响。例如，某一债权有一不动产抵押权作为担保，而不动产抵押权是需要登记才能生效的。当这一债权被转让时，作为从权利的抵押权当然也随之转让，此时这种转让依据的是抵押权作为从权利不得单独存在，即使没有办理变更登记手续，也不影响该抵押权按照法律规定已经实质转让的事实。

【对照适用】

本条与原《合同法》第 79 条规定相比，增加了第 2 款，"受让人取得从权利不因该从权利未办理转移登记手续或者未转移占有而受到影响"的规定，明确了从权利随着主权利一并转让的天然特性，不受登记或者占有的影响。

第五百四十八条　债务人接到债权转让通知后，债务人对让与人的抗辩，可以向受让人主张。

【要义精解】

本条是关于债务人在债权转让时的抗辩的规定。

在债务人接到债权转让通知时，债权转让对其发生效力，其即成为受让人的债务人，须向其履行受让部分的债务。但是，债务人不应由于合同权利的转让而受到损害，这是一条很重要的规则。而且据此规则又派生出下述两条重要原则：第一，债务人不受其没有得到通知的转让的影响；第二，任何转让都以公平为条件，这就是说，凡债务人过去可向让与人提出的抗辩现在均可向受让人提出。[1]

债务人可能行使的抗辩包括：同时履行抗辩权、先履行抗辩权、不安抗辩权、先诉抗辩权、合同撤销的抗辩、债权已履行完毕的抗辩、债权无效的抗辩、诉讼时效已过的抗辩等。这些债务人可以对抗原债权人请求权的抗辩在债权转让对其生效后，依然可以向受让人主张。受让人因债务人提出对让与人的抗辩而导致债权不能实现的，可以向让与人主张瑕疵担保责任。

第五百四十九条　有下列情形之一的，债务人可以向受让人主张抵销：

（一）债务人接到债权转让通知时，债务人对让与人享有债权，且债务人的债权先于转让的债权到期或者同时到期；

（二）债务人的债权与转让的债权是基于同一合同产生。

【要义精解】

本条是关于债务人在债权转让时抵销的规定。

在民法中，抵销的意义主要在于快速消灭债权，从而降低债务履行的成本。而在特殊的情况下则可能存在更为重大的意义。例如，当债权让与人经济状况不佳，其资产不足以清偿全部债务，甚至有破产的可能时，抵销便成为了保护债务人权益的有效手段。如果债务人无此权利，则债务人

---

〔1〕　〔英〕P. S. 阿蒂亚：《合同法概论》，程正康等译，法律出版社1982年版，第267页。

向债权人履行的是 100%，而自己的债权却要受到破产比例清偿。按照世界各国的破产实务，破产清算对债权的偿还比例在 1%—3%，最高不超过10%。这样就对债务人特别不利。所以，各国民法典一般均赋予债务人对于新债权人以抵销权。如《德国民法典》第 406 条规定，债务人也得以对原债权人享有的债权向新债权人为抵销。[1]

除了本条规定之外，行使抵销权还需要满足双方互负的债务的标的物种类、品质相同，如果种类、品质不同，那么需要协商一致方可抵销。否则，任何一个没有约定履行顺序或者让与人先为履行的双务合同，例如最常见的现物买卖合同，债务人均可以按照本条第 1 项的规定主张抵销，这将导致债权转让合同的大量落空。

适用本条第 2 项的规定的抵销权需要满足因同一合同产生两种标的物和种类均相同的债权，这种情形在日常生活中并不常见，仅在部分商事合同中可能存在，例如有追索权的保理合同，保理人对应收账款债权人享有报酬请求权和应收账款债权回购请求权，应收账款债权人对保理人享有保理融资款请求权，双方权利基于同一合同产生，且标的物均为金钱，若让与人转让其保理融资款请求权的，债务人（保理人）可以根据本条第 2 项的规定向受让人请求抵销。此时债务人无法根据本条第 1 项的规定请求抵销，因为其债权后于转让的债权到期。又例如基金合同，基金管理人对基金购买人享有报酬请求权，基金购买人对基金管理人享有收益返还请求权，当基金购买人转让其收益返还请求权时，基金管理人可以向受让人主张在应支付的收益中抵销相应的报酬。同理，信托合同、投资合同等亦同。

【对照适用】

本条与原《合同法》第 83 条相比，增加了抵销的一种情形，即"债务人的债权与转让的债权是基于同一合同产生"，体现了《民法典》的商法性，为《民法典》统摄整个民商法以及我国的民商合一提供了基础。

第五百五十条　因债权转让增加的履行费用，由让与人负担。

---

[1] 李永军：《合同法》（第五版），中国人民大学出版社 2020 年版，第 236 页。

【要义精解】

本条是关于因债权转让增加的履行费用负担的规定。

债权转让在很多情况下都会导致履行费用的增加。例如，作为邻居的债权人和债务人就债务人的一盆绿植签订了买卖合同，债权人又将对债务人的绿植交付请求权转让给了远在千里之外的第三人，这就导致债务人为了向受让人履行妥善债务，势必将增加相应的包装费和邮费，甚至为其购买运输途中的意外保险。由于债权人转让债权，无须经过债务人同意，因此保证债务人的利益不因债权人转让债权而受到影响，就成为了整个债权让与制度设计中最重要的原则。因此，因债权转让增加的履行费用不能由债务人承担，否则其利益将因为其无法阻止的债权转让而受到损害。

本条为任意性规范，让与人与受让人在债权转让时可以作出由受让人负担因履行而增加的费用的特殊约定。如果债务人事先声明或是事后同意增加的履行费用由其负担，或是依照债务性质应当由其负担的，则由债务人负担。例如，某全国连锁的咖啡厅销售的不记名提货券，其被让与人转让给异地的受让人，受让人凭券提货时，当地门店已经无货。此时债务人应当自行承担异地调货的费用。

【对照适用】

本条为新增条款，对因债权转让增加的履行费用的承担者进行了规定。这一规范的增加不但起到了保护债务人利益的作用，而且对让与人和受让人哪个承担因债权转让增加的履行费用进行了明确，对避免相应纠纷的发生具有积极意义。

> **第五百五十一条** 债务人将债务的全部或者部分转移给第三人的，应当经债权人同意。
>
> 债务人或者第三人可以催告债权人在合理期限内予以同意，债权人未作表示的，视为不同意。

【要义精解】

本条是关于免责的债务承担的规定。

免责的债务承担又称为狭义的债务承担，是指原债务人将其所负担的债务全部或者部分移转于第三人，由第三人在其承担债务的范围内代替原债务人的地位，而原债务人就转移部分脱离债务关系。例如，A 是 B 的债务人，对 B 负担 1000 万元债务。A 可以将 1000 万元全部转移给 C，C 完全替代 A 的债务人地位；A 也可以将其中的 300 万元转移给 C，C 在 300 万元的范围内替代 A 的地位，A 在 300 万元的范围内完全免责。

债务人将债务的全部或者部分转移给第三人的，应当经债权人同意，非经债权人同意不生效力。债权人有权拒绝第三人向其履行，同时有权要求债务人履行义务并承担不履行或者迟延履行合同的法律责任。将债权人的同意作为生效的要件的目的在于保护债权人的利益。毕竟债务人的履约能力对债权人的利益影响之大，直接关系到其债权的实现程度。如果不将债权人的同意作为要件，就有可能造成债务人与第三人恶意串通，使债权人的权利无法实现，从而损害债权人利益的行为，例如债务人将本应由其履行的债务转移给一名乞丐。因债务承担为无因行为，承担人不得以对抗债务人的事由对抗债权人。承担人自愿地替债务人承担债务，必有一定原因，或为赠与，或为债务清偿。但此等原因无效或消灭时，承担人不得以此为由拒绝向债务人履行债务。

债务承担与《民法典》第 523 条规定的由第三人履行的合同不同，在债务人全部转移义务时，债务人于转移义务后即退出了原合同关系，第三人成为合同新的债务人。在债务人部分转移义务时，第三人加入原合同关系中，就转移部分向债权人履行债务。第三人替代履行时，第三人并未加入合同关系中，债权人不能把第三人作为合同的当事人，直接要求第三人履行义务或者承担违约责任。

债务人与第三人订立的债务承担契约，在未经债权人同意前，其效力处于不确定的状态，故为尽快结束这种局面，本条第 2 款规定了催告制度，以尽快获得债权人的回复。债务人或者第三人可以催告债权人在合理期限内予以同意，债权人未作表示的，视为不同意。

【对照适用】

本条与原《合同法》第 84 条相比，增加了第 2 款关于催告期的规定："债务人或者第三人可以催告债权人在合理期限内予以同意，债权人未作表示的，视为不同意。"这一规定的增加在不影响债权人利益的情况下有效缩短了债务移转效力待定的期间，减少了因时间过长而导致各方损失和产生纠纷的可能，同时其他各国立法例大都具有相同规定，《民法典》补齐这部分内容也使得债务承担的规范更加完善。

> **第五百五十二条**　第三人与债务人约定加入债务并通知债权人，或者第三人向债权人表示愿意加入债务，债权人未在合理期限内明确拒绝的，债权人可以请求第三人在其愿意承担的债务范围内和债务人承担连带债务。

【要义精解】

本条是关于并存的债务承担的规定。

并存的债务承担，是指以他人的有效成立的债务的存在为前提，第三人以担保为目的，对同一债权人负担与该债务同一内容的债务的契约。在并存的债务承担中，原债务人并不脱离债的关系，而是由第三人加入债的关系，在其愿意承担的债务范围内作为连带债务人与债务人共同向同一债权人承担债务。

并存的债务承担以担保原债务人的债务为目的，此点与连带保证具有相同之处。但在成立上，则有较大的不同。在债务承担，承担人的债务是与原来的债务并存的义务，不具有附属性。而保证则是一种从义务，以保证主债务的履行而设立。但是，在成立后，尤其是在债权人的权利行使方面，债务承担与连带保证几乎相同。

并存的债务承担相当于增加了连带债务人，给债权的实现增加了保证，对债权人而言只有好处而没有坏处。因此，第三人与债务人约定加入债务并通知债权人，并存的债务承担即告生效，无须经过债权人同意。而对债务人而言，并存的债务承担也没有加重他的义务，因此，第三人向债权人表示愿意加入债务，债权人未在合理期限内明确拒绝的，并存的债务承担即告生效，无须经过债务人同意。

第三人经与债务人约定加入债务的，由债务人承担第三人因不当履行导致的瑕疵履行、加害给付等赔偿责任。第三人直接向债权人表示愿意加入债务的，只能向第三人请求承担因其不当履行而导致的责任。

【对照适用】

本条为新增条款，对并存的债务承担进行了规定。这一规范的增加对第三人加入债务的途径和地位等进行了明确。使得《民法典》关于债务承担的规范回应了学理的研究成果，从而在内容上更加全面。其他各国立法例大都具有相同规定，《民法典》补齐这部分内容也使得债务承担的规范更加完善。

第五百五十三条　债务人转移债务的，新债务人可以主张原债务人对债权人的抗辩；原债务人对债权人享有债权的，新债务人不得向债权人主张抵销。

【要义精解】

本条是关于新债务人的抗辩权和抵销权的规定。

在债务承担前即存在的原债务人得对抗债权人的事由，新债务人均得对抗之。在债务转移后，新债务人即取代了旧债务人的地位，其享有的抗辩权从此由新债务人继受。债务人的抗辩权不因债务的转移而消灭。新债务人享有的抗辩权包括：不安抗辩权、先履行抗辩权、同时履行抗辩权、先诉抗辩权、合同撤销的抗辩权、债务已履行完毕的抗辩权、债权无效的抗辩权、诉讼时效已过的抗辩权等。例如，当债权人的财产明显减少，有丧失或者可能丧失履行债务能力的情形时，应当先为履行的原债务人将其债务转移给新债务人，那么新债务人自然可以主张原债务人对债权人的不安抗辩权，在债权人恢复履行能力或者提供必要担保前，中止履行其债务，即使债权人并不向新债务人履行合同义务。

但是，原债务人对于债权人的债权，新债务人不得主张以之与债权人抵销。新债务人仅仅是取代原债务人在这一合同中的主体地位，其需要按照合同的约定向债权人履行本应由原债务人履行的债务，并享有原债务人对债权人的抗辩权。但是他并没有从原债务人处获得任何合同权利或是授权，因此不能对原债务人的债权进行处分，也不得就原债务人对债权人享有的债权向债权人主张抵销。例如，原债务人对债权人享有1万元到期债权，原债务人将2万元债务转移给新债务人，那么新债务人需要向债权人履行2万元的债务，而不能就原债务人对债权人享有的1万元债权主张抵销，仅履行1万元的债务。除非得到了原债务人和债权人的同意。

【对照适用】

本条与原《合同法》第 85 条相比，除了将原条文中的"转移义务"改为"转移债务"，使语言文字更加规范以外，还增加了"原债务人对债权人享有债权的，新债务人不得向债权人主张抵销"的内容。这一规定的增加明确了原债务人的抵销权专属于其自身，新债务人不得主张，有效避免了因新债务人就原债务人对债权人的债权主张抵销，从而损害原债务人利益的情形。

第五百五十四条　债务人转移债务的，新债务人应当承担与主债务有关的从债务，但是该从债务专属于原债务人自身的除外。

【要义精解】

本条是关于从债务转移的规定。原债务人应当承担的，从属于债权的权利，不因债务的转移而妨碍其存在。在债务转移后，新债务人即取代了原债务人的地位，在这一合同中的主体地位，其须按照合同的约定向债权人履行本应由原债务人履行的债务，并且遵守全面、诚信等合同履行原则，一并承担起本应由原债务人履行的那些与主债务有关的从债务，如利息债务、照顾义务、保护义务等，将随主债务的承担而移转于承担人。需要说明的是，由第三人履行的从债务，例如，由第三人向债权人所提供的担保，在债务移转时并不当然随其移转，因为担保可能建立在提供担保之人对债务人的人身信赖的基础之上。

第五百五十五条　当事人一方经对方同意，可以将自己在合同中的权利和义务一并转让给第三人。

【要义精解】

本条是关于权利和义务一并转让的规定。

权利和义务的一并转让又称为债权债务的概括承受，是指债权债务的承受人完全替代出让人的法律地位，成为债的关系的当事人，出让人的全部权利义务关系移转于受让人，从而全面退出合同。债权债务的概括承受与债权让与或债务承担不同，后二者只是单纯地移转债权或债务于第三人，从而使第三人成为新的债权人或者债务人。

根据本编中有关债权转让和债务转移的规定，债权人转让债权的，应当通知债务人；债务人转移债务的，必须经过债权人的同意。权利和义务一并转让既包括权利的转让，又包括义务的转移。因此，合同一方当事人在进行转让前应当经过对方的同意，使对方能根据受让方的具体情况来判断这种转让行为能否对自己的权利造成损害。只有经对方当事人同意，才能将合同的权利和义务一并转让，如果一方当事人未经对方同意即转让自己在合同中的权利义务的，不发生概括移转的效力。

这里需要说明的是，如果一方当事人将合同中的权利义务一并转让给第三人的，如果其存在缔约过失，那么权利义务的受让方不对此缔约过失承担责任。例如，甲通过欺诈的手段骗取乙签订了订购某商品的合同，乙须向甲支付 1000 元，合同签订后，甲即将其在合同中的权利义务一并转让给了丙，转让后不久，乙发现被甲欺骗。此时，乙当然可以向丙主张撤销合同，但是当合同撤销之后，乙因甲具有缔约过错而有权请求其赔偿因此遭受的损失，则乙只能向甲主张而不能向丙主张。原因是：缔约过失责任是在合同成立前的缔结过程中产生的，而受让人受让的是有效成立的合同而不是缔约过程。因此，受让人只能承担合同有效后因直接基于合同而产生的责任，如违约责任。另外，转让人应对合同权利的存在负担保责任，因此当合同被撤销后，他不仅要赔偿债权人因缔约过错而导致的损失，还应当对受让人因合同被撤销而产生的损失承担赔偿责任。

第五百五十六条　合同的权利和义务一并转让的，适用债权转让、债务转移的有关规定。

【要义精解】

本条是关于权利和义务一并转让应当适用有关法律的规定。

合同关系的一方当事人将权利和义务一并转让时，除了应当经过对方当事人的同意之外，适用本法债权转让、债务转移的有关规定。其中对于债权部分的转让，适用关于债权转让的规定，对于债务部分的转让，适用关于债务转移的规定。

这里需要特别说明的是，当合同权利义务一并移转于第三人时，违约责任也将一并移转于第三人。即使第三人并不知道这种违约行为的存在，他也要就转让人的违约行为对合同另一方承担违约责任。例如，甲在乙经销商处以分期付款的方式购买了某品牌小汽车一辆，在签订合同3个月后，经过甲的同意，乙经销商将该合同转让给丙信贷公司。此时甲发现其购买的小汽车存在严重的质量问题，他应当向丙信贷公司请求解除合同，退还车辆并履行退一赔三的责任。乙经销商应当就其债务履行存在瑕疵向丙承担转让协议的违约责任。

第七章　合同的权利义务终止

第五百五十七条　有下列情形之一的，债权债务终止：

（一）债务已经履行；

（二）债务相互抵销；

（三）债务人依法将标的物提存；

（四）债权人免除债务；

（五）债权债务同归于一人；

（六）法律规定或者当事人约定终止的其他情形。

合同解除的，该合同的权利义务关系终止。

【要义精解】

本条是关于合同的权利义务终止情形的规定。

合同的权利义务终止，指依法生效的合同，因具备法定情形和当事人约定的情形，合同债权、债务归于消灭，债权人不再享有合同权利，债务人也不必再履行合同义务。合同是当事人安排自己权利义务的工具，其性质决定了合同无法永恒地存在。可以说，合同的订立就是为了消灭，权利义务的终止是每一个合同的必然结果。按照本条的规定，有下列情形之一的，合同终止。

一、债务已经按照约定履行

合同按照约定得到履行，是合同终止的最基本也是最普遍的原因。合同因其他原因而终止，只能是例外。当事人通过履行合同，使得合同债权得到满足、合同债务归于消灭，从而实现各自的合同目的，产生合同的权利义务终止的后果。

二、债务相互抵销

抵销，又称冲抵，指当事人互负债务且给付种类相同时，可以各自以自己对他方的债权冲抵自己对他方的债务，从而使各自的债务在抵销的数额内消灭的意思表示。抵销有法定抵销与约定抵销之分。在法定抵销中，当法律规定的条件成就时，享有抵销权的当事人可以凭借一方的意思表示导致产生抵销的效力。因此，法定抵销在性质上属于单方法律行为。

抵销制度一方面免除了当事人双方实际履行的行为，方便了当事人，节省了履行费用。另一方面，当互负债务的当事人一方财产状况恶化，不能履行所负债务时，通过抵销，起到了保护债权人的作用；特别是当一方当事人破产时，一方当事人向对方履行的是 100%，而自己的债权却要受到破产比例清偿。按照世界各国的破产实务，破产清算对债权的偿还比例在 1%—3%，最高不超过 10%，而通过抵销，可以使对方当事人的债权迅速获得满足。

三、债务人依法将标的物提存

提存指由于债权人的原因，债务人无法向其交付合同标的物时，债务人或其他清偿义务人将有关货币、物品及有价证券等交给提存机关保存，从而消灭债权债务关系的制度。债务的履行大多情况下需要债权人的协助，债权人对于债务人的履行具有受领义务，这也是一种不真正义务。如果债权人无正当理由而拒不受领，债务人虽然不用承担迟延履行的责任，但债务人的债务却不能消灭，其将保持准备随时履行的状态，这显然对债务人有失公道。因此，法律特别规定了提存作为合同权利义务终止的方式，使得债务人可以通过提存将自己从这种随时准备履行的状态中摆脱出来。

四、债权人免除债务

债权人免除债务，是指债权人以债的消灭为目的而放弃自己的债权的意思表示。一般而言，权利的抛弃无须他人的承诺，也不得损害债务人及第三人的利益。债权人可以免除债务的部分，也可以免除债务的全部。

五、债权债务同归于一人

债权债务同归于一人的事实在民法中叫做混同。混同是一种事实行为，而非法律行为，可因债的特定承受或者概括承受而发生，当债权债务同归于一人时，自己当然无须为自己履行，故混同为合同权利义务终止的原因之一。例如，甲公司与乙公司签订了房屋租赁合同，在乙公司尚未支付租金时，甲乙二公司合并成立了一个新的公司，甲公司的债权和乙公司的债务都归属于新公司，原甲公司和乙公司之间的合同自然终止。

六、法律规定或者当事人约定终止的其他情形

除了前述合同的权利义务终止的情形，出现了法律规定的终止的其他情形的，合同的权利义务也可以终止。比如，代理人死亡、丧失民事行为能力，作为被代理人或者代理人的法人终止，委托代理终止。委托人或者受托人死亡、丧失民事行为能力或者破产的，委托合同终止。

当事人也可以约定合同的权利义务终止的情形，比如，当事人订立的附解除条件的合同，当解除条件成就时，债权债务关系消灭，合同的权利义务终止。当事人订立附终止期限的合同，期限届至时，合同的权利义务终止。

七、合同解除

合同的解除，指合同有效成立后，在某些特定因素出现时，因当事人一方或双方的意思表示而使合同关系归于消灭的行为。合同解除的方式有两种：一种是法定解除，即解除权的产生源于法律的规定；另一种则是约定解除，约定解除可以进一步分为两类，即依协议解除、依约定解除权解除与因约定解除条件的成就而自然解除。前者需要当事人通过协商达成一致意见，乃事后约定；而后两者为事前约定，约定解除权的合同须解除权人单方行使解除权即可解除，因约定解除条件的成就自然解除的，双方均无须为特别意思表示或行为。

> **第五百五十八条　债权债务终止后，当事人应当遵循诚信等原则，根据交易习惯履行通知、协助、保密、旧物回收等义务。**

【要义精解】

本条是关于后合同义务的规定。

后合同义务，是指在合同终止后，当事人根据诚实信用原则而应当履行的旨在维护给付效果，或者妥善处理合同终止事宜的通知、协助、保密等义务。

遵循诚实信用原则，根据交易习惯，合同终止后的义务通常有以下几个方面。

其一，通知的义务。合同权利义务终止后，一方当事人应当将有关情况及时向对方当事人作出通知。比如，买受人在收到寄送的货物并确认货物无明显瑕疵后，应将收货日期及相关情况及时反馈给出卖人，以便出卖人开始起算瑕疵担保期间并与送货人清洁送货合同。

其二，协助的义务。合同的权利义务终止后，当事人应当协助对方处理与原合同有关的事务。比如，室内装修按照约定完成后，装修公司须协助业主进行必要的打扫和垃圾清运工作。

其三，保密的义务。合同的权利义务终止后，合法接触、掌握、使用商业秘密的合同当事人，对于相应秘密，无权向第三者泄露。泄露了商业秘密要承担民事责任。除了商业秘密之外，当事人在合同的订立和履行过程中获悉的其他依据诚信原则不宜公开的信息，也应当履行保密的义务。

其四，旧物回收。合同的权利义务终止后，当事人在处理善后事宜时应当避免浪费资源、污染环境和破坏生态。因此，当事人应对合同债权债务终止后产生的废旧物品负有回收义务。例如，野钓比赛的举办方应在赛事结束后，对野外场地散落的废旧渔具如钓鱼线、渔网等进行清理，同时对比赛中产生的废旧物品进行回收，以免浪费资源、污染环境和破坏生态。

【对照适用】

本条与原《合同法》第92条的规定相比，将原来的"合同的权利义务终止后"改为"债权债务终止后"，表述更加简洁、规范，并增加了关于旧物回收的义务，落实了民法典总则编关于绿色原则的要求。

第五百五十九条　债权债务终止时，债权的从权利同时消灭，但是法律另有规定或者当事人另有约定的除外。

【要义精解】

本条是关于从权利消灭的规定。

从权利是从主权利派生出来，并依附于其上的，从权利不得脱离主权利而单独存在。因此，当债权债务终止时，债权的从权利同时消灭。例如，抵押权是主债权的从权利，它作为担保债权实现的有效手段而存在。当债权债务关系因主债权被清偿而终止时，主债权因清偿而消灭，作为从权利的抵押权因为失去了存在的基础和意义，故而随主债权同时消灭。

【对照适用】

本条为新增条款，对债权债务终止时债权的从权利与债权同时消灭进行了规定。这一规范的增加对无特别规定的从权利的消灭时点等进行了明确。使得《民法典》关于从权利的发生、转让、承担、消灭都有了明确的规定，内容上更加全面、完善。

第五百六十条　债务人对同一债权人负担的数项债务种类相同，债务人的给付不足以清偿全部债务的，除当事人另有约定外，由债务人在清偿时指定其履行的债务。

债务人未作指定的，应当优先履行已经到期的债务；数项债务均到期的，优先履行对债权人缺乏担保或者担保最少的债务；均无担保或者担保相等的，优先履行债务人负担较重的债务；负担相同的，按照债务到期的先后顺序履行；到期时间相同的，按照债务比例履行。

【要义精解】

本条是关于债的清偿顺序的规定。

在司法实践中，经常会出现这种纠纷：债务人对债权人负担数笔债务，债务人偿还了部分债务，但说不清楚是偿还的哪一笔或者哪几笔债务，而不同的债务，可能因为履行期限不同、利息和罚息的金额不同、有无担保不同等原因，从而产生一系列的利益纠纷。本条即是当债务人清偿能力不足或者为部分给付但未明确是哪一部分时，确定债务人到底清偿的是哪些债务的规则。

这一规则的适用须具备以下几个条件：首先，债务人必须对同一债权人负担数个债务，对不同债权人负担数个债务的，按照债务人的自由意思进行给付，当债务人破产时，则按照破产法上的顺序给付；其次，数个债务必须种类相同，如果种类不同，则可以根据给付内容明确债务人的给付指向哪笔债务，无须通过本条规定予以确认；再次，债务人的给付不足以清偿全部债务，即债务人部分履行对同一债权人的数笔债务，如果给付足以清偿全部债务，则无须分辨到底清偿的是哪一部分债务。

本条确定的债务的清偿顺序为：对同一债权人的数笔债务为部分给付的，有约定清偿顺序的按照约定顺序清偿；没有约定清偿顺序的，则由债务人在清偿时指定其偿还的是哪一部分；如果债务人在清偿时未作指定的，则按照本条第2款及其他相关条款的规定予以确定。

债务人未作指定的，应当优先履行已到期的债务；几项债务均到期的，优先履行对债权人缺乏担保或者担保最少的债务；均无担保或者担保相等的，优先履行债务负担较重的债务；负担相同的，按照债务到期的先后顺序履行；到期时间相同的，按照债务比例履行。

【对照适用】

本条将原《合同法解释（二）》第 20 条规定的债务清偿抵充规则提升了层级，使之由最高人民法院出台的司法解释被纳入了立法，成为了《民法典》中的条文，充分尊重了当事人的意思自治以及债务人的处分权利，建立了更加全面的债务清偿抵充规则。

> **第五百六十一条**　债务人在履行主债务外还应当支付利息和实现债权的有关费用，其给付不足以清偿全部债务的，除当事人另有约定外，应当按照下列顺序履行：
> （一）实现债权的有关费用；
> （二）利息；
> （三）主债务。

【要义精解】

本条是关于给付不足以清偿主债务、利息、实现债权的有关费用时清偿顺序的规定。

当债务人在履行主债务外还应当支付利息和实现债权的有关费用，其给付不足以清偿全部债务时，如果当事人有约定清偿顺序的，则按照当事人的约定。如果没有约定清偿顺序的，则按照本条规定的顺序履行，不得由债务人或者债权人指定。

首先清偿的是实现债权的有关费用，如律师费、诉讼费、拍卖费等。之所以这样规定是因为实现债权的费用涉及第三人的劳务、报酬等，必须优先保障以避免实现债权的辅助人受到损失。其次清偿的是利息。之所以这样规定是因为当债务人破产时，破产程序一旦开始，主债权的利息要么是不计算在内，要么是作为劣后债权对待。这样，如果要先清偿主债权，利息就难以得到实现。最后消灭的才是主债务，主债务没有完全清偿的，还可能产生新的利息和实现债权的费用。

【对照适用】

本条将原《合同法解释（二）》第 21 条规定的给付不足以清偿主债务、利息、实现债权的有关费用时清偿顺序的规则提升了层级，使之由最高人民法院出台的司法解释被纳入了立法，成为了《民法典》中的条文，同时增加了约定优先且不允许一方当事人指定的规定，在尊重当事人的意思自治的基础上，建立了有利于债权人实现债权的相关规则。

> **第五百六十二条** 当事人协商一致，可以解除合同。
> 当事人可以约定一方解除合同的事由。解除合同的事由发生时，解除权人可以解除合同。

【要义精解】

本条是关于合同的约定解除的规定。

约定解除是意思自治原则在合同解除制度上的反映。当事人既然可以依照意思自治的原则订立合同，当然也就可以依照意思自治原则解除合同，只要不违反公序良俗以及第三人的利益。约定解除又可分为两种：依协议的解除与依约定解除权的解除。

依协议的解除，指合同生效后，未履行或未完全履行之前，当事人以解除合同为目的，经协商一致，订立一个解除原来合同的协议，这种协议被称为"反对契约"。比如，甲在乙处订购了一批地砖用于装修，后来因为甲改变了装修计划，于是在乙交货前通过协商，与乙达成了解除合同的协议。协议解除是双方的法律行为，应当遵循合同订立的程序和生效的规则，协议未达成之前，原合同仍然有效。如果协议解除违反了法律的效力性强制性规定，比如损害了国家利益和社会公共利益，则解除合同的协议无效。

依约定解除权的解除，指当事人在合同中约定，合同履行过程中出现某种情况，一方或者双方当事人即有解除合同的权利。比如，甲乙双方签订了车辆租赁合同，出租人甲与承租人乙约定，当租赁车辆出现问题，出租人不能在一天之内予以维修或者更换同款车辆的，承租人有权解除合同。解除合同的事由也可以与合同的履行情况无关。例如，上个例子中租赁汽车的当事人可以约定，当某球队输掉了比赛，则乙有权解除汽车租赁合同。解除合同的条件可以在合同订立时约定，也可以在履行合同的过程中约定，可以约定一方享有解除合同的权利，也可以约定双方享有解除合同的权利，当解除合同的条件出现时，享有解除权的当事人可以行使解除权解除合同，而不必再与对方当事人协商。

协议解除和约定解除权，虽然都是基于当事人双方的合意，但二者有区别，表现在：首先，约定解除属于事前的约定，它规定在将来发生一定情况时，一方享有解除权；而协议解除的协议乃是事后约定，它是当事人双方根据已经发生的情况，通过协商作出的决定。其次，约定解除权的合同是确认解除权，其本身并不导致合同的解除，只有当当事人实际行使解除权方可导致合同的解除。而解除合同的协议，因为其内容并非是确定解除权的问题，而是确定合同的解除，所以，一旦达成协议，即可导致合同解除。再次，约定解除权常与违约的补救和责任联系在一起，只要合同一方违反合同规定的某项主要义务且符合解除条件，另一方就享有解除权，从而当这种解除发生时，就成为对违约的一种补救方式。协议解除也可能在违约的情况下发生，但因为它完全是双方协商的结果，在性质上是对双方当事人的权利义务关系重新安排、调整和分配，并不是针对违约而寻求补救措施。[1]

由于约定解除也是当事人之间订立的合同，因此，该约定应当遵循合同订立的程序和生效的规则，协议未达成之前，原合同仍然有效。而且，内容上不得违反法律，损害国家利益和社会公共利益，根据法律规定必须经过有关部门批准才能解除的合同，当事人不得按照约定擅自解除。

> **第五百六十三条　有下列情形之一的，当事人可以解除合同：**
>
> **（一）因不可抗力致使不能实现合同目的；**
>
> **（二）在履行期限届满前，当事人一方明确表示或者以自己的行为表明不履行主要债务；**
>
> **（三）当事人一方迟延履行主要债务，经催告后在合理期限内仍未履行；**
>
> **（四）当事人一方迟延履行债务或者有其他违约行为致使不能实现合同目的；**
>
> **（五）法律规定的其他情形。**
>
> **以持续履行的债务为内容的不定期合同，当事人可以随时解除合同，但是应当在合理期限之前通知对方。**

【要义精解】

本条是关于合同的法定解除事由的规定。

---

[1]　王利明：《违约责任论》，中国政法大学出版社1996年版，第525页。

法定解除是指合同生效后，履行完毕前，当事人行使法定解除权而使合同权利义务消灭的行为。而所谓法定解除权，是指依据法律规定的原因而产生的解除权。法定解除权与约定解除权的区别在于解除权的产生的原因是由法律直接规定而非当事人的约定。

根据本条的规定，合同的解除法定事由有以下五种。

其一，因不可抗力致使不能实现合同目的。根据《民法典》的规定，不可抗力指的是不能预见、不能避免且不能克服的客观情况。一般说来，以下情况被认为属于不可抗力：（1）自然灾害。自然灾害包括地震、水灾等因自然界的力量引发的灾害。需要注意的是，一般各国都承认自然灾害为不可抗力，但有的国家认为自然灾害不是不可抗力。因此，在处理涉外合同时，要特别注意各国法律的不同规定。（2）战争。战争的爆发可能影响一国以至于更多国家的经济秩序，使合同履行成为不可能或失去意义。（3）社会异常事件。主要指一些偶发的阻碍合同履行的事件。比如罢工、骚乱、疫情等。（4）政府行为。主要指合同订立后，政府颁布新的政策、法律，采取行政措施导致合同不能履行，如发布禁令等。不可抗力事件的发生，对履行合同的影响可能有大有小，只有不可抗力致使合同目的不能实现时，当事人才可以解除合同。如果只是暂时影响合同的履行，可以通过延期履行实现合同的目的，则不能行使法定解除权。

其二，因预期违约。预期违约指在合同履行期限届满之前，当事人一方明确表示或者以自己的行为表明不履行主要债务的情形。其中明确表示将不履行主要债务的属于明示的预期违约，以自己的行为表明不履行主要债务的属于默示的预期违约，如在房屋买卖合同约定的交付房屋日期之前，出卖人即将标的房产的所有权转让给他人。在债务人预期违约时，债权人的合同目的将注定不能实现，此时再让其严守合同，坐等履行期限届满后再去向债务人请求解除合同并承担违约责任，不但对其不公平，还将导致其损失的扩大或者难以追回。允许债权人解除合同，则债权人对于自己尚未履行的合同可以不必履行，并提前对债务人主张违约责任，有利于保护债权人的合同权益。

其三，因履行迟延。履行迟延，是指债务人无正当理由，在合同约定的履行期限届满后，仍未履行债务；或者对于未约定履行期限的合同，债务人在合理的期限内未履行。债务人迟延履行债务是违反合同约定的行为，但并非就可以因此解除合同。须满足以下条件：首先，迟延履行的必须是主要债务，即直接影响合同目的实现的债务；其次，经过催告后在合理期限内仍未履行债务。一般情况下，迟延履行主要债务并不能直接导致债权人法定解除权的成就，债权人此时应予以必要忍耐并对债务人提出催告，如经催告后合理期限内仍未履行债务，则说明债务人缺乏履行合同的诚意或者能力。此时，债权人可依法解除合同以保障自己的权益。

其四，因迟延履行或者有其他违约行为不能实现合同目的。在一些情况下，时间将成为合同履行至关重要的因素，超过了合同约定的期限履行合同，合同目的就将落空。此时，债权人可直接依法解除合同而无须事先催告。例如，经销商从厂家预订了一批月饼，约定中秋节前交付，而厂家到中秋节当晚仍未交付。月饼过了中秋节就无法按节前价格大规模销售，因此经销商的合同目的无法实现，此时经销商就可以因厂家迟延履行不能实现合同目的为由解除合同。除了迟延履行之外，因其他违约行为不能实现合同目的的，债权人也有权解除合同，例如：（1）完全不履行，即债务人在履行期届满后拒绝履行合同的全部义务。（2）履行质量与约定严重不符，以至于无法通过修理、替换、降价的方法予以补救。比如，约定交付的是正品箱包，债务人交付的却是仿冒品，且债务人手中根本没有正品可供替换。（3）对于另一方当事人无意义的部分履行。例如，定制一尊人物雕像，却没有雕刻头部。

其五，法律规定的其他解除情形。除了上述四种法定解除情形，法律还规定了其他解除合同的情形。比如，因行使不安抗辩权而中止履行合同，对方在合理期限内未恢复履行能力，也未提供适当担保的，中止履行的一方可以请求解除合同。

以持续履行的债务为内容的不定期合同，当出现本条所规定的解除事由时，当事人若想解除合同，须在合理期限之前通知对方，以便对方为结束债权债务关系做好准备。

需要注意的是，合同解除权可以因约定或者法定而产生。但是，解除权一旦产生，行使是一样的。即使在约定解除权的情况下，人民法院也要对违约给对方造成的影响进行审查，如果违约几乎没有或者给对方造成的损失很小，也不能判决解除合同。对此，最高人民法院指出，合同约定的解除条件成就时，守约方以此为由请求解除合同的，人民法院应当审查违约方的违约程度是否显著轻微，是否影响守约方合同目的的实现，根据诚实信用原则，确定合同应否解除。违约方的违约程度显著轻微，不影响守约方合同目的实现，守约方请求解除合同的，人民法院不予支持；反之，则依法予以支持。

一般而言，只有非违约方享有本条规定的法定解除权，但是在特殊情况下，也允许违约方享有解除权。例如，在一些长期性合同如房屋租赁合同履行过程中，双方形成合同僵局，一概不允许违约方通过起诉的方式解除合同，有时对双方都不利。在此前提下，符合下列条件，违约方起诉请求解除合同的，人民法院依法予以支持：（1）违约方不存在恶意违约的情形。（2）违约方继续履行合同，对其显失公平。（3）守约方拒绝解除合同，违反诚实信用原则。人民法院判决解除合同的，违约方本应承担的违约责任不能因解除合同而减少或者免除。

第五百六十四条　法律规定或者当事人约定解除权行使期限，期限届满当事人不行使的，该权利消灭。

法律没有规定或者当事人没有约定解除权行使期限，自解除权人知道或者应当知道解除事由之日起一年内不行使，或者经对方催告后在合理期限内不行使的，该权利消灭。

【要义精解】

本条是关于解除权行使期限的规定。

合同的解除是合同权利义务消灭的重要原因之一，会导致合同关系和当事人权利义务的重大变化，而解除权更是仅凭解除权人单方的行使即可导致上述的变化。如果享有解除权的当事人长期不行使解除的权利，就会使合同关系处于不确定状态，影响当事人甚至第三人的权利义务关系。因此，解除权应当在一定期间内行使。根据本条的规定，解除权行使期间的确定有两种方式。

首先，如果法律对解除权的行使期限作了规定或者当事人对解除权的行使期限进行了约定，那么在法律规定或者当事人约定的期限届满后，解除权消灭，解除权人不得再请求解除合同，只能要求继续履行或者赔偿损失。例如，当事人在买卖合同中约定：买受人收到货物后三周内可以解除合同，那么三周以后，即使出现了法定的解除事由，买受人也不能主张解除合同。

其次，当法律没有规定或者当事人没有约定解除权行使期限时，自解除权人知道或者应当知道解除事由之日起一年内不行使，或者经对方催告后在合理期限内不行使的，该权利消灭。在某些情况下，违约一方当事人为明确自己的义务是否还需要继续按照约定履行，可以催告享有解除权的当事人行使解除权，享有解除权的当事人超过合理期限不行使解除权的，解除权消灭，合同关系仍然存在，当事人仍要按照合同约定履行义务。如果违约方没有催告的，那么自解除权人知道或者应当知道解除事由之日起一年内不行使，解除权消灭。解除权的行使期限为除斥期间，是固定不变的，不适用中止、中断、延长的规定。

> **第五百六十五条** 当事人一方依法主张解除合同的，应当通知对方。合同自通知到达对方时解除；通知载明债务人在一定期限内不履行债务则合同自动解除，债务人在该期限内未履行债务的，合同自通知载明的期限届满时解除。对方对解除合同有异议的，任何一方当事人均可以请求人民法院或者仲裁机构确认解除行为的效力。
>
> 当事人一方未通知对方，直接以提起诉讼或者申请仲裁的方式依法主张解除合同，人民法院或者仲裁机构确认该主张的，合同自起诉状副本或者仲裁申请书副本送达对方时解除。

【要义精解】

本条是关于解除权行使方式的规定。

在当事人约定或法律规定的解除条件成就，当事人享有合同解除权时，须按照本条规定的方式行使解除权。当事人一方依法主张解除合同的，应当通知对方，合同自通知到达对方时解除。当事人也可以在解除合同前的催告或其他通知中事先就逾期不履行债务，即自动解除合同的事由进行通知，以作为更加灵活的解除权行使方式。

对方对解除合同存在异议，导致就合同是否解除产生纠纷的，任何一方当事人均可以请求人民法院或仲裁机构确认解除行为的效力。以免违约方因非违约方解除条件不成就即主张解除合同导致利益损害，或者非违约方因违约方不认可解除合同的结果从而拒不配合解除后的返还义务，或者拒绝承担违约责任。

当事人也可以不采取通知的方式，而是直接通过提起诉讼或仲裁的方式解除合同。对某些当事人就能否解除合同争议较大，以通知形式解除有极大概率引发诉讼或者仲裁的合同来说，这一途径可以起到节约成本和时间的效果。如果解除权人解除合同的主张得到了人民法院或者仲裁机构的确认，则解除合同的时间被追溯至起诉状副本或者仲裁申请书副本送达对方之时。

【对照适用】

本条与原《合同法》第96条的规定相比，首先，在以通知方式行使解除权的情形中增加了关于到期限自动解除声明的规定，使得解除权人可以更加灵活简便地行使解除权，例如，采取在催告通知中附有合理期限内拒不履行债务则合同自动解除的内容，从而免于嗣后另行通知的烦琐和通知未能被债务人收悉的风险。其次，对合同是否解除存有异议的，不再是仅由对方享有提起诉讼或者仲裁的权利，而是任何一方当事人均可以请求人民法院或者仲裁机构确认解除行为的效力，这一修改更加符合实际，因为只要一方当事人提起的诉讼满足诉的要件，那么他就可以向人民法院提起诉讼。再次，增加了直接通过诉讼或者仲裁以解除合同的规定，在一些情形下减轻了解除权人的负担和时间成本。

> **第五百六十六条** 合同解除后，尚未履行的，终止履行；已经履行的，根据履行情况和合同性质，当事人可以请求恢复原状或者采取其他补救措施，并有权请求赔偿损失。
>
> 合同因违约解除的，解除权人可以请求违约方承担违约责任，但是当事人另有约定的除外。
>
> 主合同解除后，担保人对债务人应当承担的民事责任仍应当承担担保责任，但是担保合同另有约定的除外。

【要义精解】

本条是关于合同解除的法律效果的规定。

本法根据合同是否具有连续性而对解除是否具有溯及力进行了区分。根据本条的规定，合同解除后，尚未履行的，终止履行；已经履行的，根据履行情况和合同性质，非连续性合同的解除具有溯及力，体现这种溯及力的直接标志就是恢复原状。具体而言，恢复原状的内容有：（1）返还原物；（2）受领的标的物为金钱的，应同时返还自受领之日起的利息；（3）受领标的物有孳息的，也应一并返还；（4）就应返还之物已经支付了必要或有关费用的，有权在他方受返还时所得的利益的限度内请求返还；
（5）应返还非原物因毁损灭失或其他事由而不能返还的，应按物的价值予
以返还。连续性合同则不具有溯及力，常见的连续性合同主要有：租赁合
同、借用合同、委托合同、雇佣合同以及其他以"使用"或"提供劳务"
为内容的合同。由于这些合同在内容上的特殊性而无法适用返还原状，故
这些合同的解除就无溯及既往的效力。因解除连续性合同而受到损害的当
事人，虽然无法要求恢复原状，但是可以就其超过自己对待给付的部分向
对方当事人请求赔偿。

除另有约定之外，合同因违约而解除的，解除权人可以在解除合同的
同时，要求违约方恢复原状或者采取其他补救措施的同时请求违约方承担
违约责任。由此可见，我国是支持解除合同和违约损害赔偿这两种救济方
式并用的。因此，当合同因违约而解除的，解除权人可以向违约方主张的
损害赔偿范围既包括债务不履行的损害赔偿，其中包含了履行合同后的可
得利益，也包括因恢复原状而发生的损害赔偿。[1]即解除权人所遭受的一
切损害均可以请求赔偿。

主合同解除后，担保人对债务人应当承担的民事责任仍应当承担担保责
任，但是担保合同另有约定的除外。合同解除与无效一样，都是不发生当事
人预设的积极效果，但并非没有任何后果，当事人可能会承担本条第1款规
定的责任，包括赔偿损失的责任。因此，如果担保合同没有约定排除这种担
保责任，那么担保仍然负担这种解除后的责任。例如，买卖合同的出卖人在
买受人付款后拒不发货，经买受人催告后仍不知所踪，此时买受人在解除
合同的同时，可以向本次交易的保证人主张相应的损害赔偿责任。

【对照适用】

本条与原《合同法》第96条的规定相比，增加了第2款、第3款的
规定，在《民法典》中明确了合同解除权的行使，不妨碍违约责任的承担
以及合同解除后，担保人仍须对债务人的损害赔偿责任进行担保。这两项
增加的条款不仅使得我国《民法典》和大陆法系其他主要国家的民法典一
样具备了对此类问题的规定，也使得长期为我国学理和司法实践所公认的
做法有了明确的法律依据，极大地提高了立法质量。

---

〔1〕 周林彬主编：《比较合同法》，兰州大学出版社1989年版，第354页。

第五百六十七条 合同的权利义务关系终止，不影响合同中结算和清理条款的效力。

【要义精解】

本条是关于合同终止后有关事宜的规定。

通常而言，合同权利义务终止，则作为合同内容的全部条款也相应地失去其效力。但是若当事人在合同中为了对合同终止后如何结算和清理，如何安排后续权利义务也进行了约定的话，这种对合同权利义务终止后的安排不应因合同的终止而一并失效，否则既不符合意思自治原则，也不利于合同终止后的结算和清理。因此在合同终止后的结算清理期间，合同中约定的结算清理条款仍然有效。

结算是经济活动中的货币给付行为，结算的方式主要有：（1）银行汇票结算。银行汇票是汇款人将款项交存银行，由银行签发给汇款人持往异地办理转账结算或支取现金的票据。（2）商业汇票结算。商业汇票是收款人或者付款人（或承兑申请人）签发，由承兑人承兑，并于到期日向收款人或被背书人支付款项的票据。（3）银行本票结算。银行本票是申请人将款项交存银行，由银行签发给其凭以办理转账结算或支取现金的票据。（4）支票结算。支票是银行的存款人签发给收款人办理结算或委托开户银行将款项支付给收款人的票据。（5）汇兑。汇兑是汇款人委托银行将款项汇给外地收款人的结算方式。（6）委托收款。委托收款是收款人委托银行向付款人收取款项的结算方式。如果当事人在合同中约定了结算方式，合同终止后，应当按照约定的方式结算。

清理指对债权债务进行清点、估价和处理。如果合同中约定了进行清理的主体——比如某会计师事务所、某财产评估机构，清理的范围——比如是固定资产、流动资金，还是库存产成品，以及清理的方法——比如按照政府定价还是市场价，应当按照合同约定进行清理。

第五百六十八条 当事人互负债务，该债务的标的物种类、品质相同的，任何一方可以将自己的债务与对方的到期债务抵销；但是，根据债务性质、按照当事人约定或者依照法律规定不得抵销的除外。

当事人主张抵销的，应当通知对方。通知自到达对方时生效。抵销不得附条件或者附期限。

【要义精解】

本条是关于法定抵销的规定。

抵销因抵销权人单方的意思表示，即发生双方债权债务关系消灭的效力，因此抵销的性质应属于单方法律行为。根据本条第1款的规定，行使法定抵销权所应当具备的要件有：（1）双方互负债务互享债权。抵销以按对等额使双方债权消灭为目的，故以双方债权债务的存在为前提，只有债权而无债务或只有债务而无债权时，均不发生抵销的问题。（2）双方债务已到期。可供抵销的债权，原则上是能够请求履行的债权，对未到期的债权，债权人尚不能请求履行，故不能主张抵销，否则将构成强迫债务人提前履行。但是如果抵销权人以其已届期的债权与对方未届期的债权相抵销时，则视为抵销权人对期限利益的放弃，应为有效。（3）债权债务的标的物种类、品质相同。因为债的目的在于满足当事人的需要，故债的标的物的种类和品质相同，应为抵销的条件。当双方所负债务的标的种类不同，双方各有其经济目的，如允许抵销，则不免使一方或双方当事人的目的难以实现，与债的目的相悖。故适于抵销的债务，以金钱与种类物居多。以特定物为标的的债权，原则上不许抵销。但债因履行不能而转化为金钱债务时，可以为抵销。但在破产法上，抵销则不受这一要件的限制，所有债权在申报时，均以金钱计算，故即使债的标的种类不同，仍然可以抵销。清偿地不同的债权，也可抵销。但行使抵销权者应赔偿他方因此而增加的费用。（4）债务依其性质、法律规定和当事人约定可为抵销。依债务的性质，必须通过履行才能达到目的的债务，不能抵销，如不作为债务、提供劳务的债务等；与人身不可分离的债务不得抵销，如抚恤金、退休金等。依法律规定不得抵销的债务，如禁止强制执行的债务、因侵权行为所生的债务等，均不得为抵销。此外，当事人约定不可抵销的债务，也不能抵销。

当事人主张抵销的，应当通知对方。通知自到达对方时生效。抵销不得附条件或者附期限。抵销附条件和附期限，将会使得抵销不确定，不符合抵销制度的设立目的，甚至可能损害一方当事人的权利。

抵销将产生双方互负的债务在对等的范围内消灭的法律后果。当双方债务数额相等时，全部债权债务关系归于消灭；双方债务数额不等时，债务数额较大的一方仍应当就超出的部分继续清偿。当抵销生效时，双方债权的消灭的效力溯及抵销权发生之时。自可行使抵销权之日起，就消灭的债务不再计算利息，也不再追求此后产生的迟延履行责任。

> **第五百六十九条** 当事人互负债务，标的物种类、品质不相同的，经协商一致，也可以抵销。

【要义精解】

本条是关于约定抵销的规定。

当事人双方经协商一致，可以使自己的债务与对方的债务在对等额内消灭，此为约定抵销。约定抵销是根据当事人的意思自治而为的抵销，因此，只要当事人双方互负债务，经协商一致即可抵销，并无其他法定要件。既不对标的物的种类、品质、债权是否到期等有所要求，也无须采取法定的形式或者程序，如通知对方等。

约定抵销是双方当事人就互负债务在对等额内消灭所订立的合同，因此需要符合合同成立及生效的有关规范，如必须坚持自愿、公平的原则，防止以欺诈、胁迫的手段或者乘人之危，使对方在违背真实意思的情况下作出同意抵销的表示。约定抵销也不得损害国家、集体或者第三人的利益。

> **第五百七十条** 有下列情形之一，难以履行债务的，债务人可以将标的物提存：
> （一）债权人无正当理由拒绝受领；
> （二）债权人下落不明；
> （三）债权人死亡未确定继承人、遗产管理人，或者丧失民事行为能力未确定监护人；
> （四）法律规定的其他情形。
> 标的物不适于提存或者提存费用过高的，债务人依法可以拍卖或者变卖标的物，提存所得的价款。

【要义精解】

本条是关于提存条件的规定。

提存是指在一定条件下，债务人或其他清偿人将有关货币，物品以及有价证券等提交给一定的机关保存，从而消灭债权债务关系的一种法律制度。根据本条的规定，有下列情形之一，难以履行债务的，债务人可以将标的物提存。

其一，债权人无正当理由拒绝受领。债权人对于债务人的给付负有受领的义务，债权人对于已提出的给付无正当理由拒不受领或不能受领时，债务人可以将给付提存。这也是导致提存的主要原因。

其二，债权人下落不明。债权人长期离开住所地或者变更住所地未通知债务人，经债务人多方查找依然无果，而导致债务履行困难的，债务人可以将标的物提存以消灭债务。根据《民法典》第529条的规定，当债权人分立、合并或者变更住所没有通知债务人，致使履行债务发生困难时，债务人除可以将标的物提存之外，还可以中止履行，中止履行期间由债权人承担迟延受领的责任和标的物毁损灭失的风险，但是不能消灭债务。

其三，债权人死亡未确定继承人、遗产管理人，或者丧失民事行为能力未确定监护人。债权人死亡，未确定继承其债权的继承人或管理其财产的遗产管理人时，不能接受履行。债权人丧失民事行为能力，在没有确定监护人以代理其为民事活动时，也不能接受履行。此时，债务人可以将标的物提存以终止合同，从而免于因等待相应人员的确定而导致其权益的损失。

其四，法律规定的其他情形。法律对提存情形有规定的，应当依照其规定。例如，《民法典》第390条规定："担保期间，担保财产毁损、灭失或者被征收等，担保物权人可以就获得的保险金、赔偿金或者补偿金等优先受偿。被担保债权的履行期限未届满的，也可以提存该保险金、赔偿金或者补偿金等。"《民法典》第432条第2款规定："质权人的行为可能使质押财产毁损、灭失的，出质人可以请求质权人将质押财产提存，或者请求提前清偿债务并返还质押财产。"

具备提存的情形之一的，必须是构成难以履行债务才可以选择提存。所谓难以履行，是指债权人不能受领给付的情形不是暂时的、无法解决的，而是不易克服的。以下情况不能认为是难以履行：（1）债权人不是拒绝受领而是迟延受领，并且迟延时间不长。（2）下落不明的债权人有财产代管人可以代为接受履行。（3）债权人的继承人、监护人很快可以确定。

提存的标的物是合同规定应当给付的标的物，否则不能产生债务消灭的后果。标的物须适宜提存，且提存所付出的成本不能过高，标的物的种类主要是货币、有价证券、票据、提单、权利证书，易于保存且占地不大的物品等。标的物不适于提存，比如易腐烂、变质的物品，有危险性的物品，或者提存费用过高的，如提存费与所提存的标的的价额不成比例的大件低值物品等，债务人可以拍卖或者变卖标的物，提存所得的价款。

> **第五百七十一条**　债务人将标的物或者将标的物依法拍卖、变卖所得价款交付提存部门时，提存成立。
>
> 　　提存成立的，视为债务人在其提存范围内已经交付标的物。

【要义精解】

本条是关于提存成立时间和效果的规定。

根据本条的规定，提存于债务人将标的物或者将标的物依法拍卖、变卖所得价款交付提存部门时成立，提存成立即发生债权债务在提存范围内消灭的法律效果。

我国《民法典》中并没有规定提存部门，但是根据司法部制定的《提存公证规则》第4条的规定，提存由债务履行地的公证机关管辖。因此，债务人以提存的方式消灭债权债务关系的，应在符合提存条件的前提下，携带适宜提存的合同标的物，或者将不适宜提存的标的物依法拍卖、变卖所得的价款至债务履行地的公证机关办理提存事宜。

按照各国的通说，提存是可以撤回的，除非债务人在提存时向提存部门表示抛弃取回权，或者债权人在债务人取回提存物前向提存部门表示受领。《提存公证规则》第26条第1款、第2款规定："提存人可以凭人民法院生效的判决、裁定或提存之债已经清偿的公证证明取回提存物。提存受领人以书面形式向公证处表示抛弃提存受领权的，提存人得取回提存物。"提存人取回提存物的，视为未提存，因此产生的提存费由提存人负担。

【对照适用】

本条为新增规范，就提存成立的时间和法律效果进行了规定。明确了债务人将标的物或者将标的物依法拍卖、变卖所得价款交付提存部门时，提存成立，而非当债权人受领提存物或者债务人通知债权人时提存成立。从而在《民法典》中初步建立了较为完善的关于提存的规范体系。

> **第五百七十二条　标的物提存后，债务人应当及时通知债权人或者债权人的继承人、遗产管理人、监护人、财产代管人。**

【要义精解】

本条是关于提存人通知义务的规定。

债务人虽然因为将标的物提存而消灭了债务，从而将自己从随时准备履行却难以找到债权人的境况中脱离出来。但是债权人毕竟还没有现实地获得其合同利益。为了方便债权人受领提存物，同时减少债权人因支付提存费等导致的损失，债务人应当将提存的事实和相关情况及时通知债权人或者债权人的继承人、监护人。只有债权人下落不明，无法通知的，债务人才可以免除通知义务。通知应当告知提存的标的、提存的地点、领取提存物的时间和方法等有关提存的事项。

提存的通知义务，即属于《民法典》第580条规定的后合同义务，债务人必须诚信、及时、全面地予以履行。否则即构成对后合同义务的违反。债权人可以就相应多支出的费用或损失请求债务人赔偿。

> **第五百七十三条　标的物提存后，毁损、灭失的风险由债权人承担。提存期间，标的物的孳息归债权人所有。提存费用由债权人负担。**

【要义精解】

本条是关于提存效力的规定。

标的物提存后，即产生债权债务消灭的法律后果，无论债权人是否受领。而根据《民法典》第571条的规定，提存成立的，视为债务人在其提存范围内对标的物的交付。由于提存的标的物只能是动产，所以根据民法典物权编的规定，提存标的物的所有权自标的物交付时起已经由债务人转移到债权人。因此，自提存成立之日起，提存物的所有权转移，债权人取代了债务人成为提存标的物的所有权人，故标的物上的权利、孳息由其享有，义务和风险和提存费用由其承担。具体而言，标的物提存后，因不可抗力、标的物的自然变化等导致标的物毁损、灭失的风险由债权人承担，因第三人原因或者提存部门保管不当而导致提存物损毁的，由债权人向造成标的物毁损灭失责任的第三人或者提存保管人主张赔偿。标的物的孳息，指由标的物产生的收益。法定孳息指依法律关系产生的收益，比如金钱所产生的利息，有价证券产生的股息、红利。债权人作为提存物的所有者，对提存物享有收益的权利，因此，提存期间，标的物的孳息归债权人所有。提存费用包括：公告费、邮费、保管费、评估鉴定费、拍卖变卖费、保险费以及为保管、处理、运输提存标的物所支出的其他费用，作为标的物的所有者，债权人应当支付提存费用，不支付提存费的，提存部门有权留置价值相当的提存物。

> **第五百七十四条** 债权人可以随时领取提存物。但是，债权人对债务人负有到期债务的，在债权人未履行债务或者提供担保之前，提存部门根据债务人的要求应当拒绝其领取提存物。
>
> 债权人领取提存物的权利，自提存之日起五年内不行使而消灭，提存物扣除提存费用后归国家所有。但是，债权人未履行对债务人的到期债务，或者债权人向提存部门书面表示放弃领取提存物权利的，债务人负担提存费用后有权取回提存物。

【要义精解】

本条是关于提存物的领取和收回的规定。

债权人于标的物提存后取得其所有权，作为所有权人，债权人可以随时领取提存物。但在个别情况下，债务人虽然将标的物提存，按照合同履行了自己的债务，但与其互负到期债务的债权人并未履行其对债务人的债务。债务人为了避免他的先为履行可能产生的风险，保证自己债权的实现，可以对提存部门交付提存物的行为附条件，即只有在债权人履行了对债务人的对待债务，或者为履行提供相应的担保后，才能领取提存物。不符合所附条件的，提存部门应当拒绝债权人领取提存物。这种情况发生的可能性较小，因为首先需要符合提存的条件，而且债务人既没有行使或者无权行使相应的合同履行抗辩权或抵销权，也没有因债权人分立、合并或者变更住所没有通知债务人而选择中止履行合同。

债权人领取提存物的权利，自提存之日起5年内不行使而消灭，提存物则被视为无主物，扣除提存费用后归国家所有。

按照各国的通说，提存物是可以为债务人所取回的，除非债务人在提存时向提存部门表示抛弃取回权，或者债权人在债务人取回提存物前向提存部门表示受领。根据本条的规定，债权人未履行对债务人的到期债务，或者债权人向提存部门书面表示放弃领取提存物权利的，债务人有权取回提存物。此外，《提存公证规则》第26条第1款、第2款规定："提存人可以凭人民法院生效的判决、裁定或提存之债已经清偿的公证证明取回提存物。提存受领人以书面形式向公证处表示抛弃提存受领权的，提存人得取回提存物。"提存人取回提存物的，视为未提存，因此产生的提存费由提存人负担。

【对照适用】

本条规定与原《合同法》第104条的规定相比，增加了债务人对提存物的取回的规定，使得《民法典》中的提存制度更能适应灵活多样的现实情况，从而为提存制度在实践中的发展奠定了基础。

第五百七十五条　债权人免除债务人部分或者全部债务的，债权债务部分或者全部终止，但是债务人在合理期限内拒绝的除外。

【要义精解】

本条是关于债务免除的规定。

免除是债权人以债的消灭为目的而抛弃债权的意思表示。合同的债权债务关系可以因免除而相应终止。

债务免除既然属于单方法律行为和处分行为，那么其具有以下特点：（1）债务免除具有无因性。这里说的无因并非债务的免除没有原因，债务免除必然具有一定的原因和动机，或为好意施惠，或为达成和解，或为礼尚往来等，当这些原因无效或不再成立时，不影响免除的效力。（2）免除具有无因性。债权人对债务的免除视为对债权的放弃，因此，凡是以债务免除为名，却包含对价的，都不是真正意义上的债务免除。（3）免除具有非要式性。只要作出相应的意思表示，免除即产生效力，免除的意思表示的方式无须特定，书面或者言词，明示或者默示，均无不可。

免除为债权人对自身债权的处分行为，因此为免除的意思表示者必须是有行为能力人或者有权处分债权的人。

免除可以附条件或者附期限。但是所附条件不可以是变相要求债务人支付免除部分的相应对价。所附的条件可以是生效条件，也可以是解除条件。前者如商家表示只要顾客购买四件家具，即可免除其中一件最便宜家具的货款。后者如房东与租客达成协议，若租客欠付租金或破坏家具则不再享受水电减免的优惠待遇。相应地，免除所附期限可以是生效期限，也可以是终止期限。

免除的意思表示应向债务人或债务人的代理人作出，向第三人作出不产生免除的效力。免除的意思表示一经作出即导致债务消灭，因此免除不得撤回。免除将导致相应部分的债权债务关系绝对消灭，免除主债务的，从债务一并免除。

【对照适用】

本条规定与原《合同法》第105条的规定相比，增加了债务人可以在合理期限内拒绝债务免除的规定，从而在不改变债务免除单方法律行为性质的基础上，有效解决了债务人因债权人免除债务而导致的尊严或利益受到损害而无法拒绝的情况。

第五百七十六条　债权和债务同归于一人的，债权债务终止，但是损害第三人利益的除外。

【要义精解】

本条是关于混同的效力的规定。

混同是指债权和债务同归于一人的事实。混同将导致债权债务的关系的消灭，是一种客观事实而不是一种法律行为，因此不必由当事人为意思表示。只要发生了债权债务同归一人的事实，即导致债权债务关系消灭的效力。

混同发生的原因主要有两类，一类是概括承受。概括承受是发生混同的主要原因。主要有：（1）企业合并，合并前的两个企业之间的债权债务因同归于合并后的企业而消灭。（2）债权人与债务人相互继承，比如父亲向儿子借钱后死亡，儿子继承父亲的债权和债务。或者儿子向父亲借钱后，父亲死亡，儿子继承了父亲的财产。（3）第三人继承债权人和债务人，比如儿子向父亲借钱后，因意外事件二人同时死亡，由甲的儿子继承他们二人的财产。另一类是特定承受，特定承受主要包括：（1）债务人受让债权人对其的债权，比如，债权人甲与债务人乙签订合同后，甲将合同权利转让给乙。（2）债权人承受债务人对其的债务，比如，甲乙二人签订合同后，债务人乙将合同债务转移给债权人甲。

合同关系的存在，必须有债权人和债务人，当事人由双方变为一方，则合同自然终止，这也是混同消灭债权债务关系的内在原因。相应地，债权债务的从债权、从债务、附随义务等也一并因混同而消灭。但是，当债权已经成为第三人权利的标的时，为保护第三人的利益，纵然发生混同的事实，债权债务关系也不能消灭。例如，父子之间订立房屋买卖合同，约定先交房后付款，父亲交房后将对儿子应付房款的债权质押给丙，以作为其对丙债务的担保，在儿子付款前，父亲死亡。此时，父亲对儿子的应收房款请求权不因儿子的继承而发生混同，否则丙的利益将因此而受到损害。

第八章 违约责任

> **第五百七十七条** 当事人一方不履行合同义务或者履行合同义务不符合约定的，应当承担继续履行、采取补救措施或者赔偿损失等违约责任。

【要义精解】

本条是关于违约和违约责任的规定。

违约，即对合同约定的违反。具体而言，就是合同当事人在没有法定事由的情况下，不履行或者不按约定履行合同义务的行为。民法典合同编对非违约方的损失进行救济，同时以令违约方承担责任的方式对其施以制裁，不但是合同拘束力得以实现的保障，也是当事人权利义务得以落实的凭借。因此，违约责任是所有债权法理论的核心所在。

从表面的文义上看，我国民法典合同编中似乎仅区分了预期违约与实际违约两种违约形态。但是，像大陆法系那样对各个违约形态的区分仍然被隐藏在本章规定的字里行间之中。例如，对于不履行的违约责任（《民法典》第578—580条）、对于不完全履行的责任（《民法典》第581—584条）、对于迟延履行的规定（《民法典》第585条）等。违反合同义务，就要承担违约责任。根据本条的规定，违约责任的承担方式有继续履行、采取补救措施或者赔偿损失等。

【对照适用】

我们应当看到，对于违约形态进行过细的划分对违约责任法的立法质量并没有太大实际意义，甚至可能因为新出现的违约形态而自缚手脚，就像《德国民法典》刚颁布时那样。提高违约责任法的立法质量最重要的是对违约救济措施的灵活规定，从而使得当事人在对方违约时，能够根据自己对利益的判断而选择适当的救济措施，或者请求解除合同而使合同消灭并赔偿损失，或者请求继续履行并赔偿损失。也正是基于这样的考虑，德国新债法已经放弃了对违约形态的具体分类。与德国现行法不同，给付不能与给付迟延不再被特别地、独立地规定为给付障碍的形态。[1]我国《民法典》以义务违反为中心来规定违约责任的做法值得肯定。

第五百七十八条　当事人一方明确表示或者以自己的行为表明不履行合同义务的，对方可以在履行期限届满前请求其承担违约责任。

【要义精解】

本条是关于预期违约的规定。

合同权利是一种期待利益，而预期违约行为侵害的正是这种利益。预期违约制度便是基于公平的理念，对于这种利益给予保护，使受害人得到如同实际违约几乎相同的救济。

对于预期违约的救济方式，非违约方具有选择权。其可以立即行使诉权而得到救济，即要求解除合同并请求损害赔偿而不必坐等履行期的到来；也可以不理会对方的提前毁约表示而继续维持合同效力，等到实际履行期到来时，按照实际违约得到救济：或者要求解除合同并赔偿损失，或者请求损害赔偿，或者要求实际履行。

第五百七十九条　当事人一方未支付价款、报酬、租金、利息，或者不履行其他金钱债务的，对方可以请求其支付。

【要义精解】

本条是关于不履行金钱债务的违约责任的规定。

根据本条的规定，对于不履行金钱债务的违约，除了在解除条件成就的情况下要求解除合同并赔偿损失以外，唯一的救济途径就是要求继续履行。金钱的性质决定了金钱债务必须继续履行，除非当事人之间达成"以物抵债"的协议，不履行金钱债务的，即使允许要求赔偿损失，给付的内容也与继续履行相同，都是指向约定数目的金钱，而此时采取修理、更

---

〔1〕　梁慧星：《民法学说判例与立法研究》，中国政法大学出版社 1993 年版，第 323 页。

换、重做等补救措施更是缺乏适用的余地。

当事人一方未支付价款、报酬、租金、利息，或者不履行其他金钱债务的，除应当继续支付外，还应就其迟延支付金钱债务而给对方造成的损失承担赔偿责任，如支付违约金、罚息、滞纳金等。

【对照适用】

本条的规定与原《合同法》第109条相比，在原文"当事人一方未支付价款或者报酬的"基础上，增加了租金、利息以及不履行其他金钱债务的兜底性规定，使得规范更加周延，并且更能体现本条规范的意图。即强调对于金钱债务，只能要求实际履行。

> **第五百八十条** 当事人一方不履行非金钱债务或者履行非金钱债务不符合约定的，对方可以请求履行，但是有下列情形之一的除外：
>
> （一）法律上或者事实上不能履行；
>
> （二）债务的标的不适于强制履行或者履行费用过高；
>
> （三）债权人在合理期限内未请求履行。
>
> 有前款规定的除外情形之一，致使不能实现合同目的的，人民法院或者仲裁机构可以根据当事人的请求终止合同权利义务关系，但是不影响违约责任的承担。

【要义精解】

本条是关于非金钱债务的违约责任的规定。

我国《民法典》顺应时代的发展，没有像传统大陆法系那样对实际履行优先进行规定。仅规定了当事人一方不履行非金钱债务或者履行非金钱债务不符合约定的，对方可以请求履行。实际履行从本质上说是违约救济的一种措施，是对合同本身及当事人的尊重，因为合同本身就是当事人自愿协商的产物，继续履行就是让当事人继续履行双方的承诺，并非外在的强加于当事人的事情。让当事人尊重已经达成的协议，是对契约自由原则的尊重，但并非在任何情况下均能适用。根据本条的规定，下列三种情况下，非违约方不得请求实际履行：（1）当实际履行在法律上或者事实上不能履行时，如标的物在合同生效后因法律的修改而成为限制流通物，或者提供劳务的债务人失去了劳动能力等。这种不能履行须是客观的、永久的不能，而非主观的、一时的不能。（2）当债务的标的不适于强制履行或者履行费用过高。当债务的标的不适于强制履行时，如以提供劳务为标的的债务，非违约方不得要求实际履行，否则既是强迫他人劳动，劳动的质量也无法保证；而当履行的费用过高时，履行合同就被认为是无效率且不经济的，此时要求实际履行将无法达到双方当事人的预期目的。（3）当债权人在合理期限内未请求履行时，如一些应债权人请求而履行的债务，当债权人在合理期限内未请求履行的，则无法要求债务人实际履行。

有前述三种情形之一，导致非违约方不能实现合同目的的，虽然无法要求违约的债务人实际履行，但是非违约方却因对方的违约而具备了法律规定合同解除权，非违约方可以向人民法院或者仲裁机构主张解除合同，解除合同的同时不影响违约责任的承担。即非违约方可以向人民法院或者仲裁机构请求解除合同并赔偿其因违约而受到的损失。

【对照适用】

本条的规定与原《合同法》第 110 条相比，增加了第 2 款，即"有前款规定的除外情形之一，致使不能实现合同目的的，人民法院或者仲裁机构可以根据当事人的请求终止合同权利义务关系，但是不影响违约责任的承担。"从而在立法层面明确了合同解除不影响违约责任的承担。

第五百八十一条　当事人一方不履行债务或者履行债务不符合约定，根据债务的性质不得强制履行的，对方可以请求其负担由第三人替代履行的费用。

【要义精解】

本条是关于替代履行的规定。

当事人一方不履行债务或者履行债务不符合约定，根据债务的性质不得强制履行的，对方虽然不可以要求其实际履行，但是若其债务可以由他人为替代履行，则债务人须负担债权人请他人替代其履行的费用。例如，甲雇佣乙第二天早上开车送其到外地出差，结果乙因睡过头未去送甲，于是甲紧急拦下一辆出租车赶赴当地，则甲可以请求乙负担其打车到外地的费用。债务人承担替代履行的费用后，若因不履行债务或者履行债务不符合约定导致了债权人的其他损失，须承担相应的赔偿责任。

债权人在寻找替代履行人时，须符合诚实信用原则，以良善之人的标准寻找履行能力与债务人相当的第三人为替代履行，而不得滥用权利。如前例中，除非甲情况紧急，没有其他办法按时到达，他不得不包一豪华车前往外地并要求乙支付相应的费用。否则，就多出部分的费用，乙有权拒绝负担。

【对照适用】

本条为新增条款，明确规定可以通过要求违约方负担替代履行费用的方式，使得因债务的性质不得强制履行的非违约方得到救济。这一违约救济途径的增加，为非违约方灵活、及时地避免损失提供了可供选择的法律依据，从而极大地保障了非违约方的利益。

> **第五百八十二条** 履行不符合约定的，应当按照当事人的约定承担违约责任。对违约责任没有约定或者约定不明确，依据本法第五百一十条的规定仍不能确定的，受损害方根据标的的性质以及损失的大小，可以合理选择请求对方承担修理、重作、更换、退货、减少价款或者报酬等违约责任。

【要义精解】

本条是关于瑕疵履行时违约责任承担方式的规定。

债务人履行债务不符合当事人的合同约定，首先应当按照当事人在合同中关于违约责任的约定承担违约责任。如果当事人对违约责任没有约定或者约定不明确，即使按照《民法典》第511条的规定仍不能确定当事人约定的违约责任的，如果债务人的瑕疵履行尚未到达不能实现债权人合同目的的程度，而且双方当事人未就合同解除达成协议，或者受损害的一方当事人认为对方的瑕疵履行对其具有某种利益，不愿解除合同时，受损害方可以根据标的的性质以及损失的大小，合理选择要求对方承担修理、重作、更换、退货、减少价款或者报酬等违约责任。例如，双方当事人达成购买50吨一级大米的合同，且没有约定违约责任。如果债务人交付的是50吨陈米，对方当事人认为其履行虽然与约定不符，但是对自己仍然具有一定的利益，则对方当事人可以在接受其履行的同时，请求对方承担减少价款的违约责任，按照50吨陈米的售价计算合同价款。又例如，乙从甲处购买大码衬衫一件，双方未签订书面合同。乙回家后发现甲错将小码衬衫交付给自己，虽然对乙而言，购买一件不能穿的衬衫完全满足不能实现合同目的的条件，但是乙因为对衬衫的款式和价格均比较满意，不愿与甲解除合同，于是就请求甲为其更换一件同款大码衬衫。

> **第五百八十三条**　当事人一方不履行合同义务或者履行合同义务不符合约定的，在履行义务或者采取补救措施后，对方还有其他损失的，应当赔偿损失。

【要义精解】

本条是关于履行义务或者采取补救措施后的损害赔偿的规定。

当事人一方不履行合同义务或者履行合同义务不符合约定时，对方当事人要求其承担实际履行或者采取补救方式的违约责任的，违约方在承担违约责任后，并不意味着对赔偿损失责任的免除。如果在违约方实际履行和采取补救措施后，并没有完全弥补对方当事人的损失，非违约方还可以就其未弥补部分的损失要求违约方承担赔偿责任。

> **第五百八十四条**　当事人一方不履行合同义务或者履行合同义务不符合约定，造成对方损失的，损失赔偿额应当相当于因违约所造成的损失，包括合同履行后可以获得的利益；但是，不得超过违约一方订立合同时预见到或者应当预见到的因违约可能造成的损失。

【要义精解】

本条是关于损害赔偿范围的规定。

损害赔偿既可以像《民法典》第584条所规定的那样，作为实际履行和采取补救措施的辅助违约责任承担方式加以适用，也可以作为一项单独的违约责任承担方式来适用。

关于违约赔偿范围，以下两组概念在法律适用中常常涉及。第一组概念是信赖利益和期待利益。信赖利益是指基于对违约方允诺的信赖，受损害方为合同能够顺利履行而付出的利益或错过的机会。例如，基于设备能够顺利交付，买方提前装修了厂房、雇用了操作人员。期待利益是指由违约方的允诺而对受损害方所形成的期待价值。我们可以在一个诉讼中强制被告向原告提供这种允诺了的履行，也可以使被告支付与这种履行相当的金钱。在这里我们的目标是使原告处于假如被告履行了允诺后他所应处的处境。[1]在大陆法系国家，有时也将期待利益称为"履行利益"或"积极利益"；将信赖利益称为"消极利益"。

第二组概念是直接损失和间接损失。根据损害与违约行为之间存在的直接和间接因果关系来区分。如果损害是由违约行为所直接引起的，并没有介入其他因素，则这种损害为直接损失；如果损害并不是因为违约行为直接引起的，而是介入了其他因素，则为间接损失。

在具体计算违约赔偿数额时，应当按照违约时间债务履行地的市场价格为标准进行计算。

第五百八十五条 当事人可以约定一方违约时应当根据违约情况向对方支付一定数额的违约金，也可以约定因违约产生的损失赔偿额的计算方法。

约定的违约金低于造成的损失的，人民法院或者仲裁机构可以根据当事人的请求予以增加；约定的违约金过分高于造成的损失的，人民法院或者仲裁机构可以根据当事人的请求予以适当减少。

当事人就迟延履行约定违约金的，违约方支付违约金后，还应当履行债务。

【要义精解】

本条是关于违约金的规定。

违约金是指按照当事人的约定，一方当事人在违约时，应当向另一方支付的金钱。金钱的数额既可以在订立合同时直接约定，也可以根据约定的违约损失赔偿额的计算方法算出。

违约金是当事人通过约定对损害赔偿的事先估计，而这种事先估计可能与实际的损失存在较大的偏差。因此，法律在尊重当事人对违约损害赔偿的意思自治的同时，还赋予了双方当事人寻求法院或者仲裁机构调整这种与损失的过大偏差的途径，以保障双方当事人在权利义务上不至于显失公平。约定的违约金低于造成的损失的，人民法院或者仲裁机构可以根据

---

〔1〕 ［美］L. L. 富勒：《合同损害赔偿中的信赖利益》，韩世远译，载梁慧星主编：《民商法论丛》（第7卷），法律出版社1997年版，第413页。

当事人的请求予以增加；约定的违约金过分高于造成的损失的，人民法院或者仲裁机构可以根据当事人的请求予以适当减少。至于法院和仲裁机构应当事人请求介入调整的具体标准和衡量方式，根据原《合同法解释（二）》第29条的规定，当事人主张约定的违约金过高请求予以适当减少的，人民法院应当以实际损失为基础，兼顾合同的履行情况、当事人的过错程度以及预期利益等综合因素，根据公平原则和诚实信用原则予以衡量，并作出裁决。当事人约定的违约金超过造成损失的30%的，一般可以认定为过分高于造成的损失。

违约方支付了违约金后，除迟延履行外，不再承担合同的履行义务。本条第3款规定，当事人就迟延履行约定违约金的，违约方支付违约金后，还应当履行债务。即使非违约方无证据证明其因对方的迟延履行受到了损害，或者无法明确损害的金额，非违约方依然可以向违约方主张其迟延履行的违约金，除非违约方以违约金过分高于损失为由请求人民法院或仲裁机构进行调整。这是因为迟延履行必然会给对方当事人带来损失，而很多时候这种损失无法得到证明或者以货币的形式体现出来，比如卖方迟延三天交付一件最新款服装，买方因其迟延交付而受的损失体现为在这三天内不能穿出去以获得满足感的遗憾。从本条的文义来看，只有在当事人专门就迟延履行约定了违约金的时候，方可如此。考虑到买卖合同的有关规定可以被其他有偿合同所参照适用，因此目前的司法实践对这一问题的态度是，即使未约定迟延履行违约金的，非违约方也可以主张逾期付款损失，即使其无证据证明因对方的迟延履行受到了损害。

> **第五百八十六条**　当事人可以约定一方向对方给付定金作为债权的担保。定金合同自实际交付定金时成立。
>
> 定金的数额由当事人约定；但是，不得超过主合同标的额的百分之二十，超过部分不产生定金的效力。实际交付的定金数额多于或者少于约定数额的，视为变更约定的定金数额。

【要义精解】

本条是关于定金担保的规定。

所谓定金，是指一方当事人为保证合同义务的履行而预先交付给对方的一定数额的金钱或者替代物。定金合同是要物性合同，除当事人就定金的金额、支付方式等内容达成一致的意思表示以外，尚须实际交付定金，合同才告成立。在定金合同中，当事人按照约定交付定金的行为不构成定金合同的履行，而是一项存在于定金合同成立之前的先合同义务。因此，不交付定金或者不按照约定的金额交付定金不会导致违约责任，但是可能构成缔约过失责任。实际交付的定金多于或者少于约定的数额，对方提出异议并拒绝接受定金的，定金合同不成立。接受定金的一方未提出异议的，视为对约定的定金数额的变更，定金数额按照实际交付的金额计算。定金的数额由当事人约定；但是，不得超过主合同标的额的20%，超过部分视为交付定金一方支付的合同预付款，不产生定金的效力。

【对照适用】

本条规定与原《合同法》第115条相比，增加了原《担保法》第91条，原《最高人民法院关于适用〈中华人民共和国担保法〉若干问题的解释》（现已失效，以下简称《担保法解释》）第119条的部分内容，具体为：定金的数额由当事人约定；但是，不得超过主合同标的额的20%，超过部分不产生定金的效力（原《担保法》第91条）。实际交付的定金数额多于或者少于约定数额的，视为变更约定的定金数额（原《担保法解释》第119条）。此外，本条明确规定了定金合同自实际交付定金时成立。这一规定改变了原《担保法》第90条"定金合同从实际交付定金之日起生效"的规定，更加符合传统民法关于要物性合同的理论，也解决了原《担保法》及原《担保法解释》之间产生的关于成立和生效的定金合同内容可能不一致的矛盾。

第五百八十七条　债务人履行债务的，定金应当抵作价款或者收回。给付定金的一方不履行债务或者履行债务不符合约定，致使不能实现合同目的的，无权请求返还定金；收受定金的一方不履行债务或者履行债务不符合约定，致使不能实现合同目的的，应当双倍返还定金。

【要义精解】

本条是关于定金罚则的规定。

债务人履行债务后，定金应当抵作价款或者收回。例如，甲向乙购买一辆汽车并为此支付了10%的定金，在甲支付购车款时，定金即实现了担保履行的目的，因此抵作价款，甲仅须支付剩余购车款的90%。又例如，甲乙就各自拥有的古董订立互易合同，甲为了保证合同能够履行而向乙支付了定金。在按照约定完成了古董的互易之后，乙应当返还甲支付的定金。

给付定金的一方不履行债务或者履行债务不符合约定，致使不能实现合同目的的，无权请求返还定金；收受定金的一方不履行债务或者履行债务不符合约定，致使不能实现合同目的的，应当双倍返还定金。由上述规定可知，定金存在以下特点：第一，定金虽然与违约金的根本目的一致，都是为了弥补当事人的损失，但是定金更具有保证合同履行的意味。因此定金比严格限制惩罚作用的违约金具有更为浓厚的惩罚性，只要当事人不履行债务或者履行债务不符合约定致使不能实现合同目的的，即适用定金罚则，即使定金过分高于所造成的损失，违约方也无权请求人民法院或者仲裁机构进行调整。第二，定金不仅仅担保合同义务的履行，还担保合同义务按照约定的方式履行。因此，当事人一方不完全履行合同，但是因部分满足了对方当事人的合同目的而未导致根本违约的，应当按照未履行部分所占合同约定内容的比例适用定金罚则，不足部分按照《民法典》的规定进行赔偿。

【对照适用】

本条规定与原《合同法》第115条相比，吸收了原《担保法解释》第120条的部分内容，增加了定金罚则的适用条件，即"履行债务不符合约定，致使不能实现合同目的"，从而使得定金在立法中不再仅仅具有保证合同履行的作用，更增加了保证完全按照约定履行的功能。

> **第五百八十八条** 当事人既约定违约金，又约定定金的，一方违约时，对方可以选择适用违约金或者定金条款。
> 定金不足以弥补一方违约造成的损失的，对方可以请求赔偿超过定金数额的损失。

【要义精解】

本条是关于违约金与定金竞合的规定。

当事人在合同中既约定了违约金，又约定了定金的，在一方违约时，对方享有选择权，可以在违约金或者定金之中任选其一，请求对方赔偿，但是二者不可并用，一旦选择一项，则视为对另一项的放弃。

与非迟延履行违约金排除赔偿损失的适用不同，定金罚则与赔偿损失是可以一并请求的，但是只有在定金不足以弥补因违约而造成的损失时，才能在定金不够的限度内要求赔偿损失。

定金与违约金的根本目的一致，都是为了弥补当事人的损失，而非对违约方进行惩罚。因此，在当事人既约定了违约金，又约定了定金的情况下，只要违约金或者双倍返还定金中的一项可以弥补损失，那么守约方即可以选择相应条款对自己受损的权益进行救济，如果违约金或者双倍返还定金均可以弥补损失，那么守约方可以根据实际情况选择对自己更为有利的条款。如果当事人约定的定金和违约金均无法弥补一方违约造成的损失的，守约方还可以请求人民法院或者仲裁机构对违约金予以增加，或者在要求适用定金罚则的同时，对超过定金数额部分的损失请求违约方予以赔偿。这两种方式任选其一即可弥补守约方的损失，因此赋予守约方对适用定金条款或是违约金条款的选择权，即能够起到保障合同利益，弥补其违约造成的损失的作用。而允许守约方并用违约金和定金条款，不但在实践中对补偿守约方遭受的损失并无必要，而且并用后赔偿金额可能远远高于因违约所造成的损失，与公平原则相悖。

【对照适用】

本条规定与原《合同法》第116条相比，吸收了《买卖合同司法解释》第28条的部分内容，增加了定金和损害赔偿在一定条件下可以一并主张的规定，即"定金不足以弥补一方违约造成的损失的，对方可以请求赔偿超过定金数额的损失"。从而使得当事人无论是选择定金还是违约金，均有途径对约定金额过低不足以弥补损失的情况进行再次救济，从而在制度设计上消弭了并用违约金条款和定金条款的实际意义。

> **第五百八十九条** 债务人按照约定履行债务，债权人无正当理由拒绝受领的，债务人可以请求债权人赔偿增加的费用。
>
> 在债权人受领迟延期间，债务人无须支付利息。

【要义精解】

本条是关于债权人拒绝受领和受领迟延的规定。

债务人履行债务不符合约定的，债权人有权拒绝受领并要求债务人承担违约责任，不能实现合同目的的还可以解除合同。当债务人按照约定履行债务时，债权人负有受领履行的义务。除非债权人具备受到不可抗力影响，或遇到了难以克服的意外情况而无法受领等正当理由，债务人可以请求债权人对因其拒绝受领而增加的费用进行赔偿，如运费、保管费、提存费等。

在债权人受领迟延期间，无论债权人系不为受领还是不能受领，亦不问债权人受领迟延是否具备正当理由，按照约定履行债务的债务人均无须支付因金钱债务所生的利息，因为此时合同未能依约履行非因债务人原因导致。

【对照适用】

本条为新增规范，明确规定了债权人无正当理由拒绝受领债务时债务人的费用赔偿请求权，同时对受领迟延将导致债务人无须支付利息的法律后果进行了规定。使得因债权人原因导致的合同不能正常履行时的法律后果和债务人的权利，具备了请求权基础。

第五百九十条　当事人一方因不可抗力不能履行合同的，根据不可抗力的影响，部分或者全部免除责任，但是法律另有规定的除外。因不可抗力不能履行合同的，应当及时通知对方，以减轻可能给对方造成的损失，并应当在合理期限内提供证明。

当事人迟延履行后发生不可抗力的，不免除其违约责任。

【要义精解】

本条是关于不可抗力的规定。

当事人一方在违约后，并不必然承担违约责任。如果当双方当事人约定或者法律规定的免责事由出现后，违约方可以免于承担违约责任。不可抗力即属于法律规定的免责事由。

不可抗力指的是不能预见、不能避免且不能克服的客观情况。一般说来，以下情况被认为属于不可抗力：（1）自然灾害。自然灾害包括地震、水灾等因自然界的力量引发的灾害。需要注意的是，一般各国都承认自然灾害为不可抗力，但有的国家认为自然灾害不是不可抗力。因此在处理涉外合同时，要特别注意各国法律的不同规定。（2）战争。战争的爆发可能影响到一国以至于更多国家的经济秩序，使合同履行成为不可能或失去意义。（3）社会异常事件。主要指一些偶发的阻碍合同履行的事件。比如罢工、骚乱、疫情等。（4）政府行为。主要指合同订立后，政府颁布新的政策、法律，采取行政措施导致合同不能履行，如发布禁令等。不可抗力事件的发生，对履行合同的影响可能有大有小，不可抗力有可能是导致违约的全部原因，也有可能是部分原因。因此，要根据不可抗力对违约的影响程度来决定免责的程度。因不可抗力不能履行合同的，违约方应及时通知对方，以便于对方能够及时采取措施防止损失扩大。违约方负有对不可抗力的证明义务，应当在合理期限内提供关于因不可抗力不能履行合同的证明。

在当事人迟延履行后发生不可抗力的，不免除其违约责任。因为一方迟延履行后，原则上应该承担所有风险。

> **第五百九十一条**　当事人一方违约后，对方应当采取适当措施防止损失的扩大；没有采取适当措施致使损失扩大的，不得就扩大的损失请求赔偿。
> 当事人因防止损失扩大而支出的合理费用，由违约方负担。

【要义精解】

本条是关于减损规则的规定。

在当事人一方违约后，对方不能因为有权要求违约方赔偿损失而放任损失持续扩大，而是应当采取适当措施防止损失的扩大，这也是诚实信用原则的必然要求。这一原则也为许多国家的立法和判例及国际公约所确认。受害方减轻损失的义务属于不真正义务，如果受害方不履行该义务，则违约方不得请求其履行，受害方亦不会因此而承担损害赔偿责任，但是会遭受权利减损或丧失后果，即不得就扩大的损失请求赔偿。当事人因防止损失扩大而支出的合理费用，由违约方负担。

> **第五百九十二条　当事人都违反合同的，应当各自承担相应的责任。**
>
> **当事人一方违约造成对方损失，对方对损失的发生有过错的，可以减少相应的损失赔偿额。**

【要义精解】

本条是关于双方违约和与有过失的规定。

当事人都违反合同的，应当各自承担相应的违约责任。例如，发包人甲与承包人乙签订建设工程合同，甲未按照约定的金额给付工程款，乙存在将工程非法转包给无资质的实际施工人的情况，此时双方应当按照建设工程施工合同的约定各自承担相应的违约责任。此时双方当事人因双方的违约而互负债务，符合法定抵销条件的，比如都是违约责任的承担方式，均为支付一定数额的金钱，一方可以向另一方主张相应的抵销；如果不符合法定抵销条件的，如互相负担的债务种类不同，在无法达成约定抵销的情况下，应当各自承担相应责任。

本条第 2 款规定了与有过失责任。所谓与有过失，是指非违约方对违约所造成的损失也有过错时，应减轻违约方的赔偿责任。合同法的传统理论认为，违约责任为无过错责任，因此，是否适用这一原则曾经存在过争议。但最终在学理、司法实践和立法上对这一原则的适用达成了一致。与有过失责任的构成要件为：（1）非违约方对损失发生具有过错。这里的所谓"过错"，包括故意和过失。但是并不包括违约在内，因为违约不需要过错。如果双方都存在违约行为，则属于本条第 1 款的各自承担违约责任的问题，而非与有过失的问题。（2）非违约方的过错与损失的发生或者扩大具有因果关系，对最终的损害结果贡献了原因力。例如，甲向乙购买一批钢筋，乙迟迟未能交货，于是甲又从丙处低价购买了一批质量不合格的钢筋，最终导致其承建的工程未能通过质量验收。此时，由于甲对损失的发生具有过错，因此乙可以减少相应的损失赔偿数额。

【对照适用】

本条与原《合同法》第 120 条相比，吸收了《买卖合同司法解释》第 30 条的部分内容，增加了第 2 款关于与有过失的规定，即"当事人一方违约造成对方损失，对方对损失的发生有过错的，可以减少相应的损失赔偿额"。从而使得在非违约方对损失的发生具有过错时，双方违约责任的分担问题具有了法律依据。

> **第五百九十三条** 当事人一方因第三人的原因造成违约的，应当依法向对方承担违约责任。当事人一方和第三人之间的纠纷，依照法律规定或者按照约定处理。

【要义精解】

本条是关于因第三人原因造成违约的规定。

合同具有相对性，故违约方基于其合同当事人的身份而向非违约方承担违约责任。当违约方因第三人的原因导致违约的，在向非违约方承担违约责任后，再依照法律的规定或者其与第三人的约定来处理违约方和第三人之间的纠纷。例如，加工方甲因为原料提供方乙未能按时交付原料，而未能按时加工完成丙定做的物品。此时甲应当向丙承担违约责任，然后再按照其与乙的约定或者法律的规定向乙主张违约责任。又例如，演员甲在赶赴剧场表演的途中被乙撞伤，导致无法参加演出，甲在向剧场承担相应违约责任的同时，可以对乙要求承担侵权责任。

> **第五百九十四条** 因国际货物买卖合同和技术进出口合同争议提起诉讼或者申请仲裁的时效期间为四年。

【要义精解】

本条是关于国际货物买卖和技术进出口合同争议提起诉讼或申请仲裁的时效期间的规定。

由于国际货物买卖合同和技术进出口合同发生的争议一般都比较复杂，涉及的标的额也较大，为了更有效地保护当事人的合法权益，本条对上述合同发生争议提起诉讼或者仲裁的期限规定为4年。相比其他类型案件以及非涉外同类案件的提起诉讼或申请仲裁的期限要长。提起诉讼或者申请仲裁期限的起算点，自当事人知道或者应当知道其权利受到侵害之日起计算。

本条规定的提起诉讼或者仲裁的4年期限，只适用于因国际货物买卖合同和技术进出口合同发生的争议。其他合同争议提起诉讼或者申请仲裁的期限，不适用本条规定，依照民法典总则编或者其他特殊规定。如我国民法典总则编规定一般诉讼时效期限为 3 年。我国《仲裁法》规定，法律对仲裁时效有规定的，适用该规定。法律对仲裁时效没有规定的，适用诉讼时效的规定。

第二分编　典型合同

第九章　买卖合同

> **第五百九十五条**　买卖合同是出卖人转移标的物的所有权于买受人，买受人支付价款的合同。

【要义精解】

本条规定的是买卖合同的概念。

从合同主体角度看，买卖合同的当事人是出卖人和买受人，即一般民事主体，包括自然人、法人和非法人组织。它既可以是自然人之间的买卖，也可以是法人之间、非法人组织之间、自然人和法人之间、自然人和非法人组织之间、法人和非法人组织之间的买卖。对自然人而言，应具有相应民事行为能力，买卖才会成立或者有效。

从合同内容角度看，买卖合同中出卖人的义务是转移标的物所有权于买受人，买受人的义务是支付价款。在买卖合同的概念中，没有出现义务字眼，但在解释上，应作这样的解释。之所以如此，是因为原《合同法》属于债法，买卖合同属于债权合同、负担行为，其本身生效仅仅产生债：在这个债的关系中，出卖人负有转移标的物所有权于买受人的义务，买受人负有支付价款的义务。买卖合同生效，并不直接引起物权变动。要想引起物权变动，还需要践行其他法律事实：交付（动产）、登记（不动产）。

标的物在这里指特定的物，包括动产和不动产。标的物所有权，是指动产所有权和不动产所有权。动产或者不动产上的他物权、债权的转让、知识产权或者股权的转让，不属于买卖合同的范畴。因此，我国法上的买卖合同属于狭义的买卖合同。

价款指的是转移标的物所有权的对价，关于这个对价，也有其他的文字表述，如价金等。

买卖合同的形式，立法者未作任何限制，因此，从整体上看，买卖合同为不要式合同。其他法律法规对买卖合同的形式有规定的，应从其规定。不动产买卖，法律规定必须采取书面形式，为要式合同。

买卖合同为诺成、有偿、双务合同。"有偿"意味着合同当事人之间互负义务，且义务之间为交换关系。鉴于本条规定仅适用于出卖人转移标的物所有权的买卖，其他有偿转移财产权利的合同不包括在内，因此，《民法典》又规定了第646条，使其他有偿合同可以参照适用本章规定。这在一定程度上弥补了买卖合同定义过狭的缺陷。

买卖合同既然属于负担行为，则出卖人对标的物处分权之有无，并不影响买卖合同效力。出卖他人之物的合同有效。同理，其他财产权无权转让的合同，也应作同样解释。

第五百九十六条　买卖合同的内容一般包括标的物的名称、数量、质量、价款、履行期限、履行地点和方式、包装方式、检验标准和方法、结算方式、合同使用的文字及其效力等条款。

【要义精解】

本条是关于买卖合同条款的指导性规定。

对合同内容条款，《民法典》也如原《合同法》一样，采取了区别对待。对有些合同，用一个法条对合同条款进行规制，这些合同有买卖合同、供用电合同、借款合同、保证合同、租赁合同、融资租赁合同、保理合同、承揽合同、技术合同和物业服务合同等。反之，赠与、运输、保管、仓储、委托、行纪、中介、合伙等合同，则未设置合同内容条款。之所以如此，可能和不同的合同类别的特质有关。比如，赠与合同，因赠与财产不限于所有权，还包括其他财产权利，不同的财产权利，权利转让的规则各异，很难通过一个法条将合同条款规制清楚。

对于质量、履行期限、地点、方式，《民法典》继受了原《合同法》的做法，通过第511条、第513条推出了相关推定规则，在当事人没有约定时，通过推定确定当事人之间有关"质量、价格、履行期限、履行地点、履行方式、履行费用"等条款，以法律之意思代替当事人意思。其目的一是节约订约成本；二是尽量使合同成立。

总之，本条是对标准买卖合同应具备条款的示范，既包含必备条款（要素），也包含非必备条款（常素、偶素）。它是示范性的，合同缺乏非必备条款的，也可以成立。必备条款则具有决定合同是否成立的功能。标的物、数量是绝对的必备条款，少之，合同不成立；价款则是相对的必备条款，合同缺少价款的，可以通过推定规则补足，使合同成立。质量、履行期限、履行地点和方式、包装方式、检验标准和方法、结算方式、合同使用的文字及其效力等皆属于非必备条款，其中质量、履行期限、履行地点和方式等，皆有推定规则。

本条的主要适用对象是书面合同。生活中大量口头合同属于即时买卖，不会涉及"履行期限、履行地点"等条款。

第五百九十七条　因出卖人未取得处分权致使标的物所有权不能转移的，买受人可以解除合同并请求出卖人承担违约责任。

法律、行政法规禁止或者限制转让的标的物，依照其规定。

【要义精解】

本条属于新设法条，是对之前理论成果和司法解释的接受。

本条共两款，第1款从文字看，是在出卖人根本违约——不能转移标的物所有权时买受人的救济，《民法典》提供的救济手段是"解除合同并请求出卖人承担违约责任"。合同解除与违约责任是不同的制度，二者常常被权利人联合使用，但这一现象不能否认二者属于不同的制度。违约救济以合同有效、一方或者双方违约为前提，其救济手段有继续履行、损害赔偿、采取补救措施等，解除则源于根本违约激活的解除权的行使。在没有损害的时候，解除制度可以单独使用，使一个有约束力的合同因解除失去效力。

买受人同时主张解除合同和违约责任的，违约责任内容不包括继续履行和采取补救措施，只能主张损害赔偿。

在适用上，本条第1款不包括出卖人无权处分买受人善意取得标的物所有权之情形。换言之，出卖人对标的物无处分权，但买受人符合善意取得要件，已经借助善意取得制度取得标的物所有权的，不得主张解除合同，向出卖人主张违约责任。这是诚信原则的要求和体现。

处分权在此指的是法律上的处分，不包括事实上的处分，如对标的物实施毁灭、加工等行为。所有权人原则上对标的物有处分权，所有权人为被监护人的，对标的物之处分权转移于监护人；所有权人破产的，标的物之处分权转移于管理人；自然人被宣告失踪的，其所有物的处分权转移于财产管理人。

出卖人对标的物无处分权，买卖合同效力如何？可以通过推理解释为有效。之所以这样解释，是因为违约责任以合同有效为前提。从"因出卖人未取得处分权致使标的物所有权不能转移的，买受人可以解除合同并请求出卖人承担违约责任"的文义看，出卖人无权处分的合同有效。

买卖合同涉及的标的物属于法律、行政法规禁止转让或者限制转让的，合同效力如何？应依照法律、行政法规的规定来确定。法律、行政法规的禁止、限制规定属于效力性强制规定的，合同无效。反之，则不宜认定为无效。

第五百九十八条　出卖人应当履行向买受人交付标的物或者交付提取标的物的单证，并转移标的物所有权的义务。

【要义精解】

本条是关于出卖人主要义务的规定，它在一定程度上，弥补了买卖合同定义的不足。

出卖人义务，以合同有效为前提。合同不成立、无效是不会产生合同义务的，合同有效成立后被撤销的，出卖人的义务也随着合同的撤销而消亡。

"出卖人应当履行向买受人交付标的物的义务"属于合同主义务，是买卖合同固有、必备，且决定买卖之所以是买卖的义务。值得注意的是，就一般动产买卖，交付与转移所有权的义务是同一个行为（交付）完成的。对所有权保留买卖而言，交付仅仅转移占有，所有权转移的任务是通过停止条件——买受人支付完最后一笔价金成就而完成的。对不动产买卖而言，交付仅仅转移占有，所有权的移转是通过登记完成的。因此，就不动产而言，出卖人的义务不仅是转移占有，还要通过登记将所有权转移给买受人。转移占有和转移所有权虽然表现为两个行为，但在法律上却是一个义务。

在标的物所有权由单证（有价证券的一种）表彰时，出卖人可以通过交付单证代替标的物的交付，这样的单证主要有提单和仓单。

出卖人对这一主义务的违反，原则上构成根本违约，买受人可以解除合同。出卖人不履行交付或者转移所有权义务的，买受人可以行使抗辩权。具体行使何种抗辩权，要看双方当事人约定的主义务的履行顺序。

值得注意的是：按《民法典》第224条、第225条的规定，特殊动产——机动车、船舶、民用航空器的买卖，采取交付生效、登记对抗主义。在当事人对登记没有明确约定的情形下，出卖人义务是否包含转移登记，我们认为，应肯定之。

> **第五百九十九条**　出卖人应当按照约定或者交易习惯向买受人交付提取标的物单证以外的有关单证和资料。

【要义精解】

本条是关于出卖人从义务、附随义务的规定。

从其文义看，出卖人交付义务指向的对象是有关单证和资料，其中单证不包括提取标的物的单证。这些单证一般指表彰所有权的有价证券，交付单证具有替代交付标的物的功能，如提单、仓单等。

本条所指的单证和资料，须来自合同约定或者来自交易习惯。来自合同约定的，是意思自治的体现；来自交易习惯的，则与意思无关。

这些单证、资料的交付义务，在性质上属于从义务、附随义务，其履行具有补助主给付义务的功能，确保债权人利益能够更大满足。它不决定债之类型，如设备说明书既可以出现在买卖合同中，也可以出现在租赁合同中。这些单证和资料涵盖范围极广，既可以是物的使用说明书、产品合格证、进出口许可证，也可以是发票、增值税票、行驶证、质量保证书、动物的血统证明书，均可以通过约定或者交易习惯成为合同内容，成为出卖人的义务之一。

> **第六百条**　出卖具有知识产权的标的物的，除法律另有规定或者当事人另有约定外，该标的物的知识产权不属于买受人。

【要义精解】

本条是关于知识产权载体——物的所有权转移时，知识产权是否一并转移的规定。立法者的基本立场是非从属原则，即知识产权载体之所有权移转的，知识产权不随之移转。立法目的是为了保护知识产权人。

本条属于任意性规范，其理由为"当事人另有约定"除外，授权当事人可以通过约定，将知识产权载体所有权的移转与知识产权的移转一并转让。当事人为上述约定的有效。

知识产权，主要包括著作权、专利权和商标权。专利权、商标权的转让，法律规定的途径是"转让合同＋登记"，自登记时权利转移，权利并非固化于物中。著作权则不同，绘画作品、歌曲手稿等作品原件或者手稿，作品固化于物之中，当事人完全可以将物之所有权与著作权中可转让的权利一并转让给买受人。

本条"法律另有规定"中的"法律"，应作狭义解释，即仅指全国人大及其常委会通过的规范性法律文件。

第六百零一条　出卖人应当按照约定的时间交付标的物。约定交付期限的，出卖人可以在该交付期限内的任何时间交付。

【要义精解】

本条是关于出卖人交付期限的规定。

出卖人交付标的物，就动产而言，在转移占有的同时，还具有转移标的物所有权的效力，所有权保留买卖合同除外。就不动产买卖而言，交付仅仅转移占有，所有权并不移转。出卖人未依照约定的交付时间转移占有的，均构成违约，依法要承担损害赔偿的违约责任。

出卖人未在约定时间交付标的物，买受人可以解除合同，应视不同的合同类型和当事人约定来决定。鉴于原《合同法》的大多数规范属于任意性规范，当事人约定优先，应作为处理买卖关系的第一法则。不过，《全国法院民商事审判工作会议纪要》第47条作了不同解释："合同约定的解除条件成就时，守约方以此为由请求解除合同的，人民法院应当审查违约方的违约程度是否显著轻微，是否影响守约方合同目的的实现，根据诚实信用原则，确定合同应否解除。违约方的违约程度显著轻微，不影响守约方合同目的实现，守约方请求解除合同的，人民法院不予支持；反之，则依法予以支持。"这种解释，实际上是诚信原则的体现，是对意思自治的适度限制。

出卖人未在约定的时间交付标的物，但期限过后履行的，为迟延履行。迟延履行未导致合同目的不能实现的，法律规则是买受人不能解除合同，但可以主张损害赔偿；迟延履行致合同目的不达的，或者经催告后在合理期限仍未履行的，买受人可以解除合同。"目的不达""事不过三"是法律规则考量的立足点。

"约定交付期限的，出卖人可以在该交付期限内的任何时间交付"，这一规定实际上赋予了出卖人一个履行交付义务的期限，这个期限对出卖人是有利的，它可以使出卖人有足够的时间准备交付，避免因交付时间过于严格导致出卖人不能依约履行交付，构成违约。在约定期限届满前，买受人提出交付标的物主张的，出卖人均可以提出期限抗辩。

出卖人未按照约定期限交付标的物，其后履行的为迟延履行，适用迟延履行的有关约定和法律规定。其后履行不能的，买受人可以解除合同，主张损害赔偿。即使履行不能是因为不可抗力导致的，出卖人也不免责。

第六百零二条　当事人没有约定标的物的交付期限或者约定不明确的，适用本法第五百一十条、第五百一十一条第四项的规定。

【要义精解】

本条是关于出卖人交付标的物期限的推定规则，适用前提是"当事人没有约定标的物的交付期限""或者约定不明确"两种情形。

本条属于裁判规范，指引法官发现合同内容。本条的法律功能是，在当事人没有约定标的物的交付期限或者约定不明确时，其合同不因此不成立或者无效，而是通过本条来确定。因此，从效果角度看，本条具有补充当事人意思之功能。

本条属于准用性规范，即本条文对标的物的交付期限没有规定，而是通过《民法典》第510条、第511条第4项的规定，来确定出卖人交付标的物的期限。第510条规定了两种确定方法：首要的方法是协议补充，即将确定标的物交付期限的权利交给当事人；当事人不能达成补充协议的，由法官或者仲裁员来确定，裁量时要考虑合同有关条款、合同性质、合同目的或者交易习惯。按照第 510 条仍不能确定的，适用第 511 条第 4 项来确定，即"履行期限不明确的，债务人可以随时履行，债权人也可以随时请求履行，但是应当给对方必要的准备时间。"也就是说，《民法典》第 510 条和第 511 条在适用上是有顺位的，应优先适用第 510 条之规定。

> **第六百零三条　出卖人应当按照约定的地点交付标的物。**
>
> **当事人没有约定交付地点或者约定不明确，依据本法第五百一十条的规定仍不能确定的，适用下列规定：**
>
> **（一）标的物需要运输的，出卖人应当将标的物交付给第一承运人以运交给买受人；**
>
> **（二）标的物不需要运输，出卖人和买受人订立合同时知道标的物在某一地点的，出卖人应当在该地点交付标的物；不知道标的物在某一地点的，应当在出卖人订立合同时的营业地交付标的物。**

【要义精解】

本条是关于出卖人交付地点的规定，源自原《合同法》第 141 条，是对后者的继受。

共包括两款：第 1 款是关于约定地点的规定，即出卖人应当依照约定的交付地点交付标的物；第 2 款是"没有约定交付地点"或者"约定不明确"时，如何推定出卖人交付标的物的地点。

本条第 2 款的推定法则属于技术规范，其适用前提是"交付地点没有约定"或者"约定不明确"。其立法目的是以本条法律推定出来的交付地点，作为买卖合同中出卖人交付标的物的地点，避免合同不成立或者虽成立但不能履行。

本条属于裁判规范，其适用主体是合同纠纷的裁判者，即法院、仲裁机构。在适用上，本条第 2 款所规定的推定规则属于次顺序，《民法典》第 510 条所确定的推定规则属于先次序。也就是说，裁判者应先适用《民法典》第 510 条来推定出卖人交付标的物的地点，如果能够确定标的物交付地点，则不再适用本条第 2 款。只有在适用《民法典》第 510 条所设计的推定规则仍不能确定出卖人的交付地点时，才适用本条第 2 款进行推定。

《民法典》第510条来自原《合同法》第61条，其内容有二：履行地点没有约定或者约定不明的，可以达成补充协议；不能达成补充协议的，按照合同有关条款、合同性质、合同目的或者交易习惯确定。其立法思路与本条同出一辙，即意思自治优先，法律补充当事人意思次之。《民法典》第510条在对交付地点进行推定时要斟酌的因素如下：合同有关条款、合同性质、合同目的或者交易习惯等。

"标的物需要运输的，出卖人应当将标的物交付给第一承运人以运交给买受人"，所确定的地点是运输合同因素决定的，"第一承运人"暗含运输可能存在多式联运。但在理解上，不能认为非联运的运输不在本条调整范围之内。出卖人在何地将标的物交付第一承运人，由出卖人和第一承运人商定。有异议时，第一承运人的营业地点原则上就是出卖人交付标的物的地点。

"标的物不需要运输，出卖人和买受人订立合同时知道标的物在某一地点的"，标的物所在地点为交付地点。这一点对不动产买卖合同的交付地点而言，非常合理。对不动产买卖，交付地点未约定或者约定不明的，在不动产所在地交付不动产。

"不知道标的物在某一地点的，应当在出卖人订立合同时的营业地交付标的物"。这一规定原则上仅适用动产，对不动产买卖而言，合同当事人不知道交易不动产的地理位置，是难以想象的。以订立合同时出卖人的营业地交付标的物符合商业习惯，在立法精神上，也和《民法典》第511条第1款第3项的规定相符。

【对照适用】

相比较于《民法典》第510条，本条第2款规定的推定技术更具有可操作性，第510条的补充协议，实质上属于约定的交付地点。因为补充协议也是同一个买卖合同的组成部分。

> **第六百零四条** 标的物毁损、灭失的风险，在标的物交付之前由出卖人承担，交付之后由买受人承担，但是法律另有规定或者当事人另有约定的除外。

【要义精解】

本条是关于买卖合同风险负担规则的规定。

对一般动产买卖而言，标的物交付前灭失的，出卖人承担风险，买受人支付价金的义务消灭。标的物交付前毁损的，尚存利用价值，买受人可以拒绝受领或者行使减价权；标的物毁损致履行不能的，出卖人承担风险，买受人支付价金的义务消灭。标的物交付给买受人的，对出卖人而言，其主要义务已履行，不会发生履行不能，风险负担规则的适用前提不存在，买受人应依照约定支付价金。

所有权保留买卖，标的物交付买受人前毁损、灭失的，买受人支付价金的义务消灭。不动产买卖，交付转移占有、登记转移所有权，风险负担规则不考虑所有权，只考虑占有。因此，交付前不动产灭失、毁损，出卖人承担风险，买受人支付价金义务消灭。反之，交付后不动产灭失、毁损的，买受人支付价金的义务不变。

【对照适用】

在适用上，要注意风险负担规则与违约责任的关系。大陆法系，违约责任采过错归责，风险负担规则与违约责任是两个平行的制度，永无交叉。《民法典》继受了我国原《合同法》的归责原则，对违约责任采取无过错责任（严格责任）为主、过错责任为辅的双轨制模式。在无过错责任（严格责任）调整的合同领域，如何区分违约责任与风险负担规则，是一个十分棘手的问题。这一问题的核心是：不可归责于双方原因，标的物在交付前毁损、灭失的，究竟在何种情形下，适用违约责任，何种情形下适用风险负担规则？上述问题可以减缩为"不可抗力、意外事件"引发的标的物毁损、灭失，是否排斥违约责任的适用，转而适用风险负担规则来处理。对此，本书认为原则上应肯定之。

标的物交付后的风险负担规则，相对而言比较清晰，即在所有权保留买卖（动产）、不动产买卖合同下，交付但所有权未转移前标的物毁损、灭失均可由风险负担规则处理，由买受人支付价金。

第六百零五条　因买受人的原因致使标的物未按照约定的期限交付的，买受人应当自违反约定时起承担标的物毁损、灭失的风险。

【要义精解】

本条是关于买受人过错导致出卖人不能依约交付标的物，自"违反约定时起"承担风险的规定。

本条适用的前提必须是若买受人不违反约定，则出卖人能够依约完成交付，即依照约定的时间、地点将符合约定的标的物交付给买受人。出卖人之所以未依约完成交付，其原因在于买受人违反约定，如未在约定的时间受领标的物、未依照约定支付价金（合同约定交付标的物和交付价金同时履行）等。

"违反约定时"的时间点是合同约定的交付标的物的时间点，即在此时间点过后，标的物因不可归责于双方当事人原因毁损、灭失的，风险由买受人承担，买受人支付价金的义务不变。

第六百零六条 出卖人出卖交由承运人运输的在途标的物，除当事人另有约定外，毁损、灭失的风险自合同成立时起由买受人承担。

【要义精解】

本条是对运输在途货物买卖风险负担何时转移的规定。

本条的基本要义是：买卖标的物是运输在途的货物的，除当事人另有约定外，风险负担在合同成立时转移于买受人。这一规则的适用范围仅限于动产，因为不动产没有运输问题。之所以自合同成立时起风险负担转移给买受人，是因为在现实生活中，运输在途的货物之买卖，出卖人一般在合同成立时会将提单交付给买受人以代替货物之交付。提单是所有权凭证，交付提单视同交付货物。这一点，在《民法典》第598条中有所体现。

第六百零七条 出卖人按照约定将标的物运送至买受人指定地点并交付给承运人后，标的物毁损、灭失的风险由买受人承担。

当事人没有约定交付地点或者约定不明确，依据本法第六百零三条第二款第一项的规定标的物需要运输的，出卖人将标的物交付给第一承运人后，标的物毁损、灭失的风险由买受人承担。

【要义精解】

本条是关于代办托运的买卖合同的风险负担规则，其核心内容是确定出卖人交付标的物的地点。它共包括两款，第1款为新增内容，来自《最高人民法院关于审理买卖合同纠纷案件适用法律问题的解释》第 12 条；第 2 款源自原《合同法》第 145 条。

本条第 1 款是关于送交买卖之风险负担规则，送交买卖是指买卖合同约定的交付地点是出卖人住所地、买受人住所地之外的地点，且出卖人送到约定地点后，有货交承运人之义务。出卖人交付义务中增加了交付承运人的内容，自交付承运人之时起，风险负担由买受人承受。

"当事人没有约定交付地点或者约定不明确"，《民法典》第 603 条第 2 款第 1 项规定了推定规则，即标的物需要运输的，法律推定的交付地点是"出卖人应当将标的物交付给第一承运人以运交给买受人"。具体的交付地点由出卖人与第一承运人或者总承运人签订的运输合同确定，这一地点，或者是出卖人营业地，或者是货物所在地，或者是第一承运人营业地，或者是上述地点之外的第三地。不管哪个地点，只要出卖人将标的物交付给第一承运人的，即视为已经完成了交付。风险负担自交付时起转移给买受人。

本条只适用于动产买卖、交付，原则上仅包括现实交付。

【对照适用】

大陆法系大多数国家没有类似规定。

本条在适用时一定要注意：本条中出卖人风险转移的点是将标的物交第一承运人。具体的交付地点是由运输合同确定的，该运输合同的当事人是买受人和承运人，就运输合同的订立而言，出卖人是买受人的代理人。现实生活中，代办托运涉及的运输不一定是联运合同，因此"第一承运人"应作广义解释，即包括"非联运合同中的承运人"和"联运合同中的第一承运人"。

> **第六百零八条**　出卖人按照约定或者依据本法第六百零三条第二款第二项的规定将标的物置于交付地点，买受人违反约定没有收取的，标的物毁损、灭失的风险自违反约定时起由买受人承担。

【要义精解】

本条是关于买受人未依照约定受领标的物时的风险负担规则。

本条适用前提是买卖合同生效后，出卖人依照约定或者推定——依据

《民法典》第 603 条第 2 款第 2 项的规定将货物置于交付地点，买受人违反约定没有受领之情形。法律后果是视为出卖人完成了交付，标的物毁损、灭失的风险有买受人承担。

从"将标的物置于交付地点"可以推定出本条仅适用于动产买卖，不动产买卖自无本条适用的余地。至于动产标的物为替代物或者非替代物，在所不问。从本条含义可以推定，买受人受领标的物既是权利，也是义务。

本条适用的另一个前提是：出卖人交付的货物符合约定。如果货物交付不符合质量等约定，买受人因此有抗辩权的，不适用本条规定。

第六百零九条　出卖人按照约定未交付有关标的物的单证和资料的，不影响标的物毁损、灭失风险的转移。

【要义精解】

本条是对买卖合同下风险负担规则的补充性规定。

交付主义规则下的"交付"是指主义务的履行。主义务是合同固有、决定合同类型和性质的义务，不是指从义务、附随义务。这一点可以从风险负担的法律效果反推出来。买卖合同下，出卖人交付标的物前，标的物不可归责于双方当事人毁损、灭失的，买受人支付价金的义务消灭，买卖合同产生的债之关系也一同消灭。只有将交付主义下的"交付"解释为主义务，上述法律效果才能证成。

"出卖人按照约定未交付有关标的物的单证和资料的"，是指买卖合同同时约定了单证和资料的交付义务，只要标的物交付义务完成，风险负担即转由买受人承受。单证和资料交付义务是否履行、该履行是否符合约定，均不影响风险负担随着标的物的交付转移给买受人。

【对照适用】

在适用上，值得注意的问题是，标的物交付后灭失、风险负担由买受人承担的情形下，单证和资料的交付义务是否也因之消灭？对此的回答是：原则上消灭，但合同有特别约定的，例外不消灭。

> **第六百一十条** 因标的物不符合质量要求，致使不能实现合同目的的，买受人可以拒绝接受标的物或者解除合同。买受人拒绝接受标的物或者解除合同的，标的物毁损、灭失的风险由出卖人承担。

【要义精解】

本条实际上规定的是出卖人的质量瑕疵担保责任与风险负担的关系。

质量不符合合同约定的，从是否导致合同目的不能实现的角度出发，可以区分为不影响合同目的的质量瑕疵和致合同目的不能实现的质量瑕疵。前者，基于诚信原则买受人不可以解除合同，但可以拒绝受领；后者，买受人既可以拒绝受领，也可以解除合同。对于瑕疵，《民法典》第582条规定的救济措施包括，"修理、重作、更换、退货、减少价款或者报酬"。"修理、减少价款或者报酬"主要适用于轻微瑕疵；"重作、更换、退货"则适用于重大瑕疵，其中"退货"的实质是解除合同，"重作、更换"的实质是拒绝受领，"修理"则可以纳入迟延履行范畴。

风险负担的适用前提是合同有效，因为在有效的合同下，才存在合同意义上的债权人、债务人、交付等问题。如果合同已解除，应进入合同清算领域，自无适用风险负担规则之必要。合同解除往往与违约责任制度联系在一起，在一方当事人出现根本违约的情形下，另一方当事人可以解除合同，并主张违约责任。违约责任的适用和风险负担规则的应用，自不能混为一谈。

本条的真正意义是：标的物有瑕疵的，买受人可以拒绝接受，标的物灭失毁损的，风险负担由出卖人承担；买受人拒绝接受，标的物未灭失毁损且出卖人未采取补救措施，致使合同目的不能实现的，买受人可以解除合同，并主张违约责任。

> **第六百一十一条** 标的物毁损、灭失的风险由买受人承担的，不影响因出卖人履行义务不符合约定，买受人请求其承担违约责任的权利。

【要义精解】

本条是关于承担风险的买受人可对出卖人主张违约责任的规定。

风险负担规则的适用前提是"标的物毁损、灭失不可归责于双方当事人",因此,本条中,出卖人的违约行为——履行债务不符合约定必须是与标的物灭失、毁损无关时,才有本条的适用。如果出卖人履行债务不符合约定,且该违约导致了标的物毁损、灭失,则应适用违约责任的法则,解决买卖双方的责任分担。风险负担规则在此情形下,不能适用。

本条适用的主要情形可能有:(1)出卖人履行迟延,买受人受领后标的物灭失、毁损,该毁损不可归责于双方。此时,风险由买受人承受,但出卖人仍应向买受人承担迟延履行的违约责任。(2)在代办托运,出卖人选择的运输方式与约定不符。比如,买受人指示火车交运,出卖人选择了汽车运送,货物运送途中因发生交通事故而毁损,则出卖人应承担赔偿责任。(3)其他情形。

理解本条的关键点是:标的物已交付、债权人有违约行为、标的物因不可归责于双方当事人之事由毁损或者灭失。

第六百一十二条　出卖人就交付的标的物,负有保证第三人对该标的物不享有任何权利的义务,但是法律另有规定的除外。

【要义精解】

本条是出卖人权利瑕疵担保义务的规定。

买卖合同产生的债之关系中,出卖人的主要义务是交付标的物并转移标的物所有权于买受人。这一义务,就动产买卖而言,是通过交付完成的;在不动产买卖而言,是通过所有权移转登记完成的。出卖人不仅要保证出卖人取得标的物所有权,还要保证买受人可以永久保留标的物所有权。本条即是对这一担保义务的明示。

本义务属于法定担保义务,出卖人违反这一义务的,要向买受人承担违约责任,归责原则为无过错责任。

权利瑕疵,或指出卖人对标的物没有所有权或者仅属于标的物的共有人之一;或指标的物上有他物权负担;或指标的物的出售侵害第三人知识产权等。

"法律另有规定的除外"中的"法律",是指全国人大及其常委会通过的规范性法律文件,不包括行政法规、地方性法规和规章。《民法典》也在其范围之内，之所以如此解释，是因为《民法典》第613条规定："买受人订立合同时知道或者应当知道第三人对买卖的标的物享有权利的，出卖人不承担前条规定的义务。"

在大陆法系很多国家的民法典中，权利瑕疵担保义务均有规定。出卖人违反权利瑕疵担保义务，买受人可以主张履行抗辩权；标的物所有权被第三人追夺的，买受人可以解除合同，并向出卖人主张违约责任。

值得注意的是，出卖人无权处分，买受人符合善意取得要件，凭借后者取得标的物所有权的。基于诚信原则，买受人不得解除合同，向出卖人主张违约责任。

第六百一十三条　买受人订立合同时知道或者应当知道第三人对买卖的标的物享有权利的，出卖人不承担前条规定的义务。

【要义精解】

本条是对《民法典》第612条的补充，完全可以作为该条的第2款处理。从法律效力看，它免除了出卖人的权利瑕疵担保义务。

"知道"或者"应当知道"在民法中属于恶意，"法律不保护恶意"是民法的基本理念。本条正是这一理念的体现。

按照本条要求，买受人知道或者应当知道第三人对买卖标的物享有权利这一恶意必须发生在"订立合同时"，具体包括两种情形：（1）买受人在订立合同时知道了或者应当知道了"第三人对买卖标的物享有权利"这一事实；（2）买受人在订立合同之前知道或者应当知道上述事实，该恶意一直保持到合同订立时。"事后的恶意"不害出卖人权利瑕疵担保责任之免除。

基于"谁主张谁举证"之诉讼原则，在诉讼中，出卖人欲援引本条免除其权利瑕疵担保责任，须举证证明买受人订立合同时恶意。第三人对标的物享有权利可以是物权，也可以是知识产权。

第六百一十四条　买受人有确切证据证明第三人对标的物享有权利的，可以中止支付相应的价款，但是出卖人提供适当担保的除外。

【要义精解】

本条是关于出卖标的物有权利瑕疵时买受人抗辩权的规定。

本条适用的前提是，"买受人有确切证据证明第三人对标的物享有权利"，标的物有权利瑕疵的举证义务在于买受人。买受人的救济是"可以中止支付相应的价款"，它适用于买卖双方同时履行主义务、买受人先履行支付价款义务或者出卖人先履行标的物交付义务的场合。在买卖双方同时履行主义务的场合，买受人可以请求出卖人提供适当的担保。出卖人不提供适当担保的，买受人可以拒绝受领标的物。买受人履行价款支付义务在先，出卖人不提供担保的，买受人可以中止价款的支付。买受人已受领标的物，且支付价款义务在后的，亦同。

买受人中止支付相应价款，是指依照买卖合同的约定到期应支付的价款，它可以是全部价款，也可以是部分价款。一旦出卖人提供了合适的担保，买受人就必须依约支付价款。具体的担保方式，由双方协商。协商不成的，应依照诚信原则判断担保是否合适。买受人无证据或者其提供的证据不足以证明第三人对标的物享有权利，应为自己擅自中止支付相应价款的行为承担违约责任。

第六百一十五条　出卖人应当按照约定的质量要求交付标的物。出卖人提供有关标的物质量说明的，交付的标的物应当符合该说明的质量要求。

【要义精解】

本条是关于交付标的物的质量要求的规定，在性质上既属于裁判性规范，也属于当事人应遵循的行为规范。

不同质量的标的物，不仅影响价款，还会影响合同目的的实现。因此，对于标的物质量，《民法典》首先尊重意思自治，即让当事人成为其合同法律关系的主宰者。标的物的瑕疵，在理论和实体法中，区分为权利瑕疵和物的瑕疵，质量瑕疵属于后者。质量不符合约定的，应承担质量瑕疵担保责任，责任人为出卖人，归责原则采取无过错责任。

鉴于出卖人最清楚标的物质量，且在现实生活中，出卖人多将标的物质量在要约邀请或者要约中展示、披露。因此，"出卖人提供有关标的物质量说明的"，该说明属于要约因子，出卖人交付的标的物质量应符合该说明。本条在适用上属于就标的物质量有约定且约定明确的情形，质量约定不明的，适用《民法典》第511条第1项来认定质量标准。

> **第六百一十六条** 当事人对标的物的质量要求没有约定或者约定不明确，依据本法第五百一十条的规定仍不能确定的，适用本法第五百一十一条第一项的规定。

【要义精解】

本条属于裁判规范、准用性规范。

本条之目的，是通过准用第510条、第511条第1项的规定，力图使标的物的质量标准得以确定，从而使合同成立。其适用前提是，"买卖双方对标的物质量没有约定或者约定不明确"。其所采取的确定标的物质量要求的方法或者步骤是有次序的，即遵照"补充协议确定"—"按照合同有关条款、合同性质、合同目的或者交易习惯确定"—"国家强制标准"—"国家推荐标准"—"行业标准"—"通常标准"—"符合合同目的的特定标准"来确定。

【对照适用】

在适用时应注意的是，《民法典》第510条的适用前提与第511条第1项的适用前提是不同的。前者适用前提较宽，即合同对质量要求没有约定或者约定不明确；后者仅适用对质量要求约定不明确。

> **第六百一十七条** 出卖人交付的标的物不符合质量要求的，买受人可以依据本法第五百八十二条至第五百八十四条的规定请求承担违约责任。

【要义精解】

本条是关于出卖人交付的标的物有质量瑕疵时，买受人如何救济的规定。

本条属于授权性规范、裁判规范、行为规范。其适用前提是出卖人交付的标的物不符合质量要求。这一点在诉讼中，应由买受人承担举证责任。

《民法典》第582条规定的救济措施包含"修理、重作、更换、退货、减少价款或者报酬等"，立法者将上述措施均称之为违约责任，尚须商榷。

因为其中的"退货"实质是解除合同，而解除合同不属于违约责任的救济手段。买受人在选择上述救济措施时，应遵守诚实信用原则，并根据标的性质及损失大小，合理选择救济措施。选择措施不当的，法院不应支持。标的物质量瑕疵较小，通过修理即可满足质量要求的，买受人就不能主张"退货"。选择"减少价款"的，原则上就不能要求"修理"，因为价款的减少一般情形下能够弥补质量瑕疵带来的损失。"重作"一般出现在"承揽合同"中，原则上不会成为买受人的救济手段。

买受人使用《民法典》第582条规定的救济措施后，还有其他损失的，可以基于《民法典》第583条主张损害赔偿。比如，出卖人迟延履行，交付标的物有质量瑕疵，给买受人造成损失的，买受人可以向出卖人主张损害赔偿。不过，该损失受到《民法典》第584条规定的"可预见损失规则"的限制。

第六百一十八条 当事人约定减轻或者免除出卖人对标的物瑕疵承担的责任，因出卖人故意或者重大过失不告知买受人标的物瑕疵的，出卖人无权主张减轻或者免除责任。

【要义精解】

本条是关于买卖双方当事人可否通过约定免除出卖人对标的物瑕疵的民事责任的规定。

本条属于新设法条，它是对大陆法系部分国家的民法典规则的继受。在解释上，本条的适用范围既可以是权利瑕疵，也可以是物的瑕疵，还可以是二者兼而有之。"当事人的约定"应视为买卖合同中的一个条款或几个条款，约定的法律效果区别对待：出卖人故意或者重大过失不告知买受人标的物瑕疵的，约定的免责条款无效。反之，则有效。买受人对出卖人"故意或者重大过失不告知买受人标的物瑕疵的"承担举证责任。

第六百一十九条 出卖人应当按照约定的包装方式交付标的物。对包装方式没有约定或者约定不明确，依据本法第五百一十条的规定仍不能确定的，应当按照通用的方式包装；没有通用方式的，应当采取足以保护标的物且有利于节约资源、保护生态环境的包装方式。

【要义精解】

本条是关于买卖标的物包装方式的规定。在规范性质上，既属于裁判规范，也属于行为规范。

现实生活中的买卖标的物，有的需要包装，有的则不需要包装，本条针对的是需要包装的标的物买卖。需要包装的标的物，采用什么样的方式包装，对标的物效用、性能可能产生影响。

本条的立法思路是：约定优先。约定包括买卖合同对包装方式有明确约定、通过签订补充协议对包装方式进行了明确约定两种。没有上述约定的，则"按照合同有关条款、合同性质、合同目的或者交易习惯确定"。如果仍不能确定的，则采用通用的包装方式；没有通用包装方式的，采用足以保护标的物的包装方式。

> **第六百二十条**　买受人收到标的物时应当在约定的检验期限内检验。没有约定检验期限的，应当及时检验。

【要义精解】

本条是关于买受人检验义务的规定。

现实生活中，买卖标的物的交付，分为即时交易与非即时交易。即时交易的，除另有规定外，一般当场检验。集贸市场上的小额交易，多是如此。但也有的即时交易与非即时交易，会约定一个检验期限。检验期限的作用是：在检验期限内，经检验发现物的瑕疵的，可以提出异议。因此，检验期限实际上就是买受人提出标的物具有物的瑕疵的异议期限。

买受人在检验期内，未进行检验的，检验期限一旦届满，即视为标的物不存在物的瑕疵。因此，对于贵重物品的交易，或者大宗物品的买卖，检验期及在检验期内进行检验的规定，就显得极为重要。

本条规定的检验期限有二：有明确约定检验期限的，从其约定；没有约定检验期限的，及时检验。"及时"就是"合理时间"，原则上结合标的物性质、交易习惯等确定。这一点，可以借助于《民法典》第621条得以认定。

> **第六百二十一条** 当事人约定检验期限的，买受人应当在检验期限内将标的物的数量或者质量不符合约定的情形通知出卖人。买受人怠于通知的，视为标的物的数量或者质量符合约定。
>
> 当事人没有约定检验期限的，买受人应当在发现或者应当发现标的物的数量或者质量不符合约定的合理期限内通知出卖人。买受人在合理期限内未通知或者自收到标的物之日起二年内未通知出卖人的，视为标的物的数量或者质量符合约定；但是，对标的物有质量保证期的，适用质量保证期，不适用该二年的规定。
>
> 出卖人知道或者应当知道提供的标的物不符合约定的，买受人不受前两款规定的通知时间的限制。

【要义精解】

本条是关于买受人如何行使物的瑕疵异议权的规定，它涉及异议期限、异议方式、出卖人恶意等内容。它源自原《合同法》第158条。从立法所使用的文字看，本条包括"检验期限""合理期限""质量保证期"等概念，这些概念各有不同的内涵。检验期限和合理期限是一类性质的概念，它们适用于各种各样的物的瑕疵，如颜色、数量、外观、质量等。检验期限是约定期限，合理期限是基于交易习惯、标的物性质等因素确定的检验期限。质量保证期则仅适用质量瑕疵。

从本条第1款的规定来看，物的瑕疵包括标的物数量、质量两个方面。标的物存在数量瑕疵，是指数量短少于合同约定的数量。对于数量瑕疵，有约定检验期限的，从约定；没有约定检验期限的，自发现或者应当发现数量瑕疵之日起合理期限内提出。但自收到标的物之日起2年内未提出数量异议的，买受人即丧失就物的数量瑕疵提出异议的权利。

质量瑕疵，则不同于数量瑕疵。异议期限首先适用质量保证期（长于2年）；无质量保证期的，适用约定的检验期限；没有约定检验期限，也没有质量保证期的，应在合理期限内提出异议；在合理期限内未提出异议，则视为标的物质量符合约定。自收到标的物之日起2年内未提出数量异议的，亦同。2年期限相当于一个最长的合理（容忍）期限，该期限为不变期限，不适用诉讼时效中止、中断、延长的规定。只是这一期限就质量瑕疵让位于期限大于2年的质量保证期。

提出异议的方式为通知，通知方式有约定的，从约定；未约定通知方式的，口头、书面或者其他方式通知均可。法律效果如下：未在上述期限内提出异议的，异议权消灭，视为交付的标的物在数量、质量方面符合约定，出卖人关于物的瑕疵担保责任被排除。出卖人恶意的，买受人的异议权不受上述异议期限的限制。

第六百二十二条 当事人约定的检验期限过短，根据标的物的性质和交易习惯，买受人在检验期限内难以完成全面检验的，该期限仅视为买受人对标的物的外观瑕疵提出异议的期限。

约定的检验期限或者质量保证期短于法律、行政法规规定期限的，应当以法律、行政法规规定的期限为准。

【要义精解】

本条是对检验期限、质量保证期的补充性规定，体现了法律对当事人意思的干预，其立法目的是保护买受人。

本条共有两款，第 1 款适用于对标的物的检验期限，法律和行政法规没有规定的情形；第 2 款则适用于法律、行政法规对买卖标的物的检验期限、质量保证期有规定的情形。

法律、行政法规对标的物检验期限、质量保证期没有规定的，适用当事人之间的约定。当事人约定的检验期过短，根据标的物性质、交易习惯难以完成全面检验的，当事人约定的检验期仅适用于标的物外观瑕疵。在约定的检验期内，买受人未对标的物外观瑕疵提出异议的，视为外观符合合同约定。对于标的物的内在质量瑕疵，在约定的检验期届满后的合理期限内发现的，仍可以提出异议，提出异议的方式是通知。

第 2 款则适用于法律、行政法规对标的物的检验期限、质量保证期有明确规定，这些规定是为了保护买受人的利益所作出的强行性规定，当事人不得通过约定排除之。买卖双方通过特约缩短上述强制期限的，无效，应按照法定期限来处理异议争议。约定期限长于法定期限的，有效。

第六百二十三条 当事人对检验期限未作约定，买受人签收的送货单、确认单等载明标的物数量、型号、规格的，推定买受人已经对数量和外观瑕疵进行检验，但是有相关证据足以推翻的除外。

【要义精解】

本条是关于标的物数量、外观瑕疵的推定性规范。

买卖双方未对检验期限进行约定的，买受人应在合理期限内进行检验。不过，有些瑕疵是可以即时发现的，而且在一般情形下，买受人往往在接收货物时已经进行了即时检验，检验后在送货单、确认单上签字确认，视为进行了检验。比如，房屋交付时门窗是否损坏、电表数字是否有误等，运送的桌椅是否掉漆、有刨痕，数量是否短缺等，均可以在很短的时间内发现瑕疵。正是因为标的物外观、数量瑕疵极易通过目测、过数等方式即时发现，因此，本条规定，"买受人签收的送货单、确认单等载明标的物数量、型号、规格的"，推定数量、外观已完成检验。送货单、确认单未记载的瑕疵，视为不存在。

推定是为了效率，但如果有充分的证据证明买受人接受的货物确实存在送货单、确认单等未记载的瑕疵的，买受人仍可以提出异议。

第六百二十四条 出卖人依照买受人的指示向第三人交付标的物，出卖人和买受人约定的检验标准与买受人和第三人约定的检验标准不一致的，以出卖人和买受人约定的检验标准为准。

【要义精解】

本条是关于出卖人向第三人交付标的物时遵守的检验标准的规定。

本条适用于向第三人交付标的物之情形，该第三人依照买受人指示确定。既然收货人是第三人，则原则上第三人也就是检验货物的人。如果该第三人与买受人约定的检验标准与出卖人和买受人之间约定的检验标准不一致，适用哪一个标准呢？本条给出的答案是：以出卖人和买受人之间约定的检验标准为准。这样处理是合理的，是合同相对性原则的体现。

"出卖人依照买受人的指示向第三人交付标的物"的交付地点可以是

出卖人营业地、住所地等，也可以是第三人住所地、营业地，甚至可以是与上述地点无关联的一个地点。第三人可以是转卖合同中的买受人、受托人、承运人、保管人、质权人等。

> **第六百二十五条**　依照法律、行政法规的规定或者按照当事人的约定，标的物在有效使用年限届满后应予回收的，出卖人负有自行或者委托第三人对标的物予以回收的义务。

【要义精解】

本条是关于出卖人回收标的物义务的规定，它属于新增条文，在原《合同法》及相关司法解释中，均没有类似的规定。

出卖人回收标的物的义务，或者来自法律、行政法规的规定，或者来自当事人的约定，回收义务开始于"标的物有效使用年限届满后"，出卖人可以自行收回，也可以委托第三人收回。

既为义务，则出卖人未回收标的物的，自应向买受人承担违约责任。法律、行政法规规定的回收义务是强行规范还是任意性规范，应依照该法律、行政法规判断。若为强行性规范，则当事人排除回收的约定无效；反之，则有效。回收标的物是否对其残值支付补偿金，应依照法律、行政法规的相关规定或者当事人的约定判断。有疑义时，似应肯定出卖人负有补偿义务。

【对照适用】

在适用上，本条应同委托合同、承揽合同等区分开来。本条适用对象是买卖合同，从回收的文义看，似应以动产买卖为限。

需要注意的是，裁判者在断案时，应注意审查法律、行政法规关于回收标的物的规定的性质，即是否属于强行性规范。

> **第六百二十六条**　买受人应当按照约定的数额和支付方式支付价款。对价款的数额和支付方式没有约定或者约定不明确的，适用本法第五百一十条、第五百一十一条第二项和第五项的规定。

【要义精解】

本条是关于买受人支付价金数额及支付方式的规定。

支付价款是买受人的主要义务，它与出卖人交付并转移所有权的义务一起，决定合同类型、性质。二者之间具有抗辩关系，且具有牵连性。买受人支付价金的方式，可以是一次性支付全款，也可以是分期付款。可以是现金支付，也可以是转账支付。

本条首先尊重当事人意思自决，即买受人应当按照约定支付数额及支付方式进行支付。对价款的数额、支付方式没有约定或者约定不明的，先适用《民法典》第510条，即通过补充协议确定；不能达成补充协议的，由裁判者（法官、仲裁员）根据有关条款、合同性质、合同目的、交易习惯等确定。

《民法典》第511条第2项实际上是关于价格的推定，即按照政府定价或者指导价确定，没有政府定价或者指导价的，按照"订立合同时履行地的市场价格"确定；第5项是履行方式的规定，即按照有利于实现合同目的的方式履行。

【对照适用】

本条在内容上，既有确定性规范，也有准用性规范。在规范性上，既有行为规范，也有裁判规范。

大陆法系国家的民法典没有类似规定，其主要原因可能是这些国家多为商品经济，国家定价、指导价极少出现于现实生活中。

> **第六百二十七条** 买受人应当按照约定的地点支付价款。对支付地点没有约定或者约定不明确，依据本法第五百一十条的规定仍不能确定的，买受人应当在出卖人的营业地支付；但是，约定支付价款以交付标的物或者交付提取标的物单证为条件的，在交付标的物或者交付提取标的物单证的所在地支付。

【要义精解】

本条是关于买受人支付价款的地点的规定。

本条的内在逻辑是："合同约定"—"补充协议规定"—"推定"—

"法定"，立法精神以充分尊重当事人意思自决为首要选择，以通过推定或者决定补充当事人意思以使合同成立为次要选择。

补充协议属于合同组成部分，是当事人意思的体现，其实质属于约定。合同约定或者补充协议有明确约定的，买受人应当遵照其约定的地点支付价款。

合同没有约定或者约定不明确，通过补充协议仍不能使支付地点确定的，由裁判者根据合同性质、目的、交易习惯等推定；推定不能的，直接适用法律规定，即在出卖人营业地支付。"约定支付价款以交付标的物或者交付提取标的物单证为条件的"，其实质是合同约定了同时履行或者出卖人交付标的物义务在先，为了买受人便于行使抗辩权及节约交易成本的考虑，在交付标的物或者交付提取标的物单证的所在地支付。

【对照适用】

在适用上，一定要注意本条层层递进的内在逻辑，只有这样，才会在买受人支付地点的选择上不会出现错误。这一点，对法官或者仲裁员而言，尤其重要。

> **第六百二十八条**　买受人应当按照约定的时间支付价款。对支付时间没有约定或者约定不明确，依据本法第五百一十条的规定仍不能确定的，买受人应当在收到标的物或者提取标的物单证的同时支付。

【要义精解】

本条是关于买受人支付价款的时间的规定。

本条在立法例上，仍坚持了"意思自治"至上的理念，即约定的支付价款时间优先。该约定首先应来自当事人之间签署的买卖合同，买卖合同未约定或者约定不明确的，应适用基于《民法典》第510条中通过签署补充协议确定的支付价款时间。对支付时间没有约定或者约定不明确且不能通过补充协议确定价款支付时间的，由裁判者根据"合同相关条款或者交易习惯"确定；通过以上三条途径仍不能确定的，在收到标的物或者提取标的物单证的同时支付；买受人不支付的，出卖人可以主张同时履行抗辩权。

"收到标的物"和"提取标的物单证"不是一回事，二者是不同的。有疑义时，应将收到标的物的时间确定为支付价款的时间。之所以如此解释，是因为并非所有交付都可以通过交付提取标的物单证来替代交付。只有合同约定了交付提取标的物单证就视同完成了标的物交付的，才可以将提取标的物单证的时间确定为支付价款的时间。

【对照适用】

在适用上，注意买受人支付价款的时间遵循了"合同约定"——"补充协议规定"——"推定"——"法定"的顺序要求，且推定、法定的适用前提是：对支付时间没有约定或者约定不明确且不能通过补充协议确定价款支付时间。

> **第六百二十九条** 出卖人多交标的物的，买受人可以接收或者拒绝接收多交的部分。买受人接收多交部分的，按照约定的价格支付价款；买受人拒绝接收多交部分的，应当及时通知出卖人。

【要义精解】

本条是关于出卖人多交标的物的处理规定。

出卖人多交标的物的，买受人没有接受的义务。立法者赋予了买受人自由选择的权利：可以接受，此时相当于合同变更；也可以拒绝接受多交的部分。

买受人选择接受多交部分的，按照买卖合同确定的价格支付价款。标的物市场价格的上涨或者下跌均对多接受部分的价格无影响。买卖合同对多交部分的价格有不同规定的，从其规定。

买受人拒绝接受多交部分的，负有及时通知出卖人的义务。异地交付的，出卖人不能够及时收回多交部分的，如何处理？《民法典》没有规定，学界多认为在此情形下，买受人基于诚信原则的要求，应妥善保管多交部分，保管费用由出卖人承担。

第六百三十条　标的物在交付之前产生的孳息，归出卖人所有；交付之后产生的孳息，归买受人所有。但是，当事人另有约定的除外。

【要义精解】

本条是关于标的物孳息的规定。

本条属于任意性规范，即当事人在买卖合同中对孳息的归属约定与本条不一致的，按照约定处理。

孳息的归属，原则上归原物之所有人；物上有用益物权的，用益物权优先于所有权人收取孳息。孳息可以分为天然孳息和法定孳息，前者是指物本身基于自然法则产生出来的物，如母牛生下的小牛、果树产出的水果等，其背后的理念是"原物—孳息（新物）"。权利孳息则是基于某种法律关系产生的收益，如利息、股息、租金等，如果没有借款关系、股权关系、租赁关系，这些收益是不可能产生的。

本条属于债法规则，适用于买卖合同，即在无约定的情形下，孳息的归属采用交付主义，交付前归出卖人，交付后归买受人。它以买卖合同生效为前提，以标的物之交付为界分点，对孳息归属进行界定。

第六百三十一条　因标的物的主物不符合约定而解除合同的，解除合同的效力及于从物。因标的物的从物不符合约定被解除的，解除的效力不及于主物。

【要义精解】

本条是关于合同解除与标的物主物、从物瑕疵的关系的规定。

从物随主物是民法学的一条基本规则，这一规则是任意的，可依特殊约定排除之。合同解除原则上以根本违约为前提，当事人有特殊约定或者法律另有规定的除外。主物所有权之移转，属于出卖人义务，主物不符合约定的，应就物的瑕疵规则来决定买受人的救济，即依照《民法典》第582条至第584条、第563条等来处理。其中的"退货"的实质就是解除合同，因主物不符合约定影响合同目的实现的，也可以基于《民法典》第

563 条解除合同。

因主物瑕疵导致解除合同的，解除的效力及于从物，即合同整体失去效力。从物不符合约定被解除的，解除之效力仅仅是关于从物的部分失去效力，主物之合同部分不因此失去效力，即仍有效。在此情形下，会发生合同大部分有效、一部分失去效力的状况。

【对照适用】

本条规定体现了合理性原则，也是诚实信用原则的体现。之所以如此规定，是因为在大多数情形下，买受人订立买卖合同的目的主要是借助主物实现的。

> **第六百三十二条** 标的物为数物，其中一物不符合约定的，买受人可以就该物解除。但是，该物与他物分离使标的物的价值显受损害的，当事人可以就数物解除合同。

【要义精解】

本条是关于标的物为数物的买卖中一物不符合约定，买受人合同解除权如何行使的规定。

在数物原则上，应理解为集合物，即本是数物，有数个所有权（每物之上有一个所有权），因交易的需要而一并交易。

有时，集合物之买卖，数物分别交易与数物合并交易，其总价相差无几，比如一群牛的买卖，分开——买卖与"一揽子"交易，其交易总价相差无几。但有时，数物"一揽子"交易或能满足买受人的特殊精神需求，或者能够形成独占，进而数物的交易价值会远远大于单个物的集合。比如，连号的邮票、单独描绘金陵十二钗每个人的 12 册画像等。

对本条第一种情形，一物不符合约定的，买受人可以就该物解除合同，同时保留剩余物的合同的有效性。对本条第二种情形，则允许买受人就数物解除合同。

条文中的"当事人"在文义解释上包括买受人和出卖人，不过，鉴于标的物不符合约定，瑕疵归于出卖人，出卖人解除合同的动机不大。反之，买受人则更有就数物解除合同的利益驱动。因此，将"当事人"替换为"买受人"可能更符合实际。

> 　　**第六百三十三条**　出卖人分批交付标的物的，出卖人对其中一批标的物不交付或者交付不符合约定，致使该批标的物不能实现合同目的的，买受人可以就该批标的物解除。
>
> 　　出卖人不交付其中一批标的物或者交付不符合约定，致使之后其他各批标的物的交付不能实现合同目的的，买受人可以就该批以及之后其他各批标的物解除。
>
> 　　买受人如果就其中一批标的物解除，该批标的物与其他各批标的物相互依存的，可以就已经交付和未交付的各批标的物解除。

【要义精解】

本条是关于分批交付标的物的合同解除的规定。

标的物属于可分物或者集合物的，可以一次性交付，也可以分批交付，本条即是对可分批交付标的物的合同的规定。如买卖标的物为 200 万吨煤、3000 头牛等。

本条的适用前提是，"出卖人对其中一批标的物不交付或者交付不符合约定"且"该批标的物不能实现合同目的"，法律效果是赋予买受人解除权。不交付，或者交付不符合约定，与标的物瑕疵不同，其适用前提是标的物本身不存在瑕疵，违约表现为出卖人不交付某批标的物，或者虽完成了交付，但交付不符合约定，比如履行迟延等。上述违约行为未影响合同目的的，买受人只能主张损害赔偿，不得就该批标的物主张解除合同。只有拒绝交付该批标的物或者交付不符合约定达到影响合同目的实现时，买受人才可以就该批标的物行使解除权。如果某一批标的物的不交付或者交付不符合约定，导致今后其他批标的物即使正常交付也不能实现合同目的的，买受人可以解除整个合同。

> 　　**第六百三十四条**　分期付款的买受人未支付到期价款的数额达到全部价款的五分之一，经催告后在合理期限内仍未支付到期价款的，出卖人可以请求买受人支付全部价款或者解除合同。
>
> 　　出卖人解除合同的，可以向买受人请求支付该标的物的使用费。

【要义精解】

本条是关于分期付款买卖中买受人违约时出卖人的救济的规定。

分期付款的买卖，既包括动产买卖，也包括不动产买卖。分期，依照《最高人民法院关于审理买卖合同纠纷案件适用法律问题的解释》第27条的规定，是指总价款在一定期限内至少分三次向出卖人支付的买卖。换言之，一次性支付全部价款，或者分二次的支付总价款的，均不属于分期付款买卖。需要注意的是，合同约定了一次性付款或者二次付款，但买受人实际分三期以上付款的，不属于分期付款买卖。

买受人未支付已到期价金数额达到总价款五分之一的，经催告在合理期限内仍未履行的，立法者为出卖人提供的救济手段是二选一：解除合同或者继续留在合同内但可以收回分期付款的优惠，请求买受人一次性支付全部价款。救济手段之一的解除合同，实际上是《民法典》第563条第1款第3项迟延履行规则的体现，所不同的是，在此具化为买受人迟延履行支付价金的义务而已。

出卖人选择解除合同的，如果标的物已交付买受人使用，可以向买受人主张标的物的使用费。该费用可以协商确定，不能协商确定的，由裁判者依据第三方评估机构的意见判定。买受人已支付的部分价款，在解除合同时要返还给买受人。不过，买受人已使用标的物的，已收取价金的返还和标的物使用费的返还之间可以同时履行抗辩，也可以抵销。

第六百三十五条　凭样品买卖的当事人应当封存样品，并可以对样品质量予以说明。出卖人交付的标的物应当与样品及其说明的质量相同。

【要义精解】

本条是关于样品买卖的规定。

它属于技术性规定，具有指导作用。"封存样品"的目的是为判定出卖人交付标的物是否符合约定服务的，即只要交付的标的物达到样品标准，即视为交付标的物符合约定，不具有物的外观瑕疵。鉴于物的品质，除了外观外，还要有内在品质，这些内在品质很难从外观确定，因此就有了辅助性规定，即"可以对样品质量予以说明"。

总之，样品在样品买卖中起着确定标的物质量的作用，出卖人交付的标的物是否符合质量约定，以样品来确定。有质量说明的，还要参照质量说明来确定。样品仅仅是判定标的物质量的标准，与数量瑕疵、权利瑕疵均无关系。

第六百三十六条　凭样品买卖的买受人不知道样品有隐蔽瑕疵的，即使交付的标的物与样品相同，出卖人交付的标的物的质量仍然应当符合同种物的通常标准。

【要义精解】

本条是关于样品买卖善意买受人保护之规定。在性质上，既属于行为规范，也属于裁判规范。

样品买卖，以封存之样品来确定标的物应具备的质量标准。有时，封存的样品存在隐蔽瑕疵，买受人对此不知情，出卖人交付标的物的质量标准是依照封存的样品确定，还是忽略隐蔽瑕疵，责成出卖人仍负有交付与样品外观一致且不具有隐蔽瑕疵标的物的义务，立法者必须给予回答。本条采取了保护善意买受人的立场，即出卖人交付的标的物的质量仍然应当符合同种物的通常标准。

当事人特约排斥本条适用的，如何处理？比如出卖人交付的标的物部分具有隐蔽瑕疵，部分没有隐蔽瑕疵，在此情况下，是认可约定的效力，还是否定约定的效力？我们认为，对于出卖人恶意买受人不知情的，应否定约定的效力，仍应依照本条处理。双方都不知情的，约定有效。

第六百三十七条　试用买卖的当事人可以约定标的物的试用期限。对试用期限没有约定或者约定不明确，依据本法第五百一十条的规定仍不能确定的，由出卖人确定。

【要义精解】

本条是关于试用买卖中的试用期的规定。

试用买卖是指出卖人将标的物交给试用人试用，由试用人在适用期内决定是否购买的合同。试用人选择购买的，试用关系转为买卖关系；试用人不选择购买的，试用关系在试用期满即告结束。在有的立法例中，试用买卖被称之为试验买卖。

《民法典》第638条中有"试用买卖的买受人在试用期内可以购买标的物，也可以拒绝购买"的文字表述，其中"买受人"的表述是不严谨的。因为试用期内买卖关系未定，根本不存在买受人。试用买卖可以约定试用期限，也可以不约定试用期限。从法理上讲，未约定试用期限的，为不定期试用，双方当事人可以随时提出结束试用关系。不过，本条未采取这样的规则。本条适用的前提是"对试用期没有约定或者约定不明确"，解决途径是首先适用《民法典》第510条的规定，即当事人可以通过补充协议确定试用期限。对试用期限，不能达成补充协议的，由出卖人决定。

需要注意，依照《民法典》第510条，在不能达成补充协议时，"按照合同相关条款或者交易习惯确定"，其实质是由裁判者确定。那么，在适用本条时，是否要严格这样解释呢？我们认为，对此问题，应做否定回答。即在当事人不能通过补充协议确定试用期限时，由出卖人确定试用期限。

> **第六百三十八条** 试用买卖的买受人在试用期内可以购买标的物，也可以拒绝购买。试用期限届满，买受人对是否购买标的物未作表示的，视为购买。
>
> 试用买卖的买受人在试用期内已经支付部分价款或者对标的物实施出卖、出租、设立担保物权等行为的，视为同意购买。

【要义精解】

本条是关于试用关系转为买卖关系的规定，除试用人承诺外，本条列举了大量视为承诺的事实。

基于契约自由原则，试用人有是否与出卖人设立买卖合同关系的决定权。在试用开始之前，出卖人已经就标的物的价款等事项向试用人发出了要约，试用人决定购买的，可以通过承诺使试用关系转为买卖关系，试用人的承诺不需要等到试用期届满。试用关系是否转为买卖关系，决定权在于试用人。如果合同约定试用达到某种条件必须购买的、或者试用人可以调换标的物但必须购买的等，均属于买卖合同，不属于试用买卖。在进行上述承诺时，试用人应采用通知的方式。法律规定或者要约约定承诺应采用书面形式的，承诺原则上还应采取书面形式。有时候，试用人虽然没有明确作出承诺，但其行为可以推定为承诺，从节约成本和保护出卖人角度，立法者可以对这些情形进行规制。

《民法典》即对以上这些情形进行了回应。试用期满未作表示但继续使用标的物的，视为承诺；试用期内支付价款、出卖标的物、出租标的物、设立担保物权等行为，视为同意购买。本条中的"等"字在此应解释为"列举未尽"，比如，出借标的物，也应解释为视为同意购买。买受人所为的其他不在试用必要范围内的行为，也可以解释为承诺购买。

试用人毁灭、抛弃标的物的，如何认定？试用人毁损标的物的，不宜认定为视为购买，而应依照侵权或者违约责任处理。试用人承诺购买的，侵权责任和违约责任免除，适用买卖合同之债的规则处理当事人关系。试用人抛弃标的物的，原则上可依照视为同意购买处理。因为其行为意识更接近于出卖意识，在抛弃标的物时，试用人有将自己作为所有人的意思。

第六百三十九条　试用买卖的当事人对标的物使用费没有约定或者约定不明确的，出卖人无权请求买受人支付。

【要义精解】

本条是关于试用买卖使用费的规定，它源自 2012 年《最高人民法院关于审理买卖合同纠纷案件适用法律问题的解释》（现已失效，法释〔2012〕8 号）第 43 条，在文字上略有改动。

相比原条文，本条规定更为合理。因为合同纠纷，既可以由法院审理，在当事人有仲裁约定的情形下，也可以由仲裁机构仲裁。2012 年《最高人民法院关于审理买卖合同纠纷案件适用法律问题的解释》（现已失效，法释〔2012〕8 号）第 43 条原文如下："试用买卖的当事人没有约定使用费或者约定不明确，出卖人主张买受人支付使用费的，人民法院不予支持。"这样处理，对仲裁机构裁决案件的法律援引，将产生障碍。"出卖人无权请求买受人支付"，则能够适用所有的裁判活动。

本条适用前提是：试用买卖的当事人对标的物使用费没有约定或者约定不明确。立法目的在于保护试用人，体现了《民法典》保护弱者的立法宗旨。

> **第六百四十条** 标的物在试用期内毁损、灭失的风险由出卖人承担。

【要义精解】

本条是关于试用买卖风险负担的规定，它属于新增条文，弥补了之前立法的不足。

本条中的"标的物在试用期内毁损、灭失"，是指标的物因不可归责于双方当事人的原因发生毁损、灭失。"风险由出卖人承担"，是指出卖人自担损失，不得向试用人主张损害赔偿。

需要注意的是，风险负担，就买卖合同而言，其适用前提必须是标的物的不可归责于双方当事人的原因灭失、毁损且致合同履行不能，其法律后果是买受人要不要支付价金。种类物之履行，不存在履行不能，故而无风险负担规则的适用。

但是，在试用阶段，试用人尚未承诺，标的物的不可归责于双方当事人的原因灭失、毁损，也不属于视为承诺的情形。一言以蔽之，在此阶段，并无价金义务。因此，即使种类物之试用，也可以适用本条。

> **第六百四十一条** 当事人可以在买卖合同中约定买受人未履行支付价款或者其他义务的，标的物的所有权属于出卖人。
>
> 出卖人对标的物保留的所有权，未经登记，不得对抗善意第三人。

【要义精解】

本条是关于所有权保留买卖的规定，其中第 1 款源自原《合同法》第 134 条，第 2 款属于新增内容。

所有权保留买卖又称附条件买卖、附约款买卖，是指出卖人将标的物交付给买受人，在买受人付清全部价款之前，标的物所有权由出卖人保留的买卖。"买受人付清全部价款"是一个停止条件，只有该条件成就，标的物所有权才归买受人所有。其权利义务关系设计的核心是"条件未成就的，交付不转移所有权"。条件成就时，买受人通过简易交付取得标的物所有权。

所有权保留买卖与分期付款的买卖不同。后者在适用范围上，不仅适用于动产买卖，也适用于不动产买卖。所有权保留买卖中，买受人支付价款的义务，可以一次性付款，也可以分期付款；分期付款的买卖则否，买受人付款义务必须在三期以上。所有权保留买卖，标的物交付不引起所有权移转，分期付款买卖则否。

从本条规定的文字看，影响所有权转移的条件除了"付清全部价款"外，还有"其他义务履行完毕"。这一扩张更能适应当事人的多样需求，是值得肯定的。需要注意的是，"其他义务"如果违反强行法或者善良风俗无效的，整个买卖也随之无效。

买卖合同约定"买受人未履行支付价款或者其他义务的，标的物的所有权属于出卖人"的，在条件成就前，出卖人是所有权人。买受人对外转让标的物、用标的物设定物的担保的行为，均构成法律上的无权处分，相对人只有善意，且借助善意取得才能取得相应的物权。买受人因过错毁损标的物的，其行为构成侵权，应承担侵权责任。该责任可随着条件成就而消灭。买受人对标的物之法律地位，在条件成就前，为有权占有人，自受占有之保护。

出卖人对标的物进行处分的，为有权处分。"未经登记，不得对抗善意第三人"中第三人范围，是指对标的物可主张物权的第三人，包括主张所有权、抵押权、质权、留置权等物权的人。善意为不知，重大过失推定为恶意。出卖人登记，是为了排除第三人善意，使买受人在为无权处分行为时，第三人因不具备"善意"要件，不能借助善意取得获得标的物的物权。"登记"在这里与预告登记性质不同，后者是为了买受人利益，登记限制了出卖人处分标的物的物权效力，且适用于不动产物权。抵押权自抵押合同生效时设立；未经登记，不得对抗善意第三人。动产抵押的客体是动产，所有权保留买卖具有担保功能，因此，出卖人住所地县级市场监督管理部门应受理所有权保留买卖的登记申请。

第六百四十二条 当事人约定出卖人保留合同标的物的所有权，在标的物所有权转移前，买受人有下列情形之一，造成出卖人损害的，除当事人另有约定外，出卖人有权取回标的物：

（一）未按照约定支付价款，经催告后在合理期限内仍未支付；

（二）未按照约定完成特定条件；

（三）将标的物出卖、出质或者作出其他不当处分。

出卖人可以与买受人协商取回标的物；协商不成的，可以参照适用担保物权的实现程序。

【要义精解】

本条是关于所有权保留买卖出卖人取回权的规定。

本条属于任意性规范，即当事人可以作出不同于本条规定的约定，该约定有效。当事人没有例外约定的，本条自动成为合同内容。它既是行为规范，也是裁判规范。

本条规定的取回权产生的法定情形，均属于买受人根本违约。取回权是形成权，其行使方式可以诉讼，也可以非诉方式行使。对于取回权产生的法定或者约定条件的成就，出卖人负举证责任。取回权的行使必须在标的物所有权转移之前，标的物所有权一旦转移给买受人，出卖人取回权即告消灭。取回权与原物返还请求权不同，后者只能对无权占有人行使，取回权不同，它的行使不以解除合同为前提条件，买受人即使对他人表现为有权占有，也不能阻止出卖人行使取回权。

"出卖人可以与买受人协商取回标的物；协商不成的，可以参照适用担保物权的实现程序"的规定体现了立法者"意思自决"的尊重。"参照适用担保物权的实现程序"是就取回标的物而言的，不能理解为"拍卖、变卖、折价"等实现担保物权的方式。之所以如此，是因为《民法典》第643条中规定了买受人回赎权。

第六百四十三条　出卖人依据前条第一款的规定取回标的物后，买受人在双方约定或者出卖人指定的合理回赎期限内，消除出卖人取回标的物的事由的，可以请求回赎标的物。

买受人在回赎期限内没有回赎标的物，出卖人可以以合理价格将标的物出卖给第三人，出卖所得价款扣除买受人未支付的价款以及必要费用后仍有剩余的，应当返还买受人；不足部分由买受人清偿。

【要义精解】

本条是关于买受人回赎的规定，包括两款，第1款是买受人实施回赎的规定，第 2 款是买受人未实施回赎时出卖人的救济。

所有权保留买卖，买受人违约且符合法定或者约定条件的，出卖人可以行使取回权。取回权为权利，其行使为自由，是否行使取决于出卖人意志。本条的适用前提是出卖人行使了取回权。反之，在出卖人未行使取回权时，本条无适用空间。

出卖人行使取回权的，依据诚信原则，并不能马上处分标的物。在此，立法者给予了买受人改正错误的机会，这个机会就是回赎期。在回赎期内，买受人可以回赎标的物，回赎的条件是"消除出卖人取回标的物的事由"。所谓"出卖人取回标的物的事由"，即包括以下三种情形：未按约定支付价款的；未按约定完成特定条件的；将标的物出卖、出质或者作出其他不当处分的。符合其中之一的，出卖人即可取回标的物。在三种情形中，前两种属于约定情形，后一种属于法定情形。回赎期当事人可以约定，有约定的，约定优先。未约定的，由出卖人指定。出卖人指定期限的，应遵守诚实信用原则，即指定的期限要具有合理性。期限不合理，买受人在合理期限内消除出卖人取回标的物事由的，仍可以主张回赎标的物。对期限是否合理发生争议的，可通过诉讼解决。值得注意的是，买受人必须在其认为的合理期限内消除出卖人取回标的物事由，才能获得回赎权。比如，因买受人违约不付款，出卖人依约取回标的物，并指定了 10 天的回赎期，买受人认为 10 天不合理，应不少于 30 日，则买受人只有在 30 日内完成付款——清偿、提存等均可时，才能提请法院确认回赎标的物的合理期限。换言之，出卖人不同意 30 日回赎期，买受人因此未在 30 日内付款的，受案法院应判决买受人败诉。

买受人在约定的期限内或者出卖人指定的合理期限内消除出卖人取回标的物事由的，可以请求回赎标的物。回赎标的物的权利属于债权，发生争议时，可提起诉讼或者仲裁。

买受人未回赎标的物的，买卖关系进入清算阶段。出卖人可以出卖标的物，并就出卖价金与买受人未支付价款、必要费用进行抵扣。抵扣后有剩余的，返还买受人。出卖所得价款少于买受人未支付价款、必要费用的，出卖人仍可以向买受人主张。

所谓必要费用，包括取回标的物的费用、保管费用、出卖费用等，这些费用从出卖价款中优先受偿。本条在文字上没有作出相关规定，如何处理呢？我们认为，出卖人另行出卖标的物的，从所得价款中扣除必要费用时，是否遵循先后顺序，不具有实益。因此，在解释上，应认定出卖人在作扣除时，无须依照费用产生的先后顺序进行扣除。

出卖人出卖标的物，应以合理价格出售。价格不合理的，除存在恶意串通情形外，买受人不得主张无效，但可以主张实际售价与合理价格的差价利益：主张返还（抵扣后有剩余价款的）；或者主张抵扣（抵扣不足的）。出卖是否包括拍卖，从法条文字上看，不是很确定。我们认为，从标的物便于出卖角度考量，应作肯定解释为宜。

第六百四十四条　招标投标买卖的当事人的权利和义务以及招标投标程序等，依照有关法律、行政法规的规定。

【要义精解】

本条是关于招投标买卖的规定，性质上属于准用性规范。

招投标是合同订立的特殊方式之一，其适用对象不限于买卖，比如建设工程合同等，也可以适用招投标程序订立。对于招投标，全国人大制定了《招标投标法》，国务院通过了《招标投标法实施条例》，这两部规范性法律文件关于招投标程序的规定，是招投标买卖必须遵守的规则。

原则上，招标是要约邀请，投标是要约，定标是承诺，自承诺生效时，合同成立生效。不过，对于依法或者依约采用书面形式的合同，在定标后，还必须签订书面合同，买卖关系才成立。定标后一方当事人拒绝签订书面合同的，合同不成立，应向另一方承担缔约过失责任。

对于依法必须采用招投标程序订立的买卖合同，当事人未经招投标程序私自订立买卖合同的，合同无效。采用招投标程序，但订立的书面合同实质性改变投标、定标的主要内容的，合同也无效。经过招投标程序订立的合同生效后，双方当事人的权利义务，与一般买卖合同下的权利义务，大致相同。

第六百四十五条　拍卖的当事人的权利和义务以及拍卖程序等，依照有关法律、行政法规的规定。

【要义精解】

本条是关于拍卖的规定，在性质上，属于准用性规范，即准用有关拍卖的法律、行政法规的规定。

拍卖是买卖合同订立的特殊形式，其主要特点是在同一时间、地点，向多人发出要约邀请，受邀请人集中竞价，出卖人与出价最高者成立买卖合同关系。拍卖往往涉及一系列法律关系，出卖人和拍卖机构之间的委托关系，出卖人和买受人之间的买卖关系，有时还存在拍卖机构对标的物质量的担保关系。拍卖通知属于要约邀请，出价属于要约，拍卖师落槌或者以其他公开表示买定的方式确认的，为承诺。竞买人出价后，有其他竞买人给出更高价时，前一个出价要约失效。

第六百四十六条　法律对其他有偿合同有规定的，依照其规定；没有规定的，参照适用买卖合同的有关规定。

【要义精解】

本条是关于买卖之外有偿合同准用买卖合同规则的规定。

之所以有本条规定，是因为本法对买卖合同的定义沿用了原《合同法》的做法，即将买卖合同定义为出卖人转移标的物所有权于买受人、买受人支付价款的合同。这一规定使得所有权之外的财产权利的交易不能被买卖合同涵盖，而这些交易又不能被买卖合同之外的其他合同覆盖。

所有权之外的财产权利交易，可以是用益物权的交易，如建设用地使用权的出让和转让、宅基地使用权的转让、土地承包经营权的转让或者转包等，也可以是债权让与、知识产权或者股权的交易。这些交易本质上与买卖合同无异，故而可参照买卖合同的相关规定。参照的前提是：法律对其他有偿合同没有规定。在此，买卖合同的相关规则被定位为一般法，规制其他有偿合同的法律规则被定位为特别法，在法律适用上，按特别法优先于一般法处理。规制其他有偿合同的规定，有法律，可能也有行政法规。作为特别法对待的，只能是法律的有关规定。

第六百四十七条　当事人约定易货交易，转移标的物的所有权的，参照适用买卖合同的有关规定。

【要义精解】

本条是关于互易的规定。

易货交易，在法律上被称之为互易，其主要特点是双方当事人互为出卖人，对各自用以交易的货物，均要承担瑕疵担保责任。在互易的标的物均属于非替代物时，可能同时发生履行不能问题。这一点不同于一般买卖，后者中的买受人义务，为支付价款，不会发生履行不能。互易的适用范围，可以是动产互易、不动产互易或者不动产和动产之间的互易。

第十章　供用电、水、气、热力合同

> **第六百四十八条**　供用电合同是供电人向用电人供电，用电人支付电费的合同。
>
> 向社会公众供电的供电人，不得拒绝用电人合理的订立合同要求。

【要义精解】

本条是关于供电合同定义、供电人强制承诺义务的规定，条文第 1 款源自原《合同法》第 176 条，第 2 款属于新增条款，规定了供电人强制承诺的义务。

电力关系民生，是居民生活必需资源，属于公共产品范畴。正是因为如此，国家对电力生产、供应实施干预，干预体现在市场准入、电价等多个方面。1995 年 12 月全国人大常委会通过的《电力法》是调整电力关系的主要法律文件，该法于 2015 年、2018 年两次修订，足见电力关系的重要性。

供电人属于企业法人，是向用电人提供电力能源的主体，用电人则可以是自然人、法人、非法人组织。在我国《电力法》中，供电关系主体被称为供电企业和用户。供用电合同是双务、有偿、诺成、不要式合同。

就用电人而言，可以分为居民和非居民，这两者是否均属于本条第 2 款中的社会公众呢？从《电力法》第 26 条的规定来看，应作肯定解释为宜。《电力法》第 26 条第 1 款规定："供电营业区内的供电营业机构，对本营业区内的用户有按照国家规定供电的义务；不得违反国家规定对其营业区内申请用电的单位和个人拒绝供电。"正是因为电力资源属于公共产品，离开电力供应，人们的日常生活、企业的生产活动、机关事业单位的运行将受到极大的影响，立法者才规定了供电人的强制缔约义务。强制缔约的实质是强制承诺，即用电人提出合理的订立合同要求（要约）时，供电人不得拒绝。

> **第六百四十九条** 供用电合同的内容一般包括供电的方式、质量、时间，用电容量、地址、性质，计量方式，电价、电费的结算方式，供用电设施的维护责任等条款。

【要义精解】

本条是关于供用电合同内容的规定，条文本身不属于规范，其功能在于指引和参照。

《电力法》第35条规定："本法所称电价，是指电力生产企业的上网电价、电网间的互供电价、电网销售电价。电价实行统一政策，统一定价原则，分级管理。"

根据《电力法》第41条、第43条规定，国家实行分类电价和分时电价。分类标准和分时办法由国务院确定。对同一电网内的同一电压等级、同一用电类别的用户，执行相同的电价标准。任何单位不得超越电价管理权限制定电价。供电企业不得擅自变更电价。

供用电设施维护责任，指的是用户享有所有权的供用电设施的维护，如电表、电线等，供电人享有所有权的线路、供用电设施的维护，自应由其承担。

【对照适用】

现实生活中，因电价执行政府定价，电力设施的维护责任由供电人承担。

> **第六百五十条** 供用电合同的履行地点，按照当事人约定；当事人没有约定或者约定不明确的，供电设施的产权分界处为履行地点。

【要义精解】

本条是关于供电人履行供电义务的地点之规定。

在内容上，立法者坚守了其一贯的立法态度：意思自治优先。当事人对供电履行地点有约定的，从其约定。没有约定或者约定不明确的，供电设施的产权分界处为履行地点。这一规定是合理的，它符合社会公众的社会认知。

电力资源不是物，电力供应需要通过线路完成，且供给和消费几乎同时完成。从某种意义上讲，消费决定了供给，进而决定了供电人电费债权的数额。基于这一事实，将供电设施产权分界处作为履行地点也符合电力供给的物理属性。

【对照适用】

供电义务的履行地点是供电合同的重要内容，它在很大程度上影响着当事人的物质支出，本条的规定是合理的。

> **第六百五十一条** 供电人应当按照国家规定的供电质量标准和约定安全供电。供电人未按照国家规定的供电质量标准和约定安全供电，造成用电人损失的，应当承担赔偿责任。

【要义精解】

本条是关于供电标准的规定，性质上类似于质量瑕疵担保责任，只不过在供电关系中，供电质量标准来自国家规定。条文源自原《合同法》第179条，内容受到《电力法》的影响。

供电关系在很大程度上受到国家干预，当事人可以协商的空间不大。《电力法》第28条规定："供电企业应当保证供给用户的供电质量符合国家标准。对公用供电设施引起的供电质量问题，应当及时处理。用户对供电质量有特殊要求的，供电企业应当根据其必要性和电网的可能，提供相应的电力。"《电力法》第34条规定："供电企业和用户应当遵守国家有关规定，采取有效措施，做好安全用电、节约用电和计划用电工作。"

从条文内容看，供电质量标准是政府规定的，安全用电则可以约定。供电人违反这些规定，给用电人造成损失的，应承担赔偿责任。具体赔偿范围，由用电人的损失性质来确定。用电人人身受到侵害的，可主张物质损害赔偿，严重时，可同时主张精神损失赔偿。供电人违反规定，仅仅造成用电人财产损失的，则只赔偿物权损失。归责原则采无过错责任。

第六百五十二条 供电人因供电设施计划检修、临时检修、依法限电或者用电人违法用电等原因，需要中断供电时，应当按照国家有关规定事先通知用电人；未事先通知用电人中断供电，造成用电人损失的，应当承担赔偿责任。

【要义精解】

本条是关于供电人中断供电时的通知义务的规定。

供电合同属于持续性契约，在合同期内，供电人有依照约定持续供电的义务。供电设施维修、临时检修是维护持续供电关系所必需的，在实施上述行为时，有时需要中断供电。我国电力资源不均衡，用电高峰季节，电力供不应求，需要依法对某些用电人的用电实施限电，即暂时中断供电。除上述情形外，用电人违法用电，构成根本违约时，供电人也可以中断供电，以促使用电人停止违法用电行为。上述种种情形下，供电人均有权中止供电。

供电人中止供电时，应按照国家规定事先通知用电人。之所以如此，是因为事先通知在一定程度上能够保护用电人，用电人可以采取必要防护措施或者替代方案，减少损失，维持正常的生产生活秩序。比如，居民用户对冰箱、冰柜内存食物提早处理，可以减少浪费；疫苗单位采取人工发电，满足疫苗存放需求；等等。

事先通知的具体时间、方式见国家有关规定。供电人未事先通知的，或者不具备中断供电事由擅自中断供电的，均构成违约，需要向用电人承担赔偿责任。

【对照适用】

事先通知义务的具体履行标准是由国家规定的，需要参照国家有关规定才能确定供电人是否履行了事先通知义务，履行通知义务是否符合国家要求。

供电人未依照国家规定的方式通知的，该通知对善意用电人不具有通知效力，因此给用电人造成损失的，仍要承担赔偿责任。

> **第六百五十三条　因自然灾害等原因断电，供电人应当按照国家有关规定及时抢修；未及时抢修，造成用电人损失的，应当承担赔偿责任。**

【要义精解】

本条是关于供电人抢修义务的规定。

断电分为两种情形：供电人行为导致断电和非供电人原因导致断电。前者主要是指《民法典》第 652 条中的中断供电。后者则与供电人意志无关，它可能来自自然灾害，如地震、洪水、暴风、冻雪等，也可能来自第三人，如盗割输电线路等。

本条中的"因自然灾害等原因断电"，在解释上，应包括自然灾害和第三人原因导致的断电。出现非供电人原因导致断电的，供电人有及时抢修义务，具体履行义务的方式见国家有关规定。未及时抢修，给用电人造成损失的，应承担赔偿责任。供电人不抢修的，是否承担违约责任，本条未作规定。基于举轻以明重的立法原则，应肯定之。

【对照适用】

适用本条规则的关键在于"及时"。是否"及时"，应结合供电人自身条件、国家有关规定、气候等多种因素判断。

> **第六百五十四条　用电人应当按照国家有关规定和当事人的约定及时支付电费。用电人逾期不支付电费的，应当按照约定支付违约金。经催告用电人在合理期限内仍不支付电费和违约金的，供电人可以按照国家规定的程序中止供电。**
>
> **供电人依照前款规定中止供电的，应当事先通知用电人。**

【要义精解】

本条是关于用电人不支付电费时供电人救济的规定。

供用电合同的主义务是供电人向用电人供电，用电人根据所用电量支付电费。二者形成对价关系、履行抗辩关系。用电人不支付电费的，供电人可起诉主张电费，维护自己权益，但不可解除合同。用电人逾期支付电费的，供电人可主张逾期的违约金。用电人不支付电费构成履行迟延的，供电人可催告用电人在合理的期限内支付电费和违约金。合理期限届满，用电人仍不支付的，供电人可以按照国家规定的程序中止供电。

中止供电为临时救济措施，其目的在于促使用电人支付电费和违约金。供电人中止供电的，应当事先通知用电人。通知方式、事先通知的时间区间均应遵守国家有关规定。

【对照适用】

用电人缴纳电费是其主要义务，该义务来自合同的履行，即用电人消耗了一定量的电能。用电人缴纳电费的时间来自国家规定和当事人约定，二者发生冲突时，何者优先，是司法实践必须予以解决的问题。我们认为，应从保护用电人角度进行解释，即依照最有利于用电人的原则来认定缴费时间。

> **第六百五十五条** 用电人应当按照国家有关规定和当事人的约定安全、节约和计划用电。用电人未按照国家有关规定和当事人的约定用电，造成供电人损失的，应当承担赔偿责任。

【要义精解】

本条是关于用电人安全用电义务的规定。

电力生产、使用属于高度危险活动，涉及不特定人身、财产安全。因此，立法者给用电人设定了安全用电义务。《电力法》第32条规定："用户用电不得危害供电、用电安全和扰乱供电、用电秩序。对危害供电、用电安全和扰乱供电、用电秩序的，供电企业有权制止。"《电力法》第65条规定："违反本法第三十二条规定，危害供电、用电安全或者扰乱供电、用电秩序的，由电力管理部门责令改正，给予警告；情节严重或者拒绝改正的，可以中止供电，可以并处五万元以下的罚款。"从上述规定看，用电人严重违反安全用电义务的，供电人可以中止供电乃至罚款，这里的罚款应属于违约金性质，不应理解是行政处罚。用电人违反安全用电义务，属于违约，造成供电人损失的，应承担赔偿责任。

第六百五十六条　供用水、供用气、供用热力合同，参照适用供用电合同的有关规定。

【要义精解】

本条属于准用性规范。

生活用水、天然气、热力等，与电力一样，均属于公共产品，为企业、居民、机关事业单位等日常必需。供用水、供用气、供用热力合同，与供电合同具有很大的同质性，主要的不同在于标的物。为此，特规定供用水、供用气、供用热力合同，参照适用供用电合同的有关规定。

【对照适用】

供用水、供用气、供用热力合同如何参照本章规定呢？供方强制缔约义务、不能解除合同、中断供应等，均可参照本章处理。不过，有些资源供应，参照适用时，可能不涉及用户安全使用资源问题，如供用水合同等。

第十一章　赠与合同

第六百五十七条　赠与合同是赠与人将自己的财产无偿给予受赠人，受赠人表示接受赠与的合同。

【要义精解】

本条是关于赠与合同定义的规定。

赠与合同的当事人为赠与人和受赠人，自然人、法人、非法人组织均可以成为赠与合同的当事人。赠与财产是一切可流转的财产权利，可以是物权、债权，也可以是知识产权和股权。赠与人的义务是无偿将自己的财产转移给受赠人，该义务源自赠与合同生效，具体转移财产的方式应依法律规定的转让方式移转。依照本法，动产所有权通过法律行为转让，自交付时所有权移转。交付方式既包括现实交付，也包括简易交付、指示交付和占有改定。不动产所有权的移转则通过转移登记来实现。债权的移转，需要交付债权凭证或者其他证明债权存在的材料。股权需要在股东名册记载并办理登记。专利权的赠与应办理登记，商标权的转让需要核准和公告。

赠与合同为诺成、单务、无偿、不要式合同。因赠与财产的多样性，法律就某种财产的移转规定了书面形式的，赠与合同须符合书面要求，否则无效。赠与合同的无偿、单务特征决定了自然人只要具备限制行为能力，即可成为一切财产赠与合同的受赠人。赠与合同原则上成立即生效，生效的法律后果是产生债：赠与人负有将约定的赠与财产转移给受赠人的义务。赠与合同为债权行为、负担行为。无权处分下的赠与合同，有效。

【对照适用】

大陆法系国家的民法典均设有赠与，其中法国、日本等国家的民法典还将赠与排在了买卖之前。《德国民法典》规定了一种特殊的赠与成立方式：

经催告后，在赠与人确定的受领期限内不为拒绝表示的，期限届满即为接受赠与。

在适用上，要注意赠与合同的负担行为属性，即以他人财产为赠与的，合同不因处分权之缺失而无效。

第六百五十八条 赠与人在赠与财产的权利转移之前可以撤销赠与。

经过公证的赠与合同或者依法不得撤销的具有救灾、扶贫、助残等公益、道德义务性质的赠与合同，不适用前款规定。

【要义精解】

本条是关于赠与人任意撤销权的规定，分为两款，条文源自原《合同法》第186条，在文字顺序上略有改变。

赠与合同是诺成合同，合同成立即告生效。不过，鉴于赠与合同的无偿、单务性特征，本法延续了原《合同法》的做法，即赋予了赠与人任意撤销权，即赠与人可以通过撤销赠与的意思表示，使已经生效的赠与合同失去效力，自己从赠与之债中解脱出来。赠与人的这种撤销权，不需要任何理由，其权利受到的唯一限制是：该权利只存在于赠与财产转移之前。正是因为不需要任何理由，故而被称之为任意撤销权。赠与财产一旦转移给受赠人——如赠与标的物为动产的，已完成交付，赠与人的任意撤销权即告消灭。赠与人的任意撤销权为形成权，其行使无须依诉讼方式，口头、书面、诉讼均可。

本条第2款是对第1款的补充，主要规定了赠与人不享有任意撤销权的几种情形。这些情形又可细分为三类：（1）经过公证的赠与合同。立法者设定赠与人任意撤销权，主要目的是为轻率作出赠与表示的赠与人提供救济，使其免受轻率之害。公证有一套流程，在办理过程中，赠与人有足够的时间行使任意撤销权。完成公证，在某种程度上意味着赠与人放弃了撤销权。（2）公益赠与。赠与涉及公益时，存在着公益与私益之间的利益衡量，立法者在此选择了公益。为了使公益具有可识别性，立法者在"公益"之前加注了"扶贫、救灾、助残等"字样，以便于裁判者识别。其中"助残"为新增文字。（3）履行道德义务性质赠与。受人滴水之恩，当涌泉相报，自古以来是中华道德要求之一，使履行道德义务的赠与不具有可撤销性，恰恰是用法律手段维护道德需求，体现了法律和道德之间的联系。

> **第六百五十九条** 赠与的财产依法需要办理登记或者其他手续的，应当办理有关手续。

【要义精解】

本条文是关于赠与人履行登记或者其他手续义务的规定，条文源自原《合同法》第187条。

从文义来看，本条可以有两种解释：一是赠与合同需要办理登记或者其他手续；二是赠与财产权利的移转或者基于赠与合同的约定需要办理登记或者其他手续。前者针对的是合同本身，后者针对的是赠与人合同义务的履行。我们认为，应以后一种解释为准。之所以如此解释，是因为赠与合同是诺成合同，登记本身原则上并不影响合同的生效，登记或者办理其他手续属于合同生效后的履行环节。

本条的适用以赠与合同生效为前提，它调整的是合同履行，而非合同成立与生效。本条从内容看是义务性规定，义务主体是赠与人，因为赠与合同是单务合同，只有赠与人负有义务。赠与人负有转移赠与财产于受赠人之义务，该义务的履行有时需要办理登记才能完成，依法应办理登记的财产有不动产所有权、建设用地使用权、专利权等；需要其他手续的有股权（须记载于股东名册）、商标权（需要核准和公告）、债权需要通知债务人等。在办理登记或者有关手续时需要受赠人协助的，受赠人应予以协助。

【对照适用】

大陆法系国家的民法典多无类似规定，之所以如此，盖赠与人在赠与合同生效后，有义务将赠予财产权利移转给受赠人，至于财产权利的移转需要交付还是登记，已在义务包含之列。

> **第六百六十条** 经过公证的赠与合同或者依法不得撤销的具有救灾、扶贫、助残等公益、道德义务性质的赠与合同，赠与人不交付赠与财产的，受赠人可以请求交付。
>
> 依据前款规定应当交付的赠与财产因赠与人故意或者重大过失致使毁损、灭失的，赠与人应当承担赔偿责任。

【要义精解】

本条是关于受赠人交付请求权及赠与人责任的规定。

本条中，"交付"在此不宜机械地理解为转移占有，而应解释为转移赠与财产所有权。因为，虽然大多数扶贫、救灾等公益性赠与多表现为金钱、动产物资的捐赠，但公证赠与、履行道德义务的赠与既可以是动产，也可以是依法应以登记转移权利的财产。

赠与合同为无偿契约，赠与人仅对故意或者重大过失承担责任，赠与合同在归责原则上被认定为采取了过错责任。在公证赠与、公益赠与和履行道德义务的赠与下，赠与人没有任意撤销权，因此，赠与人因故意或者重大过失造成赠与财产毁损、灭失的，赠与人应当承担赔偿责任。对于毁损、灭失，从文义来看，似乎仅指动产、不动产，因为股权、债权、知识产权中的财产权利，难谓毁损。灭失则否，任何权利均可以灭失。为保护受赠人，在解释上应从宽解释，即指一切财产。

【对照适用】

赠与财产毁损、灭失时，赠与人的责任追究，要注意适用范围和归责两个要素，缺一不可。

> **第六百六十一条　赠与可以附义务。**
> **赠与附义务的，受赠人应当按照约定履行义务。**

【要义精解】

本条是关于附义务赠与的规定。

附义务赠与是否改变了赠与合同的单务性和无偿性，应具体问题具体分析。赠与所附义务，不外两种：一种义务属于给付型义务，且给赠与人带来利益的，应将其看作部分或一定比例的对价性义务，只有这样，才能解释《民法典》第662条第1款中，"赠与人在附义务的限度内承担与出卖人相同的责任"规定的正当性。另一种是于赠与人无利益的义务，这种义务表现为对受赠人的约束，但对赠与人而言，不具有经济利益。比如，赠与人与受赠人约定：受赠人一年不吸烟，会获赠一部某某品牌的手机。

赠与所附义务与赠与财产的转移义务之间并不构成真正法律意义上的

对价关系。附义务赠与，确实改变了赠与的单务性，但并没有改变赠与的无偿性。所附义务对赠与人无利益的，仍为无偿契约。只有所附义务对赠与人而言具有经济价值的，才一定程度上改变了赠与的无偿性，使赠与变成了包含对价和无对价两重因素的契约，即同时具备了有偿和无偿的因子。

【对照适用】

在我国的法律适用中，受赠人不履行所附义务，赠与人应依违约制度来寻求救济。赠与合同约定受赠人不履行义务时赠与人可解除合同的，赠与人有权解除赠与（类似规定可见《德国民法典》第527条）。

> **第六百六十二条** 赠与的财产有瑕疵的，赠与人不承担责任。附义务的赠与，赠与的财产有瑕疵的，赠与人在附义务的限度内承担与出卖人相同的责任。
>
> 赠与人故意不告知瑕疵或者保证无瑕疵，造成受赠人损失的，应当承担赔偿责任。

【要义精解】

本条是关于赠与人瑕疵担保责任的规定。

本条共有两款，但从其文义来看，实际内容有三层：（1）赠与人不承担瑕疵担保责任，这是一条原则性规定，可以视为一般条款。之所以如此规定，是由赠与契约的无偿性决定的。（2）附义务赠与，赠与人在附义务的限度内承担与出卖人相同的瑕疵担保责任。这里的义务，应解释为能为赠与人带来经济利益的义务。（3）有过错的赠与人及保证无瑕疵的赠与人承担瑕疵担保责任。过错限于故意，体现了过错责任的问责理念。保证无瑕疵使相对人产生了信赖，对这种信赖立法者给予了保护。

瑕疵包括权利瑕疵和物的瑕疵两种，适用《民法典》本编总则部分的相关规定。

【对照适用】

从比较法角度观察，《德国民法典》第523条、第524条，《日本民法典》第551条等均有类似规定。

> **第六百六十三条**　受赠人有下列情形之一的，赠与人可以撤销赠与：
>
> （一）严重侵害赠与人或者赠与人近亲属的合法权益；
>
> （二）对赠与人有扶养义务而不履行；
>
> （三）不履行赠与合同约定的义务。
>
> 赠与人的撤销权，自知道或者应当知道撤销事由之日起一年内行使。

【要义精解】

本条是关于赠与人非任意撤销权的规定，条文源自原《合同法》第192条，在文字上略有改变。改变之处来自第1款第1项，即增加了"的合法权益"，这一改变在某种程度上使本条文义与原《合同法》第192条相比发生了变化。

所谓非任意撤销权，是指撤销权的产生源于法定事由的出现，如无法定事由，本条中的撤销权即不产生。之所以称之为撤销权而非解除权，是因为本条规定的撤销事由均不属于根本违约范畴，它与基于违约产生的解除权属于两项绝然不同的制度。

本条共包括两款。第1款规定的是哪些事由可催生非任意撤销权；第2款则规定了撤销权的权利存在期限。从条文来看，本法对产生非任意撤销权的事由采用了列举式处理，且未使用兜底的概括条款。

三类法定事由均具体、确定。"严重侵害赠与人或者赠与人近亲属的合法权益"，在解释上，"合法权益"既可以包括人身权利，也可以包括财产权益；"严重"是程度要求，何谓严重，需要裁判者结合案情进行裁判。

"对赠与人有扶养义务而不履行"中的"扶养义务"，应作宽泛解释，既包括法定的扶养、赡养、抚养，也包括通过契约确定的扶养义务。

"不履行赠与合同约定的义务"构成违约，可以通过解除制度解决，可能是考虑到赠与合同中的义务，有时和赠与财产并非对价关系，才将本款情形规定于撤销权制度之下。

撤销权主体为赠与人，该权利不得继承，但可委托他人行使。撤销权的行使方式既可以诉讼方式，也可以非诉讼方式。本条规定的撤销权受一年除斥期限限制，期限起算点为：知道或者应当知道撤销事由之日。实际计算一年期限时，应从知道或者应当知道撤销事由之日的次日开始起算。

本条在适用范围上包括一切赠与。撤销之意思表示对象为受赠人，受赠人为被监护人的，为其法定代理人。

> **第六百六十四条　因受赠人的违法行为致使赠与人死亡或者丧失民事行为能力的，赠与人的继承人或者法定代理人可以撤销赠与。**
>
> **赠与人的继承人或者法定代理人的撤销权，自知道或者应当知道撤销事由之日起六个月内行使。**

【要义精解】

本条是关于赠与人的继承人、法定代理人的非任意撤销权的规定。

本条共包括两款，第 1 款是关于撤销权事由的规定；第 2 款是关于撤销权存在的期限的规定。法条所涵设的规则有二：一是赠与人的继承人的撤销权；二是赠与人的法定代理人的撤销权。

赠与人的继承人的撤销权的构成要件是：（1）受赠人违法行为致赠与人死亡（撤销事由）；（2）权利主体是赠与人的继承人。受赠人的违法行为既包括故意，也包括过失，且不以犯罪为限。须不法行为致赠与人死亡，赠与人未死者，不适用于本条，盖受赠人之不法行为致赠与人重伤的，赠与人自己因此享有撤销权。死亡包括自然死亡，也包括宣告死亡。上述权利存在期限只有 6 个月，从赠与人的继承人知道或者应当知道撤销事由之日的次日起算。撤销事由是指受赠人的违法行为致使赠与人死亡。

赠与人的法定代理人的撤销权构成要件是：（1）受赠人违法行为致赠与人丧失民事行为能力；（2）权利主体是赠与人的法定代理人。本撤销权同样能受到 6 个月除斥期限的限制，该期限从法定代理人知道受赠人的违法行为致赠与人丧失民事行为能力之日的次日起算。赠与人丧失民事行为能力是否必须经过《民事诉讼法》特别程序产生的法院判决为判定标准？我们认为，应从宽解释，即以医疗机构的鉴定结论即可。比如，受赠人故意伤害赠与人，致其为植物人，即属其例。

撤销权的行使方式为不要式，口头、书面、诉讼均可。本条在适用范围上包括一切赠与。换言之，即使公证的赠与合同，发生本条可撤销事由的，权利人也可撤销赠与。

第六百六十五条　撤销权人撤销赠与的，可以向受赠人请求返还赠与的财产。

【要义精解】

本条是关于撤销效果的规定。

赠与合同为一次性契约，一经撤销，即自始失去效力，合同未履行的，无须履行。已经部分履行或者全部履行的，撤销权人可以向受赠人请求返还财产。

在诉讼上，撤销权的行使和返还财产之诉求可以在一次诉讼中提出并得到解决。在性质上，赠与合同经撤销后，财产返还请求权是否属于不当得利之债呢？对这个问题，原则上应作否定解释。之所以如此，是因为我国物权变动模式是以债权形式主义为主、意思主义为辅的双轨制模式，不承认物权行为，自不可为德国民法一样的解释。在我国法下，赠与一经撤销，赠与财产的返还请求主要应定性为原物返还请求权，或者比照原物返还请求权处理。在赠与财产灭失、被第三人合法取得、财产被受赠人消费时，则依照侵权之债或者不当得利之债来处理。

第六百六十六条　赠与人的经济状况显著恶化，严重影响其生产经营或者家庭生活的，可以不再履行赠与义务。

【要义精解】

本条是关于赠与人穷困抗辩的规定，大陆法系国家也多有类似规定。

赠与为无偿契约，公益赠与还具有服务于公共利益的功能。对不可撤销的赠与而言，合同一经成立生效，赠与人即使财产状况后来发生恶化，也必须履行债务，这样的制度设计会使赠与人畏惧赠与、不敢赠与，公共利益难免受其影响。为避免这一局面，很多国家民法设定了赠与人的穷困抗辩制度。

赠与人的穷困抗辩权的成立要件如下：（1）须赠与合同生效后；（2）须赠与人的经济状况显著恶化；（3）若再使赠与人履行赠与义务，将严重影响其生产经营或者家庭生活。

赠与人行使穷困抗辩权的方式为可诉讼，也可非诉。赠与人穷困抗辩权为一时性抗辩权，赠与人经济状况好转的，受赠人仍可主张履行。

第十二章　借款合同

第六百六十七条　借款合同是借款人向贷款人借款，到期返还借款并支付利息的合同。

【要义精解】

本条规定的是借款合同的定义。

以贷款人是否为金融机构为切入点，可以分为金融机构为贷款人的借款和贷款人非为金融机构的借款，后者主要是指民间借贷。现实生活中，尤其是自然人之间的借款，有相当一部分属于无息借款。从这个意义上讲，本条中的定义仅仅适用于大部分借款，它不能涵盖所有的借款关系。

从本条文义看，借款合同的当事人是贷款人和借款人，借款合同是诺成、有偿、双务、不要式合同。这一点，也可以从《民法典》第679条得到辅证，该条特别强调自然人之间借款属于实践性合同，本条与该条的关系，应属于一般法和特别法关系。

借款合同成立生效后，贷款人有交付本金于借款人的义务，借款人在借款到期后有偿还本金和利息的义务。现实生活中，利息的支付往往与本金并不同步，这一点并不影响该约定的效力。

【对照适用】

在司法实务中，一定要注意本条关于借款概念外延的局限性，即并非所有的借款关系均属于有偿借贷。

《德国民法典》也有类似的定义条款，具体参见其第488条第1款。

第六百六十八条 借款合同应当采用书面形式，但是自然人之间借款另有约定的除外。

借款合同的内容一般包括借款种类、币种、用途、数额、利率、期限和还款方式等条款。

【要义精解】

本条规定的是借款合同的形式及内容。

从功能上看，本条规定是指示性的，它属于行为规范，提醒行为人在订立合同的时候注意法律对借款合同的形式要求、合同应具备的主要条款。

书面形式要求适合于金融机构为贷款人的借款关系，是要式法律行为的要求，未采取书面合同形式的借款合同，无效。不过，本金的支付会弥补借款形式瑕疵，使借款关系有效建立。自然人之间的借款关系原则上为不要式，且属于实践性合同，本金交付时合同才成立并生效。当然，自然人之间的借款合同，当事人也可以约定合同成立即生效。

借款合同内容中的借款种类、币种、用途、数额、利率、期限和还款方式均属于重要条款，对当事人具有利害关系，本条一一列举，旨在提醒当事人在订立借款合同时要考虑这些因素。这些因素的短缺，有时并不一定影响合同成立，比如，用途的缺少，不影响自然人之间借款的成立；利率的缺失，推定为无息借款。

第六百六十九条 订立借款合同，借款人应当按照贷款人的要求提供与借款有关的业务活动和财务状况的真实情况。

【要义精解】

本条规定的是借款人如实告知义务，涉及内容主要是业务活动和财务状况。

资金出借是有风险的，因为本金交付和返还之间间隔着借款期限，贷款人贷出资金可能面临不能收回的风险。因此，在签订借款合同时，贷款人需要了解借款人资产状况、商业信誉、用途等多方面信息，以便决定是否出借借贷资金给借款人。本条所谓的"与借款有关的业务活动和财务状况"是概括性的，具体内容由贷款人决定。

本条在法律上的意义在于：借款人为不实陈述的，可能构成欺诈。贷款人在借款合同签订后发现的，可以撤销生效的借款合同。在订约阶段发现的，可以拒绝订立合同。

【对照适用】

本条实际上是诚信原则的体现，在适用时，何种情况下构成欺诈，何种情况下不构成欺诈，是裁判者必须解决的问题。在不实陈述影响合同是否订立，即贷款人若知悉真实情形将不会签订合同，或者与签订的合同相比合同内容会产生实质改变时，应认定借款人不实陈述构成欺诈，贷款人可以撤销合同。

第六百七十条　借款的利息不得预先在本金中扣除。利息预先在本金中扣除的，应当按照实际借款数额返还借款并计算利息。

【要义精解】

本条是关于禁止砍头息的规定，条文源自原《合同法》第200条，条文性质属于强行法，当事人不得通过约定改变；改变的，无效。

砍头息多发生于民间借贷，尤其是高利贷中，它对借款人产生极大的损害。本条的规定，在于制止这种不法行为，保护借款人。

本条的约束主要是针对贷款人。对于金融机构为贷款人的借款合同而言，借款合同生效后，本金的支付属于合同履行阶段，预先从本金中扣除利息的，除应当按照实际借款数额返还借款并计算利息外，贷款人之行为还构成违约。这一点同样适用于其他诺成性借款合同。对于自然人之间的借款合同而言，因其要物性质，本金交付时合同成立并同时生效，在本金中扣除利息的行为并不构成违约，借款人仅须依照实际借款数额偿还本金及利息即可。

民间借贷中，在依照实际借款数额计算利息时，还要注意法律法规及司法解释对利率的限制。

【对照适用】

司法实践中，在适用本条时，要注意诺成性借款合同和实践性借款合同的差异。对民间借贷而言，还要注意司法解释对最高利率的限制。

> **第六百七十一条**　贷款人未按照约定的日期、数额提供借款，造成借款人损失的，应当赔偿损失。
>
> 借款人未按照约定的日期、数额收取借款的，应当按照约定的日期、数额支付利息。

【要义精解】

本条是关于借款当事人违约的规定，条文源自原《合同法》第 201 条。其适用前提是诺成性的借款合同，自然人之间的借款合同，原则上不适用。

诺成性借款合同一旦成立生效，贷款人和借款人即被锁定于债之关系中，贷款人有依照约定时间、约定数额提供贷款给借款人之义务，借款人有依照约定时间、约定数额收取借款的义务。任何一方违约，均要承担违约责任：贷款人的责任是赔偿损失，这种责任以损失实际数额发生为限；借款人的责任是按照约定的日期、数额支付利息。

本条规范的特殊之处是它将借款人接受本金做了权利义务双重效果处理，之所以如此，可能是基于贷款人的信赖保护。其立法精神，与原《合同法》第 392 条相类似。

本条不适用于实践性借款合同，对此贷款人未依照"约定时间、约定数额"提供贷款的，借款关系不成立。

【对照适用】

在适用时，注意本条的适用范围仅限于诺成性借款合同，且贷款人的违约责任中赔偿数额的认定，要综合各种情况谨慎为之。

> **第六百七十二条**　贷款人按照约定可以检查、监督借款的使用情况。借款人应当按照约定向贷款人定期提供有关财务会计报表或者其他资料。

【要义精解】

本条是贷款人知情权的延伸，条文源自原《合同法》第 202 条。

贷款人检查、监督借款使用情况，是知情权的体现，也是其控制贷款风险的一种手段。一旦知悉借款人违约使用贷款，贷款人可以停止发放贷款、提前收回借款或者解除合同。

财务会计账本，是法律针对机关、事业单位、企业等组织体的设计，财务会计报表自然针对的是上述主体作为借款人时的要求。借款人定期提供有关财务会计报表给贷款人，是法律赋予借款人的义务，这种义务是为贷款人知情权服务的，在某种程度上，贷款人的检查、监督权与借款人提供会计报表或者其他资料的义务，实质上如同一枚硬币的两面。

第六百七十三条　借款人未按照约定的借款用途使用借款的，贷款人可以停止发放借款、提前收回借款或者解除合同。

【要义精解】

本条是借款人根本违约的规定，违约情形仅限于未按照借款用途使用借款，《民法典》提供的救济手段是停止发放借款、提前收回借款或者解除合同，条文源自原《合同法》第 203 条。

借款人根本违约有多种表现，未依照约定支付利息、未依照约定使用借款等，均属于借款关系下的根本违约。本条仅适用于借款人未按照约定使用借款这一情形。

"停止发放借款"属于保全性救济措施，该措施有督促借款人改正错误的作用。"提前收回借款"则主要适用于金融机构为贷款人的借款合同，因为，这类合同在发放借款时，金融机构往往要求借款人在本机构开设账户，这种设置为贷款人提前收回借款提供了便利。至于自然人之间的借款，即使贷款人发现借款人未依照约定使用借款，也没有办法仅凭一己之力提前收回借款。"解除合同"则是前两种手段不能实现救济时的终局性手段，它可以通过诉讼或者仲裁的方式行使，也可以非诉的方式行使。解除合同后，仍有本金或者利息债权未得到清偿者，自可再向借款人求偿。

本条主要适用于金融机构为贷款人的借款合同。

第六百七十四条　借款人应当按照约定的期限支付利息。对支付利息的期限没有约定或者约定不明确，依据本法第五百一十条的规定仍不能确定，借款期间不满一年的，应当在返还借款时一并支付；借款期间一年以上的，应当在每届满一年时支付，剩余期间不满一年的，应当在返还借款时一并支付。

【要义精解】

本条是对借款人支付利息的时间的规定。本条的规则理念是约定优先、推定次之、法定最后。

借款人支付利息的方式首先应该遵守合同的约定。当事人对支付利息的期限没有约定或者约定不明确的，按照《民法典》确定的推定法则处理，即依照《民法典》第510条的规定处理。《民法典》第510条规定的解决路径首先是签订补充协议；不能签订补充协议的，按照合同有关条款、合同性质、合同目的或者交易习惯确定。这实际上是裁判法则，不是行为法则。换言之，当事人就履行期限不能达成补充协议时，真正发挥作用的是《民法典》第511条第4项，根据本项规定，贷款人可以随时请求借款人支付利息。不过，《民法典》未采取这样的救济路径，而是直接作了规定：借款期限不满1年的，应当在返还借款时一并支付；借款期限1年以上的，应当在每届满1年时支付，剩余期限不满1年的，应当在返还借款时一并支付。

因此，本条中实际发生作用的是"约定""补充协议约定""法定"。

【对照适用】

本条属于技术性规范，在国外立法例中，这样的规定较为少见。在适用本条规定时，一定要注意《民法典》第510条的精神内涵，即"意思自治＋自由裁量"。

第六百七十五条　借款人应当按照约定的期限返还借款。对借款期限没有约定或者约定不明确，依据本法第五百一十条的规定仍不能确定的，借款人可以随时返还；贷款人可以催告借款人在合理期限内返还。

【要义精解】

本条是关于借款人归还借款本金的期限规定。

借款本金的归还，可以分期归还，也可以到期后一次性归还，如何设定归还期限，是当事人自治范畴。本条充分体现了对意思自治的尊重，按照本条规定，借款的返还期限应当首先遵守约定。没有约定或者约定不明确的，当事人可依据《民法典》第510条签订补充协议。不能达成补充协议的，按照合同有关条款、合同性质、合同目的或者交易习惯确定。在此，交易习惯的作用权重最大。如果当事人不能达成补充协议，也不能根据交易习惯确定，则直接适用法律规定的还款期限：借款人可以随时返还；贷款人可以催告借款人在合理期限内返还。

从某种意义上讲，《民法典》第510条发挥作用的空间不大。因为，补充协议属于合同组成部分，且均属于意思自决之地，无须立法者提醒。而合同有关条款、合同性质、合同目的等，过于复杂，它更像是为法官裁判进行的指引。从行为规范的角度出发，在没有约定或者约定不明确时，直接规定借款人可以随时还款，贷款人可以催告借款人在合理期限内还款，更为简洁便利。

本条中，"合理期限"的确定应参照借款数额大小、当事人住所或居所、节假日等情况予以确定。

第六百七十六条　借款人未按照约定的期限返还借款的，应当按照约定或者国家有关规定支付逾期利息。

【要义精解】

本条是关于借款人迟延返还借款之违约责任的规定。

借款人未依照约定返还借款的，属于迟延履行，是典型的违约形态之一。调整迟延履行的规则参见《民法典》第563条、第566条。主要救济手段是解除合同和主张违约责任中的损害赔偿。

金融机构为贷款人的借款合同，逾期利息受国家有关规定制约，民间借贷自可约定不同于国家规定的逾期利息，但年利率最高不得超过24%。

第六百七十七条　借款人提前返还借款的，除当事人另有约定外，应当按照实际借款的期间计算利息。

【要义精解】

本条是关于借款人提前清偿借款的规定，本条规定的目的在于保护借款人。

借款人是否能够提前偿还借款，首先看约定，约定禁止借款人提前偿还借款的，有效。约定借款人不能依提存的方式偿还借款，借款人执意提存的，无效。借款合同无约定或者约定不明确的，借款人自可提前偿还借款。借款人提前偿还借款的，借款利息按照借款实际使用期限计算。

第六百七十八条　借款人可以在还款期限届满前向贷款人申请展期；贷款人同意的，可以展期。

【要义精解】

本条是关于展期的规定。

借款展期属于当事人自治领域，展期即延长还款期限，属于合同之变更，其法律效果在于，避免了因未依照原合同规定的期限还款而产生的违约责任及由此引发的解除权。展期后的合同，依照新的还款期限确定利息及借款本金的偿还时间。展期并不影响原合同规定的利息支付期限。按照本条规定，展期可以在还款期限届满之前由借款人申请，具体展期期限需要双方协商确定。

【对照适用】

展期本质上属于延长了借款还款期限，是合同内容的变更。展期对担保的影响很大，如果没有取得担保人的同意，展期对担保人不发生效力，这一点对保证人影响最大。保证人不同意展期的，其仍在原保证合同确定的保证期限内承担保证责任。

第六百七十九条　自然人之间的借款合同，自贷款人提供借款时成立。

【要义精解】

本条是关于自然人之间借款合同的要物性规定，条文源自原《合同法》第210条，改变内容为"生效"被替换为了"成立"。

自然人之间借款属于民间借贷的子概念，二者之间关系是被包含和包含的关系。本条将自然人之间的借款合同定性为要物合同，合同自贷款人提供借款时成立，这样的处理是基于现实生活的需要。与金融机构为贷款人的借款合同不同，自然人之间的借款合同往往未经过深思熟虑，贷款人达成合意时往往未对借款人状况进行调查，甚至有时并未与家人进行商量，而提供的借款很多时候属于共同财产。因此，将自然人之间的借款合同定性为要物合同，是合理的。

【对照适用】

从要物合同的意义上讲，自然人之间借款，贷款人提供借款的法律效果是借款关系（合同）的成立，而非生效。

贷款人不提供借款的，可能承担的是缔约过失责任。

> **第六百八十条　禁止高利放贷，借款的利率不得违反国家有关规定。**
>
> **借款合同对支付利息没有约定的，视为没有利息。**
>
> **借款合同对支付利息约定不明确，当事人不能达成补充协议的，按照当地或者当事人的交易方式、交易习惯、市场利率等因素确定利息；自然人之间借款的，视为没有利息。**

【要义精解】

本条是对利息的规定，属于新增条文，条文内容参考了原《合同法》第211条、2015年《最高人民法院关于审理民间借贷案件适用法律若干问题的规定》（以下简称《民间借贷司法解释》）第25条的规定。

高利放贷一直为各国禁止，我国也不例外。对于金融机构为贷款人的借款合同，利率执行人民银行规定贷款基准利率，即使有上浮授权，也不存在高利放贷的空间。高利放贷主要存在于民间借贷领域。

借款利息未约定的，视为无息借款，类似规则也常见于大陆法系国家。借款合同利息约定不明确、当事人又不能通过补充协议达成一致的，如果属于自然人之间借款，视为无息借款。自然人之外的借款，由法官或者仲裁人员按照当地或者当事人的交易方式、交易习惯、市场利率等因素确定利息。这一救济措施与《民法典》第150条的路径基本一致。

第十三章　保证合同

第一节　一般规定

> **第六百八十一条**　保证合同是为保障债权的实现，保证人和债权人约定，当债务人不履行到期债务或者发生当事人约定的情形时，保证人履行债务或者承担责任的合同。

【要义精解】

本条是保证合同的定义。

保证合同是债权人与保证人的双方意思表示，可以适用民法典合同编的规定，以及总则编关于意思表示及法律行为的相关规定。这是保证合同的一般之处。但是，保证合同一般无法适用买卖合同、租赁合同的法律规则。保证与买卖、租赁作为不同的合同类型，具有不同的事物本质。保证合同的上位概念应是担保合同。担保的功能是保障债权的实现，担保合同即保障债权实现的合同。原《担保法》将担保合同作为人保与物保的一般规定，但担保合同并不是很清晰的概念，特别是所涉及的物债关系问题没有解决。《民法典》并未设立独立的担保编，在学理上如何以担保合同的概念构建担保法的体系仍有待探讨。

保证合同具有以下特征。

首先，保证合同的目的在于保障债权的实现。保证属于权利实现的制度。有的国家将保证、担保物权与自力救济、和解等制度安排在一起，以体现其保障权利实现的功能。《法国民法典》大体采纳这样的体例。《德国民法典》也将担保提供放在总则编，以体现担保制度的权利实现保障功能。需要注意的是，保障债权实现并不必然是当事人意思表示的内容，它实际是签订保证合同的动机。保障债权实现的目的往往也约定在保证合同中，成为保证合同的内容。但是否加入该条款不影响保证合同的效力。独立保证一般不提及担保目的。保证合同意思表示的主要内容在于保证责任的承担，债权人据此可向保证人主张保证责任。区分保证合同的动机和保证合同意思表示的内容有理论和实际意义。

其次，保证合同具有意思表示内容的限定性。保证合同所担保的一般是借款之债、金钱之债等，也包括买卖合同的价款等具有金钱价值给付内容的合同之债。但是，只有在债务人不履行债务或发生保证人与债权人约定的其他情形，才由保证人履行债务或承担责任。这是保证合同双方意思表示的重要内容限定。这里体现债务人履行债务的首位性，以及保证人作为债权实现保障机制的附随性。

所谓债务人不履行到期债务，即在债务到期后债务人主观上拒绝履行或无法履行债务，以及客观上债务人未履行主给付义务的事实。在一般保证和连带保证，不履行到期债务有不同的含义。在一般保证，只有在就主债务人强制执行而未能实现的，才由保证人承担责任。在连带保证，主债务到期后债务人不履行的，债权人可要求保证人承担保证责任。但连带保证和普通保证在保证责任实现上，仍有共同之处。

保证人和债权人可以约定，在双方约定的特定情形，而不是债务人到期后不履行债务，保证人承担保证责任。这可能对保证人或债权人有利或不利。在一般保证，保证人可与债权人约定，只有在就主债务人强制执行无果的情形下，才可以向自己主张保证责任承担，则这种约定对保证人是有利的。但债权人也可以要求，保证人应当立即按照自己的单方通知即承担保证责任，而不必等待债务人不能履行。保证人与债权人具体如何约定，取决于双方的意思表示一致，以及法律对非附随性的容忍程度。

保证与债务承担、债务加入或连带之债有别。也就是说，保证具有从属性、次位性，保证不是主债权本身，而是主债权的实现机制。即使是连带保证，或放弃先诉抗辩权的一般保证，也是在债务人不履行债务的情形，才发生保证人的保证责任。在连带保证，保证的次位性主要体现为保证人可以主张债务人的抗辩，特别是债权债务变更、债务人放弃抗辩，以及保证人对抵销、撤销权抗辩的独立主张等方面。

再次，保证人承担保证责任的方式是履行债务或承担责任。保证人可以承担主债务转化的损害赔偿责任，保证人也可以代主债务人履行主给付义务，且主给付义务不仅仅限于金钱赔偿。由保证人履行主债务并不是新的规定。我国原《最高人民法院关于适用〈中华人民共和国担保法〉若干问题的解释》第13条规定："保证合同中约定保证人代为履行非金钱债务的，如果保证人不能实际代为履行，对债权人因此造成的损失，保证人应当承担赔偿责任。"由保证人履行主债务，对于保证人、债权人可能都是有利的，它顺利地完成了交易，没有对社会经济秩序造成消极的影响。保证人履行债务在借款合同等金钱债务，固然没有问题。在非金钱债务，则只有在保证人具备事实上的履行能力时，由保证人履行债务才是实际的。

值得注意的是，民法典物权编第388条规定了担保合同概念，即具有担保功能的合同。保证合同显然具有担保功能，可归入具有担保功能的担保合同。担保合同可涵盖物的担保和人的担保，为《民法典》担保法体系提供了概念基础。但担保合同是否适宜从功能角度予以定义，以及如何理解和确定担保功能，是值得研究的问题。对此，我国已有学者给予关注。

【对照适用】

我国原《担保法》第6条规定："本法所称保证，是指保证人和债权人约定，当债务人不履行债务时，保证人按照约定履行债务或者承担责任的行为。"与之相比，《民法典》将"行为"改为"合同"，明确为"保证合同"，这是保证合同位于合同编的结果。但是，在实践中，广泛存在各种保函，保证承诺书等单方性的保证意思表示。这种单方承担保证责任的意思表示，应当具有保证的效力。我国原《最高人民法院关于适用〈中华人民共和国担保法〉若干问题的解释》（以下简称《担保法司法解释》）第22条第1款规定："第三人单方以书面形式向债权人出具担保书，债权人接受且未提出异议的，保证合同成立。"自学理而言，第三人单方出具的承担保证责任的意思表示，属于应受领的单方意思表示，发生相应的法律效力。该《担保法司法解释》将单方的保证表示解释为保证合同，也是一种思路。两者的差异在于是否需要双方当事人意思表示一致的合意，以及受领人的行为能力、意思能力等要求。也就是说，相对于单方意思表示，合同成立的要求更多些，而这可能对被保证人不利。

另外，与原《担保法》相比，本条增加了"发生当事人约定的情形"，这为实践中"见索即付"的保证提供了规范基础，特别是为放弃先诉抗辩权的一般保证提供了规范基础。但是，与放弃先诉抗辩权不同，对于独立保证等新型保证，我国是否承认仍存在疑问。独立保函的适用具有限定性。按照《最高人民法院关于审理独立保函纠纷案件若干问题的规定》第3条第3款的规定，"当事人主张独立保函适用民法典关于一般保证或连带保证规定的，人民法院不予支持。"在我国国内司法实践中，独立保证的效力仍然与保证的附随性规定存在冲突，效力不被认可。但是，《民法典》关于保证合同概念的"除外"规定，为独立保证、无先诉抗辩权一般保证等提供了概念基础。也就是说，本条可以体现涵盖不同保证类型的包容性。

> **第六百八十二条**　保证合同是主债权债务合同的从合同。主债权债务合同无效的，保证合同无效，但是法律另有规定的除外。
> 　　保证合同被确认无效后，债务人、保证人、债权人有过错的，应当根据其过错各自承担相应的民事责任。

【要义精解】

本条是保证合同附随性的规定。

保证合同具有债权实现的保障功能，它不是主债务本身，也不是债务加入或债务承担合同，而是附随于主债权债务的从合同。所谓的附随性，包含保证发生、存续和消灭上的附随性。如果主债权债务合同不成立，则保证合同不成立；主债权债务合同无效的，则保证合同无效。在主债权债务合同可撤销情形下，保证合同仍然是有效的。只有在主债权债务合同确定的被撤销而无效后，保证合同才发生无效的后果。同样，保证合同因主债务的消灭而消灭，如主债务因履行而消灭，保证责任也消灭。主债权债务合同因债务人违约而解除，则不意味着主债权债务合同的效力存在瑕疵，不影响保证合同的效力和保证责任的承担。从《民法典》第691条也可以得出，主债权债务的基础法律行为因违约解除的，不影响保证人的保证责任。

保证合同的附随性可以存在例外。按照本条规定，所谓法律另有规定，即法律规定主债权债务无效不影响保证合同效力的，从其规定。这主要发生在独立保证的情形。所谓独立保证，即保证的效力独立于主债权债务关系，不因主债权债务关系的瑕疵而受到消极的影响。独立保证加强了对债权人的保障，是债权人强势的商业社会下的产物。但是，独立保证在我国也具有实践意义。从条文来看，独立保证有赖于法律的明确规定。虽然严格来讲，《最高人民法院关于审理独立保函纠纷案件若干问题的规定》属于司法解释，不能视为法律另有规定，但毕竟得到司法实践的认可。另外，在债法领域虽不存在类型法定和类型强制，但既然本条以"法律另有规定"为例外，单纯约定的独立保证无法满足法律另有规定的例外。

我国的司法裁判也对国内商业往来中的独立保证持谨慎的态度。值得注意的是，2019 年《全国法院民商事审判工作会议纪要》第 54 条对担保的从属性有所涉及，即区分金融机构和非金融机构：首先，"从属性是担保的基本属性，但由银行或者非银行金融机构开立的独立保函除外"；其次，"银行或者非银行金融机构之外的当事人开立的独立保函，以及当事人有关排除担保从属性的约定，应当认定无效"。最高人民法院的司法裁判规则为《民法典》立法者提出了一个问题，即担保的附随性是否区分金融机构与非金融机构。但是，立法者并未对这个问题作出回应。无论如何，裁判机关的态度是明确的，非银行和金融机构的其他主体之间约定的独立保证无效。

保证合同被确认无效后，债务人、保证人、债权人有过错的，应当根据其过错各自承担相应的民事责任。保证人责任在性质上属于缔约过失责任。保证合同无效后，只是不发生保证人承担保证责任的效力。但是，保证合同因主债权债务无效后，保证人仍应当承担相应的民事责任。法条使用的是相应的民事责任，这里的责任是否以保证责任的上限为限，可以探讨。如果从缔约责任来看，应为因合同未成立而发生的缔约费用、机会损失等的赔偿，在数额上应当以履行可得利益为最高上限，也就是以保证责任为限。

由于保证合同是保证人与债权人之间的合同关系，债务人位于合同关系之外，即使在保证合同中有债务人的存在，甚至债务人是保证合同的签署主体，不意味着债务人是保证合同的直接当事人，债务人在保证法律关系中不是权利义务主体。但是，债务人对于保证合同无效也是可能存在过错的，如债务人利用欺诈、胁迫等手段，使得债权人与保证人签订保证合同等，可以按照意思表示效力的相关规定，发生保证合同无效的后果。债务人对保证合同有过错的，应当向债权人承担赔偿责任。

保证合同无效后，最为重要的可能并不是债务人或债权人的过错或赔偿责任，而是保证人是否以及在多大范围内对债权人承担因其过错而发生的相应的民事责任。毕竟在主债务人不履行债务的情形下，保证人的一般责任财产才是主债权实现的保障。因此，所谓债权人根据其过错承担相应的民事责任，主要是相对于减少或免除保证人、债务人的赔偿责任而言的。就此点，前者恰恰对于后者的判断也是有意义的。

【对照适用】

《民法典》本条使用了"保证合同被确认无效后"的表述，即保证合同是否有效，需要进行确认。在此，法律并没有明确规定需要进行诉讼确认。一般而言，可以确认合同无效的，仍为有裁决权的审判或仲裁机构。在此，双方意思表示一致的，即债权人、保证人均认可保证合同无效，可以构成确认。这也符合《民事诉讼法》证据规则上的自认，对各方有证据效力。在实践中，各方当事人恐怕很难达成一致确认保证合同无效。如果双方不能达成保证合同是否无效的一致，则只有在经过争议解决机制的生效裁判文书确认后，才能确定保证合同的最终效力，并进一步确定保证人的责任范围。而在保证合同无效的确认程序中，往往涉及主债权债务关系的审查，即诉讼争议的核心是主债权债务合同是否有效，而这需要债务人作为第三人参与诉讼。也就是说，本条增加了确认保证合同无效的确认程序，且保证合同被确认无效成了保证人承担相应民事责任的前提。保证合同是附随于主债权债务的从合同，往往在主债权债务的争议中，主张保证人承担保证责任或保证合同无效情形的赔偿责任。

> **第六百八十三条** 机关法人不得为保证人，但是经国务院批准为使用外国政府或者国际经济组织贷款进行转贷的除外。
> 以公益为目的的非营利法人、非法人组织不得为保证人。

【要义精解】

本条是关于保证人主体资格的特别规定。

民法典总则编将法人分为营利法人、非营利法人和特别法人。机关法人属于《民法典》第96条规定的特别法人。《民法典》第97条规定："有独立经费的机关和承担行政职能的法定机构从成立之日起，具有机关法人资格，可以从事为履行职能所需要的民事活动。"对于机关法人是否属于非营利法人的问题，我国并未明确。可以确定的是，机关法人属于特别法人。从《民法典》第97条的文义来看，为履行职能所需要的民事活动也可能包括营利活动，或者至少包括可获得收益的民事活动。保证人向债权人提供保证担保，可以是基于有偿的合同，特别是基于债务人的对价给付而提供保证担保。例如，在实践中，以营利为目的的担保公司所提供的保证担保等，一般不是无偿的。无论如何，提供担保属于民事活动。

根据《民法典》第97条规定，机关法人可以从事为履行职能所需要的民事活动，从解释而言包括担任保证人。但根据本条规定，机关法人不得为保证人。机关法人的职能一般也不包括从事担保活动。机关法人为履行职能所需而担任保证人，也在禁止之列。在此，如机关法人所承担的并非保证责任，而是抵押、质押等合同责任，则是否在禁止之列？既然机关法人不得提供保证担保，提供抵押担保等物权担保也应当是不允许的。机关法人违反本条规定提供保证担保，应当不发生保证合同的效力，即国家机关不承担保证担保责任。本条的例外是，"经国务院批准为使用外国政府或者国际经济组织贷款进行转贷的除外"。也就是说，机关法人不得从事担保活动，也并不是绝对的。据此，结合《民法典》第97条将机关法人为履行职能所需而进行的担保，排除在禁止之列，也是可以得出的结论。也就是说，机关法人不得为保证人，这并非是绝对的。

非营利法人或非法人组织不必然含有公益的目的限定。按照《民法典》第87条第1款规定："为公益目的或者其他非营利目的成立，不向出资人、设立人或者会员分配所取得利润的法人，为非营利法人。"据此，至少从文义出发，不以营利为目的，也不以公益为目的的非营利法人，可以作为保证人。例如，互益法人可以为保证人。当然，这涉及对公益目的本身的理解，即非营利性与公益性是否具有同等含义的问题，还涉及是否允许非营利法人参与担保活动的法律政策。

【对照适用】

本条是根据原《担保法》第8条、第9条而来。原《担保法》对学校、幼儿园、医院等以公益为目的的事业单位、社会团体不得为保证人，作出列举规定。但是，随着市场经济的发展，民办学校、幼儿园、医院等也可以注册为营利法人，以公司等形式开展目的事业。例如，根据《北京市民办学校分类登记办法》和《北京市营利性民办学校监督管理办法》，可以设立营利性民办学校。以营利为目的的民营企业应当可以作为保证人。

值得探讨的是，机关法人为履行职能所需而提供的保证担保的效力。

对此，虽然机关法人所提供的保证担保并非直接的职能范围。但是，保证担保的提供与该职能的履行直接相关，甚至是履行职能所必需的，这种情况下的保证担保的效力，并不应当被认为绝对无效。这里基于附带营利性，法律也应当保障基于此而发生的担保。机关法人、非营利法人不得为保证人，否则保证担保无效的规定，应进行限缩解释。

对于机关法人、非营利组织等提供担保的效力问题，仍可以在未来的实践中，进一步探讨研究。

第六百八十四条　保证合同的内容一般包括被保证的主债权的种类、数额，债务人履行债务的期限，保证的方式、范围和期间等条款。

【要义精解】

本条是关于保证合同内容的规定，即保证合同所一般包括的内容。

保证合同的具体内容属于各方当事人意思自治的范畴，由保证人与被保证人自由约定。作为合同的一种类型，保证合同须满足合同成立和生效的要件，如意思表示内容具体明确、不违反法律的强制或禁止性规定等。这些属于民法典总则编或合同编的规范内容。

保证合同是主债权债务合同的从合同，基于担保目的和从属性，保证合同还有其特定的内容要求。首先，保证合同要明确主债权，即保证所担保的债权客体须具有可特定性。这要求对主债权的种类、数额、期限等作出约定。实际上，仅仅对种类、数额、期限等作出描述是远远不够特定的，保证合同须对主债权债务人的主体、具体的基础法律事实等作出明确。例如，对于借款合同的保证，要对借款合同作出详细的描述、援引，以实现主债权特定性的要求。否则，很可能发生被担保的主债权不特定、不明确的问题。其次，保证合同要明确保证所担保的主债权的范围。保证人可以对全部债权承担保证责任，也可对部分债权承担保证责任。还可以对从债权，如利息等承担保证责任。这可以由当事人自由约定。但是，保证合同至少须对所担保的债权予以明确。否则，无法明确保证所担保的具体债权客体。再次，保证合同一般还需要明确保证担保的方式，即明确连带保证还是一般保证。当然，对于保证方式的描述不是必须的。原《担保法》第19条规定："当事人对保证方式没有约定或者约定不明确的，按照连带责任保证承担保证责任。"《民法典》第686条第2款作了相反规定，即"当事人在保证合同中对保证方式没有约定或者约定不明确的，按照一般保证承担保证责任。"很显然，《民法典》对原《担保法》的相反规定，导致当事人对保证担保方式作出明确约定的必要性没有影响。无论是担保人还是债权人，对担保方式都应当是很在意的。最后，关于保证期间。当事人可以对保证期间作出特别的约定，以适应当事人双方的具体交易需求。但是，如果当事人没有对此作出明确约定，《民法典》关于保证期间的规定具有漏洞填补功能。

与保证合同不同的是保证原因合同或原因条款。保证合同最核心的是承担保证责任的意思表示，双方须对此达成一致。保证原因合同对于非附随性的独立保证具有意义。

> **第六百八十五条** 保证合同可以是单独订立的书面合同，也可以是主债权债务合同中的保证条款。
>
> 第三人单方以书面形式向债权人作出保证，债权人接收且未提出异议的，保证合同成立。

【要义精解】

本条是保证合同形式的规定。

保证合同可以是独立于主债权债务合同的独立文本，也可以是存在于主债权债务合同中的保证条款，均不影响保证合同的存在性。保证合同的书面形式对于保证人、债权人都是有利的。在以书面形式明确约定保证人保证责任的情况下，债权人与债务人对主债权债务的变更，是否影响保证人的权利，才是可以具体确定的。保证人可以据此拒绝承担保证责任。保证合同的书面形式对于债权人也是有好处的，书面形式能够便利债权人主张和实现保证债权。

根据《民法典》第469条第2款、第3款规定："书面形式是合同书、信件、电报、电传、传真等可以有形地表现所载内容的形式。以电子数据交换、电子邮件等方式能够有形地表现所载内容，并可以随时调取查用的数据电文，视为书面形式。"在此，《民法典》第469条提出"可以随时调取查用"的要求，增加了当事人的举证难度。另外，电子数据和书面数据一样，具有可灭失性。可随时调查取用的要求是否必要可以探讨，特别是"随时"的要求，过于严苛。在此，重要的是存在书面保证合同，至于是否可以随时提供书面文本的原件，能否随时调取查用，属于原件的证明问题。笔者以为，从扩大解释的角度而言，保证人无须证明严格意义上的随时可调取查用要求。例如，以电子截屏为表现的保证合同邮件，只要能够证明其真实性的，应视为符合书面合同的要求，符合随时可调查取用的要求。甚至双方均认可签过电子书面保证合同，但无法提供书面文本，也不需要满足严格意义上的随时调取查用要求。

书面合同的成立和生效涉及要约与承诺的关系，这属于合同编总则的内容。在保证合同的书面要求中，口头要约而书面承诺的，可以成立书面保证合同。书面要约而以履行行为承诺的，也可以成立书面保证合同。只要双方对此存在意思表示的一致性，即为足够。在此，保证合同的书面要求不是那么严格，因为立法者并未明确提出保证合同特殊的书面要求。但是，立法者为何提出保证合同要符合书面形式的要求？书面保证合同的必要性在于，它是保证合同特定性的需要。否则，无法具体明确保证所担保的具体债权、金额、范围、期限等。在此意义上，甚至可以说，保证合同的书面性要求是基于事实上的需求。

> **第六百八十六条**　保证的方式包括一般保证和连带责任保证。
>
> 当事人在保证合同中对保证方式没有约定或者约定不明确的，按照一般保证承担保证责任。

【要义精解】

本条是关于保证方式的规定。

按照保证人与债务人向债权人承担保证责任方式的不同，分为一般保证和连带保证。本条值得关注的是，当事人对保证方式没有约定或约定不明确的，保证人按照一般保证承担保证责任。我国原《担保法》第 19 条规定："当事人对保证方式没有约定或者约定不明确的，按照连带责任保证承担保证责任。"本条作出了完全相反的规定。

这种变化的原因可能在于对事物本质认识的不同。也就是说，对于当事人对保证方式没有约定或约定不明的情况下，保证合同双方当事人对保证责任范围的认识存在不同。从交易实践来看，债权人往往要求保证人承担连带保证责任，这是债权人特别是金融债权人强势地位的体现。在德国的担保交易领域，独立保证及无先诉抗辩权的保证是担保交易领域的主要制度工具。在我国，商业银行等金融债权人更是具有强势地位。可以说，连带保证应当是债权人所欲求的保证担保方式，如未明确保证的方式，推定为连带责任保证可能是符合交易实践的。

【对照适用】

对于一般保证与连带保证的区分，2002 年原《最高人民法院关于涉及担保纠纷案件的司法解释的适用和保证责任方式认定问题的批复》（现已失效）第 2 条中对保证方式约定不明的情况作了如下批复：（1）保证合同中明确约定保证人在债务人不能履行债务时承担保证责任的，视为一般保证；（2）保证合同中明确约定保证人在债务人不履行债务时承担保证责任，且根据当事人订立合同的本意推定不出一般保证责任的，视为连带保证责任。这里体现了最高人民法院在适用连带保证时的谨慎态度，即在法律明确规定的约定不明之外，增加了对当事人本意的推测的裁判要求。换言之，只有在对当事人订立保证合同时的本意进行推测后，仍得不出双方意在约定一般保证的，才适用连带保证责任。可以说，《民法典》沿着慎用连带保证的裁判思路，向前更进了一步。

从国外的立法来看，《德国民法典》第 239 条第 2 款、第 773 条均对先诉抗辩权的放弃有所规定。这与我国《民法典》的规定形成对比。在涉外法律交往中，先诉抗辩权会因准据法的选择问题而对跨境交易发生一些影响，须对与我国立法不同的国家的相关规定有所关注。在国内交易实践中，经过一段时间的适应，《民法典》关于保证担保方式的规定对于交易实践的影响会逐渐被稀释，交易中的法律主体会根据自身需要对《民法典》的规定作出调适。

> **第六百八十七条** 当事人在保证合同中约定，债务人不能履行债务时，由保证人承担保证责任的，为一般保证。
>
> 一般保证的保证人在主合同纠纷未经审判或者仲裁，并就债务人财产依法强制执行仍不能履行债务前，有权拒绝向债权人承担保证责任，但是有下列情形之一的除外：
>
> （一）债务人下落不明，且无财产可供执行；

（二）人民法院已经受理债务人破产案件；

（三）债权人有证据证明债务人的财产不足以履行全部债务或者丧失履行债务能力；

（四）保证人书面表示放弃本款规定的权利。

【要义精解】

本条是关于一般保证的规定。所谓一般保证，即保证人仅在债务人不能履行债务时，才承担保证责任的保证类型。这里体现出一般保证和连带保证的区别，即保证人不能履行债务。

保证人承担保证责任的条件是债务人不能履行债务。这既不是由债权人主观判断，也不是债务人的自认，更不是保证人的判断，而是有严格的程序条件，即对债务人采取强制执行措施债权人仍不能实现债权。这种规定的目的在于保护保证人，即债权人应当就债务人的责任财产实现权利，只有在无法实现的情形下才由保证人承担。而债权无法实现的判断，具有客观的标准，即由法院就本次执行终结后仍不能实现债权。

由于先诉抗辩权的严格性，法律规定了例外条款，即排除保证人先诉抗辩权的事由。第一种情形，"债务人下落不明，且无财产可供执行"。在此种情形下，要求债务人先承担偿还责任或对债务人采取执行措施，无实际意义。所谓债务人下落不明，不需要达到宣告失踪或宣告死亡的地步，而是涉及事实和证据的认定问题，即债权人无法找到债务人。对此，通过债务人提供的联系方式、联系地址或通过通常的方式可以联系到债务人的手段，都无法联系到债务人，且债权人举证证明债务人也没有财产可供执行的，即符合第一种情形的构成要件。在司法实践中，人民法院曾以无法对债务人完成送达，作为符合债务人下落不明的条件。与几十年前不同，由于我国现在与国外交往变得相对容易，移居国外不再作为债务人下落不明的认定条件。第二种情形，"人民法院已经受理债务人破产案件"。在此种情形下，债务人已进入破产程序，意味着债务人或者出现流动性困境或者资不抵债。相对于原《担保法》第 17 条第 3 款第 2 项，本款没有提及中止对债务人的执行。实际上，中止执行是进入破产程序而必然发生的效力，不必特别提及。第三种情形，"债权人有证据证明债务人的财产不足以履行全部债务或者丧失履行债务能力"。债务的财产不足以履行全部债务或丧失履行债务的能力，这主要是相对于债务人未进入破产程序有意义。特别是相对于自然人也有意义，因《企业破产法》暂未规定自然人破产，专门规定该款可以弥补破产法的短板。从条文的规定来看，债权人须承担举证义务和证明责任。第四种情形，"保证人书面表示放弃本款规定的权利"。该款明确了先诉抗辩权的任意法性质，即保证人可以放弃此项权利。放弃先诉抗辩权不意味着成立独立保证，保证的从属性和附随性不受影响。当然，银行等金融机构所使用的格式条款受到限制，放弃先诉抗辩权受到法律关于格式条款规定的约束。

【对照适用】

对于先诉抗辩权，在法律实务中可能存在这样的问题，即在对债务人执行终结后，又发现债务人新的财产线索，则保证人的保证责任应当如何承担？债权人发现新的财产线索后，可以申请恢复执行程序，而人民法院也应当恢复执行。这里债权人面临选择，即是向保证人主张保证责任，还是恢复对债务人的执行？在此，法律并没有规定，当执行终结后发现新的财产线索后只能再次追索债务人。很显然，债务人是否有新的财产，债权人在向保证人追索时，是无法知道的。在此，合理的解释是，当本次执行中，债务人无财产可供执行，即可对保证人启动强制执行措施实现主债权。而当对保证人执行完毕后，发现债务人有新的财产的，属于保证人追偿权的范围，保证人可以向债务人追偿。但是，如果债权人的债权仍未全额实现的，仍应以债权的实现为优先。

就债务人的财产依法强制执行仍不能履行债务不宜严格解释，即不应包括本次执行终结后新发现财产的情形。也就是说，就债务人的财产本次执行未能实现的，保证人即承担保证责任。本次执行后新发现的财产，可以再次执行。但也不构成债权人向保证人返还的事由。保证人不得以债务人的新的财产线索为由，要求债权人返还已经执行的财产。然而，保证人是否可以就债务人的财产线索提出拒绝承担保证责任的抗辩呢？也就是说，在人民法院要求保证人承担责任之际，保证人是否可以提出债务人仍能偿还债务的抗辩？应当是可以的。按照《民法典》第698条规定，这正是保证人拒绝承担保证责任的理由。在保证人提供财产线索后，仍不能实现的部分保证人仍应承担保证责任。

> **第六百八十八条**　当事人在保证合同中约定保证人和债务人对债务承担连带责任的，为连带责任保证。
>
> 连带责任保证的债务人不履行到期债务或者发生当事人约定的情形时，债权人可以请求债务人履行债务，也可以请求保证人在其保证范围内承担保证责任。

【要义精解】

本条是关于连带责任保证的规定。所谓连带责任保证，即保证人对主债务人的债务承担连带责任的保证。

关于保证人的连带责任。保证人的连带责任意味着债权人可以向债务人或保证人实现主债权，而保证人不享有先诉抗辩权，债权人也不必等到债务人陷入不能履行债务的状态，更不需要为此提供证据证明，而只需要在债务到期后向债务人或保证人主张即可。在此，法条表述为，"债务人不履行到期债务或者发生当事人约定的情形时"。这里，"不履行到期债务"如何理解成为问题。一般而言，债务履行期届至，债务人应主动履行，债权人也可以催告债务人履行。法条在此提及债务人不履行到期债务，则涉及债权人是否要承担证明责任的问题，即是否需要证明债务人不履行到期债务。如果需要证明，则所证明事项为何以及如何证明也是问题。一般而言，债务履行期届满仍不履行的，可以认为是债务人不履行。对于没有履行期约定的债务，经催告仍不履行的，也可以认为是债务人不履行。但是，保证人真的要为此承担举证责任吗？对此，我们以为，并不需要提供证据证明债务人不履行债务，而只需要主债务到期即可，保证人可以债务人已履行到期债务作为抗辩。

关于连带保证的保证范围。连带责任保证人就主债务人对债权人的全部债权承担连带责任。连带保证主要是就债务人与保证人承担责任的方式而言的，即是否有先后和主次之分，连带责任保证不强调主债务人承担责任的优先性，保证人不享有先诉抗辩权。但是，连带责任保证人仍可只就部分主债务承担连带责任，保证合同中的这种约定是有效的。特别是在多个保证人并存情形下，连带保证人可以在内部分别承担部分保证责任，则保证人之间形成按份共同保证。

第六百八十九条　保证人可以要求债务人提供反担保。

【要义精解】

本条是关于保证人反担保的规定。

通常而言，反担保的发生与债权人无关，反担保是基于债务人与保证人之间的担保约定而发生的。也就是说，反担保是基于保证人与债务人之间的担保合同。但是，由于反担保是基于担保而作出的，没有保证人对债权人的保证，即没有反担保的存在基础。反担保是对保证人所可能承担的担保责任的担保。据此，当保证不成立、无效或消灭的，反担保也应发生关联的效力。

反担保是独立的担保类型。所谓反担保，即债务人或第三人向保证人提供的担保。从担保的概念、功能而言，反担保与通常的担保提供并没有不同。但是，反担保所担保的债务，是保证人基于保证合同向债权人所承担的保证债务。反担保所担保的债权是确定或可确定的，但是否现实发生也具有一定的或然性。在逻辑上，只有在保证人承担保证责任后，才触发保证人向反担保人主张和实现反担保权利的条件。否则，保证人不能向反担保人主张权利。在反担保，担保人所担保的并非主债权，既不是保证合同项下的主债权，也不是就保证债权向债权人提供的担保。就此而言，主债权人无权向反担保人主张权利。反担保是对将来可能发生的或有保证债务而提供的担保。这是反担保制度的独特性。

关于反担保的主体。反担保是债务人提供的，也可以是第三人。债务人自己提供的反担保，可以是保证担保，也可以是物权担保。债务人提供的保证担保对于反担保人意义有限。在一般保证，如果需要保证人向主债权人承担保证责任，意味着债务人无力向债权人清偿。在连带保证，债权人可以选择直接向保证人求偿，则保证人向债务人以反担保方式求偿与向债务人直接追偿差异不大。相反，债务人向反担保人提供物权担保的意义很大。一方面，债务人的责任财产以物权担保的方式赋予反担保人优先受偿权；另一方面，债务人的部分责任财产不再是债权人直接受偿的范围。此时，反担保人与债权人之间存在债权实现的利益冲突。

第三人对保证人的保证债权所提供的担保也是反担保。第三人可以提供保证类的反担保，也可以提供物权类的反担保。在第三人提供的保证反担保，保证人向债权人承担保证责任后，可以就自己承担的部分向反担保人主张，要求反担保人按照反担保合同承担反担保责任。在第三人提供的物权类反担保，保证人承担保证责任后，可以就第三人的担保物实现担保物权，弥补自己承担的保证责任。

反担保与保证人的代位权和追偿权不冲突。保证人承担保证责任后，取代债权人而享有代位权和追偿权，可以就债务人向债权人提供的担保物权实现优先受偿权。保证人也可以选择反担保，要求反担保人承担担保责任。

> **第六百九十条**　保证人与债权人可以协商订立最高额保证的合同，约定在最高债权额限度内就一定期间连续发生的债权提供保证。
>
> 最高额保证除适用本章规定外，参照适用本法第二编最高额抵押权的有关规定。

【要义精解】

本条是关于最高额保证合同的定义及参照适用的规定。

所谓最高额保证，即保证人在最高额度内对一定期间内连续发生的债权所提供的保证。最高额保证中，保证人所可能承担的保证责任的最高额度是自始确定的，但保证人最终所实际承担的保证责任是自始不确定的。应当说，在签订保证合同之际，保证人所担保的债权虽然是不确定的，但在承担保证责任之际是确定的。基于保证合同所担保的债权的这种可确定性，最高额保证合同的效力为法律所认可。

关于最高额保证所担保的债权。首先，最高额保证所担保的债权具有连续性。这种债权可以是借贷债权，即在一定期间内发生的借贷债权，贷款人可以借新还旧等方式循环或连续使用信用额度，待借款期满后，保证人就剩余金额向出借人承担保证责任。最高额保证所担保的可以是连续发生的贸易合同债权，即在一定期间内，买卖双方连续进行货物的买卖及货款的支付，双方合作期满后，保证人就剩余货款在最高限额内承担保证责任。其次，最高额保证所担保的债权具有期限性。最高额保证所担保的是一定期限内发生的债权。须注意的是，该一定期限不是债权的履行期限，而是债权的发生期间，在该债权发生期间内所形成的债权余额，是最高额保证所担保的债权。也就是说，最高额保证所担保的债权也包括在一定期限内发生的，但履行期尚未届至的债权。再次，最高额保证所担保的期限内债权与保证期间不同。保证期间是保证人承担保证责任的期间，可以由保证人与债权人约定，没有约定的为主债权履行期届满后 6 个月。而一定期限内连续发生的主债权，是债权的发生期间，在债权的发生期间主债权还未最终确定，不涉及保证人履行保证责任的问题。

关于参照最高额抵押权的规定。最高额抵押规定在《民法典》第 420 条至第 424 条。其中，第 420 条是关于最高额抵押权的概念性规定。第 421 条是关于部分债权转让的规定。据此，在最高额保证担保的债权确定前，部分债权转让的，最高额保证不得转让，但是当事人另有约定的除外。也就是说，保证人对转让出去的债权不承担保证责任。比较有实际意义的是《民法典》第 423 条，该条是关于最高额抵押权所担保的债权如何确定的规定。据此，最高额保证所担保的债权可以按照下述规则确定：（1）约定的债权确定期间届满；（2）没有约定债权确定期间或者约定不明确，抵押权人或者抵押人自最高额抵押权设立之日起满 2 年后请求确定债权；（3）新的债权不可能发生；（4）抵押权人知道或者应当知道抵押财产被查封、扣押；（5）债务人、抵押人被宣告破产或者解散；（6）法律规定债权确定的其他情形。对此，须探讨的是以上第 4 点能否对最高额保证参照适用。由于最高额保证没有特定财产可供查封、扣押，该款无法适用于最高额保证。其余条款可以参照适用，不在此进行评述。

【对照适用】

在司法实践中，由于债权决算期（债权确定期）与保证责任期间不同，出现主债权尚未到履行期，而保证期间已过的情况。也就是说，保证人是否应当对履行期在保证期间之外的主债权承担保证责任？对此，最高人民法院裁判的观点是，在保证期间内发生的债权，即使到期日在保证期间之后，仍属于保证担保的范围。这其中的理由在于，最高额保证所担保的是一定期间内连续发生的债权，而不是在一定期间内已到期的债权。

第二节　保证责任

> **第六百九十一条**　保证的范围包括主债权及其利息、违约金、损害赔偿金和实现债权的费用。当事人另有约定的，按照其约定。

【要义精解】

本条是关于保证责任范围的规定，属于任意性规范。

保证人与债权人可以就保证人承担保证责任的范围作出明确的约定，这是当事人的意思自治。但是，即使当事人未对保证责任的范围作出约定，通常而言，保证责任的范围也应当包括主债权及其利息、违约金、损害赔偿金及实现债权的费用。也就是说，即使当事人未对保证责任的范围作出明确约定，保证人也应在上述范围内承担保证责任，而不是以主债权为限。本条的规定有利于债权人，对于保证人则是不利的。保证人如欲限制自己的保证责任，应当对保证的范围作出明确的限定。

所谓主债权，是指债权人与债务人之间的基础债权。例如，债权人与债务人基于借款合同而发生的借款债权，保证人与债权人达成一致，同意就该债权承担保证责任。所谓利息，一般在借款债权发生，即借款合同约定或没有约定情形下法律规定的利息，也包括在人民法院判决生效后所发生的罚息、复利等。非借款合同一般不存在利息。但是，在买卖合同等合同类型下，当事人各方也可以约定迟延支付价款的利息。此时，利息仍应具有独立性，不与违约金或损害赔偿金混淆。所谓违约金，应当指的是债权人与债务人约定的违约金。违约金具有可约定性，值得注意的是，约定的违约金过高的，可以请求法院予以调整。即使债务人不请求调整，保证人仍可以抗辩违约金过高。在借款合同，还涉及高利贷问题，超过法定最高利率上限的利息将不受法律保护。对于损害赔偿金，还涉及与违约金的关系，在以实际损失填补为救济的模式下，违约金与损害赔偿金存在部分可替代关系。所谓实现债权的费用，需要区分实现债权的途径，通过诉讼实现债权的，则涉及诉讼费、保全费、保全担保费、评估费、执行费、律师费等费用，具体数额并非保证人所能预先完全确定。

本条虽然对保证责任的范围作出列举性规定，但不是强制性的，当事人可以作出另外的约定，即只对主债权或主债权相关的从债权承担保证责任。另外，法律虽然对保证人的保证责任范围作出列举性规定，是否意味着没有列举的项目，保证人不承担责任？在此，至少《民法典》并没有兜底性的"等"字。基于此，没有列举的项目，除非另外约定，保证人不承担保证责任。

【对照适用】

本条与第684条的关系可以探讨。第684条规定："保证合同的内容一般包括被保证的主债权的种类、数额，债务人履行债务的期限，保证的方式、范围和期间等条款。"也就是说，保证的范围属于保证合同所一般包括的内容。而按照本条，保证合同即使没有对保证责任的范围作出约定，也没有问题。因本条已对保证范围予以列明，那么，在第684条保证合同一般包括保证范围的情况下，本条的价值何在？其价值在于对保证责任范围的明确，即在当事人没有约定或约定不明的情况下，保证人所应当承担的保证范围根据本条确定。否则，保证合同对保证范围没有约定或约定不明的，涉及解释问题。从有利于保证人的角度，保证人可能只对主债权或签订保证合同时确定的主债权及从债权承担保证责任。而从有利于债权人的角度，保证人对包括主债权在内的主债权及从债权、实现债权的费用承担保证责任。《民法典》编纂者在此选择了有利于债权人的立场，即债权人受偿利益的最大化。

在实践中，可能存在当事人约定的担保责任大于主债权的情形，这也属于当事人另有约定的情形。这种约定是否有效？对此，2019年《全国法院民商事审判工作会议纪要》第55条规定，"……当事人约定的担保责任的范围大于主债务的，如针对担保责任约定专门的违约责任、担保责任的数额高于主债务、担保责任约定的利息高于主债务利息、担保责任的履行期先于主债务履行期届满，等等，均应当认定大于主债务部分的约定无效，从而使担保责任缩减至主债务的范围。"该规定涵盖内容颇多，个别细节值得商榷。例如，对于担保责任的履行期先于主债务履行期届满的，应当视为约定不明，适用6个月的保证期间的规定。对于担保责任的数额高于主债务、担保责任约定的利息高于主债务的利息的，则应当按照担保从属性规则，认定大于主债务的部分无效。另外，债权人与保证人约定保证人不履行保证责任的违约责任，是否有效可以探讨。

> **第六百九十二条**　保证期间是确定保证人承担保证责任的期间，不发生中止、中断和延长。
>
> 债权人与保证人可以约定保证期间，但是约定的保证期间早于主债务履行期限或者与主债务履行期限同时届满的，视为没有约定；没有约定或者约定不明确的，保证期间为主债务履行期限届满之日起六个月。
>
> 债权人与债务人对主债务履行期限没有约定或者约定不明确的，保证期间自债权人请求债务人履行债务的宽限期届满之日起计算。

【要义精解】

本条是关于保证期间计算的一般规定。

《德国民法典》并没有专门的保证期间的规定，但保证期间是我国早已有的制度。原《担保法》第25条、第26条即分别为一般保证和连带保证规定了保证期间。保证期间的规范目的在于，使保证人免于保证责任承担不确定性的长期困扰，而是限制在约定或法定的6个月内。同时，在主债权债务履行期限届满后，也会因主债务的拖延给保证人带来额外的利息及费用负担，保证期间的规定有利于保护保证人及时止损。然而，由于保证期间与诉讼时效制度相互交织，保证人承担保证责任的期间并非保证人单方控制，保证期间保护保证人的目的难以真正实现。

保证期间性质上属于除斥期间。保证期间并非诉讼时效期间，不因不可抗力等因素停止计算，也不发生中止、中断和延长。保证期间经过后，在期间经过后保证债权及保证责任消灭，保证人不仅可以拒绝承担保证责任，债权人也无权主张保证人履行。当然，保证人自愿履行或承担保证责任的，可理解为新发生的保证债权，债权人并可通过受领行为而与保证人发生新的保证合同关系，而新的保证合同关系与之前的保证合同内容相同。

保证期间具有可约定性。保证人与债权人可以约定保证期间，约定的保证期间可以长于或少于6个月。保证人可以承诺在较长时间内承担保证责任，例如约定5年的保证期间，即保证人须在主债权履行期限届满5年内承担保证责任。这种约定不违反法律明文的禁止性规定。但是，在司法实践中对超过主债务诉讼时效期间的保证期间的约定的效力存在争议。有的司法裁判认为这种约定无效。即使这种约定是有效的，超过主债权履行时效的保证期间，也面临时效抗辩的问题。也就是说，保证人虽然承诺在较长的期限内承担保证责任，但是主债权可能因债权人未在诉讼时效期间内主张而罹于时效。那么，保证人能否主张时效抗辩？对此，可以有不同的观点。保证人可能自始放弃了主债权的时效抗辩，否则为何约定如此长期的保证期间？从有利于保证人的角度，也可以认为保证人约定超长的保证期间并不意味着放弃主债权的时效利益。债权人也不能基于超长时期的保证期间，而不积极向债务人主张权利。从社会经济秩序稳定的角度而言，也不应放任债权人对于权利主张的懒惰。也就是说，就保证的从属性而言，主债务罹于时效的，保证人享有抗辩权。

对于约定保证期间，当事人双方可能在少数情形发生"失误"，即约定的保证期间与主债务履行期相同。这导致主债权一到期，保证债权的保证期间就经过了，债权人根本无法向保证人主张保证债权。甚至在极端的情况下，保证期间早于主债务履行期，也将导致保证债权在事实上无法为债权人所行使。为解决这一问题，法律规定，"约定的保证期间早于主债务履行期限或者与主债务履行期限同时届满的，视为没有约定"。也就是说，在这些情况下，约定的保证期间视为不存在，适用法定的保证期间。同时，按照条文的规定，"没有约定或者约定不明确的，保证期间为主债务履行期限届满之日起六个月"。之所以如此规定，在于既然保证人承诺提供保证担保，就不应当认定为他不提供担保。在保证人提供担保的前提下，当事人对保证期间约定的"失误"，应当在没有约定或约定不明的意义上理解。

保证期间是保证责任的除斥期间，依赖于主债务履行期的届满。主债务没有履行期的，则保证责任期间的起算点无法确定。为解决这一问题，本条第3款规定："债权人与债务人对主债务履行期限没有约定或者约定不明确的，保证期间自债权人请求债务人履行债务的宽限期届满之日起计算。"实际上，对于债权人与债务人没有明确约定履行期限的债权债务关系，法律自会规定相应的履行期限，当事人也会基于自身利益而确定债务履行的细节。而保证人自愿承担保证责任，将自己置于没有明确约定履行起点的债务关系，这是意思自治原则下的风险自担，似没有必要专门为保证人确定保证责任期间的起算点。

第六百九十三条　一般保证的债权人未在保证期间对债务人提起诉讼或者申请仲裁的，保证人不再承担保证责任。

连带责任保证的债权人未在保证期间请求保证人承担保证责任的，保证人不再承担保证责任。

【要义精解】

本条是债权人未在保证期间主张权利法律后果的规定。

关于债权人主张权利的方式，须区分一般保证和连带保证。在一般保证，债权人须向债务人主张权利，且必须通过诉讼或仲裁的方式主张。只有向债务人以法定的方式主张权利，才发生对保证人权利保留的效果。相反，单纯向保证人主张权利不发生权利保留效果。另外，债权人向债务人主张的权利，必须是整体或全部权利，只主张部分权利的，保证人对未主张部分将不再承担保证责任。在连带保证，债权人须向保证人直接主张权利，而不是向债务人主张。只有向保证人直接主张保证责任，才发生权利保留的效果。相反，向债务人主张并不发生权利保留的效果，且会失去向保证人求偿的权利。

对于保证期间届满的效果，为何区分一般保证和连带保证？立法者考虑的是保证人的先诉抗辩权。也就是说，由于一般保证人享有先诉抗辩权，债权人无法直接向保证人主张实现债权，而是必须先向债务人主张，且保证人仅就无法实现的部分承担保证责任。

【对照适用】

一般保证，债权人须在保证期间内对债务人提起诉讼或申请仲裁。诉讼或仲裁是公力救济的方式。那么，为什么必须要求一般保证的债权人采取公力救济的方式？如上所述，在于保证人的先诉抗辩权。也就是说，如果债权人没有在保证期间内，以诉讼或仲裁的方式主张全部债权，则保证人可以基于先诉抗辩权拒绝承担保证责任。立法者基于这样的考虑，直接规定保证人不再承担保证责任，消灭了保证责任的存在性。从历史来看，本条来自我国原《担保法》第25条。然而，这样的规定可以推敲。先诉抗辩权属于可放弃的权利，保证人可自由处分。如果对于没有在保证期间内向债务人诉讼或仲裁的债权人，保证人不想主张先诉抗辩权，立法者并没有必要介入，并消灭债权人和保证人之间的权利义务关系。既然先诉抗辩权是可主张的抗辩，规定保证人可以拒绝承担保证责任即是足够的，而不是直接消灭保证责任。

另外，需要注意的是，一般保证，债权人须向债务人诉讼或仲裁，向保证人诉讼或仲裁不能发生权利保留的效力，相反会因保证期间经过而丧失对保证人的保证债权。实际上，这种规定看似逻辑严密，却是对先诉抗辩权的过度执迷，以至于把先诉抗辩权作为债权人向保证人主张权利所不可逾越的障碍。既然保证债权是债权人对保证人的权利，由债权人向保证人直接主张，且不限定于诉讼或仲裁，才是保证债权的正确展开方式。虽然保证人仍可以主张先诉抗辩权，但债权人已在保证期间内主张权利，保证人不能以保证期间经过为由拒绝承担保证责任。要求保证人等待债权人向债务人穷尽救济之后再向自己追索，并不一定是对其有利的，毕竟对于诚实的保证人而言，利息、违约金、诉讼费等是一种额外的成本。而且，假定债权人先起诉债务人，再起诉保证人的逻辑本身就是耗时费力的安排，也并非实践中可操作的模式。

> **第六百九十四条** 一般保证的债权人在保证期间届满前对债务人提起诉讼或者申请仲裁的，从保证人拒绝承担保证责任的权利消灭之日起，开始计算保证债务的诉讼时效。
>
> 连带责任保证的债权人在保证期间届满前请求保证人承担保证责任的，从债权人请求保证人承担保证责任之日起，开始计算保证债务的诉讼时效。

【要义精解】

本条是关于保证债务诉讼时效起算点的规定。

本条文的内容在于明确保证期间与诉讼时效的衔接关系。也就是说，债权人在保证期间内主张权利的，则债权人对保证人的诉讼时效开始起算，保证期间则不再计算。基于本条规定，一方面，债权人对保证人的权利得以保留，而不至于因保证期间届满而消灭；另一方面，保证债权诉讼时效的起算点得以明确，减少诉讼时效起算点不明确所带来的不确定性。

从本条与第 693 条的关系来看，第 693 条阐述的是债权人未在保证期间主张权利的后果，即保证人的保证责任消灭；而本条阐述的是债权人在保证期间内主张权利的后果。在保证期间内主张权利的后果是，保证债权转变为确定的、实际发生的债权，并开始计算该债权的诉讼时效。保证债权诉讼时效起算后，保证期间失去意义。保证债权不会再因保证期间届满而消灭。未计算的保证期间也不会再为债权人保留。

保证债权诉讼时效起算的依据是不同的。在一般保证，保证债权诉讼时效起算的依据有二：一是债权人在保证期间届满前对债务人提起诉讼或者申请仲裁；二是保证人拒绝承担保证责任的权利已经消灭。在连带保证，保证债权诉讼时效起算的依据有：债权人在保证期间届满前请求保证人承担保证责任。保证人拒绝承担保证责任的权利指的应当是先诉抗辩权。保证人先诉抗辩权的效果将在对债务人执行终结后消灭。在实务中，债权人应当在对债务人执行完毕后，再以保证人的财产实现主债权。在连带保证，债权人对保证人发出权利主张的通知，即发生保证债权诉讼时效中断的效果。在实务中，连带保证债权的权利函件到达保证人的，应当可以发生时效中断的效果。

关于保证债权诉讼时效起算的效果。保证债权诉讼时效起算后，保证期间不再计算。保证债权不再因保证期间经过而消灭，未经过的保证期间也失去意义。即使保证债权的诉讼时效经过，未计算的保证期间也不发生效力，债权人不得重新主张计算未经过的保证期间。在诉讼时效起算后，保证债权将按照诉讼时效中止、中断的规则独立发生效力。保证债权的诉讼时效经过的，保证人有时效抗辩权，即可以拒绝承担保证责任。保证人自愿履行或不知时效经过的，不得主张返还。

【对照适用】

《民法典》第 694 条规定在于呼应《民法典》第 687 条第 2 款关于先诉抗辩权的规定。按照该规定，"一般保证的保证人在主合同纠纷未经审判或者仲裁，并就债务人财产依法强制执行仍不能履行债务前，有权拒绝向债权人承担保证责任，但是有下列情形之一的除外：（一）债务人下落不明，且无财产可供执行；（二）人民法院已经受理债务人破产案件；（三）债权人有证据证明债务人的财产不足以履行全部债务或者丧失履行债务能力；（四）保证人书面表示放弃本款规定的权利。"据此，可根据案件的具体情况，确定一般保证债权诉讼时效的起算点。例如，人民法院受理债务人破产案件的，保证人不再享有先诉抗辩权，此时债权人即可向保证人主张保证责任，保证债权的诉讼时效开始起算。

> **第六百九十五条** 债权人和债务人未经保证人书面同意，协商变更主债权债务合同内容，减轻债务的，保证人仍对变更后的债务承担保证责任；加重债务的，保证人对加重的部分不承担保证责任。
>
> 债权人和债务人变更主债权债务合同的履行期限，未经保证人书面同意的，保证期间不受影响。

【要义精解】

本条是主债权债务变动对保证责任影响的规定。

基于保证合同的相对性，保证债权一般在保证人与债权人之间发生法律效力。保证人不能干涉主债权债务关系。但是，保证责任是对他人债务实现的保障，具有涉他性。保证人除享有主债权债务关系中的抗辩外，主债权债务的变动也会影响保证合同中的权利义务关系。本条即在于明确主债权债务变动对保证责任的影响。

主债权债务关系成立后，并不是一成不变的，在保证人承担保证责任后也是如此。保证所担保的正是债务人不能按照约定履行的情形。故此，保证人对保证合同生效后主债务客观上的变化，仍承担保证责任。例如，利息的增长等。债务人主观上违约所导致的主债务增加及责任形式的变更，如因迟延履行或其他归责事由导致主债务的增加，保证人也应承担保证责任。也就是说，如果保证人没有特别约定排除，保证人对主债务的非协商性变更，均应承担保证责任。

债的更新与债的变更的关系需要关注。所谓债的更新，即以新债替代旧债。债的变更仍与原债保持同一性，并非新债的发生。如是债的更新则涉及债的同一性改变，保证人是否继续承担保证责任是很有疑问的。按照本条第2款规定："债权人和债务人变更主债权债务合同的履行期限，未经保证人书面同意的，保证期间不受影响。"对此，仍不能理解为债的更新，而是债务履行期限的变更，债的同一性不变。债务履行期的变更是否可能有利于保证人？这需要在具体情况下进行判断。在此，无论履行期的延长还是缩短，对保证人可能都是一种负担。如缩短了履行期，则意味着保证人承担保证责任的时间提前，保证人可以主张对自己不利。如延长了履行期，则意味着保证人的保证期间可能也被延长，对保证人同样不利。

未经保证人同意，保证人可以拒绝由此给自己带来的不利。本条第 2 款明确，未经保证人书面同意，保证人所承担的保证期间不受影响，即保证人仍在原保证期间内承担保证责任。这导致的后果是，债权人对保证人追偿的具体时间节点可能会发生变化。如果保证期间是以具体日期为节点的，需要根据主债务履行期而进行相应的调整。

本条主要在主债务的数额变更有意义，数额减少了对保证人肯定是有利的，相反则不利。但主合同数量之外的变更有时很难说对保证人是否有利。保证人为拒绝承担保证责任，往往会以各种理由主张加重了保证责任，须在个案中具体判断是否成立。例如，关于币种，将美元换为人民币或将现金变为票据支付，客观上对保证人可能是有利的，但保证人可能抗辩以美元或现金支付更为便利，因其已为此作出了履行准备，或者干脆主张更换支付方式给自己带来额外的麻烦而拒绝。而且，在实操环节，如果保证人没有出具书面的同意文件，很可能会列出或声明一些理由。保证人借主债务变更之机会声明拒绝承担保证责任，是完全可能发生的。在发生争议时，裁判机关应对这些理由进行判断，以明确是否加重保证人责任。从立法目的来看，本条在于保护保证人对保证责任预期的稳定性。故此，只要在主观上加重保证人责任的，即使客观上对保证人有利，债权人恐将很难受到保护。也就是说，对于履行方式的变更，也可能会导致保证人对整体债务保证责任的豁免。

主债务的变更之所以一般都是不利于保证人的地方在于，主债务的变动会对主债务履行期限、时效等造成影响，并进而影响保证人的保证责任。特别是主债务的变更会影响主债务的时效，引发主债务诉讼时效中断的效果，客观上延长主债务的时效期间。然而，这对保证人一般是不利的。当然，债务人通过变更而客观上延长诉讼时效期间，由此给保证人带来的时效期间上延长的部分，保证人可以主张不再承担保证责任。

【对照适用】

在实践中，借新还旧是不时发生的现象。在学理上，借新还旧属于债的更新。债的同一性发生变化，旧债应视为已经偿还。保证人应免除保证责任。但是，我国司法实践并未采取这种理解。

按照 2019 年《全国法院民商事审判工作会议纪要》第 57 条规定，借新还旧，旧贷因清偿而消灭，为旧贷设立的担保物权也随之消灭。对于借新还旧的保证责任，纪要并未涉及。显然，借新还旧的法律效果是相同的，保证情形至少也可比照纪要第57条，旧贷因清偿而消灭，保证责任随之消灭，新债不再负有旧贷的保证责任担保。但这意味着裁判观点的转变，还有待于司法实践的确认。

> **第六百九十六条** 债权人转让全部或者部分债权，未通知保证人的，该转让对保证人不发生效力。
>
> 保证人与债权人约定禁止债权转让，债权人未经保证人书面同意转让债权的，保证人对受让人不再承担保证责任。

【要义精解】

本条是债权转让对保证合同效力的规定。

由于债权转让后，保证人承担保证责任的主体发生变更，为避免非债清偿，保证人有知悉的权利。同时，债权转让对保证人可能造成履行保证责任的不便利，保证人可与债权人约定禁止债权转让。本条的两款规定对上述问题作出回应。

《民法典》第546条第1款规定："债权人转让债权，未通知债务人的，该转让对债务人不发生效力。"债务人向原债权人所为的给付，具有消灭债的效力。债务人对债权人的债务因履行而消灭。新债权人不得向债务人主张履行，至于新债权人向原债权人以违约或不当得利返还为依据追偿，与债务人无关。本条的意蕴与第546条相同，即在于保护保证人免受清偿主体不确定的纷扰。所谓该转让对保证人不发生效力，更是与第546条的表述如出一辙。但是，对此的理解应当是，保证人可以向原债权人履行保证责任。保证人向原债权人履行保证责任后，即承担了保证合同项下的保证责任，并享有相应的追偿和代位的权利。《民法典》第392条并没有规定担保人之间的代位权，但是，保证人履行保证责任后仍可取代债权人的地位，可以就债务人提供的物权担保实现代位求偿。

关于债权转让向保证人通知的时间。在实践中，债权转让可能先于通知之完成，甚至在债权转让与通知之间相隔很长的时间。只要在保证人承担保证责任之前，完成让与通知，即对保证人发生让与的效力。但是，债权转让通知应在保证期间内完成。否则，保证人得以保证期间经过为由拒绝承担保证责任。债权转让通知是否具有保证时效起算的效力？由于《民法典》规定一般保证的时效起算以债权人对债务人提起诉讼或仲裁为限，债权转让通知似不具有起算时效的效力。连带保证，债权人向保证人请求履行保证责任也可以发生起算保证债务时效的作用。而债权转让通知并不是明确的保证责任履行的请求，严格来讲不能发生起算保证时效的作用。也就是说，债权转让的情形，债权人仍应在保证期间内，以明确的意思表示向连带保证人依法主张保证债权。

保证人与债权人约定禁止债权转让的，则转让不得向保证人主张，保证人不向受让人承担保证责任。这里需要注意的是，《民法典》第545条，即债权人与债务人的债权禁止转让约定在当事人之间有效，不得对抗善意第三人。也就是说，在债权人与债务人之间的禁转约定，不能对抗不知情的保证人，保证人向新债权人承担保证责任的，债务人不得拒绝保证人的求偿及代位主张。反过来，保证人与债权人约定债权禁止转让，而债务人向新债权人履行的，固然发生履行的效力，保证人也因此免除保证责任。

【对照适用】

保证属于主债权的从权利。《民法典》第547条第1款规定："债权人转让债权的，受让人取得与债权有关的从权利，但是该从权利专属于债权人自身的除外。"保证债权属于金钱债权，似不属于专属于债权人自身的从权利，应当随同移转。据此，保证债权也应当发生法定移转，不需要额外的公示行为。

但是，《民法典》第696条规定打破了第547条的规定，可以有两种理解。第一种理解，第696条打破了第547条的附随性。债权人转让并不发生保证债权的法定移转，而是取决于是否通知保证人。如果债权转让未通知保证人，则对保证人不发生效力。第二种理解，保证债权仍发生法定移转，但只具有相对的效力，虽然保证债权附随于主债权移转给受让人，但只要未通知保证人，对保证人不生效力。两者的差异在于，按照后一种理解，在让与人与受让人之间，保证债权还是已经移转，保证人不再对让与人承担实质上的保证责任。笔者以为，第二种理解更为合理。在此种情形下，保证人向转让人善意履行的，仍消灭保证责任。

《民法典》第545条与第696条的关系是需要解决的问题。按照第696条第2款，保证人可与债权人约定排除保证债权的可让与性。债权人与保证人约定禁止债权转让的，则受让人更不能基于债权转让本身取得保证债权。即使债权转让通知到达保证人，保证人也不对受让人承担保证责任。但是，对此可能存在争议。保证债权一般属于金钱债权。《民法典》第545条第2款规定："当事人约定非金钱债权不得转让的，不得对抗善意第三人。当事人约定金钱债权不得转让的，不得对抗第三人。"对此，可有两种不同的理解。第一种理解，如优先适用第545条第2款，本条约定的禁止保证债权转让的约定，不能对抗第三人。这里的第三人应当包括债权的受让人。也就是说，受让人可以要求保证人承担保证责任。第二种理解，如果将本条理解为第545条的特别规定，也可能成立。此时，保证人与债权人的禁止债权转让的约定即可以对抗受让人。

> **第六百九十七条** 债权人未经保证人书面同意，允许债务人转移全部或者部分债务，保证人对未经其同意转移的债务不再承担保证责任，但是债权人和保证人另有约定的除外。
> 第三人加入债务的，保证人的保证责任不受影响。

【要义精解】

本条是债务移转对保证责任影响的规定。

债务人以自己的责任财产对债权人承担清偿责任。保证人虽向债权人提供担保，担保并非债务加入或债务承担，保证人并非基础债权债务关系中的债务人。相反，保证人属于债权债务关系之外的第三人。对于基础债权债务关系，仍是以债务人履行为基本的完成方式。保证人只是在债务人自己履行义务之外提供的保障机制，保证债务是或然之债。保证人往往是基于对债务人履约能力，特别是基于对原债务人的人身信任关系而提供的担保。债务人的履约能力对于保证人事实上不承担保证责任是至关重要的。未经保证人同意，债务人移转部分或全部债务，保证人可以拒绝承担相应的保证责任。

本条的表述所使用的是"保证人对未经其同意转移的债务不再承担保证责任"，所谓"不再承担保证责任"的直接含义是未同意的范围内的保证责任消灭。也就是说，不需要保证人提出明确的抗辩，人民法院不得以保证人未提出抗辩为由，判决保证人承担保证责任。另外，对于保证人同意债务移转的判断，应以保证人书面的意思表示为准。保证人的书面同意债务移转意思表示可以是单独的同意函，也可以是在债务移转合同中作为一方主体签字或盖章。按照本条的规定，单纯口头的同意表示不是有效的同意，即使债权人提供证据证实保证人曾口头同意债务移转，仍不得向保证人主张保证责任。

保证人可与债权人约定，事先或事后同意债务移转。例如，保证人在保证合同中明确，债务人可以将债务转移给第三人，不需要保证人书面同意，这种约定是有效的。也就是说，不需要保证人对债务的受让人作出具体明确的同意表示，事先的概括同意是足够的。保证人的书面同意作为形式要件，其目的在于保护保证人免受债务人变动带来的风险，保证人可以放弃这种保护。

债务移转可以有约定和法定的方式。除债务人与第三人签订债务移转的协议外，约定的债务移转还包括债权债务的整体移转或概括移转，这种包含债权转让的概括移转，也需要保证人同意。可能存在争议的是，保证人需要就差额部分还是就原债务表示同意。对此，应当认为是对原债务表示同意，因债权人向债务人求偿的数额并非差额而是全额。至于法定的债务移转，是否引发保证责任的消灭，可以探讨。例如，债务人死亡的，债务人的债务由其继承人承担，则保证人能否主张拒绝承担保证责任，是有疑问的。由于法定移转不属于债务人通过意思表示的方式移转债务，保证人不能拒绝承担保证责任。

一般保证的债权人在保证期间内向债务人通过诉讼或仲裁主张权利，或连带保证的债权人在保证期间向保证人请求承担保证责任，在主张权利后债务人转让债务的，是否仍然应当经过保证人同意？应当也是需要的，因为保证人在此时对主债务人追偿的迫切性更为严重，承担保证责任的现实风险更大。

第三人加入债务的，原债务人仍承担清偿责任，不影响原债权债务的履行。同时，第三人的加入增加了债权实现的可能性。故此，债务加入不影响保证人继续承担保证责任。保证人承担保证责任后，能否向新加入的债务人追偿？新债务人加入债权债务关系中，与债务人享有同等的法律地位，承受同等的法律负担，保证人可以向新债务人追偿。在此需要明确的是，债务加入的后果并非成立按份之债，新旧债务人对债权人负担同等的给付义务，新旧债务人成立连带债务关系。如各方约定加入后成立按份之债，且未经保证人同意，构成对原债权债务关系的重大调整。虽然在此的债务总额未变，但是新加入债务人的偿债能力未经保证人确认，旧债务人的债务减少更未经保证人同意，保证人可以就此向债权人主张债务变更的抗辩。申言之，新加入的债务人与原债务人按份之债的约定，在新旧债务人之间实际等同于债务的移转，应需要保证人的同意。

【对照适用】

对于企业兼并、破产重组中债务人债务承担主体的变更，是否属于本条意义上的债务移转，可以探讨。企业兼并等导致债务主体的变动，虽与直接的债务移转不同，但仍属于通过合意方式而发生的债务主体变更，也会影响保证人的利益。特别是借企业兼并等逃避债务，将导致保证人承担保证责任的风险加大。故此，对于通过主体变更的方式而发生的债务的法定移转，应当需要保证人书面同意。否则，保证人不再承担保证责任。

另外，因继承而发生债务的法定移转是否对保证债务有影响，可以探讨。《德国民法典》第768条第1款第2句规定，债务人的继承人仅在继承的遗产范围内承担有限责任，保证人不得主张继承人有限责任的抗辩。我国也实行概括继承的制度，保证人能否主张债务人继承人的有限责任或不再承担保证责任的抗辩？保证具有附随性，主债务消灭的，保证债务也消灭。但是，债务人死亡，不意味着主债务消灭，而只是发生债的法定移转。由于保证人是对债务人的债务承担无限保证责任，债务人一般均有其继承人，保证人不得以债务主体消灭为由拒绝承担保证责任。当然，债务人主体消灭或死亡的情形，应由其继承人或债务继受主体作为债务人及诉讼上的被告。

> **第六百九十八条** 一般保证的保证人在主债务履行期限届满后，向债权人提供债务人可供执行财产的真实情况，债权人放弃或者怠于行使权利致使该财产不能被执行的，保证人在其提供可供执行财产的价值范围内不再承担保证责任。

【要义精解】

本条是债权人放弃或怠于行使权利对保证债权影响的规定。

按照条文的规定，在主债务履行期满，保证人即可向债权人提供债务人财产的真实情况。在主债务履行期满之前，保证人向债务人提供财产情况的意义不大，因债务尚未到履行期，债权人也无法对债务人采取执行措施。保证人可在主张先诉抗辩权的同时或在先提供债务人财产的真实情况。在执行开始后，保证人应向债权人提供债务人的财产情况，还是向执行机构提供? 法条规定是向债权人提供，故向法院提供应由债权人自行完成。而债权人可以要求保证人核实财产信息的真实性，而不是必须将尚未经保证人证实的财产线索提供给执行机构。保证人证实该财产的真实情况，是不小的证明负担。这是实际操作性难题。保证人有时也只是掌握财产线索，能否核实与执行需要执行机构查实。而按照条文的规定，债权人并不是必须将有待核实的财产线索提供给执行机构，而保证人自身的核实能力又是有限的。

保证人所能提供的真实财产信息可能包括，经由裁判文书确定的财产情况、由第三人确认的财产情况，以及通过官方机构获得的债务人的财产情况等。在这些情形下，债务人不应就保证人提供的财产信息的真实性不加认可。在其他情形下，保证人须向债权人证明债务人财产信息的确切性、真实性。本条将财产情况真实性的证明责任分配给保证人，否则债权人可以拒绝就该等财产实现债权。有争议时，应由裁判机构确认保证人提供的财产情况是否已经符合本条规定的真实性，并判断保证人是否可以免责。

债务人所能提供的债务人财产的真实情况，还可有如下情形：首先，债务人向保证人提供反担保的情形。在这种情况下，债权人就反担保财产开始执行程序，是有效解决三方关系的途径，保证人作为反担保的担保权人，所提供的债务人的财产情况自是真实有效的。当然，此处的反担保应限于物保。如是人保，则无法作为债务人的财产真实情况而提供。其次，在人保与物保并存的情形下，保证人提供的债务人的财产情况。在债务人提供物保的情形下，保证人无须向债权人提供物保的信息。但债权人怠于或放弃物保权利的，保证人可以主张免责。在第三人提供物保的情形下，民法典物权编规定债权人有选择权，则即使保证人向债权人提供该等财产信息，债权人未就物保优先受偿，保证人也不能主张免责，盖因此时并非债务人而是第三人的财产情况。

【对照适用】

本条是对我国原《最高人民法院关于适用〈中华人民共和国担保法〉若干问题的解释》第 24 条的转化。

本条的文义在于，保证人向债权人提供债务人真实可靠的财产线索，如债权人放弃或怠于就保证人提供的债务人财产实现债权，保证人免责。所谓"放弃或者怠于行使权利"所指的是，债权人就债务人财产实现债权的权利，即通过执行程序实现债权的公力救济权，这是一种程序权利。也就是说，债权人放弃或怠于向执行机构提供保证人提供的财产线索。那么，"放弃或者怠于行使权利"应为放弃或怠于就保证人提供的真实财产信息实现债权，并导致该财产不能被执行，保证人可以免责。

> **第六百九十九条** 同一债务有两个以上保证人的，保证人应当按照保证合同约定的保证份额，承担保证责任；没有约定保证份额的，债权人可以请求任何一个保证人在其保证范围内承担保证责任。

【要义精解】

本条是多数保证人的规定。

同一债务有两个以上保证人有多种情形。就保证合同的订立而言，两个保证人可以同时为债务人提供担保，也可以分别为债务人提供担保。就多数保证人的内、外部关系而言，可以有共同保证、连带保证及按份保证等。保证人之间存在共同关系的，为共同保证。保证人对债务人的债务向债权人承担连带责任的，为连带保证。保证人对债务人的债务向债权人承担按份责任的是按份保证。

保证人之间可以约定保证份额，则保证人只按照约定的份额承担保证责任，超过约定保证份额的部分，保证人不承担担保责任。这通常发生在两个以上保证人在同一份保证合同中列为保证人的情形。例如，两个保证人各承担50%的保证责任，也可以约定一个保证人承担30%，另一个保证人承担70%的保证责任。这都属于按份保证责任。也就是说，保证人向债权人承担的保证份额，并不必然是等额或等比例的。

保证人可与债权人约定承担的保证责任的比例，但保证人之间可以不约定彼此承担的保证责任的比例。保证人之间没有约定保证份额的，债权人可以请求任何保证人承担其承诺的保证责任。保证人并不是必然都对债权人承担全部债权清偿责任，并不必然是连带保证责任。例如，一个保证人与债权人约定承担80%的保证责任，另一个保证人承诺承担全部保证责任。此时，债权人可以要求任一保证人承担各自所承担的保证责任，但保证人对债权人的保证责任并不是等额的。

保证人没有向债权人约定明确的保证责任范围，保证合同并不是无效的。保证人没有明确保证份额的，应对债务人的全部债务承担保证责任。此时，保证人对债权人形成连带债权债务关系，即债权人可以向任一保证人主张全部或任意份额的保证责任，在该保证人已承担的保证责任范围内，其他保证人对债权人免于承担保证责任。

须注意的是，以共同关系为基础的保证合同，除非共同关系的对外代表主体有权代表全体成员对外提供担保，或者其他共同关系成员明确表示同意承担保证责任，保证责任不能直接依据共同关系约束其他未明确承担保证责任的主体。例如，婚姻关系中的一方同意另一方的保证担保，只意味着该方同意在夫妻共同关系存续期间以共同财产提供保证担保，但不意味着该方以个人财产承担保证责任，特别是连带保证责任。在婚姻关系解除后，另一方也不必然以个人财产承担保证责任。但基于共同生活目的的，应当不在此列。在德国法上，基于《德国民法典》第748条、第755条的规定，共同关系人就共同目的所负担的债务，各共同关系人对外承担连带债务、对内按照份额分担。

第七百条　保证人承担保证责任后，除当事人另有约定外，有权在其承担保证责任的范围内向债务人追偿，享有债权人对债务人的权利，但是不得损害债权人的利益。

【要义精解】

本条是保证人追偿权的规定。

按照本条的规定，保证人向债务人的追偿权是没有问题的。但是，保证人是否享有代位权则存在疑问。从本条的内容来看，保证人的追偿对象是受到限制的，即保证人可以向债务人追偿。保证人是否享有代位权，涉及对"保证人享有债权人对债务人的权利"的理解，即如何理解此处的"债务人"？债务人是广义的还是狭义的？如是广义理解，则债务人可以包括或有债务人，即保证人，也可以包括物上债务人，即物权担保提供人。如是狭义理解，则应当仅包括主债权债务关系中的债务人。如果承担了保证责任的保证人只能向债务人追偿，不享有对其他保证人和担保物权提供人的求偿权，则对保证人无疑是极为不利的。那么，到底应如何定位保证人的权利？如果单纯从文义解释出发，可以认为明确强调保证人只能向债务人追偿，且只能享有债权人对债务人的权利。保证人不享有债权人对其他保证人和物权担保人的权利。这是狭义的文义解释。

这里需要注意的是，保证人享有债权人对债务人的权利，包括对债务人提供的其他类型担保的权利，特别是抵押权、质权及新型担保物权等物权担保权。显然，这也是债权人对债务人的权利。就此而言，本条规定与《民法典》第392条的规定意旨颇为相近。也就是说，保证人可以向债务人追偿，且至少享有债权人对债务人的担保权利，包括债务人提供的担保物权。但是，保证人能否向其他保证人追偿，未予明确规定。

保证人在承担担保责任的范围内对债务人追偿的，不得损害债权人利益。从逻辑而言，保证人所能向债务人主张的，恰恰是债权人已经从保证人那里实现的权利，保证人向债务人追偿，不会损害债权人的利益。那么，应如何理解本条但书条款？这里应解释为不得损害债权人未获清偿部分的利益。也就是说，保证人不得与债务人合谋转移债务人财产，或削减债务人的清偿能力。否则，构成损害债权人利益的行为。有观点认为，所谓不能侵害债权人利益，是指保证人不能优先于债权人的债权受到清偿。对此，追偿权构成保证人与债务人之间的新债的情况下，可以赞同。

保证人是否向债务人追偿，属于任意性规范，当事人可以作出另外的约定。保证人与债权人约定排除保证人的追偿权的，这种约定是否有效？当然，在消费者权益保护领域，通过格式条款排除或限制消费者的权益的，该约定无效。在正常的商业交往领域，保证人与债权人约定排除追偿权，应当有效。

保证人可否与债权人约定代位权，即保证人享有债权人对债务人的权利之外，还享有对其他保证人和其他物权担保人的代位权。对此，是否有效？应当说，保证人与债权人的这种约定属于意思自治的范围。债权人可以处分他所享有的担保物权和保证债权。而债权人处分他的权利，即将他所能实现的债权对应的担保物权转让给保证人，这并不损害物保提供人的权益。虽然这扩大了物保提供人所可能承担担保责任的范围，但这仍属于物保提供人所本应向债权人承担的责任。故此，除非物保提供人与债权人明确约定拒绝向其他担保人承担责任，债权人与保证人约定应当是有效的。鉴于《民法典》第392条并未明确规定担保人之间的追偿权和担保责任分摊比例，债权人与担保人排除担保人之间追偿或代位的约定，也应仅具有相对的效力。而保证人与债权人之间关于代位权约定的效力应强于这种相对性的约定。

【对照适用】

按照《民法典》第547条规定，债权转让的，受让人取得与债权有关的从权利。这是债权意定转让情形，从权利随之移转的规定。债权的法定移转，可参照适用。如将本条解释为法定移转，并且比照适用意定转让，则可以适用从权利一并移转的规定，实现与债权人代位权相同的效果。

另外，《民法典》第524条对第三人履行作了规定，即第三人对债务履行有合法利益的，可以向债权人代为清偿。按照该条第2款，"债权人接受第三人履行后，其对债务人的债权转让给第三人，但是债务人和第三人另有约定的除外。"这也是债权法定移转的规定。债权法定移转的，从权利应当一并移转。第524条可与本条结合适用。也就是说，保证人对于履行债务人的债务具有合法利益，保证人通过履行主债务可以消灭其担保责任，保证人代为履行主债务后，则可以按照第524条第2款享有债权人对债务人的权利，即发生债权的法定移转。据此，保证人有权向担保物提供人、其他保证人追偿。

第七百零一条　保证人可以主张债务人对债权人的抗辩。债务人放弃抗辩的，保证人仍有权向债权人主张抗辩。

【要义精解】

本条是保证人享有债务人抗辩的规定。

抗辩分为需要主张的抗辩和不需要主张的抗辩。需要主张的抗辩称为抗辩权，权利人可以放弃。不需要主张的抗辩由法院主动适用，无须主张。德国民法将抗辩分为需要主张的抗辩和无须主张的抗辩，这种分类主要对于《民事诉讼法》有意义，是否需要主张均在民事诉讼程序中适用，并由法官在案件审理中予以认定。

我国《民法典》第701条并未严格区分抗辩和抗辩权，但是，在司法裁判中，应当分清由当事人主张的抗辩和法院主动适用的抗辩。债务人对债权人的抗辩有多种类型，包括债权未发生、未生效、无效、已消灭的抗辩等。债权未发生的抗辩包括主合同未成立、虚假等。债权未生效包括附条件、无权处分等情形。而债权无效则涉及违反法律的禁止规定、违背善良风俗等。债务已消灭的抗辩，如债务人已履行完毕、债权人放弃债权等。这些基于客观事实的抗辩属于当事人无须主张的抗辩。而债务人的抗辩权，包括时效抗辩、同时履行抗辩权、先履行抗辩权等。债务人的抗辩权，如未主张则视为放弃，法院不主动适用。但是，对于抗辩权与抗辩的区别也不能机械适用，须注意释明的问题。对此，2019年《全国法院民商事审判工作会议纪要》第36条，关于双务合同无效时返还清算的规定值得关注。

保证人可以主张债务人对债权人的抗辩。保证是在债务人不履行债务的情形下的替代实现机制，保证的目的在于实现主债权。并且，保证人是以债务的现状为基础而承担保证责任的，主债务的变更不能给保证人带来不利。如果保证人不能主张债务人的抗辩，则意味着保证人的地位比主债务人还低，所承担的责任比主债务人更多。这不符合保证是从属于主债务的从债务的规则。

债务人放弃抗辩的，不对保证人造成不利影响。例如，在签订保证合同之际，主债权债务合同因未签字盖章而未生效。则事后债权人与债务人完成签字盖章的，保证人仍然可以主张未生效的抗辩。当然，这里涉及主合同无效保证合同也无效的从属性规则。并且，还涉及保证人对于保证合同无效是否存在过错的问题。但是，保证人所享有的主合同未生效的抗辩是确定的。

【对照适用】

时效抗辩是保证人的重要抗辩权。主债务时效经过的，则债务人可以拒绝履行。保证人可以主张主债务已过时效的抗辩。即使债务人放弃时效抗辩，或对已过时效的债权再次确认，保证人仍可主张抗辩。

在原《担保法》和原《担保法司法解释》废止的情况下，可以探讨的问题是，保证人真的不能以时效错误为由主张返还吗？例如，债务人与债权人合谋，通过伪造法律文件的方式将已过时效的债务变为时效延续的债务。保证人发现后，能否主张返还？当然，这里涉及的是恶意串通损害第三人利益的问题。虽然保证人对时效已过债务的履行，不属于非债清偿，不构成不当得利。但是，可以推断，如保证人知道时效已过，他是不打算承担保证责任的。保证人未行使时效已过的抗辩权，是基于对其抗辩权能否行使的认识错误，而非对时效经过债务的自愿履行。这种情形不属于意思表示错误，但能否类推适用，可以探讨。

对于借新还旧中，保证人是否享有债务人的时效抗辩问题，涉及债的同一性问题，如采纳旧债因新债消灭的观点，保证人有权主张旧债已因清偿而消灭的抗辩，免除保证责任。

第七百零二条　债务人对债权人享有抵销权或者撤销权的，保证人可以在相应范围内拒绝承担保证责任。

【要义精解】

本条是保证人可以主张债务人权利抗辩的规定。

保证人可以主张的抗辩包括抵销权抗辩和撤销权抗辩。这些权利类抗辩均需要权利人行使权利，裁判机关无法主动适用。否则构成对当事人处分自由的干预。这类抗辩权也称为需要主张的抗辩。按照《民法典》第152条的规定，撤销权有期间限制，过期导致撤销权消灭，无法再主张抵销。对于抵销权，《民法典》第568条并未规定除斥期间。抵销权一般不因除斥期间经过而消灭，但抵销债权受时效影响，主动债权超过时效期间的，不得主张抵销。

债务人对债权人享有抵销权的，可以抵销债权人对自己的债权，从而免除已抵销部分的清偿责任。抵销权属于债务人的权利，是否行使本属于债务人的处分自由。但是，保证人作为债务人的担保人，在债务人可以自行消债的情况下，却因不行使权利导致保证人承担责任，对于这种不自救的债务人，保证人也应当是无能为力的。故此，保证人可以在债务人抵销权的范围内，拒绝承担保证责任。保证人也可以不行使债务人的抵销权，而承担保证责任。也就是说，保证责任并不因为抵销权而当然消灭，只有在保证人主张抵销权抗辩的情形，保证人才不承担抵销范围内的保证责任。

关于保证人所享有的抵销权抗辩的性质。有观点认为，保证人所行使的是债务人的抵销权本身，而非主张基于抵销权的抗辩。从本条的文义来看，保证人所享有的是在抵销范围内拒绝履行的权利，并不是消灭保证责任。债务人是否行使抵销权，仍是债务人的意思自治和处分自由范围内的事。保证人没必要也无权利干涉。故此，保证人所行使的是抵销权抗辩，并不是抵销权。保证人所享有的是拒绝承担保证责任的权利，而不是消灭主债权债务关系。保证人行使抵销抗辩的效果是自己不向债权人承担抵销权范围内的保证责任。主债权债务关系不因保证人行使抵销权抗辩受到影响。只有在债务人自己行使抵销权后，主债权债务关系方因抵销而消灭。债务人也不能援用保证人的抵销抗辩，向债权人主张在抵销范围内主债权债务消灭。

债务人对债权人的主动债权诉讼时效经过后，保证人是否依然可以主张抵销权抗辩？通常而言，用于发动抵销的主动债权应未过时效。基于此，实务上有观点认为，债务人的主动债权时效经过的，保证人即不再享有抵销抗辩。但是，保证人的抵销抗辩应不受债务人未遵守时效期间的限制。根据本条的规定，债务人享有抵销权的，保证人可以在相应范围内拒绝承担保证责任。保证人的抵销权抗辩不以主动行使为必要。换言之，只要债务人享有对债权人的抵销权，保证人即可在相应范围内拒绝承担保证责任。这种拒绝的权利不以债权人已向保证人主张为必要。同时，根据《民法典》第701条第2句，债务人放弃抵销权抗辩的，保证人仍有权向债权人主张。拒绝履行是保证人对债权人的权利。债务人未在时效期间内提起抗辩，相当于放弃抗辩权，保证人仍可主张。保证人的这种权利地位为第701条所特别确认，不因债务人的不作为、不行使受到影响。债权人也不能以债务人的抵销债权已过时效为由，对抗保证人的抵销权抗辩。

《民法典》第147条至第150条分别对重大误解、欺诈、胁迫以及危难被乘情形的撤销权加以规定。《民法典》第151条并对撤销权的期间作出规定，按照具体情形不同分别为90日、1年、5年。在实践中，债务人可能基于各种考虑不行使撤销权。债权人不撤销的，则债务人与债权人之间的基础法律行为有效。保证人须对基于有效法律行为发生的债务承担保证责任。债务人行使撤销权的，则主债权债务自始不存在，保证人无须承担保证责任。可见，债务人是否行使撤销权对保证人影响很大。

保证人的撤销权利益是否应受到债务人的影响？也就是说，如果债务人不撤销，则保证人是否可以主张撤销权抗辩？应当是可以的。保证人主张的是基于按照本条规定而独立发生的抗辩权。按照《民法典》第701条的规定，无论债务人是否行使撤销权，以及撤销权是否因除斥期间经过而消灭，保证人的撤销权抗辩不受影响。这实际意味着，保证人虽然基于保证合同而对债权人负有保证债务。但是，他可以基于基础法律关系的瑕疵而拒绝承担保证责任。这其中的合理性在于，撤销权有时关涉到当事人的意思自治，具有人身性和专属性，是否行使应由当事人自由决定。但是，保证人的撤销权抗辩不受债务人是否行使的影响。

《民法典》第701条和本条赋予保证人抵销权和撤销权抗辩，保证人的这些抗辩权不受债务人是否行使、时效期间经过以及除斥期间的影响，具有存续上的独立性。这是《民法典》赋予保证人的重要权利。

【对照适用】

按照我国原《担保法》第20条的规定，保证人享有债务人的抗辩权，债务人放弃对债务的抗辩权的，保证人仍有权抗辩。应当说，《民法典》第701条和本条仍在我国原《担保法》第20条的范围之内。相对于原《担保法》，本条有突出和明确的意味，抵销权和撤销权也明确成为保证人可以主张的抗辩。

在此，需要探讨的问题是，保证人能否主张债务人的解除权？即因债权人违约，或者基于债权人与债务人的约定，债务人对债权人有法定或约定的解除权的，保证人能否行使？或者准确而言，保证人能否主张解除权抗辩？解除权的行使，将改变原债权债务关系的形态，对债权人和债务人影响较大。但是，保证人所行使的是主债权债务关系的解除权抗辩，并不直接消灭主债权债务关系。似乎从保护保证人的目的，以及解除权与撤销权、抵销权效果的相似性的角度而言，也应当认可保证人的解除权抗辩。然而，对此应持否定的观点。从《民法典》第691条所规定保证担保的范围来看，解除后的违约责任在保证担保的范围之内。保证所担保的主债权往往包括因债务人或债权人违约而发生的损害赔偿，违约损害赔偿责任与原主债权债务关系具有同一性。保证人的解除权没有意义。

但是，如果解除可以免除或降低保证人的保证责任，特别是保证人与债权人约定，主债权债务解除后保证人不承担保证责任的，保证人无疑是可以主张解除抗辩的。

第十四章 租赁合同

第七百零三条 租赁合同是出租人将租赁物交付承租人使用、收益，承租人支付租金的合同。

【要义精解】

本条规定的是租赁合同的定义，同时也是租赁合同双方当事人主给付义务。

依据该条规定，出租人的主给付义务有两项：其一，按照合同的约定移转租赁物的占有给承租人；其二，保障承租人在整个租期内，能够以符合合同目的的方式对于租赁物加以使用和收益。出租人的主给付义务则是按照合同的约定支付租金。

根据该条规定，可以看出租赁合同具有如下特点：（1）租赁合同是移转财产使用权的合同。（2）租赁合同是典型的双务有偿合同，因此民法典合同编通则分别关于双务合同的抗辩权等均能够适用于租赁合同。（3）租赁合同是继续性合同。租赁合同中出租人的义务并非一次性履行完毕，而是在整个租期内持续地保障承租人能够对于租赁物进行使用与收益。作为继续性合同，会基于诚实信用原则产生一系列特别解除权，详见本章以下规定。

第七百零四条 租赁合同的内容一般包括租赁物的名称、数量、用途、租赁期限、租金及其支付期限和方式、租赁物维修等条款。

【要义精解】

本条是关于租赁合同条款的规定。需要注意的是，本条规定的租赁条款并非全部是租赁合同的必要条款。

一、租赁合同的必要条款

租赁合同的必要条款除了双方当事人之外，只有一项，也即租赁物。租赁合同对于租赁物的描述须具体、确定，包括租赁物的名称（如房屋、汽车等），对于不动产则需要通过描述其地理位置加以确定，如房屋的街道、门牌号等；对于动产则需要通过描述其特征，如品牌、型号等加以确定。

二、通常条款

1. 租金条款。通常租赁合同双方当事人会约定租金，但是即使双方当事人没有在合同中约定租金，也不影响合同的成立。因为没有约定租金的，完全可以依据《民法典》第510条与第511条的规定加以确定，即能够达成补充协议的按照补充协议，达不成补充协议的则按照订立合同时履行地的市场租金加以确定。就租金条款而言，当事人除了约定租金的数额之外，通常也应当约定租金的具体支付方式和支付期限等，没有约定的则适用本章的补充性规定。

2. 租赁期限。通常当事人双方也会约定租赁期限，但是没有约定租赁期限不影响租赁合同的效力，此时租赁合同为不定期合同，双方当事人均有随时解约权。

3. 租赁物的用途。租赁合同双方当事人可以在租赁合同中约定租赁物的用途，例如，约定租赁的商品只能用作开设商店不能开设饭店等。

4. 租赁物的维修条款。当事人还可以就在租期内租赁物需要维修时的义务进行约定。

> **第七百零五条** 租赁期限不得超过二十年。超过二十年的，超过部分无效。
>
> 租赁期限届满，当事人可以续订租赁合同；但是，约定的租赁期限自续订之日起不得超过二十年。

【要义精解】

本条是关于租赁合同期限的规定。

依据本条规定，租赁合同的最长期限只能是20年，若当事人约定的租赁期限超过20年的则超过的部分无效，也即将租赁合同的期限缩短为20年而不是租赁合同无效。租赁合同之所以规定有最长期限，其在于防止对所有权的负担过重，从而丧失了所有权的本质，使所有权发生空虚化的问题，因此多数国家对于租赁均规定有最长的期限限制。本条第 1 款关于租赁最长期限的规定属于强行性规定，不允许当事人通过约定予以排除。当然租期届满后，当事人可以约定继续租赁，此时续租的期限也不得超过 20 年。如果当事人同时订立两份以上期限相互衔接的合同加起来超过了 20 年的期限，则应当将两份租赁合同按照一份租赁合同予以对待，总期限超过 20 年的部分无效，以防止当事人规避法律规定。

第七百零六条　当事人未依照法律、行政法规规定办理租赁合同登记备案手续的，不影响合同的效力。

【要义精解】

本条规定的是租赁合同备案的法律效力问题。

首先，租赁合同仅仅在当事人之间产生债权债务关系，虽然有买卖不破租赁的规定使租赁权具有了物权化的性质，但是租赁关系仍然是债权债务关系，因此在民法的体系中并不需要登记等行为予以公示。其次，租赁合同备案制度，主要是针对房屋租赁合同所建立的行政管理的规范，其目的在于对房屋租赁市场的管理与规范，包括征税功能在内，而不涉及合同效力的问题，因此不属于合同本身的成立要件或生效要件，因此当事人是否进行备案并不影响租赁合同本身的效力。

【对照适用】

本条是《民法典》新增加的规定，本条规定意义重大，澄清了房屋租赁的登记备案的法律性质。

第七百零七条　租赁期限六个月以上的，应当采用书面形式。当事人未采用书面形式，无法确定租赁期限的，视为不定期租赁。

【要义精解】

本条是关于合同形式的规定。

依据该条规定，租赁合同本身不是书面要式合同，但是若租期为 6 个月以上的没有采取书面形式且无法确定租赁期限的，则租赁合同被拟制为不定期租赁合同,适用关于不定期租赁合同的规定,主要是双方当事人享有任意解约权。需要注意的是,若当事人通过口头约定的租赁期限,当事人双方承认或者有其他证据证明的,则仍然以当事人约定的期限为准,而不是直接认定为不定期租赁合同,因此该条规定实际上是证据规则。这里所指的书面形式,依据《民法典》第469条的规定,包括合同书、信件、电报、电传、传真、电子数据交换、电子邮件等一切可以有形地表现合同内容的形式在内。

【对照适用】

本条规定源于原《合同法》第215条,但是对于该条进行了一定程度的修改。依照原《合同法》第215条规定,只要租赁期限6个月以上的没有采取书面形式的直接认定为不定期租赁,而依据本条的规定,只有无法确定租赁期限时才视为不定期租赁合同,因此更加尊重意思自治。

第七百零八条 出租人应当按照约定将租赁物交付承租人,并在租赁期限内保持租赁物符合约定的用途。

【要义精解】

本条规定的是出租人的主给付义务。

事实上,该义务已经在《民法典》第703条关于租赁合同的定义中作出规定,这里再次予以明确规定。具体内容可参照《民法典》第703条的精解部分。

【对照适用】

本条规定源于原《合同法》第216条,将原来的"租赁期间内",修改为"租赁期限内",规范意义上没有变化。

第七百零九条 承租人应当按照约定的方法使用租赁物。对租赁物的使用方法没有约定或者约定不明确,依据本法第五百一十条的规定仍不能确定的,应当根据租赁物的性质使用。

> **第七百一十条**　承租人按照约定的方法或者根据租赁物的性质使用租赁物，致使租赁物受到损耗的，不承担赔偿责任。
>
> **第七百一十一条**　承租人未按照约定的方法或者未根据租赁物的性质使用租赁物，致使租赁物受到损失的，出租人可以解除合同并请求赔偿损失。

【要义精解】

这三条规定是关于承租人对于租赁物使用方法及相应的法律后果的规定。

在租赁期间内承租人虽然可以对租赁物进行使用、收益，但是承租人与所有人对标的物的使用、收益还是有区别的，所有人得以按照自己的意思对于标的物随意地进行使用和收益，即便其使用的方法不当致使标的物毁损亦无不可，因为所有人享有对标的物进行事实上处分的权利。承租人对于租赁物的使用则不然，其必须在维持标的物之实体不受损害的情形下对于标的物进行利用，因其在租赁期限届满后负有返还标的物的义务。因此，承租人对于租赁物的方法首先依据合同自由原则，可以由出租人与承租人予以约定，有约定应当按照约定进行使用；若当事人没有约定的则须依据《民法典》第510条的规定加以确定，即通过补充协议加以确定，不能达成补充协议的则依据合同相关条款和交易习惯予以确定。若依据《民法典》第510条仍然不能确定租赁物的使用方法的，则当事人应当根据租赁物的性质加以使用，不得对标的物进行过度利用。通常情形下，出租人作为对价所收取的租金都是按照租赁物的性质而加以确定的，若承租人对租赁的使用超过了合同目的或者租赁物的性质，则使双方当事人的权利义务对等关系失衡。例如，租赁一辆汽车自驾游，那么即应当为自己旅游驾驶而不能够作为出租车加以使用；再比如，租赁房屋为了居住，即不得将房屋作为营业使用，否则即构成了违约行为。

若承租人按照合同约定或者没有约定时按照租赁物的性质对标的物加以使用是承租人的合同权利，则依据《民法典》第710条规定，致使租赁物合理损耗的承租人无须承担损害赔偿责任。相反，若承租人没有按照合同约定的方法或者没有约定时没有按照标的物之性质加以使用的，则须对因此而产生的损失承担赔偿责任，且出租人可以据此解除合同取回标的物。此时系由于承租人违约而解除合同的，出租人请求承租人赔偿的范围不仅仅限于对标的物本身造成的损失，依据《民法典》第 584 条的规定还包括履行利益的损失，也即租金损失在内。

> **第七百一十二条**　出租人应当履行租赁物的维修义务，但是当事人另有约定的除外。
>
> **第七百一十三条**　承租人在租赁物需要维修时可以请求出租人在合理期限内维修。出租人未履行维修义务的，承租人可以自行维修，维修费用由出租人负担。因维修租赁物影响承租人使用的，应当相应减少租金或者延长租期。
>
> 因承租人的过错致使租赁物需要维修的，出租人不承担前款规定的维修义务。
>
> **第七百一十四条**　承租人应当妥善保管租赁物，因保管不善造成租赁物毁损、灭失的，应当承担赔偿责任。

【要义精解】

这三条规定的是承租人妥善保管租赁物的义务。

承租人妥善保管标的物之义务是一项附随义务或者是保护义务，从而出租人无法独立地诉请承租人予以履行，只能在承租人违反之后就所受的损害请求损害赔偿，因此《民法典》第 714 条规定，"因保管不善造成租赁物毁损、灭失的，应当承担赔偿责任"。该条规定作为租赁合同中违约责任的特别规范，应当优先于民法典合同编通则分编中第 577 条以下关于违约责任的规定而适用。

就《民法典》第 714 条的适用范围而言，自语言解释而言仅仅适用于承租人消极地没有尽到保管标的物的义务，而不包括承租人实施了积极的损害租赁物的情形。那么如果承租人实施了积极的损害租赁物的行为，从而使租赁物毁损、灭失的，如果其行为已经构成了侵权行为，出租人固然得依据《民法典》关于侵权行为之规范请求承租人承担侵权责任。问题是出租人是否得请求承租人承担违约责任，《民法典》于租赁合同这一章中没有明确规定。笔者认为应当对《民法典》第 714 条作扩张性解释，将承租人实施的积极损害租赁物的行为认定为属于违反妥善保管标的物的义务之一种，从而须承担损害赔偿的责任。若不将承租人积极损害租赁物的行为纳入本条加以规范，便出现法律价值评价上的失衡，出现承租人只是没有保管好标的物即构成违约须承担责任，相反，实施了积极损害标的物的行为反而不构成违约了。

【对照适用】

《民法典》第714条源自原《合同法》第222条，对于原《合同法》之规定未进行实质上的修改，仅仅是将原条文中的"应当承担损害赔偿责任"修改为"应当承担赔偿责任"，也即删除了"损害"二字。其含义应当没有变更，因为凡是赔偿必然是针对损害而为，原则上"无损害则无赔偿"。

> **第七百一十五条** 承租人经出租人同意，可以对租赁物进行改善或者增设他物。
>
> 承租人未经出租人同意，对租赁物进行改善或者增设他物的，出租人可以请求承租人恢复原状或者赔偿损失。

【要义精解】

本条规定的是承租人不得擅自改善租赁物或者增设他物的义务。

如前所述，承租人的权利仅限制在依据合同约定的目的内，在没有明确约定时则依据通常情形并结合交易习惯对租赁物加以利用，超出该范围即不再享有权利。对于租赁物进行改善和增设他物由于实际上会作用于租赁物，从而使租赁物之实体发生改变，故已经构成了对于租赁物进行事实上的处分，已经不再属于租赁合同承租人的权利范围了。

一、取得出租人同意的义务

在取得出租人的同意时，承租人固然可以对租赁物进行改善与增设相应之设施。问题是在租赁合同终止时，承租人对于租赁物所进行的改善和增设的设施应当如何处置？该条并没有作出相应的规定，需要通过司法解释予以补充。

若当事人没有约定，或者约定无效时如何处理则构成了需要填补的法律漏洞。对此，《最高人民法院关于审理城镇房屋租赁合同纠纷案件具体应用法律若干问题的解释》（法释〔2020〕17号）（以下简称《房屋租赁合同司法解释》）分别就不同情形进行了规定。该司法解释因对租赁物进行改善还是增设他物而异其效果。

其一，对租赁物增加他物的情形。根据《房屋租赁合同司法解释》第10条规定，承租人经出租人同意装饰装修，租赁期间届满时，承租人请求出租人补偿附合装饰装修费用的，不予支持。但当事人另有约定的除外。

其二，对租赁物进行改善。如前所述，所谓对租赁物进行改善应当系指发生了加工或者附合之情形。对此，《房屋租赁合同司法解释》则区分为两种情形并作了不同规定，即区分为租赁合同正常终止的情形与租赁合同解除的情形。（1）租赁合同正常终止。所谓租赁合同正常终止包括两种情形，一种是有确定期限的租赁合同，租期届满而终止的；另一种则是不定期租赁合同，任何一方当事人行使《民法典》第730条的任意解约权而使租赁合同终止的。租赁合同正常终止的情形，依照《房屋租赁合同司法解释》第10条的规定，除了当事人另有约定外，承租人经出租人同意装饰装修，租赁期间届满时，承租人请求出租人补偿附合装饰装修费用的，不予支持。（2）租赁合同因一方当事人行使解除权解除时的情形。该条解释所规定的解除，应当不包括不定期租赁合同双方当事人行使任意解除权而使合同终止的情形，盖该种终止在本质上与租赁期限届满的情形完全相同。依据《房屋租赁合同司法解释》第9条的规定，承租人经出租人同意装饰装修，合同解除时，双方对已形成附合的装饰装修物的处理没有约定的，人民法院按照下列情形分别处理：（1）因出租人违约导致合同解除，承租人请求出租人赔偿剩余租赁期内装饰装修残值损失的，应予支持；（2）因承租人违约导致合同解除，承租人请求出租人赔偿剩余租赁期内装饰装修残值损失的，不予支持。但出租人同意利用的，应在利用价值范围内予以适当补偿；（3）因双方违约导致合同解除，剩余租赁期内的装饰装修残值损失，由双方根据各自的过错承担相应的责任；（4）因不可归责于双方的事由导致合同解除的，剩余租赁期内的装饰装修残值损失，由双方按照公平原则分担。法律另有规定的，适用其规定。该条解释实际上是将承租人对于租赁物所为之改良行为作为承租人的一种损失，故依据双方当事人之过错程度决定由出租人承担抑或是承租人承担，或者是双方按照过错比例予以承担。然而，我们认为这一解释同样是经不起推敲的，租赁合同中承租人经出租人对于租赁物进行装修等改良行为，本质上与租赁合同是否无效没有关系，都是承租人以自己之费用附加到租赁物上的价值，故笔者认为该解释亦不应当再适用于《民法典》第715条。

二、未经出租人同意而进行改良行为的效果

承租人没有取得出租人同意无权对租赁物为使用收益之外的事实上的处分，那么其为事实上之处分的，不但构成了违约行为，而且还同时侵害了出租人之所有权（出租人通常都是租赁物的所有人，但是由于租赁合同非属于处分行为，故法律并不要求租赁物属于出租人所有）。此时出租人可能有三项请求权：（1）《民法典》第715条第2款规定。依据该条规定，承租人未经出租人同意，对租赁物进行改善或者增设他物的，出租人可以请求承租人恢复原状或者赔偿损失。（2）若承租人的行为确实对租赁物造成了损害的，则符合《民法典》第1165条第1款所规定的侵权行为的构成要件，因此出租人可依据该条规定请求承租人承担侵权责任，而承担侵权责任的具体方式为恢复原状或金钱赔偿。（3）妨害排除请求权与妨害预防请求权。于承租人对于租赁物进行改善之前或者正在改善时，出租人得依据《民法典》第236条之规定，请求承租人停止相关侵害行为或者预防该侵害行为的发生。

【对照适用】

本条规定完全承袭了原《合同法》第223条规定，未进行任何实质性修改，仅仅将第2款中"可以要求"修改为"可以请求"，是文字性修改，其规范意义并不发生变化，所规范的是关于承租人对于租赁物进行改良行为。

> **第七百一十六条** 承租人经出租人同意，可以将租赁物转租给第三人。承租人转租的，承租人与出租人之间的租赁合同继续有效；第三人造成租赁物损失的，承租人应当赔偿损失。
>
> 承租人未经出租人同意转租的，出租人可以解除合同。

【要义精解】

一、合法转租的法律效果

关于承租人是否得转租租赁物，比较法上有不同的立法例。根据承租人进行转租自主程度的不同，可以区分为限制主义、自由主义和区分主义三种立法模式。我国原《合同法》第224条规定采取了限制主义模式，本条仍然维持此种立法模式。在采纳限制主义之立法例的情形下，经过出租

人同意即可转租，其转租即为合法转租；而在自由主义的立法例中，只要合同没有约定承租人不得转租的，那么承租人的转租即为合法转租。

（一）出租人与承租人之间的关系

基于租赁合同的相对性，享有合同权利的仅仅是作为合同相对人的承租人，第三人并不享有使用租赁物之权利；承租人支付租金所取得的权利也是自己在租赁合同期限内以符合合同目的方式使用租赁物，并没有取得将租赁物交付给他人使用之权利。承租人的个人品质及其经济状况对于出租人是否缔结租赁合同，以及以何种条件（特别是租金之高下）缔结租赁合同具有决定性的意义和价值，因此承租人的权利并不能扩及将对租赁物之使用的权利让渡给他人。

承租人取得出租人之同意进行转租的，亦不打破合同的相对性。承租人与次承租人之间的租赁合同仍然只约束作为出租人的原承租人与次承租人，他们之间的权利义务关系由其所缔结的租赁合同的内容，以及《民法典》第703条以下关于租赁合同的规定共同决定。同时原出租人与承租人直接的租赁合同关系亦不受转租合同的影响。本条第1款第2句中规定，"承租人转租的，承租人与出租人之间的租赁合同继续有效"。该规定即在表明原租赁合同不受转租合同的任何影响。首先，承租人仍然须依据原租赁合同向出租人支付租金，承租人不得以次承租人没有向其支付租金而作为不向原出租人支付租金的抗辩。其次，承租人须对次承租人的行为负责。也即若次承租人没有履行妥善保管标的物之义务，致使租赁物毁损、灭失的，那么承租人须对出租人承担赔偿责任；次承租人使用租赁物的方法超越了租赁合同的目的或者违反了租赁物使用的通常规则，因此给出租人造成损失的，承租人亦应当负责，且出租人得依据《民法典》第711条之规定解除原租赁合同。

（二）承租人与次承租人之间的关系

转租合同是作为出租人的原承租人与次承租人之间的租赁合同，虽然经过原出租人同意，该租赁合同仍然只约束承租人与次承租人。因此，次承租人只能要求承租人履行按照合同约定交付租赁物与担保租赁物适合租赁目的、修缮租赁物等义务，承租人不履行这些义务时，次承租人只能请求承租人承担违约责任，而不能向原出租人有所主张。同样，承租人作为转租合同的出租人得请求次承租人向其支付租金，次承租人违反了妥善保管义务、按租赁合同约定使用租赁物的义务，也只有承租人得以请求其履行或者承担相应的违约责任。原则上次承租人若向原出租人履行支付租金的义务，并不能免除其对于承租人的支付义务，除非依据《民法典》第719条所规定在"承租人拖欠租金"时，代替承租人向原出租人支付该拖欠租金的，则可以用以抵销其对于承租人所应当支付的租金。

二、违法转租的法律效果

（一）出租人与承租人之间的效果

首先，承租人未经出租人之许可擅自转租的，其行为构成违约，应当没有疑问，故出租人得依据《民法典》第577条与第583条之规定，基于违约请求权请求承租人承担损害赔偿等责任。在租赁物毁损、灭失时，无论承租人是否有过失，也无论次承租人是否有过失，承租人均应当承担赔偿责任。换言之，在未经出租人同意转租的情况下，承租人的责任加重了，其就标的物之毁损、灭失所承担的责任是无过错责任。事实上承租人擅自将租赁物转租本身就是一种过错，其必须对因转租而增加的风险负责。其次，依据该条第2款的规定，出租人可以解除租赁合同。这里的出租人所解除的租赁合同，是指出租人与承租人之间的原租赁合同而不是转租合同，出租人并非是转租合同的当事人，因此对于转租合同没有解除权。出租人解除租赁合同后，有权利请求承租人返还租赁物。当然出租人也可以请求次承租人返还租赁物，因为出租人与次承租人之间不存在合同关系，对于出租人而言次承租人对于租赁物所为之占有系无权占有，出租人固然得依据《民法典》第235条之规定请求承租人返还标的物。

（二）承租人与次承租人之间的效果

未经出租人同意而进行转租的情形，也即实践中所谓的"擅自转租"，承租人与次承租人之间的法律关系取决于转租合同的效力。对于擅自转租合同的效力原《合同法》没有明确规定，《民法典》仍然没有明确规定，显然立法者意在将其通过法律解释与法律续造的方法予以解决。

第七百一十七条 承租人经出租人同意将租赁物转租给第三人，转租期限超过承租人剩余租赁期限的，超过部分的约定对出租人不具有法律约束力，但是出租人与承租人另有约定的除外。

【要义精解】

承租人经出租人同意可以将租赁物予以转租，其法律效果已如前述。

所谓转租当然是建立在原租赁合同的基础上的，因此转租合同的租期应当在原租赁合同所剩余的期限内。若承租人转租合同的租期超出了原租赁合同剩余租期的，则就超出部分的租赁合同在实质上相当于非所有人未经所有人同意而擅自出租他人之物的情形。

如前所述，关于擅自出租他人之物的合同效力，原《合同法》并无规定，司法实践上则持合同无效的观点。该种做法系当时不能正确认识负担行为与处分行为之区分的结果，再加上担心因认定擅自出租他人之物的租赁合同有效会损害所有人之利益，故认为擅自出租他人之物系原《合同法》第51条所规定之无权处分应当认定为无效。然而随着民法学研究的日渐深入，将法律行为区分为负担行为与处分行为的区分原则逐渐被我国民法学界所普遍接受，并最终推动法院承认了该原则，因而擅自出租他人之物、擅自转租、转租超过原租赁合同剩余期限等租赁合同，均因属于负担行为而不构成无权处分，故均为有效。当然由于转租合同作为债权合同具有相对性，故只约束承租人与次承租人，对原出租人没有约束力，在原租赁合同期限届满时，原出租人依据《民法典》第733条之规定请求承租人返还租赁物，承租人不能返还租赁物的构成违约，应当承担违约责任；于此期间，承租人基于转租合同向次承租人所收取的租金构成不当得利从而出租人得请求其返还；此外，承租人未经出租人同意超越原租期剩余期间将租赁物转租给次承租人的，则就超出期间部分亦对出租人构成侵权行为，出租人亦得请求其承担侵权责任，赔偿其因此而遭受的损失。不过，此时出租人对承租人所享有的因违约而产生的损害赔偿请求权、返还不当得利请求权与基于侵权而产生的请求权系因同一事实而产生的，故构成请求权竞合，出租人得选择其一而行使。

此外，原租赁合同终止后原承租人丧失了占有权，因而次承租人亦丧失了占有权，转租合同虽然有效但是对于原出租人没有拘束力，从而次承租人属于无权占有人，故出租人可请求次承租人返还租赁物。于此情形，由于转租合同仍然有效，故次承租人得以依据《民法典》第723条之规定减少或者不付租金，并可解除合同，请求损害赔偿。需要指出的是，本条规定可以类推适用于擅自出租他人之物以解决其所产生的全部法律问题。

【对照适用】

本条规定源于2009年《最高人民法院关于审理城镇房屋租赁合同纠

纷案件具体应用法律若干问题的解释》（现已失效，法释〔2009〕11号）第15条的规定，该条规定："承租人经出租人同意将租赁房屋转租给第三人时，转租期限超过承租人剩余租赁期限的，人民法院应当认定超过部分的约定无效。但出租人与承租人另有约定的除外。"本条将2009年《房屋租赁合同司法解释》第15条中的"人民法院应当认定超过部分的约定无效"，修改为"超过部分的约定对出租人不具有法律约束力"。该修改主要在于改变了转租合同超过原租赁合同期限的部分的效力，其效力不再是绝对无效，而是相对无效，即仅对原出租人不发生效力，并不否认其对于承租人与次承租人之间的合同效力。

> **第七百一十八条** 出租人知道或者应当知道承租人转租，但是在六个月内未提出异议的，视为出租人同意转租。

【要义精解】

本条是关于出租人同意转租的法律拟制，即出租人知道承租人转租而没有明确反对的则视为其同意转租，因此即适用同意转租的法律规范。其法律效果是出租人不得再基于承租人擅自转租而解除租赁合同，也不得在租期内基于次承租人无权占有租赁物请求次承租人返还租赁物。

本条规定是法律拟制而非法律上的推定，其与推定所不同的是推定是可以通过相反的证据予以推翻的，而法律上的拟制则无法通过证据予以推翻，只能按照法律的拟制来认定其法律效果。《民法典》之所以采纳了最高人民法院《房屋租赁合同司法解释》的规定，在出租人知道承租人转租的事实而未及时予以反对时拟制其同意，是基于诚实信用原则对于出租人、承租人以及次承租人之间进行利益平衡的考量。出租人既然知道承租人已经将标的物予以转租而没有及时地予以反对并寻求相应的救济措施，这说明是否转租对于出租人的利益而言无关轻重，否则其必然会要求承租人将该行为予以纠正，或者通过行使解除权而获取相应的救济。从承租人的角度以言，既然出租人较长时间没有提出反对意见，其亦会信赖出租人并不会再予以反对，故基于该信赖安排其应有的生活，包括以其转租获得的租金从事相关事业在内，若经过较长时间后，出租人仍然可以解除租赁合同则势必使承租人受到不应有的损害。更为重要的是，对次承租人的信赖利益应当进行保护，特别是在房屋租赁中，次承租人已经搬入房屋进行居住，基于其居住的房屋安排其日常生活，如寻找工作单位、安排子女上学等均以该住房为其中心。若经过较长时间后，出租人突然解除其和承租人的原租赁合同从而请求次承租人返还租赁物，则其生活必然受到严重的影响，损害远远超过了出租人因此而获得的利益。

该6个月的期间在性质上应当属于除斥期间而非诉讼时效，因此不适用诉讼时效的中止、中断、延长等相关规定。这6个月的期间应当是从出租人知道或者应当知道转租的事实之日起算，就出租人是否知道该事实或者应当知道该事实，在举证责任上应当由承租人一方进行举证，其理由正如在善意取得等制度中，就取得人是否知道处分人系无权处分的事实应当由原所有人承担举证责任的道理一样，盖让出租人证明自己不知道这种消极的事实在事理上是行不通的。适用该条还有一个问题需要注意，就是其与《民法典》第564条之间的关系。《民法典》第564条规定："法律规定或者当事人约定解除权行使期限，期限届满当事人不行使的，该权利消灭。法律没有规定或者当事人没有约定解除权行使期限，自解除权人知道或者应当知道解除事由之日起一年内不行使，或者经对方催告后在合理期限内不行使的，该权利消灭。"那么是否本条之规定将出租人在知晓承租人擅自转租后，得以根据《民法典》第716条第2款规定的解除权的行使期限缩短到6个月呢？答案应当是否定的。《民法典》第564条所规定的解除权的除斥期间，对于承租人擅自转租的情形依然适用。也就是说，若承租人擅自转租出租人自知道或者应当知道之日起6个月内没有提出异议，即视为其自始同意该转租，因此其自始即没有取得解除权，从而《民法典》第564条并不能适用。但是，若出租人在6个月内提出了异议，即不同意其转租的，那么自此时起其取得了解除合同的权利，此时起应当适用《民法典》第564条之规定，合同中有约定解除权的除斥期间的依照其约定，没有约定或者约定不明的则视该除斥期间为1年，出租人过了1年的期间则丧失了解除权。但是此时出租人仍然得基于违约责任，请求擅自转租的承租人承担其他法律责任。

【对照适用】

本条规定源于2009年《房屋租赁合同司法解释》第16条的规定。该司法解释第16条由两款组成，第1款规定："出租人知道或者应当知道承租人转租，但在六个月内未提出异议，其以承租人未经同意为由请求解除合同或者认定转租合同无效的，人民法院不予支持。"第 2 款规定："因租赁合同产生的纠纷案件，人民法院可以通知次承租人作为第三人参加诉讼。"

本条对于该司法解释进行了两个方面的修改：首先，删除了第 2 款规定，因为该款规定系诉讼程序问题，无须在实体法中加以规范；其次，将第 1 款中的"其以承租人未经同意为由请求解除合同或者认定转租合同无效的，人民法院不予支持"，修改为"视为出租人同意转租"，更加符合法典化的立法技术，从而使该条构成了法律上的拟制规定，拟制为出租人同意转租。

> **第七百一十九条** 承租人拖欠租金的，次承租人可以代承租人支付其欠付的租金和违约金，但是转租合同对出租人不具有法律约束力的除外。
>
> 次承租人代为支付的租金和违约金，可以充抵次承租人应当向承租人支付的租金；超出其应付的租金数额的，可以向承租人追偿。

【要义精解】

一、转租合同的相对性

正确理解本条规定，需要先明确转租情形时各方当事人的权利义务关系。如《民法典》第 716 条所精解的那样，在转租过程中无论是经过出租人同意的合法转租抑或是未经出租人同意的擅自转租的情形下，都存在两个有效的租赁合同：出租人与承租人的原租赁合同、承租人与次承租人之间的转租合同。这两个合同虽然因为租赁物为同一个标的物从而在事实上具有内在的联系，但是就法律构造而言，基于合同的相对性，这两个合同是完全独立的，其效力互不影响。也就是说原租赁合同只约束出租人与承租人，而转租合同也只约束承租人与次承租人。那么就租金支付而言，出租人只能要求承租人予以支付，通常情形不能要求次承租人支付，除非符合《民法典》第 535 条以下所规定的债权人代位权制度：承租人没有依据合同约定支付租金的，出租人也只能请求承租人承担相应的违约责任，包括支付违约金、解除合同等，但是不能要求次承租人承担违约责任。即便是由于次承租人没有依照合同约定向承租人支付租金，出租人亦不得请求次承租人承担相应的违约责任。

二、次承租人代替支付租金的权利

尽管经出租人同意承租人将租赁物予以转租不构成违约，但是其转租合同对于出租人仍然没有约束力，出租人对于次承租人仍然不负有任何法律上的义务，即不负有在租赁期间将租赁物交付给次承租人使用，并且确保整个租期内租赁物符合租赁合同之目的，对次承租人负有该义务的是作为转租合同之出租人的原承租人。因此，若承租人没有按照租赁合同的约定，以及在没有约定的情形按照《民法典》第 510 条、第 721 条之规定支付租金的，那么出租人即可以依据《民法典》第 722 条之规定解除租赁合同。出租人解除租赁合同的，出租人得以请求承租人返还租赁物，自不待言。由于出租人与次承租人之间不存在租赁合同关系，从而次承租人对于租赁物之占有系自承租人引导出来的，承租人丧失了占有的权利，故次承租人对租赁物之占有亦构成了无权占有，因此出租人亦得依据《民法典》第 235 条之规定请求次承租人返还租赁物。于此情形，虽然次承租人得以请求承租人承担瑕疵担保等责任，但是由于承租人已经构成了履行不能，而不能实际履行，故次承租人的利益会因此受到实质性损害。于是，次承租人对于承租人所欠付的租金具有事实上的利害关系，故基于该利害关系其可以代替承租人支付租金，从而防止出租人解除原租赁合同。

从这个意义上言之，本条之规定乃系第 524 条在租赁合同中的具体化。《民法典》第 524 条规定："债务人不履行债务，第三人对履行该债务具有合法利益的，第三人有权向债权人代为履行；但是，根据债务性质、按照当事人约定或者依照法律规定只能由债务人履行的除外。债权人接受第三人履行后，其对债务人的债权转让给第三人，但是债务人和第三人另有约定的除外。"可见，本条明确了次承租人系原租赁合同承租人之租金债务的利害关系人，从而为了防止出租人解除原租赁合同可以代替承租人履行其所欠付的租金债务，对此出租人不得予以拒绝。除此之外，本条还对第524 条进行了相应的限制，将第 524 条第 1 款的但书规定予以排除，因此如承租人欠付租金的，即使出租人与承租人约定租金不得由第三人代为支付的，次承租人仍然得以依据该条规定予以代替支付。

三、次承租人代替支付的法律效果

依据《民法典》第 524 条第 2 款之规定，利害关系第三人在代替债务人清偿债务后，债权人的债权即转移给该利害关系第三人，也即取得了学理上所谓的"代位求偿权"。代位求偿权与求偿权不同，求偿权是一项新产生的权利，与原来的权利没有关联，而代位求偿权实际上是法定的债权转移，即原债权人的债权转移至该利害关系第三人，因此，需适用债权让与的全部规定。依据《民法典》第547条第1款的规定，利害关系人不但取得了其所清偿的债权而且还自动取得了该债权的从权利，如担保物权等。依据《民法典》第548条、第549条，债务人对于债权人所享有的抗辩权、抵销权等亦不受影响。然而《民法典》第719条第2款关于次承租人代替承租人支付租金后的法律效果，仅仅规定，"可以充抵次承租人应当向承租人支付的租金；超出其应付的租金数额的，可以向承租人追偿"，并没有如同《民法典》第524条所规定的取得出租人对承租人的权利。对此究竟应如何理解？是否本条作为第524条之特别规范从而排除第524条之适用呢？我们认为，应当采纳否定的答案。

【对照适用】

本条规定源于2009年《房屋租赁合同司法解释》。2009年《房屋租赁合同司法解释》第17条规定："因承租人拖欠租金，出租人请求解除合同时，次承租人请求代承租人支付欠付的租金和违约金以抗辩出租人合同解除权的，人民法院应予支持。但转租合同无效的除外。次承租人代为支付的租金和违约金超出其应付的租金数额，可以折抵租金或者向承租人追偿。"

本条对司法解释的该条规定进行了较大的修改，具体表现在如下几个方面：首先，依据本条第1款之规定，次承租人代替承租人支付租金的不再以"出租人请求解除合同"为要件，只要承租人欠付租金次承租人即可代替承租人支付其欠付的租金和违约金，至于承租人是否行使因承租人欠付租金而产生的解除权则在所不问。其次，本条将司法解释第17条中"但转租合同无效的除外"，修改为"但是转租合同对出租人不具有法律约束力的除外"。这是因为《民法典》基于处分行为与负担行为之划分，不再认为未经出租人同意而擅自转租的合同为无效合同，仅仅是该转租合同对于出租人而言不发生效力。再次，本条在次承租人代替承租人支付租金后的法律效果上，更加具体化和明确化。

第七百二十条　在租赁期限内因占有、使用租赁物获得的收益，归承租人所有，但是当事人另有约定的除外。

【要义精解】

本条规定的是承租人孳息收取权。

租赁合同作为一个双务有偿合同本质上是一种交易关系。这种交易与买卖合同不同的是，承租人支付对价并不是取得标的物的所有权，而是仅仅取得在一段时间内对于标的物进行使用的权利，因此其所支付的对价（即租金）通常亦会低于买卖合同中标的物的价金。《民法典》第321条规定："天然孳息，由所有权人取得；既有所有权人又有用益物权人的，由用益物权人取得。当事人另有约定的，按照其约定。法定孳息，当事人有约定的，按照约定取得；没有约定或者约定不明确的，按照交易习惯取得。"据此规定，标的物之孳息应当归所有人或者用益物权人收取，而承租人既不是所有人亦非用益物权人，故其无权收取租赁物之孳息，这显然是不合理的，当然承租人与出租人可以在租赁合同中约定孳息归属权，然而在司法实践中，租赁合同中很少会约定租赁物的孳息归属的问题，因此经常会发生纠纷。有鉴于此，本条对此作出了明确规定，在租赁期间因使用租赁物所产生的收益归承租人所有，即在表明承租人支付租金所换取的对价即包括因使用租赁物而产生的收益在内。

"收益"一词，在民法学上有其特有的含义，属于所有权的一项权能。《民法典》第240条规定，所有权人对自己的不动产或者动产，依法享有占有、使用、收益和处分的权利。由此可见，收益是与使用并列的所有权权能之一，均属于对于标的物进行利用的方式之一，共同构成了我们日常自然语言中的"使用"。收益与使用的区别在于，收益是以收取标的物之孳息为其内容的，包括收取自然孳息与法定孳息两种情形。例如，标的物系奶牛，那么奶牛所产的奶即为该奶牛的自然孳息，即属于收益的范畴；而房屋出租所获取的租金、金钱借贷出去所收取的利息即属于法定孳息，亦属于收益的范畴。

依照《民法典》第712条的规定，除非当事人之间另有约定的，在租赁期间因占有、使用租赁物获得的收益，归承租人所有。那么，是否就意味着在租赁期间租赁物的所有孳息均由承租人收取，从而由承租人取得这些孳息的所有权呢？我们认为不能这样简单地理解。承租人取得何种孳息，应当属于意思自治的范畴，从而取决于当事人在合同中的约定，这又进一步取决于承租人所支付的租金的数额。当事人所支付的租金数额越高，其所获得的孳息的范围自然也就越广。因此，该条规定实际上是一项补充性的规范，意在填补当事人的意思，在当事人缺乏约定时进行适用。但是即便是在当事人没有约定的情形下，亦应当结合《民法典》第510条之规定加以适用，也即须结合合同的相关条款、合同性质以及合同目的加以确定。

> **第七百二十一条** 承租人应当按照约定的期限支付租金。对支付租金的期限没有约定或者约定不明确，依据本法第五百一十条的规定仍不能确定，租赁期限不满一年的，应当在租赁期限届满时支付；租赁期限一年以上的，应当在每届满一年时支付，剩余期限不满一年的，应当在租赁期限届满时支付。

【要义精解】

一、支付租金系承租人的主给付义务

本条规定的系承租人支付租金的义务及租金支付的期限。租赁合同作为双务有偿合同，双方当事人互负对价性义务。承租人对于出租人的主给付义务，即为按照合同约定支付租金的义务，与出租人交付租赁物给承租人并确保租赁物符合租赁合同所约定之用途互为对价性义务，也是租赁合同区别于其他合同的关键。租赁合同必须是一方向对方支付租金，即一定数额的金钱，可以是一次性支付也可以是分若干次支付；而另一方将标的物交付给对方进行占有、使用一定期限，否则就不再是租赁合同。如果合同约定一方当事人将标的物交付给对方在一定期限内占有使用，而对方当事人的义务不是支付一定数额的金钱（租金）而是移转特定标的物之所有权，那么此时双方当事人的合同不再是单纯的租赁合同，而应当是一种混合合同，同时具有买卖合同与租赁合同的特征，需要同时适用买卖合同与租赁合同的规定。如果合同约定一方将标的物交付给对方在一定期间内占有使用，而另一方则为对方提供一段时间的劳务，则亦不成立单纯的租赁合同，亦属于混合合同的一种，同时要适用租赁合同以及雇佣合同或者委托合同等劳务合同的规定。如果双方约定一方将标的物交付给对方在一定期间内占有使用，而对方无须支付任何对价，那么则为使用借贷合同（日常语言中的借用合同），更不得适用租赁合同的相关规定。

二、租金的确定

支付租金的义务是承租人的主给付义务，因此其具体数额以及支付方式等双方当事人通常都会在合同中予以约定。如果双方当事人于合同中对此作出了明确的约定，那么承租人自然应当依据约定履行其支付租金的义务。对于租金数额如果约定不明的，应当适用《民法典》第 510 条与第 511 条第 2 项之规定予以解决。首先应当适用《民法典》第 510 条之规定。尽管该条没有明确规定"租金"，但是该条所规定的"价款"应当作扩大解释，包括一切有偿合同中以金钱为对价的义务在内，故亦应当包括租金。依据该条规定，当事人对租金数额没有约定或者约定不明时，首先应当通过补充协议的方式予以确定；在无法达成补充协议时，应当再对合同进行解释加以确定，此时应当综合应用体系解释、目的解释，并在诚实信用原则的基础上参考交易习惯予以确定。在适用第 510 条之规定后仍然无法确定的，则应当适用第 511 条第 2 项之规定，对于有政府定价的租赁物依据政府定价，而对于没有政府定价的，则应当按照订立合同时履行地同一期间内的同一类租赁物的市场租金予以确定。就租金的履行地而言，由于租金是金钱之债，当事人若没有约定，应当适用《民法典》第 511 条第 3 项属于付偿之债，在债权人所在地进行履行。

对于租金的履行期限，如果双方当事人没有约定或者约定不明的，则依照本条之规定加以确定，即仍然应当依据第 510 条之规定，先由出租人与承租人通过达成补充协议予以确定，若无法达成补充协议的，再进行合同解释加以确定。依据第 510 条之规定不能确定的则不能再适用第 511 条之规定，而是直接适用本条之规定，该条规定排除了第 511 条第 3 项关于履行期限没有约定，或者约定不明之规范对于租赁合同之租金的支付义务的适用。依据本条之规定，租金支付期限应当按照租赁期限长短加以确定：租赁期间不满 1 年的，应当在租赁期间届满时支付；租赁期间 1 年以上的，应当在每届满 1 年时支付，剩余期间不满 1 年的，应当在租赁期间届满时支付。

该规定的立法目的在于保障承租人，具体表现在两个方面：首先，租金并非一次性支付，而是分若干期进行支付，且周期较长，一个周期为 1 年，只有租赁期限或者剩余期限不足 1 年的才以实际租赁期限为准。其次，租金的支付时间是在一个周期结束时到期，而不是在期限开始时支付，因而保障了承租人先使用租赁物再支付租金。然而，这一规定在司法实践中被使用的概率并不高，因为租赁合同中双方当事人都会事先约定租金的支付期限，特别是在房屋租赁中，现在一般通行的做法是按季度支付租金，并且承租人需要交付押金。

三、逾期支付租金的法律后果

承租人没有按照合同的约定或者在没有约定时未按照《民法典》第510条、本条规定的期限支付租金的则构成履行迟延，应当承担迟延履行的责任。作为租金债权之债权人的出租人可以采取如下救济措施：（1）依据《民法典》第577条、第579以及第722条之规定请求承租人在合理期限内支付租金。（2）请求支付违约金。通常在租赁合同中当事人会约定迟延支付租金的违约金，在实务中当事人往往称之为"滞纳金"。当然，依据《民法典》第585条第2款之规定，违约金不能过高，否则违约方可以请求人民法院或者仲裁机关予以适当减少。就金钱债权的违约金而言，是否过高其参考标准一般而言是利率。（3）请求支付迟延利息。若双方没有就迟延支付租金约定违约金的，那么租金迟延之后承租人仍然应当支付相应的迟延利息，对此出租人无须证明其实际损失即可请求，这是金钱债权与其他债权的区别之处。

【对照适用】

本条规定沿袭了原《合同法》第226条的规定，并对该条文进行了两处修改：其一，是对其中所引用的法律条文序号按照《民法典》的规定进行调整；其二，是将原条文中的"期间"，一律修改为"期限"，但是规范意义并未作任何修改。

> **第七百二十二条** 承租人无正当理由未支付或者迟延支付租金的，出租人可以请求承租人在合理期限内支付；承租人逾期不支付的，出租人可以解除合同。

【要义精解】

本条所规定的是承租人迟延支付租金的法律后果。支付租金的义务是承租人的主给付义务，承租人迟延支付的，出租人当然可以确定合理期间催告其支付，如果逾期仍然不支付的，出租人即可以按照本条规定解除租赁合同以为救济。

一、解除租赁合同的要件

出租人依据本条规定解除租赁合同的需要具备如下要件。

第一，承租人已经陷入履行迟延。必须承租人的租金支付义务的清偿期已经届满，而承租人尚未履行其支付租金的义务。所谓清偿期限届满，是指支付租金的最后期限，若虽然支付租金的期限已经届至但是尚未届满的，尚不构成履行迟延。

第二，须出租人确定合理期限予以催告。承租人陷入履行迟延出租人不能直接解除合同，而是必须要确定合理的期限催告承租人，只有承租人过了催告期限仍然没有履行支付租金的义务，出租人始得解除合同。这一点与《民法典》第 563 条第 1 款第 3 项之规定没有本质的区别，无论是基于本条规定还是基于第 563 条第 1 款第 3 项之规定，出租人都须确定合理的期限催告承租人履行其义务，只有逾期承租人仍然没有支付租金的，出租人才有权解除合同。

第三，须承租人于催告期限届满后仍然没有履行支付租金的义务。如果承租人经出租人催告后在合理期限内支付了租金，那么出租人即不得再解除租赁合同。当然出租人请求承租人支付约定的违约金、逾期支付的利息等其他违约责任不受影响。

第四，须承租人没有拒绝支付租金的正当理由。若承租人逾期没有支付租金，是基于正当理由那么并不构成违约，故出租人不得解除合同。非但如此，于此情形下承租人亦无须承担支付违约金、逾期利息等其他违约责任。承租人得以拒绝支付租金的正当理由，主要包括依据《民法典》第 525 条至第 528 条所规定的履行抗辩权；依据《民法典》第 723 条规定因第三人主张权利，致使承租人不能对租赁物使用、收益的，承租人可以请求减少租金或者不支付租金；依据《民法典》第 729 条规定因不可归责于承租人的事由，致使租赁物部分或者全部毁损、灭失的，承租人可以请求减少租金或者不支付租金。

二、解除权的行使

租赁合同一章并没有关于解除权行使的特别规定，因此应当适用合同编总则分编关于一般解除权的规定。也即出租人只需要单方面的意思表示即可发生解除的效力，合同在解除的意思表示到达承租人或者其他有受领权人处解除。依据《民法典》第 565 条之规定，承租人若认为出租人没有解除权的，则可以向法院提起诉讼或者依据仲裁协议向仲裁机构申请仲裁予以确认对方没有解除权。此外，依据《民法典》第565条之规定，出租人亦可以在催告通知中表明，承租人若逾期没有支付租金则租赁合同解除，那么在出租人所定的合理期限届满后，承租人仍然没有支付租金的，租赁合同自动解除。

三、租赁合同解除的法律效果

租赁合同作为继续性合同，其解除的法律效果与一时性合同有所不同。一时性合同解除的具有溯及力，从而应当进行清算，双方当事人互负返还财产的义务。继续性合同解除的则不具有溯及力，合同之效力仅向将来消灭，已经履行的部分继续有效，因此就租赁合同而言，其解除的应当排除《民法典》第566条第1款的当事人双方恢复原状的义务。

【对照适用】

本条规定完全源于原《合同法》第227条规定，是关于承租人迟延支付租金的法律效果的规定。本条对于原《合同法》第227条未在规范意义上进行修改，但是进行了一些文字上的润色与完善，将"出租人可以要求"，修改为"出租人可以请求"；将"合理期限内支付"后的句号修改为分号。

> **第七百二十三条** 因第三人主张权利，致使承租人不能对租赁物使用、收益的，承租人可以请求减少租金或者不支付租金。
> 第三人主张权利的，承租人应当及时通知出租人。

【要义精解】

本条是关于出租人权利瑕疵担保责任的规定，与《民法典》第708条所规定的物之瑕疵担保责任共同构成了出租人的瑕疵担保责任。租赁合同出租人的义务是将标的物交付给承租人使用，保障在整个租赁期间内租赁物都能为承租人使用，并且符合合同约定的使用目的。

一、构成要件

（一）须第三人对于标的物享有权利

第三人的权利范围非常广泛，凡是针对租赁物可以阻止承租人对于标的物进行使用，或者对租赁之正常使用造成妨碍的权利都属于这里的第三人权利。可以阻止或者妨碍承租人对于标的物使用的第三人权利主要包括如下几种：（1）所有权。如果租赁物非属于出租人所有，出租人没有获得所有人的授权而擅自将属于他人所有的标的物予以出租的，那么所有人自得基于所有权请求承租人返还标的物，从而导致承租人无法使用标的物。在转租的情形下，若承租人未经出租人同意而擅自转租，或者承租人没有支付租金等导致出租人解除原租赁合同，或者承租人转租租赁物超出原租赁合同期限等原因，所有人请求次承租人返还标的物时，那么原出租人之所有权即为他人之权利。（2）租赁物上存在担保物权。在租赁合同期间，担保物权人实现担保物权的，则可以终止签订在后的租赁合同。那么此时承租人亦无法再继续使用租赁物。（3）租赁物上存在居住权等用益物权的。由于物权具有优先于债权的效力，因此可以排除承租人的妨碍。（4）知识产权。如果租赁物是侵害他人专利权等产品，那么知识产权人可以要求停止侵害行为，从而禁止承租人继续使用租赁物。（5）其他权利情形。所有的民事权利只要能够阻止或者妨碍到承租人对租赁物全部或部分使用的，都构成这里的他人权利。

（二）须第三人主张权利致使承租人无法使用租赁物或者不能正常使用租赁物

如果仅仅是第三人享有权利，第三人不行使权利，或者行使权利并不影响承租人使用的，则出租人均无须承担该条规定的瑕疵担保责任，从而承租人不得主张减少价金或者不支付价金。由于租赁合同是负担行为而非处分行为，故不要求出租人对于租赁物有处分权，因而即使出租人擅自出租他人之物，而所有人知情后并没有主张权利，不要求承租人返还财产，承租人则仍然应当按照合同约定支付租金。同样，虽然第三人主张权利，但是却不影响承租人对租赁物之使用的，承租人亦不得主张权利瑕疵担保责任。例如，租赁物的买受人行使其权利，要求出租人移转标的物之所有权请求，作为出卖人的出租人办理过户登记但是并不要求承租人返还租赁物的，承租人亦不得主张减少租金或者不付租金。再例如，租赁物系侵害他人专利权的物品，专利权人要求出租人等侵权人赔偿损失，但是却并未要求承租人停止使用，承租人仍然不得行使该条规定的权利。此外须注意的是，本条仅仅规定了因第三人行使权利致使承租人"不能对租赁物使用、收益的"，该规定应当进行扩张性解释，不应当仅仅限于不能使用，也应当包括不能正常使用的情形在内。

（三）承租人订立租赁合同时不知道标的物具有权利瑕疵

虽然《民法典》没有明确承租人在订立租赁合同时，知道租赁物有权利瑕疵的出租人不承担该项瑕疵担保责任，但是应当准用《民法典》第613条关于买卖合同出卖人权利瑕疵担保责任排除之规定。依据该条规定："买受人订立合同时知道或者应当知道第三人对买卖的标的物享有权利的，出卖人不承担前条规定的义务。"租赁合同中出租人的瑕疵担保责任，在法律思想上与买卖合同中出卖人瑕疵担保责任、承揽合同中承揽人瑕疵担保责任、建设工程承包合同中承包人瑕疵担保责任完全相同，应当做同样的法律评价，故此应当作同一解释。之所以在承租人明知租赁物有瑕疵时，应当排除出租人的瑕疵担保责任，是因为既然承租人明知有瑕疵，那么其必然会在租金中予以考虑，即按照有瑕疵的租赁物支付相应的租金，从而并不存在双方对价失衡的情形。当然，若承租人在签订租赁合同时虽然明知有权利瑕疵，但是其保留了要求出租人承担瑕疵担保责任的权利的，仍然可以请求出租人承担该担保责任，这是因为此时承租人签订租赁合同是以出租人能够排除租赁物上的权利瑕疵为基础，如通过清偿债务而使抵押权归于消灭等，但是出租人却没有消除此权利瑕疵，故仍然应当承担相应的责任。

需要注意的是，本条规定的是权利瑕疵担保责任，权利瑕疵担保责任与物的瑕疵担保责任一样，作为瑕疵担保责任之一种，应当属于过失责任。因此无论是否基于出租人的过失，只要第三人主张权利，且因此导致承租人无法使用租赁物的，承租人都可以主张减少租金或者不付租金。

二、法律效果

（一）承租人减少租金或者不付租金的权利

由于第三人行使权利致使承租人不能使用租赁物或者不能正常使用租赁物的，承租人可以减少租金或者不支付租金。承租人究竟是可以减少租金还是可以不支付租金，若减少租金时究竟可以减少多少，这要取决于承租人之使用、收益的权利所受到的影响程度。若由于第三人主张权利导致承租人完全不能使用租赁物的，承租人可以不支付租金；若承租人只是一段时间不能使用租赁物的，则只能相应地减少租金，即将这一段不能使用期间的租金予以减少而不能完全不支付租金；同样，若第三人主张权利并没有完全剥夺承租人对于租赁物的使用、收益，但是其使用的程度受到了限制，也应当相应地减少其租金，即应当按照所限制的程度确定所应当减少的租金。如果承租人所交付的租金已经超过了减少后所应当支付的租金，或者承租人不需要支付租金的，承租人得以请求出租人返还该部分租金。

由于我国法律上关于瑕疵担保责任的规定不属于封闭性的规范，因此我国法律上瑕疵担保责任的承担，并不影响其他违约责任的承担。故除此之外，承租人尚有其他损失的可以要求承担损害赔偿责任，而如果根本无法使用租赁物构成根本违约的，可以依据《民法典》第 724 条及第 563 条之规定解除合同，并要求出租人承担相应的违约责任。

（二）承租人的通知义务

出租人不直接占有标的物从而可能并不知道权利人主张权利的事实，因此难以及时采取相应的救济措施；相反，承租人直接占有标的物从而承租人能够知晓行使权利的事实，因此根据诚实信用原则，承租人应当将其所知晓的第三人主张权利的事实通知出租人，以便出租人采取相应的救济措施，包括提出抗辩，进行和解谈判，等等。若承租人没有履行通知义务，导致出租人因此而受有损失的，则承租人应当承担损害赔偿责任。

【对照适用】

本条规定完全承袭了原《合同法》第 228 条的规定，《民法典》同样对于原《合同法》的该条规定没有进行实质修改，仅仅是进行了文字上的润色与修改。将原《合同法》第 228 条第 1 款规定的"承租人可以要求减少租金"，修改为"承租人可以请求减少租金"。

> 第七百二十四条 有下列情形之一，非因承租人原因致使租赁物无法使用的，承租人可以解除合同：
> （一）租赁物被司法机关或者行政机关依法查封、扣押；
> （二）租赁物权属有争议；
> （三）租赁物具有违反法律、行政法规关于使用条件的强制性规定情形。

【要义精解】

本条规定的是承租人的特别解约权。

一、承租人法定解除权的要件

其一，具有本条所列举的三种法定情形：（1）租赁物被司法机关或者行政机关依法查封、扣押。（2）租赁物权属有争议。（3）租赁物具有违反法律、行政法规关于使用条件强制性规定情形。

其二，必须因上述原因致使租赁物无法使用。并非具备上述三种情形时承租人均能解除合同，而是必须由于上述情形的发生致使承租人不能使用租赁物。首先，司法机关或者行政机关查封标的物分为两种情形，一种情形被称为"死查封"；另一种情形被称为"活查封"。如果是死查封的话，即不再允许权利人对于查封的标的物再进行使用、收益；而若标的物系租赁物，承租人亦不得再使用租赁物，此时承租人即得以解除合同。在司法机关或者行政机关采取的查封措施是活查封时，则仍然允许权利人对于标的物继续使用、收益，只是不能再进行处分标的物，此时查封的标的物若系租赁物，承租人的使用、收益不受影响，则承租人自然不能依据本条规定解除租赁合同。其次，在租赁物权属有争议时，往往很难直接影响承租人的使用。因为承租人作为标的物之直接占有人，依据《民法典》第462条规定受占有保护，任何人不得以法律禁止的私力侵夺其占有。因此，第三人原则上须通过确认之诉确认其权属后，才能行使所有人返还请求权等权利，在诉讼的过程中是不影响承租人之使用的，因此承租人不能依据该条解除合同。当然法院判决租赁物所有权不属于出租人而系属于第三人，那么第三人得请求承租人返还标的物，此时承租人无法使用租赁物即可依据该条规定解除合同。再次，对于租赁物具有违反法律、行政法规关于使用条件的强制性规定的情形，也需要看是否因此而无法使用。若由于违反了强制性规定，可能并不影响实际使用，比如，由于违反了消防规定，那么行政机关往往会要求限期整改，此时出租人若及时整改使其符合法律的规定，并未影响承租人的使用，或者虽然影响但是时间较短，则承租人不能解除合同，对于影响的期间可以依据《民法典》第723条之规定减少租金。相反，若不能整改并且被要求不得继续使用的，如违法建筑物需要拆除的情形，那么承租人自然得依据本条规定解除租赁合同。

其三，上述事由必须是由于出租人的原因所导致的。若上述情形的发生不是由于出租人的原因，相反是由于承租人的原因所导致的，承租人自然不享有解除合同的权利，相反，若给出租人造成损失的应当对出租人承担相应的损害赔偿责任。例如，由于承租人改变了承租的房屋的结构，导致其不符合消防规定，从而被主管机关作出处罚，禁止其进行使用等，承租人即不得解除合同。

二、法律效果

本条所规定的解除权系承租人的特别解除权，承租人无须催告出租人，只要符合上述之要件，承租人即可行使解除权。承租人行使解除权只需要以通知的方式作出即可，在解除通知到达出租人或者其他有权受领人处即发生解除的效果。该解除权行使不排除承租人按照其他规定，要求出租人承担其他违约责任。

【对照适用】

本条文源于2009年《房屋租赁合同司法解释》第8条，该条规定："因下列情形之一，导致租赁房屋无法使用，承租人请求解除合同的，人民法院应予支持：（一）租赁房屋被司法机关或者行政机关依法查封的；（二）租赁房屋权属有争议的；（三）租赁房屋具有违反法律、行政法规关于房屋使用条件强制性规定情况的。"该司法解释是针对城镇房屋租赁合同而制定的，其适用范围仅限于城镇房屋租赁合同，《民法典》将其纳入整个租赁合同之后，将适用范围予以扩大到所有的租赁合同之中，将司法解释中该条规定中的"租赁房屋"一律修改为"租赁物"，并将第1项与第2项规定最后的"的"字去掉之外，其他并未修改。

第七百二十五条　租赁物在承租人按照租赁合同占有期限内发生所有权变动的，不影响租赁合同的效力。

【要义精解】

本条规定在学理上通常被称之为"买卖不破租赁"。自罗马法以降，"买卖打破租赁"是债法的基本原则，因为租赁合同所产生的法律关系是债之关系，债务关系具有相对性，只能约束合同双方当事人，不能约束合同之外的第三人，而在租赁合同存续期间租赁物所有权发生变更的，由于新的所有人并不是合同的当事人，故其不受原租赁合同的约束。然而近代社会由于房屋的承租人都是社会弱势群体，若允许买卖打破租赁则势必导致承租人流离失所，不能稳定地居住在其所租赁的住宅中。为了保护弱势的社会群体，确保其生活的稳定性，《德国民法典》率先规定了"买卖不破租赁"制度，从而使租赁合同取得对抗租赁物新的所有人的效力，就如同物权可以对抗第三人一样，因此也被称之为"债权的物权化"。后来世界各国纷纷效仿，如今几乎成为一个为世界各国所普遍承认的法律规则，不过多数国家均将买卖不破租赁限制在住宅租赁上，如《德国民法典》《日本民法典》《意大利民法典》等。我国《民法典》则将买卖不破租赁的范围扩大到所有的租赁之上。

就本条适用范围而言，首先，其不限于房屋租赁而是能够适用于全部的租赁合同之中，既包括不动产租赁也包括动产租赁。其次，也不限于因买卖而发生的所有权变动，所有的所有权变动都不影响原租赁合同的继续存续。因此，既包括基于买卖合同、互易合同、赠与合同等法律行为发生的房屋所有权变动的情形，也包括基于继承等直接依据法律发生的所有权变动在内，还应当包括人民法院通过强制拍卖等方式发生的所有权变更。再次，买卖不破租赁的适用前提条件不但需要租赁合同合法有效，而且还需要承租人已经合法占有了租赁物。故如果租赁合同已经生效，但是出租人尚未将标的物交付给承租人的，此时租赁物的所有权发生变动的则该条规定不适用。这是《民法典》该条规定与原《合同法》第229条的区别之处，其立法目的在于，防止原所有人在所有权变动后与第三人通过倒签租赁合同的方法侵害买受人权益。买卖不破租赁的法律后果是新的所有人取得了原租赁合同出租人的地位，因此享有原出租人的权利，负担原出租人的义务。

【对照适用】

本条源于原《合同法》第229条的规定，但是对原《合同法》该条规定进行了相应的完善，即增加了买卖不破租赁的适用条件，不但要求买卖合同有效，而且还要求承租人占有租赁物的期间。

> **第七百二十六条** 出租人出卖租赁房屋的，应当在出卖之前的合理期限内通知承租人，承租人享有以同等条件优先购买的权利；但是，房屋按份共有人行使优先购买权或者出租人将房屋出卖给近亲属的除外。
>
> 出租人履行通知义务后，承租人在十五日内未明确表示购买的，视为承租人放弃优先购买权。

第七百二十七条　出租人委托拍卖人拍卖租赁房屋的，应当在拍卖五日前通知承租人。承租人未参加拍卖的，视为放弃优先购买权。

第七百二十八条　出租人未通知承租人或者有其他妨害承租人行使优先购买权情形的，承租人可以请求出租人承担赔偿责任。但是，出租人与第三人订立的房屋买卖合同的效力不受影响。

【要义精解】

上述三个条文规定的是承租人优先购买权制度。承租人优先购买权的赋予与买卖不破租赁一样，都是为了特别保护承租人这一社会弱势群体的利益而设。

一、优先购买权行使的要件

所谓承租人优先购买权，是指在租赁合同期间出租人出卖其房屋的，在同等条件下承租人有优先购买的权利。承租人行使优先购买权的要件有如下几个：首先，须存在有效的租赁合同。如果租赁合同没有成立、无效、被解除或者终止的，则不发生优先购买权的问题。其次，须租赁合同的标的物是房屋。由于法律条文没有对房屋作出任何限制，故解释上房屋不应当尽限于住宅，而且应当包括商业用房、工业用房等一切合法房屋在内。再次，须出租人出卖其房屋。依据《民法典》第726条的规定，若房屋是由两个以上的民事主体按份共有的，那么其中一个共有人仅仅出卖其份额，其他按份共有人依据《民法典》第305条规定行使优先购买权的，则承租人对于该份额不享有优先购买权；出租人若将房屋出卖给其近亲属的，则承租人亦不享有优先购买权。此外，出租人将房屋赠与他人并不构成出卖房屋，因此承租人不得主张优先购买权。另外，若出租人将其房屋与他人进行互易，那么若互易的标的是特定物的，由于不具有可替代性，故承租人无法以同等条件进行互易，则其亦无法行使优先购买权。在我们看来，如果出租人将标的物出卖给他人是混合买卖，即带有部分赠与的性质，价格明显低于市场价的，如为了感谢好朋友以远低于市场价的原价将一套已经涨价若干倍的房屋出卖给其好朋友，则此时承租人亦不得行使优先购买权。最后，承租人应当在接到通知的法定期限内行使其优先购买权。此法定期间在解释上应当作为除斥期间，过了该期间优先购买权即归于消灭。依据《民法典》第726条第2款的规定，该期间为接到出租人通知之日起的15日之内；而若出租人系通过拍卖的方式出卖标的物，则出租人应当在拍卖前5日通知承租人，承租人须参加拍卖，否则亦视为放弃优先购买权。

二、优先购买权行使的效果

优先购买权行使的效果取决于优先购买权的性质。关于优先购买权的性质法律上没有明确规定，学说上则有不同的观点，有请求权说、形成权说、债权说、物权说、期待权说等，通说认为优先购买权系形成权。[1]因此一旦承租人行使其优先购买权即在出租人与承租人之间成立合同，而合同的内容则与出卖人与第三人达成的买卖合同的内容完全相同。但是承租人并不能因此而取得房屋所有权，房屋所有权的取得尚须依据《民法典》第209条的规定办理所有权移转登记，从登记完成时才能取得房屋所有权。

【对照适用】

《民法典》第726条源于原《合同法》第230条的规定，但是增加了承租人不得行使优先购买权的情形，而该情形源于2009年最高人民法院《房屋租赁合同司法解释》第24条第1项、第2项的规定。此外《民法典》第726条第2款还吸收了2009年《房屋租赁合同司法解释》第24条第3项的规定，将承租人行使优先购买权的期间确定为接到通知后的15日内。《民法典》第727条则源于2009年《房屋租赁合同司法解释》第23条；第728条源于第21条。文字上分别作了相应的调整，但是在解释适用上应当没有变化。

> **第七百二十九条** 因不可归责于承租人的事由，致使租赁物部分或者全部毁损、灭失的，承租人可以请求减少租金或者不支付租金；因租赁物部分或者全部毁损、灭失，致使不能实现合同目的的，承租人可以解除合同。

【要义精解】

本条规定的是租赁物在租期内毁损灭失的风险负担问题。

---

[1] 李永军：《论优先购买权的性质与效力——对我国〈合同法〉第230条及最高法院关于租赁的司法解释的评述》，《中国政法大学学报》2014年第6期。

在租期内，租赁物毁损灭失的风险由出租人负担，即只要租赁物的毁损灭失不是由可归责于承租人的事由而引发的，承租人不但不需要承担损害赔偿责任，而且还有权请求减少或者不付租金。究竟是减少租金还是不支付租金，则应当根据租赁物毁损、灭失的程度加以确定。如果租赁物因毁损灭失导致不能实现合同目的的，则承租人享有解除合同的权利。对此尚有两个问题需要加以澄清：首先，若标的物仅仅是毁损，尚可以通过修缮恢复原状的，则承租人得以依据《民法典》第712条之规定，请求出租人修缮该租赁物，此时承租人请求减少租金，减少租金的数额，应当相当于出租人修缮租赁物而致使其不能使用或者影响使用所产生的租金损失。其次，若租赁物毁损灭失，是基于可归责于出租人的事由而发生的，则出租人还须对承租人承担相应的损害赔偿责任，盖此时其已经构成了违约行为。若租赁物的毁损、灭失是因可归责于第三人的事由而发生的，同样出租人须对承租人承担损害赔偿责任，而出租人则可以基于侵权行为等向该第三人追偿。

【对照适用】

《民法典》该条规定源于原《合同法》第231条，仅仅将原条文中的"要求减少租金"，修改为"请求减少租金"，内容上没有实质性变化，解释适用上不受影响。

> **第七百三十条　当事人对租赁期限没有约定或者约定不明确，依据本法第五百一十条的规定仍不能确定的，视为不定期租赁；当事人可以随时解除合同，但是应当在合理期限之前通知对方。**

【要义精解】

本条是关于不定期租赁合同的特别规定。

依据该条规定，不定期租赁合同有两种：（1）真正的不定期租赁合同，即当事人没有约定租赁合同的期限的情形；（2）当事人约定期限不明确，而且也无法依据《民法典》第510条规定加以确定的，被视为不定期租赁。事实上还有另外两种不定期租赁合同：其一，依据《民法典》第707条规定，当事人订立租期超过6个月的合同，但是没有采取书面形式，且无法确定期限的情形也被视为不定期租赁合同；其二，依据《民法典》

第 734 条规定，租期届满承租人继续使用租赁物而出租人没有提出异议的，则视为续期，而租期则为不定期租赁合同。

不定期租赁合同与定期租赁合同不同的是，双方当事人均享有任意解除权，即不需要附任何理由即可解除租赁合同，且无须对对方承担损害赔偿责任。唯根据诚实信用原则，双方当事人应当在合理的期限之前通知对方，以避免给对方造成不应有的损失。

【对照适用】

本条规定源于原《合同法》第 232 条，但是对于第 232 条进行了一项重要修改，即将原来的仅"出租人解除合同应当在合理期限之前通知承租人"，修改为双方当事人均应当提前通知对方当事人，这样的修改符合诚实信用原则。

> **第七百三十一条** 租赁物危及承租人的安全或者健康的，即使承租人订立合同时明知该租赁物质量不合格，承租人仍然可以随时解除合同。

【要义精解】

该条是关于出租人瑕疵担保责任的特别规定。

与出卖人瑕疵担保责任一样，出租人亦有瑕疵担保责任，包括物的瑕疵与权利瑕疵。对于权利瑕疵担保，我国《民法典》第 723 条有明确规定，对于物的瑕疵担保责任我国《民法典》没有明确规定，但是依据《民法典》第 703 条、第 712 条的规定亦可以得出出租人须承担担保责任的规定。无论是物的瑕疵担保责任，还是权利瑕疵担保责任，若承租人在订立合同时明知该瑕疵的，则出租人不再承担相应的瑕疵担保责任。《民法典》第 613 条关于出卖人权利瑕疵担保责任有明确规定，买受人在订立合同时知道或者应当知道该瑕疵的，出卖人不再承担瑕疵担保责任。故此，在租赁合同中承租人如果在订立合同时知道标的物存在瑕疵的，则出租人不再承担相应的瑕疵担保责任。法律之所以如此规定道理非常明显，在买受人或者承租人明知有瑕疵时还缔结合同，那么就意味着其愿意接受该瑕疵，而排除瑕疵担保责任的适用，当然其所支付的价金和租金也会比标的物没有瑕疵时要低。

不过该条则构成了一项例外规定，即若租赁物的瑕疵达到足以危及承租人的安全或者健康的，则即使承租人在订立合同时明知该瑕疵的，承租人仍然得以随时解除租赁合同而无须承担违约责任。这一规定的目的仍然在于保护作为弱势社会群体的承租人，保护其人身安全和身心健康以及契约自由。因为很多情形，特别是在房屋租赁合同中，由于承租人经济困难，无房居住，在合同订立时虽然知道标的物有瑕疵，但是却没有任何其他选择，只能订立该房租赁合同。为了防止此种情形的出现，法律则规定，即使其明知的，在标的物危及其安全和健康时仍然赋予其任意解除权，这在法律政策上无疑是正确的。

> **第七百三十二条** 承租人在房屋租赁期限内死亡的，与其生前共同居住的人或者共同经营人可以按照原租赁合同租赁该房屋。

【要义精解】

该条规定的是与承租人共同居住的人或共同经营人的权利。该条规定是为了保护与承租人共同居住的人或者共同进行经营的人的利益而作出的特别规定。

该条规定适用的要件如下：首先，必须是房屋租赁合同。该条仅仅适用于房屋租赁合同，对于其他租赁合同均不适用。其次，必须在租赁期限内，若租赁合同已经期限届满而终止的，则该规定不再适用。再次，承租人必须是自然人，且承租人已经死亡。若法人或者非法人组织作为承租人的，则因其不能死亡从而并不发生此种问题，即便是法人或者非法人组织终止的，则应当依据法人或非法人组织对于其所订立的合同关系的一般规则加以处理。最后，须是与承租人共同居住的人或者共同进行经营的人。

对此，需要分为两种情形，若承租人租赁房屋的目的是为了进行居住使用，则只能由与其共同居住的人继续承租该房屋，而与其共同进行经营的人则不能继续承租。若承租人租赁房屋是为了经营活动，那么在承租人死亡时则由与其共同进行经营活动的人在租期内继续承租该房屋，与其共同居住的人则没有继续承租的权利。所谓与承租人共同居住的人，应当作广义上的解释，即凡是作为承租人家庭成员，长期以来一直与承租人进行共同生活的人都应当包括在内，而不应当仅仅限于承租人的近亲属。例如，承租人的侄儿由于父母双亡一直由承租人抚养而与承租人共同居住，亦属于这里与承租人共同居住的人，甚至与承租人没有任何亲属关系，仅仅承租人自愿进行抚养或者赡养的人也应当包括在内。对于与承租人共同经营的人，可以是自然人，也可以是法人，还可以是非法人组织，但是必须是利用承租人所租赁之商业用房而进行共同经营的人。

该条规定的法律效果是赋予了与承租人共同居住的人或者共同经营的人继续承租房屋的权利，而不是直接规定由其概括承受租赁合同。因此，若与承租人共同居住的人或者共同经营的人行使该权利要求继续承租的，则原租赁合同中承租人的法律地位概括地由其承受；若其不行使该权利，则原租赁合同终止。

【对照适用】

本条规定源于原《合同法》第 234 条，但是却进行了重大修改。原《合同法》第 234 条仅规定了在住房租赁的情形下与承租人共同居住的人具有继续租赁的权利，本条则增加了商业用房租赁合同中与承租人共同经营的人的继续承租权，扩大了其适用范围。

第七百三十三条　租赁期限届满，承租人应当返还租赁物。返还的租赁物应当符合按照约定或者根据租赁物的性质使用后的状态。

【要义精解】

该条所规定的是租赁合同终止时承租人返还租赁物的义务，从另一个角度观察，即规定了出租人请求承租人返还租赁物的请求权。该项请求权的性质属于债权请求权，属于租赁合同的效力之一，承租人如不返还租赁物则构成违约，应当承担相应的违约责任。承租人返还租赁的，应当符合按照约定或者租赁物的性质使用后的状态，否则即应当承担损害赔偿责任。

此外，由于出租人是标的物的所有人，而承租人在租赁合同期限届满就丧失了占有租赁物的权利，因此出租人亦可以依据《民法典》第 235 条之规定请求承租人返还租赁物。由于我国法律上没有《德国民法典》上所有人与占有人关系，[1] 故出租人选择行使何种请求权的差别不大。不过尚

---

[1] 席志国：《论德国民法上的所有人占有人关系——兼评我国〈民法典〉第 459—461 条之规定》，《比较法研究》2020 年第 3 期。

有一项区别，即行使原《合同法》上的请求权受诉讼时效的限制，而行使所有人的原物返还请求权则不受诉讼时效的限制。

【对照适用】

本条规定源于原《合同法》第 235 条规定，仅仅将原《合同法》中的"期间"修改为"期限"，其他的均未修改，解释适用上不会有变化。

> **第七百三十四条　租赁期限届满，承租人继续使用租赁物，出租人没有提出异议的，原租赁合同继续有效，但是租赁期限为不定期。**
>
> **租赁期限届满，房屋承租人享有以同等条件优先承租的权利。**

【要义精解】

本条规定由两款组成。第 1 款规定的是租赁合同自动续期的情形；第 2 款规定的是承租人的优先承租权。

依据第 1 款规定，租期届满后，承租人若没有返还租赁物而是继续使用的，且出租人没有提出异议，则原租赁合同继续有效，即视为当事人形成了续期的合意，由于双方当事人没有明确约定续期的期限，那么即作为不定期租赁予以处理，此时承租人对租赁物的占有和使用并不构成侵权，也不构成不当得利。根据第 2 款规定，承租人的优先承租权的要件有四个：首先，只能适用于房屋租赁合同，其他租赁合同不适用；其次，租期届满；再次，必须出租人继续出租该租赁物，若出租人不再出租租赁物的，则承租人当然不享有优先承租权；最后，必须以同等条件承租，即原承租人必须在租金的数额、支付方式、支付期限、使用目的等方面均与第三承租人的条件相同。

【对照适用】

本条规定源于原《合同法》第 236 条，但是增加了第 2 款规定，即承租人的优先承租权。承租人的优先承租权是一项新的法律制度，解释适用上要予以注意。

第十五章　融资租赁合同

> **第七百三十五条** 融资租赁合同是出租人根据承租人对出卖人、租赁物的选择，向出卖人购买租赁物，提供给承租人使用，承租人支付租金的合同。

【要义精解】

该条是对融资租赁合同定义的规定。

融资租赁合同，是当事人约定由出租人按承租人的要求，出租人向第三人购买租赁物供承租人使用、收益，承租人支付租金的合同。融资租赁合同具有三层含义：（1）出租人须按照承租人的要求出资购买租赁物。融资租赁从形式上看是"租赁"，实质上却是"融资"。融资租赁公司一般没有承租人要租赁的标的物，而是在与承租人签订合同后，方出钱购买承租人想要租赁的标的物。因此，名为租赁，实为"借钱"。出现融资租赁的原因，在于金融法规不允许企业之间直接的金钱借贷。（2）出租人须将其所购买的租赁物交付承租人使用。出租人购买租赁物的目的是为了交付给承租人使用，而非自己使用。（3）承租人须向出租人支付租金。承租人在使用租赁物时，须向出租人支付租金。

融资租赁最早产生于美国。20 世纪 50 年代，因生产技术的进步，企业规模不断扩大，美国政府为了防止经济过热，采取金融紧缩政策，使企业的资金需要无法得到满足。在这种背景下，融资租赁作为一种新型的信贷方式应运而生。[1]我国的融资租赁经营，则是改革开放后引进的舶来品。20 世纪 80 年代，我国民航总局与美国汉诺威尔制造租赁公司和美国劳埃德银行合作，首次利用融资租赁方式从美国租进一架波音 747SP 飞机。[2]

---

[1] 李永军：《合同法》（第三版），中国人民大学出版社 2012 年版，第 300 页。
[2] 肖燕：《国际融资租赁法律实务》，浙江大学出版社 1996 年版，第 9 页。

我国原《合同法》第237条明确规定将融资租赁合同作为有名合同纳入法律之中。在我国，与投资人的目的及我国监管体制相适应，出租人形成了特有的存在类型，主要有两类融资租赁主体：一类是以经营融资租赁业务为主的中外合资租赁公司；另一类是作为非银行金融机构的以经营融资租赁业务为主的金融租赁公司。

融资租赁合同有其典型的特征：（1）融资租赁涉及三方当事人。在融资租赁中，往往涉及出租人、承租人和出卖人三方当事人。在融资租赁合同中，与普通租赁合同不同，其是由承租人选择租赁物的，因此出租人对出租物的瑕疵一般不负责任，而是由出卖人承担。在实践中，有一种特殊的融资租赁方式——回租，它是指承租人可以将自己的物卖与出租人，然后再与出租人订立融资租赁合同，将该物取回。（2）融资租赁合同为诺成合同、要式合同、有偿合同。融资租赁合同的成立，不以当事人交付标的物为要件，故属诺成合同。我国《民法典》第736条第2款规定，融资租赁合同应当采用书面形式。承租人适用租赁物，须向出租人支付租金，故为有偿合同。（3）实践中，融资租赁合同一般约定出租物所有权归承租人。租赁物的购买一般是根据承租人的选择甚至是特别需要，如果归出租人可能造成出租人的不便，甚至损失。因此，融资租赁公司一般不保留实物。实践中的做法一般是，约定融资租赁合同期满后出租物归承租人所有。

【对照适用】

《民法典》第735条有关融资租赁合同定义的规定，源于对原《合同法》第237条的继受。在域外立法例上，法国、德国、日本、瑞士、意大利等国民法典、商法典等均未明确规定融资租赁合同。晚近的《俄罗斯民法典》《魁北克民法典》《蒙古民法典》《美国统一商法典》则对融资租赁合同予以了规定。对融资租赁的体系安排，一种是将其置于传统租赁契约范畴，将融资租赁视为特殊的租赁形式；另一种则是在租赁之外单独规定融资租赁。

第七百三十六条 融资租赁合同的内容一般包括租赁物的名称、数量、规格、技术性能、检验方法，租赁期限，租金构成及其支付期限和方式、币种，租赁期限届满租赁物的归属等条款。

融资租赁合同应当采用书面形式。

【要义精解】

本条是对融资租赁合同的内容与形式的规定。

本条第 1 款是对融资租赁合同内容的规定。融资租赁合同包含的条款内容可分为两类，一类是影响融资租赁合同成立的必要条款，如租赁物的名称、数量、规格等，欠缺此条款，则融资租赁合同不能成立；另一类是不影响融资租赁合同成立，但对租赁合同当事人产生重要影响的条款，如技术性能、检验方法、租赁期限、租金构成及其支付期限和方式、币种等。但该条款非强行性规定，仅对缔约当事人具有提示功能。

融资租赁合同的内容一般包括如下几个方面：（1）有关融资租赁物的条款，如租赁物的名称、数量、规格、技术性能、检验方法、租赁期限。该部分内容因常常涉及专业知识，且内容较为复杂，实践中常以附表形式附于合同后方。（2）有关融资租赁租金的内容。实践中，一般对租金的构成、租金的总价款、支付方式、支付期限、支付币种等内容进行约定。（3）有关租赁期限的内容。租赁合同应当明确租赁物使用的起止期限。当租赁物期限届满后，租赁物一般归出租人所有。但也可能出现续租或留购，即当事人通过协商约定租赁物所有权归承租人所有，或者经协商一致延长租赁期限。

本条第 2 款是对融资租赁合同形式的规定。融资租赁合同为要式合同，应当采用书面形式订立。但是，虽未采用书面形式，如出租人已经向承租人交付租赁物的，融资租赁合同亦成立。立法之所以要求融资租赁合同为要式合同，乃在于融资租赁所涉标的物价值较大且履行期限较长，当事人间形成的法律关系极为复杂，为了明确当事人之间的权利义务，所以要求采用书面形式。

【对照适用】

域外立法较少有规定融资租赁合同内容的，我国立法之考量乃在于提示当事人尽量制定完备的合同条款，以减少不必要的纠纷产生。融资租赁合同的内容，主要应包括对租赁物、租金、租赁期限、租赁期限届满后租赁物所有权的归属等内容予以特别约定。针对融资租赁合同的形式要求，根据我国《民用航空法》第 26 条规定，民用航空器的融资租赁合同亦须以书面形式订立。

第七百三十七条 当事人以虚构租赁物方式订立的融资租赁合同无效。

【要义精解】

本条是对融资租赁合同中的通谋虚伪表示的规定。

所谓当事人以虚构租赁物方式订立融资租赁合同，是指当事人以虚构的租赁物作为标的签订虚假的融资租赁合同。比如，当事人为了逃避金融监管对贷款利率的限制，通过虚构租赁物的形式进行贷款的行为。当事人以虚构租赁物方式订立融资租赁合同的行为，属于以虚假的意思表示实施的民事法律行为，为通谋的虚伪表示。民法典总则编第146条规定："行为人与相对人以虚假的意思表示实施的民事法律行为无效。以虚假的意思表示隐藏的民事法律行为的效力，依照有关法律规定处理。"所以，以虚构租赁物订立的融资租赁合同是无效的合同。但对于虚假意思表示下隐藏行为的效力，则应根据被隐藏行为的性质来具体判断。如被隐藏的行为是非法的行为，则该行为亦应无效。如被隐藏的行为是合法的行为，则该行为就不一定是无效的。

【对照适用】

本条为我国《民法典》新增条款，实际上是对总则编有关通谋虚伪表示法律行为效力的具体化。融资租赁合同兼具融资与融物的双重属性，要求租赁物真实存在且能够交付。在具体的法律适用中，应明确当事人以虚假的意思表示（通过虚构租赁物）实施的行为是无效的。至于其背后隐藏的行为的效力，如无特别情形，在不违反法律、行政法规强制性规定的前提下，一般应属于有效的民事法律关系。实践中，经常出现的是"名为租赁实为借贷"的情形，于此情形下，应当认定融资租赁合同无效，实质上是借贷关系。如果这种借贷关系不违反法律、法规的强制性规定，则一般属于有效的民事法律关系。

第七百三十八条 依照法律、行政法规的规定，对于租赁物的经营使用应当取得行政许可的，出租人未取得行政许可不影响融资租赁合同的效力。

【要义精解】

本条是对应取得行政许可的融资租赁合同效力的规定。

在一般的租赁合同中，如法律法规要求租赁物的经营使用应当取得行政许可的，应当由出租人取得行政许可。但在融资租赁合同中，真正的经营使用者是承租人，与出租人无直接关系，故应当由承租人依法获得行政许可。出租人仅需具备相应的融资租赁资质即可，至于出租人是否取得行政许可，不影响租赁合同的效力。

【对照适用】

本条为我国《民法典》新增条款，这是根据 2014 年《最高人民法院关于审理融资租赁合同纠纷案件适用法律问题的解释》（现已失效，法释〔2014〕3 号）第 3 条之规定内容而制定的，是对我国司法实务经验的认可。该司法解释第 3 条规定："根据法律、行政法规规定，承租人对于租赁物的经营使用应当取得行政许可的，人民法院不应仅以出租人未取得行政许可为由认定融资租赁合同无效。"该司法解释明确规定，承租人负取得行政许可的义务，人民法院不应仅以出租人未取得行政许可为由认定融资租赁合同无效。虽然出租人未取得行政许可不影响融资租赁合同的效力，但是对于其违规行为，根据法律、法规的规定，同样可以予以行政处罚等。

> **第七百三十九条** 出租人根据承租人对出卖人、租赁物的选择订立的买卖合同，出卖人应当按照约定向承租人交付标的物，承租人享有与受领标的物有关的买受人的权利。

【要义精解】

本条是关于融资租赁标的物交付的规定。

在融资租赁合同中，租赁物是买卖合同的标的物，须由出卖人直接交付给承租人。但当事人可约定，由出卖人直接向承租人交付标的物。出租人是根据承租人对出卖人、租赁物的选择订立的买卖合同，故在融资租赁合同中，承租人相当于买卖合同中的买受人地位，所以承租人享有与受领标的物有关的买受人的权利。但应当清楚的是，承租人享有的仅是与受领标的物有关的权利，如接受标的物、验收货物等。对于合同解除权、损害赔偿请求权、抵销权等，原则上承租人不得行使。

【对照适用】

本条是对我国原《合同法》第239条的继受。在融资租赁中，存在三方主体，构成双重民事法律关系。出租人与出卖人之间构成买卖合同关系，但出租人所取得标的物非供自身使用；承租人通过融资租赁合同使用租赁物，但不购买租赁物。出租人负有向承租人交付标的物的义务，而承租人享有与受领标的物有关的买受人的权利。基于合同的相对性原则，只有在特别约定的情形下，出卖人才负有向承租人交付标的物的义务。

> **第七百四十条**　出卖人违反向承租人交付标的物的义务，有下列情形之一的，承租人可以拒绝受领出卖人向其交付的标的物：
>
> （一）标的物严重不符合约定；
>
> （二）未按照约定交付标的物，经承租人或者出租人催告后在合理期限内仍未交付。
>
> 承租人拒绝受领标的物的，应当及时通知出租人。

【要义精解】

本条是对承租人的拒绝受领权的规定。

在买卖合同中，如出卖人交付的标的物不符合约定内容的，买受人享有拒绝受领权。在融资租赁合同中，因承租人享有与受领标的物有关的买受人的权利，所以也享有相应的拒绝受领权。根据合同相对性原则，出卖人与承租人之间本无直接关系，该条特别规定突破了合同的相对性原则。承租人行使拒绝受领权须满足法定的情形，即标的物严重不符合约定或未按照约定交付标的物，经承租人或者出租人催告后在合理期限内仍未交付。前一情形可概括为对瑕疵给付的拒绝受领，后一情形则是对迟延给付的拒绝受领。承租人依照本条规定拒绝受领租赁物的，负有通知义务，应当及时通知出租人。如承租人迟延通知或无正当理由拒绝受领的，则承租人应负损害赔偿责任。

【对照适用】

本条是对司法解释的借鉴与吸收。2014年《最高人民法院关于审理融资租赁合同纠纷案件适用法律问题的解释》（现已失效，法释〔2014〕3号）第5条规定："出卖人违反合同约定的向承租人交付标的物的义务，承租人因下列情形之一拒绝受领租赁物的，人民法院应予支持：（一）租赁物严重不符合约定的；（二）出卖人未在约定的交付期间或者合理期间内交付租赁物，经承租人或者出租人催告，在催告期满后仍未交付的。承租人拒绝受领租赁物，未及时通知出租人，或者无正当理由拒绝受领租赁物，造成出租人损失，出租人向承租人主张损害赔偿的，人民法院应予支持。"根据合同的相对性原则，当租赁物出现瑕疵给付或迟延给付时，承租人只能请求出租人向出卖人行使拒绝受领权。但基于融资租赁合同的特性，租赁物系出租人根据承租人之指定购买，由承租人直接使用、收益，而出租人只关心租金的收取与利益的获得。因此，由承租人享有在法定情形下的拒绝受领权更为妥当。

> **第七百四十一条** 出租人、出卖人、承租人可以约定，出卖人不履行买卖合同义务的，由承租人行使索赔的权利。承租人行使索赔权利的，出租人应当协助。

【要义精解】

本条是对承租人行使索赔权的规定。

融资租赁关系中的索赔权，是指当义务人不履行义务而给权利人造成损失时，权利人依法享有向义务人索赔因此而造成的损失的权利。根据合同相对性原则，出卖人不履行租赁物买卖合同义务的，应由出租人向出卖人请求承担违约责任。但出租人、出卖人、承租人可以约定，由承租人行使索赔的权利，体现了对意思自治原则的尊重。根据出卖人不履行买卖合同义务的情形，即瑕疵给付和迟延给付，承租人所享有的索赔权的内容亦不尽相同。在出卖人瑕疵给付情形中，承租人可以行使减少价金、修理调换、要求支付违约金、解除合同并赔偿损失等权利。在出卖人迟延给付情形中，承租人可以请求出卖人继续履行交付义务，并主张因迟延履行而导致的损害赔偿。承租人行使索赔权利的，出租人应当协助。出租人应当将相关文件、资料等交付于承租人，便于承租人行使索赔权。

【对照适用】

在融资租赁合同中，如出租人不履行买卖合同义务，则承租人将遭受直接的损害。除此之外，承租人作为租赁物的选择人与受领人，对租赁物更为熟悉，将索赔权赋予承租人符合经济学上的效率原则。但既有立法对承租人行使索赔权所支出的费用如何负担、对行使权利的结果等如何分享没有明确规定。在我国既有立法中，承租人行使索赔权的前提要件是当事人之间有特别的约定。而《俄罗斯民法典》《美国统一商法典》则规定承租人可以直接向出卖人索赔，不以当事人特别约定为要件。

第七百四十二条 承租人对出卖人行使索赔权利，不影响其履行支付租金的义务。但是，承租人依赖出租人的技能确定租赁物或者出租人干预选择租赁物的，承租人可以请求减免相应租金。

【要义精解】

本条是对承租人行使索赔权时支付租金的规定。

融资租赁合同是出租人根据承租人对出卖人、租赁物的选择，向出卖人购买租赁物，提供给承租人使用，承租人支付租金的合同。在融资租赁合同中，租金并非融物的对价而是融资的对价。租赁物的选择权在承租方而非出租方，出租人主要承担提供资金的义务，而不负租赁物的瑕疵担保责任。所以因租赁物出现瑕疵而承租人对出卖人行使索赔权利，不影响其履行支付租金的义务，承租人仍应按约定支付租金。

但是，存在除外情形，即"承租人依赖出租人的技能确定租赁物或者出租人干预选择租赁物的"情形，承租人可以请求减免相应租金。在承租人依赖出租人的技能确定租赁物或者出租人干预选择租赁物的情形下，租赁物不符合约定或使用目的的，由于租赁物非由承租人自由选择，所以出租人应承担瑕疵担保责任。相反，如果是根据承租人自己选择的租赁物，则承租人不享有租金减免请求权。对于承租人依赖出租人的技能确定租赁物或者出租人干预选择租赁物的，应由承租人负举证责任。

【对照适用】

本条系对2014年《最高人民法院关于审理融资租赁合同纠纷案件适

用法律问题的解释》（现已失效，法释〔2014〕3号）第6条的改造与继受。该司法解释第6条规定："承租人对出卖人行使索赔权，不影响其履行融资租赁合同项下支付租金的义务，但承租人以依赖出租人的技能确定租赁物或者出租人干预选择租赁物为由，主张减轻或者免除相应租金支付义务的除外。"在具体适用该条时，应将其与《民法典》第755条之规定结合起来。基于融资租赁合同的性质，法律一般尊重承租人对出卖人及租赁物的独立选择权，如果出租人在此过程中施加了影响，极有可能损害承租人的利益，导致承租人无法正常使用租赁物，所以承租人可以请求减免相应的租金。

> **第七百四十三条** 出租人有下列情形之一，致使承租人对出卖人行使索赔权利失败的，承租人有权请求出租人承担相应的责任：
>
> （一）明知租赁物有质量瑕疵而不告知承租人；
>
> （二）承租人行使索赔权利时，未及时提供必要协助。
>
> 出租人怠于行使只能由其对出卖人行使的索赔权利，造成承租人损失的，承租人有权请求出租人承担赔偿责任。

【要义精解】

本条是关于因出租人原因致使承租人行使索赔权失败时承担相应责任的规定。根据《民法典》第741条的规定，在当事人约定的前提下，承租人可向出卖人行使索赔权。原则上，承租人行使索赔权失败的，应由承租人自己承担不利的后果。但当出租人有法定的违法行为，致使承租人对出卖人行使索赔权失败的，则承租人有权要求出租人承担相应的责任。

一、明知租赁物有质量瑕疵而不告知承租人

在融资租赁中，承租人行使权利需要出租人的协助，这是基于诚信原则所产生的附随义务。如果出租人明知租赁物有质量瑕疵而不告知承租人，则违反了附随义务，则承租人有可能无法及时行使索赔权，所以承租人有权请求出租人承担相应的责任。

二、承租人行使索赔权利时，未及时提供必要协助

根据《民法典》第741条的规定，承租人行使索赔权利的，出租人应当协助。出租人应当将相关文件、资料等交付于承租人，便于承租人行使索赔权。如果承租人行使索赔权利时，出租人未及时提供必要协助，导致承租人有损失的，因出租人违反法定的义务，承租人同样有权请求出租人承担相应的责任。

三、出租人怠于行使只能由其对出卖人行使的索赔权利，造成承租人损失的，承租人有权请求出租人承担赔偿责任

按照合同的相对性原则，如果当事人之间无特别约定，则只能由出租人向出卖人行使索赔权。规定当出租人怠于行使索赔权，造成承租人损失的，承租人有权请求出租人承担赔偿责任，有利于督促出租人及时行使权利，保障承租人的合法权益。

【对照适用】

本条是对2014年《最高人民法院关于审理融资租赁合同纠纷案件适用法律问题的解释》（现已失效，法释〔2014〕3号）第18条的继受与改造。该条司法解释规定："出租人有下列情形之一，导致承租人对出卖人索赔逾期或者索赔失败，承租人要求出租人承担相应责任的，人民法院应予支持：（一）明知租赁物有质量瑕疵而不告知承租人的；（二）承租人行使索赔权时，未及时提供必要协助的；（三）怠于行使融资租赁合同中约定的只能由出租人行使对出卖人的索赔权的；（四）怠于行使买卖合同中约定的只能由出租人行使对出卖人的索赔权的。"

第七百四十四条　出租人根据承租人对出卖人、租赁物的选择订立的买卖合同，未经承租人同意，出租人不得变更与承租人有关的合同内容。

【要义精解】

本条是对融资租赁中买卖合同变更的规定。

在融资租赁中，出租人是根据承租人对出卖人、租赁物的选择订立的买卖合同，并由承租人直接使用、收益租赁物。买卖合同约定的标的物质量、交付方式、交付期限等，直接关系到承租人的切身利益，如果未经承租人同意而随意变更买卖合同，极有可能损害承租人的利益。因此，未经承租人同意，出租人不得变更与承租人有关的合同内容。本条属于强行性规定，未经承租人同意变更的法律后果应归于无效。

【对照适用】

本条是对原《合同法》第241条的继受。在融资租赁交易中，先签订的买卖合同是租赁物的依据，后签订的融资租赁合同是买卖合同成立的前提。两者缺一不可，构成联立联动关系。买卖合同虽是由出租人与出卖人订立的，在买卖合同未履行或者未完全履行前，出租人与出卖人只要协商一致，就可以对合同进行修改、补充。但由于买卖合同与融资租赁合同关系密切，出租人订立买卖合同的目的是承租人，而且买卖合同的条款往往是经承租人确认的，出租人和出卖人在变更买卖合同时，不得损害承租人的利益。未经承租人同意，出租人不得擅自变更与承租人有关的买卖合同的内容。此处的变更应理解为与承租人有关的合同内容，如标的物的质量、数量、交付方式、交付期限、瑕疵担保、风险负担等。出租人按照承租人要求与出卖人订立的买卖合同，未经承租人同意擅自变更与承租人有关的合同内容的，即构成对承租人的违约，承租人首先可以要求出租人支付违约金。另外，承租人还可以拒收租赁物，并通知出租人解除合同。如果因此给承租人造成损失的，承租人还有权要求出租人赔偿损失。

第七百四十五条　出租人对租赁物享有的所有权，未经登记，不得对抗善意第三人。

【要义精解】

本条是对融资租赁物所有权的规定。

根据合同的相对性原则，在融资租赁中，出卖人与出租人系买卖合同的当事人，出租人作为买受人，所以租赁物的所有权应归属于出租人，承租人仅对租赁物享有占有、使用、收益的权益。融资租赁物大多属于大型的机器设备等，在性质上属于特殊动产（准不动产），需要依照法律法规进行登记。根据《民法典》第225条的规定，对于特殊动产的物权变动，未经登记，不得对抗善意第三人。《应收账款质押登记办法》亦将融资租赁等具有担保性质的交易形式纳入登记的范畴。除此之外，出租人虽然为名义所有权人，但如果未经公示，即使其享有真正所有权人的权利，势必也会对交易安全造成威胁。所以，该条规定，出租人对租赁物享有的所有权，未经登记，不得对抗善意第三人。

【对照适用】

根据我国物权变动规则的内容，自出卖人移转所有权之时起，租赁物的所有权即归于出租人所有。租赁物的占有、使用、收益权益则由承租人享有。承租人破产的，租赁物不属于破产财产，出租人有权取回。但因为租赁物大多属于特殊动产，需要登记，如未登记，则不能对抗善意第三人。对此，《国际融资租赁公约》第 7 条有类似的规定，根据该条规定，出租人对设备的物权应可有效地对抗承租人的破产受托人和债权人，包括已经取得扣押或执行令状的债权人。如根据适用法律规定，只有符合有关公告的规定时出租人对设备的物权才能有效地对抗前款所指的人，则只有在符合上述规定时，这些权利才能有效地对抗该人。

> **第七百四十六条　融资租赁合同的租金，除当事人另有约定外，应当根据购买租赁物的大部分或者全部成本以及出租人的合理利润确定。**

【要义精解】

本条是对融资租赁合同中租金的确定。

不同于传统的租赁合同，在融资租赁合同中，出租人所收取的租金一方面应收回其为购买租赁物所支出的全部或部分费用；另一方面要获得一定的营业利润。[1] 该租金并非融物的对价，而是融资的对价。在当事人没有特别约定的情形下，融资租赁合同的租金应当根据购买租赁物的大部分或者全部成本以及出租人的合理利润确定。租金属租赁的价格条款，自可由当事人自由商定，这是私法意思自治原则的要求。但是，本条旨在当事人未有约定时对租金的确定提供补充性的规定。在融资租赁中，承租人支付的代价并非仅限于租赁物为使用收益的代价，而是融资的代价，所以其租金高于一般租赁的标准。所以，在确定租金时，除了考虑出租人在买卖合同中支付的价款外，还应将出租人为租赁物支付的税金、运输费、保险费等计算在内。除此之外，应将合理的利润纳入租金范畴之内。利润按照同地区同种行业的利润水平确定，避免显失公平。

---

[1]　王利明：《民法》（第六版），中国人民大学出版社 2015 年版，第 443 页。

【对照适用】

本条是对原《合同法》第 243 条的继受。由于融资租赁具有融物和融资的双重属性，基于其融资的特性，其租金标准高于一般的租赁。在当事人没有特别约定的情形下，融资租赁合同的租金应当根据购买租赁物的大部分或者全部成本以及出租人的合理利润确定。在计算租金时，究竟是根据购买租赁物的大部分还是全部成本为标准，应根据出租人和承租人之间约定的租赁期满后租赁物的归属来决定。如约定租赁期满后租赁物所有权移转给承租人，则应以全部成本为准。如约定租赁期满后租赁物所有权仍归出租人所有，则应减去租赁物剩余的残存价值，将剩余部分成本作为计算的依据。出租人的合理利润，则按照同地区同种行业的利润水平确定。除此之外，在租赁标的物存有瑕疵时，承租人不得拒付租金。因承租人违约而由出租人收回标的物时，承租人不能以标的物的收回而拒绝履行支付租金的义务。

第七百四十七条　租赁物不符合约定或者不符合使用目的的，出租人不承担责任。但是，承租人依赖出租人的技能确定租赁物或者出租人干预选择租赁物的除外。

【要义精解】

本条是对融资租赁中租赁物的瑕疵担保责任的规定。

在融资租赁中，租赁物是根据承租人的选择确定的，此不同于一般的租赁关系，出租人对于租赁物的质量瑕疵与权利瑕疵均不负责任。该条与《民法典》第 741 条是相关联的，在出租人对租赁物不承担瑕疵担保责任的前提下，由承租人直接向出卖人行使索赔权，并承担索赔不成时的不利后果。但是免除出租人对租赁物瑕疵担保责任有例外的情形，即承租人依赖出租人的技能确定租赁物，或者出租人干预选择租赁物。在这种情形下，出租人应承担全部或部分租赁物的瑕疵担保责任。

【对照适用】

本条是对原《合同法》第 244 条的继受。租赁物瑕疵分为物的瑕疵（也称质量瑕疵）和权利瑕疵两种。对于租赁物质量瑕疵，确定其担保责任的承担主体是至关重要的，因为它直接关系到融资租赁交易本质特征能否体现，关系到融资租赁与传统租赁能否明确区分。在传统租赁中，出租人与买卖合同中的出卖人一样负有质量瑕疵担保责任，须使租赁物符合于合同约定的使用收益的状态。而在融资租赁合同中，一般都明确规定，出卖人迟延交付租赁物或者租赁物的规格、式样、性能等不符合合同约定或者不符合使用目的的，出租人不承担责任，由承租人直接向出卖人索赔，并承担索赔不成时的损害后果。此即所谓出租人瑕疵担保的免责特约。

所以，租赁物不符合约定或者不符合使用目的的，出租人不承担责任。这主要是同为融资租赁的出租人仅是向承租人提供资金，按照承租人的选择和具体要求购买租赁物，并不对租赁物实际占有、使用和收益，也缺乏关于租赁物是否存在瑕疵的知识和能力，并且租赁设备的购买并不是依靠出租人的技能和判断，而是由承租人指定和选择，租赁物使用性能的好坏与出租人无关，因此，出租人对租赁物不负瑕疵担保责任。关于这一点，在融资租赁合同中，一般有对出租人"瑕疵担保免责特约"的条款。但在承租人依赖出租人的技能确定租赁物或者出租人干预选择租赁物时，出租人的责任不能免除，即使当事人之间有上述特约也是无效的。因为在这种情况下，出租人已经具备了责任基础。但是出租人仅是向承租人介绍、推荐出卖人和租赁物，而由承租人自己作出选择决定的除外。

> **第七百四十八条**　出租人应当保证承租人对租赁物的占有和使用。出租人有下列情形之一的，承租人有权请求其赔偿损失：
> （一）无正当理由收回租赁物；
> （二）无正当理由妨碍、干扰承租人对租赁物的占有和使用；
> （三）因出租人的原因致使第三人对租赁物主张权利；
> （四）不当影响承租人对租赁物占有和使用的其他情形。

【要义精解】

本条是出租人保证承租人占有和使用租赁物的规定。

在融资租赁存续期间，承租人在支付租金后，有权占有和使用租赁物，出租人应当保证承租人此项权利得以实现。如无特别约定事由，出租人不得随意收回租赁物；不得妨碍承租人占有和使用租赁物；因第三人主张权利妨碍承租人占有和使用租赁物的，出租人有义务排除妨碍。如出租人未履行上述义务致使承租人无法正常占有、使用租赁物，造成承租人损失的，承租人有权请求出租人赔偿其损失。

【对照适用】

本条是对原《合同法》第245条、《民用航空法》第29条、1996年《最高人民法院关于审理融资租赁合同纠纷案件若干问题的规定》（现已失效）第11条的继受与改造。出租人保证承租人占有和使用租赁物的义务通常被称为保证承租人平静占有的义务。在具体的适用过程中，必须强调的是，只有基于出租人的过错导致承租人无法正常占有、使用租赁物的，承租人才有权请求出租人赔偿其损失。如果是因为承租人自身的过错造成其无法正常占有、使用租赁物的，则非本条适用范围。除此之外，租赁物自身出现损毁、破旧等，出租人不负维修、保养的义务，原则上该风险由承租人负担。原《合同法》第245条规定，"出租人应当保证承租人对租赁物的占有和使用"。1996年《最高人民法院关于审理融资租赁合同纠纷案件若干问题的规定》（现已失效）第11条规定，"在融资租赁合同有效期限内，出租人非法干预承租人对租赁物的正常使用或者擅自取回租赁物，而造成承租人损失的，出租人应承担赔偿责任"。

第七百四十九条　承租人占有租赁物期间，租赁物造成第三人人身损害或者财产损失的，出租人不承担责任。

【要义精解】

本条是对租赁物致人损害责任的规定。

因租赁物由承租人选定，且由承租人占有与使用，就租赁物与第三人直接发生关系的是承租人，而非出租人。因此，在承租人占有租赁物期间，因租赁物造成第三人人身损害或者财产损失的，出租人不承担责任。这种损害，即包括人身损害，也包括财产损害，而且需要造成损害发生于承租人占有租赁物期间。但如果租赁物因他人原因而致使第三人人身或财产受损的，应由他人承担责任。如果因租赁物存在瑕疵而致第三人损害的，承租人在向第三人承担责任后，有权向出卖人追偿。如租赁物造成承租人自身损害的，承租人同样可以向出卖人请求承担赔偿责任。

【对照适用】

本条是对原《合同法》第 246 条的继受。在适用该规范时，要明确其具体的适用条件。（1）须在承租人占有租赁物期间。既包括直接占有，亦包括间接占有。而占有期限通常是指在出卖人交付租赁物于承租人起，至租赁物返还给出租人止的期限。（2）须对第三人的人身或财产造成损害。如果承租人在正常使用租赁物的过程中致第三人损害的，则由承租人最终承担责任；如果因为租赁物瑕疵造成第三人损害的，则承租人在向第三人承担责任后，有权向出卖人追偿。

> **第七百五十条　承租人应当妥善保管、使用租赁物。**
> **承租人应当履行占有租赁物期间的维修义务。**

【要义精解】

本条是对承租人保管、使用、维修租赁物的规定。

本条第 1 款是对承租人妥善保管、使用租赁物义务的规定。因为承租人一般只对租赁物享有占有、使用和收益的权利，租赁物的所有权仍归出租人所有。在租赁期限届满后，承租人一般负有将标的物返还给出租人的义务。所以承租人当以善良管理人的注意义务保管、使用租赁物。本条第 2 款是对承租人维修租赁物义务的规定。在承租人占有租赁物期间，其负有维修租赁物的义务。这是因为融资租赁物由承租人选定，其一般对租赁物较为熟悉，有能力对租赁物进行维修。并且出租人对租赁物无瑕疵担保责任，但却享有租赁期限届满后租赁物取回的期限利益。除此之外，也有利于承租人正常使用租赁物。但是，如果当事人之间另有约定的，则从其约定。

【对照适用】

本条是对原《合同法》第 247 条的继受。该条在适用过程中容易产生争议的是对"妥善"的理解，通常认为应根据善良管理人的标准来保管、适用租赁物，其要求比处理自己的事务更加谨慎。我国《民用航空法》第 29 条规定了承租人的保管义务及其例外："融资租赁期间，出租人不得干扰承租人依法占有、使用民用航空器；承租人应当适当地保管民用航空器，使之处于原交付时的状态，但是合理损耗和经出租人同意的对民用航空器的改变除外。"

第七百五十一条　承租人占有租赁物期间，租赁物毁损、灭失的，出租人有权请求承租人继续支付租金，但是法律另有规定或者当事人另有约定的除外。

【要义精解】

本条是对租赁物事务风险负担规则的规定。

在传统的租赁合同中，租赁物的风险原则上由出租人负担。在租赁物毁损、灭失时，承租人有权要求减少租金。但在融资租赁合同中，因租赁物和出卖人一般由承租人选定，所以在租赁物交付承租人时，由承租人负担租赁物的风险。因此租赁物毁损、灭失的，出租人仍有权请求承租人继续支付租金。但是，如果其他法律对租赁物风险转移另有规定，或当事人对风险移转另有约定的，则非该条的适用范围。

【对照适用】

本条为新增条款，系对域外立法经验和我国司法实务经验的总结与认可。在具体适用中，对于租赁物风险具体转移的时间点的把握至关重要。有约定的，从其约定；无约定的，则以租赁物交付于承租人时为风险移转的时间点。

第七百五十二条　承租人应当按照约定支付租金。承租人经催告后在合理期限内仍不支付租金的，出租人可以请求支付全部租金；也可以解除合同，收回租赁物。

【要义精解】

本条是对承租人支付租金义务的规定。

按约定支付租金是承租人的基本义务。即使在租赁物存在瑕疵时，承租人亦不得以此为由拒绝支付租金。承租人应当按照合同约定的数额、方式、期限、币种、地点等向出租人支付租金。如承租人在经催告后在合理的期限内仍不支付租金的，构成违约行为，法律赋予出租人两项救济措施：（1）要求承租人支付全部租金。这里的全部租金既包括已到期但承租人未支付的租金，也包括未到期但已有约定的租金。要求承租人支付全部租金，将使承租人丧失全部期限利益。这是因为租赁物由承租人选定，对其经济价值要大于出租人。在承租人不支付租金时，即使出租人收回租赁物也难以挽回损失。（2）解除合同，收回租赁物。终止合同后，承租人的租赁权即归于消灭，出租人作为所有权人有权收回租赁物。如有损失的，则可请求承租人赔偿损失。

【对照适用】

本条是对原《合同法》第248条的继受。在具体的法律适用过程中，为了避免出租人滥用权利损害承租人的合法权益，法律对此设定了两个限制条件。一是须经催告的程序；二是在合理期限内承租人仍不支付。对于何为合理期限，要根据一般的交易习惯确定。

第七百五十三条　承租人未经出租人同意，将租赁物转让、抵押、质押、投资入股或者以其他方式处分的，出租人可以解除融资租赁合同。

【要义精解】

本条是对出租人法定合同解除权的规定。

在融资租赁合同中，承租人仅享有对租赁物占有、使用与收益的权利，不享有处分权。承租人未经出租人同意，擅自处分租赁物的行为，是对出租人所有权的侵害，属于严重的违约行为，所以法律赋予出租人法定的合同解除权，且出租人有权请求承租人承担违约责任。但是，如果经出租方同意，且不损害第三人利益的，则承租方可以实施上述处分行为。

【对照适用】

本条是对1996年《最高人民法院关于审理融资租赁合同纠纷案件若干问题的规定》（现已失效）第10条的继受与改造，该条规定："在租赁合同履行完毕之前，承租人未经出租人同意，将租赁物进行抵押、转让、转租或投资入股，其行为无效，出租人有权收回租赁物，并要求承租人赔偿损失。因承租人的无效行为给第三人造成损失的，第三人有权要求承租人赔偿。"如果经出租方同意，且不损害第三人利益的，则承租方可以实施上述处分行为。根据《国际融资租赁公约》第14条第2款规定，只有在经出租人同意并不损害第三人利益的情况下，承租人方可转让其对设备的使用权或租赁协议规定的任何其他权利。

> **第七百五十四条** 有下列情形之一的，出租人或者承租人可以解除融资租赁合同：
>
> （一）出租人与出卖人订立的买卖合同解除、被确认无效或者被撤销，且未能重新订立买卖合同；
>
> （二）租赁物因不可归责于当事人的原因毁损、灭失，且不能修复或者确定替代物；
>
> （三）因出卖人的原因致使融资租赁合同的目的不能实现。

【要义精解】

本条是对出租人与承租人双方法定的合同解除权的规定。

在融资租赁合同成立后，出现无法使融资租赁合同继续履行的情形时，法律赋予出租人和承租人法定的合同解除权，避免当事人陷于"泥潭"之中而无法自拔。该条适用的法定情形包括三种：（1）出租人与出卖人订立的买卖合同解除、被确认无效或者被撤销，且未能重新订立买卖合同。买卖合同为融资租赁合同而订立，融资租赁合同又是买卖合同的前提，双方互相独立又彼此牵连。所以，当买卖合同解除、无效或被撤销的，出租人和承租人均有权请求解除融资租赁合同。（2）租赁物因不可归责于当事人的原因毁损、灭失，且不能修复或者确定替代物。融资租赁合同最典型的特征在于融资与融物的结合，当租赁物毁损、灭失的，融资租赁合同已失去其存在的意义，所以当事人均可请求解除合同。（3）因出卖人的原因致使融资租赁合同的目的不能实现。因出卖人原因导致融资租赁合同的目的无法实现的，属于不可归责于融资租赁合同双方的事由，参照不可抗力、意外事件等规则，当事人双方均有权请求解除合同。

【对照适用】

本条是对 2014 年《最高人民法院关于审理融资租赁合同纠纷案件适用法律问题的解释》（现已失效）第 11 条的继受。在适用该条款时，应理解三种情形的法律原因。首先，在融资租赁关系中，一般须存在三方主体，即出卖人、出租人与承租人，进而形成买卖合同关系和融资租赁合同关系。买卖合同系为融资租赁合同而订立，而融资租赁合同又是买卖合同订立的前提。如果出卖人与出租人之间的买卖合同已解除、被确认无效或者被撤销，则融资租赁合同就丧失了存在的意义，所以出租人和承租人均有权解除融资租赁合同。其次，租赁物乃融资租赁合同的标的物，当该标的物毁损、灭失且不能修复或者确定替代物时，融资租赁合同就无法继续履行。如是因不可归责于当事人的原因造成的，则出租人和承租人均有权解除融资租赁合同。最后，出卖人的原因属于不可归责于出租方和承租方的事由，则出租人和承租人均有权解除融资租赁合同。

第七百五十五条　融资租赁合同因买卖合同解除、被确认无效或者被撤销而解除，出卖人、租赁物系由承租人选择的，出租人有权请求承租人赔偿相应损失；但是，因出租人原因致使买卖合同解除、被确认无效或者被撤销的除外。

出租人的损失已经在买卖合同解除、被确认无效或者被撤销时获得赔偿的，承租人不再承担相应的赔偿责任。

【要义精解】

本条是对融资租赁合同因买卖合同解除、被确认无效或被撤销而解除后的损失赔偿问题的规定。

融资租赁合同因买卖合同解除、被确认无效或被撤销而解除的，根据融资租赁合同的约定，或虽未约定或约定不明的，只要出卖人、租赁物系由承租人选择的，那么出租人就有权请求承租人赔偿相应损失。但是，买卖合同如因出租人的过错而被解除、被撤销或被确认无效的，承租人不承担损失赔偿责任，应由出租人自行承担。如出租人的损失已经在买卖合同被解除、被确认无效或者被撤销时获得赔偿的，应当免除承租人相应的赔偿责任，承租人不再承担相应的赔偿责任。

【对照适用】

本条为《民法典》新增条款，系对2014年《最高人民法院关于审理融资租赁合同纠纷案件适用法律问题的解释》（现已失效）第16条的继受与改造。该司法解释第16条规定："融资租赁合同因买卖合同被解除、被确认无效或者被撤销而解除，出租人根据融资租赁合同约定，或者以融资租赁合同虽未约定或约定不明，但出卖人及租赁物系由承租人选择为由，主张承租人赔偿相应损失的，人民法院应予支持。出租人的损失已经在买卖合同被解除、被确认无效或者被撤销时获得赔偿的，应当免除承租人相应的赔偿责任。"

在具体的法律适用过程中，应当明确出租人进行求偿的适用条件。即出租人对融资租赁合同因买卖合同解除、被确认无效或被撤销而解除具有不可归责的事由，如出租人对此存在过错，则不得向承租人求偿。除此之外，为避免出租人获得双重赔偿，如出租人的损失已经在买卖合同被解除、被确认无效或者被撤销时获得赔偿的，根据"同一来源规则"，应当免除承租人相应的赔偿责任。

> **第七百五十六条** 融资租赁合同因租赁物交付承租人后意外毁损、灭失等不可归责于当事人的原因解除的，出租人可以请求承租人按照租赁物折旧情况给予补偿。

【要义精解】

本条是对租赁物因意外毁损、灭失导致租赁合同解除的法律后果的规定。

在融资租赁存续期间，租赁物交付承租人后，因不可归责于当事人的原因致使租赁物意外毁损、灭失的，不存在违约损失赔偿问题。根据《民法典》第751条和第754条的规定，出现了融资租赁合同中风险负担规则与合同解除的法定情形的竞合问题，当事人可自由选择适用的法律条款。一方面，根据《民法典》第751条的规定，在融资租赁合同中，因租赁物和出卖人一般由承租人选定，所以在租赁物交付承租人时，由承租人负担租赁物的风险。因此租赁物毁损、灭失的，出租人仍有权请求承租人继续支付租金。另一方面，当租赁物毁损、灭失且不能修复或者确定替代物时，融资租赁合同就无法继续履行。如是因不可归责于当事人的原因造成的，则出租人和承租人均有权解除融资租赁合同。合同解除后，已经履行的仍具有效力；尚未履行的，则不再履行。且承租人无权继续占有、使用租赁物，应将租赁物返还给出租人。

【对照适用】

在本条具体适用时，应根据体系要求综合把握《民法典》第751条、第754条与本条的关系，且在第751条与第754条的适用上出现法条竞合。对租赁物因意外毁损、灭失导致租赁合同解除的法律后果，当事人可自由选择适用《民法典》第751条有关风险负担规则的条款，也可以根据第754条的内容适用合同解除规则。在适用《民法典》第751条时，按照风险负担规则，承租人应当继续支付租金，但避免了合同解除后一次性补偿出租人的资金压力。在适用《民法典》第754条时，则根据合同解除规则，承租人负有返还租赁物的义务，如标的物无法返还，则根据代物清偿原则，承租人应按租赁物的价值对出租人予以补偿。

> **第七百五十七条** 出租人和承租人可以约定租赁期限届满租赁物的归属；对租赁物的归属没有约定或者约定不明确，依据本法第五百一十条的规定仍不能确定的，租赁物的所有权归出租人。

【要义精解】

本条是对租赁期限届满租赁物归属的规定。

根据意思自治原则，租赁期限届满后租赁物的归属问题，应当由出租人和承租人自由约定。如果对租赁物的归属没有约定或者约定不明确的，则当事人可根据《民法典》第510条规定的内容确定。《民法典》第510条规定："合同生效后，当事人就质量、价款或者报酬、履行地点等内容没有约定或者约定不明确的，可以协议补充；不能达成补充协议的，按照合同相关条款或者交易习惯确定。"如果根据《民法典》第510条仍不能确定的，则租赁期限届满后租赁物所有权应归出租人所有。

【对照适用】

本条是对原《合同法》第250条的继受。根据一般的交易情况，在租赁期限届满后,承租人具有三种选择:留购、续租或退租。留购是指租赁期限届满后,承租人向出租人支付约定的价款(名义货价),取得租赁物的所有权;续租则是指在租赁期限届满后,双方当事人继续按照原合同或新合同履行融资租赁合同的行为;退租是指在租赁期限届满后,承租人将租赁物交还出租人,双方终止合同的行为。实践中,出租人更愿意采用留购的方式,因为出租人只是关心租金及利润收入,对租赁物的使用价值并无很大兴趣。但根据意思自治原则,究竟选择何种方式,由当事人间自由约定。只有在穷尽规则后仍无法确定的,才按照传统租赁的规则,将租赁物的所有权归属于出租人。

> **第七百五十八条** 当事人约定租赁期限届满租赁物归承租人所有,承租人已经支付大部分租金,但是无力支付剩余租金,出租人因此解除合同收回租赁物,收回的租赁物的价值超过承租人欠付的租金以及其他费用的,承租人可以请求相应返还。
>
> 当事人约定租赁期限届满租赁物归出租人所有,因租赁物毁损、灭失或者附合、混合于他物致使承租人不能返还的,出租人有权请求承租人给予合理补偿。

【要义精解】

本条是对租赁期限届满后利益返还的规定。

租赁期限届满后,根据当事人间的约定,租赁物要么归属于承租人,要么归属于出租人。当事人约定租赁期限届满后租赁物归承租人所有的,如果承租人已经支付大部分租金,但是无力支付剩余租金,无论剩余租金的比例如何,根据《民法典》第752条的规定,出租人在经催告且承租人仍不支付时,有权解除合同并取回租赁物。但收回的租赁物的价值超过承租人欠付的租金以及其他费用的,承租人可以请求相应返还。这是因为承租人除向出租人支付租赁物使用权的对价外,也支付了取得租赁物所有权的对价。在出租人主张解除合同时,出租人所享有的应限于租金及其他费用,对于其余部分的价值应归承租人所有。所以,承租人有权请求出租人返还相应的价值。当事人约定租赁期限届满租赁物归出租人所有,因租赁物毁损、灭失或者附合、混合于他物致使承租人不能返还时,因为租赁物的风险由承租人负担,所以出租人有权请求承租人给予合理补偿。

【对照适用】

本条第 1 款是对原《合同法》第 249 条的继受，第 2 款为新增条款。融资租赁合同期满后，租赁物的归属问题，由出租人和承租人自由约定。对于不同的权利归属的约定，在剩余利益的返还上有不同的处理办法。从公平原则出发，当事人约定租赁期满后租赁物所有权归承租人所有的，如果承租人支付了大部分租金，但无力支付剩余租金，出租人因此解除合同收回租赁物，收回的租赁物的价值超过承租人欠付的租金以及其他费用的，承租人可以请求相应返还。对本条中"其他费用"的理解，应认为其主要是指欠付租金的利息、取回租赁物的费用等必要费用。如果约定期满后租赁物所有权归出租人所有，因租赁物毁损、灭失或者附合、混合于他物致使承租人不能返还的，出租人有权请求承租人给予合理补偿。

> **第七百五十九条　当事人约定租赁期限届满，承租人仅需向出租人支付象征性价款的，视为约定的租金义务履行完毕后租赁物的所有权归承租人。**

【要义精解】

本条是对租赁期限届满后租赁物所有权归属于承租人的规定。

在传统租赁中，在租赁期限届满后，承租人应将租赁物返还给出租人。而在融资租赁合同中，当事人通常会约定租赁物所有权的归属，且出租人更倾向于采取留购的方式，与承租人约定在承租人支付象征性的价款后，将租赁物的所有权归承租人所有。

【对照适用】

本条实际上是对融资租赁中的留购行为的规定。留购是指承租人支付一定代价以取得租赁物的所有权。实践中，大多数融资租赁合同通常都将留购价设定为 100 元（或以下）或者 500 元。条款表述通常为在租赁期限届满时，承租人不存在违约行为，则可以支付名义留购价后取得租赁物的所有权。名义留购价的制度不等同于合同已经约定租赁期满租赁物所有权就归属于承租人所有，只要出租人有违约行为，出租人行使取回权收回了租赁物，就无须再考虑冲抵租赁物残值的问题。

第七百六十条　融资租赁合同无效，当事人就该情形下租赁物的归属有约定的，按照其约定；没有约定或者约定不明确的，租赁物应当返还出租人。但是，因承租人原因致使合同无效，出租人不请求返还或者返还后会显著降低租赁物效用的，租赁物的所有权归承租人，由承租人给予出租人合理补偿。

【要义精解】

本条是对融资租赁合同无效后租赁物归属的规定。

根据意思自治原则，在融资租赁合同无效后，当事人可对租赁物的归属进行自由约定，有约定的从其约定。但是如果没有约定或约定不明确的，根据传统租赁合同的规则，租赁物所有权应归属于出租人，承租人负有返还租赁物的义务。在实践中，出卖人、租赁物通常由承租人选定，并由承租人占有与使用，租赁物对承租人来说具有更大的使用价值，对出租人来说则不一定能发挥其效用。因此，在融资租赁合同是由承租人的原因签订时，如出租人不请求返还或者返还后会显著降低租赁物效用的，则可以由承租人取得租赁物的所有权，并应由承租人给予出租人合理补偿。

【对照适用】

本条为《民法典》新增条款，系对2014年《最高人民法院关于审理融资租赁合同纠纷案件适用法律问题的解释》（现已失效）第4条的继受与改进。该司法解释第4条规定："融资租赁合同被认定无效，当事人就合同无效情形下租赁物归属有约定的，从其约定；未约定或者约定不明，且当事人协商不成的，租赁物应当返还出租人。但因承租人原因导致合同无效，出租人不要求返还租赁物，或者租赁物正在使用，返还出租人后会显著降低租赁物价值和效用的，人民法院可以判决租赁物所有权归承租人，并根据合同履行情况和租金支付情况，由承租人就租赁物进行折价补偿。"《民法典》中删掉了"且当事人协商不成""人民法院可以判决""并根据合同履行情况和租金支付情况，由承租人就租赁物进行折价补偿"等内容。在融资租赁合同无效时，根据意思自治理念，当事人可以约定租赁物的归属。

第十六章　保理合同

第七百六十一条　保理合同是应收账款债权人将现有的或者将有的应收账款转让给保理人，保理人提供资金融通、应收账款管理或者催收、应收账款债务人付款担保等服务的合同。

【要义精解】

保理合同是此次《民法典》新增加的典型合同（有名合同）之一，本条是关于保理合同的定义，对于理解保理合同至关重要。

一、保理合同双方当事人的主给付义务

与其他有名合同一样，定义保理合同也是从双方当事人的主给付义务出发的。在保理合同中一方当事人是保理人，另一方当事人是被保理人（也即该条规定的应收账款的债权人），双方当事人的主给付义务分别如下。

其一，被保理人的主给付义务是将其现有的或者将有的应收账款债权转让给保理人，单就此义务而言，其与债权让与合同中让与人的主给付义务完全相同，故不能将其与债权让与区别开来，也正是在这一意义上有学者认为，法律并没有必要将保理合同作为典型合同加以规定，债权让与的规则即足以解决保理合同的相关问题了。[1]

其二，保理人的主给付义务。保理人的主给付义务，或者说保理人为被保理人提供的金融服务主要包括：提供资金融通、应收账款管理或者催收、应收账款债务人付款担保等。保理人并不需要提供所有这些服务，而是仅需提供其中部分服务即可，至于是仅提供其中一项服务即可构成保留还是需要至少提供其中两项服务才能构成，保理学说上有不同的观点，《国际保理公约》要求保理商至少需要履行列举的两项内容，《国际保理业务通用规则》只要求保理商至少履行一项内容，中国的相关规定基本只要

---

[1]　李宇：《保理合同立法论》，《法学》2019 年第 12 期。

求保理商履行一项内容。《民法典》第 761 条对此没有明确的规定，在解释上应该认为保理商只履行一项内容即可。这种解释一方面可以扩大保理合同的适用范围；另一方面符合中国既有的保理业务实践和保理业务的国际发展趋势。[1]

二、保理合同的特征

其一，保理合同是商事合同。由于我国《民法典》采取了民商合一的立法模式，因此将保理合同纳入《民法典》的范畴作为典型合同之一，但是其仍然是商事合同，与一般民事合同在价值理念及具体规则上均有所不同。作为商事合同，保理合同的双方当事人都是商人，保理人应当是经过银保监会批准的具有从事保理业务的金融机构，而被保理人则只能是企业（包括营利法人和以营利为目的的非法人组织）而不能是普通自然人，也不能是非营利法人和特别法人。《国际保理公约》第 1 条第 2 款第 1 项规定："主要供债务人个人、家人或家庭使用的货物销售所产生的应收账款除外。"《联合国国际贸易应收款转让公约》第 4 条第 1 款规定："本公约不适用于下列转让：（a）对个人进行的为其个人、家人或家庭目的的转让；（b）产生所转让应收款的企业作为企业变卖的一部分或变更其所有权或法律地位而进行的转让。"我国在解释论上应该采纳《联合国国际贸易应收款转让公约》的相关规定。[2]

其二，保理合同是双务有偿合同。与其他商事合同一样，保理合同也是双务有偿合同。

其三，保理合同是一种典型的混合型合同。保理合同实质上是应收账款转让与融资、委托代理、担保、应收账款催收与管理等服务要素的组合体，是以合同形式表现的应收账款转让与综合性金融服务的叠加，具有混合合同的属性。[3]

其四，保理合同是书面要式合同。作为金融合同之一，一般而言性质复杂，纠纷较多，法律基本上均将其规定为要式合同。《民法典》第 762 条第 2 款规定保理合同应当采取书面形式。

---

〔1〕 方新军：《〈民法典〉保理合同适用范围的解释论问题》，《法制与社会发展》2020 年第 4 期。
〔2〕 方新军：《〈民法典〉保理合同适用范围的解释论问题》，《法制与社会发展》2020 年第 4 期。
〔3〕 黄和新：《保理合同：混合合同的首个立法样本》，《清华法学》2020 年第 3 期。

【对照适用】

本条及以下保理合同的全部条文均是《民法典》新规定，过去立法上没有这一典型合同，故也没有其相关规范，需要注意其解释适用。对此，以下条文中不再进行重复说明。

> **第七百六十二条** 保理合同的内容一般包括业务类型、服务范围、服务期限、基础交易合同情况、应收账款信息、保理融资款或者服务报酬及其支付方式等条款。
>
> 保理合同应当采用书面形式。

【要义精解】

本条由两款规定构成，其中第 2 款规定保理合同是书面要式合同，对此无须赘述。依据保理合同的本旨，本条规定中的下列事项为要素：（1）应收账款的信息。即应当通过合同描述，确定所转让的应收账款，否则合同不能成立。该条所规定的基础交易合同情况也应当属于应收账款的信息之一，缺乏该信息则予以转让给保理人的应收账款债权难以具体确定。（2）保理人提供保理服务的具体业务类型与服务范围。可以是《民法典》第 761 条所规定的任何一种，即提供资金融通、应收账款管理或者催收、应收账款债务人付款担保等，也可以是两种以上。至于服务期限、保理融资款或者报酬则不需要必备条款，若当事人在合同中没有约定的则可以适用《民法典》第 510 条、第 511 条加以确定。

> **第七百六十三条** 应收账款债权人与债务人虚构应收账款作为转让标的，与保理人订立保理合同的，应收账款债务人不得以应收账款不存在为由对抗保理人，但是保理人明知虚构的除外。

【要义精解】

本条规定系保理合同中的防欺诈条款，其立法目的在于防止被保理人与第三人以虚构债务的方式诈害保理人。

本条规定是针对保理实践中经常发生的一种被保理人诈害保理人的情形。在进行保理业务时，保理人往往会向应收账款的债务人进行核实应收账款债务的真实性，因此，若仅仅是被保理人单方面虚构债务骗取保理人融通资金，则通常是无法得逞的，于是被保理人往往会与自己有业务来往的第三人乃至于是自己的关联企业，合谋虚构一项或者一系列应收账款，而在保理人最终行使债权时，债务人则由主张基础关系不存在或者无效而债务无效等原因进行抗辩，而依据债权让与的一般规则，让与的债权必须是真实有效的债权，在被让与的债权无效或者不存在的受让人是不能取得债权的，故保理人会受有损害。此时作为被保理人固然应当向保理人承担瑕疵担保责任，但是若被保理人缺乏承担责任的能力，那么保理人只能受损。为了解决这一问题，保护善意的保理人，《民法典》则特别规定，若被保理人也即应收账款的债权人与债务人共同虚构债务的，则债务人不得以债务不存在为由而对抗保理人。

> **第七百六十四条** 保理人向应收账款债务人发出应收账款转让通知的，应当表明保理人身份并附有必要凭证。

【要义精解】

本条是关于保理人通知债务人的规定。

保理的本质系债权让与，因此与普通债权让与一样为了保护债务人，只有通知债务人之后其债权让与对于债务人始发生法律效力。故若债务人没有接到保理通知的，保理对于债务人应当不发生效力，债务人向原债权人履行债务的仍然发生清偿的效力，其债务归于消灭。

通常情形是，保理人为了防止债务人向被保理人清偿债务，或者被保理人再将其应收账款债权让与第三人、为第三人设定质权等从而受有损害的，往往会及时通知债务人。依据该条规定，保理人通知债务人时，首先，应当表明基于保理关系而发生了债权转让的事实；其次，应当表明自己作为保理人身份；再次，应当提供相应的证明凭证，如保理合同、资金提供证明等。否则，不构成合格通知从而对于债务人仍然不发生效力，这是保理人必须要注意的。

> **第七百六十五条** 应收账款债务人接到应收账款转让通知后，应收账款债权人与债务人无正当理由协商变更或者终止基础交易合同，对保理人产生不利影响的，对保理人不发生效力。

【要义精解】

本条规定的是保理通知的效力。

在保理合同成立后，且保理人与应收账款达成债权转让协议时应收账款债权即转移给保理人，而在将债权转让通知债务人之后，应收账款债权转让的效力对于债务人亦发生法律效力，因此应收账款债权人已经不再是该项债权的债权人了，从而亦丧失了对该债权的处分权能，其与债务人再行对该债权的任何变更，或者免除债务人之债务，或者通过解除合同等使该债权消灭的行为都构成无权处分，对于债权人均不再发生法律效力。当然，若其对债权的变更有利于保理人的，则保理人不表示拒绝的视为保理人同意，则可以对保理人发生相应的法律效力。实际上，在保理人与应收账款债权人达成债权转让协议时，应收账款债权即转移给了保理人，此时应收账款债权人即不再享有对此债权的处分权能，唯由于没有通知债务人，为了保护善意的债务人的利益，故在通知债务人之前，债权人与债务人所实施的债权的变更或消灭等行为仍应当对保理人发生法律效力。

> **第七百六十六条** 当事人约定有追索权保理的，保理人可以向应收账款债权人主张返还保理融资款本息或者回购应收账款债权，也可以向应收账款债务人主张应收账款债权。保理人向应收账款债务人主张应收账款债权，在扣除保理融资款本息和相关费用后有剩余的，剩余部分应当返还给应收账款债权人。

【要义精解】

本条是关于有追索权保理的效力的规定。

保理分为有追索权的保理与没有追索权的保理两种，两者的区别在于，在保理人受让的债权不能实现时，保理人是否有权利向被保理人也就是应收账款债权人进行追索，从而保障自己权利的实现。显然有追索权的保理对于保理人而言更加有利，风险更低，当然其因此所收取的保理费用等对价肯定要低于无追索权的保理。有追索权的保理，本质上是应收债款的债权人对于其所转让的债权承担连带保证责任，故在债务人破产或者丧失清偿能力的情形下，保理人得以请求被保理人清偿债务，而被保理人代替债务人清偿债务后，则重新取得了其所转让给保理人的债权。

当然究竟是有追索权的保理，还是无追索权的保理，取决于双方当事人在保理合同中的约定。在各国立法例中，有的以有追索权保理为原型，即规定保理人有追索权，但合同另有约定的除外；有的以无追索权保理为原型，即规定保理人无追索权，但合同另有约定的除外。[1]我国法律则将两种类型的保理处于同等地位，让当事人自行选择。

依据本条规定，对于有追索权的保理合同，被保理人与债务人须对保理人承担连带清偿责任，故保理人在其债权到期时既可以直接选择请求债务人履行债务，亦可以选择请求被保理人返还融资款本息或者通过回购债权的方式实现保理人的经济利益。需要注意的是，依据《民法典》该条第2句的规定，我国《民法典》就有追索权的保理合同采取了让与担保的构造模式，即保理人作为贷款人为应收账款的债权人提供融资，而应收账款债权人作为借款人，为了担保能够履行债务将其对于应收账款债务人的债权转让给债权人，这是典型的比较法上的债权让与担保。此时，若保理人向债务人行使权利的，则应当负有清算的义务，即在扣除保理融资款本息和相关费用后有剩余的，剩余部分应当返还给应收账款债权人。该规定与《民法典》第401条所规定的流押条款与《民法典》第428条规定的流质条款的思想完全相同，均属于强行性规定，不允许当事人通过约定而予以排除适用。

第七百六十七条 当事人约定无追索权保理的，保理人应当向应收账款债务人主张应收账款债权，保理人取得超过保理融资款本息和相关费用的部分，无需向应收账款债权人返还。

【要义精解】

本条是关于无追索权保理效力的规定。

对于无追索权的保理，其本质上就是债权让与，也即保理人向应收账款债权人提供的融资款系应收账款债权人转让其债权的对价，是当事人双方通过自由谈判加以具体确定的。因此，在应收账款债权到期时保理人只能请求应收账款债务人履行该债务，即使应收账款债务人陷入破产等不能清偿债务的，保理人也只能自己承担风险，不能向被保理人进行追索。同样，保理人

〔1〕 黄薇主编：《中华人民共和国民法典合同编释义》，法律出版社2020年版，第613页。

行使应收账款债权取得的收益超过了保理融资款本息和费用的部分，被保理人亦不得向保理人主张偿还。

> 第七百六十八条 应收账款债权人就同一应收账款订立多个保理合同，致使多个保理人主张权利的，已经登记的先于未登记的取得应收账款；均已经登记的，按照登记时间的先后顺序取得应收账款；均未登记的，由最先到达应收账款债务人的转让通知中载明的保理人取得应收账款；既未登记也未通知的，按照保理融资款或者服务报酬的比例取得应收账款。

【要义精解】

本条规定的是多个保理并存时各保理人之间的优先顺序规则。

保理的本质系债权让与，学理上有所谓的"非让与不保理"的说法，那么债权让与本身属于处分行为。依照民法的基本原理，实施处分行为的处分人需要有处分权，没有处分权的处分行为不能发生效力，除非事后被处分权人进行追认或者取得处分权的。

我国《民法典》是将保理作为实质上的担保制度予以构建的。担保物权本身由于不具有支配性，从而也不具有排他性，只具有顺序优先性，故若干个担保物权并存时均为有效，只是需要有优先受偿顺序。[1]依据《民法典》第 768 条的规定，以同一笔应收账款作为保理标的的，那么各保理均为有效，其相互之间的优先顺序则按照如下规则加以确定：（1）已经登记的保理人优先于未登记的保理人；（2）均登记的保理人依据登记先后的顺序，也即先登记的优先于后登记的受偿；（3）均未登记的，由最先到达应收账款债务人的转让通知中载明的保理人取得应收账款；（4）既未登记也未通知的，按照保理融资款或者服务报酬的比例取得应收账款。

> 第七百六十九条 本章没有规定的，适用本编第六章债权转让的有关规定。

---

[1] 席志国：《民法典编纂视野下的动产担保物权效力优先体系再构建——兼评〈民法典各分编（草案）二审稿〉第 205—207 条》，《东方法学》2019 年第 5 期。

【要义精解】

本条是参引性规定，即规定了凡是本章没有规定的均可以适用债权让与的规定。

由于保理合同的主要内容之一，即应收账款债权人将其债权转让给保理人，就此而言本质上即为债权让与，在法律没有规定保理之前发生的纠纷均适用债权让与的规定。《民法典》虽然将保理合同作为典型合同作了规定，但是也仅就保理合同的特殊之处加以规定，其他的依据本条之规定仍然需要适用债权让与的规定。具体而言，可以适用的有《民法典》第545条关于债权得让与以及不得让与之规定，特别是其第2款所规定的当事人约定非金钱债权不得转让的，不得对抗善意第三人，其主要适用的情形就是保理合同。《民法典》第547条关于债权让与对从权利效力的规定，《民法典》第548条债务人抗辩权的规定，《民法典》第549条债务人抵销权的规定，《民法典》第550条关于履行费用的规定等均可适用。

第十七章 承揽合同

【要义精解】

本条是对于承揽合同的规定。承揽合同为双务合同，其主体为承揽人和定作人。承揽人是按照定作人要求完成特定工作并向定作人交付该工作成果的人。定作人是要求承揽人完成承揽工作并接受承揽工作成果、支付报酬的人。

承揽合同的特征如下。

一、以完成一定工作为目的

在承揽合同中，定作人所需要的不是承揽人的单纯劳务，而是其物化的劳务成果。这是其与劳务合同的主要区别。只有承揽人完成工作的劳务体现在其完成的工作成果上，才能满足定作人的需要。

二、标的具有特定性

承揽合同的标的是定作人所要求的，由承揽人所完成工作成果。该工作成果既可以是物，也可以是其他成果。但其必须具有特定性，是按照定作人特定要求，只能由承揽人为满足定作人特殊需求通过自己与众不同的劳动技能而完成的。

三、承揽人须亲自完成工作，在完成工作时由承揽人自担风险

承揽合同的定作人需要的是具有特定性的标的物。这种特定的标的物只能通过承揽人完成的工作来取得。定作人是根据承揽人的条件认定承揽人能够完成工作来选择承揽人的，定作人注重的是特定承揽人的工作条件和技能，承揽人应当以自己的劳力、设备和技术，独立完成承揽工作。原则上不能由第三人进行债务履行。经定作人同意将承揽工作的

一部分转由第三人完成的，承揽人对第三人的工作向定作人承担责任。承揽人应承担取得工作成果的风险，对工作成果的完成负全部责任。承揽人不能完成工作而取得定作人所指定的工作成果，就不能向定作人要求报酬。

【对照适用】

本条延续了原《合同法》中有关规定。承揽合同作为民法中有名合同的一种，自罗马法以来在大陆民法的体系中均有体现。《德国民法典》中也以一般定义的方式对承揽合同进行了规定。

> 第七百七十一条 承揽合同的内容一般包括承揽的标的、数量、质量、报酬，承揽方式，材料的提供，履行期限，验收标准和方法等条款。

【要义精解】

本条是对于承揽合同主要内容的规定，属于指引性规定。

> 第七百七十二条 承揽人应当以自己的设备、技术和劳力，完成主要工作，但是当事人另有约定的除外。
>
> 承揽人将其承揽的主要工作交由第三人完成的，应当就该第三人完成的工作成果向定作人负责；未经定作人同意的，定作人也可以解除合同。

【要义精解】

本条是对承揽人主要义务的规定。

承揽合同的工作成果必须具有特定性，是按照定作人特定要求，只能由承揽人为满足定作人特殊需求通过自己与众不同的劳动技能而完成的。因此，对于承揽合同具有比较强的人身信任，该合同是建立在对承揽人的工作能力信任的基础上，承揽人应当以自己的设备、技术和劳力完成承揽的主要工作。承揽人的设备、技术和劳力是决定其工作能力的重要因素，也是定作人选择该承揽人完成工作的决定性因素。所谓的设备，是指承揽人进行工作所使用的工具。所谓的技术，是指承揽人进行工作所需的技能，包括专业知识、经验等。所谓的劳力，是指承揽人完成工作所付出的劳动力。

承揽合同是基于定作人对承揽人有特别的人身信任，原则上不能由第三人承担履行。如果第三人履行合同，定作人可以选择两种方式要求承揽人承担合同责任。一种是定作人要求承揽人对第三人完成的工作成果向定作人负责。比如，定作人对承揽人设备、技术和劳力无特别要求，只要求工作成果按时按量完成的情况下，承揽人擅自将承揽工作交由第三人完成，定作人认为工作成果的质量、数量、交付时间等能够接受，可以不解除合同。另一种是通知承揽人解除合同。因解除合同给定作人造成损失的，定作人可以要求承揽人承担损害赔偿责任。

第七百七十三条　承揽人可以将其承揽的辅助工作交由第三人完成。承揽人将其承揽的辅助工作交由第三人完成的，应当就该第三人完成的工作成果向定作人负责。

【要义精解】

本条是关于承揽合同中辅助工作的规定。

"辅助工作"是指承揽工作中主要工作之外的部分，是相对于"主要工作"而言的。"主要工作"一般是指对工作成果的质量起决定性作用的工作，也即与承揽人所具有的"自己的设备、技术和劳力"密切联系的工作。如果将主要工作交由第三人完成的，必须经过定作人的同意，否则，承揽人应当承担违约责任。主要工作之外的工作就可以理解为辅助性工作。可以不经定作人同意，即将辅助工作交由第三人完成。根据承揽合同的性质，承揽人应当在约定的期限内提供符合定作人要求的工作成果，也即由承揽人对工作的完成承担全部的责任，即使承揽人根据本条规定将辅助性工作交由第三人完成，也要对整体工作负责。这也是合同相对性原则的体现。

第七百七十四条　承揽人提供材料的，应当按照约定选用材料，并接受定作人检验。

【要义精解】

本条规定了由承揽人提供材料时的主要义务。

当事人在承揽合同中约定由承揽人提供材料，并约定了提供材料的时间、材料的数量和质量的，承揽人应当按照约定准备材料。承揽人准备好材料后，应当及时通知定作人检验，并如实提供发票以及数量和质量的说明文件。定作人接到通知后，应当及时检验该材料，认真查看承揽人提供的材料及有关文件。定作人认为承揽人选用的材料符合约定的，应当告知承揽人，或者根据承揽人的要求以书面形式确认。经检验，定作人发现材料数量缺少的，应当及时通知承揽人补齐；数量超出的，应当及时通知承揽人超出的数额。定作人发现材料质量不符合约定的，应当及时通知承揽人更换，因此发生的费用，由承揽人承担。

> **第七百七十五条** 定作人提供材料的，应当按照约定提供材料。承揽人对定作人提供的材料应当及时检验，发现不符合约定时，应当及时通知定作人更换、补齐或者采取其他补救措施。
>
> 承揽人不得擅自更换定作人提供的材料，不得更换不需要修理的零部件。

【要义精解】

本条规定了由定作人提供材料时的主要义务。

对于承揽合同，既可以由承揽人提供材料，也可以由定作人提供材料。当定作人按约定提供材料后，承揽人应当立即检验材料。检验的内容主要包括材料的数量是否符合合同约定，材料的质量是否达到合同约定的质量要求。如果经承揽人检验，定作人提供的材料符合约定，承揽人应当确认并通告定作人。如果经检验，定作人提供的材料不足的，承揽人应当通知定作人补齐；定作人提供的材料质量不符合约定的，承揽人应当及时通知定作人更换以达到合同要求。因承揽人原因，未及时通知定作人材料不符合约定，影响完成工作时间的，承揽人应当承担违约责任。承揽人发现定作人提供的材料不符合约定而未通知定作人的，视为材料符合约定，因该材料数量、质量原因造成承揽工作不符合约定的，由承揽人承担违约责任；定作人有权要求承揽人修理、更换、减少报酬或者解除合同，造成定作人损失的，承揽人应当赔偿损失。承揽人在工作中应当以该材料完成工作，不得擅自更换材料，在需要更换零部件的承揽合同中，只有确有必要更换的零部件才能进行更换。

【对照适用】

本条延续了原《合同法》中的有关规定。对于承揽人在不需要修理的零部件进行更换的情形下，承揽人应当承担恢复原状的责任，如果其更换行为造成损失，应当承担损害赔偿责任。

> **第七百七十六条　承揽人发现定作人提供的图纸或者技术要求不合理的，应当及时通知定作人。因定作人怠于答复等原因造成承揽人损失的，应当赔偿损失。**

【要义精解】

本条是关于定作人不合理要求情况下的双方权利义务的规定。

承揽合同要求承揽人按照定作人的要求完成相应工作。如果定作人提供的图纸或技术要求不合理，即该图纸或技术要求存在错误或者无法实现合同预期的工作成果，在此情况下，承揽人应当及时将该情况通知定作人。承揽人未及时通知定作人的，怠于通知期间的误工损失由承揽人自己承担，造成工期拖延，给定作人造成损失的，承揽人应当赔偿定作人损失。如果承揽人发现定作人提供的图纸或者技术要求不合理而未通知定作人，仍然按照原图纸或者技术要求进行工作，致使工作成果不符合合同约定的，由承揽人承担违约责任，定作人有权要求承揽人修理、更换、减少价款或者解除合同。造成定作人损失的，承揽人应当赔偿损失。

> **第七百七十七条　定作人中途变更承揽工作的要求，造成承揽人损失的，应当赔偿损失。**

【要义精解】

本条是对于中途变更工作要求的规定。

本条分两层含义：第一层含义是定作人可以在中途凭借单方意思表示

变更承揽工作的要求。定作人对承揽工作的要求在合同中体现，正常情况下，承揽人只有严格按照合同约定要求完成工作，才能满足定作人订立合同的目的。如果定作人在承揽人工作期间认为按照原先的要求，不能满足自己的需要，定作人可以中途变更承揽工作的要求。这是承揽工作的性质决定的，承揽工作的目的就是满足定作人的特殊需要，如果承揽工作的成果不能满足定作人的需要，定作人可以根据自己的需要，随时变更对合同的要求。第二层含义是如果定作人的中途变更工作要求给承揽人造成损失的，应当赔偿损失。

【对照适用】

本条延续了原《合同法》中的有关规定。定作人在中途变更承揽工作的要求不同于一般的合同变更。按照契约严守原则，一般情况下，合同的变更须经当事人双方协商一致，一方提出变更要求，如果对方不同意，则不发生变更，当事人仍然按照原合同履行。在承揽合同中，承揽人应当按照定作人的要求进行工作，如果定作人中途变更对承揽工作要求的，如修改设计图纸、提出新的质量要求等，承揽人应当按照定作人的新要求工作。也即定作人单方意思表示即可发生合同变更的效果。

> **第七百七十八条** 承揽工作需要定作人协助的，定作人有协助的义务。定作人不履行协助义务致使承揽工作不能完成的，承揽人可以催告定作人在合理期限内履行义务，并可以顺延履行期限；定作人逾期不履行的，承揽人可以解除合同。

【要义精解】

本条是关于定作人协助义务的规定。

定作人的协助，是承揽合同适当履行的保障，定作人不协助承揽人进行工作，承揽合同将不能顺利履行，甚至无法履行，双方当事人订立合同的目的难以实现。因此，如果承揽合同需要定作人协助的，即使合同未明确规定定作人协助的，定作人也应当履行协助义务。

【对照适用】

在定作人的协助义务是完成承揽合同前提的条件下，定作人不履行的，承揽人应当催告定作人在合理期限内履行，并可以顺延完成工作的期限。如果在合理期限内定作人仍未履行协助义务，将构成本条所称的逾期不履行，定作人的逾期不履行将导致合同不能继续履行，承揽工作无法按约完成，此时，承揽人可以解除合同。

第七百七十九条　承揽人在工作期间，应当接受定作人必要的监督检验。定作人不得因监督检验妨碍承揽人的正常工作。

【要义精解】

本条是关于定作人监督权利的规定。

根据承揽合同的性质，承揽人是按照定作人的要求完成一定工作的，此种特征决定了定作人有权在工作期间对承揽的工作进行必要的监督检验，这也是保证承揽工作质量，预防工作成果瑕疵的必要措施。监督检验主要是指对进度及材料的使用等方面，是否符合合同约定和定作人的要求。

【对照适用】

定作人对于承揽人工作的监督权利要受到一定的限制。首先，监督必须是必要的，也即不合理的监督是不予保护的。所谓必要的监督，是指如果合同中已经约定定作人监督检验的范围的，定作人应当按照约定的内容按时进行检验。如果合同中未约定检验范围的，定作人应当根据承揽工作的性质，依照诚实信用原则对承揽工作质量进行检验。其次，定作人的监督检验行为不得妨碍承揽人的正常工作。

第七百八十条　承揽人完成工作的，应当向定作人交付工作成果，并提交必要的技术资料和有关质量证明。定作人应当验收该工作成果。

【要义精解】

本条是关于工作成果交付的规则。

本条包含两层含义。第一层含义是对于承揽人交付工作成果的规定。

在承揽合同中，承揽人一般有两项主要义务，即按照定作人的要求完成一定工作，并且在工作完成时将工作成果交付给定作人。工作成果的所有权属于定作人，事实上往往在工作完成时，承揽人对工作成果存在着占有关系，只有将工作成果转移给定作人占有，才能保证定作人对工作成果行使所有权，实现定作人订立承揽合同的意义。交付工作成果包括两个方面内容，一是将工作成果交给定作人；二是向定作人提交必要的技术资料和有关质量证明，承揽人按照合同约定的时间完成工作后，应当按照合同约定的时间、地点和方式将工作成果交给定作人占有。合同约定由定作人自提的，承揽人应当在工作完成后，通知定作人提货，在工作完成的地点或者定作人指定的地点，将工作成果交给定作人占有，承揽人完成工作的地点或者定作人指定的地点为交付地点，承揽人通知定作人提货的日期为交付日期，但承揽人在发出提取工作成果的通知中，应当给定作人留下必要的准备时间和在途时间。根据本条规定，承揽人在交付工作成果的同时，还应当提交必要的技术资料和有关质量证明，此为和主给付义务相对的从给付义务。技术资料主要包括使用说明书、结构图纸、有关技术数据。质量证明包括有关部门出具的质量合格证书，以及其他能够证明工作成果质量的数据、鉴定证明等。

第二层含义是对于定作人验收工作成果的义务。定作人实际收到工作成果时，应当对工作成果及时进行验收。验收的目的主要是为了检验工作成果的质量、数量是否符合合同约定或者定作人的要求。

【对照适用】

定作人在实际收到工作成果的验收义务具体内容本条并未进行详细规定，具体问题的解决可以考虑类推适用买卖合同之中买受人的检验义务的相关规定。经验收，定作人认为承揽人交付的工作成果合格的，定作人应当接受工作成果，并按照合同的约定或者交易习惯支付报酬以及其他应付费用。如果经检验，工作成果有质量问题或者数量短缺的，定作人应当取得有关部门出具的证明。经检验，工作成果有严重的质量缺陷的，定作人可以拒收并通知承揽人。定作人在检验中发现定作物的数量或者质量不符合要求的，应当在合同约定的期限内通知承揽人；未有约定或者约定不明确的，定作人在发现数量或者质量不符合要求时，应当在合理期间内通知承揽人。在验收时，如果双方当事人对工作成果的质量或者数量等发生争议，可由国家法定的检验机构进行鉴定。定作人未及时检验，或者在检验发现问题后怠于通知，或者在收到工作成果之日起合理期限内未通知承揽人的，视为工作成果的数量或者质量符合要求。

> **第七百八十一条** 承揽人交付的工作成果不符合质量要求的，定作人可以合理选择请求承揽人承担修理、重作、减少报酬、赔偿损失等违约责任。

【要义精解】

本条是关于承揽人因工作成果质量不符合约定所承担违约责任的规定。

违约责任的承担方式主要包括：（1）修理。工作成果有轻微瑕疵的，定作人可以要求承揽人进行修整、修补，使工作成果符合质量标准。因修理造成工作成果迟延交付的，承揽人仍应承担逾期交付的违约责任。（2）重作。工作成果有严重瑕疵无法弥补的，定作人可以拒收，要求承揽人返工重新制作或者调换。因重作造成工作成果迟延交付的，承揽人仍应承担逾期交付的违约责任。（3）减少报酬。工作成果有瑕疵，而定作人同意继续利用的，可以按质论价，相应地减少所应付的报酬。（4）赔偿损失。由于工作成果不符合质量标准，给定作人造成人身伤害或者财产上损害的，定作人有权要求承揽人赔偿因此造成的损失。除此之外，定作人可以根据合同约定要求承揽人承担其他违约责任。

> **第七百八十二条** 定作人应当按照约定的期限支付报酬。对支付报酬的期限没有约定或者约定不明确，依据本法第五百一十条的规定仍不能确定的，定作人应当在承揽人交付工作成果时支付；工作成果部分交付的，定作人应当相应支付。

【要义精解】

本条是关于定作人支付报酬义务的规定。

报酬既可以是金钱，也可以是实物。对于支付报酬期限约定不明的，依照《民法典》第510条仍不能确定的，依照交付时即刻支付报酬的规则处理。

第七百八十三条 定作人未向承揽人支付报酬或者材料费等价款的，承揽人对完成的工作成果享有留置权或者有权拒绝交付，但是当事人另有约定的除外。

【要义精解】

本条是关于承揽人留置权与抗辩权的规定。

留置权作为一种法定的担保物权，其基于法律的规定而产生。定作人应当按照约定支付报酬是定作人的基本义务。如果定作人无正当理由不履行支付报酬等义务的，承揽人有权对完成的工作成果享有留置权。

抗辩权作为双务合同中双方利益平衡的工具，在定作人未向承揽人交付报酬或者材料费等价款时，承揽人可以以拒绝交付抗辩权作为对抗定作人之工具。通过该抗辩权的形式，督察定作人及时履行支付价款的义务，以实现合同目的。

【对照适用】

我国原《合同法》中仅规定承揽人有行使留置权的权利，在《民法典》中增加了抗辩权的规定。

第七百八十四条 承揽人应当妥善保管定作人提供的材料以及完成的工作成果，因保管不善造成毁损、灭失的，应当承担赔偿责任。

【要义精解】

本条是关于承揽人对材料和工作成果的保管责任的规定。

承揽合同中定作人按约提供材料后，该材料处在承揽人的占有之下，因此承揽人有义务妥善保管定作人提供的材料，保持材料的质量状态，防止材料非正常损耗，从而保证工作成果的质量。所谓的妥善保管，是指承揽人在没有特别约定的情况下，按照本行业的一般要求，根据物品的性质选择合理的场地、采用适当的保管方式，防止物品毁损和灭失。承揽人的主要义务是完成并交付工作成果，在交付前，工作成果是在承揽人占有之下的，承揽人应当妥善保管工作成果，保证工作成果如期交付。工作成果须实际交付的，在交付前承揽人应当妥善保管工作成果。如果承揽人未尽妥善保管义务，造成工作成果毁损、灭失的，承揽人应当自负费用准备材料，重新完成工作并交付工作成果。因重作而迟延交付的，承揽人应当承担迟延履行的违约责任，并赔偿因此给定作人造成的损失。

> **第七百八十五条　承揽人应当按照定作人的要求保守秘密，未经定作人许可，不得留存复制品或者技术资料。**

【要义精解】

本条是关于承揽人保密的规定。

根据本条的规定，承揽人有保密的义务。承揽人的保密义务体现在，承揽人在订立合同过程中知悉定作人商业秘密，定作人要求保密的，承揽人应当保密。不得泄露或者不正当地使用。在工作完成后，应当将涉密的图纸、技术资料等返还定作人，未经定作人的许可，承揽人不得留存复制品或者技术资料。

> **第七百八十六条　共同承揽人对定作人承担连带责任，但是当事人另有约定的除外。**

【要义精解】

本条是关于共同承揽人承担连带责任的规定。

共同承揽是指由两个或者两个以上的人共同完成承揽工作的合同。共同完成承揽工作的人称共同承揽人。共同承揽人应当按照约定完成工作，将工作成果交付给定作人。每一个共同承揽人都应当对承揽的全部工作向定作人负责。如果交付的工作成果不符合要求，定作人可以要求共同承揽中的任何一个承揽人承担违约责任，任何一个共同承揽人都应当无条件承担违约责任。但是，对于共同承揽人之间可以通过意识自治来约定责任的具体承担方式。承揽人之间对于责任承担方式的约定，原则上不应产生对抗定作人的效力。

> **第七百八十七条　定作人在承揽人完成工作前可以随时解除合同，造成承揽人损失的，应当赔偿损失。**

【要义精解】

本条是关于定作人任意解除权的规定。

在承揽合同中，定作人除了享有合同编通则规定的解除权外，他可以享有随时解除合同的权利，这是承揽合同性质所决定的。承揽合同是定作人为了满足其特殊需求而订立的，承揽人根据定作人的指示进行工作，如果定作人于合同成立后由于各种原因不再需要承揽人完成工作，则应当允许定作人解除合同。定作人解除合同的前提是赔偿承揽人的损失。这样处理，既可以避免定作人去受领其不再需要的工作成果，也能够平衡承揽人的利益。

【对照适用】

本条延续了原《合同法》中的有关规定。许多国家的民法中都赋予了定作人随时解除合同的权利，如《德国民法典》第 649 条规定，承揽人未完成工作前，定作人得随时告知解除契约。

第十八章　建设工程合同

> **第七百八十八条**　建设工程合同是承包人进行工程建设，发包人支付价款的合同。
>
> 建设工程合同包括工程勘察、设计、施工合同。

【要义精解】

本条规定的是建设工程合同的概念和类别。

建设工程合同，在大陆法系国家民法典中，多规定于承揽合同之下。我国《民法典》将其作为一个独立的有名合同处理，原因在于其规范之中有很多特殊的规定。

按本条及下一条文义，建设工程合同是双务、有偿、诺成、要式合同。合同生效即产生债，承包人有依约完成工程建设的义务，发包人有支付工程款的义务。在处分行为与负担行为的分类中，建设工程合同属于负担行为，因此，无权处分下，发包他人工程的合同有效。建设工程合同在类型上，包括勘察、设计、施工。监理合同并不属于建设工程合同。

【对照适用】

本条文源自原《合同法》第269条。在现实生活中，建设工程合同多需要通过招投标程序设立，未经招投标程序或者招投标后签订的建设工程合同实质性改变招投标内容的，均无效。

建设工程合同未采取书面形式的，承包人实际完成或者部分完成建设施工的，根据《民法典》第490条第2款的规定，合同成立。在验收合格的情形下，实际施工人可以主张工程款。

> **第七百八十九条 建设工程合同应当采用书面形式。**

【要义精解】

本条是关于建设工程合同形式的规定。

本法之所以将建设工程合同规定为书面形式，原因在于：建设工程合同价值巨大，意思表示多经招投标程序生出，监管需要等。定标之后，招投标双方未签订书面建设工程合同的，无效。过错方应向对方承担缔约过失责任。建设工程合同未采取书面形式，承包人全部完成或者部分完成建设工程的，合同成立。

> **第七百九十条 建设工程的招标投标活动，应当依照有关法律的规定公开、公平、公正进行。**

【要义精解】

本条是关于建设工程合同招投标的规定。

并非所有的建设工程合同均需要经过招投标程序，依照我国《招标投标法》第3条的规定，在中华人民共和国境内进行下列工程建设项目包括项目的勘察、设计、施工、监理以及与工程建设有关的重要设备、材料等的采购，必须进行招标：（1）大型基础设施、公用事业等关系社会公共利益、公众安全的项目；（2）全部或者部分使用国有资金投资或者国家融资的项目；（3）使用国际组织或者外国政府贷款、援助资金的项目。

前述所列项目的具体范围和规模标准，由国务院发展计划部门会同国务院有关部门制订，报国务院批准。法律或者国务院对必须进行招标的其他项目的范围有规定的，依照其规定。

除上述规定外，发包方自己决定招投标的，也可通过招投标程序签订建设工程合同。招投标活动应遵守的"公开、公平、公正"原则，来自我国《招标投标法》第5条。招投标程序，是建设工程合同意思表示的生成程序，其中招标说明书属于要约邀请，投标是要约，中标是承诺。不过，对于书面建设工程合同而言，只有中标后签订书面合同时，合同才告成立。

第七百九十一条 发包人可以与总承包人订立建设工程合同，也可以分别与勘察人、设计人、施工人订立勘察、设计、施工承包合同。发包人不得将应当由一个承包人完成的建设工程支解成若干部分发包给数个承包人。

总承包人或者勘察、设计、施工承包人经发包人同意，可以将自己承包的部分工作交由第三人完成。第三人就其完成的工作成果与总承包人或者勘察、设计、施工承包人向发包人承担连带责任。承包人不得将其承包的全部建设工程转包给第三人或者将其承包的全部建设工程支解以后以分包的名义分别转包给第三人。

禁止承包人将工程分包给不具备相应资质条件的单位。禁止分包单位将其承包的工程再分包。建设工程主体结构的施工必须由承包人自行完成。

【要义精解】

本条是关于建设工程合同总包、分包的有关规定，内容涉及总包、单独发包、分包、分包人与总包人或承包人之连带责任、禁止支解发包、禁止转包或者支解转包、禁止违法分包、禁止分包人再分包等多项规则。

从内容看，本条共分三层内容：（1）授权性规范，即允许总包、单独承包、合法分包；（2）义务性（责任）规范，承包人自行完成主体结构施工的义务，分包人与总包人、承包人对发包人承担连带责任；（3）禁止性规范，即禁止发包人支解发包、禁止承包人转包或者变相转包（支解分包）、禁止承包人将部分工作分包给不具有相应资质的第三人、禁止分包人再分包。确定转包、分包认定标准对本条的理解至关重要。转包针对的是主体工程或称之为主体结构的施工部分，分包针对的是部分工作，部分工作是主体结构施工之外的部分。

违反上述禁止规定的法律后果是相关合同无效，即支解发包合同无效、转包合同无效、支解转包合同无效、违法分包合同无效、再分包合同无效。无效合同未履行的，无须履行，有过错方赔偿无过错方的损失，双方均有过错的，按过错大小各自承担责任；合同部分履行或者全部履行的，返还取得的财产，不能返还的，承包人以承包的工程验收合格为条件，可以参照合同确定的工程款请求支付报酬。

第七百九十二条　国家重大建设工程合同，应当按照国家规定的程序和国家批准的投资计划、可行性研究报告等文件订立。

【要义精解】

本条是关于国家重大建设工程合同的特殊规定。

对于国家重大建设工程，《民法典》未提供认定标准。需要借助行政法规、规章或者政府规定等确定。本条规定只是确定了国家重大建设工程合同的订立，需要遵守特定的程序、提供特定的文件，这些文件包括但不限于国家批准的投资计划、可行性研究报告。

第七百九十三条　建设工程施工合同无效，但是建设工程经验收合格的，可以参照合同关于工程价款的约定折价补偿承包人。

建设工程施工合同无效，且建设工程经验收不合格的，按照以下情形处理：

（一）修复后的建设工程经验收合格的，发包人可以请求承包人承担修复费用；

（二）修复后的建设工程经验收不合格的，承包人无权请求参照合同关于工程价款的约定折价补偿。

发包人对因建设工程不合格造成的损失有过错的，应当承担相应的责任。

【要义精解】

本条是关于施工合同无效时的处理规则的规定。

本条仅针对建设工程施工合同，勘察、设计合同不包括在内。在内容上，分为两层：（1）合同无效但建设工程验收合格的，可参照合同约定的工程款补偿承包人。（2）合同无效且建设工程验收不合格的，发包人能否拒绝支付工程款取决于建设工程是否具有可修复性。修复后验收合格的，发包人须参照合同约定的工程款向承包人付款，修复费用由承包人承担；修复后验收不合格的，发包人可拒绝补偿工程款。发包人对建设工程不合格有过错的，应承担相应的责任。

【对照适用】

本条适用时，应注意修复的次数和时间，因为任何工程不能无限次修复，也不能无限期修复。这一点需要通过判例形成相对稳定的规则。

> **第七百九十四条** 勘察、设计合同的内容一般包括提交有关基础资料和概预算等文件的期限、质量要求、费用以及其他协作条件等条款。

【要义精解】

本条是关于勘察、设计合同主要条款的规定。

本条属于示例性规定，旨在为当事人提供参照和指引。提交有关基础资料是勘察合同承包人的主要义务，提供设计图纸、概预算文件是设计合同承包人的主要义务，支付费用是发包人的主要义务。除此之外，合同的履行还涉及协作、完成相关工作的质量要求等内容。

【对照适用】

本条条文源自原《合同法》第 274 条。《民法典》对于勘察、设计合同的规定很少，合同内容主要由当事人自决，且受到质量标准、行业标准、行政法规或者规章相关规定的约束。

> **第七百九十五条** 施工合同的内容一般包括工程范围、建设工期、中间交工工程的开工和竣工时间、工程质量、工程造价、技术资料交付时间、材料和设备供应责任、拨款和结算、竣工验收、质量保修范围和质量保证期、相互协作等条款。

【要义精解】

本条是关于施工合同主要条款的规定，具有提示、指引作用。

施工合同是建设工程合同中最重要的合同，发包人的合同目的是否能够实现，取决于施工合同的履行。上述条款中的工程范围、工程造价属于必备条款，缺之合同可能不成立。除此之外，其他条款的缺少，一般情形下不会影响合同成立，缺少的条款内容可以通过行政法规、规章的规定得到弥补。比如，住宅的质量保修范围、质量保证期均有相关法规及规章进行规制，直接适用相关规定，即可弥补合同漏洞。

除上述条款外，施工合同采用招投标订立的，以中标合同为准，当事人抛开中标合同另外签订的建设工程合同，无效。

第七百九十六条　建设工程实行监理的，发包人应当与监理人采用书面形式订立委托监理合同。发包人与监理人的权利和义务以及法律责任，应当依照本编委托合同以及其他有关法律、行政法规的规定。

【要义精解】

本条是关于监理合同的规定。

监理合同属于委托合同，发包方为委托人，监理人为受托人，合同内容是委托监理人对施工过程进行监督。监理合同属于双务、诺成、要式、有偿合同，且合同内容受到公法的干预。正是因为监理合同属于委托合同，所以本条才会有监理合同当事人的权利义务责任依照委托合同约定，以及有关法律、行政法规处理的规定。

按委托合同，双方当事人有任意解除权，这一点也同样适用于监理合同。书面形式的要求，决定了未采取书面形式的监理合同原则上无效。监理人提供了监理服务，发包人（委托人）接受的，合同不因书面形式的缺少而无效。监理人必须是具有法人资格的监理企业，且具有相应资质。在资质上，监理企业分为综合资质、专业资质和事务所三个序列。

第七百九十七条　发包人在不妨碍承包人正常作业的情况下，可以随时对作业进度、质量进行检查。

【要义精解】

本条规定了发包人的检查权。

现实生活中，建设工程领域借用资质、非法转包、支解转包、非法分包等现象屡禁不止，承包人偷工减料、掺假造假之情形也屡有发生，甚至会出现监理人员与施工人联合造假，使工程质量受损。赋予发包人检查权，既是为了发包人自己的权益，也同时具有维护建设工程市场秩序的作用。发包人检查权的行使不得妨碍承包人正常作业，行使时间不做固定限制，这样的随机性检查权更能发现问题。

> **第七百九十八条** 隐蔽工程在隐蔽以前，承包人应当通知发包人检查。发包人没有及时检查的，承包人可以顺延工程日期，并有权请求赔偿停工、窝工等损失。

【要义精解】

本条是关于隐蔽工程验收的规定。

本条适用范围仅限于施工合同，立法目的是为了维护工程质量。工程一旦隐蔽，因后续工程的建设，可能造成以后在技术上无法对已完成的隐蔽工程进行检查。隐蔽工程是否达标、是否符合合同约定，均无从认定。

本条对承包人施加了通知义务，即隐蔽工程隐蔽前应当通知发包人检查，通知方式未作强行性规定，应解释为不要式。发包人没有及时检查的，承包人是否可以继续施工，并推定隐蔽工程合格？本法条在此采取了否定立场。承包人必须等待发包人检查，不得进行隐蔽。因等待造成的停工、窝工损失，由发包人负责赔偿，工期也可以顺延。

【对照适用】

发包人可以自己检查，也可以聘请专业人员、专业机构进行检查，检查无异议的，应签订书面确认函予以确认。对检查结果有争议的，可以共同委托有关机构鉴定。

> **第七百九十九条** 建设工程竣工后，发包人应当根据施工图纸及说明书、国家颁发的施工验收规范和质量检验标准及时进行验收。验收合格的，发包人应当按照约定支付价款，并接收该建设工程。
>
> 建设工程竣工经验收合格后，方可交付使用；未经验收或者验收不合格的，不得交付使用。

【要义精解】

本条是关于发包人验收的规定。

从内容看，本条分为三层：（1）验收标准。即建设工程竣工后，发包人应根据施工图纸、国家验收规范和质量验收标准进行验收。验收结果不外乎三种：验收合格、验收不合格、部分合格部分不合格。（2）验收合格时发包人的义务。即按照约定支付价款给承包人、接受建设工程。（3）交付建设工程。即工程竣工且验收合格的，承包人可以交付该工程；工程未经验收或者验收不合格的，不得交付使用。这一部分对发包人和承包人均有约束，因为交付本身需要双方协作才能完成。

> **第八百条** 勘察、设计的质量不符合要求或者未按照期限提交勘察、设计文件拖延工期，造成发包人损失的，勘察人、设计人应当继续完善勘察、设计，减收或者免收勘察、设计费并赔偿损失。

【要义精解】

本条是关于勘察人、设计人违约责任的规定。

勘察合同生效后，勘察人应依照约定的质量标准和约定的时间提供勘察文件，勘察人未按时提交文件的，构成迟延履行；致拖延工期，给发包人造成损失的，应赔偿损失。勘察人虽按时提交勘察文件，但文件质量不符合要求的，应当继续完善勘察文件，不能完善的或者经完善后质量仍不达标的，发包人可以不支付勘察费，勘察人还要赔偿因此给发包人造成的损失。完善后的文件质量未完全达到约定标准，发包人愿意接受的，发包人有权减少报酬。

【对照适用】

本条文源自原《合同法》第280条。本条实际上是质量瑕疵担保责任在勘察合同、设计合同中的应用，所不同的是，本条并未规定发包人解除合同的权利。在司法实践中，发包人可以解除勘察合同、设计合同，但应符合《民法典》第563条的规定或者符合约定。

> **第八百零一条** 因施工人的原因致使建设工程质量不符合约定的，发包人有权请求施工人在合理期限内无偿修理或者返工、改建。经过修理或者返工、改建后，造成逾期交付的，施工人应当承担违约责任。

【要义精解】

本条是关于施工人质量瑕疵担保责任的规定。

在归责原则上，采取无过错责任。责任构成要件为：建设工程质量不符合约定；质量瑕疵是施工人原因所致。

救济措施是修理、返工、改建。费用由施工人承担。上述救济措施应在合理期限内完成。因上述措施的实施造成工程逾期的，施工人应承担迟延履行的违约责任。救济措施究竟是修理，还是返工、改建，视建设工程质量瑕疵的程度而定，诚信原则在此起着调节作用。即能够通过修理解决瑕疵的，发包人不得要求返工、改建，否则，即为权利滥用。

【对照适用】

本条文源自原《合同法》第281条。在适用本条时，当事人、裁判者均应遵守诚信原则。

第八百零二条　因承包人的原因致使建设工程在合理使用期限内造成人身损害和财产损失的，承包人应当承担赔偿责任。

【要义精解】

本条是关于承包人质量保证责任的规定。

本条中的承包人，包括勘察人、设计人和施工人，其中施工人还包括分包人、实际施工人。本条规定的民事责任是违约责任还是侵权责任，应视赔偿对象而定。赔偿对象是受到人身损害、财产损失的受害人的，责任性质属于侵权责任。反之，发包人已经赔偿上述损失，转而向承包人追偿的，为违约责任。之所以如此认定，是因为《民法典》第1252条规定了建筑物倒塌的民事责任主体是建设单位和施工单位，也就是本条中的发包人和施工合同中的承包人，责任类别为连带责任。仅在对建筑物倒塌负责任的前提下，建设单位和施工单位方可向勘察人、设计人追偿。

合理的使用期限首先遵守法律法规规章的规定，没有法律法规规章规定的，遵守当事人之间的约定。当事人约定的合理使用期限超过法律法规规章规定的期限的，属于有效，按约定处理。合理的使用期限的实质是质量保证期限。

> **第八百零三条** 发包人未按照约定的时间和要求提供原材料、设备、场地、资金、技术资料的，承包人可以顺延工程日期，并有权请求赔偿停工、窝工等损失。

【要义精解】

本条是关于发包人违约责任的规定。本条在适用范围上，包括勘察、设计和施工。

发包人的主义务是支付工程款即资金。建设工程合同的履行需要发包人协作，某些协作属于从义务范畴，违反从义务给承包人造成损失的，自应承担赔偿损失的违约责任。发包人的从义务被立法者表述为：发包人未按照约定的时间和要求提供原材料、设备、场地、技术资料。发包人违反主义务且符合《民法典》第563条规定的，承包人自可解除合同。

【对照适用】

本条文源自原《合同法》第283条。发包人违反本条规定的从义务，承包人是否可以解除合同？应具体问题具体分析。从义务的违反导致合同目的不能实现的，应支持承包人解除合同。

> **第八百零四条** 因发包人的原因致使工程中途停建、缓建的，发包人应当采取措施弥补或者减少损失，赔偿承包人因此造成的停工、窝工、倒运、机械设备调迁、材料和构件积压等损失和实际费用。

【要义精解】

本条是关于发包人违约责任的规定。

建设工程合同履行过程中，有时会发生停建、缓建，停建、缓建的原因有的属于不可抗力，有的属于政府管制，有的来自发包人自身原因，如资金不足等。

本条将发包人责任限于发包人原因导致的停建、缓建，救济措施为赔偿因此造成的停工、窝工、倒运、机械设备调迁、材料和构件积压等损失和实际费用。

【对照适用】

本条文源自原《合同法》第284条。在适用本条时，应注意因政府管制、政策变化产生的停建、缓建，原则上按照不可抗力原则处理。第三人原因导致的停建、缓建，应坚持合同相对性原则，仍依照本条追究发包人的责任。

> **第八百零五条　因发包人变更计划，提供的资料不准确，或者未按照期限提供必需的勘察、设计工作条件而造成勘察、设计的返工、停工或者修改设计，发包人应当按照勘察人、设计人实际消耗的工作量增付费用。**

【要义精解】

本条是关于勘察人、设计人增付费用请求权的规定。

《民法典》第803条规定的是发包人违约责任，本条的规定严格来讲不属于违约责任，勘察人、设计人的费用补偿请求权，源于合同允许的变更。

从现实需要出发，应赋予发包人有变更计划的权利。发包人提供的资料不准确也属常见，应允许其纠正。勘察、设计所必需的工作条件的提供有时会和发包人生产、工作秩序发生冲突，要求发包人必须在合同规定的时间内提供工作条件，即使工作条件的提供会严重影响其工作秩序、生产秩序也在所不问，这样的处理有失公允。

本条的内在要义是：一方面允许发包人变更计划，纠正不正确的资料，延期提供勘察、设计所需的工作条件，且不将上述行为纳入违约；另一方面允许勘察人、设计人请求发包人按照实际的工作量增付费用。

【对照适用】

本条文源自原《合同法》第285条。本条仅适用于勘察合同、设计合同，它不属于违约责任范畴，而是对合同允许的变更发生时的补救举措。

第八百零六条 承包人将建设工程转包、违法分包的，发包人可以解除合同。

发包人提供的主要建筑材料、建筑构配件和设备不符合强制性标准或者不履行协助义务，致使承包人无法施工，经催告后在合理期限内仍未履行相应义务的，承包人可以解除合同。

合同解除后，已经完成的建设工程质量合格的，发包人应当按照约定支付相应的工程价款；已经完成的建设工程质量不合格的，参照本法第七百九十三条的规定处理。

【要义精解】

本条是关于发包人、承包人解除权及合同解除后的处理措施的规定。

本条第一款是关于发包人解除权的规定，解除权产生的原因是承包人转包、违法分包。解除权行使的对象是发包人与承包人的合同。转包合同、违法分包合同是无效合同，无须解除。

第二款规定的是承包人的解除权，该权利产生于发包人违约或者不履行协助义务，经催告后在合理期限内仍未履行该义务，致使承包人无法施工的情形。建设工程涉及公众安全，因此对于建筑材料、构配件、设备多有强制性标准，不符合强制性标准的，承包人有拒绝使用的法定义务。发包人不履行协助义务的，有时会导致无法施工。这些义务不属于主义务，但关涉合同目的的实现，因此，发包人在催告后合理期限仍未履行相应义务的，承包人有权解除合同。

第三款是关于合同解除后的善后措施，其核心内容是对已完成工程，发包人是否有付款义务。立法者提供的方案是：对已完工程质量合格的，发包人有依照约定支付工程款的义务；反之，则参照《民法典》第793条处理。

【对照适用】

在适用本条时，一定要注意发包人的解除权与承包人的解除权的不同。前者是因为承包人违反了强行性规定，后者是因为发包人违约导致合同目的不能实现，且在事实环节强调催告、合理期限等内容。

第八百零七条　发包人未按照约定支付价款的，承包人可以催告发包人在合理期限内支付价款。发包人逾期不支付的，除根据建设工程的性质不宜折价、拍卖外，承包人可以与发包人协议将该工程折价，也可以请求人民法院将该工程依法拍卖。建设工程的价款就该工程折价或者拍卖的价款优先受偿。

【要义精解】

本条是关于承包人优先受偿权的规定。

本条中的承包人，是指施工合同中的承包人，勘察人、设计人不包括在内。承包人的优先受偿权，在民法理论及实体法中，有法定抵押权、优先权等不同的称谓。其产生要件是：（1）发包人未依照约定支付价款，经催告后在合理期限内仍未支付；（2）承建的建设工程在性质上可以折价、拍卖。公益性建筑等即属于不宜折价、拍卖的工程。

所产生的法律效果是：承包人可以与发包人协议将该工程折价给自己，也可以请求依法拍卖，自折价或者拍卖价款中优先受偿。

需要注意的是，工程折价或者拍卖的，土地使用权虽然一并转让，但土地之价金不在承包人优先受偿权支配范围。

第八百零八条　本章没有规定的，适用承揽合同的有关规定。

【要义精解】

本条是准用性规范。

建设工程合同与承揽合同同根同源，在很多大陆法系国家的民法典中，只有承揽合同，建设工程关系被置于承揽合同之下，未作为一个独立的有名合同对待。本条规定是合理的，具有节约立法成本、使《民法典》瘦身的双重功效。

【对照适用】

本条文源自原《合同法》第 287 条。在适用本条时，需要注意的是，只有在本章没有规定的情形下，才能适用承揽合同的规定。在司法实务中，有关建设工程合同的司法解释有规定的，应适用该规定，而不是适用承揽合同的规定。

第十九章　运输合同

第一节　一般规定

> **第八百零九条**　运输合同是承运人将旅客或者货物从起运地点运输到约定地点，旅客、托运人或者收货人支付票款或者运输费用的合同。

【要义精解】

本条规定了运输合同的定义。

运输合同的主体包括承运人和旅客、托运人。一般情况下，旅客、托运人为承运人所付出的运输工作支付相应费用。在货运合同之中，托运人与收货人可能出现非同一人的情形，在此情况下，收货人并非运输合同的当事人，而是受领给付的第三人。原则上托运人与承运人关于运输费用的约定对于收货人并不构成约束，只有在收货人与托运人之间存在特殊约定情形下才由收货人承担运输费用。

> **第八百一十条**　从事公共运输的承运人不得拒绝旅客、托运人通常、合理的运输要求。

【要义精解】

本条是关于公共运输承运人缔约义务的特殊规定。

按照现代民法中合同自由原则，是否缔结合同、与何种主体缔结合同均为当事人意思自治的范围。但在公共运输领域中，对于旅客、托运人通常、合理的要求是不得拒绝缔约的，其原因在于公共运输具有其公益性的特征，其对于通常、合理的运输要求的满足是其所承担公共服务的职责要求。

【对照适用】

本条适用的难点在于界定旅客、托运人通常、合理的运输要求。对于何谓"通常、合理的运输要求",应当基于运输合同的具体情形予以界定,在界定过程中应当以一般交易主体的认知作为判定标准。

第八百一十一条 承运人应当在约定期限或者合理期限内将旅客、货物安全运输到约定地点。

【要义精解】

本条是关于承运人按照约定期限或者合理期限内的运输义务。

对于运输合同,作为承运人其主要义务为按照约定时间进行安全运输。所谓安全运输,是指应当保证旅客或者货物在运输过程中的安全。这是由于运输行为是一项带有风险的活动,特别是航空运输更是高风险的行业,因此对于安全运输义务进行特别规定。

第八百一十二条 承运人应当按照约定的或者通常的运输路线将旅客、货物运输到约定地点。

【要义精解】

本条是对于承运人按照通常运输路线运输的义务。

运输合同从起运地到目的地之间要经过特定的运输路线才能实现旅客与货物的物理空间上的转移。在运输中,当事人应当按照合同约定的路线进行运输,如果当事人没有约定的,承运人应当按通常的运输路线进行运输,不得无故绕行。

【对照适用】

一般情况下,承运人不得为了获取额外的运费进行恶意的绕行,但是在某些特殊情况下也可以进行绕行。如船舶在航行过程中为了躲避风暴而改变通常的运输路线,抑或是为了救助他人生命或财产而发生的绕行。

如果不具有正当理由而进行绕行,对于增加的运费旅客或者托运人可以拒绝给付（《民法典》第813条），并且可以要求承运人承担违约责任。违约责任的赔偿范围包括运输迟延对旅客或者托运人精神上、物质上造成的损害。

第八百一十三条　旅客、托运人或者收货人应当支付票款或者运输费用。承运人未按照约定路线或者通常路线运输增加票款或者运输费用的，旅客、托运人或者收货人可以拒绝支付增加部分的票款或者运输费用。

【要义精解】

本条是对旅客、托运人或者收货人支付票款或者运输费用的规定。

本条分为两层意思：（1）对旅客、托运人或者收货人支付票款与运输费用义务的规定；（2）当承运人未按照约定路线或者合理路线运输而增加票款或者运费的，旅客、托运人或者收货人可以拒绝支付增加部分的票款或者运费。在日常的生活和经济活动中，常常出现这样一些情况，承运人不按照运输合同中约定的运输路线或者合理的运输路线进行运输，向旅客要求增加票款，向货物的托运人或者收货人要求增加运费。这种行为显然违反了诚实信用的要求，旅客、托运人或者收货人可以拒绝支付增加部分的票款或者运费。

第二节　客运合同

第八百一十四条　客运合同自承运人向旅客出具客票时成立，但是当事人另有约定或者另有交易习惯的除外。

【要义精解】

本条是关于客运合同成立时间的规定。

客运合同作为民事合同的一种，其成立时间的规则应受到《民法典》中关于合同成立时间一般条款的规定，但客运合同又具有其特殊性。客运合同很多情况下是通过格式合同予以缔约的，这种缔约的过程中往往并不存在双方对于合同内容的具体协商。往往由承运人所制作公布的客票、价目表和班次时刻表等间接或者直接地构成合同内容，但是否构成合同的内容，以承运人向旅客出具客票作为合同成立的标志。

【对照适用】

客运合同自承运人向旅客出具客票时成立，是客运合同成立的一般规范，但在某些特殊的场合并无相应客票的出具，如乘坐出租车的情形。在这些特殊情况中，应当基于当事人的约定或者交易习惯来判定客运合同成立的时间。

第八百一十五条　旅客应当按照有效客票记载的时间、班次和座位号乘坐。旅客无票乘坐、超程乘坐、越级乘坐或者持不符合减价条件的优惠客票乘坐的，应当补交票款，承运人可以按照规定加收票款；旅客不支付票款的，承运人可以拒绝运输。

实名制客运合同的旅客丢失客票的，可以请求承运人挂失补办，承运人不得再次收取票款和其他不合理费用。

【要义精解】

本条第一层含义是关于旅客应当按照合同约定乘坐相应座次义务的规定。由于客运合同所具有的公共服务职能，在现实生活中出现了旅客无票乘坐、超程乘坐、越级乘坐或者持不符合减价条件的优惠客票乘坐的情况。《民法典》明确了在此种情形下，承运人应有的权利：按照规定加收票款；旅客不支付票款的，承运人可以拒绝运输。

本条第二层含义是针对实名制旅客丢失客票的处理。实名制客运合同是指在客票之上具有旅客个人信息的客运合同。实名制客运合同可以有效实现对于旅客信息的准确掌握，进而实现对于社会治理能力的全面提升。实名制客运合同的旅客如果在丢失客票情形下，可以提供有效的个人身份信息请求承运人补办挂失，承运人只能对于补办票款收取相应的费用，不得再次收取票款和其他不合理费用。

【对照适用】

本条系《民法典》针对我国客运合同中存在的实际问题进行的规定，是此次《民法典》中新增加的内容。

> **第八百一十六条** 旅客因自己的原因不能按照客票记载的时间乘坐的，应当在约定的期限内办理退票或者变更手续；逾期办理的，承运人可以不退票款，并不再承担运输义务。

【要义精解】

本条是对旅客办理退票或者变更乘运手续的规定。

客票是旅客运输合同的凭证，在客票上通常载明了航次或者车次、运输开始的时间、客位的等级和票价等内容。旅客应当在客票载明的时间内乘坐。如果旅客因自己的原因不能按照客票记载的时间进行乘坐的，承运人一般允许旅客在一定的时间内退票或者变更客票。如果旅客在约定的时间内不办理退票或者变更手续，则超过该时间后，承运人可以不退票款，并且也不再承担运输旅客的义务。

> **第八百一十七条** 旅客随身携带行李应当符合约定的限量和品类要求；超过限量或者违反品类要求携带行李的，应当办理托运手续。

【要义精解】

本条是对旅客应当按照约定的限量和品类携带行李的规定。

旅客运输合同中，承运人的主要义务是将旅客从起运地运到目的地，而不是为了专门运输行李。但是，为了旅客乘运途中的方便，承运人或者有关部门一般也允许旅客随身携带一定数量的行李。此为主给付义务之外的从给付义务。

> **第八百一十八条** 旅客不得随身携带或者在行李中夹带易燃、易爆、有毒、有腐蚀性、有放射性以及可能危及运输工具上人身和财产安全的危险物品或者违禁物品。
>
> 旅客违反前款规定的，承运人可以将危险物品或者违禁物品卸下、销毁或者送交有关部门。旅客坚持携带或者夹带危险物品或者违禁物品的，承运人应当拒绝运输。

【要义精解】

本条是对旅客携带危险物品、违禁物品的规定。

所谓危险物品，是指危及人身安全和财产安全的物品，具体所指就是本条提到的易燃、易爆、有毒等物品，如烟花爆竹、炸药等。所谓违禁物品，是指有可能对国家利益和整个社会的利益造成影响的物品，如枪支、毒品等。旅客携带相应物品的，承运人可以将危险物品或者违禁物品卸下、销毁或者送交有关部门。

【对照适用】

本条规定与有关法律关于旅客携带危险物品、违禁物品的规定相一致。《铁路法》第28条规定，托运、承运货物、包裹、行李，必须遵守国家关于禁止或者限制运输物品的规定。《海商法》第113条第1款规定，旅客不得随身携带或者在行李中夹带违禁品或者易燃、易爆、有毒、有腐蚀性、有放射性以及有可能危及船上人身和财产安全的其他危险品。

> **第八百一十九条**　承运人应当严格履行安全运输义务，及时告知旅客安全运输应当注意的事项。旅客对承运人为安全运输所作的合理安排应当积极协助和配合。

【要义精解】

本条是关于承运人向旅客告知重要事项的义务与旅客的协助配合义务。

旅客运输中，常常会出现需要由旅客知晓的特定事项。这些事项有些是承运人进行安全运输所必须具备的条件，如动车高铁的列车基于其构造设计全列禁止吸烟；有些是可能造成旅客生命财产损害的情形，如飞机上安全滑梯的释放会造成的损失。对于这些事项，承运人具有告知义务，其应当在运输之前将相关事项以显著可知的方式告知旅客。对于旅客，其有义务按照承运人的告知进行积极协助与配合，确保承运人可以实现安全的运输。

【对照适用】

本条相对于原《合同法》中的有关规定，明确了旅客的协助与配合义务。这一内容的增加主要是基于现代运输合同中各种安全措施的提升，对于旅客的协助与配合义务的要求也在提升。

> **第八百二十条** 承运人应当按照有效客票记载的时间、班次和座位号运输旅客。承运人迟延运输或者有其他不能正常运输情形的，应当及时告知和提醒旅客，采取必要的安置措施，并根据旅客的要求安排改乘其他班次或者退票；由此造成旅客损失的，承运人应当承担赔偿责任，但是不可归责于承运人的除外。

【要义精解】

本条是关于承运人运输旅客的义务以及迟延运输的责任。

客票是承运人与旅客之间订立运输合同的凭证，客票上也对合同的很多内容作了记载，如运输时间、运输的班次、座位号等，旅客购买了客票后，旅客运输合同即告成立。承运人按照客票记载的时间和班次、座位号对旅客进行运输是其义务，否则就是对运输合同的违反。但是，基于客运运输的本身规律，对于旅客的安全运输需要具备特定的外在条件（如航空运输中对于气象条件的要求），迟延运输是旅客运输当中的一个普遍现象。承运人迟延运输或者有其他不能正常运输情形的，应当及时告知和提醒旅客，采取必要的安置措施，并根据旅客的要求安排改乘其他班次或者退票；由此造成旅客损失的，承运人应当承担赔偿责任。但是，当这种损失的造成是由于不可归责于承运人的情形时，承运人不承担赔偿责任。

【对照适用】

本条相对于原《合同法》中的有关规定，对于承运人造成旅客损失承担赔偿损失责任进行了明确规定，以期在客运合同中更好地维护旅客的合法权益。

> **第八百二十一条** 承运人擅自降低服务标准的，应当根据旅客的请求退票或者减收票款；提高服务标准的，不得加收票款。

【要义精解】

本条是关于承运人变更服务标准的规定。

在旅客运输中，承运人应当按照合同约定的服务标准进行运输。但是有的承运人在运输过程中却擅自变更了服务标准，例如，承运人在运输合同中承诺用豪华公共汽车运输旅客，但是在实际运输中却用一般公共汽车进行运输；承诺提供头等舱的服务标准，但实际履行时仅仅提供了经济舱的服务。承运人擅自变更服务标准，没有经过旅客的同意，违背了旅客的意志，是对运输合同的违反，有时会对旅客的利益造成损害。因此，应当允许根据旅客的请求退票或者减收票款。在有的情况下，承运人擅自变更了运输工具后，反倒提高了对旅客的服务标准，如对于经济舱的旅客进行升舱，为其提供头等舱的服务。在这种情况下，承运人是否可以加收票款？虽然承运人变更运输工具的行为提高了旅客的服务标准，但是承运人是擅自变更运输工具的行为，没有经过旅客的同意，所以即使提高了服务标准，承运人也不应当加收旅客的票款。

第八百二十二条　承运人在运输过程中，应当尽力救助患有急病、分娩、遇险的旅客。

【要义精解】

本条是关于承运人救助义务的规定。

承运人应当将旅客安全运输到约定地点。承运人的安全运输义务不但包含了承运人本身要采取措施保证旅客的安全，在运输过程中，对于患有急病、分娩、遇险的旅客，承运人还应当尽力救助。即使旅客的这些情况不是由承运人的原因造成的，但是作为承运人，如果其有能力对旅客的急病、分娩等情况采取救助，而未能积极履行救助义务，有悖诚实信用原则的要求。

第八百二十三条　承运人应当对运输过程中旅客的伤亡承担赔偿责任；但是，伤亡是旅客自身健康原因造成的或者承运人证明伤亡是旅客故意、重大过失造成的除外。

前款规定适用于按照规定免票、持优待票或者经承运人许可搭乘的无票旅客。

【要义精解】

本条是关于承运人对于旅客的伤亡赔偿责任的规定。

当代运输虽然安全程度越来越高，但社会经济发展要求的速度越来越高，风险也就越来越大。对于旅客的安全应当由承运人来保障，因此本条规定，承运人应当对运输过程中旅客的伤亡承担赔偿责任。此种责任属于违约责任的具体类型，因此应当承担无过错责任。但法律在对旅客实行严格保护的同时，也应当平衡承运人之利益。本条规定了在两种情况下，承运人可以免除责任：一是旅客自身健康原因造成的伤亡。如旅客在运输途中突发疾病而身故的。二是旅客的故意或者重大过失。如旅客从火车上跳车自杀的，承运人就不承担赔偿责任。根据本条第 2 款规定，对于按照规定免票、持优待票或者经承运人许可搭乘的无票旅客，也应当适用于本条第 1 款的规定。

> **第八百二十四条**　在运输过程中旅客随身携带物品毁损、灭失，承运人有过错的，应当承担赔偿责任。
>
> 旅客托运的行李毁损、灭失的，适用货物运输的有关规定。

【要义精解】

本条是对承运人对旅客自带物品毁损、灭失赔偿责任的规定。

对于旅客随身携带的物品，承运人也应当尽足够的责任和义务保证物品的安全，如果由于承运人原因造成了旅客的自带物品毁损灭失的，承运人应当负赔偿责任。相对于人身损害的无过错责任，本条中对承运人实行的是过错责任原则，也就是说，在发生旅客自带物品毁损、灭失的情况下，承运人对自带物品的毁损、灭失有过错的，才承担责任。本条第 2 款还规定，旅客托运的行李毁损、灭失的，适用货物运输的有关规定。这是因为托运的行李与旅客本身具有分离性，其从实质上讲，是货物运输合同，所以应当适用货物运输的有关规定。

第三节　货运合同

> **第八百二十五条**　托运人办理货物运输，应当向承运人准确表明收货人的姓名、名称或者凭指示的收货人，货物的名称、性质、重量、数量，收货地点等有关货物运输的必要情况。

> **因托运人申报不实或者遗漏重要情况，造成承运人损失的，托运人应当承担赔偿责任。**

【要义精解】

本条是关于托运人告知义务的规定。

在承运人托运货物之前，往往需要托运人在办理货物运输之时向承运人准确地告知必要的情况，以便于承运人准确、安全地进行运输。在货运合同中，一般都是采用由托运人填写运单的方式进行的。如果托运人不向承运人准确、全面地告知这些情况，就有可能造成承运人无法正确地进行运输，甚至有可能对承运人造成损失。为了避免这种情况的出现，本条强调了托运人在办理货物运输时，应当准确地向承运人表明有关货物运输的必要的情况。根据本条第 1 款规定，托运人办理货物运输，一般应当向承运人准确表明以下内容：（1）收货人的姓名、名称或者凭指示的收货人。（2）货物的名称、性质、重量、数量等内容。（3）收货地点。

本条第 2 款规定了因托运人申报不实或者遗漏重要情况，造成承运人损失的，托运人应当承担赔偿责任。所谓"申报不实"，是指托运人所提供的情况与实际情况不符合；这里的"遗漏重要情况"，是指托运人应当向承运人提供一些有关运输的重要情况，却没有提供。

> **第八百二十六条　货物运输需要办理审批、检验等手续的，托运人应当将办理完有关手续的文件提交承运人。**

【要义精解】

本条是关于需要办理手续的货物运输合同总托运人交付文件义务的规定。

货物的运输往往会涉及各种手续，如国际货物运输合同，就必须向海关办理出口货物的报关，同时还必须为出口的货物办妥检疫、检验等手续；有些货物的运输还必须经过有关政府主管部门审批。货物运输中所涉及的各种手续是运输所必须办理的，如果没有这些手续，承运人无法进行正常运输。所以在运输前，承运人一般都要求托运人办理这些手续，并且应当将办理完这些手续的文件提交给承运人，以便于承运人运输。

【对照适用】

本条与专门法中有关义务一致。我国的各专门法基本上都强调了托运人的这项义务，《民用航空法》第 123 条第 1 款规定，托运人应当提供必需的资料和文件，以便在货物交付收货人前完成法律、行政法规规定的有关手续；因没有此种资料、文件，或者此种资料、文件不充足或者不符合规定造成的损失，除由于承运人或者其受雇人、代理人的过错造成的外，托运人应当对承运人承担责任。《海商法》第 67 条规定，托运人应当及时向港口、海关、检疫、检验和其他主管机关办理货物运输所需的各项手续，并将已办理各项手续的单证送交承运人；因办理各项手续的有关单证送交不及时、不完备或者不正确，使承运人的利益受到损害的，托运人应当负赔偿责任。

> **第八百二十七条** 托运人应当按照约定的方式包装货物。对包装方式没有约定或者约定不明确的，适用本法第六百一十九条的规定。
>
> 托运人违反前款规定的，承运人可以拒绝运输。

【要义精解】

本条是对托运人应当对货物包装义务的规定。

对于货运合同其运输过程具有复杂性，在运输的过程中可能遇到各种地形、气候及运输工具本身的影响，而这种影响在可能对货物的安全构成威胁，所以对货物进行妥善包装就涉及运输过程中运输货物的安全。根据《民法典》第 619 条的规定，出卖人应当按照约定的包装方式交付标的物。对包装方式没有约定或者约定不明确，依照本法第 510 条的规定仍不能确定的，应当按照通用的方式包装；没有通用方式的，应当采取足以保护标的物且有利于节约资源、保护生态环境的包装方式。此处的足以保护标的物的包装方式，在运输合同中是指托运人根据货物的性质、重量、运输方式、运输距离、气候条件及运输工具的装载条件，使用符合运输要求，便于装卸和保证货物安全的包装。

> **第八百二十八条**　托运人托运易燃、易爆、有毒、有腐蚀性、有放射性等危险物品的，应当按照国家有关危险物品运输的规定对危险物品妥善包装，做出危险物品标志和标签，并将有关危险物品的名称、性质和防范措施的书面材料提交承运人。
>
> 托运人违反前款规定的，承运人可以拒绝运输，也可以采取相应措施以避免损失的发生，因此产生的费用由托运人负担。

【要义精解】

本条是关于托运危险物品托运人义务的规定。

在货物运输中，当托运易燃、易爆、有毒、有腐蚀性、有放射性等危险物品时会涉及安全问题，如果在运输过程中对这些危险物品不进行妥善处理，就有可能对货物、运输工具等财产或者人身安全造成极大的威胁。根据本条第 1 款的规定，对托运人规定了三项义务：（1）对危险物品进行妥善包装。（2）托运人应当在危险物品上做出标志和标签。（3）托运人还应当将有关危险物品的名称、性质和防范措施的书面材料提交承运人。

本条第 2 款规定，如果托运人没有对危险物品妥善进行包装，或者没有对危险物品做出标志和标签，或者没有将有关危险物品的名称、性质和防范措施的书面材料及时提交承运人的，承运人可以拒绝进行运输；也可以采取相应措施避免损失的发生。如果因为承运人采取的措施对托运人造成损失的，承运人可以不负赔偿责任。

【对照适用】

对于危险品的运输在各专门法上都有相应的规定。比如《海商法》第68 条第 1 款规定，托运人托运危险货物，应当依照有关海上危险货物运输的规定，妥善包装，作出危险品标志和标签，并将其正式名称和性质以及应当采取的预防危害措施书面通知承运人；托运人未通知或者通知有误的，承运人可以在任何时间、任何地点根据情况需要将货物卸下、销毁或者使之不能为害，而不负赔偿责任。托运人对承运人因运输此类货物所受到的损害，应当负赔偿责任。《铁路法》第 28 条规定，托运、承运货物、包裹、行李，必须遵守国家关于禁止或者限制运输物品的规定。根据《民用航空法》第 101 条规定，公共航空运输企业运输危险品，应当遵守国家有关规定。禁止以非危险品品名托运危险品。危险品品名由国务院民用航空主管部门规定并公布。

> **第八百二十九条** 在承运人将货物交付收货人之前，托运人可以要求承运人中止运输、返还货物、变更到达地或者将货物交给其他收货人，但是应当赔偿承运人因此受到的损失。

【要义精解】

本条是关于托运人变更货运合同权利的规定。

托运人变更货运合同的权利为形成权，也即以托运人单方意思表示即可发生合同变更的效果。变更无须经过承运人同意，承运人也无权过问相对方变更和解除合同的原因，只要托运人提出变更或者解除合同，均应予以变更。但是如果托运人变更货运合同给承运人造成损失的，应当赔偿损失。

> **第八百三十条** 货物运输到达后，承运人知道收货人的，应当及时通知收货人，收货人应当及时提货。收货人逾期提货的，应当向承运人支付保管费等费用。

【要义精解】

本条是关于提货的规定。

承运人将货物安全运到目的地后，并没有完成所有的给付义务，其所承担的合同义务还包括将货物交付于收货人。承运人将货物安全运到目的地后，如果知道收货人的，应当及时通知收货人，以便于收货人及时提货，因为收货人对于货物何时到达目的地一般是不知悉的。但在承运人不知道收货人的情形下，其并没有通知义务。一旦收货人接到承运人的通知，应当及时提货。这是收货人的主要义务。如果收货人在承运人的提货通知后的规定时间内，没有提取货物而逾期提货的，应当向承运人支付逾期的保管费用；如果因为逾期提货给承运人造成损失的，收货人应当承担损失。

> **第八百三十一条**　收货人提货时应当按照约定的期限检验货物。对检验货物的期限没有约定或者约定不明确，依据本法第五百一十条的规定仍不能确定的，应当在合理期限内检验货物。收货人在约定的期限或者合理期限内对货物的数量、毁损等未提出异议的，视为承运人已经按照运输单证的记载交付的初步证据。

【要义精解】

本条是关于收货人检验货物的义务。

收货人对于货物的检验是货运合同中承运人交付货物时必要的环节。检验是为了查明承运人交付的货物是否完好，是否与合同的约定相符合，是否符合收货人的要求。收货人及时对货物进行检验，可以尽快地确定货物的质量状况和数量情况，明确责任，及时解决纠纷，有利于加速商品的流转。否则有可能使当事人的法律关系长期处于不稳定的状态，不利于维护健康正常的合同秩序。对于收货人的检验时间，如果运输合同对检验时间有约定的，应当在约定的期限内对货物进行检验。如果对检验货物的时间没有约定或者约定不明确的，应当在合理的期限内检验货物。如果收货人未对货物提出异议，视为承运人已经按照运输单证的记载交付的初步证据。

【对照适用】

本条适用过程中应当注意两点。首先，收货人应当在合理的期限内检验货物。何谓"合理的期限"？应当视实际情况确定具体的时间。如果货物是易腐烂变质的东西，则收货人就应当在极短的时间内对货物进行检验；如果货物的毁损不是立即就能发现的，则收货人对货物进行检验的时间就会长一些。其次，即使收货人在约定的期限或者合理期限内对货物的数量、毁损等未提出异议的，也只能视为承运人已经按照运输单证的记载交付的初步证据，也即可以通过反证予以推翻。

> **第八百三十二条**　承运人对运输过程中货物的毁损、灭失承担赔偿责任。但是，承运人证明货物的毁损、灭失是因不可抗力、货物本身的自然性质或者合理损耗以及托运人、收货人的过错造成的，不承担赔偿责任。

【要义精解】

本条是关于承运人承担货物损失责任的规定。

承运人对于货物损失责任按照无过错责任承担，这是基于运输过程中只有承运人才能规避防范风险所进行的制度设计。但对托运人或者收货人利益保护的同时，也必须对承运人的利益作出适当的平衡。本条规定了承运人免责的三种情形：货物的毁损、灭失是因不可抗力、货物本身的自然性质或者合理损耗以及托运人、收货人的过错造成的。需要强调的是，即使出现此三种情况，也必须由承运人承担证明责任。

> **第八百三十三条** 货物的毁损、灭失的赔偿额，当事人有约定的，按照其约定；没有约定或者约定不明确，依据本法第五百一十条的规定仍不能确定的，按照交付或者应当交付时货物到达地的市场价格计算。法律、行政法规对赔偿额的计算方法和赔偿限额另有规定的，依照其规定。

【要义精解】

本条是关于确定损害赔偿金额的规定。

本条规定了几种逻辑递进式的计算方法。当事人对货物毁损、灭失的赔偿额有约定的，就应当按约定数额进行赔偿。当事人之间没有约定或者约定不明确，依据《民法典》第510条的规定。《民法典》第510条规定，合同生效后，当事人就质量、价款或者报酬、履行地点等内容没有约定或者约定不明确的，可以协议补充；不能达成补充协议的，按照合同有关条款或者交易习惯确定。如果依据《民法典》第510条的规定仍不能确定的，按照交付或者应当交付时货物到达地的市场价格计算。如果法律、行政法规对赔偿额的计算方法和赔偿限额另有规定的，依照其规定。

【对照适用】

我国法律与行政法规中对货运合同中的赔偿限额，主要包括以下的规定。根据《铁路法》第17条第1款第2项规定，未按保价运输承运的，按照实际损失赔偿，但最高不超过国务院铁路主管部门规定的赔偿限额。《民用航空法》第128条第1款规定，国内航空运输承运人的赔偿责任限额由国务院民用航空主管部门制定，报国务院批准后颁布执行。根据《民用航空法》第129条第1款第2项规定，对托运行李或者货物的赔偿责任限额，每公斤为17计算单位。《海商法》第56条第1款规定，承运人对货物的灭失或者损坏的赔偿限额，按照货物件数或者其他货运单位数计算，每件或者每个其他货运单位为666.67计算单位，或者按照货物毛重计算，每公斤为2计算单位，以二者中赔偿限额较高的为准。但是，托运人在货物装运前已经申报其性质和价值，并在提单中载明的，或者承运人与托运人已经另行约定高于本条规定的赔偿限额的除外。

> **第八百三十四条**　两个以上承运人以同一运输方式联运的，与托运人订立合同的承运人应当对全程运输承担责任；损失发生在某一运输区段的，与托运人订立合同的承运人和该区段的承运人承担连带责任。

【要义精解】

本条是关于同一方式联运合同的规定。

所谓同一方式联运，即多个承运人以同一种运输方式共同完成货物运输的一种运输方式。相对于典型的货运合同，在此种情形下承运人有数个，但托运人只与数个承运人当中的某一个承运人签订运输合同，一般情况下，主要是与第一承运人签订运输合同。对于在运输过程中造成损失，究竟应当由订立合同的承运人承担还是由具体负责运输的承运人负担，立法必须给出价值判定。我国规定订立合同的承运人应当对全程运输承担责任；损失发生在某一运输区段的，与托运人订立合同的承运人和该区段的承运人承担连带责任。这种立法模式对于托运人是比较有利的。

> **第八百三十五条**　货物在运输过程中因不可抗力灭失，未收取运费的，承运人不得请求支付运费；已经收取运费的，托运人可以请求返还。法律另有规定的，依照其规定。

【要义精解】

本条是关于因不可抗力灭失货物情形下运费如何处理的规定。

在非因承运人过错货物因不可抗力灭失的情况下，运费应当如何处理呢？从承运人的角度来看，货物灭失并非其过错造成，并且其已经为运输付出了劳动与成本，似乎可以主张运费，对于已经收取的运费也没有理由退回。但从托运人的角度考量，其已经损失了货物，如果在此时再要求其负担运费，也就意味着货运合同中的全部风险均由承运人负担了，有违民法学中合理分担风险的精神。

> **第八百三十六条　托运人或者收货人不支付运费、保管费或者其他费用的，承运人对相应的运输货物享有留置权，但是当事人另有约定的除外。**

【要义精解】

本条是关于承运人留置权的规定。

留置权作为法定担保物权，本条即为行使留置权条件的规定。收取运费、保管费及其他运输费用是承运人在货运合同中的主要权利，对于这一权利的实现，法律赋予承运人对相应的运输货物享有留置权。

【对照适用】

对于留置权行使的具体方式，针对货运标的是否可分应当进行分别处理。对于可分的货物，承运人留置的货物应当合理和适当，其价值应包括未支付的运费、保管费等可能因诉讼产生的费用，而不能留置过多的货物。对于不可分的货物，承运人可以对全部货物进行留置，即使承运人已取得了大部分运费、保管费及其他运输费用，也必须确保其自身债权得以清偿。

> **第八百三十七条　收货人不明或者收货人无正当理由拒绝受领货物的，承运人依法可以提存货物。**

【要义精解】

本条是关于承运人提存的规定。

提存作为一种法定的债之清偿方式，为我国《民法典》第 570 条所明确承认。针对货物运输中的实际情况，由于贸易合同纠纷或者其他原因，造成承运人将货物运输到目的地后，无法向收货人交货，在这种情况下法律赋予了救济方式：收货人不明或者收货人无正当理由拒绝受领货物的，承运人依法可以提存货物。

【对照适用】

对于提存时应当注意的一些特殊情况：当货物不适于提存或者费用过高的，依照《民法典》第570条的规定，可以依法拍卖或者变卖货物，然后提存所得的价款。当货物被提存后，承运人应当及时通知托运人，在收货人明确的情况下，应当及时通知收货人。

第四节　多式联运合同

第八百三十八条　多式联运经营人负责履行或者组织履行多式联运合同，对全程运输享有承运人的权利，承担承运人的义务。

【要义精解】

本条是关于多式联运经营人的规定。

所谓多式联运合同，是指多式联运经营人以两种以上的不同运输方式，负责将货物从接收地运至目的地交付收货人，并收取全程运费的合同，其最核心的特征在于以两种以上的不同运输方式进行运输。在多式联运合同中，多式联运经营人处于核心位置。经营人负责履行或者组织履行多式联运合同，对全程运输享有承运人的权利，承担承运人的义务，无论其是否实际参与运输过程，其均要对与之签订合同的托运人或者收货人承担全程运输的义务，承担全程运输所发生的责任和风险。

第八百三十九条　多式联运经营人可以与参加多式联运的各区段承运人就多式联运合同的各区段运输约定相互之间的责任；但是，该约定不影响多式联运经营人对全程运输承担的义务。

【要义精解】

本条是关于多式联运合同内部责任的规定。

对于多式联运合同其内部包含多个承运人，对于经营人与承运人之间究竟以何种方式承担责任，可以通过经营人与承运人之间的意思自治进行决定。但是，这种意思自治不能对经营人对全程运输承担的义务产生影响，这是因为经营人作为与托运人订立合同的当事人，其对于全程运输中所发生的责任对托运人或者收货人负全责。

第八百四十条 多式联运经营人收到托运人交付的货物时，应当签发多式联运单据。按照托运人的要求，多式联运单据可以是可转让单据，也可以是不可转让单据。

【要义精解】

本条是对多式联运单据的规定。

所谓多式联运单据，就是证明多式联运合同存在及多式联运经营人接管货物并按合同条款提交货物的证据。多式联运单据应当由多式联运经营人签字。根据本条的规定，多式联运单据依托运人的要求，可以是可转让的单据，也可以是不可转让的单据。

第八百四十一条 因托运人托运货物时的过错造成多式联运经营人损失的，即使托运人已经转让多式联运单据，托运人仍然应当承担赔偿责任。

【要义精解】

本条是对托运人应当向承运人承担过错责任的规定。

托运人因为自身过错造成多式联运经营人损失的，多式联运经营人的损失不受多式联运单据是否转让的影响。只要因托运人的过错而造成，不管多式联运单据在谁手中，多式联运经营人都可向托运人要求赔偿。

第八百四十二条 货物的毁损、灭失发生于多式联运的某一运输区段的，多式联运经营人的赔偿责任和责任限额，适用调整该区段运输方式的有关法律规定；货物毁损、灭失发生的运输区段不能确定的，依照本章规定承担赔偿责任。

【要义精解】

本条是对于多式联运经营人承担赔偿责任所适用法律的规定。

多式联运合同涉及多种不同的运输方式，而对于这些运输方式均有不同的法律或者行政法规予以规定，因此就有了多式联运经营人承担赔偿责任所适用法律的问题。本条有两层意思：首先，如果货物发生毁损灭失的区段是确定的，多式联运经营人的赔偿责任和责任限额，适用调整该区段运输方式的有关法律的规定。这一规则的实质是使组织多式联运的经营人承担与发生损坏区段承运人相同的风险，便利了多式联运的组织工作和多式联运的发展。其次，如果货物发生毁损、灭失的运输区段不能确定的，多式联运经营人应当依照本章的规定承担损害赔偿责任。

【对照适用】

在多式联运经营人向托运人承担赔偿责任之后，可以向各区段承运人追偿此项赔偿金额。如果货损区段能够确定时，多式联运经营人可以向其承运人追偿。如果无法确定货损区段，只有多式联运经营人与参加多式联运的各区段承运人之间订立了有关责任分配的约定（《民法典》第839条），才能进行追偿。

第二十章　技术合同

第一节　一般规定

> **第八百四十三条**　技术合同是当事人就技术开发、转让、许可、咨询或者服务订立的确立相互之间权利和义务的合同。

【要义精解】

本条是关于技术合同定义的规定。

依据本条规定，技术合同是当事人就技术开发、转让、许可、咨询或者服务订立的确立相互之间权利和义务的合同。判断一个合同是否为技术合同，需要从以下几个方面进行把握：（1）技术合同的主体。对于技术合同的主体，法律没有特别的限制，自然人、法人以及非法人组织都可以成为技术合同的主体。（2）技术合同的标的。技术合同的标的是技术成果。技术成果，是指利用科学技术知识、信息和经验作出的涉及产品、工艺、材料及其改进等的技术方案，包括专利、专利申请、技术秘密、计算机软件、集成电路布图设计、植物新品种等。（3）技术合同的类型。根据技术合同标的不同，技术合同分为技术开发合同、技术转让合同、技术许可合同、技术咨询合同和技术服务合同。

【对照适用】

1987年《技术合同法》只适用于中国法人之间、法人和公民之间、公民之间就技术开发、技术转让、技术咨询和技术服务所订立的确立民事权利与义务关系的合同，不适用于涉外合同，即当事人一方是外国的个人、企业或其他组织时不适用。1999年原《合同法》扩大了适用主体的范围，不对技术合同的主体作特别的限制。与原《合同法》相比，《民法典》进一步区分了技术转让合同与技术许可合同，在技术合同的定义中增加了"许可"的内容，当事人就技术许可订立的确立相互之间权利义务的合同也属于技术合同。

第八百四十四条　订立技术合同，应当有利于知识产权的保护和科学技术的进步，促进科学技术成果的研发、转化、应用和推广。

【要义精解】

本条是关于技术合同订立应遵循的原则的规定。

从合同当事人角度而言，订立技术合同的主要目的，是将技术成果商品化和市场化，以换取更大的市场利润。从社会公共利益角度而言，实施技术合同法律规范的主要目的，是促进科学技术的进步，促进科学技术成果的研发、转化、应用和推广，以提高国家科技水平和实力，促进科学技术为社会服务。而尊重和保护技术人员对技术成果享有的知识产权，保障技术成果公平的市场转化，才能促进和激励技术人员积极地将技术成果进行市场转化，实现更大的经济效益和社会效益。因此，当事人在订立技术合同时，应当从有利于知识产权保护和科学技术进步的角度，确定合同的权利义务，促进科学技术成果的研发、转化、应用和推广。此外，当事人订立技术合同，还应当遵循平等、自愿、公平、诚信、守法等基本原则。

【对照适用】

1999年原《合同法》第323条规定："订立技术合同，应当有利于科学技术的进步，加速科学技术成果的转化、应用和推广。"对比可以发现，《民法典》与1999年原《合同法》在订立技术合同的目的方面的差异，主要表现在以下两个方面：（1）为适应加强知识产权保护的需要，增加应当有利于知识产权的保护的规定；（2）将"加速"科学技术成果的"转化、应用和推广"，修改为"促进"科学技术成果的"研发、转化、应用和推广"，使表达更为通顺、完整。

第八百四十五条　技术合同的内容一般包括项目的名称，标的的内容、范围和要求，履行的计划、地点和方式，技术信息和资料的保密，技术成果的归属和收益的分配办法，验收标准和方法，名词和术语的解释等条款。

与履行合同有关的技术背景资料、可行性论证和技术评价报告、项目任务书和计划书、技术标准、技术规范、原始设计和工艺文件，以及其他技术文档，按照当事人的约定可以作为合同的组成部分。

技术合同涉及专利的，应当注明发明创造的名称、专利申请人和专利权人、申请日期、申请号、专利号以及专利权的有效期限。

【要义精解】

本条是关于技术合同的内容和主要条款的规定。

技术合同的内容与条款是当事人的权利和义务的体现，也是当事人履行合同、承担违约责任的主要依据。当事人应当在自愿、平等的基础上，协商确定合同的内容与条款。为了提示和引导当事人规范地签订技术合同，减少事后争议，本条对技术合同一般应包括的条款作出了规定和列举，以方便当事人具体、明确地约定合同内容。

根据本条第1款的规定，技术合同的条款一般包括：（1）项目的名称。当事人宜在合同中明确涉及的技术项目的正式名称。（2）标的的内容、范围和要求。当事人宜在合同中明确技术标的内容、范围、指标要求等。（3）履行的计划、地点和方式。当事人宜对技术合同的履行计划、履行地点、履行方式进行约定。（4）技术信息和资料的保密。当事人宜在合同中对涉及的技术信息和资料的保密事项、范围、期限以及责任等进行约定，以保护当事人的经济利益或者维护国家安全。（5）技术成果的归属和收益的分配办法。当事人宜在合同中对可能产生的技术成果的权利归属和收益分配方法进行约定，以减少日后的争议纠纷。（6）验收标准和方法。当事人宜在合同中载明技术合同的验收项目、验收标准、验收办法等事项。（7）名词和术语的解释。当事人宜在合同中明确关键性名词术语和简化符号的含义和解释，以避免因名词和术语的理解不同而发生争议。这些条款作为指导性条款，不要求当事人订立技术合同时全部采用，也不妨碍当事人在合同中约定其他权利义务。

根据本条第2款的规定，与履行合同有关的技术背景资料、可行性论证和技术评价报告、项目任务书和计划书、技术标准、技术规范、原始设计和工艺文件，以及其他技术文档，按照当事人的约定可以作为合同的组成部分。

根据本条第 3 款的规定，技术合同涉及专利的，还应当遵循《专利法》的有关规定，在合同中注明发明创造的名称、专利申请人和专利权人、申请日期、申请号、专利号以及专利权的有效期限。

【对照适用】

与原《合同法》第 324 条相比，本条规定主要作了如下修改：（1）第 1 款关于技术合同的内容和条款的列举，删除了部分内容，如履行的进度、期限，风险责任的承担，价款、报酬或者使用费及其支付方式，违约金或者损失赔偿的计算方法，解决争议的方法，而用"等条款"替代，以使表达更为简洁。（2）将"技术情报"修改为"技术信息"，将"分成办法"修改为"分配办法"，以使表达更为准确。

> **第八百四十六条** 技术合同价款、报酬或者使用费的支付方式由当事人约定，可以采取一次总算、一次总付或者一次总算、分期支付，也可以采取提成支付或者提成支付附加预付入门费的方式。
>
> 约定提成支付的，可以按照产品价格、实施专利和使用技术秘密后新增的产值、利润或者产品销售额的一定比例提成，也可以按照约定的其他方式计算。提成支付的比例可以采取固定比例、逐年递增比例或者逐年递减比例。
>
> 约定提成支付的，当事人可以约定查阅有关会计账目的办法。

【要义精解】

本条是关于技术合同价款、报酬及使用费支付方式的规定。价款、报酬和使用费是当事人一方获取和使用技术所应支付的价金。在市场交易中，双方当事人可以根据技术的研发成本、经济效益、社会效益等多种因素协商确定价款、报酬或者使用费的具体数额。

根据本条第 1 款的规定，技术合同的当事人可以在合同中就价款、报酬或者使用费的支付方式进行约定。具体而言，可以约定采用以下支付方式：（1）一次总算、一次总付。即一方当事人在合同成立生效后，将合同约定的全部价款、报酬或者使用费向另一方当事人一次付清。（2）一次总算、分期支付。即当事人将合同涉及的价款、报酬或者使用费在合同中一次算清，一方当事人在合同成立生效后，分几次付清。（3）提成支付。即一方当事人在签订合同后，根据技术实施所获得的收益，依照约定的比例提出部分交付给另一方当事人作为价款、报酬或使用费。（4）提成支付附加预付入门费。即将合同价款分为预付入门费和提成支付两个部分，在合同成立生效后，接受技术的一方当事人先向另一方当事人支付部分价款、报酬或使用费，作为入门费或初付费，其余部分按照合同约定的比例提成，并按照合同约定的时间支付。

根据本条第 2 款和第 3 款的规定，当事人约定提成支付的，需要注意：（1）可以按照产品价格、实施专利和使用技术秘密后新增的产值、利润或者产品销售额的一定比例提成，也可以按照约定的其他方式计算。提成支付的比例可以采取固定比例、逐年递增比例或者逐年递减比例。（2）可以约定查阅有关会计账目的办法。提成支付方式，存在着对新增产值、利润的计算、监督问题，以及产品价格、销售额的检查、复核问题，在合同中约定查阅有关会计账目的办法，有利于减少后续支付的争议。

【对照适用】

我国原《合同法》第 325 条第 3 款规定："约定提成支付的，当事人应当在合同中约定查阅有关会计帐目的办法。"对比可以发现，本条规定主要作了如下修改：（1）将"应当在合同中约定"修改为"可以约定"，即是否在合同中约定查阅有关会计账目的办法，可以由当事人自主决定。签订技术合同作为一项民事法律活动，需要遵循意思自治原则，技术合同价款、报酬或者使用费的支付方式，无关社会公共秩序和公共利益，可以由当事人自行约定。本款规定仅是为了提示和指导当事人更为规范地签订合同，并不强制当事人必须完全遵照此规定签订合同。（2）将"帐目"修改为"账目"。

> **第八百四十七条** 职务技术成果的使用权、转让权属于法人或者非法人组织的，法人或者非法人组织可以就该项职务技术成果订立技术合同。法人或者非法人组织订立技术合同转让职务技术成果时，职务技术成果的完成人享有以同等条件优先受让的权利。
>
> 职务技术成果是执行法人或者非法人组织的工作任务，或者主要是利用法人或者非法人组织的物质技术条件所完成的技术成果。

【要义精解】

本条是关于职务技术成果的定义及财产权权属的规定。

一、关于职务技术成果的认定

根据技术成果完成人的研究开发活动与岗位职责，以及与法人或者非法人组织的物质技术投入的关系，技术成果可以划分为职务技术成果和非职务技术成果。根据本条第 2 款的规定，属于职务技术成果的情形包括两种：（1）执行法人或者非法人组织的工作任务所完成的技术成果。"执行法人或者非法人组织的工作任务"包括：履行法人或者非法人组织的岗位职责或者承担其交付的其他技术开发任务；离职后 1 年内继续从事与其原所在法人或者非法人组织的岗位职责或者交付的任务有关的技术开发工作，但法律、行政法规另有规定的除外。法人或者非法人组织与其职工就职工在职期间或者离职以后所完成的技术成果的权益分配可以进行约定。（2）主要是利用法人或者非法人组织的物质技术条件所完成的技术成果。职工在技术成果的研究开发过程中，全部或者大部分利用了法人或者非法人组织的资金、设备、器材或者原材料等物质条件，并且这些物质条件对形成该技术成果具有实质性的影响；还包括该技术成果实质性内容是在法人或者非法人组织尚未公开的技术成果、阶段性技术成果基础上完成的情形。但下列情况除外：对利用法人或者非法人组织提供的物质技术条件，约定返还资金或者交纳使用费的；在技术成果完成后利用法人或者非法人组织的物质技术条件对技术方案进行验证、测试的。

个人完成的技术成果，属于执行原所在法人或者非法人组织的工作任务，又主要利用了现所在法人或者非法人组织的物质技术条件的，应当按照该自然人原所在和现所在法人或者非法人组织达成的协议确认权益。不能达成协议的，根据对完成该项技术成果的贡献大小由双方合理分享。

二、关于职务技术成果的使用权、转让权

根据本条第 1 款的规定，职务技术成果的使用权、转让权属于法人或者非法人组织的，法人或者非法人组织可以就该项职务技术成果订立技术合同。完成此项职务技术成果的个人，不能未经法人或非法人组织同意，擅自以生产经营为目的使用、转让该项技术成果，否则属于侵犯法人或非法人组织技术成果权益的行为。但是，法人或者非法人组织订立技术合同转让职务技术成果时，职务技术成果的完成人享有以同等条件优先受让的权利。因为职务技术成果属于技术成果完成者的智力成果，凝聚了技术成果完成者的创造性劳动。技术成果完成者也是对该项技术成果最为了解和熟悉的，在同等条件下优先受让，有利于该项技术的继续研发、成果转化和后续应用、推广。

【对照适用】

与原《合同法》第 326 条相比，本条规定主要作了如下修改：（1）将"其他组织"的称谓修改为"非法人组织"；（2）删除了"法人或者其他组织应当从使用和转让该项职务技术成果所取得的收益中提取一定比例，对完成该项职务技术成果的个人给予奖励或者报酬"的规定。之所以删除这一规定，是因为职务技术成果的奖励报酬应允许当事人合同约定，或者从政策上进行引导和激励。

第八百四十八条 非职务技术成果的使用权、转让权属于完成技术成果的个人，完成技术成果的个人可以就该项非职务技术成果订立技术合同。

【要义精解】

本条是关于非职务技术成果财产权权属的规定。

非职务技术成果，是指技术成果由个人自行研究开发完成，不属于执行法人或者非法人组织的工作任务，也未利用或主要不是利用法人或者非法人组织的物质技术条件完成。虽然利用了法人或非法人组织的物质技术条件，但与实际投入相比，所占比例非常小，或者按照事先约定交纳使用费用或返还资金的，都应当认定为非职务技术成果。不能以是否在业务时间进行科学研究作为区分职务与非职务技术成果的标准。依据本条规定，非职务技术成果的使用权、转让权属于完成技术成果的个人。完成技术成果的个人可以就该项非职务技术成果订立技术合同，可以获得因使用或转让该项技术成果所取得的收益。法人或非法人组织未经同意，擅自以生产经营为目的使用或者转让属于个人的非职务技术成果，属于侵犯个人非职务技术成果权益的行为。

【对照适用】

根据《最高人民法院关于审理技术合同纠纷案件适用法律若干问题的

解释》第 6 条的规定，完成技术成果的"个人"，包括对技术成果单独或者共同作出创造性贡献的人，也即技术成果的发明人或者设计人。人民法院在对创造性贡献进行认定时，应当分解所涉及技术成果的实质性技术构成。提出实质性技术构成并由此实现技术方案的人，是作出创造性贡献的人。提供资金、设备、材料、试验条件，进行组织管理，协助绘制图纸、整理资料、翻译文献等人员，不属于完成技术成果的个人。

第八百四十九条　完成技术成果的个人享有在有关技术成果文件上写明自己是技术成果完成者的权利和取得荣誉证书、奖励的权利。

【要义精解】

本条是关于技术成果人身权归属的规定。

技术成果的人身权，即在有关技术成果文件，如专利申请书、科学技术奖励申报书、科技成果登记书等文件上署名，以及取得荣誉证书、获得物质奖励的权利。无论是职务技术成果还是非职务技术成果，技术成果的人身权利都专属于完成该项技术成果的个人，即对完成的技术成果单独或者共同作出创造性贡献的人员。这一权利既不能转让，也不可剥夺。

【对照适用】

我国原《合同法》第 328 条规定："完成技术成果的个人有在有关技术成果文件上写明自己是技术成果完成者的权利和取得荣誉证书、奖励的权利。"对比可以发现，本条规定将其中的"个人有"，修改为"个人享有"，使表达更符合法律用语习惯。

第八百五十条　非法垄断技术或者侵害他人技术成果的技术合同无效。

【要义精解】

本条是关于技术合同无效的规定。合同的无效，是指合同虽然已经成立，但因其违反法律、行政法规或社会公共利益而被确认为不具法律效力。为防止当事人在订立技术合同时滥用技术和竞争优势，非法垄断技术或者侵害他人技术成果，本条规定了两种技术合同无效的特别情形。

一、非法垄断技术

主要包括：（1）限制当事人一方在合同标的技术基础上进行新的研究开发或者限制其使用所改进的技术，或者双方交换改进技术的条件不对等，包括要求一方将其自行改进的技术无偿提供给对方、非互惠性转让给对方、无偿独占或者共享该改进技术的知识产权；（2）限制当事人一方从其他来源获得与技术提供方类似技术或者与其竞争的技术；（3）阻碍当事人一方根据市场需求，按照合理方式充分实施合同标的技术，包括明显不合理地限制技术接受方，实施合同标的技术生产产品或者提供服务的数量、品种、价格、销售渠道和出口市场；（4）要求技术接受方接受并非实施技术必不可少的附带条件，包括购买必需的技术、原材料、产品、设备、服务以及接收非必需的人员等；（5）不合理地限制技术接受方购买原材料、零部件、产品或者设备等的渠道或者来源；（6）禁止技术接受方对合同标的技术知识产权的有效性提出异议，或者对提出异议附加条件。

二、侵害他人技术成果

指侵害另一方或第三方的专利权、专利申请权、专利实施权、技术秘密成果使用权和转让权、植物新品种权、植物新品种申请权、植物新品种实施权、计算机软件著作权、集成电路布图设计权、新药成果权、发明权、发现权以及其他科技成果权的行为。当事人使用或者转让其独立研究开发或者以其他正当方式取得的与他人的技术秘密相同或者近似的技术秘密的，不属于侵害他人技术成果。通过合法的参观访问或者对合法取得的产品进行拆卸、测绘、分析等反向工程手段掌握相关技术的，属于"以其他正当方式取得"，但法律另有规定或者当事人另有约定的除外。

技术合同无效的法律后果主要为：（1）技术合同被确认无效后，造成合同无效的过错方，应当对另一方当事人已经按照约定的义务实际履行的部分支付相应的开发经费、技术使用费、报酬，以及赔偿因合同无效给其造成的损失。（2）技术合同无效后，因履行合同所完成新的技术成果或者在他人技术成果基础上完成后继续改进技术成果的权利归属和利益分享，当事人可以协议确定，不能重新协议确定的，由完成技术成果的一方享有。（3）侵害他人技术秘密的技术合同被确认无效后，除法律、行政法规另有规定的以外，善意取得该技术秘密的一方当事人可以在其取得时的范围内继续使用该技术秘密，但应当向权利人支付合理的使用费并承担保密义务。当事人双方恶意串通，或者一方知道或应当知道另一方侵权仍与其订立或者履行合同的，属于共同侵权，侵权人应当承担连带赔偿责任和保密义务，因此取得技术秘密的当事人不得继续使用该技术秘密。

【对照适用】

我国原《合同法》第 329 条规定："非法垄断技术、妨碍技术进步或者侵害他人技术成果的技术合同无效。"对比可以发现，本条规定删除了"妨碍技术进步"，即有非法垄断技术的情形即可认定技术合同无效，而无须进一步考虑是否有妨碍技术进步的后果。

第二节　技术开发合同

> **第八百五十一条**　技术开发合同是当事人之间就新技术、新产品、新工艺、新品种或者新材料及其系统的研究开发所订立的合同。
> 技术开发合同包括委托开发合同和合作开发合同。
> 技术开发合同应当采用书面形式。
> 当事人之间就具有实用价值的科技成果实施转化订立的合同，参照适用技术开发合同的有关规定。

【要义精解】

本条是关于技术开发合同定义及种类的规定。

其一，关于技术开发合同的概念。技术开发合同是当事人之间就新技术、新产品、新工艺、新品种或者新材料及其系统的研究开发所订立的合同。"新技术、新产品、新工艺、新品种或者新材料及其系统"，包括当事人在订立技术合同时尚未掌握的产品、工艺、材料及其系统等技术方案，但在技术上没有创新的现有产品改型、工艺变更、材料配方调整以及技术成果的检验、测试和使用的除外；也包括植物新品种。

其二，技术开发合同的种类。主要包括：（1）委托开发合同，是指当事人一方委托另一方进行研究开发所订立的合同。即委托人向研究开发人提供研究开发经费和报酬，研究开发人完成研究开发工作并向委托人交付研究成果。委托开发合同的特征是研究开发人以自己的名义、技术和劳务独立完成研究开发工作，委托人不得非法干涉。当事人一方仅提供资金、设备、材料等物质条件或者承担辅助协作事项，由另一方进行研究开发工作的合同，是委托开发合同。（2）合作开发合同，是指当事人各方就共同进行研究开发所订立的合同。即当事人各方共同投资、共同参与研究开发活动、共同承担研究开发风险、共享研究开发成果。合作开发合同的各方以共同参加研究开发中的工作为前提，可以共同进行全部研究开发工作，也可以约定分工，分别承担相应的部分。

其三，技术开发合同的形式。根据本条第 3 款的规定，除了具备技术合同的一般内容和条款之外，技术开发合同应当采用书面形式。因为技术开发合同涉及的内容较多、履行期较长、涉及风险责任较大，以书面形式订立技术开发合同，有利于后续合同的履行和责任的确定。

其四，技术转化合同参照适用的规定。根据本条第 4 款的规定，为适应技术创新和科技转化的需求，当事人之间就具有实用价值的科技成果实施转化订立的合同，参照适用技术开发合同的有关规定。

【对照适用】

与原《合同法》第 330 条相比，本条规定主要有如下修改：（1）于第 1 款增加了"新品种"，当事人之间就新品种的研究开发所订立的合同也属于技术开发合同的范畴。（2）将第 4 款中"产业应用价值"修改为"实用价值"，以及将"参照"修改为"参照适用"，以使表达更为准确。

第八百五十二条　委托开发合同的委托人应当按照约定支付研究开发经费和报酬，提供技术资料，提出研究开发要求，完成协作事项，接受研究开发成果。

【要义精解】

本条是关于委托开发合同委托人义务的规定。

根据本条规定，委托开发合同的委托人的义务主要有：（1）应当按照约定支付研究开发经费和报酬。研究开发经费，是指完成研究开发工作所需要的成本，包括购买研究所必需的设备仪器、研究资料、实验材料等费用。当事人应当按照合同中约定的数额和方式支付研究开发经费和报酬。（2）提供技术资料。在研究开发过程中，研究开发人可以要求委托人补充必要的背景资料和数据，但不得超过履行合同所需要的范围。（3）提出研究开发要求。委托开发工作是研究开发人根据委托人的要求进行的，只有委托人提供清晰的开发要求，研究开发人的研究开发才能更好地满足其要求。（4）完成协作事项。委托人为研究开发人完成协作工作，只是提供辅助性的劳动，不能因此认为是参加了开发研究，将委托开发合同变为合作开发合同。（5）接受研究开发成果。委托开发结束后，按期接受研究开发成果，既是委托人的权利，也是委托人的义务。当事人应当在合同中约定委托人接受研究开发成果的方式、时间或者期限，便于合同及时履行。委托方如果不按期接受研究开发成果，应承担违约责任并支付保管费用。经研究开发方催告并经过一定合理期限，委托方仍然拒绝接受的，研究开发方有权处分研究开发成果，从所得收益中扣除约定的报酬、违约金和保管费用。

【对照适用】

我国原《合同法》第331条规定："委托开发合同的委托人应当按照约定支付研究开发经费和报酬；提供技术资料、原始数据；完成协作事项；接受研究开发成果。"对比可以发现，本条规定的主要修改有：（1）删除了"原始数据"。"技术资料"的范围包括了原始数据等资料。委托人需要依照合同约定提供包括各种数据在内的技术资料。（2）增加了"提出研究开发要求"，作为委托人的一项义务。委托人提出明确的研究开发要求，研究开发人才能更好地履行合同，实现合同目的。在研究开发过程中，委托人如果改变研究开发要求，由此造成的损失或增加的费用，由委托人承担。

第八百五十三条 委托开发合同的研究开发人应当按照约定制定和实施研究开发计划，合理使用研究开发经费，按期完成研究开发工作，交付研究开发成果，提供有关的技术资料和必要的技术指导，帮助委托人掌握研究开发成果。

【要义精解】

本条是关于委托开发合同研究开发人义务的规定。

根据本条规定，委托开发合同的研究开发人的义务主要有：（1）按照约定制定和实施研究开发计划。为保证研究开发成果符合委托人的要求，研究开发人需要进行必要的可行性论证，选择适当的研究开发方案，制定切实可行的计划，并积极组织实施。（2）合理使用研究开发经费。研究开发人应当按照合同的约定，根据开发项目的实际需要，合理有效地使用委托人支付的研究开发经费，不得挪作他用。委托人在不妨碍研究开发人正常工作的情况下，有权对研究开发经费的使用情况进行必要的监督检查，包括查阅账册和访问现场。（3）按期完成研究开发工作，交付研究开发成果，提供有关的技术资料和必要的技术指导，帮助委托人掌握研究开发成果。研究开发人应当按照合同约定的期限完成研究开发工作，及时交付研究开发成果，并提供有关的技术资料和必要的技术指导，帮助委托人掌握研究开发成果。

第八百五十四条　委托开发合同的当事人违反约定造成研究开发工作停滞、延误或者失败的，应当承担违约责任。

【要义精解】

本条是关于委托开发合同当事人违约责任的规定。

根据本条规定，委托开发合同的当事人承担违约责任需要具备以下条件：（1）委托开发合同的当事人违反约定。委托人违反约定的情形通常有：迟延支付研究开发经费，未按照合同约定提供技术资料、原始数据、提出研究开发要求和完成协作事项，逾期不接受研究开发成果等。研究开发人违反约定的情形通常有：未按照计划实施研究开发工作，将研究开发经费用于履行合同以外的目的等。（2）造成研究开发工作停滞、延误或者失败。即造成研究开发工作由于欠缺必要的条件而无法继续进行；不能依合同约定的期限如期完成；或者无法实现开发目的。（3）委托开发合同的当事人违反约定与研究开发工作停滞、延误或者失败的后果之间具有因果关系。

【对照适用】

我国原《合同法》第333条和第334条分别规定了委托开发合同委托人的违约责任和研究开发人的违约责任。对比可以发现，本条规定将委托人、研究开发人违反合同约定的违约责任合并为一条，表达更为简洁。

> **第八百五十五条** 合作开发合同的当事人应当按照约定进行投资，包括以技术进行投资，分工参与研究开发工作，协作配合研究开发工作。

【要义精解】

本条是关于合作开发合同当事人义务的规定。

合作开发合同是当事人各方就共同进行新技术、新产品、新工艺和新材料及其系统研究开发所订立的合同。根据本条规定，在合作开发合同中，当事人的义务主要有：（1）应当按照约定进行投资，包括以技术进行投资。共同投资是合作开发合同的重要特征，也是双方当事人的主要义务。当事人应当依照合同的约定进行投资，包括以资金、设备、材料、场地、技术等方式对研究开发项目所作的投入。采取资金以外的形式进行投资的，应当折算成相应的金额，明确当事人在投资中所占的比例。以技术出资的，出资人应当保证其对该技术享有相应的知识产权，出资价格可以由当事人约定或由评估机构评估确定。（2）应当按照约定分工参与研究开发工作。除了投资之外，合作开发合同的当事人还需要提供人力直接参与研究开发工作。包括按照约定的计划分工，共同或分别承担设计、工艺、试验、试制等工作。当事人一方仅提供资金、设备、材料等物质条件或者承担辅助性的协作工作，另一方进行研究开发工作的，不属于合作开发合同，应当按照委托开发合同处理。（3）协作配合研究开发工作。合作开发是以双方的共同投资和共同劳动为基础的，各方在合作研究中的配合是取得研究开发成果的关键。

> **第八百五十六条** 合作开发合同的当事人违反约定造成研究开发工作停滞、延误或者失败的，应当承担违约责任。

【要义精解】

本条是关于合作开发合同当事人违约责任的规定。

根据本条规定，合作开发合同的当事人承担违约责任，应具备以下条件：（1）合作开发合同当事人有违约行为，比如不按照约定投资、不按照约定参与研究开发工作等；（2）造成研究开发工作停滞、延误或者失败的结果；（3）违约行为与结果之间存在直接的因果关系。

第八百五十七条 作为技术开发合同标的的技术已经由他人公开，致使技术开发合同的履行没有意义的，当事人可以解除合同。

【要义精解】

本条是关于技术开发合同解除的规定。《民法典》第 562 条、第 563 条规定了解除合同的一般条件，针对技术开发合同的特点，本条又规定了一种特殊的解除情形。

其一，解除的条件。本条规定的合同解除成就需要具备两个条件：（1）作为技术开发合同标的的技术已经由他人公开。例如，他人已经就该技术申请专利，并履行专利登记手续；该技术他人已经研究成果或者引进，并可作为商品在技术市场流转；该技术已经在公开的技术文献上披露或者以其他方式向社会公布。（2）继续履行该技术开发合同没有意义。即使继续履行该合同，也无法实现合同目的。

其二，解除的方式和法律后果。当解除条件成就时，技术开发合同的当事人解除合同，只需要通知对方，说明实际情况并提供必要证明，不需要征得对方同意。合同解除后，当事人按照合同约定承担赔偿责任，没有约定或约定不明的，由有过错的一方承担，双方均没有过错的，由当事人合理分担。

第八百五十八条 技术开发合同履行过程中，因出现无法克服的技术困难，致使研究开发失败或者部分失败的，该风险由当事人约定；没有约定或者约定不明确，依据本法第五百一十条的规定仍不能确定的，风险由当事人合理分担。

当事人一方发现前款规定的可能致使研究开发失败或者部分失败的情形时，应当及时通知另一方并采取适当措施减少损失；没有及时通知并采取适当措施，致使损失扩大的，应当就扩大的损失承担责任。

【要义精解】

本条是关于技术开发合同风险负担及通知义务的规定。

技术开发合同是一项具有风险的探索性活动。在研究开发过程中，有时即使当事人已经尽了最大努力，但因科技知识、认知水平或者试验条件等客观条件的限制，出现无法克服的技术困难，仍然可能导致研究开发全部或部分失败，无法达到合同预期目的的风险。风险的出现往往无法归责于某一方当事人，由风险导致的合同无法履行和损失，如何分担和承担责任，需要法律明确规定。

依据本条第 1 款的规定，当事人应当在合同中就风险承担问题进行约定，没有约定或者约定不明确时，（1）依据《民法典》第 510 条的规定确定，即可以协议补充；不能达成补充协议的，按照合同有关条款、合同性质、合同目的或者交易习惯确定；（2）仍不能确定的，风险由当事人合理分担。

依据本条第 2 款的规定，在研究开发过程中，当事人一方发现前款规定的可能致使研究开发失败或者部分失败的情形时，应当及时通知另一方并采取适当措施减少损失；没有及时通知并采取适当措施，致使损失扩大的，应当就扩大的损失承担责任。

> **第八百五十九条** 委托开发完成的发明创造，除法律另有规定或者当事人另有约定外，申请专利的权利属于研究开发人。研究开发人取得专利权的，委托人可以依法实施该专利。
>
> 研究开发人转让专利申请权的，委托人享有以同等条件优先受让的权利。

【要义精解】

本条是关于委托开发完成的技术成果归属的规定。

依据本条规定：（1）委托开发完成的发明创造，除法律另有规定或者当事人另有约定外，申请专利的权利属于研究开发人。研究开发人是为研究开发直接付出创造性劳动的人员，署名权等精神性权利应当专属于研究开发人。对于研究开发完成的发明创造的财产性权利，当事人可以在合同中进行约定；如果没有约定或者约定不明的，申请专利的权利属于研究开发人。（2）研究开发人取得专利权的，委托人可以依法实施该专利。委托方为研究开发提供了必要的经费和物质条件，也应分享研究开发的成果。（3）研究开发人转让专利申请权的，委托人享有以同等条件优先受让的权利。

【对照适用】

与原《合同法》第 339 条对比可以发现，本条规定主要作了如下修改：（1）在第 1 款中增加"法律另有规定"，作为委托开发完成的发明创造申请专利的权利归属的例外规则；（2）将第 1 款中"免费"实施专利，修改为"依法"实施专利。委托开发完成的发明创造，是受托人完成委托所取得的成果，受托人应按照合同约定将成果交付给委托人，委托人应按照合同约定支付研究开发经费和报酬。当事人约定由研究开发人取得专利权的，委托人可以依法实施该专利。

> **第八百六十条** 合作开发完成的发明创造，申请专利的权利属于合作开发的当事人共有；当事人一方转让其共有的专利申请权的，其他各方享有以同等条件优先受让的权利。但是，当事人另有约定的除外。
>
> 合作开发的当事人一方声明放弃其共有的专利申请权的，除当事人另有约定外，可以由另一方单独申请或者由其他各方共同申请。申请人取得专利权的，放弃专利申请权的一方可以免费实施该专利。
>
> 合作开发的当事人一方不同意申请专利的，另一方或者其他各方不得申请专利。

【要义精解】

本条是关于合作开发技术成果归属的规定。

根据本条第 1 款的规定，当事人没有另外约定时，合作开发完成的发明创造，申请专利的权利属于合作开发的当事人共有，当事人一方转让其共有的专利申请权的，其他各方享有以同等条件优先受让的权利。

根据本条第 2 款的规定，当事人没有另外约定时，合作开发的当事人一方声明放弃其共有的专利申请权的，可以由另一方单独申请或者由其他各方共同申请。专利申请权是财产性权利，权利人可以放弃。基于共有关系，其他各方取得全部专利申请权。申请人取得专利权的，放弃专利申请权的一方可以免费实施该专利。

根据本条第 3 款的规定，合作开发的当事人一方不同意申请专利的，另一方或者其他各方不得申请专利。

【对照适用】

与原《合同法》第340条对比可以发现，本条规定主要作了如下修改：（1）第1款规定，明确了当事人之间不仅可以就申请专利的权利归属进行约定，还可以就共有专利申请权转让时的优先受让权进行约定；（2）第2款规定，明确了当事人之间可以就共有专利申请权放弃时其他各方的专利申请权进行约定。

> **第八百六十一条　委托开发或者合作开发完成的技术秘密成果的使用权、转让权以及收益的分配办法，由当事人约定；没有约定或者约定不明确，依据本法第五百一十条的规定仍不能确定的，在没有相同技术方案被授予专利权前，当事人均有使用和转让的权利。但是，委托开发的研究开发人不得在向委托人交付研究开发成果之前，将研究开发成果转让给第三人。**

【要义精解】

本条是关于技术秘密成果的归属与分享的规定。

技术秘密，是指不为公众所知悉、具有商业价值并经权利人采取保密措施的技术信息。依据本条规定：（1）委托开发或者合作开发完成的技术秘密成果的使用权、转让权以及收益的分配办法，可以由当事人在合同中约定。（2）没有约定或者约定不明确，先依据《民法典》第510条的规定确定，即可以协议补充；不能达成补充协议的，按照合同有关条款、合同性质、合同目的或者交易习惯确定。（3）仍不能确定的，在没有相同技术方案被授予专利权前，当事人均有使用和转让的权利。当事人均有不经对方同意而自己使用，或者以普通使用许可的方式许可他人使用技术秘密，并独占由此所获收益的权利。当事人一方将技术秘密成果的转让权让与他人，或者以独占或者排他使用许可的方式许可他人使用技术秘密，未经对方当事人同意或者追认的，应当认定该让与或者许可行为无效。（4）但是，委托开发的研究开发人在向委托人交付研究开发成果之前，不得将研究开发成果转让给第三人。委托开发的研究开发人必须在向委托人交付研究开发成果之后，才有使用权和转让权。

【对照适用】

与原《合同法》第341条相比，对于委托开发或者合作开发完成的技术秘密成果的使用权、转让权以及收益的分配办法，在约定不明且不能确定时，本条主要增加了"在没有相同技术方案被授予专利前"，当事人均有使用和转让的权利。因为，在当事人权益分配期间，有可能会有相同技术方案被授予专利权，此时，当事人仅能在原有范围内继续使用该技术秘密。

第三节　技术转让合同和技术许可合同

> **第八百六十二条**　技术转让合同是合法拥有技术的权利人，将现有特定的专利、专利申请、技术秘密的相关权利让与他人所订立的合同。
>
> 技术许可合同是合法拥有技术的权利人，将现有特定的专利、技术秘密的相关权利许可他人实施、使用所订立的合同。
>
> 技术转让合同和技术许可合同中关于提供实施技术的专用设备、原材料或者提供有关的技术咨询、技术服务的约定，属于合同的组成部分。

【要义精解】

本条是关于技术转让合同和技术许可合同定义的规定。

其一，关于技术转让合同的定义。技术转让合同是合法拥有技术的权利人，将现有特定的专利、专利申请、技术秘密的相关权利让与他人所订立的合同。合法拥有技术的权利人，包括其他有权对外转让技术的人，将现有特定的专利、专利申请、技术秘密的相关权利让与他人，但就尚待研究开发的技术成果，或者不涉及专利、专利申请、技术秘密的知识、技术、经验和信息所订立的合同除外。

其二，关于技术许可合同的定义。技术许可合同是合法拥有技术的权利人，将现有特定的专利、技术秘密的相关权利许可他人实施、使用所订立的合同。合法拥有技术的权利人，包括其他有权对外许可技术的人，将现有特定的专利、技术秘密的相关权利许可他人实施、使用所订立的合同，但就尚待研究开发的技术成果或者不涉及专利、技术秘密的知识、技术、经验和信息所订立的合同除外。

其三，在技术转让合同、技术许可合同的认定上需要注意，合同中关于提供实施技术的专用设备、原材料或者提供有关的技术咨询、技术服务的约定，属于合同的组成部分。因此发生的纠纷，按照技术转让合同或者技术许可合同处理。

【对照适用】

与原《合同法》相比，本条规定是新增条款。由于技术转让和技术许可具有不同的法律含义，《民法典》将技术转让合同和技术许可合同进行了区分。本节的名称被定为"技术转让合同和技术许可合同"，并于本条规定增加技术转让合同与技术许可合同的定义。这使得技术许可合同成为与技术开发合同、技术转让合同、技术咨询合同等，相对独立的一种技术合同类型。

> **第八百六十三条　技术转让合同包括专利权转让、专利申请权转让、技术秘密转让等合同。**
>
> **技术许可合同包括专利实施许可、技术秘密使用许可等合同。**
>
> **技术转让合同和技术许可合同应当采用书面形式。**

【要义精解】

本条是关于技术转让合同和技术许可合同类型与形式的规定。

其一，技术转让合同主要包括以下几种类型：（1）专利权转让合同。专利权是依法批准的发明人或其权利受让人，对其发明成果在一定年限内享有的独占权或专用权。专利权转让合同，是指专利权人作为让与人将其发明创造专利的所有权或者持有权移交受让人，受让人支付约定的价款所订立的合同。（2）专利申请权转让合同。专利申请权是发明人或者设计人对其专利技术享有的一定专属权利。专利申请权转让合同，是指让与人将其就特定的申请专利的权利移交给受让人，受让人支付约定价款所订立的合同。（3）技术秘密转让合同。技术秘密转让合同，是指技术秘密成果的权利人或者其授权的人作为让与人将技术秘密提供给受让人，明确相互之间技术秘密成果使用权、转让权，受让人支付价款或者使用费所订立的合同。

其二，技术许可合同主要包括以下类型：（1）专利实施许可合同。专利实施许可合同是指专利权人或者其授权的人作为许可人，被许可人在约定的范围内实施专利，被许可人支付约定使用费用所订立的合同。专利实施许可包括独占实施许可、排他实施许可、普通实施许可。（2）技术秘密使用许可合同。技术秘密使用许可合同，是指技术秘密成果的权利人或者其授权的人作为许可人将技术秘密提供给被许可人，被许可人在约定的范围内实施技术秘密，被许可人支付约定使用费用所订立的合同。

其三，技术转让合同和技术许可合同应当采用书面形式。技术转让合同和技术许可合同的内容复杂，涉及的技术范围、技术保密、使用费支付、技术成果归属等多种事项，还涉及专利申请日、申请号、专利号、专利权的有效期限等，当事人应当采用书面形式订立技术转让合同和技术许可合同。

【对照适用】

与原《合同法》第342条对比可以发现，在区分技术转让合同和技术许可合同的思路下，本条规定主要作了如下修改：（1）增加第2款规定，将专利实施许可、技术秘密使用许可等合同从技术转让合同中分离出来，作为技术许可合同的类型；（2）在第3款中增加技术许可合同的书面形式规定。

第八百六十四条　技术转让合同和技术许可合同可以约定实施专利或者使用技术秘密的范围，但是不得限制技术竞争和技术发展。

【要义精解】

本条是关于技术转让合同和技术许可合同约定范围的规定。

根据本条规定：（1）技术转让合同和技术许可合同可以约定实施专利或者使用技术秘密的范围。包括实施专利或者使用技术秘密的期限、地域、方式以及接触技术秘密的人员等。（2）但合同当事人不得以合同条款限制技术竞争和技术发展。例如，要求技术接受方接受并非实施合同标的技术必不可少的附带条件；禁止技术接受方对合同标的技术知识产权的有效性提出异议或者对提出异议附加条件；不合理的限制技术接受方根据市场需求合理充分地实施合同标的技术、限制购买原材料或零部件的渠道等。

【对照适用】

与原《合同法》第 343 条相比，本条规定主要作了如下修改：（1）增加了"技术许可合同"可以约定实施专利或者使用技术秘密的范围的规定；（2）删除了"让与人和受让人"的称谓。

> **第八百六十五条**　专利实施许可合同仅在该专利权的存续期限内有效。专利权有效期限届满或者专利权被宣告无效的，专利权人不得就该专利与他人订立专利实施许可合同。

【要义精解】

本条是关于专利实施许可合同有效期限的规定。

专利实施许可合同只在该专利权的存续期限内有效。根据《专利法》的规定，发明专利权的期限为 20 年，实用新型专利权和外观设计专利权的期限为 10 年，均自申请之日起计算。在专利权有效期限届满或者专利权被宣告无效后，专利权人不再享有专利权，因而不得就该专利与他人订立专利实施许可合同。即使订立，该合同也是无效合同。如果专利实施许可合同期限超过该专利的存续期限，在专利存续期限届满后，专利实施许可合同自动终止。此时，许可人应当支付相应的违约金或赔偿损失。

【对照适用】

与原《合同法》第 344 条规定相比，本条规定主要将其中的"期间"修改为"期限"，以使表达与《专利法》第 44 条保持一致。

> **第八百六十六条**　专利实施许可合同的许可人应当按照约定许可被许可人实施专利，交付实施专利有关的技术资料，提供必要的技术指导。

【要义精解】

本条是关于专利实施许可合同许可人主要义务的规定。

专利实施许可合同的目的在于使被许可人使用许可人的专利技术，许可人除了应当保证自己是专利技术的合法拥有人，保证专利技术完整、无误、有效，能够达到合同约定目的外，还应当承担下列义务：（1）应当按照约定许可被许可人实施专利。专利实施许可分为独占实施许可、排他实施许可、普通实施许可等方式。如果是排他实施许可合同，许可人在已经许可被许可人实施专利的范围内无权就同一专利再许可他人实施。如果是独占实施许可，许可人在已经许可被许可人实施专利的范围内，无权就同一专利再许可他人实施或者自己实施。如果是普通实施许可合同，许可人在已经许可被许可人实施专利的范围内，仍可以就同一专利再许可他人实施。（2）交付实施专利有关的技术资料。许可人应当向被许可人如实说明专利权保护的范围，交付实施专利权相关的技术资料。当资料涉及技术秘密时，可以订立技术秘密转让合同。（3）提供必要的技术指导。许可人应当依照合同约定协助被许可人实施被许可的专利技术，帮助被许可人解决专利技术实施过程中出现的问题，为协助安装设备、调试设备等。

【对照适用】

我国原《合同法》第345条规定："专利实施许可合同的让与人应当按照约定许可受让人实施专利，交付实施专利有关的技术资料，提供必要的技术指导。"在区分技术转让合同和技术许可合同的思路下，《民法典》将技术许可合同当事人的称谓统一为"许可人"与"被许可人"。对比可以发现，本条规定将专利实施许可合同的当事人称谓由"让与人""受让人"，修改为"许可人""被许可人"。《民法典》中其他涉及技术许可合同当事人称谓的规定均作相应修改，如第867条。

第八百六十七条 专利实施许可合同的被许可人应当按照约定实施专利，不得许可约定以外的第三人实施该专利，并按照约定支付使用费。

【要义精解】

本条是关于专利实施许可合同被许可人主要义务的规定。

根据本条规定，专利实施许可合同被许可人的主要义务有：（1）应当按照约定实施专利。被许可人应当按照合同约定的时间、地域、方式实施专利技术。（2）不得许可约定以外的第三人实施该专利。未经许可人的同意，不得许可合同约定以外的第三人实施该项专利技术。但是被许可人通过与他人联营或者委托他人生产的方式生产专利产品，不应视为许可第三人使用专利技术。（3）按照约定支付使用费。被许可人如果违反上述义务，需要承担相应的违约责任。

> **第八百六十八条　技术秘密转让合同的让与人和技术秘密使用许可合同的许可人应当按照约定提供技术资料，进行技术指导，保证技术的实用性、可靠性，承担保密义务。**
>
> **前款规定的保密义务，不限制许可人申请专利，但是当事人另有约定的除外。**

【要义精解】

本条是技术秘密让与人和许可人的主要义务的规定。

根据本条规定，技术秘密转让合同的让与人和技术秘密使用许可合同的许可人的义务主要有：（1）应当按照约定提供技术资料，进行技术指导。（2）保证技术的实用性、可靠性。作为技术秘密转让合同、技术秘密使用许可合同标的的技术秘密，应当是能够应用于生产实践的使用性技术，应当是在充分研究开发基础上完成的，具有相当的可靠性。（3）承担保密义务。许可人的保密义务不影响其申请专利的权利，但当事人约定许可人不得申请专利的除外。

【对照适用】

与原《合同法》第347条规定相比，本条规定主要作了如下修改：（1）第1款增加了技术秘密使用许可合同的许可人的义务；（2）增加了第2款，当事人承担技术秘密使用许可合同中的保密义务，不影响许可人申请专利的权利，当事人对此也可以另行约定。这一规定源于我国2004年《最高人民法院关于审理技术合同纠纷案件适用法律若干问题的解释》（现已失效，法释〔2004〕20号）第29条第1款的规定。从鼓励技术公开和推广利用的角度，原则上应赋予许可人申请专利的权利。

> **第八百六十九条** 技术秘密转让合同的受让人和技术秘密使用许可合同的被许可人应当按照约定使用技术，支付转让费、使用费，承担保密义务。

【要义精解】

本条是技术秘密受让人和被许可人的主要义务的规定。

根据本条规定，技术秘密转让合同的受让人和技术秘密使用许可合同的被许可人的义务主要有：（1）应当按照约定使用技术。技术秘密转让合同的受让人和技术秘密使用许可合同的被许可人，应当按照合同约定的时间、地域、方式使用技术。（2）支付转让费、使用费。技术秘密转让合同的受让人和技术秘密使用许可合同的被许可人，应当按照合同约定的数额、支付方式支付转让费、使用费。（3）承担保密义务。技术秘密转让合同的受让人和技术秘密使用许可合同的被许可人，应当按照合同约定采取保密措施，不应故意或者过失泄露该技术秘密。

【对照适用】

与原《合同法》第348条规定相比，本条规定主要增加了技术秘密使用许可合同的被许可人的义务，并增加了"转让费"作为技术秘密转让合同的受让人支付的价款。

> **第八百七十条** 技术转让合同的让与人和技术许可合同的许可人应当保证自己是所提供的技术的合法拥有者，并保证所提供的技术完整、无误、有效，能够达到约定的目标。

【要义精解】

本条是关于技术转让合同让与人和技术许可合同许可人的保证义务的规定。

根据本条规定，技术转让合同的让与人和技术许可合同的许可人应当负有以下义务：（1）保证自己是所提供的技术的合法拥有者。技术转让合同的让与人和技术许可合同的许可人负有权利瑕疵担保义务，应当保证所提供的技术是自己合法拥有、不侵害他人合法权利、没有权利瑕疵的。
（2）保证所提供的技术完整、无误、有效，能够达到约定的目标。技术转让合同的让与人和技术许可合同的许可人负有质量瑕疵担保义务，应当保证转让的技术能够达到约定的技术指标要求和约定的目标要求。

【对照适用】

与原《合同法》第349条相比，本条规定主要增加了技术许可合同的许可人的保证义务。

> **第八百七十一条**　技术转让合同的受让人和技术许可合同的被许可人应当按照约定的范围和期限，对让与人、许可人提供的技术中尚未公开的秘密部分，承担保密义务。

【要义精解】

本条是关于技术转让合同受让人和技术许可合同被许可人的保密义务的规定。

技术转让合同让与人对受让人提供的技术中，或者技术许可合同许可人对被许可人提供的技术中，如果有尚未公开的、处于保密状态的技术，或者技术虽已公开，但相关的背景资料、技术参数等尚未公开仍处于保密状态的，受让人、被许可人应当承担保密义务。因为这些技术秘密可能涉及让与人或者许可人的重大经济利益或国家利益。对于保密的范围和期限，双方可以在合同中进行约定；没有约定的，受让人、被许可人也需要遵循诚实信用原则，履行保密的附随义务。

【对照适用】

与原《合同法》第350条相比，本条规定主要增加了技术许可合同的被许可人的保密义务。

> **第八百七十二条**　许可人未按照约定许可技术的，应当返还部分或者全部使用费，并应当承担违约责任；实施专利或者使用技术秘密超越

约定的范围的，违反约定擅自许可第三人实施该项专利或者使用该项技术秘密的，应当停止违约行为，承担违约责任；违反约定的保密义务的，应当承担违约责任。

让与人承担违约责任，参照适用前款规定。

【要义精解】

本条是关于许可人和让与人违约责任的规定。

根据本条第1款的规定，技术许可合同许可人需要承担违约责任的情形主要包括：（1）许可人未按照约定许可技术的，应当返还部分或者全部使用费，并应当承担违约责任。（2）实施专利或者使用技术秘密超越约定的范围的，违反约定擅自许可第三人实施该项专利或者使用该项技术秘密的，应当停止违约行为，承担违约责任。（3）违反约定的保密义务的，应当承担违约责任。

根据本条第2款的规定，技术转让合同让与人承担违约责任，参照适用关于技术许可合同许可人承担违约责任的规定。

【对照适用】

与原《合同法》第351条相比，本条规定主要作了如下修改：（1）将第1款规定从技术转让合同让与人的违约责任，修改为技术许可合同许可人的违约责任；（2）增加第2款规定，技术转让合同让与人承担违约责任，参照适用第1款规定。

第八百七十三条 被许可人未按照约定支付使用费的，应当补交使用费并按照约定支付违约金；不补交使用费或者支付违约金的，应当停止实施专利或者使用技术秘密，交还技术资料，承担违约责任；实施专利或者使用技术秘密超越约定的范围的，未经许可人同意擅自许可第三人实施该专利或者使用该技术秘密的，应当停止违约行为，承担违约责任；违反约定的保密义务的，应当承担违约责任。

受让人承担违约责任，参照适用前款规定。

【要义精解】

本条是关于被许可人和受让人违约责任的规定。

根据本条第 1 款的规定，技术许可合同的被许可人承担违约责任的情形主要包括：（1）被许可人未按照约定支付使用费的，应当补交使用费并按照约定支付违约金；不补交使用费或者支付违约金的，应当停止实施专利或者使用技术秘密，交还技术资料，承担违约责任。（2）实施专利或者使用技术秘密超越约定的范围的，未经许可人同意擅自许可第三人实施该专利或者使用该技术秘密的，应当停止违约行为，承担违约责任。（3）违反约定的保密义务的，应当承担违约责任。

根据本条第 2 款规定，技术转让合同的受让人承担违约责任，参照适用技术许可合同的被许可人承担违约责任的规定。

【对照适用】

与原《合同法》第 352 条相比，本条规定主要作了如下修改：（1）将第 1 款规定从技术转让合同受让人的违约责任，修改为技术许可合同被许可人的违约责任；（2）增加第 2 款规定，技术转让合同受让人承担违约责任，参照适用第 1 款规定。

> **第八百七十四条** 受让人或者被许可人按照约定实施专利、使用技术秘密侵害他人合法权益的，由让与人或者许可人承担责任，但是当事人另有约定的除外。

【要义精解】

本条是关于让与人或者许可人侵权责任的规定。

技术转让合同的让与人或者技术许可合同的许可人有义务保证自己是所提供的技术的合法拥有者，有义务保证自己所让与和许可给他人的权利在自己的授权范围内，不会侵害他人的合法权益。如果受让人或者被许可人按照合同约定的期限、方式和范围实施专利、使用技术秘密，却侵害他人合法权益的，由让与人或者许可人承担责任，但是当事人另有约定的除外。如果受让人或者被许可人明知实施专利、使用该技术秘密会侵犯他人合法权益，则需要与让与人或者许可人一同承担共同侵权责任。

【对照适用】

与原《合同法》第 353 条相比，本条规定主要增加了技术许可合同许可人的侵权责任。

> **第八百七十五条** 当事人可以按照互利的原则，在合同中约定实施专利、使用技术秘密后续改进的技术成果的分享办法；没有约定或者约定不明确，依据本法第五百一十条的规定仍不能确定的，一方后续改进的技术成果，其他各方无权分享。

【要义精解】

本条是关于后续改进技术成果的归属与分享的规定。

后续改进是指在合同有效期内，一方或双方对作为合同标的的专利技术或者技术秘密成果所作的革新和改良。后续改进有利于促进技术的进步和发展。根据本条规定，对于后续改进技术成果的归属与分享，依据如下规则进行分配：（1）当事人可以按照互利的原则，在合同中约定实施专利、使用技术秘密后续改进的技术成果的分享办法。（2）当事人之间没有约定或者约定不明，可以经协议补充，如果不能达成协议的，按照合同有关条款、合同性质、合同目的或交易习惯确定。（3）仍不能确定的，后续改进的技术成果属于完成该改进成果的一方。

> **第八百七十六条** 集成电路布图设计专有权、植物新品种权、计算机软件著作权等其他知识产权的转让和许可，参照适用本节的有关规定。

【要义精解】

本条是关于其他知识产权转让和许可的法律适用的规定。

《民法典》第 863 条第 1 款和第 2 款规定："技术转让合同包括专利权转让、专利申请权转让、技术秘密转让等合同。技术许可合同包括专利实施许可、技术秘密使用许可等合同。"但技术转让合同和技术许可合同的类型不限于所列举的几种。集成电路布图设计、植物新品种、计算机软件等均属于技术成果的范畴，有必要对涉及这些特殊标的技术转让和许可合同的法律适用问题予以明确。

【对照适用】

与原《合同法》相比，本条规定是新增条款。原《合同法》第十八章"技术合同"一章并未对涉及集成电路布图设计专有权、植物新品种权、计算机软件著作权等其他知识产权的转让和许可的问题作出明确规定。为保证这些合同争议准确适用法律，我国原2004年《最高人民法院关于审理技术合同纠纷案件适用法律若干问题的解释》第46条规定："集成电路布图设计、植物新品种许可使用和转让等合同争议，相关行政法规另有规定的，适用其规定；没有规定的，适用合同法总则的规定，并可以参照合同法第十八章和本解释的有关规定处理。计算机软件开发、许可使用和转让等合同争议，著作权法以及其他法律、行政法规另有规定的，依照其规定；没有规定的，适用合同法总则的规定，并可以参照合同法第十八章和本解释的有关规定处理。"本条规定源于这一司法解释，并进一步简化了语言表达。

> **第八百七十七条　法律、行政法规对技术进出口合同或者专利、专利申请合同另有规定的，依照其规定。**

【要义精解】

本条是关于技术进出口合同或者专利、专利申请合同法律适用的特别规定。

技术进出口合同，是指我国境内的自然人、法人或者非法人组织从国外引进或者向国外输出技术，与技术输出国或者技术引进国的当事人订立的合同。技术进出口合同中涉及的技术转让与技术许可问题，可以依据本节相关规定办理。法律、行政法规对技术进出口合同另有规定的，如《技术进出口管理条例》等，依照其规定。

当事人之间订立的技术转让合同和技术许可合同，涉及专利、专利申请的，不仅要遵循本章的有关规定，还需要遵守《专利法》等其他法律、行政法规的规定。

第四节　技术咨询合同和技术服务合同

> **第八百七十八条**　技术咨询合同是当事人一方以技术知识为对方就特定技术项目提供可行性论证、技术预测、专题技术调查、分析评价报告等所订立的合同。
>
> 技术服务合同是当事人一方以技术知识为对方解决特定技术问题所订立的合同，不包括承揽合同和建设工程合同。

【要义精解】

本条是关于技术咨询合同和技术服务合同定义的规定。

所谓技术咨询合同，是指当事人一方以技术知识为对方就特定技术项目提供可行性论证、技术预测、专题技术调查、分析评价报告等所订立的合同。所谓特定技术项目，包括有关科学技术与经济社会协调发展的软科学研究项目，促进科技进步和管理现代化、提高经济效益和社会效益等运用科学知识和技术手段，进行调查、分析、论证、评价、预测的专业性技术项目。

所谓技术服务合同，是指当事人一方以技术知识为对方解决特定技术问题所订立的合同，不包括承揽合同和建设工程合同。所谓特定技术问题，包括需要运用专业技术知识、经验和信息解决的有关改进产品结构、改良工艺流程、提高产品质量、降低产品成本、节约资源能耗、保护资源环境、实现安全操作、提高经济效益和社会效益等专业技术问题。以常规手段或者为生产经营目的进行的一般加工、定作、修理、标准化测试等订立的加工承揽合同和建设工程合同，不属于技术服务合同。

> **第八百七十九条**　技术咨询合同的委托人应当按照约定阐明咨询的问题，提供技术背景材料及有关技术资料，接受受托人的工作成果，支付报酬。

【要义精解】

本条是关于技术咨询合同委托人主要义务的规定。

根据本条规定，技术咨询合同委托人主要负有以下义务：（1）应当按照约定阐明咨询的问题，提供技术背景材料及有关技术资料。应受托人的要求，需要在履行合同过程中，及时补充有关资料，为受托人进行测试、论证等工作提供必要的条件。（2）接受受托人的工作成果，支付报酬。

【对照适用】

我国原《合同法》第357条规定："技术咨询合同的委托人应当按照约定阐明咨询的问题，提供技术背景材料及有关技术资料、数据；接受受托人的工作成果，支付报酬。"对比可以发现，本条规定删除了"数据"，因为"技术资料"的范围包括了数据等资料。这与《民法典》第852条的修改保持一致。

> **第八百八十条** 技术咨询合同的受托人应当按照约定的期限完成咨询报告或者解答问题，提出的咨询报告应当达到约定的要求。

【要义精解】

本条是关于技术咨询合同受托人主要义务的规定。

根据本条规定，技术咨询合同的受托人主要负有以下义务：（1）应当按照约定的期限完成咨询报告或者解答问题。受托人应当依照合同约定对技术项目进行调查、论证，在约定的期限内，完成咨询报告或者解答问题。（2）提出的咨询报告应当达到约定的要求。受托人完成和提交的咨询报告，除了需要在约定的时间内完成之外，还需要满足约定的其他要求，符合合同约定的质量和标准。

> **第八百八十一条** 技术咨询合同的委托人未按照约定提供必要的资料，影响工作进度和质量，不接受或者逾期接受工作成果的，支付的报酬不得追回，未支付的报酬应当支付。
>
> 技术咨询合同的受托人未按期提出咨询报告或者提出的咨询报告不符合约定的，应当承担减收或者免收报酬等违约责任。
>
> 技术咨询合同的委托人按照受托人符合约定要求的咨询报告和意见作出决策所造成的损失，由委托人承担，但是当事人另有约定的除外。

【要义精解】

本条是关于技术咨询合同当事人的违约责任与决策风险责任的规定。

一、技术咨询合同的委托人的违约责任

技术咨询合同的委托人不按照合同约定履行义务的,应当承担相应的违约责任。具体而言,委托人未按照约定提供必要的资料,影响工作进度和质量,不接受或者逾期接受工作成果的,支付的报酬不得追回,未支付的报酬应当支付。如果给受托人造成损失的,还应当承担损失赔偿责任。

二、技术咨询合同的受托人的违约责任

技术咨询合同的受托人不按照合同约定履行义务的,应当承担违约责任。具体而言,受托人未按期提出咨询报告,或者提出的咨询报告不符合约定,如受托人未按约定进行调查研究,论证缺乏科学依据、具有明显的缺陷和错误的,应当承担减收或者免收报酬等违约责任。

三、技术咨询合同决策的风险责任

技术咨询合同的委托人按照受托人符合约定要求的咨询报告和意见作出决策所造成的损失,由委托人承担,但是当事人另有约定的除外。受托人按照合同约定完成符合约定要求的咨询报告和意见,即为履行完成合同义务。受托人所完成的咨询报告和意见,只是为委托人决策提供了参考,委托人依然是最终决策者,除非合同有约定,否则委托人自己承担按照咨询报告和意见作出决策所造成的损失。

【对照适用】

与原《合同法》第359条对比可以发现,本条规定主要删除了"数据",因为"资料"的范围包括了数据等资料。这与《民法典》第852条、第879条的修改保持一致。

第八百八十二条　技术服务合同的委托人应当按照约定提供工作条件,完成配合事项,接受工作成果并支付报酬。

【要义精解】

本条是关于技术服务合同委托人义务的规定。

根据本条规定,技术服务合同委托人的义务主要有:(1)应当按照约定提供工作条件，完成配合事项。例如，按约定提供场地、设备和资金支持。（2）接受工作成果并支付报酬。委托人应当及时对工作成果进行验收，如果符合合同约定的条件，应当接受工作成果并支付报酬；如果发现工作成果不符合合同约定的技术指标等要求，应在约定期限内通知受托人改进。

第八百八十三条　技术服务合同的受托人应当按照约定完成服务项目，解决技术问题，保证工作质量，并传授解决技术问题的知识。

【要义精解】

本条是关于技术服务合同受托人义务的规定。

根据本条规定，技术服务合同受托人应当按照约定完成服务项目，解决技术问题，保证工作质量，并传授解决技术问题的知识。此外，受托人在履行合同期间，发现继续工作对材料、样品或者设备等有损坏危险时，应当中止工作，并及时通知委托人或者提出建议。受托人还应对委托人提供的技术资料、数据、样品承担保密义务。

第八百八十四条　技术服务合同的委托人不履行合同义务或者履行合同义务不符合约定，影响工作进度和质量，不接受或者逾期接受工作成果的，支付的报酬不得追回，未支付的报酬应当支付。

技术服务合同的受托人未按照约定完成服务工作的，应当承担免收报酬等违约责任。

【要义精解】

本条是关于技术服务合同双方当事人违约责任的规定。技术服务合同的当事人违反合同约定，应当承担相应的违约责任。

一、委托人的违约责任

技术服务合同的委托人不履行合同义务或者履行合同义务不符合约定，影响工作进度和质量，不接受或者逾期接受工作成果的，支付的报酬不得追回，未支付的报酬应当支付。具体而言：（1）委托人未按照合同约定提供有关技术资料等工作条件，影响工作进度和质量的，应当如数支付报酬。（2）委托人逾期不支付报酬或者违约金的，应当交还工作成果，或者补交报酬，支付违约金或者赔偿损失。（3）委托人不接受或者逾期接受工作成果的，应当支付违约金和保管费。

二、受托人的违约责任

技术服务合同的受托人未按照约定完成服务工作的，应当承担免收报酬等违约责任。具体而言：（1）受托人逾期交付或未能交付工作成果的，应当支付违约金。（2）受托人的工作成果具有缺陷或错误，不能达到合同约定的技术标准要求或质量要求的，根据缺陷程度，应当承担适当减收或免收报酬等违约责任。（3）受托人对委托人交付的样品、技术资料保管不善，造成缺少、变质、污染、损坏或灭失的，应当支付违约金或者赔偿损失。

> **第八百八十五条** 技术咨询合同、技术服务合同履行过程中，受托人利用委托人提供的技术资料和工作条件完成的新的技术成果，属于受托人。委托人利用受托人的工作成果完成的新的技术成果，属于委托人。当事人另有约定的，按照其约定。

【要义精解】

本条是关于新创技术成果的归属和分享的规定。

所谓新创技术成果，是指技术咨询合同或者技术服务合同的当事人，在履行合同义务之外派生的或者后续发展的技术成果。根据本条规定，处理新创技术成果的归属和分享，有两项基本原则：（1）谁完成谁拥有；（2）允许当事人作特别约定。具体而言：（1）在技术咨询合同、技术服务合同履行过程中，受托人利用委托人提供的技术资料和工作条件完成的新的技术成果，除当事人另有约定的，属于受托人。（2）委托人利用受托人的工作成果完成的新的技术成果，除当事人另有约定的，属于委托人。（3）当事人可以在合同中就新技术成果的归属和享有作另行约定。例如，双方共同共有；或者一方所有，另一方享有免费使用权。

> **第八百八十六条** 技术咨询合同和技术服务合同对受托人正常开展工作所需费用的负担没有约定或者约定不明确的，由受托人负担。

【要义精解】

本条是关于正常费用负担的规定。

所谓正常费用，包括技术咨询合同受托人开展调查研究、分析论证、试验测定等工作正常所需费用，以及技术服务合同受托人提供服务正常所需费用。正常开展工作所需费用，受托人通常是知悉且能掌握的，在当事人没有约定或者约定不明时，由受托人负担，可以防止让委托人承担不必要的支出。

【对照适用】

与原《合同法》相比，本条规定是新增条款。原《合同法》第十八章"技术合同"一章并未对技术咨询合同和技术服务合同中受托人开展工作所需费用没有约定或约定不明时费用负担的问题作出明确规定。为减少法律争议，我国原2004年《最高人民法院关于审理技术合同纠纷案件适用法律若干问题的解释》（现已失效）第31条第1款规定："当事人对技术咨询合同受托人进行调查研究、分析论证、试验测定等所需费用的负担没有约定或者约定不明确的，由受托人承担。"第35条第1款规定："当事人对技术服务合同受托人提供服务所需费用的负担没有约定或者约定不明确的，由受托人承担。"本条规定源于这两条司法解释，并将其合并为一条规定以简化表达，且将适用范围限制于"受托人正常开展工作所需费用"的范围内。

第八百八十七条 法律、行政法规对技术中介合同、技术培训合同另有规定的，依照其规定。

【要义精解】

本条是关于技术中介合同、技术培训合同的法律适用的规定。

技术中介合同和技术培训合同是技术服务合同的两个具体类别。技术中介合同，是指当事人一方以知识、技术、经验和信息为另一方与第三人订立技术合同，进行联系、介绍以及对履行合同提供专门服务所订立的合同。技术培训合同，是指当事人一方委托另一方对指定的学员进行特定项目专业技术训练和技术指导所订立的合同，不包括职业培训、文化学习和按照行业、法人或者非法人组织的计划进行的职工业余教育。技术中介合同和技术培训合同在实践中大量存在，情况比较复杂，产生的纠纷较多。国家为了规范技术中介和技术培训服务市场，出台了一系列的规定。根据本条的规定，法律、行政法规对技术中介合同、技术培训合同另有规定的，优先适用其规定。

第二十一章　保管合同

> **第八百八十八条**　保管合同是保管人保管寄存人交付的保管物，并返还该物的合同。
>
> 寄存人到保管人处从事购物、就餐、住宿等活动，将物品存放在指定场所的，视为保管，但是当事人另有约定或者另有交易习惯的除外。

【要义精解】

本条是关于保管合同定义的规定。

保管合同是保管人保管寄存人交付的保管物，并返还该物的合同。在保管合同中，保管物品的一方成为保管人，交付物品保管的一方称为寄存人，所保管的物品称为保管物。保管合同具有以下法律特征：（1）保管合同以物品保管为目的，物品既包括特定物，也包括种类物；既包括动产，也包括不动产。（2）保管合同须有保管物占有的转移，但不涉及保管物所有权或者使用权的转移。未经寄存人同意，保管人无权使用或者处分保管物。（3）保管合同可以为无偿的，也可以为有偿的。车站、码头等场所开设的行李寄存处大多为有偿保管，而在其他场合，保管作为社会成员之间的互助或者附加服务的一种形式多为无偿的。（4）保管合同可以为单务合同，也可以为双务合同。在无偿保管的场合为单务合同，在有偿保管的场合为双务合同。

【对照适用】

与原《合同法》第365条相比，本条规定增加了第2款，即："寄存人到保管人处从事购物、就餐、住宿等活动，将物品存放在指定场所的，视为保管，但是当事人另有约定或者另有交易习惯的除外。"随着自助寄存的兴起，许多商场、餐厅、酒店都为客户提供了自助寄存柜等寄存方式。在司法实践中，对于该种行为的性质是属于保管合同还是借用合同存在着较大的争议。本条第2款明确了这种行为的法律性质，有助于统一司法实践中相关案例的法律适用。

> **第八百八十九条**　寄存人应当按照约定向保管人支付保管费。
>
> 当事人对保管费没有约定或者约定不明确，依据本法第五百一十条的规定仍不能确定的，视为无偿保管。

【要义精解】

本条是关于保管费支付的规定。

保管合同可以分为有偿合同和无偿合同两类。寄存人和保管人如果约定保管是有偿的，寄存人应当按照约定向保管人支付保管费。寄存人和保管人如果没有约定或者约定不明确，可以依据《民法典》第510条的规定，先由双方协议补充，不能达成协议的，按照合同有关条款、合同性质、合同目的或者交易习惯确定；如果仍不能确定的，视为无偿保管。在无偿保管中，寄存人虽然无须支付保管费，但仍需支付保管人为保管保管物而支出的必要费用。

【对照适用】

我国原《合同法》第366条规定："寄存人应当按照约定向保管人支付保管费。当事人对保管费没有约定或者约定不明确，依照本法第六十一条的规定仍不能确定的，保管是无偿的。"对比可以发现，本条规定主要将"保管是无偿的"，修改为"视为无偿保管"。这一修改可以使法律表达更为严谨，因为在无法确定当事人对保管费的真实合意时，推定为无偿保管。

> **第八百九十条**　保管合同自保管物交付时成立，但是当事人另有约定的除外。

【要义精解】

本条是关于保管合同成立时间的规定。

保管合同的成立，不仅需要有当事人双方意思表示一致，而且需要有寄存人将保管物交付给保管人，即寄存人交付保管物是保管合同成立的要件，但当事人另有约定的除外。(1) 保管物的交付，是指寄存人将对保管物的占有转移至保管人。交付可以是直接交付保管人，可以由第三人间接交付，也可以采取简易交付或者占有改定的形式。(2) 当事人如另有约定，应当以文字或其他可以确认的书面形式表现。例如，当事人在合同中明确约定"自合同签字之日起即成立"。

> **第八百九十一条** 寄存人向保管人交付保管物的，保管人应当出具保管凭证，但是另有交易习惯的除外。

【要义精解】

本条是关于保管人出具保管凭证义务的规定。

根据本条规定，寄存人向保管人交付保管物后，保管人应当向寄存人出具保管凭证。保管凭证不是保管合同成立生效的形式要件，也不是保管合同的书面形式，仅是保管合同关系存在的证明。如果当事人另有约定，或者依交易习惯无须出具保管凭证的，也可以不出具，不影响保管合同的成立生效。

【对照适用】

与原《合同法》第 368 条相比，本条规定将"给付"保管凭证，修改为"出具"保管凭证，以使表达更为准确。在法律用语中，给付通常为债权债务所指向的对象，如给付金钱货币。

> **第八百九十二条** 保管人应当妥善保管保管物。
> 当事人可以约定保管场所或者方法。除紧急情况或者为维护寄存人利益外，不得擅自改变保管场所或者方法。

【要义精解】

本条是关于保管人妥善保管义务的规定。保管人应当妥善保管保管物。

保管合同的目的是为寄存人保管保管物，即维持保管物的现状并予以返还。保管保管物是保管人依保管合同应负的主要义务。保管人对保管物的保管，应尽到相当的注意义务。一般而言，在无偿保管合同中，保管人应尽与保管自己物品同样的注意义务，对于故意和重大过失承担赔偿责任；在有偿保管合同中，保管人应尽善良保管人的注意义务，存在过失就应承担赔偿责任。

当事人可以约定保管场所或者方法。当事人已经约定的，应当从其约定；当事人无约定的，保管人应当依保管物的性质、合同目的及诚实信用原则，妥善保管保管物。当事人约定了保管场所或者保管方法的，除紧急情况或者为维护寄存人利益外，不得擅自改变保管场所或者方法。出现紧急情况，如保管物因第三人的原因或者因自然原因，可能发生毁损、灭失的危险时，保管人除应当及时通知寄存人外，为了维护寄存人的利益，可以改变原来约定的保管场所或者保管方法。

> **第八百九十三条**　寄存人交付的保管物有瑕疵或者根据保管物的性质需要采取特殊保管措施的，寄存人应当将有关情况告知保管人。寄存人未告知，致使保管物受损失的，保管人不承担赔偿责任；保管人因此受损失的，除保管人知道或者应当知道且未采取补救措施外，寄存人应当承担赔偿责任。

【要义精解】

本条是关于寄存人告知义务的规定。

根据本条规定，寄存人交付的保管物有瑕疵，或者根据保管物的性质需要采取特殊保管措施的，如保管物属于易燃、易爆、有毒、有腐蚀性、有放射性等危险物品或者易变质物品，寄存人对保管人负有告知保管物有关情况的义务。寄存人未尽告知义务，致使保管物遭受损失的，保管人不承担赔偿责任。寄存人未尽告知义务，致使保管人的人身、财产遭受损失的，寄存人应当承担赔偿责任。但保管人知道或者应当知道并且未采取补救措施的，寄存人不用承担赔偿责任。所谓保管人知道或者应当知道并且未采取补救措施，是指虽然寄存人没有履行告知义务，但保管人在接受寄存人交付的保管物时或者在保管期间，已经发现了保管物存在瑕疵、危险或变质等特殊情况，没有将发现的情况及时通知寄存人并要求寄存人采取措施，或者主动采取一些措施，以避免损失的发生或扩大。在这种情况下，应适用过失相抵原则。

【对照适用】

与原《合同法》第370条相比，本条主要作了如下修改：（1）将"按照"修改为"根据"。按照是依照、遵照的意思，例如，依照法律、合同或者交易习惯行事，遵照上级指示或遵照医嘱。而根据是依据的意思，是将事物作为结论的前提或行为的基础，如根据保管物的性质采取保护措施。因此，"根据保管物的性质需要采取特殊保管措施的"表达更为准确。（2）将"损害赔偿责任"修改为"赔偿责任"。寄存人未尽告知义务，致使保管人的人身、财产遭受损失的，寄存人应当根据合同承担的赔偿责任，是一种违约责任。

> **第八百九十四条** 保管人不得将保管物转交第三人保管，但是当事人另有约定的除外。
>
> 保管人违反前款规定，将保管物转交第三人保管，造成保管物损失的，应当承担赔偿责任。

【要义精解】

本条是关于保管人的亲自保管义务的规定。

所谓亲自保管，包括保管人自己保管，也包括使用履行辅助人辅助保管。保管人未征得寄存人的同意，擅自将保管物转交第三人保管，因此造成保管物损失的，应当承担赔偿责任。在征得寄存人同意的前提下，保管人将保管物转交第三人代为保管的，保管人应对第三人的选任和指示的过失承担责任，若保管人在第三人的选任和指示上没有过错的，则不用承担责任。

> **第八百九十五条** 保管人不得使用或者许可第三人使用保管物，但是当事人另有约定的除外。

【要义精解】

本条是关于保管人不得使用或者许可第三人使用保管物义务的规定。

保管合同的目的是为寄存人保管保管物，维持保管物的现状。保管人只有权占有保管物，而不能使用或者让第三人使用保管物，但经寄存人同意或者基于保管物的性质必须使用（保管物的使用属于保管方法的一部分）的情形除外。如果保管人未经同意，擅自使用保管物或者让第三人使用保管物，造成保管物损坏的，保管人应当承担赔偿责任。即使没有造成保管物损坏，保管人也应向寄存人支付相当的报酬作为补偿。

第八百九十六条 第三人对保管物主张权利的，除依法对保管物采取保全或者执行措施外，保管人应当履行向寄存人返还保管物的义务。

第三人对保管人提起诉讼或者对保管物申请扣押的，保管人应当及时通知寄存人。

【要义精解】

本条是关于保管人返还保管物及其危险通知义务的规定。

返还保管物是保管人的基本义务。基于合同的相对性原理，保管人应当向寄存人返还保管物。即使第三人对保管物主张权利的，除非有关机关依法对保管物采取保全或者执行措施外，保管人仍应当履行向寄存人返还保管物的义务。所谓第三人对保管物主张权利，包括第三人认为该保管物属于其所有而被他人非法占有时，向人民法院起诉，请求人民法院依法责令不法占有人返还原物。财产保全是指人民法院在案件受理前或者诉讼过程中，为保证将来生效判决的顺利执行，对当事人的财产或者争议的标的物采取的强制措施。财产保全的措施有查封、扣押、冻结或法律规定的其他方法。执行措施是指人民法院的执行机构依照法律规定的程序，对发生法律效力的法律文书确定的给付内容，运用国家的强制力依法采取执行措施，强制义务人履行义务的行为。就保管合同的保管物而言，执行主要是强令交付，即强令将保管物交付给所有权人，或者先由人民法院采取扣押的措施，再转交给所有权人。

同时，第三人对保管人提起诉讼或者对保管物申请扣押的，保管人应当及时通知寄存人。一方面，这与保管人的返还义务相关，因为在发生第三人起诉或扣押危险时，可能会导致保管人不能向寄存人返还保管物；另一方面，这有助于使寄存人及时了解保管物的情况，采取措施维护自己的合法权益，如参加诉讼、提供担保解除保全措施等。

第八百九十七条　保管期内，因保管人保管不善造成保管物毁损、灭失的，保管人应当承担赔偿责任。但是，无偿保管人证明自己没有故意或者重大过失的，不承担赔偿责任。

【要义精解】

本条是关于保管人赔偿责任的规定。

根据本条规定，保管人承担保管不善的赔偿责任，应当具备以下条件：（1）保管物必须是在保管期内毁损、灭失的。如果是在保管合同成立之前或者保管期限届满之后发生，保管人不用承担赔偿责任。（2）保管物毁损、灭失是由于保管人保管不善造成的，二者之间存在直接的因果关系。（3）不存在法定免责情形。例如，寄存人未尽告知义务导致保管物未能妥善保管的。

如果保管是有偿的，无论保管人是故意还是过失，都对因保管不善造成的保管物损毁、灭失承担赔偿责任。但如果保管人能够证明已经尽到妥善保管义务，保管物由于自身的性质或者包装不符合约定造成毁损、灭失的，那么保管人不承担赔偿责任。如果保管是无偿的，保管人只对故意或者重大过失造成的保管物毁损、灭失的情形承担赔偿责任。所谓重大过失，是指保管人对保管物明知可能造成毁损、灭失而轻率地作为或者不作为，导致保管物毁损、灭失的。

【对照适用】

我国原《合同法》第374条规定："保管期间，因保管人保管不善造成保管物毁损、灭失的，保管人应当承担损害赔偿责任，但保管是无偿的，保管人证明自己没有重大过失的，不承担损害赔偿责任。"对比可以发现，本条主要作了如下修改：（1）将"损害赔偿责任"修改为"赔偿责任"。保管期内，因保管人保管不善造成保管物毁损、灭失的，保管人应当承担的赔偿责任，是一种违约责任。（2）将"证明自己没有重大过失的"，修改为"证明自己没有故意或者重大过失的"，以使语言表达更为全面和准确。

第八百九十八条　寄存人寄存货币、有价证券或者其他贵重物品的，应当向保管人声明，由保管人验收或者封存；寄存人未声明的，该物品毁损、灭失后，保管人可以按照一般物品予以赔偿。

【要义精解】

本条是关于寄存人寄存贵重物品声明义务的规定。

保管物因性质、种类、贵重程度等方面的不同，在保管上的注意事项和要求也不尽相同。相比一般物品，货币、有价证券或者其他贵重物品的保管要求更高，需要保管人尽较高的注意义务。为了保管人能够更好地履行注意义务，本条规定，寄存人寄存货币、有价证券或者其他贵重物品的，应向保管人声明，由保管人验收或者封存。声明的内容是保管物的性质及数量，保管人在验收后进行保管或者以封存的方式进行保管。寄存人的声明可以在保管合同中注明，也可以在保管凭证中注明，还可以是其他能够使保管人知晓保管物种类、性质的方式。

寄存人未声明的，该物品毁损、灭失后，保管人可以按照一般物品予以赔偿。寄存人寄存货币、有价证券或者其他贵重物品，按照一般物品寄存，或者混杂于一般物品之中未声明的，如果毁损、灭失或与其他一般物品一并毁损、灭失的，保管人不用按照该物品的实际价值赔偿，只要按照一般物品予以赔偿即可。

第八百九十九条　寄存人可以随时领取保管物。

当事人对保管期限没有约定或者约定不明确的，保管人可以随时请求寄存人领取保管物；约定保管期限的，保管人无特别事由，不得请求寄存人提前领取保管物。

【要义精解】

本条是关于领取保管物的规定。

根据本条规定，保管合同不管是否约定保管期限，寄存人都可以随时领取保管物。如果约定的保管期限届满，寄存人逾期取回保管物的，视为保管合同的延长，保管人可以要求寄存人支付延长时间的保管费用。当事人对保管期限没有约定或者约定不明确的，无论有偿或无偿保管，保管人可以随时请求寄存人领取保管物，终止保管合同。如果约定了保管期限，保管人无特别事由，不得请求寄存人提前领取保管物。

【对照适用】

与原《合同法》第376条相比，本条规定主要将"不得要求寄存人提前领取保管物"，修改为"不得请求寄存人提前领取保管物"，以使表达更加符合法律用语习惯。在法律用语中，"请求"通常指法律关系的一方主体请求另一方主体为或不为一定行为。

第九百条　保管期限届满或者寄存人提前领取保管物的，保管人应当将原物及其孳息归还寄存人。

【要义精解】

本条是关于保管物及孳息返还的规定。

孳息是指原物产生的物，包括天然孳息和法定孳息。天然孳息是原物根据自然规律产生的物，如果实、幼畜。法定孳息是原物根据法律规定带来的物，如存款利息、股利、租金等。根据物权的一般原则，除法律或合同另有约定外，孳息归原物所有权人所有。保管期限届满或者寄存人提前领取保管物的，保管人应当将原物及其孳息归还寄存人。

第九百零一条　保管人保管货币的，可以返还相同种类、数量的货币；保管其他可替代物的，可以按照约定返还相同种类、品质、数量的物品。

【要义精解】

本条是关于消费保管合同的规定。

当保管物为可替代物时，当事人可以约定将保管物的所有权转移给保管人，保管期限届满由保管人以相同种类、品质、数量的物品返还。这类保管合同也被称为消费保管合同，或者不规则保管合同。其主要特点如下：（1）保管物为可替代物，即种类物。寄存人就特定物寄存的，保管人只能返还原物。（2）当事人约定将保管物的所有权转移给保管人，保管人在接受保管物后享有占有、使用、收益和处分的权利，同时也承担该物灭失的风险。并不是所有种类物的保管都属于消费保管，只有当事人约定将保管物的所有权转移给保管人的才属于消费保管。但当保管物为货币时，保管人返还相同种类、数量的货币即可，无须另行约定。（3）保管人以相同种类、品质、数量的物品返还即可。

> **第九百零二条**　有偿的保管合同，寄存人应当按照约定的期限向保管人支付保管费。
>
> 当事人对支付期限没有约定或者约定不明确，依据本法第五百一十条的规定仍不能确定的，应当在领取保管物的同时支付。

【要义精解】

本条是关于保管费支付期限的规定。

在有偿保管合同中，寄存人应当按照约定的期限向保管人支付保管费。当事人可以约定在寄存保管物之时或者领取保管物之时支付保管费，也可以约定一次性支付保管费或者分期支付保管费。

当事人对支付期限没有约定或者约定不明确的，依据如下规则支付：（1）依据《民法典》第510条的规定，可以协议补充，不能达成补充协议的，按照合同有关条款、合同性质、合同目的或者交易习惯确定；（2）依前述方法仍然不能确定的，应当在领取保管物的同时支付。

> **第九百零三条**　寄存人未按照约定支付保管费或者其他费用的，保管人对保管物享有留置权，但是当事人另有约定的除外。

【要义精解】

本条是关于保管人留置权的规定。

寄存人应当按照合同的约定向保管人支付保管费和约定的其他费用。所谓其他费用，是指保管人为保管保管物而实际支出的必要费用。如果寄存人违反约定不支付保管费以及其他费用的，根据本条规定，保管人对保管物享有留置权，即以该财产折价或者以拍卖、变卖该财产的价款优先受偿的权利。但当事人也可以在合同中约定不得留置的物。

第二十二章　仓储合同

第九百零四条　仓储合同是保管人储存存货人交付的仓储物，存货人支付仓储费的合同。

【要义精解】

本条是关于仓储合同定义的规定。

所谓仓储合同，又称仓储保管合同，是指保管人储存存货人交付的仓储物，存货人支付仓储费的合同。在仓储合同中，提供货物交付存储并支付存储费用的一方为存货人，负责为他人货物存储并收取存储费的一方称为保管人或者仓管人。保管人存储保管的货物称为仓储物。

仓储合同主要具有以下特征：（1）保管人须具有仓库营业资质。保管人必须具有仓储设备、仓储从业人员等行业标准规定的从业条件，并专门从事仓储保管业务。（2）仓储合同为双务合同，当事人双方互负权利义务。（3）仓储合同为有偿合同。保管人提供存储保管服务，存货人须支付相应的仓储费用。（4）仓储合同为不要式合同。订立仓储合同，法律并不要求采取一定的形式。（5）仓储合同为诺成合同，双方当事人的意思表示一致即可成立。（6）仓储合同中的标的物是动产，不动产不能成为仓储合同的标的物。

仓储合同的主要内容和条款一般包括：货物的品名或品类；货物的数量、质量、包装；货物验收的内容、标准、方法、时间；货物保管条件和保管要求；货物进出库手续、时间、地点、运输方式；货物损耗标准和损耗的处理；计费标准和支付方式；责任划分和违约处理等。

第九百零五条　仓储合同自保管人和存货人意思表示一致时成立。

【要义精解】

本条是关于仓储合同成立的规定。

仓储合同为诺成合同、不要式合同，双方当事人的意思表示一致即可成立。法律并不要求订立仓储合同必须采取一定的形式，订立仓储合同既可以采用书面形式也可以采用口头形式。仓储合同一经成立即对当事人产生法律约束力。

这是仓储合同与保管合同的重要区别之一。《民法典》第890条规定："保管合同自保管物交付时成立，但是当事人另有约定的除外。"保管合同为实践性合同，在保管物交付之前，寄存人改变交易意愿，保管人所受损失只能依缔约过失责任向存货人主张赔偿。仓储合同作为商事合同，具有专业性和营利性。在仓储物入库前，保管人就需要开始准备仓储的场地、设备等履行合同的必要条件，支付一定的成本或费用。仓储合同一经成立即生效，如果存货人反悔不交付货物储存，保管人可以依据违约责任主张赔偿，这有利于保护仓储合同中保管人的利益。

【对照适用】

与原《合同法》"仓储合同"一章对比可以发现，本条关于仓储合同的成立时间条款为新增条款，同时，原《合同法》中关于仓储合同的生效时间条款被删除了。原《合同法》第382条规定："仓储合同自成立时生效。"之所以删除此条款，是因为民法典总则编部分对此已有规定。《民法典》第136条第1款规定："民事法律行为自成立时生效，但是法律另有规定或者当事人另有约定的除外。"在民法典合同编没有另外规定的，适用上述规定。

> 第九百零六条 储存易燃、易爆、有毒、有腐蚀性、有放射性等危险物品或者易变质物品的，存货人应当说明该物品的性质，提供有关资料。
>
> 存货人违反前款规定的，保管人可以拒收仓储物，也可以采取相应措施以避免损失的发生，因此产生的费用由存货人负担。
>
> 保管人储存易燃、易爆、有毒、有腐蚀性、有放射性等危险物品的，应当具备相应的保管条件。

【要义精解】

本条是关于危险物品和易变质物品储存的规定。

其一，存货人的告知义务。储存易燃、易爆、有毒、有腐蚀性、有放射性等危险物品或者易变质物品的，存货人应当说明该物品的性质，提供有关资料。一方面，这些危险物品和易变质物品往往需要特殊的存储条件和存储方式，如果存货人不履行告知义务，保管人在不知情的情况下，很可能会采取一般的存储设施和条件，从而留下安全隐患或者不利于物品保存；另一方面，签订和履行合同时需要遵循诚实信用原则的基本要求，存货人只有如实告知，保管人才能根据自身的条件和能力，确定是否签订仓储合同。

其二，存货人违反告知义务的，保管人在入库验收时，发现是危险物品或者易变质物品的，可以拒收仓储物；保管人在接收仓储物之后，发现是危险物品或易变质物品的，除及时通知存货人外，可以采取相应措施以避免损失的发生，因此产生的费用由存货人负担。存货人没有履行告知义务，给保管人的财产或者其他存货人的货物造成损害的，存货人应当承担赔偿责任。

其三，保管人储存易燃、易爆、有毒、有腐蚀性、有放射性等危险物品的，应当具备相应的保管条件。如果保管人不具备相应的保管条件，在存货人履行了告知义务时，还对上述危险品予以存储，对自身造成的损害，存货人不负赔偿责任。

第九百零七条 保管人应当按照约定对入库仓储物进行验收。保管人验收时发现入库仓储物与约定不符的，应当及时通知存货人。保管人验收后，发生仓储物的品种、数量、质量不符合约定的，保管人应当承担赔偿责任。

【要义精解】

本条是关于仓储物验收的规定。

其一，保管人对货物进行验收的权利和义务。对入库仓储物进行验收，是保管人的权利，也是保管人的义务。只有保管人进行入库验收，才能及时发现存货人提供的货物是否符合合同中的约定。

其二，保管人验收的内容。保管人应按照合同约定的验收项目、验收方法、验收期限对入库仓储物进行验收。验收内容包括货物的品种、数量、质量、规格、外包装等情况。验收的方法，有全部验收和按比例抽查等方式。货物经过保管人验收后没有异议的，视为货物符合合同约定的条件，保管人应当接受货物并妥善存储。

其三，验收时发现问题的处理。保管人验收时发现入库仓储物与约定不符合的，应当及时通知存货人。与约定不符合的情形，包括品名、规格、数量、质量、外包装等状况与合同约定的不一致。双方应当就发现的问题及时沟通协商和解决。协商不能达成一致意见的，保管人有权将不符合约定的货物予以退回。

其四，保管人验收后，发生仓储物的品种、数量、质量不符合约定的，保管人应当承担赔偿责任。

> **第九百零八条　存货人交付仓储物的，保管人应当出具仓单、入库单等凭证。**

【要义精解】

本条是关于保管人出具仓单、入库单等凭证的义务的规定。仓单、入库单等凭证是保管人应存货人的要求，在收到仓储物后给存货人开付的凭证。

其一，仓单。仓单是一种有价证券，存货人可以凭借仓单提取仓储物，也可以将仓单背书转让。仓单是保管人收到仓储物的证明，可以证明保管人和存货人之间仓储关系的存在。仓单一般为双联式，其中一联交存货人，一联为保管人的存根。

其二，入库单等凭证。入库单是仓储物入库的凭证，是保管人对入库仓储物的确认。实践中，除了仓单、入库单之外，仓储保管过程中可能还会涉及出库单、领料单等凭证。保管人应当按照合同约定或存货人的要求交付相关凭证。

【对照适用】

我国原《合同法》第385条规定："存货人交付仓储物的，保管人应当给付仓单。"对比可以发现，本条规定主要有如下修改：（1）将"给付"

修改为"出具",以使表达更为准确和清晰。(2) 增加"入库单等凭证",丰富了存货人交付仓储物后可以获得的凭证类型,更加符合我国仓储保管业的实际情况。

> **第九百零九条** 保管人应当在仓单上签名或者盖章。仓单包括下列事项:
>
> (一)存货人的姓名或者名称和住所;
>
> (二)仓储物的品种、数量、质量、包装及其件数和标记;
>
> (三)仓储物的损耗标准;
>
> (四)储存场所;
>
> (五)储存期限;
>
> (六)仓储费;
>
> (七)仓储物已经办理保险的,其保险金额、期间以及保险人的名称;
>
> (八)填发人、填发地和填发日期。

【要义精解】

本条是关于仓单签章以及仓单应载事项的规定。

其一,保管人应当在仓单上签名或者盖章。由于仓单是一种有价证券和物权凭证,并且仓单是保管人收到仓储物的证明,因此保管人签发仓单必须签名或者盖章,以证明仓单的真实性,并表明其对仓单记载的内容予以确认。否则,仓单不产生相应的效力。

其二,仓单记载的内容。仓单可经背书而产生物权转移的效力,对仓储物详细情况的记载有助于其效力的实现,也有助于避免日后产生纠纷。仓单上应包括下列事项:(1)存货人的姓名或者名称和住所。仓单是一种记名证券和物权凭证,仓单上应当记载存货人的姓名或者名称和住所。(2)仓储物的品种、数量、质量、包装及其件数和标记。(3)仓储物的损耗标准,即对仓储物损耗程度的标准进行约定。(4)储存场所,即存储地点。(5)储存期限,即保管人承担义务的期限。(6)仓储费,即支付给保管人的报酬。(7)仓储物已经办理保险的,其保险金额、期间以及保险人的名称。(8)填发人、填发地和填发日期。

第九百一十条　仓单是提取仓储物的凭证。存货人或者仓单持有人在仓单上背书并经保管人签名或者盖章的，可以转让提取仓储物的权利。

【要义精解】

本条是关于仓单的背书及其效力的规定。

其一，仓单的效力。仓单是提取仓储物的凭证，既是一种物权凭证，也是一种有价证券，可以依法转让。存货人可以凭借仓单提取仓储物，也可以将仓单进行转让。仓单具有两个方面的效力：提取仓储物的效力和转移仓储物的效力。只要持有仓单，就意味着有权利主张提取货物。保管人见到仓单后，有义务为仓单持有人提供货物。

其二，仓单的背书。仓单的转让，除了需要存货人或者仓单持有人在仓单上背书以外，还需要经保管人签名或者盖章。仓单的背书转让必须告知保管人并取得同意，如果只有存货人或者仓单持有人的背书，没有保管人签字或者盖章，即使交付了仓单，转让行为也不发生效力。

第九百一十一条　保管人根据存货人或者仓单持有人的要求，应当同意其检查仓储物或者提取样品。

【要义精解】

本条是关于存货人或者仓单持有人检查权和提取样品的权利的规定。

依据本条规定，当存货人或者仓单持有人要求检查货物或者提取样品时，保管人应当同意。换言之，存货人或者仓单持有人享有：（1）检查权。存货人或者仓单持有人作为货物的所有人，享有货物的所有权，有权了解仓储物的储存情况。而且，检查权有利于存货人或者仓单持有人及时了解和发现保管人的存储是否恰当，以便维护自身的合法利益。（2）提取样品的权利。如果存货人意图转让货物，可以通过提取样品向第三人展示，促成转让协议的达成。

第九百一十二条 保管人发现入库仓储物有变质或者其他损坏的，应当及时通知存货人或者仓单持有人。

【要义精解】

本条是关于保管人危险通知义务的规定。

依据本条规定，保管人发现入库仓储物有变质或者其他损坏的，应当及时通知存货人或者仓单持有人。危险通知义务属于保管人的基本义务，是保管人尽善良管理人的义务妥善保管仓储物的要求，也是诚实信用原则的体现。

第九百一十三条 保管人发现入库仓储物有变质或者其他损坏，危及其他仓储物的安全和正常保管的，应当催告存货人或者仓单持有人作出必要的处置。因情况紧急，保管人可以作出必要的处置；但是，事后应当将该情况及时通知存货人或者仓单持有人。

【要义精解】

本条是关于保管物危及其他仓储物的处置的规定。

依据本条规定，当保管人发现入库仓储物有变质或者其他损坏，并且危及其他仓储物的安全和正常保管的，应当催告存货人或者仓单持有人作出必要的处置。因情况紧急，保管人可以在未经存货人或者仓单持有人同意的情况下，直接对仓储物作出必要的处置，但事后保管人应当及时将情况告知存货人或者仓单持有人。本条的立法目的主要在于防止损害情况进一步扩大。存货人或仓单持有人在接到通知或催告后，应当及时对仓储物存在的问题进行合理的处置。存货人或者仓单持有人怠于行使义务导致保管人其他仓储物受损害的，应当承担赔偿责任。

第九百一十四条 当事人对储存期限没有约定或者约定不明确的，存货人或者仓单持有人可以随时提取仓储物，保管人也可以随时请求存货人或者仓单持有人提取仓储物，但是应当给予必要的准备时间。

【要义精解】

本条是关于仓储物提取时间的规定。

依据本条规定，当事人对储存期限没有约定或者约定不明确的，存货人或者仓单持有人依如下规则提取仓储物：（1）存货人或者仓单持有人可以随时提取仓储物。存货人或仓单持有人可以随时主张提取仓储物，保管人需要予以配合。（2）保管人也可以随时请求存货人或者仓单持有人提取仓储物，但应当给予存货人或仓单持有人必要的准备时间。一般而言，保管人应当预先通知存货人或仓单持有人提货，并根据仓储物的数量、规模等实际情况确定一个合理的期限，给存货人或仓单持有人留出必要的准备时间，存货人或者仓单持有人在期限截止前提货即可。

> **第九百一十五条　储存期限届满，存货人或者仓单持有人应当凭仓单、入库单等提取仓储物。存货人或者仓单持有人逾期提取的，应当加收仓储费；提前提取的，不减收仓储费。**

【要义精解】

本条是关于储存期限届满仓储物提取的规定。

依据本条规定，储存期限届满，存货人或者仓单持有人依如下规则提取仓储物：（1）存货人或者仓单持有人应当凭仓单、入库单等提取仓储物。合同约定的储存日期到期，存货人或者仓单持有人应当及时按照合同约定的时间提取仓储物，支付仓储费用，并凭借仓单、入库单等凭证提取仓储物。否则，保管人有权拒绝提取。（2）存货人或者仓单持有人逾期提取的，应当加收仓储费。存货人或者仓单持有人超过合同上约定的期限提取货物的，除支付原有仓储费用之外，还应当对于超过的期限支付仓储费。（3）存货人或者仓单持有人提前提取仓储物的，保管人可以不减收仓储费。如果当事人双方协商一致，也可以减收一部分仓储费。

【对照适用】

与原《合同法》第 392 条相比，本条规定增加了"入库单等"，作为存货人或者仓单持有人提取仓储物的凭证。这与《民法典》第 908 条的修改相呼应。存货人和保管人可以在仓储合同中约定以仓单、入库单等其他凭证，作为仓储物入库时应给付的凭证和提取货物的凭证。如果合同没有约定，在合同实际履行过程中，存货人交付仓储物时，保管人给付的是仓单以外的入库单等其他凭证，存货人凭相应的入库单等凭证也可以提取仓储物。

第九百一十六条　储存期限届满，存货人或者仓单持有人不提取仓储物的，保管人可以催告其在合理期限内提取；逾期不提取的，保管人可以提存仓储物。

【要义精解】

本条是关于存货人或者仓单持有人逾期不提取仓储物的处置的规定。

依据本条规定，储存期限届满，存货人或者仓单持有人不提取仓储物的，保管人可以依如下规则处置仓储物：（1）保管人可以催告存货人或者仓单持有人在合理期限内提取仓储物。合理期限是指保管人根据货物的数量、大小、运输条件以及其他实际情况确定一个合理的期限。（2）经催告后，存货人或者仓单持有人和保管人重新达成协议的，按照新的协议规定处理。（3）经催告后，存货人或者仓单持有人在合理期限内仍然不提取的，保管人可以提存仓储物。提存是指如果因为债权人的原因导致债务人无法向其交付标的物的，债务人可以将有关物交给提存机关，从而使债权债务关系归于消灭。保管人将仓储物提存后，存货人或者仓单持有人来提取货物的，需要支付仓储费、违约金和提存费用。

第九百一十七条　储存期内，因保管不善造成仓储物毁损、灭失的，保管人应当承担赔偿责任。因仓储物本身的自然性质、包装不符合约定或者超过有效储存期造成仓储物变质、损坏的，保管人不承担赔偿责任。

【要义精解】

本条是关于仓储物损坏时赔偿责任的规定。

其一，储存期内，因保管不善造成仓储物毁损、灭失的，保管人应当承担赔偿责任。具体而言：（1）保管人未能履行保管义务造成仓储物毁损、灭失的。保管人应当按照合同约定和法律规定的存储条件以及储存要求保管仓储物，履行妥善保管义务和各项通知义务。（2）在储存期限内，只要是非因不可抗力、自然因素或货物本身自然性质、包装而发生的仓储物毁损、灭失，保管人均应承担赔偿责任。

其二，因仓储物本身的自然性质、包装不符合约定，或者超过有效储存期造成仓储物变质、损坏的，保管人不承担赔偿责任。保管人具有依据合同约定的方式和期限对仓储物进行保管的义务，但如果因寄存人交付的仓储物的自然性质、包装不符合约定造成仓储物变质、损坏的，或者因寄存人超过有效储存期不提取造成仓储物变质、损坏的，保管人不承担赔偿责任，而由寄存人自行对损失负责。在此种情形下，保管人需要履行《民法典》第912条规定的通知义务和第913条规定的催告义务。

【对照适用】

我国原《合同法》第394条前段规定："储存期间，因保管人保管不善造成仓储物毁损、灭失的，保管人应当承担损害赔偿责任。"本条将其修改为："储存期内，因保管不善造成仓储物毁损、灭失的，保管人应当承担赔偿责任。"而《民法典》第897条规定："保管期内，因保管人保管不善造成保管物毁损、灭失的，保管人应当承担赔偿责任。但是，无偿保管人证明自己没有故意或者重大过失的，不承担赔偿责任。"对比可以看出，仓储合同中的保管人较一般保管合同中的保管人负有更重的保管责任。在储存期内，虽非因保管人的过错或过失导致仓储物毁损、灭失的，仓储合同中的保管人也可能要承担相应的赔偿责任。

第九百一十八条　本章没有规定的，适用保管合同的有关规定。

【要义精解】

本条是关于仓储合同法律适用的规定。

根据本条规定，仓储合同一章没有规定的，适用保管合同的有关规定。仓储业是从保管业发展演变而来的一种更为专业化的货物保管业。在法律有特别规定时适用特别规定，在法律没有特别规定时仍然可以适用一般保管合同的有关规定。例如，保管人不得将仓储物交给第三人保管，保管人不得使用或者许可第三人使用仓储物等，这些规定虽然在仓储合同一章中没有规定，但是可以适用保管合同一章的规定。

第二十三章　委托合同

> **第九百一十九条**　委托合同是委托人和受托人约定，由受托人处理委托人事务的合同。

【要义精解】

本条规定了委托合同的概念。

委托合同具有如下特征：[1]第一，委托合同的标的是事务的处理行为。该行为既可以是法律行为，也可以是事实行为，但不得是根据事务的性质必须由委托人亲自处理的行为。该行为只是处理事务的手段，并非目的；其着重于过程，且必须尊重受托人的知识、技能、经验上的意见，不以一定结果的产生为必要。[2]第二，委托合同的订立以双方当事人相互信任为基础。因此，受托人原则上应当亲自处理委托事务。受托人不限于自然人，也可以是法人。第三，受托人以委托人的费用办理委托事务。委托合同是典型的劳务合同，委托合同订立后，受托人在委托人的授权范围内为委托人办理事务，因而办理事务所需要的费用要由委托人承担。第四，委托合同是诺成合同、不要式合同。委托合同当事人意思表示一致时，合同即告成立，无须以物的交付或者当事人的履行行为作为合同成立的要件。委托合同原则上为不要式合同，当事人可以根据实际情况选择适当的形式，但法律规定应采用书面形式的除外。委托合同不同于代理关系中的授权行为，前者须经受托人承诺才能成立，后者仅有被代理人的单方行为即可成立。第五，委托合同可以有偿，也可以无偿。委托合同是否有偿，应依法律规定或者当事人约定来确定。如果当事人没有约定或者约定不明的，可以事后达成补充协议；协议不成的，按照《民法典》第928条的规

---

〔1〕　李永军：《合同法》（第四版），中国人民大学出版社2016年版，第347页。
〔2〕　崔建远：《合同法》（第三版），北京大学出版社2016年版，第646页。

定，应当视为有偿。

【对照适用】

本条继受自原《合同法》第 396 条。在理解适用本条时，应与民法典总则编第七章规定的代理制度、民法典合同编第十七章规定的承揽合同，以及本法未明文规定的雇佣合同相区分。

代理是指代理人在代理权限以被代理人的名义实施民事法律行为，其行为后果直接对被代理人发生效力的制度。委托与代理的区别，是近代法学上的一个重大发现。罗马法将委托与代理等同，《法国民法典》承袭了罗马法，《德国民法典》吸收德国学者拉邦德（Laband）的理论，将二者区别规定。我国法亦继受这一区分，把代理与委托合同分别规定于总则编与合同编。二者的区别在于：第一，代理人的代理行为不包括事实行为，而受托人接受委托的行为则包括事实行为。第二，代理属于对外关系，涉及本人与代理人之外的第三人；而委托合同属于对内关系，仅涉及委托人与受托人。第三，代理关系的成立，被代理人授予代理人代理权属于单方法律行为；而委托合同为双方法律行为，如果缺少受托人承诺，委托合同就无法成立。

承揽合同是承揽人按照定作人的要求完成工作，交付工作成果，定作人支付报酬的合同。委托合同与承揽合同的区别在于：第一，委托合同的受托人是以委托人的名义和费用，按照委托人的要求完成一定工作，自己并不承担完成工作任务的风险；而承揽合同的承揽人是以自己的名义和费用，按照定作人的要求完成一定的工作，自己独立承担风险。第二，委托合同的受托人在完成委托人交办的事务时，一般会涉及与第三人进行民事活动；而承揽合同的承揽人在完成定作人交付的工作任务过程中，一般不涉及与第三人进行民事活动。第三，委托合同既可有偿，也可无偿；而承揽合同是有偿合同。

雇佣合同是当事人一方为他方提供劳务，他方为此给付报酬的合同。委托合同与雇佣合同存在相似之处，二者区别之处在于：第一，委托合同订立的目的在于由受托人为委托人办理事务，受托人提供劳务是满足这一目的的手段；而雇佣合同的订立目的是受雇人向雇用人提供劳务本身。[1]第二，委托合同中的受托人虽然须依照委托人的指示处理事务，但一般享

---

[1]　史尚宽：《债法各论》，中国政法大学出版社 2000 年版，第 291 页。

有一定的独立裁量的权利；而受雇人依据雇佣合同提供劳务，必须绝对服从雇用人的指示。第三，委托合同既可有偿，也可无偿；而雇佣合同必为有偿合同。

> **第九百二十条** 委托人可以特别委托受托人处理一项或者数项事务，也可以概括委托受托人处理一切事务。

【要义精解】

本条规定了受托人权限的范围。

依受托人权限的范围不同，委托可分为特别委托和概括委托。在特别委托的情形下，受托人仅有权处理该一项或者数项事务。在概括委托的情形下，受托人有权处理委托事务范围内的一切事务。这种划分的意义在于：受托人处理事务的权限范围不同，处理事务的结果的归属不同。受托人超越权限范围的行为对委托人无约束力，但经委托人追认或者构成表见代理的除外。受托人超越权限行事造成委托人损害的，应负违约责任。

【对照适用】

本条继受自原《合同法》第397条。受托人之权限，依委托契约而定；未约定者，依其委托事务之性质而定。受托人权限，也称为受托人事务处理权之范围，在《瑞士债法典》中第396条第1项规定为"委托之范围"。如果一项法律行为对于处理某项事务而言是必要的，那么为此行为，是受托人的义务；在其义务范围内，可以认为有包括代理权在内的处理权之授予。[1]对委托人的权益影响特别重大的事项，如诉讼代理律师代当事人和解的权限，必须经由特别委托授权。[2]

> **第九百二十一条** 委托人应当预付处理委托事务的费用。受托人为处理委托事务垫付的必要费用，委托人应当偿还该费用并支付利息。

---

〔1〕 史尚宽：《债法各论》，中国政法大学出版社2000年版，第389页。

〔2〕 崔建远：《合同法》（第三版），北京大学出版社2016年版，第648页。

【要义精解】

本条规定了委托人预付费用和偿还费用的义务。不论委托合同是否有偿，所产生的费用可以由受托人预付，也可以先由受托人垫付，但最终应当由委托人负担。

第一，委托人预付费用的义务。委托人应当预付费用的数额、时间、地点和方式等，应根据委托事务的性质和处理的具体情况而定。如果没有特别约定，受托人无垫付费用的义务。如果经受托人请求，委托人不预付费用，受托人因此不履行处理受托事务的义务，也不负履行迟延或拒绝履行的责任。在委托合同为有偿时，因委托人拒付费用以致影响受托人基于该合同的收益或给受托人造成损失的，受托人有权请求赔偿。[1] 受托人未完成委托事项的，应返还委托人预付的委托费用。

第二，委托人偿还受托人支出必要费用的义务。如果受托人为委托人垫付费用，委托人即负有偿还费用的义务。委托人偿还的费用一般限于受托人为处理事务所支出的必要费用及其利息。必要费用是指在处理受托事务不可或缺的费用，如交通费、住宿费、仓储费、手续费等。费用之必要与否，不以处理事务是否得到预期效果论，而应根据所委托事务的性质、受托人的注意义务和支出费用的具体情况而定。

【对照适用】

本条继受自原《合同法》第398条。本条所规定的费用不同于《民法典》第928条所规定的报酬。无论委托合同是否有偿，对于处理受托事务所产生的必要费用，委托人都应当承担。而《民法典》第928条所规定的仅仅是在有偿合同的情况下，在委托事务完成后，委托人按照约定、习惯或者委托事务的性质向受托人支付报酬。

对"必要"的判断可以从如下三项原则加以考虑：其一，直接性原则，即受托人支出的费用应与所处理的事务存在直接联系；其二，有益性原则，即该费用的支出应有利于委托人；其三，经济性原则，即受托人在直接支出费用时，应尽善良人的行为，采用尽量节约、适当的方法处理事

---

[1]　崔建远：《合同法》（第三版），北京大学出版社2016年版，第656页。

务。[1]对于必要费用的认定存在争议的，由委托人对其认为不必要的部分承担举证责任。委托人偿还费用时，应加付利息，利息从垫付之日起计算。双方关于利息有约定的从约定，没有约定的应以当时的法定存款利率计算。[2]

> **第九百二十二条** 受托人应当按照委托人的指示处理委托事务。需要变更委托人指示的，应当经委托人同意；因情况紧急，难以和委托人取得联系的，受托人应当妥善处理委托事务，但是事后应当将该情况及时报告委托人。

【要义精解】

本条规定了受托人应依照委托人的指示处理事务的义务。这是委托合同中受托人的基本义务。

指示是指委托人就事务处理的方法、形式、时间、地点或者过程等，对于受托人所做的表示。其性质是意思通知，并非意思表示。指示可以分命令性指示、指导性指示和任意性指示。对于命令性指示，受托人有绝对遵守的义务，不得依其判断和决定加以变更。对于指导性指示，受托人原则上应该遵守，但因客观情况变化且为了维护委托人的利益需要作出变更时，受托人可以酌情变更。对于任意性指示，受托人享有独立裁量的权利，对受托的事务处理得因势而定。

变更委托人指示的情形有二：（1）经委托人同意，这既可视为委托人变更了其授权，也可认为双方变更了委托合同；（2）情况紧急，受托人难以和委托人取得联系的情形，此时受托人可以变更委托人的指示，但应妥善处理委托事务，并事后将情况及时报告委托人。

【对照适用】

本条继受自原《合同法》第399条。受托人变更委托人的指示不当或者怠于将变更指示的情况报告委托人，给委托人造成损失的，受托人应负赔偿责任。委托合同为无偿的情形，受托人仅在故意或者重大过失的情况下才负赔偿责任。

---

[1] 胡康生主编：《中华人民共和国合同法释义》（第3版），法律出版社2013年版，第619页。
[2] 崔建远：《合同法》（第三版），北京大学出版社2016年版，第656页。

> **第九百二十三条** 受托人应当亲自处理委托事务。经委托人同意，受托人可以转委托。转委托经同意或者追认的，委托人可以就委托事务直接指示转委托的第三人，受托人仅就第三人的选任及其对第三人的指示承担责任。转委托未经同意或者追认的，受托人应当对转委托的第三人的行为承担责任；但是，在紧急情况下受托人为了维护委托人的利益需要转委托第三人的除外。

【要义精解】

本条规定了受托人亲自处理委托事务的义务与对转委托的要求。

一、受托人亲自处理委托事务的义务

所谓亲自处理，是指受托人独立负责执行事务，自主决定并掌控处理事务的必要方法、过程或者措施。如果受托人是自然人，受托人要本人以自己行为处理委托事务；如果受托人是法人或者其他组织，应以自己法定代表人或者其他工作人员的活动去办理委托事务。之所以要求受托人应亲自处理委托事务，是因为委托合同的订立和履行是以当事人双方之间的特别信任为基础，具有较强的人身属性。由于委托合同的标的是处理委托事务本身，而非委托事务的处理结果，因此委托事务的处理结果如何，受托人的自身情况具有重要作用。委托人之所以选定某一特定受托人为自己处理事务，是基于对受托人的品行、能力、经验的了解和信任；反过来，受托人之所以接受委托，也是基于对委托人的信任。委托合同的这种特别信任的要求高于其他种类的合同。因此，原则上应由受托人亲自处理委托事务。

二、转委托

转委托又称复委托，是指经委托人同意或者追认，受托人可以将委托事务的部分或者全部转由第三人处理，法律后果仍归委托人承受。于此情形，受托人和委托人之间的委托合同关系被称为原委托，受托人和第三人之间的委托合同关系被称为转委托或者复委托，第三人也被称为次委托人。根据该条的规定，转委托存在以下三种情形。

第一，经委托人同意或者追认的情形。此处的同意或者追认由委托人向受托人以意思表示为之，可以明示或者默示的方式作出，可以在委托合同成立时或者在受托人进行了转委托之后作出。于此情形，发生的法律效果如下：（1）委托人与第三人之间原则上不直接发生关系，但委托人可以就委托事务直接指示第三人。（2）委托人和受托人之间的法律关系原则上不变，但如果受托人选择第三人不当、对第三人发布指示有误，因此给委托人造成损失的，应当承担损害赔偿责任。受托人须就第三人的选人或者所为指示无过错承担举证责任。

第二，紧急情况下成立的转委托。此时须符合两个要件：一是发生了紧急情况；二是为维护委托人的利益需要。紧急情况下成立转委托必须是为了维护委托人的利益需要。法律上不允许任意转委托，是为了保护委托人的利益。如果紧急情况下所发生的转委托是为了维护委托人的利益，则具有正当性。

第三，非紧急情况下未经委托人同意或者追认的情形。在未经委托人同意或者追认，又不是紧急情况的情形下，受托人擅自将委托事务交给他人办理，受托人对次受托人的行为承担责任。具体而言，首先，在受托人与次受托人之间，存在有效的委托合同。其次，在受托人与委托人之间，受托人违反了亲自处理委托事务的义务，构成违约行为，委托人有权解除委托合同。一旦解除，次受托人即不得再处理委托事务；但在解除之前，委托人无权阻止受托人处理事务。再次，受托人对次受托人的行为有代负责任的义务，即不论受托人有无过失，只要次受托人应负责任，受托人就应负同一责任。二者之间的竞合关系宜解释为不真正连带债务，受托人因代负责任而赔偿委托人的，可请求委托人让与其对于次受托人的损害赔偿。

【对照适用】

本条继受自原《合同法》第400条，但增加了委托人追认的情形。对原《合同法》第400条所规定的"同意"，通说认为包括事前同意和事后同意两种。《民法典》第923条所增加的"追认"，即对这一通说的明确采纳。

对于第三人处理委托事务的结果，委托人有无直接请求权，以及第三人就其处理委托事务所支出的费用、所遭受的损失等能否直接请求委托人负责，该条没有明确规定。

第九百二十四条　受托人应当按照委托人的要求，报告委托事务的处理情况。委托合同终止时，受托人应当报告委托事务的结果。

【要义精解】

本条规定了受托人的报告义务。

受托人应当按照委托人的要求，报告委托事务的处理情况和处理结果，并提交必要的证明文件，如各种账目、收支计算情况等。受托人报告义务的设定是为了委托人得以了解事务处理的始末，方便其主张或者行使有关委托合同的各种权利。受托人的报告义务包括约定报告义务和法定报告义务。约定报告义务是指根据委托合同中特别约定的报告事项、时间和方式，受托人向委托人履行的报告义务。法定报告义务是指不论委托合同中是否有约定，受托人均应向委托人履行的报告义务，具体包括三种：第一，受嘱报告。受托人应按照委托人的要求，报告委托事务的处理情况。无论是否在委托合同中约定，在委托合同履行过程中，委托人可以随时请求受托人报告事务处理的情况。第二，紧急报告。在事务处理过程中，如果遇到紧急情况，受托人应当向委托人报告以请求指示。在难以及时与委托人取得联系，又不得已变更指示时，受托人应当在事后将情况向委托人报告。第三，完成报告。当受托人处理完毕委托事务时，或者在解除委托合同时，应当向委托人报告事务处理的结果。

【对照适用】

本条继受自原《合同法》第401条。比较法上，《德国民法典》第666条不仅规定了受托人的报告义务，还要求受托人有义务向委托人给予必要的通知，委托人得据此询问事务的处理状况。

　　第九百二十五条　受托人以自己的名义，在委托人的授权范围内与第三人订立的合同，第三人在订立合同时知道受托人与委托人之间的代理关系的，该合同直接约束委托人和第三人；但是，有确切证据证明该合同只约束受托人和第三人的除外。

【要义精解】

本条规定了受托人以自己的名义与第三人订立合同，第三人知道代理关系的法律效果。

这一规定具有如下构成要件：第一，受托人是以自己的名义与第三人订立合同。如果受托人以本人名义订立合同，则直接适用代理的规定。第二，第三人知道受托人与委托人之间的代理关系。第三，第三人是在订立合同的时候知道该代理关系。如果符合以上要件，则发生合同直接约束委托人和第三人的法律效果。此外，该条还存在但书规定排除了可以证明该合同只约束受托人和第三人的情形。

【对照适用】

本条继受自原《合同法》第402条，仅对标点符号和文字作了轻微改动，即把"但有确切证据证明该合同只约束受托人和第三人的除外"，修改为"但是，有确切证据证明该合同只约束受托人和第三人的除外"。

> 第九百二十六条　受托人以自己的名义与第三人订立合同时，第三人不知道受托人与委托人之间的代理关系的，受托人因第三人的原因对委托人不履行义务，受托人应当向委托人披露第三人，委托人因此可以行使受托人对第三人的权利。但是，第三人与受托人订立合同时如果知道该委托人就不会订立合同的除外。
>
> 受托人因委托人的原因对第三人不履行义务，受托人应当向第三人披露委托人，第三人因此可以选择受托人或者委托人作为相对人主张其权利，但是第三人不得变更选定的相对人。
>
> 委托人行使受托人对第三人的权利的，第三人可以向委托人主张其对受托人的抗辩。第三人选定委托人作为其相对人的，委托人可以向第三人主张其对受托人的抗辩以及受托人对第三人的抗辩。

【要义精解】

本条调整的是受托人以自己的名义与第三人订立合同时，第三人不知道受托人与委托人之间的代理关系的情形。本条规定了受托人对委托人和第三人的披露义务、委托人的介入权以及第三人的选择权。

一、受托人对委托人和第三人的披露义务

根据该规定，如果受托人以自己的名义在委托权限范围内与第三人进行民事法律行为，受托人因第三人的原因对委托人不履行义务时，受托人负有向委托人披露第三人的义务；同理，受托人因委托人的原因对第三不履行义务时，受托人负有向第三人披露委托人的义务。

二、委托人的介入权

委托人的介入权发生在受托人因第三人原因对委托人不履行义务的情形。于此情形，受托人应当向委托人披露第三人，委托人因此可以行使介入权，直接行使受托人对第三人的权利。具体而言，委托人行使介入权的条件为：第一，因为第三人原因致使受托人不能向委托人履行义务。如果是受托人自己的原因，委托人直接向受托人主张权利即可。第二，受托人向委托人披露第三人。如果受托人不披露第三人，就需要自己承担因第三人不履行义务所产生的法律后果。第三，委托人行使介入权的例外情形。本条第一款设置了但书规定，据此，第三人与受托人订立合同时，如果知道委托人就不会订立合同的情形下，委托人不得行使介入权。比如，第三人是因为信赖受托人而与之订立合同，或者第三人曾经与委托人进行了缔约磋商，但因不信任委托人的信用和履约能力等而拒绝与之订立合同。

三、第三人的选择权

当受托人因委托人的原因对第三人无法履行义务时，受托人应当向第三人披露委托人，第三人因此可以选择受托人或者委托人作为相对人主张权利，第三人一经选定相对人则不得变更。有学者认为，选择权的行使以本人违反了其间接承受法律效果的意思为前提。法律为保护受托人和第三人的利益，在委托人出现违约行为时，委托人直接承担代理的效果。这虽然突破了合同相对性，在法政策上却是可以理解的。[1]

【对照适用】

本条源于原《合同法》第 403 条，借鉴自《国际货物销售代理公约》第 13 条，后者又源自英美法上的不披露本人的代理（undisclosed principal）。但本条与公约的规定亦有不同之处，本条强调介入权和选择权的行使，以受托人因第三人的原因对委托人不履行义务和受托人因委托人的原因对第三人不履行义务为前提；但公约认为无论何种原因导致违约，都可以发生介入权或者选择权。

---

[1] 尹飞：《代理：体系整合与概念梳理——以公开原则为中心》，《法学家》2011 年第 2 期，第 71 页。

第九百二十七条　受托人处理委托事务取得的财产，应当转交给委托人。

【要义精解】

本条规定了受托人交付财产义务。

"财产"的范围应包括金钱、物品及其孳息、权利、基于此类权利产生的损害赔偿请求权等。首先，受托人交付财产的义务包括物的交还，即交还受托人因事务处理所受取之金钱、物品及其孳息。《日本民法典》第 664 条第 1 项规定，受托人应返还财产的范围为受托人因事务处理所受取之金钱、其他物及其所收取孳息。对本条规定中"财产"进行解释时可得参酌。其中，孳息包括天然孳息和法定孳息。受托人就委托事务处理所收取的金钱和他物之孳息，均应交付。如果受托人没有收取，自不负损害赔偿责任。但如果对于孳息之收取存在委托时，对于怠于行使之行为负债务不履行之责任。如果受托人的个人利益与事务处理存在内在关联，使其不能依良心在各方面考虑委托人的利益，则其利益也应该交与委托人。对于受托人个人的赠与，无须交付，但为贿赂目的而赠与的除外。[1]

其次，受托人交付财产的义务还包括权利的移转。受托人以委托人的名义和费用办理委托事务，因此，受托人在办理委托事务中所得到的一切利益，包括金钱、物品、所得利益及权利等都应及时转交给委托人。[2]

【对照适用】

本条源自原《合同法》第 404 条，相似立法例见《德国民法典》第 667 条、我国台湾地区"民法"第 541 条。

对于物的交还义务，本法未明文规定交还的时间。当事人有约定的，依其约定；法律有规定的，从其规定；当事人没有约定、法律也没有规定的，以委托合同终止的时间为交还时点。此外，交还义务属于未定期限的债务，根据《民法典》第 511 条第 4 项，受托人可以随时履行，委托人也

---

[1] 史尚宽：《债法各论》，中国政法大学出版社 2000 年版，第 398 页。

[2] 李永军：《合同法》（第四版），中国人民大学出版社 2016 年版，第 349 页。

可以随时请求履行，但应当给受托人必要的准备时间。交还时间届满，受托人仍未交还的，构成迟延，应负违约责任。[1]

权利移转的义务发生于委托人没有将代理权授予受托人的情形。受托人享有代理权的，其代理行为的效力直接及于委托人，不存在权利移转的问题。唯在受托人不具有代理权时，受托人须将处理事务过程中取得的物权和其他支配性权利，以及基于这些权利所产生的损害赔偿请求权移转给委托人。

> **第九百二十八条** 受托人完成委托事务的，委托人应当按照约定向其支付报酬。
>
> 因不可归责于受托人的事由，委托合同解除或者委托事务不能完成的，委托人应当向受托人支付相应的报酬。当事人另有约定的，按照其约定。

【要义精解】

本条规定了委托人支付报酬的义务，相应地，也可以称为受托人的报酬请求权。

从本条第 1 款的文义上看，委托人仅在委托合同有约定的情形下始负有支付报酬的义务。然而，该款也表明，委托合同以有偿为原则。因此，在当事人没有就报酬事项作出约定或者约定不明时，不应一概认定为无偿，宜根据委托事务的性质和交易习惯等，合理确定受托人的报酬。[2]我国台湾地区"民法"第 547 条对此作了规定，可资参考。据此，在三种情形下，委托人负有支付报酬的义务：第一，委托合同中约定委托人应支付报酬。委托合同可以无偿，也可以有偿。当事人对报酬有约定的，依其约定，否则构成违约。第二，虽无约定，但依照习惯应当支付报酬。"习惯"一般指地方习惯或者行业习惯。比如，商事委托原则上为有偿。第三，虽无约定，但依照委托的性质应当支付报酬。比如，以处理委托事务为其职

---

[1] 崔建远：《合同法》（第三版），北京大学出版社 2016 年版，第 654 页。

[2] 崔建远：《合同法》（第三版），北京大学出版社 2016 年版，第 656 页；陈甦编著：《委托合同、行纪合同、居间合同》，法律出版社 1999 年版，第 44 页。

业者，如公证人、律师、会计师等，对其委托应支付报酬。[1]

根据本条第2款，即便因不可归责于受托人的事由导致委托合同解除或者委托事务无法完成的，除当事人另有约定外，委托人仍负有支付报酬的义务，但可根据具体情形适当酌减报酬数额。即使委托合同中已就报酬事项作了约定，但在合同履行过程中，双方当事人也可以对报酬的数额和支付方式作出变更。对于因不可归责于受托人的事由致使委托合同解除，或者委托事务无法完成的情形，即使双方当事人对报酬的变动未达成一致，也可以按照前述报酬未约定的情形下确定报酬的办法，确定报酬的增减幅度。

对该条第2款作反面推论可得，因可归责于受托人的事由而导致委托合同解除或者委托事务不能完成的，受托人丧失报酬请求权。如果委托合同尚未解除，但委托事务尚未完成时，或者委托事务能够完成而受托人未能完成时，受托人不得向委托人请求支付相应的报酬。如果报酬是分期给付的，对于受托人债务不履行前已经支付的报酬，受托人无须返还。

【对照适用】

本条源自原《合同法》第405条。报酬之给付，不以发生预期效果为条件。委托合同的标的为受托人处理委托事务本身，而非事务效果之达成。因此，只要受托人把受托事务处理完毕，并报告事务处理始末，即有权向委托人行使报酬请求权。委托人不得以事务处理未达预期效果而拒绝给付。

关于报酬的支付时间，根据该条第1款，应于受托人完成委托事务之后。学说上称之为"后付主义"，即除当事人另有约定事先给付报酬之外，应于委托关系终止且受托人明确报告事务处理始末后，受托人才得请求给付。因此，受托人不得以委托人未给付报酬为由，就受托事务的处理行使同时履行抗辩权或者先履行抗辩权。

关于报酬数额的确定，委托合同未约定报酬数额时，有行业标准的，可按行业标准；无行业标准的，可以按照委托事务的性质、难易程度和已

---

〔1〕 崔建远：《合同法》（第三版），北京大学出版社2016年版，第656页；史尚宽：《债法各论》，中国政法大学出版社2000年版，第406页。

处理的程度以及受托人付出的劳务等，合理地予以确定。

> **第九百二十九条** 有偿的委托合同，因受托人的过错造成委托人损失的，委托人可以请求赔偿损失。无偿的委托合同，因受托人的故意或者重大过失造成委托人损失的，委托人可以请求赔偿损失。
>
> 受托人超越权限造成委托人损失的，应当赔偿损失。

【要义精解】

本条是关于受托人承担违约责任的一般规定。

根据《民法典》第 507 条关于承担违约责任的一般规定，受托人不履行委托合同义务或者履行委托合同义务不符合约定的，应当承担继续履行、采取补救措施或者赔偿损失等违约责任。在委托事务的处理过程中，可能存在多种原因造成委托人的损失，比如委托人指示不当、第三人不履行义务或者发生不可抗力等。但只有因为受托人的过错给委托人造成损失的情形下，如受托人在处理委托事务过程中违背忠实义务、保密义务或者未尽到勤勉注意义务等，受托人才承担赔偿责任。依委托合同是否有偿，责任标准有所不同。根据本条第 1 款规定，在委托合同为有偿时，因受托人的过错造成委托人损失的，就须承担赔偿责任；在委托合同为无偿时，由于受托人没有报酬，须受托人存在故意或者重大过失，才对因此给委托人造成的损失承担赔偿责任。

根据本条第 2 款的规定，受托人超越权限造成委托人损失的，应负赔偿之责。对于受托人超越权限，是否要求存在过失才应赔偿损失？有学者认为，如果受托人超越权限，除非受托人能够证明其不存在过失，否则应负赔偿责任。[1]

【对照适用】

本条源自原《合同法》第 406 条，相似立法例参见我国台湾地区"民法"第 544 条。

受托人在处理委托事务时超越权限，如果因此给委托人造成了损失，应当向委托人承担赔偿责任。即使受托人对超越权限的事务本身的处理不

---

[1] 史尚宽：《债法各论》，中国政法大学出版社 2000 年版，第 402 页。

存在过错，但由于其应依据委托合同的约定并根据委托人的指示处理委托事务，故其超越权限本身就是有过错的行为，应对委托人因此产生的损失承担赔偿责任。

第九百三十条　受托人处理委托事务时，因不可归责于自己的事由受到损失的，可以向委托人请求赔偿损失。

【要义精解】

本条规定了委托人对受托人的赔偿责任。主要适用于三种情形。[1]

第一，在委托人指示不当或者其他过错致使受托人遭受损失的，委托人应赔偿损失。该责任的性质为违约责任。

第二，受托人在代理权限内处理委托事务的过程中，因不可归责于自己的事由受到损失，委托人即使没有过错，也应负责赔偿。其中，"损失"包括财产损失和非财产损失，且不以处理事务之当时发生以及缔结合同时所预见的损失为限。关于这种责任的性质，有学者认为，是基于利益衡量特别设立的，并非通常意义的违约责任。因为不存在义务被违反的事实，委托人也不是行为人，受托人所受损失与委托人的行为之间也无因果关系。这种责任发生于如下情形：受托人在事务处理过程中所受的损失由第三人的加害行为造成，受托人可以向该第三人请求赔偿，也可以请求委托人赔偿。委托人在赔偿后，有权向该第三人代位求偿。这种安排在该第三人不明或无资力或者无过失时，对于受托人更有利。

第三，委托人将另行委托给他人致受托人损失的情形。委托人擅自将委托事务再委托给他人致受托人损失的，委托人应对此承担赔偿责任。根据《民法典》第931条的规定，即便再委托行为经过了受托人的同意，如果该行为给受托人造成损失的，委托人仍须承担赔偿责任。

【对照适用】

本条源自原《合同法》第407条，仅将原条文中的"可以向委托人要求赔偿损失"，修改为"可以向委托人请求赔偿损失"。该条作为受托人请求委托人赔偿损失的请求权基础，这一文字变动无疑更合理。

---

[1]　崔建远：《合同法》（第三版），北京大学出版社2016年版，第657页。

> **第九百三十一条　委托人经受托人同意，可以在受托人之外委托第三人处理委托事务。因此造成受托人损失的，受托人可以向委托人请求赔偿损失。**

【要义精解】

本条规定了委托人另行委托致受托人损失时，受托人的损害赔偿请求权。

委托人在受托人之外另行委托第三人处理委托事务，须经过受托人同意。委托合同建立在当事人双方之间的信任关系之上，要求受托人必须亲自处理委托事务，原则上不得擅自转委托给第三人，同理，委托人也不得擅自另行委托第三人处理委托事务。

委托人另行委托给受托人造成损失的，受托人享有请求委托人赔偿损失的权利。比如，与第三人共同或者分别处理委托事务，或者将全部委托事务交接给第三人处理，可能会影响受托人的职业声誉。对此，委托人应赔偿损失。在无偿委托的情形下，另行委托通常不发生损害，亦无赔偿责任可言。

【对照适用】

本条源自原《合同法》第408条。本条规定的另行委托与《民法典》第933条所规定的委托合同的解除不同，表现为：其一，是否须经受托人同意。另行委托须经受托人同意，而委托人解除委托合同则不需要。其二，委托关系是否存续不同。另行委托后，受托人与委托人之间的委托合同关系仍存在，如委托人仅将原先委托给受托人处理的事务之一部分交给第三人处理。而合同解除时，受托人与委托人之间的委托合同关系已不再存续。其三，受托人应否继续处理委托事务不同。另行委托后，受托人可以不再处理委托事务，但在经受托人同意的另行委托中，受托人应履行交接义务，把已经开始处理但尚未完成的委托事务向第三人交接。而委托合同解除时，受托人无交接义务，只有返还义务。[1]

---

[1]　陈甦编著：《委托合同、行纪合同、居间合同》，法律出版社1999年版，第49—50页。

> **第九百三十二条　两个以上的受托人共同处理委托事务的，对委托人承担连带责任。**

【要义精解】

本条规定了共同委托时受托人的连带责任。

共同委托是指委托人委托两个或者两个以上的受托人处理委托事务。委托人一方为两个或者两个以上的，不构成共同委托。在共同委托中，数个受托人享有共同的权利义务，共同行使代理权。共同行使代理权意味着，处理委托事务时须经过全体受托人的共同同意，才能行使代理权。

共同委托的，数个受托人之间在处理委托事务时，不论内部分工如何，均对委托人承担连带责任。当事人另有约定的，从其约定。

【对照适用】

本条源自《合同法》第409条。在适用方面需要注意的是，并非存在两个或者两个以上受托人的情形都构成共同委托。数个受托人须共同处理相同的委托事务，如某商场委托甲代为购进家电，委托乙销售电视机，又委托丙销售冰箱。虽然甲、乙和丙都接受同一个委托人的委托，但彼此之间不存在联系，而是各自接受不同内容的委托。[1]

> **第九百三十三条　委托人或者受托人可以随时解除委托合同。因解除合同造成对方损失的，除不可归责于该当事人的事由外，无偿委托合同的解除方应当赔偿因解除时间不当造成的直接损失，有偿委托合同的解除方应当赔偿对方的直接损失和合同履行后可以获得的利益。**

【要义精解】

本条规定了委托合同当事人的任意解除权。

委托合同的任意解除仅向未来发生效力，在行使解除权之前的部分，合同效力不受影响。在委托合同解除之前，通常而言，受托人已经处理了

---

〔1〕　胡康生主编：《中华人民共和国合同法释义》（第3版），法律出版社2013年版，第629页。

部分委托事务，委托合同为有偿的，受托人可以依据《民法典》第 928 条第 2 款请求委托人按比例支付相应的报酬。受托人为处理委托事务所垫付的必要费用，委托合同有约定的，依其约定；无约定的，根据《民法典》第 921 条的规定，由委托人承担受托人所支出的费用及其利息。

本条后段规定了当事人行使任意解除权时的损害赔偿范围，这是本法的新规定。关于当事人行使任意解除权时的损害赔偿范围，学界的分歧主要在于是否得赔偿可得利益或者履行利益。[1] 较多学者认为，赔偿范围应包括可得利益。[2] 反对者或认为赔偿范围仅仅包括直接损失，不包括可得利益。[3] 或认为赔偿范围仅限于信赖利益。[4] 还有学者持折中态度，认为一般情况下不包括可得利益，首先要区分委托行为是否有偿。如果无偿委托的，有必要将赔偿限于因不利时期解除而造成的损害；有偿委托的，又依当事人的合同利益是否取决于其他法律行为是否成立、生效与履行。

根据本条规定，当事人行使任意解除权时的损害赔偿存在三种情形：第一，因不可归责于该当事人的事由解除合同而造成对方损失的，解除方不负赔偿责任。但如果解除方故意毁约，就应按照拒绝履行追求其违约责任。第二，因可归责于该当事人的事由而解除合同时，如果委托合同为无偿的，解除方应当赔偿因解除时间不当造成的直接损失。对受托人而言，由于其并无委托合同上的利益，所以无论委托人在何时解除合同，受托人原则上不存在损害赔偿请求权。但在受托人对受托事务的处理也有自身利益的场合，受托人也享有该请求权。对委托人而言，如果是受托人随时解除合同，对委托人或多或少存在些许不便，应享有损害赔偿请求权；然在无偿委托合同中，受托人没有对价却要承担损失，委托人与受托人的利益发生失衡，因此将其请求权限制于因解除时间不当造成的直接损失。第三，因可归责于该当事人的事由而解除合同时，如果委托合同为有偿的，解除方应当赔偿对方的直接损失和可以获得的利益。

---

〔1〕 谢鸿飞：《合同法学的新发展》，中国社会科学出版社 2014 年版，第 624 页。

〔2〕 李永军、易军：《合同法》，中国法制出版社 2009 年版，第 593 页；梁慧星主编：《中国民法典草案建议稿附理由：合同编》（下册），法律出版社 2013 年版，第 717 页；王利明：《合同法研究》（第 3 卷），中国人民大学出版社 2012 年版，第 742 页。

〔3〕 周峰、李兴：《房屋买卖居间合同纠纷中"跳中介"现象的法律问题研究——以居间合同的信息匹配属性与复合型构造为视角展开》，《法律适用》2011 年第 10 期，第 97 页。

〔4〕 陆青：《合同解除效果与违约责任——以请求权基础为视角之检讨》，《北方法学》2012 年第 6 期，第 86 页。

【对照适用】

本条源自原《合同法》第410条，原规定后段为，"因解除合同给对方造成损失的，除不可归责于该当事人的事由以外，应当赔偿损失。"学界认为该条规定的文义太过宽泛，认为如果不限制任意解除权，将出现不公平的结果。因此，从不同角度尝试对委托合同的任意解除权加以限制，本条后段的新规定就是学界推动的结果。

> **第九百三十四条** 委托人死亡、终止或者受托人死亡、丧失民事行为能力、终止的，委托合同终止；但是，当事人另有约定或者根据委托事务的性质不宜终止的除外。

【要义精解】

本条是关于委托合同终止的规定。

通常而言，委托合同经当事人行使解除权或者协商一致而终止。委托合同也可以不经当事人行使解除权或者协商一致而当然终止，如因委托事务之完成、委托事务之履行不能、解除条件之成就等事由而终止。此外，根据本条规定，因委托人死亡、终止，或者受托人一方的死亡、丧失民事行为能力、终止，委托合同亦当然终止。委托合同的成立以双方的信任为基础，委托人对受托人能力的信任尤为重要。如果受托人死亡、丧失民事行为能力或者终止，其继承人、法定代理人是否还能与对方当事人取得相互信任，具有不确定性。于此情形，为了避免不必要的纠纷，法律规定委托合同自动终止。

具体而言，首先，委托人死亡或者受托人死亡，无论是自然死亡还是宣告死亡，委托合同均归于终止，不产生继承问题。当事人为法人时，其终止视为自然人死亡，无须等待清算完结，委托合同即告终止。其次，受托人丧失民事行为能力。由于受托人是限制行为能力人的，可以订立委托合同；因此，如果受托人只是成为限制行为能力人的，委托合同仍可继续存在。但如果受托人完全丧失民事行为能力，依据本条规定，委托合同终止。委托人成为限制民事行为能力人的，自不影响委托合同的存续；本法对于委托人丧失民事行为能力的情形作了修正，规定委托人丧失行为能力的，亦不影响合同的存续。

但本条后段规定了以下例外情况。

第一，当事人另有约定。该条前段之所以规定在上述情形中委托合同自动终止，就是为了避免不必要的纠纷。如果当事人就一方当事人死亡、丧失民事行为能力或者终止情形下有约定，当然从其约定。

第二，根据委托事务的性质不宜终止。在当事人一方死亡、丧失民事行为能力或者终止的情形下，其人格信赖基础已经丧失，委托合同赖以建立的基础不复存在，委托合同当然终止。不过，为了保护双方利益，法律规定在委托事务的性质不宜终止时，即便在上述情形下也不宜终止。例如，双方约定由受托人代收租金以抵偿受托人对委托人的债权，在其债权消灭前，该委托合同不因委托人或者受托人一方死亡、丧失民事行为能力或者终止而终止。[1]

【对照适用】

本条源自原《合同法》第411条，把原规定中"委托人或者受托人死亡、丧失民事行为能力或者破产的"，改为"委托人死亡、终止或者受托人死亡、丧失民事行为能力、终止的"。改动有二：（1）更加规范了析取关系的表述，并把委托人丧失民事行为能力排除出委托合同的终止事由；（2）把"破产"改为"终止"。之所以把"破产"改为"终止"，是因为根据《民法典》第68条至第70条的规定，破产只是法人终止的原因之一。根据《民法典》第68条规定，法人由于下列原因之一终止：（1）法人解散；（2）法人被宣告破产；（3）法律规定的其他原因。为了保持概念的一致性，作此修改。[2]

> **第九百三十五条**　因委托人死亡或者被宣告破产、解散，致使委托合同终止将损害委托人利益的，在委托人的继承人、遗产管理人或者清算人承受委托事务之前，受托人应当继续处理委托事务。

【要义精解】

本条规定了受托人的后合同义务。

---

〔1〕　邱聪智：《新订债法各论》（中），中国人民大学出版社2006年版，第260—261页。

〔2〕　相关讨论见李永军：《民法总则》，中国法制出版社2018年版，第392—393页。

根据《民法典》第934条的规定，委托合同一方死亡、丧失民事行为能力或者被宣告破产、解散的，委托合同终止，受托人的事务处理义务一并消灭。但是在委托人死亡、丧失民事行为能力或者终止，致使委托合同终止将损害委托人利益的，由委托人的继承人、遗产管理人或者清算人承受委托事务还需要一定的时间，如果委托事务得不到及时处理，将损害委托人的利益。因此，本条要求受托人继续处理委托事务，以保障委托人的利益。

【对照适用】

本条源自原《合同法》第412条，但把原规定中的"破产"改为"被宣告破产、解散"，把"清算组织"改为"清算人"，删除了"法定代理人"，并增加了"遗产管理人"。第一，把"破产"改为"终止"，是因为破产只是终止的事由之一，并与《民法典》第934条保持概念一致性。第二，把"清算组织"改为"清算人"。首先要区别"清算义务人"与"清算人"。《民法典》第70条第2款所规定的"清算义务人"，是在公司出现解散事由时，负有在法定期限内提起清算程序并组织清算义务的人。而本条规定的"清算人"是在清算程序启动后负责公司具体清算事务的人，《公司法》中的清算人是清算组，《企业破产法》中的清算人则是管理人。[1] 原条文的表述"清算组织"只是《公司法》中的清算人，范围较窄，因此本条将其修改为"清算人"。第三，《民法典》第1145条至第1148条增设了遗产管理制度，规定了遗产管理人的产生程序、争议解决、职责、民事责任以及报酬请求权，填补了原《继承法》未确立遗产管理制度的立法欠缺。本条所增"遗产管理人"即基于该制度所作的修改。

> **第九百三十六条** 因受托人死亡、丧失民事行为能力或者被宣告破产、解散，致使委托合同终止的，受托人的继承人、遗产管理人、法定代理人或者清算人应当及时通知委托人。因委托合同终止将损害委托人利益的，在委托人作出善后处理之前，受托人的继承人、遗产管理人、法定代理人或者清算人应当采取必要措施。

---

[1] 王欣新：《论清算义务人的义务及其与破产程序的关系》，《法学杂志》2019年第12期，第25页。

【要义精解】

本条规定了受托人的继承人、遗产管理人、法定代理人或者清算人的通知义务和采取必要措施的义务。

受托人死亡、丧失民事行为能力或者被宣告破产、解散致使合同终止的，委托事务将无法得到及时处理，或将有损委托人利益。因此，本条第一句要求受托人的继承人、遗产管理人、法定代理人或者清算人应当及时通知委托人，以使其及时采取善后措施。对于委托合同终止将损害委托人利益的，本条第2句要求在委托人作出善后处理之前，受托人的继承人、遗产管理人、法定代理人或者清算人应当采取必要措施。

【对照适用】

本条源自原《合同法》第413条，把原规定中的"破产"改为"被宣告破产、解散"、"清算组织"改为"清算人"，并增加了"遗产管理人"。修改原因请见《民法典》第935条的"对照适用"部分。

关于"必要措施"的判断。由于"必要"是不确定概念，应结合个案情形进行具体化分析。判断受托人的继承人、遗产管理人、法定继承人或者清算人是否采取了必要措施，应结合委托事务的性质、委托事务终止时的客观情况以及受托人的继承人、遗产管理人、法定代理人或者清算人的能力和经验等来确定。

第二十四章　物业服务合同

> **第九百三十七条**　物业服务合同是物业服务人在物业服务区域内，为业主提供建筑物及其附属设施的维修养护、环境卫生和相关秩序的管理维护等物业服务，业主支付物业费的合同。
>
> 物业服务人包括物业服务企业和其他管理人。

【要义精解】

本条规定了物业服务合同和物业服务人的概念。

物业服务合同的双方当事人是物业服务人与业主。"业主"是指全体业主。理由在于：第一，与民法典物权编中关于业主建筑物区分所有权的规定一致。按照《民法典》第278条的规定，对于制定和修改业主大会议事规则，制定和修改管理规约，选举业主委员会或者更换业主委员会成员，选聘和解聘物业服务企业或者其他管理人，使用和筹集建筑物及其附属设施的维修资金，改建、重建建筑物及其附属设施，改变共有部分的用途或者利用共有部分从事经营活动，有关共有和共同管理权利的其他重大事项，应当由业主共同决定。全体业主通过业主大会来选聘和解除物业服务企业或者其他管理人。第二，符合物业服务的特征。物业服务包括提供建筑物及其附属设施的维修养护、环境卫生和相关秩序的管理维护，这些内容一般设计全体业主的共有部分和共同利益，单个业主无法代表全体业主订立此类合同。第三，有助于使合同对全体业主产生拘束力。在物业服务合同签订之后，不论单个业主是否参与了该合同的订立过程，均成为物业服务合同的实质当事人，不能以自己并非合同当事人为由作为履行合同义务的抗辩，亦不能单方面变更或者解除合同。

物业服务人包括物业服务企业和其他物业管理人。所谓物业服务企业，是指符合法律规定，依法向业主提供物业服务的民事主体。根据《物业管理条例》第32条的规定，物业服务企业应当具有独立的法人资格。

我国对物业服务企业实施资质管理，不同资质等级的物业服务企业只能依据自己的资质水平承接不同的物业服务项目。此外，《物业管理条例》第33条规定，从事物业管理的人员应当按照国家有关规定，取得职业资格证书。

本条没有规定"其他物业管理人"的范围。《民法典》第278条、第282条、第284条、第285条、第287条使用的概念是"其他管理人"，应认为与本条"其他物业管理人"的概念内涵相同。由于我国内地的物业管理起步较晚，目前的管理方式较为单一，故吸收国外相关物业服务人理论，规定业主可以委托"其他管理人"管理物业。其他管理人的范围可以随物业服务的逐步发展进行调整，以适应实践的需求。[1]

【对照适用】

在适用本章有关物业服务合同的规定时，须注意的是：第一，物业服务合同与建筑物区分所有权制度之间的关系十分密切，二者在规范内容上也存在一定的交叉，因此需要结合《民法典》第271条至第287条关于业主的建筑物区分所有权的规定加以适用。第二，本章的规定也须结合国家有关主管部门所颁布的一系列规范物业公司的规章制度加以理解与适用，如国务院颁布的《物业管理条例》、最高人民法院颁布的《最高人民法院关于审理物业服务纠纷案件适用法律若干问题的解释》和《最高人民法院关于审理建筑物区分所有权纠纷案件适用法律若干问题的解释》等。

> **第九百三十八条**　物业服务合同的内容一般包括服务事项、服务质量、服务费用的标准和收取办法、维修资金的使用、服务用房的管理和使用、服务期限、服务交接等条款。
>
> 物业服务人公开作出的有利于业主的服务承诺，为物业服务合同的组成部分。
>
> 物业服务合同应当采用书面形式。

---

[1]　杨立新主编：《最高人民法院审理物业服务纠纷案件司法解释理解与运用》，法律出版社2009年版，第189页。

【要义精解】

本条规定了物业服务合同的内容和订立方式。

根据本条第1款的规定，物业服务合同的内容一般包括服务事项、服务质量、服务费用的标准和收取办法、维修资金的使用、服务用房的管理和使用、服务期限、服务交接等条款。这些条款属于提示性条款，以示范较完备的合同条款。

根据本条第2款的规定，物业服务人公开作出的有利于业主的服务承诺，属于物业服务合同的普通条款。物业服务企业公开作出的服务承诺，是业主选聘物业服务企业的重要依据，也是业主维护其权益的根据。即使当事人未写入合同，但基于物业服务人的行为和物业服务行业规则，理应属于物业服务合同的组成部分。本条根据默示条款理论，合理扩充了物业服务企业应承担义务的依据范围。

根据本条第3款的规定，物业服务合同采取要式原则，即应以书面形式作出。这首先是由物业服务合同的专业性和复杂性所决定的。物业服务合同既涉及物的服务管理，即对建筑物、基地及其附属设施等共有部分之保存、改良、利用乃至处分等进行管理，又涉及人的服务管理，即对区分所有权人进行社区服务管理，所涉内容十分复杂，须以书面形式订立。其次，物业服务合同采取书面形式旨在保护业主的合法权益。物业服务合同是物业服务企业履行服务职能的重要依据。如果物业服务企业或者其他管理人在物业服务管理活动中存在违约行为，业主得依据物业服务合同请求其承担违约责任。

【对照适用】

本条第2款源于2009年《最高人民法院关于审理物业服务纠纷案件具体应用法律若干问题的解释》（现已失效）第3条第2款。

第九百三十九条 建设单位依法与物业服务人订立的前期物业服务合同，以及业主委员会与业主大会依法选聘的物业服务人订立的物业服务合同，对业主具有法律约束力。

【要义精解】

本条是前期物业服务合同与物业服务合同对所有业主均有法律约束力的规定。

广义的物业服务合同分为两类：一类是前期物业服务合同，合同当事人是建设单位与物业服务人；另一类是物业服务合同，合同当事人是业主委员会、业主大会与物业服务人。

第一，前期物业服务合同。前期物业服务合同，是指在物业服务区域内的业主、业主大会选聘物业服务企业之前，由建设单位依法与物业服务人订立的物业服务合同。前期物业服务合同的双方当事人是建设单位与物业服务人。该合同对物业服务人与建设单位具有约束力，自不待言。本条规定形式上非属合同当事人的业主也应受合同约束，理由在于：其一，在建筑物建成初期，难以产生符合法律规定的业主大会和业主委员会，也因此无法选出合适的物业服务企业以对建筑物及其设施等进行管理和提供服务。因此，由建设单位先行选择物业服务企业是必需的。其二，业主与建设单位之间存在关于业主受前期物业服务合同约束的合意。根据《物业管理条例》第25条的规定，建设单位与物业买受人签订的买卖合同应当包含前期物业服务合同约定的内容。建设单位在销售房屋时，应当向业主明示前期物业服务合同，在与业主签订的房屋买卖合同中应当包含前期物业服务合同约定的内容。业主通过与建设单位签订房屋买卖合同，概括承受了建设单位所签订的前期物业服务合同的债权债务关系。如果业主对前期物业服务企业不满意，可在业主大会成立之后，依照法定程序对建设单位选聘的物业服务企业进行更换。

第二，物业服务合同。从广义来说，前期物业服务合同也属于物业服务合同的范畴。但《民法典》采取了狭义上的物业服务合同概念，为与前期物业服务合同相区别，物业服务合同仅指业主委员会、业主大会与依法选聘的物业服务人所签订的物业服务合同。该合同之所以对业主具有法律约束力，是由业主大会或者业主委员会作为自我管理机制的权力机关和执行机关的法律地位所决定的。根据《民法典》第278条第1款的规定，业主依法共同决定选聘和解聘物业服务企业或者其他管理人。第280条第1款规定，业主大会或者业主委员会的决定，对业主具有法律约束力。

【对照适用】

本条源自 2009 年《最高人民法院关于审理物业服务纠纷案件具体应用法律若干问题的解释》（现已失效）第 1 条第 1 句的规定。根据《物业管理条例》第 21 条的规定，在业主、业主大会选聘物业服务企业之前，建设单位选聘物业服务企业的，应当签订书面的前期物业服务合同。该条例第 24 条规定："国家提倡建设单位按照房地产开发与物业管理相分离的原则，通过招投标的方式选聘物业服务企业。住宅物业的建设单位，应当通过招投标的方式选聘物业服务企业；投标人少于 3 个或者住宅规模较小的，经物业所在地的区、县人民政府房地产行政主管部门批准，可以采用协议方式选聘物业服务企业。"据此，建设单位可以通过招投标或者经行政主管部门批准采用协议方式选聘物业服务企业，签订前期物业服务合同。

第九百四十条 建设单位依法与物业服务人订立的前期物业服务合同约定的服务期限届满前，业主委员会或者业主与新物业服务人订立的物业服务合同生效的，前期物业服务合同终止。

【要义精解】

本条是关于前期物业服务合同因物业服务合同生效而终止的规定。

前期物业服务合同具有如下几个特征：第一，合同当事人是建设单位与物业服务人。业主是基于法律规定和房屋买卖合同中有关前期物业服务合同约定的条款而受到前期物业服务合同的约束。由于没有参与前期物业服务合同的订立，业主的合同自由受到一定程度的约束。第二，合同内容比较有限。不同于《民法典》第 938 条第 1 款所规定的物业服务合同的内容，前期物业服务合同比较侧重于对建筑物建成初期的养护、安全保障以及配合建设单位为未来入住的业主提供服务。第三，存在时间受到限制。基于其内容特征，前期物业服务合同一般仅存在于项目建成初期，业主大会和业主委员会成立之前。第四，合同履行期限受到限制。前期物业服务合同可以约定期限，但根据《物业管理条例》第 26 条的规定，期限未满、业主委员会与物业服务企业签订的物业服务合同生效的，前期物业服务合同终止。因此，前期物业服务合同约定的期限并无实质意义，发生决定性作用的是物业服务合同，后者的生效直接导致前期物业服务合同的终止。因此，本条明确规定了前期物业服务合同届满前，新的物业服务合同生效后，前期物业服务合同终止。

【对照适用】

本条源自《物业管理条例》第 26 条。前期物业服务合同与物业服务合同虽然存在区别，但二者具有关联性。首先，二者都旨在为业主提供物业服务，为不同阶段的物业服务需求提供保障。其次，二者在时间上具有衔接性，所涉及的权利义务内容和权利主体存在交叉和更替。基于前期物业服务合同的特征，业主如果对前期物业服务人比较满意，可以与之继续订立物业服务合同；否则，可以在业主大会成立后，依照法定程序对建设单位所选聘的物业服务人进行更换。本条规定新的物业服务合同生效之时，前期物业服务合同即终止，有助于减少相应的纠纷。

第九百四十一条 物业服务人将物业服务区域内的部分专项服务事项委托给专业性服务组织或者其他第三人的，应当就该部分专项服务事项向业主负责。

物业服务人不得将其应当提供的全部物业服务转委托给第三人，或者将全部物业服务支解后分别转委托给第三人。

【要义精解】

本条是关于物业服务人将部分专项服务事项转委托给专业性服务组织或者其他第三人的规定。

一般而言，物业服务人可以将物业服务区域内的部分专项服务事项委托给专业性服务组织或者其他第三人。由于社会分工的不断细化，将物业服务区域内的部分专项服务转给专业性服务组织或者其他第三人不仅是必要的，也有助于提高物业服务质量。

在物业服务人转委托的法律效果方面，本条并未明确规定物业服务人转委托的效力如何，但要求物业服务人应当就该部分专项服务事项向业主负责。其中所涉问题有三：第一，关于主体资格的问题。转委托合同中的受托专业性服务组织或者其他第三人是否具有相关资质，不影响转委托合同的效力。第二，转委托合同是否必须经过业主同意。相较于委托合同中的受托人，物业服务人具有更强的自主性，只要不损害业主利益，有权不经业主同意而在合理范围内就服务事项进行部分转委托。第三，物业服务人须对转委托行为承担责任。对物业服务人而言，转委托若须事先取得业主授权，将大大降低其工作效率；对业主而言，部分物业服务事项的转委托不须经过业主授权，可能损及业主利益。为了追求物业服务人和业主权益在各自范围内尽最大可能地实现，令物业服务人对转委托行为承担责任，无疑是较为妥当的安排。

根据本条的规定，转委托的专项服务事项范围必须受到限制。本条第1款明确规定，物业服务人只能将物业服务区域内的部分专项服务事项进行转委托，而不能将全部转委托。本条第2款对此作了进一步规定，对物业服务人全部转委托作了类型化，区分了物业服务人将其应当提供的全部物业服务转委托给第三人的情形，与将全部物业服务支解后分别转委托给第三人的情形。

【对照适用】

本条是对《物业管理条例》第39条、原2009年《最高人民法院关于审理物业服务纠纷案件具体应用法律若干问题的解释》（现已失效）第2条第1款第1项的细化。在适用方面，须注意以下两点。

第一，虽然本条被表述为物业服务人的"转委托"行为，但其与《民法典》第923条所规定的转委托存在差异。首先，在构成要件方面，本条规定物业服务人原则上可以不经过业主授权，即可将部分专项服务事项转委托给专业性服务组织或者其他第三人；但在《民法典》第923条规定的转委托中，受托人原则上应当亲自处理委托事务，只有经委托人同意，受托人才可以转委托。其次，在法律效果方面，物业服务人将部分专项服务事项转委托给专业性服务组织或者其他第三人的，应当就该部分专项服务事项向业主负责；而在《民法典》第923条规定的转委托中，转委托经同意或者追认的，受托人仅对第三人的选任及其对第三人的指示承担责任。除了紧急情况下受托人为维护委托人的利益需要转委托的情形，只有转委托未经同意或者追认的，受托人才对转委托的第三人的行为承担责任。

第二，本条第2款未规定物业服务人将全部物业服务转委托给第三人，或者将全部物业服务支解后分别转委托给第三人的法律后果如何。根据《最高人民法院关于审理物业服务纠纷案件适用法律若干问题的解释》的规定，应将本条第 2 款作为效力性规定，即物业服务人将全部物业服务转委托给第三人，或者将全部物业服务支解后分别转委托给第三人的合同应属无效。

> **第九百四十二条**　物业服务人应当按照约定和物业的使用性质，妥善维修、养护、清洁、绿化和经营管理物业服务区域内的业主共有部分，维护物业服务区域内的基本秩序，采取合理措施保护业主的人身、财产安全。
>
> 对物业服务区域内违反有关治安、环保、消防等法律法规的行为，物业服务人应当及时采取合理措施制止、向有关行政主管部门报告并协助处理。

【要义精解】

本条规定了物业服务人的善管义务和对违法行为的制止、报告与协助义务。

该条第 1 款规定了物业服务人的善管义务，其内容包括：其一，妥善维修、养护、清洁、绿化和经营管理物业服务区域内的业主共有部分。其二，维护物业服务区域内的基本秩序。其三，采取合理措施保护业主的人身、财产安全。根据《民法典》第 509 条的规定，物业服务企业应该全面履行物业服务合同。根据《最高人民法院关于审理物业服务纠纷案件适用法律若干问题的解释》第 2 条的规定，物业服务人违反物业服务合同约定或者法律、法规、部门规章规定，擅自扩大收费范围、提高收费标准或者重复收费，业主以违规收费为由提出抗辩的，人民法院应予支持。业主请求物业服务人员退还其已经收取的违规费用的，人民法院应予支持。

该条第 2 款规定了物业服务人对有关治安、环保、消防等违法行为的制止、报告与协助处理义务。本条以不穷尽列举的方式规定了物业服务人对违法行为的制止、报告与协助义务。首先，物业服务人负有治安保卫的义务。物业服务区域内发生治安案件，意味着物业服务人未尽到治安保卫义务。物业服务人对由此造成的业主生命和财产安全方面的损失应承担损害赔偿责任。然而，根据《最高人民法院关于审理物业服务纠纷案件适用法律若干问题的解释》的规定，这种责任属于行为责任，而非结果责任。如果物业服务人完全履行了保安职责，即使有业主发生损害，也无须承担责任。只有在物业服务人不履行或者不完全履行保安职责时，才承担损害赔偿责任。其次，物业服务人负有环保义务。该规定遵循《民法典》第9条所规定的环境保护原则。物业服务人不仅自身在履行物业服务合同的过程中，应当避免浪费资源、污染环境和破坏生态，对于物业服务区域内违反环保法律法规的行为，也负有及时采取合理措施制止、向有关行政主管部门报告并协助处理的义务。

【对照适用】

本条第1款源自《物业管理条例》第35条，第2款源自该条例第45条的规定。

物业服务人是否尽到善管义务，本条第1款要求权衡两个因素：其一，是否符合物业服务合同的约定。除了法律、法规、行业行规，物业服务人善管义务的主要来源是物业服务合同的内容，包括物业服务人公开作出的有利于业主的服务承诺。其二，是否符合物业的使用性质。根据物业所属性质为商业用途还是住宅用途，善管义务存在差异。

> **第九百四十三条** 物业服务人应当定期将服务的事项、负责人员、质量要求、收费项目、收费标准、履行情况，以及维修资金使用情况、业主共有部分的经营与收益情况等以合理方式向业主公开并向业主大会、业主委员会报告。

【要义精解】

本条规定了物业服务人的定期报告义务。

物业服务人为业主提供物业服务，物业的管理情况事关业主的重大利益，应当向业主报告。业主基于其建筑物区分所有权，对专有部分以外的共有部分享有共有和共同管理的权利。根据《民法典》第278条的规定，业主共同决定使用建筑物及其附属设施的维修资金、筹集建筑物及其附属设施的维修资金、改建、重建建筑物及其附属设施、改变共有部分的用途或者利用共有部分从事经营活动等重大事项。业主大会、业主委员会通过物业服务合同，授权物业服务人对部分事项进行管理。根据《民法典》第285条的规定，物业服务人根据业主的委托，依照本章管理建筑区划内的建筑物及其附属设施，并接受业主的监督。物业服务人应当及时答复业主对物业服务情况提出的询问。

在物业服务合同履行过程中，物业服务人应当定期报告物业服务的事项、负责人员、质量要求、收费项目、收费标准、履行情况，以及维修资金使用情况、业主共有部分的经营与收益情况。所谓定期报告，无特别约定时，应解释为至少一年一次；至于一个年度具体的报告次数与报告时间，由物业服务合同约定。由于物业服务合同属于继续性合同，合同期限一般较长。如果只要求合同终止时履行报告义务，将不利于业主及时了解物业管理情况。因此，物业服务人应当定期报告物业服务事项。[1]

前述报告内容应以合理方式向业主公开，并向业主大会、业主委员会报告。物业服务人应当在物业服务区域内显著位置设置公示栏，如实公示前述应当报告的内容，并且可以通过互联网方式告知全体业主。

【对照适用】

本条所规定的物业服务人的报告义务与《民法典》第 924 条委托合同受托人的报告义务，在是否存在法定定期报告义务上不同：委托合同履行期间，受托人应根据委托人的要求报告委托事务的处理情况，并无法定的定期报告义务；物业服务合同履行期间，物业服务人应当对业主定期报告相应事项。

> 　　**第九百四十四条**　业主应当按照约定向物业服务人支付物业费。物业服务人已经按照约定和有关规定提供服务的，业主不得以未接受或者无需接受相关物业服务为由拒绝支付物业费。
>
> 　　业主违反约定逾期不支付物业费的，物业服务人可以催告其在合理期限内支付；合理期限届满仍不支付的，物业服务人可以提起诉讼或者申请仲裁。
>
> 　　物业服务人不得采取停止供电、供水、供热、供燃气等方式催交物业费。

---

[1] 梁慧星主编：《中国民法典草案建议稿附理由·合同编》（下册），法律出版社 2013 年版，第 895 页。

【要义精解】

本条规定了业主支付物业费的义务。

业主委员会、业主大会代表业主与物业服务人订立物业服务合同，合同权利义务由业主承受。业主因此有权享有物业服务人提供的服务，但同时也负有物业服务合同所约定的义务，主要义务就是支付物业费。《物业管理条例》第7条第5项规定了业主按时交纳物业服务费用的义务。该条例第41条第1款第1句规定，业主应当根据物业服务合同的约定交纳物业服务费用。物业费包括费用与报酬。费用是指为维修、养护、清洁、绿化和经营管理物业服务区域内的业主共有部分，维护物业服务区域内的基本秩序，采取合理措施保护业主的人身、财产安全所产生的支出。报酬是指业主向物业服务人支付的酬金。

业主不得以其将物业交予他人使用而拒绝履行支付物业费的义务，但可以由物业使用人代为履行。物业使用人并非物业服务合同的当事人，除非经由债务承担，物业使用人不负有支付物业费的义务。根据《民法典》第551条的规定，债务人将债务的全部或者部分转移给第三人的，应当经债权人同意。如果物业服务人不同意，业主不能将支付物业费的义务转移给物业使用人。根据《民法典》第523条的规定，业主与物业服务人约定由物业使用人向物业服务人履行支付物业费的义务，物业使用人不履行债务或者履行债务不符合约定的，业主应当向物业服务人承担违约责任。然而，《民法典》第524条赋予了物业使用人代为履行物业费的权利。也即，业主不履行债务，可能导致物业服务人拒绝向其继续提供某项物业服务，从而损及物业使用人的合法利益；于此情形，物业使用人有权向物业服务人代为履行。但是，如果物业服务合同明确约定只能由业主履行的除外。

业主拒绝支付物业费应基于正当理由。一般而言，在物业服务人未按照约定和有关规定提供服务的情形下，业主得行使同时履行抗辩权，有权拒绝支付物业费。比如，物业服务人不履行维护小区治安管理的义务、不履行卫生清洁的义务等，给业主造成重大影响的，属于不履行合同的主要义务；于此情形，业主可以主张同时履行抗辩权，不支付物业费。然而，物业服务人已经按照约定和有关规定提供服务的，业主不得拒绝支付物业费。业主无正当理由拒绝支付物业费的，应承担违约责任。业主未接受或者无须接受相关物业服务不属于拒绝支付物业费的正当理由，原因在于：

第一，根据《民法典》第273条第1款的规定，业主对建筑物专有部分以外的共有部分，享有权利，承担义务；不得以放弃权利不履行义务。即便业主放弃物业服务，也不得拒绝履行支付物业费的义务。第二，物业费主要是公共性服务收费，主要用于维修、养护、清洁、绿化和经营管理物业服务区域内的业主共有部分，维护物业服务区域内的基本秩序以及采取合理措施保护业主的人身、财产安全。个别业主未接受或者无须接受相关物业服务，对物业费的支出不产生太大影响。第三，业主对其专有部分的权利的行使与共有部分密不可分。事实上，每一个业主都从物业服务人对共有部分的善管中获益，未接受或者无须接受相关物业服务的主张难以成立。

业主应当按照物业服务合同的约定履行支付物业费的义务，如果不支付物业费，应当承担违约责任。然而，很多情况下，业主没有支付物业费可能出于遗忘，如经提醒就会履行义务。如果不经通知，物业服务人就直接向法院起诉，要求业主承担违约责任，无疑是不妥当的。于此情形，本条第2款设置了"催告"作为前置程序。催告是指债权人提请债务人履约的通知，只有经过债权人催告后，债务人才承担逾期责任。据此，物业服务人须先催告业主在合理期限内支付；合理期限届满仍不支付的，物业服务人才可以提起诉讼或者申请仲裁，要求业主承担违约责任。

在业主拒绝交纳物业服务费的情形下，部分物业服务企业以停止供电、供水、供热、供燃气等方式进行催交。针对这种情况，本条第3款明确规定，物业服务企业不得采取此类方式催交物业费。根据《民法典》第654条和第656条的规定，供用水、气、热力合同，只有在使用人逾期不支付费用，经催告，在合理期限内仍不支付费用和违约金的，供用人才可以按照国家规定的程序中止供用。物业服务企业虽然代收代缴电、水、气、热力费用，但并非供用人，即使业主没有交纳物业费，物业服务企业也无权停止电、水、气、热力的供用。

【对照适用】

本条源自《物业管理条例》第7条第5项、第41条第1款第1句和第64条，2009年《最高人民法院关于审理物业服务纠纷案件具体应用法律若干问题的解释》（现已失效，法释〔2009〕8号）第6条的规定。实践中，业主拒绝交纳物业费的现象比较普遍，也多存在于业主以未享受物业服务，或者无须接受物业服务为由拒绝履行支付物业费的义务。因此，本条第 1 款第 2 句特对此作了规定。

在适用本条时须注意以下几点。

第一，物业费的支付不以业主入住为前提。如果物业服务合同中约定了支付时间，从其约定；无约定的，一般以业主收房时开始计算。物业服务不仅涉及对人的服务，更多的是对共有部分的管理。因此，支付物业费的义务不应当以入住作为履行时点。

第二，建设单位应当为闲置房屋交纳物业费。根据《物业管理条例》第 41 条第 2 款，已竣工但尚未出售或者尚未交给物业买受人的物业，物业服务费用由建设单位交纳。

第三，能否拒绝支付物业费，须判断物业服务人是否按照约定和有关规定提供服务。对于超出物业服务合同范围的事项，比如属于治安或者刑事范围的盗窃行为，如果物业服务人尽到了保安职责，就不应当以业主丢失财物为由而拒绝支付物业费。[1]

> **第九百四十五条** 业主装饰装修房屋的，应当事先告知物业服务人，遵守物业服务人提示的合理注意事项，并配合其进行必要的现场检查。
>
> 业主转让、出租物业专有部分、设立居住权或者依法改变共有部分用途的，应当及时将相关情况告知物业服务人。

【要义精解】

业主对建筑物内的住宅、经营性用房等专有部分享有所有权，有权对该部分进行装饰装修，但该权利受到一定程度的限制。理由在于：其一，业主行使对专有部分的所有权，须符合《民法典》对相邻关系的规定。由于业主的专有部分与其他业主的专有部分以及共有部分紧密结合或者相邻，业主对其专有部分进行装饰装修时，将不可避免地产生施工噪音、装修垃圾可能会造成管道堵塞等情形，进而影响到其他业主的合法权益。根据《民法典》第 288 条的规定，业主之间应当按照有利生产、方便生活、团结互助、公平合理的原则，正确处理相邻关系。《民法典》第 289 条规定，法律、法规对处理业主之间的相邻关系有规定的，依照其规定。其

---

[1] 国务院法制办公室编：《物业管理条例注解与配套》（第四版），中国法制出版社 2017 年版，第 44 页。

二，业主在对专有部分进行装饰装修时，应严格遵循有关装饰装修的法律法规的要求。比如，根据《住宅室内装饰装修管理办法》第5条，住宅室内装饰装修活动，禁止下列行为：（1）未经原设计单位或者具有相应资质等级的设计单位提出设计方案，变动建筑主体和承重结构；（2）将没有防水要求的房间或者阳台改为卫生间、厨房间；（3）扩大承重墙上原有的门窗尺寸，拆除连接阳台的砖、混凝土墙体；（4）损坏房屋原有节能设施，降低节能效果；（5）其他影响建筑结构和使用安全的行为。

基于物业服务人对物业服务区域内的违法行为所负有的制止、报告与协助处理义务，物业服务人对于业主和业主委托的装饰装修企业在装饰装修过程中违反《住宅室内装饰装修管理办法》等装饰装修相关的法律法规的行为，应当及时采取合理措施制止、向有关行政主管部门报告并协助处理。物业服务人应当将住宅室内装饰装修工程的禁止行为和注意事项告知业主和业主委托的装饰装修企业。根据《住宅室内装饰装修管理办法》第16条，业主或者业主委托的装饰装修企业还须与物业服务人签订住宅室内装饰装修管理服务协议。

业主转让、出租物业专有部分以及设立居住权，都是业主行使专有部分所有权的行为。根据《民法典》第272条的规定，业主对其建筑物专有部分享有占有、使用、收益和处分的权利。业主行使权利不得危及建筑物的安全，不得损害其他业主的合法权益。对于业主转让专有部分的行为，根据《民法典》第273条第2款的规定，业主对共有部分享有的共有和共同管理的权利一并转让。由于对共有部分的共有和共同管理的权利密切影响其他业主的权益，同时也影响业主对物业服务合同所约定权利的享有与义务的承担，业主转让专有部分的，应当及时将相关情况告知物业服务人。对于业主出租物业专有部分的和设立居住权的，物业使用人如果与业主约定代为履行物业服务合同的相关义务，也须及时告知物业服务人。对于依法改变共有部分用途的，根据《民法典》第278条的规定，应当由业主共同决定。具体而言，该事项应当由专有部分面积占比三分之二以上的业主且人数占比三分之二以上的业主参与表决；同时，应当经参与表决专有部分面积四分之三以上的业主且参与表决人数四分之三以上的业主同意。在法定程序表决通过之后，业主应及时将相关情况告知物业服务人。

【对照适用】

本条第1款源自《物业管理条例》第52条，但增加了业主配合物业服务人进行必要的现场检查的义务。第2款源自该条例第49条第2款前段，但增加了业主转让、出租物业专有部分、设立居住权的规定。

本条第1款要求，业主装饰装修房屋的，应当事先告知物业服务人，遵守物业服务人提示的合理注意事项，并配合其进行必要的现场检查。具体而言，根据《住宅室内装饰装修管理办法》第13条的规定，业主在对专有部分进行装饰装修开工前，应当向物业服务人申报登记。申报登记应提交该办法第14条所规定的材料。

> **第九百四十六条** 业主依照法定程序共同决定解聘物业服务人的，可以解除物业服务合同。决定解聘的，应当提前六十日书面通知物业服务人，但是合同对通知期限另有约定的除外。
>
> 依照前款规定解除合同造成物业服务人损失的，除不可归责于业主的事由外，业主应当赔偿损失。

【要义精解】

本条规定了业主对物业服务合同的任意解除权。

业主有任意解除物业服务合同的权利，无论物业服务人是否违约，无论物业服务合同是否到期、是否特别约定了解除条件，业主均可随时解除物业服务合同。业主在终止物业服务合同时无须说明理由，也无须征求物业服务人的同意。[1]

业主行使任意解除权须按照相应的法定程序。第一，解聘决定的作出须符合法定程序。根据本条第1款第1句的规定，业主是否解除物业服务合同，须由全体业主依照法定程序共同决定。根据《民法典》第278条，解聘物业服务企业或者其他管理人是须由业主共同决定的事项，应当由专有部分面积占比三分之二以上的业主且人数占比三分之二以上的业主参与表决；同时，应当经参与表决专有部分面积过半数的业主且参与表决人数

---

[1] 梁慧星主编：《中国民法典草案建议稿附理由·合同编》（下册），法律出版社2013年版，第905页。

过半数的业主同意。第二，解聘通知的作出也应符合法定程序。为防止业主随意解除物业服务合同和发生不必要的纠纷，解聘通知应当以书面形式作出，并给予物业服务人合理的准备期限。根据本条第1款第2句的规定，业主决定解聘的，应当提前60日以书面形式通知物业服务人。当事人在物业服务合同中对通知期限另有约定的，从其约定。

业主行使任意解除权造成物业服务人损失的，除不可归责于业主的事由外，业主应当赔偿损失。在实践中，物业服务合同成立之后，物业服务人为了提供约定的物业服务，通常要进行大量的准备工作，并与其他主体订立相关合同。一旦业主行使任意解除权，可能会给物业服务人造成较大的损失。如果不是因为不可归责于业主的事由，业主须对此损失承担赔偿责任。[1]

> **第九百四十七条**　物业服务期限届满前，业主依法共同决定续聘的，应当与原物业服务人在合同期限届满前续订物业服务合同。
>
> 物业服务期限届满前，物业服务人不同意续聘的，应当在合同期限届满前九十日书面通知业主或者业主委员会，但是合同对通知期限另有约定的除外。

【要义精解】

本条是关于续聘物业服务人的规定。

在物业服务期限届满的情形下，业主与物业服务人如果双方都同意续聘，面临的是一个新的债权债务关系，业主和物业服务人均享有是否同意续聘的自由。

本条第1款规定，业主依法共同决定续聘的，应当在物业服务期限届满前，与原物业服务人续订物业服务合同。这样可以避免造成原物业服务合同期限届满，但新的物业服务合同尚未成立而带来的债权债务关系缺乏依据的问题。

本条第2款对物业服务人不同意续聘的情形规定了通知期限，并要求以书面方式作出。对于通知期限，物业服务合同另有约定的，从其约定。

---

[1]　王利明：《物业服务合同立法若干问题探讨》，《财经法学》2018年第3期，第13—14页。

【对照适用】

物业服务合同期限届满的，业主有权决定续聘原物业服务人，物业服务人也有权决定是否同意续聘。这不同于物业服务合同解除权的行使。在后者，只有业主一方才可以行使任意解除权，物业服务人在服务期限届满前，除了业主存在违约行为，无权行使任意解除权。

第九百四十八条　物业服务期限届满后，业主没有依法作出续聘或者另聘物业服务人的决定，物业服务人继续提供物业服务的，原物业服务合同继续有效，但是服务期限为不定期。

当事人可以随时解除不定期物业服务合同，但是应当提前六十日书面通知对方。

【要义精解】

本条规定物业服务合同的默示更新。

物业服务合同的默示更新，又称法定更新，是指物业服务期限届满后，业主没有依法作出续聘或者另聘物业服务人的决定，物业服务人继续提供物业服务的，视为以不定期方式继续原物业服务合同。默示更新的要件有二：其一，物业服务期限届满后，业主没有依法作出续聘或者另聘物业服务人的决定。根据《民法典》第947条第1款的规定，物业服务期限届满前，业主依法共同决定续聘的，应当与原物业服务人在合同期限届满前续订物业服务合同。在默示更新的情形下，业主虽没有依法作出续聘原物业服务合同的决定，但也未作出另聘物业服务人的决定。其二，物业服务人继续提供物业服务。根据《民法典》第947条第2款的规定，一般而言，物业服务期限届满前，物业服务人如果不同意续聘，应当在合同期限届满前90日书面通知业主或者业主委员会。在默示更新的情形下，物业服务人没有作出不同意续聘的通知，而是继续提供物业服务。

以默示方式更新物业服务合同的法律效果为，原物业服务合同继续有效，但成为不定期合同。一旦原物业服务合同成为不定期合同，业主和物业服务人就都具备了任意解除权。根据本条第2款的规定，业主和物业服务人可以随时解除不定期物业服务合同，但是应当受到60日期限与书面形式的限制。

【对照适用】

在适用本条规定时，应注意与《民法典》第 946 条所规定的业主一方的任意解除权相区别。第一，行使时间不同。《民法典》第 946 条规定的任意解除权可以在物业服务期限内行使；本条规定的解除权只能于物业服务期限届满之后行使。第二，权利主体不同。《民法典》第 946 条规定的任意解除权的权利主体只有业主一方；本条规定的任意解除权可以由业主行使，也可以由物业服务人行使。第三，解除合同的性质不同。《民法典》第 946 条规定下所解除的合同是定期合同；本条所规定的任意解除权的解除对象是不定期合同。第四，法律效果不同。业主根据《民法典》第 946 条规定解除物业服务合同造成物业服务人损失的，除不可归责于业主的事由外，业主应当赔偿损失。根据本条规定，当事人可以随时解除不定期物业服务合同，而无须承担由此给对方造成的损失。

> **第九百四十九条** 物业服务合同终止的，原物业服务人应当在约定期限或者合理期限内退出物业服务区域，将物业服务用房、相关设施、物业服务所必需的相关资料等交还给业主委员会、决定自行管理的业主或者其指定的人，配合新物业服务人做好交接工作，并如实告知物业的使用和管理状况。
>
> 原物业服务人违反前款规定的，不得请求业主支付物业服务合同终止后的物业费；造成业主损失的，应当赔偿损失。

【要义精解】

本条规定了物业服务人的物业交接义务。

物业服务合同期限届满，双方当事人均不再续期，或者物业服务合同尚未届满，但因一方当事人行使解除权而归于消灭时，物业服务人应当在约定期限或者合理期限内退出物业服务区域。在原物业服务人退出时，应当向业主委员会、决定自行管理的业主或者其指定的人，并向新物业服务人交接。物业服务交接在形式上表现为物业服务人退出物业服务区域、移交物业服务用房、资料等，但本质上是物业服务人移交物业管理权。

本条第 1 款以不完全列举的方式对该项义务内容作了规定。据此，物业服务人应当交接的内容包括但不限于：第一，物业服务用房的交接；第二，相关设施的交接；第三，物业服务所必需的相关资料的交接；第四，物业的使用和管理情况的告知。

原物业服务人履行交接义务的相对人包括三类，一是业主委员会，二是决定自行管理的业主，三是业主指定的人。交接工作专业性强，直接向新物业服务人交接，既能保证交接的顺利，又能保证物业服务工作的连续性。但如果业主委员会或者决定自行管理的业主有一定的接管能力，也可以向其交接，然后再由后者向新的物业服务人交接。[1]

物业交接义务的性质属于后合同义务。根据《民法典》第558条的规定，债权债务终止后，当事人应当遵循诚信等原则，根据交易习惯履行通知、协助、保密、旧物回收等义务。该义务并非源自当事人合同约定，而是基于法律的规定直接产生的，因此属于法定义务。物业服务人不得以与业主形成事实上的物业服务合同关系等为由拒绝履行。据此，原物业服务人拒不履行物业交接义务的，不得请求业主支付物业服务合同终止后的物业费；因此给业主造成损失的，应当赔偿损失。

【对照适用】

本条是对《物业管理条例》第38条和2009年《最高人民法院关于审理物业服务纠纷案件具体应用法律若干问题的解释》（现已失效）第10条的细化。《物业管理条例》第38条规定："物业服务合同终止时，物业服务企业应当将物业管理用房和本条例第二十九条第一款规定的资料交还给业主委员会。物业服务合同终止时，业主大会选聘了新的物业服务企业的，物业服务企业之间应当做好交接工作。"

本条第1款以不完全列举的方式规定了物业服务人应当交接的内容，在具体适用时应结合具体情况进行判断。一般而言，根据《物业管理条例》第29条和第38条的规定，物业服务合同终止时，物业服务人应当向业主委员会交还物业服务用房，以及下述材料：（1）竣工总平面图，单体建筑、结构、设备竣工图，配套设施、地下管网工程竣工图等竣工验收资料；（2）设施设备的安装、使用和维护保养等技术资料；（3）物业质量保修文件和物业使用说明文件；（4）物业管理所必需的其他资料。

---

〔1〕 梁慧星主编：《中国民法典草案建议稿附理由·合同编》（下册），法律出版社2013年版，第908—909页。

如果原物业服务人不履行交接义务，业主委员会可以先向房地产行政主管部门反映，由其进行调解解决；业主委员会也可以经业主大会决定，直接向人民法院提起诉讼。

> **第九百五十条**　物业服务合同终止后，在业主或者业主大会选聘的新物业服务人或者决定自行管理的业主接管之前，原物业服务人应当继续处理物业服务事项，并可以请求业主支付该期间的物业费。

【要义精解】

本条规定了物业服务人的继续处理义务。

物业服务人的继续处理义务的设定，旨在保护业主的合法权益。根据物业服务合同的性质和特点，如果物业服务合同终止后、新的物业服务人接管前，原物业服务人立刻停止物业服务，将严重影响业主的生活和工作。实践中，原物业服务人与业主之间在此期间往往就原物业服务合同终止后的事项存在争议。本条通过明确物业服务人的继续处理义务，有助于减少此类纠纷。

根据本条的规定，物业服务人继续处理义务的要点为：第一，继续处理义务始于物业服务合同终止后。至于物业服务合同终止的事由，则在所不问。第二，继续处理义务持续至业主或者业主大会选聘的新物业服务人或者决定自行管理的业主接管之时为止。即便新的物业服务合同已经生效，只要新的物业服务人还未接管物业事务，原物业服务人就有义务继续处理物业服务事项。第三，继续处理义务的履行标准应与原物业服务合同约定的内容相一致。第四，原物业服务人得基于继续处理义务之履行，请求业主支付该期间的物业费。

第二十五章　行纪合同

> **第九百五十一条**　行纪合同是行纪人以自己的名义为委托人从事贸易活动，委托人支付报酬的合同。

【要义精解】

本条规定了行纪合同的定义。

行纪合同是行纪人以自己的名义为委托人从事贸易活动，委托人支付报酬的合同。在行纪合同关系中，委托对方为自己从事贸易活动，并为此向对方给付报酬的当事人为委托人；接受委托为对方从事贸易活动，并为此而获得报酬的当事人为行纪人。

罗马法上的行纪契约只是委托的一种，而非真正意义上的行纪合同。行纪合同是随着信托业务的发展，出现了独立从事行纪业务的行纪组织而产生的。在欧洲中世纪，由于国际贸易的兴起，出现了专门从事受他人的委托以办理商品购入、贩卖或者其他交易事务并收取一定佣金的经纪人，行纪制度肇始于此。在我国，行纪制度发展较晚，虽然行纪业务在生活中一直存在，但直到1999年《合同法》才明确规定了行纪合同。采行民商分立的国家则一般将其规定于商法典中，而采行民商合一的大陆法系国家一般把行纪合同规定于民法典，《民法典》亦从之。

行纪合同具有如下特征：[1]第一，行纪人以自己的名义为委托人实施一定的法律行为。行纪人以自己的名义与第三人进行的法律行为，其法律后果直接由行纪人自己承担，委托人与第三人之间不存在直接的权利义务关系。第二，行纪合同中行纪人所办理的委托事务是贸易活动，一般只限于购、销及其他商业上的贸易活动等法律行为。委托合同中委托人所办理的委托事务，既可以是法律行为，也可以是事实行为。第三，行纪人为委

---

〔1〕　李永军：《合同法》（第四版），中国人民大学出版社2016年版，第356页。

托人的利益办理事务。行纪人虽然与第三人直接发生法律关系，但其与第三人发生的权利和义务最终应当归属于委托人。因此，行纪人在与第三人实施法律行为时，应考虑委托人的利益。第四，行纪合同是诺成合同。行纪合同只需要双方当事人意思表示一致即可成立，无须实际履行，也无须采取特别的方式。第五，行纪合同是有偿合同。行纪人为委托人从事贸易活动，委托人应当支付其报酬。习惯上，行纪人的报酬被称为"佣金"。行纪合同的有偿性，一方面基于合同标的的营利性，即行纪合同的标的是从事贸易活动；另一方面基于行纪人的营业性，即行纪人是以从事行纪活动为其经营业务。[1]

【对照适用】

本条规定源自原《合同法》第414条。我国原《合同法》理论上也把行纪合同称为"信托合同"，但行纪不同于英美法上的信托。信托是基于信任，为达到经济上、社会上的某种目的而转移信托人的财产，由受托人为了他人利益而加以管理或者处分的财产关系。信托关系包括委托人、受托人和受益人三方主体。信托权利义务关系是围绕着信托财产的管理和分配展开的。行纪合同与信托的区别在于：第一，性质不同。行纪具有债权性，而信托具有物权性。第二，当事人不同。行纪合同的当事人只有委托人与行纪人，信托关系有信托人、受托人和受益人三方当事人。第三，成立要件不同。行纪合同不以交付财产为成立要件，而信托以财产交付为成立要件。

行纪合同不同于委托合同。第一，名义使用和法律后果归属不同。行纪合同的行纪人只能以自己的名义为委托人从事贸易活动，其法律后果直接由行纪人自己承担，委托人与第三人之间不存在直接的权利义务关系。而委托合同的受托人既可以以委托人的名义，也可以以自己的名义为委托人处理委托事务。以委托人名义与第三人订立的合同，可以对委托人直接发生效力；以受托人自己名义与第三人订立的合同，如果第三人在订立合同时知道受托人与委托人之间的代理关系的，该合同也对委托人直接发生效力。第二，主体要求不同。行纪合同的行纪人必须是以从事行纪活动为营业的经营主体；而委托合同的受托人则不受此限。第三，合同标的不

[1]　陈甦编著：《委托合同、行纪合同、居间合同》，法律出版社1999年版，第108—109页。

同。行纪合同的标的只能是法律行为，并且限于贸易活动中的法律行为。而委托合同的标的既可以是法律行为，也可以是事实行为。第四，有偿性不同。行纪合同是有偿合同；而委托合同既可以有偿，也可以无偿。第五，费用承担不同。行纪人处理委托事务的费用，一般由行纪人自己负担；而委托合同中的受托人处理事务的费用应由委托人负担。

第九百五十二条　行纪人处理委托事务支出的费用，由行纪人负担，但是当事人另有约定的除外。

【要义精解】

本条规定了行纪人负担行纪费用的义务。

行纪费用是指行纪人在处理委托事务过程中所支出的费用。本条规定了行纪人自我负担费用原则。这是因为，行纪是一种营业行为，即行纪人以营利为目的进行行纪活动，所收取的报酬中已经包含营业费用，因此行纪人处理委托事务所支出的费用应由其负担。[1]如果行纪人之处的费用超过其可能获得的报酬，这属于商业上的正常风险，应由行纪人自行负担。[2]行纪人自我负担原则亦存在例外，即当事人对此另有约定的，从其约定。

【对照适用】

本条规定源自原《合同法》第415条。一般而言，当事人约定的费用负担有三种方式：第一，所有费用由委托人负担；第二，由委托人承担某一项费用，其余由行纪人负担；第三，双方平均分摊所有费用。所采取的费用负担方式通常取决于双方谈判能力、所从事行纪事务的难易程度等。如果达成委托人负担全部或者部分费用的约定，行纪人对委托人享有费用预付请求权，或者在自己垫付费用的情况下享有费用偿还请求权。[3]

---

[1] 陈甦编著：《委托合同、行纪合同、居间合同》，法律出版社1999年版，第117—118页。

[2] 高富平、王连国：《委托合同·行纪合同·居间合同》，中国法制出版社1999年版，第163页。

[3] 高富平、王连国：《委托合同·行纪合同·居间合同》，中国法制出版社1999年版，第163—164页。

第九百五十三条 行纪人占有委托物的，应当妥善保管委托物。

【要义精解】

本条规定了行纪人的妥善保管义务。

行纪人的妥善保管义务，是指行纪人在为委托人从事贸易活动时，对于在成交前所占有以及成交后尚未向委托人转交的委托物，应当按照委托物的性质、特征尽善良管理人的注意保存、看护。行纪人在成交前所占有以及成交后尚未向委托人转交的委托物，其所有权归委托人所有，并由委托人承担风险，因此，行纪人必须承担妥善保管义务，以维护委托人的利益。

【对照适用】

本条规定源自原《合同法》第416条。行纪人履行保管义务的方式以及违反该项义务的责任承担，可以参照适用《民法典》有关保管合同的规定。

第九百五十四条 委托物交付给行纪人时有瑕疵或者容易腐烂、变质的，经委托人同意，行纪人可以处分该物；不能与委托人及时取得联系的，行纪人可以合理处分。

【要义精解】

本条规定了行纪人的处置义务。

行纪人的处置义务，是指委托物交付给行纪人时有瑕疵或者容易腐烂、变质的，经委托人同意，行纪人可以处分该物；和委托人不能及时取得联系的，行纪人可以合理处分。虽然本条规定前段和后段均使用了"可以"一词，但并不意味着行纪人在本条所规定的情形中对委托物的处分是一种权利。事实上，这是行纪人的合同义务，该条只是从行纪人权限的角度予以规定。这是因为，在行纪合同的履行过程中，行纪人应为委托人的利益办理事务。如果该条规定的是行纪人的权利，那么行纪人可以不行使该权利，也即可以不处分委托物，而任由委托物的价值降低，从而有损委托人的利益。这显然不符合行纪合同的应有性质。将其作为行纪人的义务，有利于维持委托物的价值，从而维护委托人的利益。[1]

【对照适用】

本条规定源自原《合同法》第417条。对于该条后段"合理处分"的适用，可以参考我国台湾地区"民法"第584条的规定。该条规定，委托出卖之物，于达到行纪人时有瑕疵，或依其物之性质易于败坏者，行纪人为保护委托人之利益，应与保护自己之利益为同一之处置。据此，当行纪人不能及时与委托人取得联系时，应以保护委托人利益为目的，以与保护自己之利益为标准，结合具体情况对委托物作出适当处分。

> **第九百五十五条** 行纪人低于委托人指定的价格卖出或者高于委托人指定的价格买入的，应当经委托人同意；未经委托人同意，行纪人补偿其差额的，该买卖对委托人发生效力。
>
> 行纪人高于委托人指定的价格卖出或者低于委托人指定的价格买入的，可以按照约定增加报酬；没有约定或者约定不明确，依据本法第五百一十条的规定仍不能确定的，该利益属于委托人。
>
> 委托人对价格有特别指示的，行纪人不得违背该指示卖出或者买入。

【要义精解】

本条规定行纪人应遵守委托人的价格指示。

在行纪合同中，委托人通常明确指示买卖标的物的种类、数量、价格和委托有效期限等，行纪人应当按照委托人的指示从事贸易活动。当委托人指定交易的价格时，行纪人必须严格按照委托人的指示，按照委托人指定的价格卖出或者买入。在某些交易市场领域，未经委托人同意，即使发生了紧急情况，行纪人也不得为了委托人的利益而自行决定交易。

根据本条第1款前段的规定，行纪人低于委托人指定的价格卖出或者高于委托人指定的价格买入的，直接影响委托人的利益，因此应当经委托人同意。委托人同意的，该买卖对委托人发生效力，该买卖的法律效果由

---

[1] 陈甦编著：《委托合同、行纪合同、居间合同》，法律出版社1999年版，第124页。

委托人承担；否则，对委托人不发生效力，其法律效果由行纪人承担。所谓"对委托人发生效力"，是指委托人应当接受买卖结果，并履行相应义务。如果行纪人卖出委托物，委托人应当及时交付该物；如果行纪人买入商品，委托人应当及时受领。同时，委托人应当按照行纪合同约定，向行纪人支付相应的报酬。但是，根据本条第 1 款后段的规定，未经委托人同意时，如果行纪人补偿其差额的，该买卖对委托人发生效力。因为如果行纪人补偿差额的，实际上就无损委托人的利益，该买卖的法律效果依然由委托人承担。

通常而言，委托人的价格指示不是行纪交易的固定价格，而只是一个范围或者上下限，用以限定行纪人的自主决策。在该范围内，行纪人有充分的价格自主权，以其专业知识为委托人作出最佳的决策。行纪人应当为委托人的利益计算，为委托人争取最有利的交易价格。但是，本条第 3 款规定，如果委托人对价格有特别指示的，行纪人不得违背该指示卖出或者买入。

如果行纪人高于委托人指定的价格卖出或者低于委托人指定的价格买入的，则为委托人增加了利益。于此情形，本条第 2 款第 1 句允许当事人约定增加报酬。实践中通常是在行纪合同中事先约定，在行纪人高于委托人指定的价格卖出或者低于委托人指定的价格买入的，相应地增加佣金比率或者按某一比例分配增加的收益。如果当事人对此无约定或者约定不明确的，可以协议补充；不能达成补充协议的，该利益属于委托人。

【对照适用】

本条源自原《合同法》第 418 条。价格指示在行纪合同中占有重要地位，委托人与行纪人应该对此作出明确且可操作的约定。

> **第九百五十六条** 行纪人卖出或者买入具有市场定价的商品，除委托人有相反的意思表示外，行纪人自己可以作为买受人或者出卖人。
> 行纪人有前款规定情形的，仍然可以请求委托人支付报酬。

【要义精解】

本条是关于行纪人自我交易允许的规定。

一般而言，行纪人接受委托，与第三人进行贸易活动。但如果行纪人本身就是委托商品的需求人或者供应人，原则上行纪人可以进行自我交易，除非委托人有相反的意思表示。行纪在这点上区别于代理。《民法典》第168条规定，代理人不得以被代理人的名义与自己实施民事法律行为，但是被代理人同意或者追认的除外。可见，代理制度中，代理人以不得自我交易为原则，被代理人同意或者追认为例外。

行纪人自我交易构成要件有二：其一，买卖的商品有市场定价。所谓有市场定价，是指交易的标的在市场上有公示的统一的价格，单个交易者之间不能通过个别的磋商、谈判在市场价格之外另行确定交易价格。买卖的商品有市场定价，可以减少行纪人通过自我交易从中获得不正当利益的风险。其二，委托人没有相反的意思表示。委托人没有在行纪合同中明确约定，或者在行纪合同履行过程中的交易指示中，明确作出禁止行纪人进行自我交易的意思表示。

行纪人进行自我交易，在行纪人与委托人之间成立两个法律关系。其一，行纪人与委托人之间的行纪法律关系。行纪人作为受托人，仍须履行前述规定的行纪人的义务。其二，行纪人作为交易对象与委托人之间的买卖法律关系。由于行纪人卖出或者买入具有市场定价的商品，即使是自我交易，仍属于行纪合同义务的履行，因此仍然可以请求委托人支付报酬。

【对照适用】

本条规定源自原《合同法》第419条，仅将第2款规定中的"要求"改为"请求"，用语更加规范。

第九百五十七条　行纪人按照约定买入委托物，委托人应当及时受领。经行纪人催告，委托人无正当理由拒绝受领的，行纪人依法可以提存委托物。

委托物不能卖出或者委托人撤回出卖，经行纪人催告，委托人不取回或者不处分该物的，行纪人依法可以提存委托物。

【要义精解】

本条规定了行纪人对委托物的提存。

根据《民法典》第557条的规定，行纪人依法将标的物提存的，行纪合同关系终止。根据《民法典》第573条的规定，标的物提存后，毁损、灭失的风险由委托人承担。本条规定了行纪人可以提存委托物的两种情形。第一，委托人拒绝受领委托物。行纪人按照约定买入委托物的，委托人应当及时受领。如果经行纪人催告，委托人无正当理由仍拒绝受领的，行纪人依法可以提存委托物。第二，委托人不取回或者不处分委托物。行纪人为委托人出卖委托物的场合中，如果委托物不能卖出或者委托人撤回出卖，委托人应当及时取回委托物，或者处分该物。如果经行纪人催告，委托人仍不取回或者不处分该物的，行纪人依法可以提存委托物。

行纪人提存委托物须依法，即须遵守提存的程序。首先，须存在提存原因。前述两个行纪人可以提存委托物的情形即提存原因。如果没有发生上述情形，行纪人即提存委托物，属于违约行为，须对委托人承担违约责任。如果因此给委托人造成损害的，仍应向委托人赔偿损失。其次，行纪人须先向委托人催告。行纪人不得直接提存委托物，须先向委托人进行催告，这是提存的前置程序。如果委托人经催告后受领了委托物或者及时取回委托物或者处分该物的，行纪人不得将该物提存。只有委托人经催告后仍不受领委托物或者不取回委托物或者不处分该物的，行纪人才可以将委托物进行提存。再次，行纪人须依法进行提存。行纪人应遵循《民法典》第 570 条至第 574 条的规定进行提存。

第九百五十八条 行纪人与第三人订立合同的，行纪人对该合同直接享有权利、承担义务。

第三人不履行义务致使委托人受到损害的，行纪人应当承担赔偿责任，但是行纪人与委托人另有约定的除外。

【要义精解】

本条规定了行纪人与第三人订立合同的效力。

根据合同相对性原理，行纪人在为委托人从事贸易活动过程中，与第三人所订立的合同，只在行纪人与第三人之间发生约束力，而不直接约束委托人。本条第 1 款规定，行纪人与第三人订立合同的，行纪人对该合同直接享有权利、承担义务。

由于行纪合同的委托人与第三人之间不存在直接的权利义务关系，所以第三人不履行义务致使委托人受到损害的，行纪人应当承担赔偿责任。行纪人向委托人承担赔偿责任之后，行纪人可以根据其与第三人订立的合同，追究第三人的责任。本条第 2 款后段设置了但书规定，如果行纪人与委托人对责任承担事项另有约定，行纪人也可以不向委托人承担损害赔偿责任。

【对照适用】

本条规定源自原《合同法》第 421 条。在法律事务中，当受托人为委托人利益，以自己的名义从事由委托人支付报酬的贸易活动时，究竟适用本条还是适用《民法典》第 925 条、第 926 条？有学者认为，不得用《民法典》第 925 条、第 926 条的规定完全取代，更不能否定本条的规定。本条是行纪合同的法律后果及其由谁承受的一般规则，《民法典》第 925 条、第 926 条则作为本条的例外规定得到适用。原因在于：大陆法系承认的行纪合同以合同相对性为原则，主要调整行纪人与委托人的关系。而《民法典》第 925 条、第 926 条突破了委托合同的相对性，更多关注委托人与第三人之间的关系，更具委托代理特色。我国严格区分委托合同与代理权，委托合同与直接代理属于两项不同的法律制度。行纪合同作为委托合同的一种特殊形式，自然区别于直接代理。如果允许行纪合同适用《民法典》第 925 条、第 926 条，就违反了这一区分逻辑。[1]

> **第九百五十九条** 行纪人完成或者部分完成委托事务的，委托人应当向其支付相应的报酬。委托人逾期不支付报酬的，行纪人对委托物享有留置权，但是当事人另有约定的除外。

【要义精解】

本条规定了行纪人支付报酬的义务与行纪人的留置权。

行纪人具有营业性，以从事行纪活动为其经营业务，须收取一定报酬以利其业务之推展。行纪人完成或者部分完成委托事务的，有权请求委托人支付报酬。所谓报酬，是行纪人为行纪行为的对价，其数额由双方当事人约定。在实践中，行纪人的报酬多按照其所为交易的价额的一定比率提取。

---

[1] 崔建远：《合同法》（第三版），北京大学出版社 2016 年版，第 668 页；谢鸿飞：《合同法学的新发展》，中国社会科学出版社 2014 年版，第 626 页。

委托人报酬之支付，以行纪人完成或者部分完成委托事务为条件。行纪人无法完成委托事务的，不能请求委托人支付报酬。行纪人和第三人订立的合同因有瑕疵或其他法定原因，导致该合同被撤销的，因为无法完成委托事务，自不得请求委托人支付报酬。如果第三人违约且对行纪人进行了损害赔偿，或者委托人同意行纪人以他物替代履行的，产生履行后果，行纪人可将行纪行为的结果转交委托人，亦得请求报酬。行纪人因不可归责于自己的事由导致不能完成委托事务的，如果其完成了部分事务且该部分相对于全部委托事务而言可以独立存在，行纪人可以就该部分请求相应的报酬。如果行纪人所完成的部分事务足以使委托人的经济目的得以达成，行纪人亦有权请求支付全部报酬。如果委托事务之不完成是由委托人自己所致，行纪人仍可请求委托人支付报酬。行纪人和委托人对行纪报酬另有约定的，从其约定。[1]

根据本条规定，行纪人完成或者部分完成委托事务，委托人逾期不支付报酬的，行纪人有权留置委托物，并依照法律规定以委托物折价或者从拍卖、变卖该财产所得的价款中优先受偿。行纪人和委托人对行纪报酬另有约定的，从其约定。

第九百六十条　本章没有规定的，参照适用委托合同的有关规定。

【要义精解】

本条规定了行纪合同对委托合同的准用。

关于行纪合同是否属于委托合同，我国学者存在争议。行纪合同与委托合同存在相似之处：二者皆为提供服务的合同，行纪合同的行纪人与委托合同的受托人都是为了委托人利益办理事务；二者皆以双方当事人的信任为基础。因此，有学者认为行纪合同属于委托合同之一种。[2]

相较而言，《民法典》没有规定雇佣合同，所规定的委托合同亦不限于无偿；行纪合同纵使与委托合同存在相似之处，但本条仍将行纪合同作

---

[1]　崔建远：《合同法》（第三版），北京大学出版社2016年版，第672—673页。

[2]　梁慧星主编：《中国民法典草案建议稿附理由·合同编》（下册），法律出版社2013年版，第742页；崔建远：《合同法》（第三版），北京大学出版社2016年版，第668页；高富平、王连国：《委托合同·行纪合同·居间合同》，中国法制出版社1999年版，第140页、第145页。

为区别于委托合同的一种独立的有名合同。这可以从本条所规定的"参照适用"推导出。

【对照适用】

本条源自原《合同法》第 423 条的规定，该条原规定："本章没有规定的，适用委托合同的有关规定。"此二者虽然都是引用性法条，但原规定属于直接适用型引用性法条，其所处理的构成要件事实与所引用的法条在抽象构成要件事实上是同一关系；而本条规定属于参照适用型引用性法条，其所处理的构成要件事实与所引用的法条在抽象构成要件事实上并非同一关系，而是类似，故基于平等原则"同类事物作相同处理"的原理，对二者作同一规范评价。

第二十六章　中介合同

> **第九百六十一条**　中介合同是中介人向委托人报告订立合同的机会或者提供订立合同的媒介服务，委托人支付报酬的合同。

【要义精解】

本条规定了中介合同的法律定义。

中介合同，又称居间合同，是指中介人向委托人报告订立合同的机会或者提供订立合同的媒介服务，委托人支付报酬的合同。

中介合同具有如下特征。

第一，中介人只为委托人报告订立合同的机会，或者提供订立合同的媒介服务。中介人不是订立合同的当事人，这区别于行纪合同；中介人不作为任何一方的代理人以委托人的名义订立合同，这区别于委托合同。

第二，中介人为委托人提供订立合同的机会或者提供订立合同的媒介服务本身，在中介人与第三人订立的合同中不具有法律意义。而委托合同中，受托人处理的事务一般是有法律意义的事务；行纪合同中，行纪人受托人的事务是法律行为，当然具有法律意义。

第三，中介合同是有偿合同，但中介人只能在有中介结果时才能请求报酬。相较而言，委托合同既可以有偿，又可以无偿。行纪合同为有偿合同，只要行纪人依委托人的指示办理了行纪事务，即可请求报酬。

【对照适用】

本条源自原《合同法》第 424 条，但将原规定中"居间合同"的称谓，改为"中介合同"。在适用中介合同时，须注意中介合同与委托合同、行纪合同的区别。

第九百六十二条　中介人应当就有关订立合同的事项向委托人如实报告。

中介人故意隐瞒与订立合同有关的重要事实或者提供虚假情况，损害委托人利益的，不得请求支付报酬并应当承担赔偿责任。

【要义精解】

本条规定了中介人的如实报告义务。

如实报告义务是中介人的主要合同义务。中介人应当就有关订立合同的事项向委托人如实报告，不得隐瞒与订立合同有关的重要事实或者提供虚假情况。

中介人违反如实报告义务致委托人损害的，不得请求支付报酬，并应当就其故意承担赔偿责任。中介人如实报告的情况，应为中介人已知并且认为真实的情况。之所以采取主观真实标准，是因为要求中介人报告的情况与实际情况须完全一致，否则即应承担责任，太过严苛。因此，本条第2款将中介人告知责任限定于故意责任。[1]

【对照适用】

本条源自原《合同法》第425条，仅将"居间人"改为"中介人"。

第九百六十三条　中介人促成合同成立的，委托人应当按照约定支付报酬。对中介人的报酬没有约定或者约定不明确，依据本法第五百一十条的规定仍不能确定的，根据中介人的劳务合理确定。因中介人提供订立合同的媒介服务而促成合同成立的，由该合同的当事人平均负担中介人的报酬。

中介人促成合同成立的，中介活动的费用，由中介人负担。

【要义精解】

本条规定了中介人的报酬请求权。

---

〔1〕梁慧星主编：《中国民法典草案建议稿附理由·合同编》（下册），法律出版社2013年版，第746页。

支付中介报酬是委托人的主要义务。当事人未约定中介报酬或者约定中介报酬不明确的，如果存在订立合同时履行地的市场价格或者依法应当执行的政府定价或者政府指导价的，依照规定履行；否则，应根据中介人的劳务合理确定。所谓合理确定，是指所支付报酬数额应依中介人所提供的中介服务的质量和效果，以及同类或者相似的中介人的一般报酬水平而定。

中介报酬的支付义务人因中介类型之不同而异。在报告中介中，中介人促成合同成立后，由委托人支付约定的报酬。在媒介中介中，中介人提供订立合同的媒介服务而促成合同成立的，则由合同当事人平均负担中介人的报酬。

中介人促成合同成立的，仅可请求支付报酬，至于中介费用，须由中介人自己负担。因为中介人的报酬通常已包含费用，因此中介人在请求支付报酬后，无权另行请求支付费用。中介活动的费用应限于中介人从事中介活动所支出的必要费用，如差旅费、通信费等，劳务支出不在此列。

【对照适用】

本条源自原《合同法》第 426 条，仅将"居间"改为"中介"，并更新了所引用的条文号。

> **第九百六十四条** 中介人未促成合同成立的，不得请求支付报酬；但是，可以按照约定请求委托人支付从事中介活动支出的必要费用。

【要义精解】

本条规定了中介人的必要费用请求权。

中介报酬通常以合同标的价值的一定比例确定，须合同成立，才有据以确定报酬数额的基础。中介不同于一般的信息服务合同，并非为他人提供一些信息或者某些客户的报价单之类的东西即构成中介，而须将具有订立合同意向的潜在客户介绍给委托人，或者进一步促成他们之间达成协议。因此，中介合同不是按劳取酬，而是按成果取酬。对于未促成合同成立的，中介人不得请求支付报酬，只可以按照约定请求委托人支付因中介活动而产生的必要费用。

【对照适用】

本条源自原《合同法》第 427 条,但作了三个方面的修正:其一,将"居间"改为"中介";其二,将原规定分为前后两段;其三,新增了"按照约定请求",要求中介人与委托人应在中介合同中明确约定必要费用支付事项,以减少不必要的纠纷。

> **第九百六十五条** 委托人在接受中介人的服务后,利用中介人提供的交易机会或者媒介服务,绕开中介人直接订立合同的,应当向中介人支付报酬。

【要义精解】

本条规定了委托人"跳单"应支付报酬。

中介报酬请求权的对价物是委托人利用其提供的交易机会或者媒介服务订立合同,其行使以委托人缔结本约为条件。这决定了委托人和中介人在中介合同的履行过程易存在机会主义倾向,双方均有可能利用自身的信息优势获取不正当利益。[1]《民法典》前述规定主要集中于如何防止中介人的道德风险问题,本条则关注委托人的机会主义倾向。

对委托人而言,一方面,从现实情况上看,由于信息不对称,委托人处于信息优势者地位,且其如何利用中介人所提供的缔约信息难以被察觉,易产生道德风险问题。为了保障中介人的合法权益,本条特作此规定。

根据本条的规定,委托人在接受中介人的服务后,利用中介人提供的交易机会或者媒介服务,绕开中介人直接订立合同的,应当向中介人支付报酬。本条规定是对《民法典》第 963 条第 1 款第 1 句的具体化。"中介人促成合同成立"具体表现为,委托人在接受中介人的服务后,利用中介人提供的交易机会或者媒介服务,与第三人订立合同。由于合同责任是无过错责任,无论委托人的主观状态如何,只要委托人存在本条所规定的

---

[1] 税兵:《居间合同中的双边道德风险——以"跳单"现象为例》,《法学》2011 年第 11 期,第 85 页。

"跳单"行为，即属违约。[1]于此情形，委托人应当向中介人支付报酬。

【对照适用】

这是一条新增的规定，旨在规制实践中比较普遍的委托人的"跳单"行为。有学者指出，在司法实践中，"跳单"行为的法理后果可以类型化为四种情形：其一，委托人与第三人私下缔约，该缔约机会由中介人促成；其二，委托人与第三人私下缔约，该缔约机会非由中介人促成；其三，委托人另行与其他中介人签订中介合同，又经后者促成缔约；其四，委托人另行与其他中介人签订中介合同，但未促成缔约。其中，第一种情形适用本条规定，委托人应当向中介人支付报酬。其他情形中，中介人可以根据《民法典》第964条的规定，请求委托人支付从事中介活动支出的必要费用；如果必要费用不能填补实际损失的，可以按照实际损失主张违约金支付请求权。[2]

> **第九百六十六条　本章没有规定的，参照适用委托合同的有关规定。**

【要义精解】

本条是关于中介合同准用委托合同的规定。

中介合同与委托合同存在相似之处。其一，中介合同与委托合同都属于提供服务的合同，中介合同的中介人和委托合同的受托人在履行合同过程中均要向委托人提供一定的劳务。其二，中介合同的中介人与委托合同的受托人都是为了委托人的利益办理事务。其三，中介合同与委托合同都立足于双方当事人之间的信任。又因为委托合同是劳务合同的典型，故学理上认为，中介合同没有规定的，可适用委托合同的规定。[3]因此，本条特设此规定。

但是，中介合同又不同于委托合同，因此中介合同只是参照适用委托合同一章的规定。其一，中介合同的中介人只是提供订立合同的机会或者

---

[1]　税兵：《居间合同中的双边道德风险——以"跳单"现象为例》，《法学》2011年第11期，第92页。

[2]　税兵：《居间合同中的双边道德风险——以"跳单"现象为例》，《法学》2011年第11期，第92页。

[3]　崔建远：《合同法》（第三版），北京大学出版社2016年版，第675页。

提供媒介服务，没有参与委托人与第三人订立的合同；而委托合同的受托人可以参与委托人与第三人的关系，对后者内容作出决定。其二，中介合同的中介人不能以委托人的名义从事中介活动；而受托人则可以委托人的名义处理委托事务。其三，中介合同的中介人提供的服务只限于提供订立合同的机会或者提供媒介服务；而委托合同的受托人可以处理任何适于委托的事务。其四，中介合同是有偿合同；而委托合同既可以有偿，也可以无偿。其五，中介合同的中介人必须是以中介活动为业的经营主体；而委托合同的受托人则没有主体资格上的限制。[1]鉴于以上区别，中介合同只能"参照适用"委托合同的相关规定。

【对照适用】

本条是新增的规定。在具体适用时，应以有偿的委托合同的相关规定作为参照适用之对象。不过，在选择委托合同的相关条款予以参照适用时，仍须结合中介合同自身的类型特征。

---

〔1〕 陈甦编著：《委托合同、行纪合同、居间合同》，法律出版社 1999 年版，第 180—181 页。

第二十七章　合伙合同

第九百六十七条　合伙合同是两个以上合伙人为了共同的事业目的，订立的共享利益、共担风险的协议。

【要义精解】

该条是对合伙合同定义的规定。

根据该条的规定，合伙合同具有以下特征。

第一，合伙合同是以经营共同的事业为目的的合同。共同经营某一事业，是合伙人订立合伙合同的根本目的。该事业可以是营利性的，也可以是非营利性的；可以是连续性的，也可以是单一性的；可以成立联合体，也可以不成立联合体。凡是不违反法律的强制性规定的事业，一般均可成为合伙合同中共同经营的事业。可以说，合伙是两个以上的合伙人为实现共同目的而成立的合同性的联合。

第二，合伙合同为双务、有偿合同。在合伙合同中，各个合伙人均负有出资义务，且各合伙人的出资义务一般情形下互有对价关系，所以说合伙合同是双务、有偿合同。但与一般的双务合同所不同，合伙合同中各合伙人的权利、义务具有平行性，即共享投资所带来的利益，共担经营过程中产生的风险，且共同承担相应的出资义务。合伙人为两人时，双务合同中的履行抗辩权、不安抗辩权、危险负担等均得以适用。如果合伙人为三人及以上，因其具有团体性，同时履行抗辩权、不安抗辩权的适用应受到限制。未履行出资义务的一方不能以其他合伙人未履行出资义务作为拒绝履行的根据。

第三，合伙合同为诺成合同、不要式合同。一般认为，合伙合同经合伙人之间意思表示一致即成立，不以合伙人的实际给付和一定的要式为必要。但是因为合伙合同可能包含某些特定的内容，所以才对合同规定了方式要求，特别是在合伙人负担有土地出资义务的情形。[1]

第四，依合伙合同形成的合伙具有团体性。各合伙人依合伙合同形成合伙的组合体，以合伙的名义对外发生法律关系，承担法律义务。起字号的个人合伙可以作为诉讼主体，立法上实际是承认合伙合同形成的合伙具有主体性的。但这种团体性与法人的团体性大有不同，民事合伙实际上是基于契约形成的共有关系，而商事合伙的团体性趋向于法人团体。

【对照适用】

大陆法系国家的民法典基本都规定了合伙合同这种有名合同，我国《民法典》编纂中增加合伙合同是十分必要的。我国《民法典》专设一章规定合伙合同，解决了商事合伙的基础缺失问题，为整个合伙制度提供了基本的、框架性的规定。合伙虽具有团体性，但本条并未规定合伙具有主体资格。民事合伙是否具有组织性，是将其视为一种纯粹的债务的结合关系，还是根据现实需要对传统理论予以突破，不仅仅是立法技术上的抉择，更是法学基本理论的改造。实际上，从合伙的产生与发展来看，民事合伙不具有组织性，民事合伙仅为一种契约关系，不能成为民法上的主体，民事合伙各合伙人的连带责任源自其相互之间的共同共有关系。

第九百六十八条　合伙人应当按照约定的出资方式、数额和缴付期限，履行出资义务。

【要义精解】

本条是对合伙人出资义务的规定。

合伙人的出资是合伙合同的核心内容，是合伙人根据合伙合同的约定，为经营共同事业所为之给付。[2]合伙人的出资是合伙存在的物质基础，是合伙人经营共同事业的物质前提。[3]就出资方式而言，合伙人既可以以

---

〔1〕【德】迪特尔·梅迪库斯：《德国债法分论》，杜景林、卢谌译，法律出版社2007年版，第386页。

〔2〕王利明：《中国民法典学者建议稿及立法理由：债法总则编·合同编》，法律出版社2005年版，第664页。

〔3〕魏振瀛：《民法》（第七版），北京大学出版社2017年版，第568页。

金钱或其他财产出资，也可以以技术、劳务、信用或者其他利益等出资。除此之外，合伙人还可以以权利出资，如以物权、债权、知识产权等作为出资，也可以以非专利技术作为出资。法律对合伙人的出资方式、种类原则上不设限制，出资方式、数额和缴付期限应以合伙合同中约定的内容为准。如无其他约定，各合伙人的出资一般应当均等。如果合伙合同中对出资时间未予以约定的，一般应于合伙合同成立时交付。

合伙合同成立生效后，如合伙人不履行出资义务的，构成违约，其他合伙人有权要求其履行出资义务，并承担债务不履行的责任。合伙合同中的出资义务与普通的双务合同不同，其义务具有平行性，即全体合伙人均承担缴付出资的义务。一个或者数个合伙人不履行出资义务的，其他合伙人不能以此为抗辩事由而拒绝出资。例如，甲、乙、丙三人签订合伙合同想要经营某某事业，甲已经按约定履行出资，乙、丙尚未履行出资，若甲请求乙履行出资义务，乙不得以丙尚未履行出资义务为由向甲主张同时履行抗辩权。合伙人不履行其出资义务的，性质上属于债务不履行的一种，除法律所规定之正当理由外，可依债务不履行的一般规定解决。

【对照适用】

我国《民法典》既有立法，实际上是对《合伙企业法》第17条的继受。该条规定："合伙人应当按照合伙协议约定的出资方式、数额和缴付期限，履行出资义务。以非货币财产出资的，依照法律、行政法规的规定，需要办理财产权转移手续的，应当依法办理。"出资义务的履行，其相对应的概念为出资请求权，具体又可分为合伙的出资请求权和部分合伙人的出资请求权，前者为全体合伙人所共有，后者为合伙人个人所享有。基于合伙合同所形成的合伙的团体性，一个或者数个合伙人不履行出资义务的，其他合伙人不能因此拒绝出资。

> **第九百六十九条**　合伙人的出资、因合伙事务依法取得的收益和其他财产，属于合伙财产。
> 合伙合同终止前，合伙人不得请求分割合伙财产。

【要义精解】

本条是对合伙财产的规定。

所谓合伙财产，是指为达到共同经营目的的事业而形成的各种财产。需要明确的是，对合伙而言，是否真正形成合伙财产并非必要条件，如在共同承运关系中即不存在合伙财产。合伙财产有广义与狭义之分，广义的合伙财产既包括合伙资产，又包括合伙债务；狭义的合伙财产则仅指合伙资产。合伙财产的构成分为合伙人的出资及其他合伙财产，其是物和权利的集合。前者不仅包括各合伙人已经履行的出资，还包括尚未履行的出资。其他合伙财产则是指出资以外的合伙财产，一般又可分为因执行合伙事务所产生的利益和由合伙所形成的财产。

就合伙财产的归属问题，各国有关规定并不一致，造成不同立法例的原因在于是否承认合伙的主体地位。我国原《民法通则》对合伙人的出资财产未予规定归属，而将合伙经营积累的财产规定为合伙人共有，《合伙企业法》则明确将上述财产视为合伙企业的财产。《民法典》第969条将合伙人的出资、收益和其他财产均规定为合伙财产，对此处的合伙财产的理解应区分民事合伙和商事合伙。《民法典》既有立法将合伙企业视为非法人组织，承认其主体地位，因而商事合伙的财产应属于合伙企业所有。而民事合伙本身并非民事主体，无法享有权利能力，合伙之财产实际上应归全体合伙人所共同共有。在共同共有关系存续中，各共同共有人不得请求分割共有物。合伙财产的存在是为了经营共同事业，也是为了保护债权人，法律对合伙财产规定了保全措施，即在合伙合同终止前，合伙人不得请求分割合伙财产。除此之外，法律对合伙债权的抵销和合伙财产份额的转让等理应有所限制。

【对照适用】

合伙财产或属于全体合伙人共同共有，或属于合伙企业的财产，但均是以合伙为合伙债务的承担人，合伙人在此财产中的份额，不构成物权。全体合伙人之共有权利具有不可分割性，因而合伙人于合伙清算前，不得请求分割合伙财产，包括不得请求返还出资和不得请求分配在合伙其他财产中的应有份额。《合伙企业法》第21条规定："合伙人在合伙企业清算前，不得请求分割合伙企业的财产；但是，本法另有规定的除外。合伙人在合伙企业清算前私自转移或者处分合伙企业财产的，合伙企业不得以此对抗善意第三人。"

第九百七十条　合伙人就合伙事务作出决定的，除合伙合同另有约定外，应当经全体合伙人一致同意。

合伙事务由全体合伙人共同执行。按照合伙合同的约定或者全体合伙人的决定，可以委托一个或者数个合伙人执行合伙事务；其他合伙人不再执行合伙事务，但是有权监督执行情况。

合伙人分别执行合伙事务的，执行事务合伙人可以对其他合伙人执行的事务提出异议；提出异议后，其他合伙人应当暂停该项事务的执行。

【要义精解】

本条是对合伙事务执行的规定。

合伙事务，为合伙事业的经营业务。[1]广义上合伙事务的执行包括对内与对外两个部分，其中对内合伙事务的执行（合伙的内部关系）为事务的执行，如出资的给付和损益的分配；而对外合伙执行（合伙的外部关系），则为合伙代表权的行使，如与第三人订立合同以及对第三人责任等。

依据本条第 1 款的规定，除合伙合同另有约定或经全体合伙人一致决议外，合伙事务的执行权人为全体合伙人，由全体合伙人共同执行，适用一致同意的原则。所谓共同执行，即就合伙事务作出决定的，应当经全体合伙人一致同意。共同执行的方法，仅指共同决定而言，而不应理解为必须共同执行。

根据本条第 2 款的规定，依合伙合同的约定及全体合伙人的决定，可由合伙人中的一人或数人执行，其他合伙人不再参与合伙事务的执行。但无执行合伙事务权利的合伙人，仍有随时监督、检查合伙的事务及其财产状况的权利。法律规定可以通过约定或一致决议的方式，改变共同执行的常态，是对当事人意思自治的维护。将合伙事务的执行权移转于一个或者数个合伙人的，可以明示的方式进行，也可以通过推断的方式进行。如果将合伙事务的执行权移转给第三人的，则非本条款规范范畴。

根据本条第 3 款的规定，在各个合伙人分别执行合伙事务时，执行事务合伙人享有异议权。合伙的通常事务，得由有执行权的各个合伙人单独执行。但其他有执行权的合伙人中的任何一人，对于该合伙人之行为有异

---

〔1〕　柳经纬：《债权法》（五版），厦门大学出版社 2016 年版，第 297 页。

议的，应当立即停止该事务的执行。这就是合伙人对其他合伙人执行事务的异议权。而除紧急事务执行之外，无执行权的合伙人则不享有异议权。此处所谓之通常事务，是指日常的例行事务，此种事务对合伙经营而言次数频繁，且对合伙利益影响甚微。异议权的行使必须在事务执行之前表示。异议权为需要受领的意思表示，不受方式拘束，也可通过推断的方式作出。既有立法仅规定异议中止制度，未考虑异议行为不当产生的损害赔偿问题。为了防止任意剥夺其他合伙人的单独执行权，如果异议为不当行为，提出该异议的合伙人应当负损害赔偿责任。

【对照适用】

《民法典》既有立法系对原《民法通则》第34条的继受，该条款规定："个人合伙的经营活动，由合伙人共同决定，合伙人有执行或监督的权利。合伙人可以推举负责人。合伙负责人和其他人员的经营活动，由全体合伙人承担民事责任。"

另外，关于合伙事务执行权的移转，我国《合伙企业法》第26条明确规定："合伙人对执行合伙事务享有同等的权利。按照合伙协议的约定或者经全体合伙人决定，可以委托一个或者数个合伙人对外代表合伙企业，执行合伙事务。作为合伙人的法人、其他组织执行合伙事务的，由其委派的代表执行。"

第九百七十一条　合伙人不得因执行合伙事务而请求支付报酬，但是合伙合同另有约定的除外。

【要义精解】

本条是对执行合伙事务的报酬请求权的规定。

合伙人执行合伙事务，以无偿为原则，这是因为合伙人执行事务既是权利，同时也是义务。所以原则上合伙人不得以执行合伙事务为由请求支付报酬，但如果合伙合同有约定或经全体合伙人一致决定的则不在此限。合伙人之所以原则上无报酬请求权，是基于合伙人的合伙地位决定的。但是合伙人可以主张因合伙事务支出的费用，如预付费用请求权、必要费用及其利益偿还请求权、执行事务受损害的赔偿请求权等。经合伙合同约定，由全体合伙人共同决定给予某些执行事务的合伙人以报酬，有利于激发合伙事务执行人的工作积极性，提升合伙经营的质量，为合伙创造更大的利润，也是对当事人意思自治的尊重。

> **第九百七十二条**　合伙的利润分配和亏损分担，按照合伙合同的约定办理；合伙合同没有约定或者约定不明确的，由合伙人协商决定；协商不成的，由合伙人按照实缴出资比例分配、分担；无法确定出资比例的，由合伙人平均分配、分担。

【要义精解】

本条是对合伙损益分配及其标准的规定。

关于合伙人损益分配的标准或方式，本条并无明确规定。通常按照合同约定的内容进行，既可以是现金分配，也可以以实物或其他方式分配。对于以劳务出资的合伙人，合伙合同如未做约定，其是否也承担损失的分配，各国或地区的规定并不统一。德国、日本等国民法典持肯定态度，而我国台湾地区"民法"则持否定态度。对此学界形成两种意见：（1）鉴于以劳务出资的合伙人在合伙解散时并无出资返还请求权，基于公平的价值考量，如无合同特别约定，一般不应让其参与分配合伙的损失；（2）既然承认劳务具有财产价值而可以作为出资的标的，就应该与其他合伙人具有同等的地位，无须特别予以保护。

除此之外，合伙人不得约定将全部利润分配于某一合伙人，也不得约定对某一合伙人免除一切负担，或者其全部负担由某一合伙人承担。若强制剥夺合伙人的利润分配权或强制要求某个合伙人单独承担亏损责任，有违反合伙共同经营、共负盈亏的目的。[1]关于损益分配的时期，本条亦未作出规定。除合伙合同有规定外，对于合伙存续期间较长的，通常以合伙营业年度结算为准；对于临时合伙，存续期间较短的合伙，则应在合伙解散之后，始可以请求结算和损益分配。

> **第九百七十三条**　合伙人对合伙债务承担连带责任。清偿合伙债务超过自己应当承担份额的合伙人，有权向其他合伙人追偿。

---

〔1〕　王利明：《合同法分则研究》（下卷），中国人民大学出版社2013年版，第447页。

【要义精解】

本条是对合伙人责任的规定。

此处有关合伙的责任，严格来讲是全体合伙人的对外责任。关于合伙人对合伙的责任，存在着不同的立法例，但主要分为连带责任主义与分割责任主义两种模式。连带责任主义，是指合伙人就合伙债务，除以合伙财产承担责任外，尚须以个人财产附带连带责任，此种立法例又可以具体分为并存主义和补充主义两种具体类型。其中，并存主义是指债权人既可以就合伙财产，也可以就合伙人个人之财产请求清偿，无顺序之分。而补充主义是指债权人应先以合伙财产请求清偿，待合伙财产不足时，方可以合伙人个人所有财产请求清偿。分割责任主义是指合伙人就合伙债务，仅以应分担的部分负责。

我国《民法典》既有立法采取连带责任主义，但对其归属于并存主义还是补充主义并无明确规定，此与我国原《民法通则》第35条之规定相同。在对法条的解释上，学者间存有不同意见。有学者认为其是连带责任中的补充主义；有学者则认为补充主义中债权人须证明合伙财产不足清偿其债务，对债权人保护不充分。合伙因不具有权利能力，不得独立成为债务主体，在兼顾债权人与合伙人的利益关系的基础上，合伙人对合伙债务应负连带责任中的补充主义，合伙人负第二顺位的责任。在合伙财产不足以清偿合伙债务时，各个合伙人对于合伙债务之清偿负连带责任。在合伙合同中约定各个合伙人承担责任的份额的，清偿合伙债务超过自己应当承担份额的合伙人，有权向其他合伙人追偿。

第九百七十四条　除合伙合同另有约定外，合伙人向合伙人以外的人转让其全部或者部分财产份额的，须经其他合伙人一致同意。

【要义精解】

本条是对合伙份额转让限制的规定。

合伙以合伙人之间相互信赖为前提，对于合伙人份额的变动，理应有所限制。所谓合伙人的份额，因为其在合伙解散并清算前为共有关系，因此系合伙人对于合伙财产的应有部分。除合伙合同另有约定外，合伙人非经其他合伙人一致同意，不得将自己所有之份额转让于第三人。但是，不能认为未经其他合伙人一致同意的转让协议就一定是无效的，在符合善意取得和经其他合伙人追认的前提下，该转让协议应为有效。如擅自转让对其他合伙人造成损失的，转让人应负赔偿责任。但转让给其他合伙人的，不在此限。合伙人将份额内部转让的，仅负通知义务即可。但不履行通知义务，不影响转让的效力。合伙人将其所有之份额转让给第三人的，等同于退伙，受让的第三人即成为新合伙人。

第九百七十五条　合伙人的债权人不得代位行使合伙人依照本章规定和合伙合同享有的权利，但是合伙人享有的利益分配请求权除外。

【要义精解】

本条是对合伙人的债权人代位权行使限制的规定。

债权人的代位权是指债权人为确保其债权的受偿，当债务人怠于行使对于第三人代位权财产而危及债权时，得以自己的名义替代债务人行使财产权的制度。[1]但在合伙中，因合伙人的合伙权利具有专属性，不能与合伙人地位相分离，因而一般均对合伙人的债权人行使代位权有所限制。倘若不加限制，债权人的介入行为就会影响合伙的团体性，破坏合伙的共同经营、共负盈亏的法律构造。但是也有例外，即合伙人享有的利益分配请求权，可以由债权人代位行使。这是因为利益分配请求权不具有专属性，其在性质上属于独立的财产，仅以财产的给付为目的，与共同经营的目的无关。

【对照适用】

合伙是基于合伙人之间的信任而成立的，合伙的权利具有专属性的特征，不得与合伙人的地位相分离，故各国在立法中均对合伙人的债权人的代位权行使有所限制。但是利益分配请求权因不具有专属性，一般被排除在外。我国《合伙企业法》第41条规定："合伙人发生与合伙企业无关的债务，相关债权人不得以其债权抵销其对合伙企业的债务；也不得代位行使合伙人在合伙企业中的权利。"《民法典》既有立法在借鉴吸收域外立法经验的基础上，确立了利益分配请求权的例外适用。在合伙存续期间，债

---

〔1〕 李永军：《合同法原理》，中国人民大学出版社1999年版，第401页。

权人仅能够向合伙主张债权法上的利益分配请求权，而不得行使其他代位权。

> **第九百七十六条** 合伙人对合伙期限没有约定或者约定不明确，依据本法第五百一十条的规定仍不能确定的，视为不定期合伙。
>
> 合伙期限届满，合伙人继续执行合伙事务，其他合伙人没有提出异议的，原合伙合同继续有效，但是合伙期限为不定期。
>
> 合伙人可以随时解除不定期合伙合同，但是应当在合理期限之前通知其他合伙人。

【要义精解】

本条是对合伙存续期间的规定。

合伙合同规定有存续期间的，则于该期间届满时，合伙人不愿意继续经营的，合伙应当解散。若合伙合同没有规定存续期限，合伙人可对此予以协商，协商须全体合伙人达成一致意见，否则合伙合同即告终止，应当解散合伙。但是如果合伙期限没有约定或约定不明确的，并且根据《民法典》第510条之内容，通过补充协议，按照合同有关条款、合同性质、合同目的或者交易习惯仍无法确定的，应当视为不定期合伙。对于不定期合伙，合伙人有权随时解除合伙合同。之所以将其视为不定期合伙，是为了避免合伙人受到过度的拘束。

合伙期限届满后，合伙人继续执行合伙事务，其他合伙人没有提出异议的，推定全体合伙人一致达成延长合伙存续期限的决议，原合伙合同继续有效。此即默示合伙延续，但因为无法确定延长的期限，所以该合伙期限应为不定期合伙，合伙人可以随时解除不定期合伙合同，但是要求解除的合伙人负有通知其他合伙人的义务。此处的通知应是法律行为的生效要件，而非观念上的通知。意即未履行通知义务，其法律行为应归于无效。

【对照适用】

合伙的存续期间，是合伙存在的法定期间，一般与合伙人的退伙相关联。为了避免对合伙人的过度拘束，一般应当有明确的合伙期限，避免终身合伙的出现。

第九百七十七条 合伙人死亡、丧失民事行为能力或者终止的，合伙合同终止；但是，合伙合同另有约定或者根据合伙事务的性质不宜终止的除外。

【要义精解】

本条是对法定退伙的规定。

合伙的退伙乃合伙人退出合伙，丧失合伙人资格的法律事实，分为声明退伙和法定退伙。所谓法定退伙，是指遇有法定事由当然发生退伙的法律效果。[1]法定退伙包括当然退伙和除名退伙。《民法典》既有立法规定了三种法定退伙的事由，即合伙人死亡、丧失民事行为能力或终止。

合伙人的死亡，应包括自然死亡与宣告死亡，此为当然退伙之情形。合伙人死亡后，原则上其地位不得被继承，应该产生退伙的效力。但是合伙合同有特别约定的，允许其合伙地位被继承。合伙人丧失行为能力后，一方面无法继续从事合伙事业；另一方面丧失了偿债能力，除合伙合同约定其监护人可代替其进行相应行为外，亦产生当然退伙的效果。本条所规定的终止，是指法人、非法人团体合伙人的消灭，至于其消灭的事由则在所不问。

除此之外，除名也应成为法定的退伙事由之一。所谓除名，系指由其他合伙人全体同意剥夺某合伙人资格的被动单独行为。但是，对合伙人进行除名需要有正当的理由，且须经其他全体合伙人同意，并履行告知义务。此处的告知义务亦应为法律行为的生效要件，意即不履行告知义务不产生法定退伙的效力，这是为了保护被除名合伙人的异议权。对合伙人进行除名的正当理由，系不确定的法律概念，但通常应限定在如下情形：（1）未履行出资义务；（2）因故意或重大过失给合伙造成损失；（3）执行合伙事务时有不正当行为；（4）发生合伙合同约定的除名事由。

第九百七十八条 合伙合同终止后，合伙财产在支付因终止而产生的费用以及清偿合伙债务后有剩余的，依据本法第九百七十二条的规定进行分配。

---

〔1〕 林诚二：《民法债编各论》（下），中国人民大学出版社2007年版，第43页。

【要义精解】

本条是对合伙清算的规定。

合伙合同终止后合伙解散，须进入清算程序。在清算未完结前，于清算的必要范围内，视为合伙继续存续。合伙财产于清算完成确定盈亏后，方可进行合伙人的盈亏分配。如果退伙时合伙的净资产为正数，则应当退还给退伙人财产。如果退伙时合伙的净资产为负数，就表明合伙的财产少于合伙的债务，合伙处于亏损状态，此时退伙人不但不能得到财产份额的返还，还要依据本条规定弥补合伙的亏损，按照其应分担的部分向合伙交付财产。关于清算事务的内容，一般包括结现业务、收取债权、清偿债务、返还出资、分配剩余财产等。合伙财产，应先清偿合伙的债务。已届清偿期的债务应予清偿，而未届清偿期的债务，无须清偿，但在清算时应保留部分财产以供期限到来后清偿。合伙财产在支付因终止而产生的费用及清偿合伙债务后有剩余的，应当按照本法第972条之规定内容，返还合伙人的出资、分配剩余财产。

【对照适用】

合伙合同终止后产生合伙解散的法律效果，须进行清算以了结合伙事务。合伙解散后，通过清算程序，如有剩余财产，须进行合伙人的出资返还和剩余财产分配。

合伙清算后的剩余财产处理，应按照清偿合伙债务、返还合伙人的出资与分配剩余财产的顺序进行。我国《合伙企业法》第54条规定："合伙人退伙时，合伙企业财产少于合伙企业债务的，退伙人应当依照本法第三十三条第一款的规定分担亏损。"

第三分编　准合同

第二十八章　无因管理

> **第九百七十九条**　管理人没有法定的或者约定的义务，为避免他人利益受损失而管理他人事务，可以请求受益人偿还因管理事务而支出的必要费用；管理人因管理事务受到损失的，可以请求受益人给予适当补偿。
>
> 管理事务不符合受益人真实意思的，管理人不享有前款规定的权利；但是，受益人的真实意思违反法律或者违背公序良俗的除外。

【要义精解】

本条是对无因管理概念及管理人的请求权的规定。

无因管理是指没有法定或约定义务的人，为了他人利益免受损失而自愿为他人管理合法、必要、适当事务的行为。[1]其中，无法律义务管理他人事务的人为管理人，接受管理事务的人，称为被管理人或受益人，或本人。个人之事务，本不许他人随意干涉，否则可能构成侵权行为，应负损害赔偿责任，罗马法即有"干涉他人之事为违法"的原则性规定。法律为了使人类得以互相帮助，进而维护社会整体利益，所以创设了无因管理制度。在无因管理中，无须当事人作出意思表示，但要求有事务承担上的自然意思。从无因管理的定义可知：（1）无因管理的发生无法律上的缘由，既无法定义务，也无当事人约定的义务。（2）无因管理是为了他人利益考虑，为避免他人利益受损失，自愿为他人管理事务或者提供服务的行为。（3）无因管理所管理的事务应该是合于法律精神的，是正义的、合理的、

---

〔1〕　李永军：《债权法》，北京大学出版社 2016 年版，第 401 页。

适法的，并且是必要的事务。

具体而言，无因管理的成立须具备如下法律要件。

第一，必须是管理他人事务。此要件具体包括管理事务与他人事务两个要点。首先，就管理事务而言，其必须是一个积极的行为，即以管理人的智慧和劳务处理应处理的事项，单纯的不作为不是管理事务。无因管理中的管理事务须是一切能够满足人们生活利益各方面需要而又适宜作为债的客体的事项，既可以是法律行为，也可以是事实行为。但这些管理的事务应该是能够产生债权债务关系的、合乎法律规定的、不属于被管理人个人专属的、非被管理人所授权的、必须进行的事务。就他人事务而言，应当是事务在性质上与他人具有当然的结合关系，事务的内容属于他人利益的范畴。如修缮他人漏雨的房屋、保管他人丢失的财务等。除此之外，尚存主观上的他人事务，即需要根据管理人的主观意思判断是否为他人管理事务。

第二，须有为他人管理的意思。为他人管理的意思，是无因管理成立的主观要件。为他人管理的意思，是指管理事务时所具有的为他人谋利的意思，这是无因管理区别无权代理、无权处分、侵权行为的重要标志。但应当注意，此处所言之意思为事实上之意思，而非法律行为的效果意思。管理他人事务，应当符合他人之利益，同时需要考虑其实际的或可推定的意思。

第三，须无法律上的义务。民法上"有因"与"无因"的"因"，不是指原因，而是指"法律根据"或"法律缘由"。无因管理要求该管理是非基于法律义务的管理。这种义务的来源，既包括法定的，也包括约定的。如果负有义务，但是超过义务范围处理事务，超过的部分仍属于无义务，仍成立无因管理。管理人无义务，应当以管理事务开始时为准。管理事务开始时无义务，而后发生义务的，在义务发生前为无因管理；管理义务开始时有义务，而后义务消灭的，自义务消灭时起，其后的管理成为无因管理。

管理人进行无因管理后，可以向被管理人请求以下事项。

其一，偿还必要费用。管理人为被管理人事务而支出的必要费用，被管理人应当予以偿还。被管理人向管理人偿还的范围不以其所受利益为限，纵然事务管理的结果对被管理人无利益，被管理人也应当偿还管理人支出的必要费用。

其二，赔偿所受损害。管理人为管理事务而受到损害的，被管理人应当予以赔偿。被管理人对于损害的发生有无过失则在所不问，但其损害的发生应与管理事务具有相当的因果关系。如果管理人对损害的发生具有过失，则应适当减轻被管理人的赔偿责任。

除此之外，管理人可否向被管理人请求支付报酬？虽有争论，但多数人对此持否定态度。

必须强调的是，无因管理必须是适法的无因管理，包括主观适法和客观适法两种。主观适法的无因管理是指管理的事务不违反被管理人明示或可推知的意思，并且管理事务的效果应当有利于被管理人。客观适法的无因管理则指管理的事务虽然违反被管理人明示或可推知的意思，但管理的事务是被管理人应尽的法定义务或具有公益性的事务。对于无因管理所生的损害，管理人应承担赔偿责任，即使无过失，也须赔偿，管理人不得向被管理人主张本法第1款规定的权益。法律规定了一个例外情形，即受益人的真实意思违背公序良俗的除外。

【对照适用】

无因管理的相关规定，旨在保障协助他人的利益，同时又保护每个人就自身事务不受非法干预，达到协调个人利益与社会利益的重要制度。对此，大陆法系诸国大多将其视为债产生的原因之一予以立法规定，且对无因管理的法律要件进行了明确的规定。在探知符合被管理人意思方面，存在主观与客观适法两种情形。

管理人违反被管理人明示的或可推知的意思进行管理的，或者管理方法不利于被管理人的，管理人不得向被管理人主张偿还必要费用和承担相关损失的请求。管理人除能证明自己无过错外，应向被管理人承担赔偿责任。

第九百八十条　管理人管理事务不属于前条规定的情形，但是受益人享有管理利益的，受益人应当在其获得的利益范围内向管理人承担前条第一款规定的义务。

【要义精解】

本条是对不适法的或不适当的无因管理的规定。

不适法的无因管理是一种违反了被管理人明示或可推知的意思，而且所管理的事务又不是被管理人应尽的法定或公益义务的管理行为。[1]在不

---

〔1〕　李永军：《债权法》，北京大学出版社2016年版，第410页。

适法的无因管理中，被管理人可以享有因管理产生的利益，被管理人对此有选择权。被管理人不主张管理利益时，产生不当得利之债。但如果被管理人主张管理利益的，受益人应当在其获得的利益范围内向管理人承担返还必要费用或偿还所受损失。此处所谓的"获得的利益范围内"，应解释为"被管理人因无因管理所得的现存利益"。

不适法的无因管理具有以下两个显著特点：其一，须成立无因管理；其二，管理人管理事务的行为违反了本人明示或可推知的意思，但又不属于公益或法定之义务。根据不适法无因管理规定，其大致具有如下几种情形：（1）管理事务不利于本人，且违反本人意思；（2）管理事务利于本人，但违反本人意思；（3）管理事务不利于本人，但不违反本人意思。[1]不适法的无因管理的法律效力为：（1）不阻却违法。如其构成侵权行为要件，则应适用侵权行为的规定。（2）管理人对于因无因管理所产生的损害，即使无过失，也须赔偿。（3）管理人可以享有因管理产生的利益。无论所管理的事务对于被管理人有利或者无利，被管理人有权选择，均可以主张无因管理所得的利益。（4）被管理人不主张管理利益时，产生不当得利之债。管理人与被管理人之间是否构成不当得利之债，应符合不当得利的要件。

需要注意的是，不适法的无因管理与不真正的无因管理之间存在差别，应慎重对待。不真正的无因管理是学理上的称谓，泛指管理人非为他人利益而管理事务的行为。不真正的无因管理同意缺乏为他人利益管理的意思，只是其范围更为广泛。不真正的无因管理包括不法的管理、误信的管理和幻想管理三类，不法管理是违背他人意愿而强行管理他人事务，误信管理是将他人事务误认为是自己事务而管理，幻想管理是误将自己事务当作他人事务而管理。三种不真正的无因管理在性质上均属于一种不法行为，非本条适用情形。

【对照适用】

不适法的无因管理违反了被管理人明知或可推知的意思，原则上应适用民法典侵权责任编的规定。但被管理人对于管理利益是否有选择主张的权利，如其不主张，则产生不当得利之债；如其主张则应在获得利益范围内向管理人承担相应责任。

---

[1] 林诚二：《民法债编总论——体系化解说》，中国人民大学出版社2003年版，第120页。

> **第九百八十一条　管理人管理他人事务，应当采取有利于受益人的方法。中断管理对受益人不利的，无正当理由不得中断。**

【要义精解】

本条是对管理人管理事务的标准及继续管理义务的规定。

管理人管理他人事务，应当采取有利于受益人的方法，按照善良管理人的注意义务管理他人事务。此处所谓"有利于受益人的方法"，是指客观上有利于被管理人，至于事实上的结果是否有利于本人，则在所不问。是否有利于被管理人，须综合管理事务的性质、管理事务当时的客观条件，根据管理人管理事务的承担、管理方法的采用等是否对被管理人实质有利为客观的判断标准。[1]原则上，管理人在本人可以进行管理前，应当继续进行管理。如果继续管理违反本人意思或者显然对本人不利的，管理人可以中断其管理行为。管理人违反继续管理义务的，应当承担债务不履行的损害赔偿责任。

> **第九百八十二条　管理人管理他人事务，能够通知受益人的，应当及时通知受益人。管理的事务不需要紧急处理的，应当等待受益人的指示。**

【要义精解】

本条是对管理人的通知义务的规定。

管理开始的通知为判断管理人是否具有为他人管理的意思的重要标准。[2]管理人开始管理时，能够通知受益人的，应当及时通知本人。不能通知本人的，比如不知本人是谁、不知本人在哪里等，则无通知的义务。如果无急迫情事，则应当等待受益人的指示。本人接到通知后，无指示或拒绝管理的，管理人应立即停止管理行为。本条存在的争议在于，违反通知义务时的效力如何？实际上，违反通知义务的，管理人应负债务不履行

---

〔1〕　王利明：《中国民法典学者建议稿及立法理由：债法总则编·合同编》，法律出版社 2005 年版，第 27 页。

〔2〕　李永军：《债权法》，北京大学出版社 2016 年版，第 408 页。

的责任。但是继续管理的部分，仍应视为无因管理。如果本人明确反对，则管理人应负无过失赔偿责任。

第九百八十三条 管理结束后，管理人应当向受益人报告管理事务的情况。管理人管理事务取得的财产，应当及时转交给受益人。

【要义精解】

本条规定的是管理人的报告义务与结算义务。

无因管理本质上是为他人管理事务，目的是为了他人利益的维护，所以管理人应将管理事务进行状况报告本人，在管理关系终止时，应将管理事务的详情告知本人。无因管理的结果应归属于被管理人本人所有，因管理事务所收取的金钱、物品及孳息，应当交付本人。管理人以自己的名义，为本人所取得的权利，应移转于本人。如管理人拒绝交付或移转，则本人得主张不当得利返还，如受到损害的，本人还可以主张侵权损害赔偿。

第九百八十四条 管理人管理事务经受益人事后追认的，从管理事务开始时起，适用委托合同的有关规定，但是管理人另有意思表示的除外。

【要义精解】

本条是对管理事务承认的规定。

管理人对于事务的管理，被管理人可以予以承认。无因管理经被管理人承认后，适用民法关于委托合同的规定。但其效力并非是使无因管理变为委托合同，而是在无因管理的性质许可的范围内，将委托的规定比照适用于无因管理。因无因管理系为法律所称许和鼓励的合法行为，故被管理人对事务管理承认后，民法学上关于无因管理和委托合同中有利于管理人的规定，均可予以适用。被管理人对事务管理行为承认后，管理人在事务管理行为中具有的瑕疵即被视为不存在，即被管理人的承认如无特别保留，视为对管理行为及其结果均予以承认；对因管理人欠缺注意而造成的损害，也视为被管理人抛弃赔偿请求权。

第二十九章　不当得利

> 　　**第九百八十五条**　得利人没有法律根据取得不当利益的，受损失的人可以请求得利人返还取得的利益，但是有下列情形之一的除外：
>
> 　　（一）为履行道德义务进行的给付；
>
> 　　（二）债务到期之前的清偿；
>
> 　　（三）明知无给付义务而进行的债务清偿。

【要义精解】

本条是对不当得利适用情形及其例外的规定。

不当得利是一方无法律上的原因而受有利益，致他方受损害的事实。不当得利能够引起不当得利之债，因为它是一种法律事实，与当事人的意志无关。[1]不当得利事实发生后，依据法律规定，致他人损失的一方，应将取得的不当利益返还受损失的人，取得不当利益的人，对受损人的这一返还义务，即法律规定的因不当得利所生之债。在不当得利之债法律关系中，受损人为债权人，受益人为债务人。不当得利之债的发生与无因管理之债的产生相同，均为法定之债，非因当事人之间的约定产生的债。不当得利一般可分为给付型的不当得利和非给付型的不当得利，其中给付型的不当得利是指基于给付而生的不当得利请求权，受益非系本于受损者的给付而生的不当得利请求权称之为非给付型不当得利。[2]

根据本条对不当得利适用情形的规定，不当得利的法律要件应包括如下。

一、一方受有财产上的利益

所谓受有财产上的利益，是指因一定事实的结果，致其财产总额的增加。此种得利，既包括积极的得利，也包括消极的得利。积极的得利表现

---

〔1〕　崔建远：《债权：借鉴与发展》，中国人民大学出版社 2012 年版，第 830 页。
〔2〕　王泽鉴：《不当得利》，北京大学出版社 2009 年版，第 26 页、第 112 页。

为受益人财产或利益的积极增加；消极的得利则表现为其财产本应减少而未减少。至于受益的原因和方法，则在所不问。

二、致他人受有损害（损失）

受益人受有利益，是相对于他人利益的变动而言的。如果"利己不损人"，虽受有利益，但未致他人受有损失的，不构成不当得利。如果受益是以他方受损为前提，则为不当得利。受损人的损失与受益人的受益，内容可不必相同。例如，甲无权处分乙的汽车，善意第三人丙买了该汽车。对于甲而言，所受的利益是价金；对于乙而言，损失的是汽车的所有权。虽然损益内容不相同，但也成立不当得利。受益大于损失，或者损失大于受益，都成立不当得利。不过一般情况下，受损人仅就其所受损失的范围有不当得利请求权。他人受有损害，包括积极损害与消极损害。积极损害是他人现有财产的减少，消极损害则是他人财产本应增加而未增加。这里的受有损害，其必须以一方受有财产上的利益为前提。

三、受损人的损失与受益人的收益具有因果关系

不当得利，必有相关人受损害，而且受损害与得利者的得利有因果关系。否则，不构成不当得利。例如，拾得他人抛弃物，拾得人虽得利，但无人受损害，故而不属不当得利。这里的因果关系是指受损人的损失是受益人受益导致的结果，或者说受益人的受益系建立在受损人损失的基础之上。一方受益并不致他方受损，自无因果关系而言。对受益与损失之间的因果关系，一般有直接因果关系说与非直接因果关系说两种学说。直接因果关系说认为，受益与损失须基于同一事实而发生。非直接因果关系说则认为，如果受益与损失之间具有牵连关系，依社会观念也成立不当得利。除此之外，受益与损失之间，如有第三人行为介入，只要利益的移动，依社会观念为不当时，也应适用不当得利的规定。

四、无法律上的原因

无法律上的原因，即无合法根据。一方获得利益，一方受到损害，而且获利与受损又有因果关系，并不当然成立不当得利，还必须具备"无法律上的原因"这一要件才行。不当得利中的"无法律上的原因"是对受益人的受益而言，指受益人获得利益不是基于法律规定，也不是基于与他人的合法约定，而且该受益致他人损害，受益与损害有因果关系。

不当得利的例外情形包括如下。

其一，为履行道德义务进行的给付。给付基于道德上的义务时，虽然受领人无合法原因而受领，给付人也不得请求返还。如果法律仍要求受领人返还其利益，则无异于以法律阻碍道德，故规定不适用不当得利。

其二，债务到期之前的清偿。在期限专为债务人的利益而设时，清偿期到来之前，债务人并无为清偿的义务，其非基于提前清偿为目的的清偿，即为欠缺给付目的。但债权人的受领并非无合法原因，而且此时的清偿也发生债务消灭的效果，故债务人于清偿后，不得依不当得利请求返还。

其三，明知无给付义务而进行的债务清偿。非债清偿，本来构成不当得利，给付人得请求返还，但给付人明知无债务而为清偿，阻却不当得利请求权的行使。对此，有人认为系其有意抛弃给付返还请求权；有人认为是赠与；有人认为是咎由自取；也有人认为是基于禁止出尔反尔的原则。总之，均认为其没有保护的必要。在举证责任上，就给付原因不存在的事实，应由请求返还的原告举证；就明知债务不存在而仍为给付的事实，应由受领给付的被告举证。除此之外，根据相关法律的规定，履行已过诉讼时效的债务和基于不法原因的给付，也不适用不当得利。但不法之原因仅于受领人一方存在时，不在此限。

第九百八十六条　得利人不知道且不应当知道取得的利益没有法律根据，取得的利益已经不存在的，不承担返还该利益的义务。

【要义精解】

本条是对善意的得利人返还义务的规定。

不当得利的得利人，不知且不应知道无法律上原因，而其所受利益已不存在的，应当免除其返还该利益的义务。易言之，得利人为善意时，仅负返还"现有利益"的责任，如果该利益一经不存在，则不必返还原物或偿还利益。此一限制之主要目的，在于对此种"无法律上原因"受领给付之合法性的信赖，予以保护。[1]对于恶意得利人，法律没有保护的必要，使其承担侵权责任合于立法宗旨。获得的利益已经不存在的，非所获得的利益的原形不存在。即使原形不存在，如实际上得利人所获财产总额的增加尚存时，不得视为利益已经不存在。

本条中善意的得利人仅负有返还现存利益的义务。所谓现存利益是指

---

〔1〕　黄立：《民法债编总论》，中国政法大学出版社2002年版，第228页。

受益人在受害人提出返还请求时尚存的利益。现存利益一般包括：（1）善意取得的利益不存在，但受益人的财产总额有所增加，并且此增加的财产总额为基于不当得利而发生的。（2）在利用所受利益时又衍生出的其他利益，如不当得利为债权时，利用债权取得的利益。（3）受益人取得的利益经消费不存在时，受益人因消费他人利益而为自己节省的消费开支，亦应属于现存利益。（4）善意取得的利益原形不存在，但受益人因所受利益而取得的向第三人的损害赔偿请求权、利益让与之对价请求权等代偿利益，也为现存利益。当现存利益已经灭失时，则不问灭失的原因如何，善意受益人均不负返还的义务。

第九百八十七条　得利人知道或者应当知道取得的利益没有法律根据的，受损失的人可以请求得利人返还其取得的利益并依法赔偿损失。

【要义精解】

本条是对恶意的得利人返还义务的规定。

恶意的得利人是指明知或应当知道取得的利益无法律根据而从他人财产获益的人。对于恶意的得利人而言，其除了应返还原有利益外，如受损失的人受有损害的，还须负担损害赔偿责任，意即其承担加重的不当得利返还责任。得利人的恶意分为受领时知道无法律的原因或其后知道，所以恶意的得利人可分为自始恶意与嗣后恶意两类。嗣后恶意与自始恶意的区别在于，嗣后恶意的得利人仅从其知道或应当知道无法律上的根据时起，在此之前的返还范围以"现有利益"为限，此后的则依本条规定进行。

但是，善意的得利人在返还不当得利时，如因该受益而有损失，且该损失与获益之间存在因果关系，在返还时可以主张扣除必要费用。而恶意的得利人是否可主张扣减权，在理论上存有争议。对此，郑玉波教授认为，解释上必要费用应允许其扣除，有益费用则于返还时现存之增加价额内，允许其扣除。[1]王泽鉴教授则认为，恶意受领人不得主张所受利益不存在，故就因取得利益所支出的费用，如运费、税捐等不得主张扣除。[2]

---

〔1〕　郑玉波：《民法债编总论》（修订二版），中国政法大学出版社2006年版，第111页。
〔2〕　王泽鉴：《不当得利》，北京大学出版社2009年版，第190页。

【对照适用】

对知道或应当知道获益无法律根据的得利人苟以加重的不当得利返还责任，旨在发挥法律的行为规范功能，引导民事主体参与民事活动的合法性。我国《民法典》既有立法规定了恶意得利人返还所得利益与赔偿损失的责任，未对利息返还予以规定。

第九百八十八条　得利人已经将取得的利益无偿转让给第三人的，受损失的人可以请求第三人在相应范围内承担返还义务。

【要义精解】

本条是对不当得利中第三人的返还义务的规定。

不当得利的得利人，如果将其所受利益无偿转让给第三人的，该第三人在相应范围内应负返还义务。该规定旨在使得利的债务人，能够对无偿地从原得利债务人取得利益的第三人，行使法律上的追索权利。无偿获益的第三人，原则上在不当得利之中不得保有自己的所得。通说认为第三人为恶意的，则受损人仍得向第三人请求不当得利，若第三人为善意，此时基于法益平衡，特规定第三人返还所受利益。[1]在权利人请求返还时，如果原物被善意第三人有偿取得，受善意取得制度的保护，第三人可不予返还，由出让人给予适当补偿。[2]

【对照适用】

不当得利涉及第三人时，应区分第三人之善意与恶意。善意之第三人行为如符合善意取得的规定，则不负返还之义务，由出让人予以补偿受损人。恶意之第三人则在相应范围内承担返还义务。

---

〔1〕　林诚二：《民法债编总论——体系化解说》，中国人民大学出版社2003年版，第138页。
〔2〕　李永军：《债权法》，北京大学出版社2016年版，第423页。

第二部分

案例评析与指引

第一章　一般规定（略）

第二章　合同的订立

案例1：再审申请人中影某公司与被申请人巨某公司及
一审第三人湖某公司房屋租赁合同纠纷案
[（2019）最高法民再16号]

【法条指引】

《民法典》第490条，采用合同书形式订立的合同何时成立。

【案例事实与裁判】

本案中影某公司申请再审称：

第一，二审判决认定中影某公司与湖某公司系委托代理关系、小象公司是"代表湖某公司履行合同"缺乏证据证明。中影某公司和湖某公司是各自独立的企业法人，中影某公司所有的经营行为和履约行为的法律后果均由其自行承担。本案并没有任何"代理关系证据"。根据《房屋租赁合同》第7.2.1条的约定，巨某公司在签约之初就已经知悉并同意该合同将会发生概括转让。巨某公司在中影某公司设立后与其相互履约近2年，按月收付数十笔租金、物管费并逐一开具增值税发票的客观事实，足以认定巨某公司以行为方式对租赁合同概括转让的确认。

第二，原审判决以"股权转让是变相转租"适用《合同法》第224条第2款，"承租人未经出租人同意转租的，出租人可以解除合同"之规定错误。"股权转让"和"房屋转租"的法律定义和适用规则均不相同。本案中，湖某公司对外转让中影某公司股权的行为并非《合同法》及《最高人民法院关于审理城镇房屋租赁合同纠纷案件具体应用法律若干问题的解释》规定的房屋转租行为。本案讼争的《房屋租赁合同》早已依约完成了权利义务的概括转让。巨某公司单方终止合同履行则明显违背了诚实信用原则，应当依法赔偿其拉闸断电所导致的巨额损失。

巨某公司辩称，原审认定事实清楚，适用法律正确，请求驳回中影某公司的再审请求。其一，中影某公司并非湖某公司单独设立的项目公司，答辩人从未同意，也未与其办理过合同主体变更手续。在未经答辩人同意的情况下，湖某公司合同权利义务不得擅自转让。其二，此前中影某公司作为湖某公司参股和控制的项目公司，答辩人才允许中影某公司实际使用物业并接收其交付的租金，不代表确认湖某公司的权利义务转让给中影某公司。湖某公司在转让其持有的小象公司全部股权后，坚持承租物业由中影某公司使用，其实质是将房屋变相转租，中影某公司除公司名称不变，其股权结构、股东情况、实际控制人、决策层、公司高管及合同的履行能力等均全部发生变化。根据《房屋租赁合同》第13.2条约定，答辩人有权解除合同，收回物业，要求汉鼎宇佑影城搬离。在湖某公司拒不配合的情况下，答辩人采取的措施属于正当行使合同抗辩权，相关后果由汉鼎宇佑影城的经营主体和湖某公司自负。同时，答辩人保留追索截至物业交还前期间租金的权利。其三，承租主体突破合同约定后，实质上动摇了出租人对物业使用人能否善意使用的信任基础，损害了出租人的处分权，也不符合双方签署租赁合同的本意和初衷。

湖某公司述称，同意中影某公司的全部诉讼主张。

二审法院再审认为，本案中巨某公司（甲方）与湖某公司（乙方）于2013年8月17日签订的《房屋租赁合同》第7.2.1条约定："甲方同意乙方单独设立该项目公司，同意可将本合同项目租赁的权利义务全部转让给乙方新设立的项目公司，给予配合乙方办理相关合同变更手续。但乙方应对受让的项目公司履行本合同义务承担连带责任。"2014年10月10日，湖某公司作为股东之一，设立了中影某公司，并持有该公司65%的股权。虽巨某公司未与湖某公司、中影某公司办理相关合同变更手续，但中影某公司自成立至2016年9月30日近2年时间内，向巨某公司按时支付了租金，交纳了物管费、设施费等费用，中影某公司已经履行了《房屋租赁合同》的主要义务，巨某公司根据中影某公司的缴费情况出具收据以及向其开具增值税发票。据此，可以认定湖某公司已按《房屋租赁合同》的约定，将该合同项目租赁的权利义务概括转让给了中影某公司，且经过了巨某公司同意。根据《合同法》第 36 条"法律、行政法规规定或者当事人约定采用书面形式订立合同，当事人未采用书面形式但一方已经履行主要义务，对方接受的，该合同成立"及第 88 条"当事人一方经对方同意，可以将自己在合同中的权利和义务一并转让给第三人"的规定，中影某公司与巨某公司之间形成新的房屋租赁合同关系。中影某公司股权结构的变化，并未导致合同主体变化，不构成转租。退言之，即便如巨某公司所称，其认可湖某公司控制的项目公司中影某公司交付租金、使用租赁物业，是将中影某公司的行为视为湖某公司履行案涉合同的行为。则湖某公司转让其所持有的中影某公司全部股份后，中影某公司不再是湖某公司的项目公司，但中影某公司仍是代湖某公司继续使用案涉租赁物业，湖某公司的股权转让行为亦不构成转租。故巨某公司主张依据其与湖某公司的《房屋租赁合同》第 13.2 条解除合同，并采取断电措施要求中影某公司搬离案涉租赁物业缺乏合同和法律依据，其行为构成违约，应承担相应违约责任。因原审未就巨某公司的违约行为所致经济损失进行审理认定，属认定基本事实不清，可依法发回重审。据此，二审法院依照《中华人民共和国民事诉讼法》第 207 条第 1 款、第 170 条第 1 款第 3 项规定，裁定如下：

一、撤销四川省高级人民法院（2017）川民终 941 号民事判决及四川省泸州市中级人民法院（2016）川 05 民初 36 号民事判决；

二、本案发回四川省泸州市中级人民法院重审。

【案例评析】

根据《民法典》第 490 条的规定，当事人采用合同书形式订立合同的，自当事人均签名、盖章或者按指印时合同成立。在签名、盖章或者按指印之前，当事人一方已经履行主要义务，对方接受时，该合同成立。本案中，中影某公司成立后近 2 年时间内，向巨某公司按时支付了租金，交纳了物管费、设施费等费用，中影某公司已经履行了《房屋租赁合同》的主要义务，巨某公司根据中影某公司的缴费情况出具收据以及向其开具增值税发票。双方虽然未签订书面的房屋租赁合同，但根据双方的行为可以认定双方已经成立了房屋租赁关系。且股权变动不属于主体变更，湖某公司的股权转让行为亦不构成转租。

第三章　合同的效力

案例2：再审申请人皇某公司、黄某与被申请人何某、郭某、阳某按份共有纠纷案
[（2014）最高法民申字第640号]

【法条指引】

《民法典》第503条，以履行视为对合同的追认。

【案例事实与裁判】

本案皇某公司、黄某申请再审称：1. 2001年10月26日签订的《联合整体收购"绵阳市雁门硫铁矿"协议书》（以下简称《联合收购协议》）中甲方签名系伪造，二审法院以此作为支持被申请人请求的基本证据错误。2. 2001年11月16日《认股转让协议》是时间倒签的伪造协议，真实的转让时间是2004年12月。原判决牵强附会，将其作为连接2001年10月26日《联合收购协议》与2001年11月28日《出资协议》的"桥梁"是错误的。3. 2001年11月28日《出资协议》与2001年10月26日伪造的《联合收购协议》没有任何关联性和延续性，性质不同、效力不同，彼此互无联系，是一份独立的协议。4. 2001年11月8日，清算组将雁门硫铁矿移交给申请人后，雁门硫铁矿已经依法融入申请人法人财产。其后的一切行为都不能对抗申请人对雁门硫铁矿的完整物权。被申请人的所有行为都是无权处分行为，实为侵权行为。5. 申请人履行了雁门硫铁矿收购义务，应当享受雁门硫铁矿占有、使用、收益和处分的完整权利。

再审法院认为：根据一、二审查明的事实，2001年10月26日《联合收购协议》上"黄某"签字虽系他人代签，但黄某与其他三位当事人签订的2001年11月28日《出资协议》与《联合收购协议》的内容基本相同，即由四方共同出资经营雁门硫铁矿的经营性资产系皇某公司的真实意思表示。并且，上述协议签订后，黄某作为四川省江油万源农业开发有限公司

（以下简称万源公司，后变更为四川皇嘉农业有限公司）法定代表人，签订的一系列关于雁门硫铁矿生产经营管理的会议记录、股东会纪要和决议、万源公司向其他股东发出的书面文件，以及黄某向何某、阳某、郭某支付承包费的事实均可表明其已实际履行了共有雁门硫铁矿这一事实。虽然协议签订后黄某并未明示追认合同效力，但其行为可视为已经开始履行合同义务，根据《最高人民法院关于适用〈中华人民共和国合同法〉若干问题的解释（二）》第12条规定，无权代理人以被代理人的名义订立合同，被代理人已经开始履行合同义务的，视为对合同的追认。因此，即使《认股转让协议》签订时间为2004年，也不影响对黄某追认《联合收购协议》真实意思表示的判定。皇某公司和黄某认为《联合收购协议》对其不具有约束力的申请理由不成立。

皇某公司从雁门硫铁矿破产还债清算组承接的资产包括经营性资产和非经营性资产。在何某、郭某、阳某明确表示拒绝共同收购的情况下，皇某公司单独收购雁门硫铁矿非经营性资产。受让雁门硫铁矿经营性资产和非经营性资产的协议虽具有一定联系，即均与雁门硫铁矿相关，但实际上两个协议签订时间不同，协议内容不同，是完全独立的两个协议。按照《联合收购协议》的约定，雁门硫铁矿经营性资产应由皇某公司、何某、郭某、阳某共同共有。故皇某公司主张其履行了收购雁门硫铁矿的全部义务，应当取得对雁门硫铁矿占有、使用、收益和处分的完整权利的理由不成立。

综上，雁门硫铁矿虽然登记在皇某公司名下，但其内部签订的《联合收购协议》《出资协议》《董事会决议》等均表明其经营性资产系四方共同所有，二审判决认定由皇某公司和何某、郭某、阳某各占25%份额，认定事实清楚，适用法律并无不当。皇某公司、黄某的再审申请不符合《中华人民共和国民事诉讼法》第200条第1、3、6项规定的情形。再审法院依照《中华人民共和国民事诉讼法》第204条第1款之规定，裁定如下：

驳回四川皇嘉农业集团有限公司、黄某的再审申请。

【案例评析】

本案中，2001年10月26日《联合收购协议》上"黄某"签字虽系他人代签，但结合黄某在相近时间内签订的其他内容高度相同的合同，特别是其签订的一系列关于雁门硫铁矿生产经营管理的会议记录、股东会纪要和决议、万源公司向其他股东发出的书面文件，以及黄某向何某、阳某、郭某支付承包费的事实，均可表明其已实际履行了所谓被代签的与何某、阳某及郭某三方共有雁门硫铁矿这一事实。因此，最高人民法院根据《民法典》第503条的前身即《最高人民法院关于适用〈中华人民共和国合同法〉若干问题的解释（二）》第12条的规定，认定黄某追认了《联合收购协议》是正确的。

第四章　合同的履行

案例3：上诉人恒基公司、北京青鸟公司与广晟公司、原审被告香港青鸟公司借款、担保合同纠纷一案

[（2006）民四终字第28号]

【法条指引】

《民法典》第511条，合同约定不明时重要条款如何履行。

【案例事实与裁判】

原审中，广晟公司以借款合同纠纷起诉恒基公司、香港青鸟公司、北京青鸟公司还款，恒基公司和北京青鸟公司在提交答辩状期间对管辖权提出异议，认为《可转换债发行协议》约定有仲裁条款，法院无管辖权，请求驳回起诉。

一审法院经审理认为，本案中广晟公司起诉的主要依据是《可转换债发行协议》及其相关担保协议，《可转换债发行协议》第10条约定："四方应妥善解决履行中发生的争议，协商解决不成的，提交仲裁解决。本协议适用中华人民共和国香港特别行政区法律。"该条款体现了双方当事人将争议提交仲裁的意思表示，同时约定了解决协议争议的准据法。但由于当事人没有约定仲裁条款效力的准据法，也因当事人没有约定仲裁地，无法确定仲裁地的法律，在此情形下，应适用法院地法即我国内地法律作为确认该仲裁条款效力的准据法。根据《中华人民共和国仲裁法》第16条第2款的规定，仲裁协议应具有选定的仲裁委员会的内容，而本案所涉仲裁条款中，当事人仅有仲裁的意思表示，没有确定的仲裁机构名称，当事人也没有就仲裁机构达成补充协议。根据《中华人民共和国仲裁法》第18条的规定，该仲裁条款应被确认为无效。由于仲裁条款无效，广晟公司有权向法院提起诉讼。从当事人的诉请和主要表面证据来看，《可转换债发行协议》为双务合同，双方当事人履行义务的地点都可以作为合同履行

地。本案中，广晟公司委托关联公司从广州的银行划款到恒基公司在北京的关联公司，因此，广州市应为合同履行地之一。参照《民事诉讼法》第243条的规定，原审法院对广晟公司诉恒基公司的《可转换债发行协议》纠纷有管辖权。

香港青鸟公司和北京青鸟公司因《可转换债发行协议》向广晟公司提供担保，因此，《可转换债发行协议》为主合同，担保协议和担保函为从合同。在广晟公司就主合同和从合同一并提起诉讼时，从合同的管辖应依主合同确定。该院对可转换债发行协议纠纷有管辖权，故对广晟公司诉香港青鸟公司和北京青鸟公司的担保纠纷亦享有管辖权。综上所述，恒基公司和北京青鸟公司的管辖权异议理由不充分，应予驳回。一审法院依照《民事诉讼法》第38条的规定，裁定：驳回恒基公司和北京青鸟公司对本案管辖权提出的异议。

恒基公司不服一审法院上述裁定，向二审法院提起上诉称：第一，一审裁定在仲裁条款效力的判定和准据法适用上错误。《可转换债发行协议》的仲裁条款应从整体上理解，凡涉及判定本协议内容的准据法，不论是解决争议还是判定仲裁条款的效力均适用我国香港特区法律。该仲裁条款有效。第二，一审裁定认定广州市为合同履行地属事实认定错误。根据《可转换债发行协议》，广晟公司委托广东省广晟资产经营有限公司履行了义务，即向恒基公司委托的北京某电子产品有限公司支付了1亿元人民币，后因恒基公司未成功上市，前述款项亦转换为借款，《可转换债发行协议》未约定合同履行地，根据《合同法》第62条的规定，履行地应为恒基公司委托接收款项的北京某电子产品有限公司所在地，而不是广晟公司所在地。第三，一审裁定适用法律错误。本案只能在适用《合同法》第62条的前提下，才能参照《民事诉讼法》第243条的规定确定管辖法院。综上，请求撤销一审法院（2006）粤高法民四初字第1号民事裁定书，驳回广晟公司的起诉。

北京青鸟公司亦不服一审法院的上述裁定，向二审法院提起上诉称：第一，一审法院适用法律不当。《可转换债发行协议》已明确约定准据法，该约定自然及于仲裁条款；此外，协议各方当事人均为我国香港特区法人，按照国际私法原则，以当事人本国法确定协议适用的准据法，故本案争议包括确认仲裁条款效力应适用我国香港特区法律。第二，一审法院认定事实不清，《可转换债发行协议》没有实际履行，无合同履行地。本案为借款合同纠纷，合同的当事人全部为我国香港特区法人，住所地在我国香港特区，依据《最高人民法院关于适用〈中华人民共和国民事诉讼法〉若干问题的意见》第18条的规定，即使仲裁条款无效，本案也应由被告住所地法院管辖，即由我国香港特区法院管辖，而非原审法院管辖。请求：依法撤销广东省高级人民法院（2006）粤高法民四初字第1号民事裁定书，裁定驳回被上诉人的上诉。

广晟公司答辩称：第一，原审法院适用法律正确，仲裁条款具有独立性，仲裁条款使用的准据法不同于合同所适用的准据法。第二，合同已实际履行，广州是付款地，为合同履行地之一，广东高级人民法院拥有合法管辖权。《合同法》的相关规定不适用本案。第三，北京青鸟公司作为独立于合同之外的担保人，无权就主合同所产生的管辖权提出异议。香港青鸟公司未提交书面法律意见。

二审法院查明：2002年12月25日，广晟公司、恒基公司、香港青鸟公司和东英亚洲有限公司签订了《可转换债发行协议》。该协议第10条约定："四方应妥善解决履行中发生的争议，协商解决不成的，提交仲裁解决。本协议适用中华人民共和国香港特别行政区法律。"2002年12月25日，北京青鸟公司向广晟公司出具《担保函》，主要内容是承认其全资子公司香港青鸟公司签订的《可转换债发行协议》，并声明对香港青鸟公司在《可转换债发行协议》的担保义务承担连带责任。该《担保函》没有约定仲裁条款。

二审法院认为：本案中《可转换债发行协议》约定有仲裁条款，并约定，"本协议适用中华人民共和国香港特别行政区法律"，故对仲裁条款效力审查所要适用的准据法就成为本案首先要考量的问题。

《最高人民法院关于适用〈中华人民共和国仲裁法〉若干问题的解释》第16条规定："对涉外仲裁协议的效力审查，适用当事人约定的法律；当事人没有约定适用的法律但约定了仲裁地的，适用仲裁地法律；没有约定适用的法律也没有约定仲裁地或者仲裁地约定不明的，适用法院地法律。"由此可以看出，当事人对确定仲裁条款效力的准据法是可以在合同中约定的，但这种约定必须是明确约定，合同中约定的适用于解决合同争议的准据法，不能用来判定涉外仲裁条款的效力。也就是说，对仲裁条款效力适用的准据法要与解决争议适用的准据法相区别。本案中，在仲裁条款项下约定"本协议适用中华人民共和国香港特别行政区法律"，不能视为明确约定了仲裁条款效力的准据法。因《可转换债发行协议》中没有约定仲裁地，故应适用法院地法即我国内地法律来认定该仲裁条款效力。

《仲裁法》第18条规定："仲裁协议对仲裁事项或者仲裁委员会没有约定或者约定不明确的，当事人可以补充协议；达不成补充协议的，仲裁协议无效。"本案中的仲裁条款尽管明确了发生争议要通过仲裁解决的意思表示，但没约定仲裁机构，各方当事人也没有对仲裁机构达成补充协议，故该仲裁条款应属无效，人民法院对本案享有管辖权。原审法院认定仲裁条款无效是正确的。

《民事诉讼法》第24条规定："因合同纠纷提起的诉讼，由被告住所地或者合同履行地人民法院管辖。"因本案所涉协议没有约定合同履行地，故应以合同的实际履行地来确定管辖权。

恒基公司和广晟公司作为《可转换债发行协议》中本债的发行人和买受人，均确认广晟公司已委托其关联公司支付款项给恒基公司在北京的关联公司的事实，并认可该行为的目的是为履行《可转换债发行协议》。尽管北京青鸟公司提出该付款行为受限于我国外汇管理规定，所付款项不能用于履行协议，且其未接到合同已履行的通知，协议没有实际履行。但合同是否得以履行是事实问题，而履行合同是否适当、合法，属于合同履行的后果及责任问题，是法律对于法律事实、行为的价值判断。其关于合同未履行的主张不能得到支持。

《合同法》第62条第3项中规定："履行地点不明确，给付货币的，在接受货币一方所在地履行；……"从本案主合同当事人确认的事实看，接受货币的一方为恒基公司在北京的关联公司，即北京某电子产品有限公司，住所地在北京，故本案合同履行地应认定为北京。原审法院认定广州为合同履行地之一，并依此认定广东省高级人民法院对本案享有管辖权，缺乏事实和法律依据，应予纠正。

广晟公司起诉中所主张的还款额在1亿元以上，按照最高人民法院核准的收案标准，北京市高级人民法院对广晟公司诉恒基公司、香港青鸟公司借款纠纷享有管辖权。

北京青鸟公司向广晟公司出具《担保函》，承诺对香港青鸟公司因《可转换债发行协议》产生的债务承担连带保证责任，故该《担保函》应为《可转换债发行协议》的从合同。因《担保函》中没有约定仲裁条款，北京青鸟公司住所地在北京，且广晟公司将主债务人及担保人一并起诉，故北京市高级人民法院对该担保纠纷亦享有管辖权。

综上，上诉人的上诉理由部分成立，二审法院予以支持。一审法院对本案管辖权所作裁定不当，应予撤销。广东省高级人民法院应将本案移送至北京市高级人民法院审理。二审法院依照《民事诉讼法》第20条、第36条、第154条，《仲裁法》第18条，《最高人民法院关于适用〈中华人民共和国仲裁法〉若干问题的解释》第16条之规定，裁定如下：

一、撤销广东省高级人民法院（2006）粤高法民四初字第1号民事裁定书；

二、广东省高级人民法院将本案移送北京市高级人民法院审理。

本案二审案件受理费50元由广晟投资发展有限公司承担。

本裁定为终审裁定。

【案例评析】

本案为管辖权异议案件，当事人虽然约定了适用于解决合同争议的准据法即香港特别行政区法律，但是却没有对仲裁条款效力适用的准据法作出明确的约定，因此不能用香港特别行政区法律来判定涉外仲裁条款的效力，只能适用合同履行地的法律作为判断仲裁条款效力的准据法。我国《仲裁法》第18条规定："仲裁协议对仲裁事项或者仲裁委员会没有约定或者约定不明确的，当事人可以补充协议；达不成补充协议的，仲裁协议无效。"因此，仲裁协议无效，须由合同履行地人民法院管辖。《民法典》第511条规定，履行地点不明确，给付货币的，在接受货币一方所在地履行。因此，结合本案标的额，北京高院对本案享有管辖权。

第五章　合同的保全

案例4：申请再审人成都市国土资源局武侯分局与被申请人招商（蛇口）成都房地产开发有限责任公司、第三人成都港招实业开发有限责任公司、第三人海南民丰科技实业开发总公司债权人代位权纠纷案

[（2011）民提字第210号]

【法条指引】

《民法典》第535条，债权人代位权。

【案例事实与裁判】

本案再审法院经再审审理，对一、二审法院查明的基本事实予以确认。

本案再审法院认为，本案的诉讼焦点是：成都市国土资源局武侯分局（以下简称武侯国土局）能否对招商（蛇口）成都房地产开发有限责任公司（以下简称招商房地产公司）行使代位权。该焦点问题可以分解为两个具体问题：其一，武侯国土局能否对改制前的招商局公司行使代位权？其二，改制后的招商房地产公司应否对原招商局公司的债务承担责任？

关于第一个问题，即武侯国土局能否对改制前的招商局公司行使代位权问题。本院认为，根据《合同法》第73条关于"因债务人怠于行使其到期债权，对债权人造成损害的，债权人可以向人民法院请求以自己的名义代位行使债务人的债权，但该债权专属于债务人自身的除外"之规定，债权人代位权是债权人为了保全其债权不受损害而以自己的名义代债务人行使权利。本案中，武侯国土局因土地征地费问题与招商局公司、四川港招公司签订《债权债务转移合同》以及武侯国土局与四川港招公司签订的《交款合同》已为人民法院生效法律文书确认为有效，武侯国土局对四川港招公司的债权合法确定，因此四川港招公司是武侯国土局的债务人。成都港招实业开发有限责任公司（以下简称成都港招公司）因在开办四川港

招公司过程中出资不实，而被生效的裁判文书认定应在注册资金不实的21441941元范围内对武侯国土局承担责任，故成都港招公司亦是武侯国土局的债务人，武侯国土局对成都港招公司的债权亦属合法且已确定。成都港招公司与招商局公司于1998年4月12日签订《债权债务清算协议书》，约定招商局公司应将其泰丰国际商贸中心项目用地土地使用权，以评估价34441941元抵偿其所欠成都港招公司的3481.55万元的债务。该协议书系双方当事人真实意思表示，不违反法律、行政法规强制性规定，应属有效。根据该协议，招商局公司对成都港招公司负有3481.55万元的金钱债务，招商局公司对成都港招公司负有给付泰丰国际商贸中心项目用地土地使用权的义务。再审法院认为，成都港招公司与招商局公司双方协议以土地作价清偿的约定构成了代物清偿法律关系。依据民法学基本原理，代物清偿作为清偿债务的方法之一，是以他种给付代替原定给付的清偿，以债权人等有受领权的人现实地受领给付为生效条件，在新债务未履行前，原债务并不消灭，当新债务履行后，原债务同时消灭。本案中，成都港招公司与招商局公司虽然签订了《债权债务清算协议书》，并约定"以地抵债"的代物清偿方式了结双方债务，但由于该代物清偿协议并未实际履行，因此双方原来的3481.55万元的金钱债务并未消灭，招商局公司仍对成都港招公司负有3481.55万元的金钱债务。据此，招商局公司是成都港招公司的债务人，进而是武侯国土局的次债务人。根据《合同法》第73条及最高人民法院《合同法解释（一）》第11条、第13条之规定，因为成都港招公司既未向武侯国土局承担注册资金不实的赔偿责任，又未以诉讼或者仲裁方式向招商局公司主张已到期债权，致使债权人武侯国土局的债权未能实现，已经构成《合同法》第73条规定的"债务人怠于行使其到期债权，对债权人造成损害"。因此，武侯国土局有权代位行使成都港招公司基于《债权债务清算协议书》而对招商局公司享有的合法金钱债权，但该代位权的行使范围应以其对成都港招公司的债权即注册资金不实的21441941元范围为限。

关于第二个问题，即改制后的招商房地产公司应否对原招商局公司的债务承担责任。再审法院认为，本案现已查明的事实表明，成都港招公司本来就对四川港招公司出资不实，未将其应当投入四川港招公司价值21441941元的泰丰国际商贸中心项目用地土地使用权投入四川港招公司，却于1999年7月20日与武侯国土局、四川港招公司签订《债务关系转移合同》，将其欠武侯国土局的征地费 21833446.5 元转移给其出资不实设立的四川港招公司。在该《债务关系转移合同》签订后尚不到 1 个月，成都港招公司便于同年 8 月 10 日与招商局公司签订《债权、债务以及资产处置协议》，将招商局公司改制为招商房地产公司，将本应投入四川港招公司的泰丰国际商贸中心项目用地土地使用权留给了改制后的招商房地产公司，并由其负责偿还招商局公司欠招商银行的 230 万美元贷款，其余资产及其债权、债务以及职工安置均由成都港招公司承担；同年 8 月 22 日，招商局公司办理了《企业申请注销登记注册书》，并于 8 月 23 日因改制而注销。该改制系采取增资扩股的方式进行，即招商局公司在由 800 万元注册资金增资 1000 万元注册资金的同时，将其对增资后更名的招商房地产公司享有的 1000 万元股权转让给四川奇峰房地产开发有限责任公司、叶文金、刘宗明，从而实现他人对企业的参股并将企业改造为有限责任公司。招商局公司与成都港招公司的上述出资不实、债务转移、资产处置等一系列行为，暂且不论其是否真正存在恶意逃债、损害债权人利益的动机和目的，但实际结果的确导致武侯国土局不能实现对四川港招公司和成都港招公司的债权，令再审法院不得不对其上述系列行为的动机产生怀疑。

为了更好地审理企业改制相关的民事纠纷案件，最高人民法院专门制定了《最高人民法院关于审理与企业改制相关的民事纠纷案件若干问题的规定》，该规定所确立的法人财产原则、企业债务承继原则以及企业债务随企业财产变动原则，旨在防止企业在改制过程中造成企业财产流失，避免损害债权人的利益。再审法院认为，企业改制或者改造只是企业变更的一种形式，根据法人财产原则和企业债务承继原则，变更设立后的公司应当承继原企业的债权债务。虽然招商局公司在改制时与成都港招公司签订了《债权、债务及资产处置协议》，但无论是招商局公司对成都港招公司负有的 3481.55 万元的债务，还是招商局公司欠招商银行的 230 万美元的贷款，均是招商局公司改制前的对外负债，根据法人财产原则及企业债务承继原则，改制后的招商房地产公司均应负责偿还改制前的招商局公司的债务。尽管改制后的招商房地产公司在注册资金数额、股东构成、企业性质等方面均有别于原招商局公司，但企业改制只是转换企业的组织形式和变更企业的经济性质，原企业的债权债务并不因改制而消灭。根据法人财产原则和企业债务承继原则及《最高人民法院关于审理与企业改制相关的民事纠纷案件若干问题的规定》第 5 条，关于"企业通过增资扩股或者转让部分产权，实现他人对企业的参股，将企业整体改造为有限责任公司或者股份有限公司的，原企业债务由改造后的新设公司承担"之规定，原招商局公司对成都港招公司的债务应由改制后的招商房地产公司承担。故武侯国土局将招商房地产公司作为次债务人，要求其承担原招商局公司所欠成都港招公司的债务，不仅符合《合同法》第 73 条和最高人民法院《合同法解释（一）》关于债权人代位权制度及其构成要件之规定，而且符合《最高人民法院关于审理与企业改制相关的民事纠纷案件若干问题的规定》的原则和规定。因此，武侯国土局关于要求招商房地产公司承担原招商局公司所欠成都港招公司债务的请求，于法有据，应予支持，招商房地产公司应在 21441941 元范围内向武侯国土局承担清偿责任。根据最高人民法院《合同法解释（一）》第 20 条，关于"债权人向次债务人提起的代位权诉讼经人民法院审理后认定代位权成立的，由次债务人向债权人履行清偿义务，债权人与债务人、债务人与次债务人之间相应的债权债务关系即予消灭"之规定，招商房地产公司向武侯国土局履行 21441941 元的清偿责任后，武侯国土局与成都港招公司、武侯国土局与四川港招公司、成都港招公司与招商房地产公司之间相应的债权债务关系即予消灭。

综上，再审法院认为，武侯国土局对成都港招公司所享有的债权合法有效，成都港招公司对招商房地产公司所享的债权亦经生效法律文书所确定，合法有效并已到期；成都港招公司既未向武侯国土局承担注册资金不实的赔偿责任，又怠于行使其对招商房地产公司的到期债权，致使武侯国土局的债权未能实现，故武侯国土局关于要求招商房地产公司承担原招商局公司所欠成都港招公司债务的再审请求和理由成立，再审法院予以支持。原一、二审判决认定事实基本清楚，但适用法律不当，再审法院予以纠正。依照《合同法》第 73 条、《最高人民法院关于适用〈中华人民共和国合同法〉若干问题的解释（一）》第 13 条、第 19 条、第 20 条，《最高人民法院关于审理与企业改制相关的民事纠纷案件若干问题的规定》第 5 条，以及《民事诉讼法》第 153 条第 1 款第 2 项、第 186 条第 1 款之规定，判决如下：

一、撤销四川省高级人民法院（2008）川民终字第 90 号、四川省成都市中级人民法院（2007）成民初字第 19 号民事判决；

二、招商（蛇口）成都房地产开发有限责任公司向成都市国土资源局武侯分局支付 21441941 元；

三、上述给付义务履行后，成都市国土资源局武侯分局与成都港招实业开发有限责任公司、成都市国土资源局武侯分局与四川港招实业股份有限公司、成都港招实业开发有限责任公司与招商（蛇口）成都房地产开发有限责任公司之间相应的债权债务关系即予消灭。一审、二审案件诉讼费各117220元，诉讼保全费110520元，由招商（蛇口）成都房地产开发有限责任公司负担。

本判决为终审判决。

【案例评析】

本案中，武侯国土局对成都港招公司所享有的债权合法有效，成都港招公司对原招商局公司所享的债权亦合法有效并已到期；成都港招公司既未向武侯国土局承担注册资金不实的赔偿责任，又怠于行使其对改制后的招商房地产公司的到期债权，致使武侯国土局的债权未能实现，故武侯国土局有权行使代位权，要求招商房地产公司承担原招商局公司所欠成都港招公司债务。原一审认为代位权只适用于金钱债务，而招商局公司对成都港招公司的债务为土地使用权转让错误，土地使用权转让系双方达成的代物清偿协议，代物清偿协议具有要物性，以债权人等有受领权的人现实地受领给付为生效条件，在新债务未履行前，原债务并不消灭，当新债务履行后，原债务同时消灭。因招商局公司未履行代物清偿协议，故原金钱给付之债并未消灭。此外，根据企业债务继承原则，改制后的招商房地产公司均应负责偿还改制前的招商局公司的债务。

第六章　合同的变更和转让

案例5：上诉人虞某与被上诉人沃某合同纠纷案
[（2014）浙甬商终字第356号]

【法条指引】

《民法典》第548条，债务人在债权转让时的抗辩权。

【案例事实与裁判】

原审法院审理认定：2002年3月20日，周某以华业公司的名义出具证明一份，主要内容为：宁波市镇海某某公司2001年6月曾交给华业公司合作经营开滦煤的保证金30000元；2001年4—5月间，华业公司曾委托孙军向某公司收取开滦煤合作经营保证金45000元，合计收到75000元；后已由某公司收（借）回35000元，尚存40000元。2012年12月17日，华业公司以沃某为被告向宁波市镇海区人民法院提起民间借贷之诉，要求沃某返还借款35000元，宁波市镇海区人民法院于2013年3月11日作出（2012）甬镇商初字第1122号民事判决书，以华业公司诉称沃某在2002年3月20日前向华业公司借款35000元证据不足为由，判决驳回华业公司的诉讼请求。华业公司不服该一审判决，依法向浙江省宁波市中级人民法院提起上诉，浙江省宁波市中级人民法院于2013年5月31日作出（2013）浙甬商终字第364号民事判决书，认定沃某从华业公司领取的35000元的性质为收回保证金，判决驳回上诉，维持原判。2013年6月11日，华业公司以邮政特快专递的方式向沃某寄送债权转让通知书一份，通知沃某根据（2013）浙甬商终字第364号民事判决书的认定和判决结果，依照《合同法》第79条、第80条，华业公司将沃某于2002年3月20日前收取去的35000元非借款不当得利之追索权转让给虞某，并要求沃某于2013年6月17日前，将此35000元以现金返还存入虞某的银联卡。但该份特快专递遭沃某拒收，故引起纠纷。

虞某于 2014 年 1 月 7 日向原审法院提起诉讼称：2013 年 5 月 31 日，浙江省宁波市中级人民法院作出（2013）浙甬商终字第 364 号民事判决书，认定沃某从华业公司领取的 35000 元款项的性质为收回保证金，但该份二审判决书并未阐明该款项确属应该收回不须返还的应收款，沃某亦未能提供证据证明该款项属于应收款而非暂收款，故该款项应系由沃某自华业公司处暂时收回，但仍应当予以返还的款项。2013 年 6 月 11 日，华业公司将该 35000 元债权转让给虞某，并以邮政特快专递的方式通知沃某，但邮件遭沃某拒收。请求法院判令：沃某向虞某返还 35000 元暂收款。

沃某在原审中答辩称：首先，虞某受让的基础债权已经经过宁波市镇海区人民法院（2012）浙甬商初字第 1122 号案件，以浙江省宁波市中级人民法院（2013）浙甬商终字第 364 号案件两次审理，两份民事判决书均确认沃某与华业公司之间不存在借贷关系，根据一事不再理原则，虞某的诉讼应该不予受理或者驳回起诉。其次，虞某提供的证据本身并不能证明沃某尚欠华业公司 35000 元债务，只能证明华业公司尚欠沃某 40000 元保证金未予返还，故请求法院驳回虞某的诉讼请求。

原审法院审理认为：当事人对自己提出的诉讼请求所依据的事实，或者反驳对方诉讼请求所依据的事实有责任提供证据加以证明。没有证据或者证据不足以证明当事人的事实主张的，由负有举证责任的当事人承担不利后果。根据本案案情，沃某自华业公司领取 35000 元保证金，系华业公司自愿给付，如要求沃某退还该保证金，应当举证证明保证金的退还具有合法依据。本案虞某所受让的债权系华业公司与沃某之间的债权，根据《合同法》第 82 条的规定，债务人对让与人的抗辩，可以向受让人主张。现沃某否认其与债权让与人华业公司之间存在涉案的 35000 元债权关系，该抗辩理由亦可向虞某主张，故虞某应当对华业公司与沃某之间存在 35000 元债权关系的事实承担举证责任，但虞某在案件审理过程中所提供的证据未能证明该主张，应当承担举证不能的法律后果。故虞某要求沃某返还 35000 元暂收款的诉讼请求，证据不足，不予支持。依照《合同法》第 82 条、《民事诉讼法》第 64 条第 1 款、《最高人民法院关于民事诉讼证据的若干规定》第 2 条之规定，原审法院于 2014 年 2 月 19 日作出如下判决：驳回虞某的诉讼请求。案件受理费 675 元，减半收取 337.5 元，由虞某负担。

虞某不服原审法院上述民事判决，向二审法院提起上诉称：原审法院遗漏了对生效判决作为证据所证明的基本事实的认定。案由为民间借贷纠纷的一审，以及浙江省宁波市中级人民法院（2013）浙甬商终字第 364 号二审民事生效判决书，都没有认定沃某"收（借）回"35000 元保证金是应收款而不是暂收款。沃某以 75000 元保证金保证的唐山开滦华南煤炭有限公司在经营煤炭过程中对华业公司一再违约，已被生效判决所认定。本案认定沃某"收（借）回"35000 元是暂收款符合基本事实，沃某应将35000 元返还。请求二审法院撤销原判，依法改判。

沃某答辩称：本案 35000 元债权已经一、二审判决，认定沃某和华业公司并不存在借贷关系，沃某无须返还该款项。虞某在原审时提供的证据不能表明沃某与华业公司之间存在 35000 元的债权债务关系。原审法院判决依法公正。请求二审法院驳回上诉，维持原判。

二审期间，沃某未向本院提供新的证据。虞某向本院提供浙江省宁波市中级人民法院（2013）浙甬商终字第 364 号庭审笔录复印件一份，欲证明本案与唐山开滦华南煤炭有限公司在经营煤炭过程中对华业公司违约有重大关联。沃某经质证后，认为本案与唐山开滦华南煤炭有限公司对华业公司违约没有关联，当时华业公司代理人周某出具的证明，只是一个说明和陈述，并不具有借款性质。二审法院经审查认为，虞某提供的该庭审笔录已在原审中提供，且不能证明其待证事实，本院对此不予认定。

二审法院经审理对原审法院认定的事实予以确认。

二审法院认为：虞某以沃某收取的 35000 元系暂收款为由，要求沃某退还。根据本院（2013）浙甬商终字第 364 号生效民事判决认定的事实，不能认定沃某收取的 35000 元款项性质是暂收款。同时，根据虞某提供的已生效的河北省唐山市中级人民法院（2005）唐民四终字第 244 号华业公司与唐山开滦华南煤炭有限公司买卖合同纠纷一案民事判决认定的事实，也不能确认该案与沃某收取的 35000 元款项有直接关联性。虞某不能举证证明华业公司与沃某存在 35000 元债权关系，故虞某要求沃某退还已收取的 35000 元保证金，缺乏法律依据。其上诉请求，本院难以支持。原审认定事实清楚，适用法律正确，判决并无不当。依照《民事诉讼法》第 170条第 1 款第 1 项之规定，判决如下：

驳回上诉，维持原判。

二审案件受理费 675 元，由上诉人虞某负担。

本判决为终审判决。

【案例评析】

本案事实清楚，根据《民法典》第548条的规定，所谓的债务人沃某对让与人华业公司债权不存在抗辩，可以向受让人虞某主张。虞某主张沃某收取的35000元系暂收款而非应收款，依然具有返还义务，但是其无法举证予以证明，且存在与此主张相悖的若干份生效判决。因此，其要求沃某退还35000元保证金的诉讼请求缺乏法律依据和事实依据。

第七章　合同的权利义务终止

案例 6：再审申请人周某因与被申请人汤某股权转让合同纠纷一案
［（2015）民申字第 2532 号］

【法条指引】

《民法典》第 563 条，合同的法定解除事由。

【案例事实与裁判】

本案周某申请再审称：1. 股权转让合同约定了分期支付股权转让款，应当参照适用《合同法》第 167 条之规定，二审法院不适用该条规定属适用法律错误。2. 依据《合同法》第 167 条之规定，汤某延迟支付第二期股权转让款已达股权转让全部价款的五分之一，周某无须催告就有权解除合同。二审判决依据《合同法》第 94 条之规定认定周某未尽催告义务，无权解除合同，亦属适用法律错误。周某依据《民事诉讼法》第 200 条第 6 项的规定申请再审。

经审查，再审法院认为：其一，关于本案是否应当适用《合同法》第 167 条之规定的问题。1. 《合同法》第 167 条共分两款。第 1 款的规定是分期付款的买受人未支付到期价款的金额达到全部价款的五分之一的，出卖人可以要求买受人支付全部价款或者解除合同；第 2 款的规定是出卖人解除合同的，可以向买受人要求支付该标的物的使用费；2. 从上述规定内容上看，该条规定一般适用于经营者和消费者之间，标的物交付与价款实现在时间上相互分离，买受人以较小的成本取得标的物，以分次方式支付余款，因此出卖人在价款回收上存在一定的风险。3. 本案买卖的标的物是股权，在双方没有在当地的工商登记部门进行股权变更登记之前，买受人购买的股权不具有对抗第三人的权利。换言之，如果目标公司没有在股东名册上登记汤某的股权，在工商部门变更登记之前，汤某就没有获得周某转让的股权。本案中双方约定的第二期价款支付的时间在工商部门股权变更登记之前。4. 一般的消费者如果到期应支付的价款超过了总价款的五分之一，可能存在价款收回的风险。本案中买卖的股权即使在工商部门办理了股权过户变更登记手续，股权的价值仍然存在于目标公司。周某不存在价款收回的风险。5. 从诚实信用的角度看，由于双方在股权转让合同上的确载明"此协议一式两份，双方签字生效，永不反悔"，周某即使依据《合同法》第 167 条的规定，也应当首先选择要求汤某支付全部价款，而不是解除合同。6. 案涉股权已经过户给汤某，且汤某愿意支付价款，周某的合同目的能够实现。因此，二审法院认为本案不适用《合同法》第 167 条，周某无权依据该条规定解除合同的理由并无不当。

其二，关于二审法院依据《合同法》第 94 条之规定认定周某未尽催告义务，无权解除合同，是否亦属适用法律错误的问题。二审法院查明，由于周某这一方提供的《律师函》没有汤某的签字，仅仅依据周某和汤某的短信记录和通话记录并不能确定周某曾催告汤某的事实，更不能证明周某是否确定了履行的合理期限。鉴于汤某第二期支付款项延迟的时间较短，二审法院认为周某无权依据《合同法》第 94 条之规定解除合同的理由亦无不妥。

综上，周某再审申请不符合《民事诉讼法》第 200 条第 6 项规定之情形，本院依照《民事诉讼法》第 204 条第 1 款之规定，裁定如下：

驳回周某的再审申请。

【案例评析】

本案中，股权转让款的支付方式虽为分期付款，但是由于股权交付的特殊性及其不存在灭失风险等原因，不能直接类推适用《合同法》第 167 条关于分期付款买卖的规定，且当事人行使合同解除权应当在遵守诚信原则的前提下审慎行使，须履行甚至在实践中要多次履行必要的催告义务。周某未能证明其履行了适当的催告义务，汤某逾期情节并不严重且愿意支付价款，周某的合同目的并非无法实现，因此根据《民法典》第 563 条的规定，本案周某不享有解除权，无权单方面解除合同。

第八章　违约责任

案例7：再审申请人某公司与被申请人某区政府
建设用地使用权出让合同纠纷案
[（2019）最高法民再98号]

【法条指引】

《民法典》第585条，关于违约金的规定。

【案例事实与裁判】

本案再审法院认为，本案争议焦点有二：一是某公司是否构成违约，案涉《出让合同》应否解除；二是某公司是否应当支付漳州资源局主张的7440万元违约金。

其一，关于某公司是否构成违约，案涉《出让合同》应否解除的问题。某公司与漳州资源局签订的《出让合同》，系双方当事人的真实意思表示，内容不违反法律规定，原审判决认定该合同有效正确。《出让合同》约定，某公司应于2010年1月22日前支付第一期建设用地使用权出让款14880万元，于2010年2月28日前支付第二期建设用地使用权出让款9920万元；某公司延期付款超过60日，经漳州资源局催交后仍不能支付的，漳州资源局有权解除合同。在《出让合同》履行中，漳州资源局依约于2010年2月26日向某公司交付了案涉土地，但某公司未按上述约定付款，为此，漳州资源局于2010年2月3日、2010年2月23日以及2011年6月3日三次向某公司进行了催收，但某公司收到上述通知后，仍未缴纳《出让合同》项下款项，其行为已构成根本违约。在此情形下，《出让合同》约定的单方解除合同的条件已经成就，根据《合同法》第93条，"当事人协商一致，可以解除合同。当事人可以约定一方解除合同的条件。解除合同的条件成就时，解除权人可以解除合同"的规定，漳州资源局有权解除合同。《合同法》第96条第1款规定："当事人一方依照本法第九十三条第二款、第九十四条的规定主张解除合同的，应当通知对方。合同自通知到达对方时解除。对方有异议的，可以请求人民法院或者仲裁机构确认解除合同的效力。"本案中，漳州资源局于 2011 年 6 月 3 日、2012 年 1 月 9 日分别向某公司发送的《关于催缴 2009G02 宗地出让价款及违约金的通知》及《漳州市资源局关于解除 2009G02 号国有建设用地使用权出让合同的函》，虽特快专递邮件详情单上收件人姓名分别为陈某、杨某，但是，第一，两份特快专递上的单位名称均为某公司，地址亦与某公司营业执照上的住所地以及本案诉讼中某公司的住所地一致；第二，再审中，某公司确认杨某系该公司创办人，曾任法定代表人，后因杨某被纳入失信被执行人名单，法定代表人才变更为其妻，陈某系杨某的儿媳；第三，某公司对上述两份证据的真实性无异议。故综合以上情形，本院对上述两份证据予以采信。原审法院仅以该两份特快专递的收件人未记载为某公司为由，不予采纳两份证据不当，本院予以纠正。据此，2012 年 1 月 9 日，漳州资源局向某公司邮寄《关于解除 2009G02 号国有建设用地使用权出让合同的函》，某公司于 2012 年 1 月 10 日收到该函后，未于异议期内提出异议，《出让合同》已依法解除。虽然漳州资源局在一审中的诉讼请求是请求判决解除《出让合同》，但结合本案事实，本案属以单方意思表示即可使法律关系发生变动的情形，而并非是法院判决解除合同的情形。故本院确认《出让合同》于 2012 年 1 月 10 日某公司收到《关于解除 2009G02 号国有建设用地使用权出让合同的函》时解除。

某公司关于本案是招商引资合同法律关系，某区政府未履行《合作协议书》，因而其享有先履行抗辩权的主张不能成立。根据本案事实，案涉《合作协议书》与《出让合同》是相互独立的法律关系。首先，《合作协议书》与《出让合同》的合同主体、权利义务关系、履行条件等均相互独立。《合作协议书》由某区政府与某公司签订，主要内容围绕《合作协议书》项下土地的前期开发问题约定，而《出让合同》由漳州资源局与某公司签订，约定的是案涉土地使用权出让事宜，两份合同内容并不相同，且无直接关联。其次，某区政府、漳州资源局分属职责不同、行为能力独立的主体。会议规定由某区政府负责丹霞路南段建设、以地养路、收益由某区政府包干使用，是上、下级行政机关之间对财政收支进行安排的内部行政行为，没有直接为某公司设定权利义务，漳州市政府也没有与某区政府、漳州资源局作为同一方主体，与某公司订立合同的意思表示。某区政府致函漳州资源局协调竞买保证金等事宜，能否抵交保证金取决于漳州资源局是否同意，不能因此将《合作协议书》与《出让合同》视作同一法律关系。再次，案涉土地挂牌起始价为 20378 万元，某公司最终以 24800 万元竞得案涉土地使用权。某公司系通过竞拍方式取得案涉土地使用权，而非履行《合作协议书》的当然后果。某公司主张《出让合同》是招商引资系列合同的执行合同缺乏证据证明。综上，《合作协议书》与《出让合同》是两份相互独立的合同，而根据《合同法》第 66 条、第 67 条之规定，同时履行抗辩权、先履行抗辩权以当事人互负债务为前提，漳州资源局已按照合同约定履行了交付土地的义务，某区政府在履行《合作协议书》过程中是否存在违约行为，不能构成某公司对漳州资源局的抗辩事由。某公司与某区政府之间的纠纷不属本案审理范围，某公司如认为某区政府违约，应另行主张。某公司向本院提交的《成本核算确认书》是对《合作协议书》履行情况的结算，与案涉《出让合同》无关联，本院对该证据的证明效力不予认可。

其二，关于某公司应否支付漳州资源局主张的 7440 万元违约金的问题。首先，根据《出让合同》第 30 条约定，某公司不能按时支付《出让合同》项下价款时，自滞纳之日起，每日按迟延支付款项的 1‰ 向漳州资源局缴纳违约金。据此，基于某公司在本案中的违约事实，漳州资源局请求某公司应当支付违约金，有合同依据。《合同法》第 98 条规定，合同的权利义务终止，不影响合同中结算和清理条款的效力。某公司抗辩称，《出让合同》解除后，漳州资源局只能主张赔偿损失而不能主张违约金，缺乏法律依据，本院不予支持。其次，本案在一审审理中，某公司就《出让合同》约定的违约金，抗辩该违约金过高，应下调至按每日 0.21‰ 计算。发回重审后亦未改变该主张。再审中，某公司明确其主张将违约金计算标准下调至每日 0.21‰，系参照中国人民银行 1996 年发布的逾期贷款利率标准确定。某公司上述关于违约金的主张，应可认定其在本案审理过程中提出了调整违约金的请求。根据《最高人民法院关于适用〈中华人民共和国合同法〉若干问题的解释（二）》第 29 条之规定，当事人主张约定的违约金过高请求予以适当减少的，人民法院应当以实际损失为基础，兼顾合同的履行情况、当事人的过错程度以及预期利益等综合因素，根据公平原则和诚实信用原则予以衡量，当事人约定的违约金超过造成损失的 30% 的，一般可以认定为《合同法》第 114 条第 2 款规定的"过分高于造成的损失"。再审庭审中，就某公司违约给漳州资源局造成的实际损失问题，经本院询问，漳州资源局仅概括述称造成了其安置问题无法解决，而对于具体的实际损失表示无法确定。在此情形下，结合《出让合同》订立于2010年、之后土地市场价格已大幅上涨，漳州资源局部分损失可通过土地重新拍卖后的价差弥补等实际情况，某公司关于《出让合同》约定的违约金过高应予调整的主张符合法律规定，本院应予以支持。某公司请求应参照中国人民银行1996年发布的逾期贷款利率每日0.21‰的标准调整违约金，但根据《中国人民银行关于人民币贷款利率有关问题的通知》（银发〔2003〕251号）中"逾期贷款（借款人未按合同约定日期还款的借款）罚息利率由现行日万分之二点一计收利息，改为在借款合同载明的贷款利率水平上加收30%—50%"的规定，中国人民银行已将逾期贷款罚息利率标准予以调整。由于案涉《出让合同》签订于2010年1月20日，故不宜再按照每日0.21‰的逾期贷款利率计算违约金。本院参照上述《中国人民银行关于人民币贷款利率有关问题的通知》之规定，以迟延支付土地出让金本金为基数，按照中国人民银行发布的同期同类银行贷款基准利率的130%，自逾期之日至合同解除之日计算违约金，即第一期土地出让价款11880万元（14880万元—3000万元），自2010年1月23日计算至2012年1月10日；第二期土地出让价款9920万元，自2010年3月1日计算至2012年1月10日。

综上，案涉《出让合同》与《合作协议书》系相互独立的两份合同，某公司在履行《出让合同》中构成违约，应当承担该合同约定的违约责任。原审判决以本案具有政府在招商引资过程中与社会资本合作的背景、某公司已因《出让合同》被解除无法取得土地开发的后续收益、某公司再行支付7440万元违约金将导致利益严重失衡等为由，对漳州资源局要求某公司支付违约金的诉讼请求全部不予支持，系适用法律不当，本院予以纠正。某公司作为专业的房地产开发公司，应当审慎评估自身履行能力，知悉违约后果，其主张本案系招商引资合同法律关系，其享有先履行抗辩权和同时履行抗辩权的理由，不能成立，本院不予支持。漳州资源局请求某公司承担本案违约责任的部分理由成立，本院予以支持。依照《合同法》第114条第1款、第2款，《最高人民法院关于适用〈中华人民共和国合同法〉若干问题的解释（二）》第27条、第29条，《民事诉讼法》第207条第1款，《最高人民法院关于适用〈中华人民共和国民事诉讼法〉的解释》第 407 条第 2 款规定，判决如下：

一、撤销福建省高级人民法院（2018）闽民终 42 号民事判决；

二、变更福建省漳州市中级人民法院（2016）闽 06 民初 231 号民事判决第 1 项为：确认漳州市自然资源局与漳州市某房地产开发有限公司签订的《国有建设用地使用权出让合同》于 2012 年 1 月 10 日解除；

三、变更福建省漳州市中级人民法院（2016）闽 06 民初 231 号民事判决第 2 项为：漳州市某房地产开发有限公司于本判决发生法律效力之日起 10 日内，按中国人民银行公布的同期同档贷款基准利率的 130% 向漳州市自然资源局支付违约金，具体数额分别以 11880 万元为本金，自 2010 年 1 月 23 日计算至 2012 年 1 月 10 日；以 9920 万元为本金，自 2010 年 3 月 1 日计算至 2012 年 1 月 10 日。

如果未按本判决指定的期间履行给付金钱义务，应当依照《民事诉讼法》第 253 条之规定，加倍支付迟延履行期间的债务利息。

一审案件受理费 413800 元，由漳州市自然资源局、漳州市某房地产开发有限公司各负担 206900 元；二审案件受理费 413800 元，由漳州市自然资源局、漳州市某房地产开发有限公司各负担 206900 元。

本判决为终审判决。

【案例评析】

本案再审中，法院依据申请人某公司的请求调整了其逾期支付土地出让金的违约金，由合同中约定的 1‰ 调整为中国人民银行公布的同期同档贷款基准利率的 130%。这一做法虽然符合本条的规定，但是，本案是否属于应当调整违约金的范围值得商榷。

《国务院办公厅关于规范国有土地使用权出让收支管理的通知》（国办发〔2006〕100 号）（以下简称《国有土地收支通知》）第 7 条中规定："……土地出让合同、征地协议等应约定对土地使用者不按时足额缴纳土地出让收入的，按日加收违约金额 1‰ 的违约金。违约金随同土地出让收入一并缴入地方国库。对违反本通知规定，擅自减免、截留、挤占、挪用应缴国库的土地出让收入，不执行国家统一规定的会计、政府采购等制度的，要严格按照土地管理法、会计法、审计法、政府采购法、《财政违法行为处罚处分条例》（国务院令第 427 号）和《金融违法行为处罚办法》（国务院令第 260 号）等有关法律法规进行处理，并依法追究有关责任人的责任；触犯刑法的，依法追究有关人员的刑事责任。……"

国务院《国有土地收支通知》对于国有土地出让合同中土地使用者不按时足额缴纳土地出让收入的违约金标准作了明确规定，并明确了对违反本通知规定的责任后果。此规范性文件中关于土地出让合同违约金标准的规定，系针对国有土地交易市场作出的政策性规定，体现在土地出让合同中，不属于双方能够任意协商达成的条款。该类条款如不存在违反法律、行政法规强制性效力性规定的情形，原则上不宜以私法判决的方式否定其效力，亦不宜依职权作相应调整，而应以此为依据确认各方当事人的民事权利义务。

第九章　买卖合同

案例8：某国际公司与福建某制油有限公司等买卖合同纠纷案
[(2012) 民四终字第1号]

【法条指引】

《民法典》第154条，恶意串通；第538条、第539条，债权人撤销权。

【案例事实与裁判】

本案涉及三方法律主体，即债权人、债务人与债权债务关系之外的第三人。其中某国际公司作为债权人，曾与债务人福建某制油有限公司就买卖合同纠纷达成《和解协议》，根据《和解协议》的约定，债务人将其全部财产抵押给债权人，但未办理抵押登记。而在此之后，债务人又与其关联公司，即田源公司签订买卖合同，将抵押财产转移给田源公司，但债务人在收到货款后在同日将货款转回给其关联公司。两年后，田源公司与关联公司，即汇丰源公司签订买卖合同，约定田源公司将上述抵押财产转移给汇丰源公司，但在合同履行过程中汇丰源公司并未支付全部价款，抵押财产除国有土地使用权外，其余财产也并未实际转移。由于债务人福建某制油有限公司抵押财产的行为，导致其责任财产减少，丧失清偿债务能力，债权人债权难以得到实现，债权人即以福建某制油有限公司、田源公司为被告，以汇丰源公司为第三人提起诉讼，请求法院判令本案涉及的两份买卖合同无效，并要求买卖合同涉及的财产复归到债务人责任财产当中。

最高人民法院认定福建某制油有限公司与中纺公司之间的国有土地使用权及资产买卖合同、中纺公司与汇丰源公司之间的买卖合同，属于恶意串通损害某公司利益的合同。根据《合同法》第52条第2项的规定，均应当认定为无效。

【案例评析】

在债务人的行为危害债权人行使债权的情况下，债权人保护债权的方法，一是根据《民法典》第538条、第539条的规定，行使债权人的撤销权，请求人民法院撤销债务人订立的相关合同；二是根据《民法典》第154条的规定，请求人民法院确认债务人签订的相关合同无效。本案所涉及的合同均属于"恶意串通，损害第三人利益"的合同，应当适用《民法典》第154条认定合同无效。根据《民法典》第157条的规定，合同被认定无效后，相对人应当返还财产、折价补偿、赔偿损失。本案涉及的两份合同均被认定无效，因此合同相对方应就合同所涉及的财产返还给原权利人，即福建某制油有限公司。

案例9：广西桂冠电力股份有限公司与广西泳臣房地产开发有限公司房屋买卖合同纠纷案
[（2009）民一终字第23号]

【法条指引】

《民法典》第595条，买卖合同；第563条、第566条，合同解除的效力。

【案例事实与裁判】

广西桂冠电力股份有限公司（以下简称桂冠公司）起诉称，2003年3月12日，其与广西泳臣房地产开发有限公司（以下简称泳臣公司）签订《定向开发协议》，委托乙方为甲方建设办公楼和商品住宅小区。协议签订后，桂冠公司积极履行合同，但泳臣公司却怠于履行合同义务，实际工期无故拖延。2005年3月30日，双方又签订了《补充协议》，同时，双方对原《定向开发协议》中约定的合同工期、付款方式、违约责任等条款进行了补充和修改。签约后由于泳臣公司存在工期延误、质量不合格以及违反抵押禁止义务等多处严重违约行为，已经构成根本违约，合同目的根本无法实现，桂冠公司故请求解除《定向开发协议》及《补充协议》，诉请泳臣公司返还购房款、双倍返还定金，支付违约金并且赔偿购房款利息损失、办公楼重置费损失。泳臣公司答辩称，定向经营行为的实质是泳臣公司按照桂冠公司的要求建成商品房交付给桂冠公司，而桂冠公司通过预付房款获得低价的商品房。

最高人民法院依据本案事实认定，双方所签订的《定向开发协议》为有效合同。现泳臣公司并未按期交工，依据双方合同约定，桂冠公司有权解除合同。合同解除后，应由泳臣公司返还桂冠公司的购房款和利息；但桂冠公司于2003年4月16日支付的具有履约定金性质的50万元，因《补充协议》重新约定为预付土地款而不再具有定金性质，因此不应予以返还。合同解除的法律效果是使合同关系归于消灭，解除合同的后果，违约方的责任承担方式也不表现为支付违约金。因此，对桂冠公司要求支付违约金的主张，法院亦不予支持。

【案例评析】

根据《民法典》第563条第4项之规定，当事人一方迟延履行债务或者有其他违约行为致使不能实现合同目的，当事人一方可以解除合同。定向开发的房屋买卖合同中，开发方，也即出卖方负有按时向买受人交付符合安全质量标准的房屋的义务，而买受方有按照约定足额支付价款的义务。因房屋安全质量问题而停工，导致房屋无法按时交付的，买受人所期望的合同目的已经不能实现，因此，买受人可以要求解除合同。合同解除的法律效果是使合同关系归于消灭，《民法典》第566条规定了合同解除后的效力，即合同解除后，尚未履行的，终止履行；已经履行的，根据履行情况和合同性质，当事人可以要求恢复原状、采取其他补救措施，并有权要求赔偿损失。同时《民法典》也明确违约责任不因合同违约解除而免除，在《民法典》出台前，关于违约责任及违约解除之间的关系，存在"排斥说"和"非排斥说"，《民法典》第566条采取了"非排斥说"，明确合同违约解除与债务不能履行的损害赔偿可以并存，解除权人可以要求违约方承担违约责任。

案例10：新疆亚坤商贸有限公司与新疆精河县康瑞
棉花加工有限公司买卖合同纠纷案
[（2006）民二终字第111号]

【法条指引】

《民法典》第584条，损害赔偿范围；第563条，合同法定解除。

【案例事实与裁判】

2004年1月2日，新疆亚坤商贸有限公司（以下简称亚坤公司）与新疆精河县康瑞棉花加工有限公司（以下简称康瑞公司）签订一份《棉花购销合同》，约定康瑞公司向亚坤公司提供皮棉。合同签订后，亚坤公司于当日即向康瑞公司支付预付货款650万元。2004年6月12日，亚坤公司与锦兴公司签订800吨纯棉纱购销合同，之后又与博州公司分别签了两份委托加工合同。2004年5月21日，亚坤公司与神龙公司签订棉花买卖合同，亚坤公司将康瑞公司交付皮棉中的二个批次销售并发运给神龙公司。经检验，与原出厂皮棉检验单重量等级不符，神龙公司要求退货。为此，亚坤公司诉至原审法院，请求判令解除双方签订的棉花购销合同，康瑞公司退还亚坤公司货款和定金并承担诉讼费用。

最高人民法院认定，因国内棉花市场价格波动，亚坤公司在2004年6月份以后转售的棉花，即使质量等级不变，也必然会出现因市场行情所致的收益损失。因此，法院对亚坤公司在购买棉花时所发生的实际损失，即棉花重量亏吨损失及质量减等的差价损失予以确认，对于其他损失部分，即市场风险所致的收益损失、转售期间发生的运输费用、与案外人发生的借贷利息损失均因缺乏合同依据及法律依据而不予支持。在康瑞公司与亚坤公司之间的买卖合同已经履行完毕，亚坤公司业已将棉花全部售出的事实基础上，法院认为康瑞公司不适当履行合同的行为仅构成一般违约，并不构成根本违约，并不影响亚坤公司合同目的的实现，不构成《合同法》第94条关于解除合同的法定条件。

【案例评析】

可预见损失赔偿原则，是对违约一方当事人的赔偿范围进行的限制性原则，即违约方只就其所预见到或者应当预见到给对方当事人可能造成的损失承担赔偿责任，而对不能预见到或者不应预见到的可能损失不承担任何赔偿责任。我国《民法典》第584条确立了实际损失赔偿的可预见性原则，明确指出赔偿损失的范围并通过预见或应当预见两种形式对违约赔偿金额进行限制，即当事人一方违约给对方造成损失的，损失赔偿额应当相当于因违约造成的损失，包括合同履行后可获得的利益，但不得超过违反合同一方订立合同时预见到或者应当预见到的因违反合同可能造成的损失。合同纠纷中，违约方仅对因其违约行为给对方造成的实际损失赔偿责任，对于由市场风险造成的收益损失，非双方当事人所能预见，违约方对此没有过错，违约行为与损害后果间没有因果关系，故违约方对此不承担赔偿责任。

案例11：新宇公司诉冯某商铺买卖合同纠纷案[1]

【法条指引】

《民法典》第580条，非金钱债务实际履行责任及违约责任。

【案例事实与裁判】

新宇公司将其商场内的独立商铺卖与冯某，双方订立了买卖合同并已交付，但尚未办理过户登记。之后，新宇公司将该商场租给其他公司经营，在短短3年时间中两次停业整顿，引起广大商户不满，商户和公司都不能有效营利。新宇公司认为经营方式错误，欲将独立商铺式经营改变为统一经营。在150户商铺中，148户已经与其解除合同，只有冯某与另外一人不同意解除合同而要求继续履行。新宇公司愿意向冯某提供充分赔偿以解除合同，而冯某则要求继续履行合同。法院认为，新宇公司不履行合同，是违约方，但在履行费用过高时，法律不能支持实际履行。因此，法院允许新宇公司在支付充分赔偿的前提下解除合同。

【案例评析】

依法成立的合同，对当事人具有法律约束力。当事人应当按照约定履行自己的义务，不得擅自变更或者解除合同。当事人一方不履行合同义务或者履行合同义务不符合约定的，应当承担继续履行、采取补救措施或者赔偿损失等违约责任。据此，当违约情况发生时，继续履行是违约方承担责任的首选方式，因为相比其他责任方式，继续履行更有利于实现合同目的。但同时《民法典》第580条又对此规定了例外情形，"履行费用过高"就是其中之一。判断履行费用是否过高，可以根据履约成本是否超过各方所获利益来进行。当违约方继续履约所需的财力、物力超过双方基于合同履行所能获得的

---

[1] 案例来源：《最高人民法院公报》2006年第6期。

利益时，就属于履行费用过高。此时，继续履行不能实现合同目的，人民法院应从衡平双方当事人利益受损状况和长远利益考虑，遵循公平和诚实信用原则，允许违约方解除合同，用赔偿损失来代替继续履行。

案例12：天津市滨海商贸大世界有限公司与天津市天益工贸有限公司、王某财产权属纠纷案

[（2012）民再申字第310号]

【法条指引】

《民法典》第564条，解除权行使期限。

【案例事实与裁判】

2004年3月8日，天津市滨海商贸大世界有限公司（以下简称滨海公司）与天津市天益工贸有限公司（以下简称天益公司）签订《商业楼买卖协议》，将案涉房屋转让给天益公司。2005年7月11日，滨海公司与天益公司及王某签订《补充协议》，三方约定改由以王某的名义办理购房、贷款及产权过户手续，天益公司、王某负责自行办理按揭贷款，并应当于协议签订之后30日内支付剩余房款，但天益公司、王某未能依约履行。2005年12月18日，天益公司法定代表人向滨海公司发出《通报函》，声明天益公司不同意将首付款转为王某个人的付款，亦不能在约定期限内办理贷款，并提议解除合同。2006年6月28日，滨海公司提起诉讼，请求解除《商业楼买卖协议》及《补充协议》，一审、二审、再审判决均予以支持。天益公司申请再审称，参照《最高人民法院关于审理商品房买卖合同纠纷案件适用法律若干问题的解释》（以下简称《商品房买卖合同司法解释》）第15条第2款的规定，滨海公司未在天益公司《通报函》发出后3个月内行使解除权，其解除权已在起诉前消灭。

最高人民法院认为，天益公司的该项申请再审理由不能成立：首先，滨海公司并非房地产开发企业，其系向特定的对象天益公司及王某出售房屋，而非向社会销售，不适用《商品房买卖合同司法解释》所规定的解除权行使期限；其次，根据《合同法》第95条的规定，何为"合理期限"，应当由人民法院结合具体案情予以认定；再次，天益公司在发出《通报函》后至滨海公司起诉前，既未履行《补充协议》项下的付款义务，亦未

表达过继续履行合同的意愿，其违约行为始终处于延续状态。

【案例评析】

合同解除权，是法律赋予当事人保护自己合法权益的手段，但是行使合同解除权往往引起合同关系的重大变化。如果享有解除权的当事人长期不履行解除权，就会使合同关系长期处于不稳定状态，影响双方权利义务的履行。故《民法典》第 564 条第 1 款对合同解除权期限进行了限制："法律规定或者当事人约定解除权行使期限，期限届满当事人不行使的，该权利消灭。"《民法典》第 564 条第 2 款进一步明确解除权行使期限："法律没有规定或者当事人没有约定解除权行使期限，自解除权人知道或者应当知道解除事由之日起一年内不行使，或者经对方催告后在合理期限内不行使的，该权利消灭。"据此，在房屋买卖合同中，当事人未约定合同解除权的行使期限的，应在自解除权人知道或者应当知道解除事由之日起 1 年内，或者经对方催告后合理期限内行使，合理期限的范围，应当由法院结合具体案情予以认定。

案例 13：俞某与福建华辰房地产有限公司、魏某
商品房买卖（预约）合同纠纷案
[（2010）民一终字第 13 号]

【法条指引】

《民法典》第 527 条，不安抗辩权。

【案例事实与裁判】

2007 年 12 月 10 日，甲方福建华辰房地产有限公司（以下简称华辰公司）与乙方俞某、丙方魏某签订的《商铺认购书》约定，俞某向华辰公司认购三层店面。俞某在签订本认购书后 10 日内支付给华辰公司订金，华辰公司应当在收到俞某订金后 30 日内领取《商品房预售许可证》，并与俞某签订《商品房买卖合同》，同时保证在签订《商品房买卖合同》后的 10 日内在房地产交易管理部门备案登记。在付款期间，俞某了解到华辰公司无法按期办理《商品房预售许可证》，暂缓支付订金余款，认为华辰公司其已无履约的可能，于是诉请解除双方签订的《商铺认购书》，要求华辰公

司返还购房订金、违约金及诉讼费用。

最高人民法院认为，俞某主张不安抗辩权的理由是华辰公司丧失商业信誉，依据是其与福州华辰公司签订另一购房合同后，福州华辰公司将合同约定的房屋设定抵押。然而，福州华辰公司与华辰公司是两个不同的法人，以案外人违约为由在本案合同履行中行使不安抗辩权，不符合合同相对性原则。关于华辰公司应否承担违约责任的问题，俞某虽主张其已向华辰公司支付了大部分订金，但按照《商铺认购书》的约定，华辰公司应在收到俞某订金后 30 日内领取《商品房预售许可证》并与俞某签订购房合同。据此，应认定俞某负有先履行义务，但俞某至今仅支付了部分订金，其主张行使不安抗辩权的理由不能成立。因此，应认定俞某违约，故其无权向华辰公司主张违约金。

【案例评析】

不安抗辩权是指当事人互负债务，有先后履行顺序的，先履行的一方有确切证据表明另一方丧失履行债务能力时，在对方没有履行或者没有提供担保之前，有权中止合同履行的权利。《民法典》第 527 条规定："应当先履行债务的当事人，有确切证据证明对方有下列情形之一的，可以中止履行：（一）经营状况严重恶化；（二）转移财产、抽逃资金，以逃避债务；（三）丧失商业信誉；（四）有丧失或者可能丧失履行债务能力的其他情形。当事人没有确切证据中止履行的，应当承担违约责任。"由此可见，并未规定案外人违约是当事人行使不安抗辩权的情形。因此，合同一方当事人不能以案外人违约为由在合同履行中行使不安抗辩权。

案例 14：成都讯捷通讯连锁有限公司与四川蜀都实业有限责任公司、四川友利投资控股股份有限公司房屋买卖合同纠纷案
[（2013）民提字第 90 号]

【法条指引】

《民法典》第 495 条，预约合同。

【案例事实与裁判】

2006 年 9 月 20 日，卖方四川蜀都实业有限责任公司（以下简称蜀都实业公司）与买方成都讯捷通讯连锁有限公司（以下简称讯捷公司）签订《购房协议书》，约定讯捷公司支付购房定金 1000 万元，该购房定金在购房合同签订后自动转为购房款，在本协议原则下，讯捷公司和蜀都实业公司双方应就购房合同及付款方式等未约定事项进行具体磋商。本协议在讯捷公司和蜀都实业公司双方签订房屋买卖合同时自动失效。随后，讯捷公司分别向四川友利投资控股股份有限公司（以下简称友利公司）转账汇款，并备注预付购房定金，友利公司向讯捷公司开具了定金收据。经查，友利公司是蜀都实业公司的股东。另外，2007 年 1 月 4 日，蜀都实业公司将涉案标的房屋交付给讯捷公司使用。2010 年 3 月 3 日，蜀都实业公司向讯捷公司送达《解除函》，解除双方签订的《购房协议书》，请讯捷公司腾退该房屋并支付房屋占有使用费。2010 年 4 月，讯捷公司起诉蜀都实业公司，请求确认《购房协议书》合法有效并成立，确认《解除函》无效，判令卖方蜀都实业公司协助办理涉案标的过户登记。蜀都实业公司反诉，并请求判令讯捷公司腾退讼争房屋并支付房屋占有使用费。经法院审理，判决结果如下：一审法院支持讯捷公司的诉求，驳回蜀都实业公司反诉请求；二审法院部分支持讯捷公司诉求，即支持《购房协议书》有效，《解除函》无效，其他不予支持；再审法院尽管支持一审判决结果，但认为判决依据不正确，即一审、二审法院将《购房协议书》当作本约合同是错误的。

【案例评析】

通常，把将来要订立的契约称为本约，而以订立本约为其标的的合同便是预约。《民法典》第 495 条第 1 款明确规定："当事人约定在将来一定期限内订立合同的认购书、订购书、预订书等，构成预约合同。"因实际中预约的形态多种多样，仅根据当事人合意内容上是否全面，并不能准确地界定预约和本约。因此，界定当事人之间订立的合同是预约还是本约，根本标准应当是当事人的意思表示。判断当事人之间存在预约还是本约关系，不能简单孤立地仅凭借双方之间订立的协议来加以认定，而是应当综合审查相关协议的内容，以及当事人嗣后为达成交易进行的磋商甚至具体的履行行为等事实，从中探寻当事人的真实意思，并据此对当事人之间法律关系的性质作出准确的界定。

本案中，蜀都实业公司与讯捷公司签订的《购房协议书》，虽然约定了房屋的位置、面积及总价款，但仍一致认为在付款方式等问题上需要日后进一步磋商。双方的这一意思表示是明确的，而且，当事人在该协议中进一步明确要在将来订立一个新的合同，以最终明确双方之间的房屋买卖法律关系的具体内容。因此，案涉《购房协议书》的性质为预约合同。

第十章　供用电、水、气、热力合同

案例15：北京某有限公司诉北京市电力公司供用电合同纠纷案
[（2010）怀民初字第04968号]

【法条指引】

《民法典》第654条，用电人交付电费义务；第985条，不当得利。

【案例事实与裁判】

2010年8月6日，被告北京市电力公司向原告北京某有限公司发出《电费催款公函》，称该公司于2010年6月12日为原告进行电表更换工作时，发现6具电表没有进行电费抄录和结算工作，共计电费1160583.44元。要求原告一周内与其协商缴费相关事宜，否则将采取必要措施。协商无果后，被告对原告进行全面停电。原告北京某有限公司称：多年来一直按照合同要求履行交费义务。原告对被告催款公函记载的欠款数有异议，多次向被告反映问题，被告不予理会，并于2010年8月30日全面停电至今，给原告造成了巨大的经济损失。被告同意和原告就电费问题协商解决，在原告按协商结果交纳电费后，被告同意向原告恢复供电。

法院最终认定，虽因电表故障未能明确交易电量，但是原告确实使用了相当数额的电力用于日常生产，应补交相应的电费。通过法院的调解，双方当事人达成调解协议，北京市电力公司在收到北京某有限公司交纳797311.15元电费后，立即向北京某有限公司恢复供电。

【案例评析】

根据《民法典》第654条的规定，供电公司与用户之间是供电合同关系，一方提供用电，另一方根据实际使用电量按照约定单价支付电费。在实践中，由供电公司提供电表并计算用电量，用户根据供电公司提供的数据支付电费。如果因为电表故障导致供电公司未能计算相应用电量的，虽然这种过错在于供电公司,但用户仍应当根据事后查证的实际用电量补交相应的电费,否则构成不当得利。

案例16:山西省永济市电力铁合金有限公司与山西省永济兴达实业有限公司供用电合同欠款纠纷案
[(2006)民二终字第132号]

【法条指引】

《民法典》第654条,用电人交付电费义务。

【案例事实与裁判】

原某甲公司、某乙公司分别于1995年12月8日、2001年6月13日与原告山西省永济市电力铁合金有限公司(以下简称铁合金公司)签订两份《供电协议》,两份供电合同系各方当事人真实的意思表示。后被告山西省永济兴达实业有限公司(以下简称兴达公司)设立后承继了原某甲公司和某乙公司的债权债务,依据两份《供电协议》继续向铁合金公司履行供电义务并收取电费,兴达公司与铁合金公司之间形成了直接的供电合同法律关系。该两份供电协议是通过不同的供电线路进行的。后经法院查明,被告并未按期足额支付电费。

法院认定,虽然铁合金公司逾期不交付电费,供电人兴达公司可以中止供电,但应履行催告程序。然兴达公司在中止供电之前未能向铁合金公司明确催告期限,说明停电时间,在没有通知用电方的情况下即中止供电,不仅给铁合金公司造成实际损失,也直接导致铁合金公司停产。自2004年3月起长达3年的时间里,铁合金公司因无其他可用电源,无法恢复生产,机器、设备等固定资产闲置,损失较大。综合本案的实际情况以及双方的过错责任,双方应对尚欠电费按比例分担。铁合金公司拖欠电费在先,应承担70%的过错责任。兴达公司未经催告即停电,给铁合金公司造成一定的实际损失,应自行承担30%过错责任。

【案例评析】

依据《民法典》第654条的规定,用电人应当按照国家有关规定和当事人的约定及时交付电费。用电人逾期不交付电费的,应当按照约定支付违约金。经催告用电人在合理期限内仍不交付电费和违约金的，供电人可以按照国家规定的程序中止供电。由此可知，在供电合同纠纷中，用电方逾期未交付电费的，供电方可以中止供电，但应履行催告程序。供电方未经催告、通知就中止供电，导致用电方损失的，供电方也存在过错，故其应当承担相应的过错责任。

案例 17：苏某与广州供电局有限公司白云供电局、广州供电局有限公司供用电合同纠纷案
[（2016）粤 01 民终 12857 号]

【法条指引】

《民法典》第 653 条，不可抗力断电的抢修义务。

【案例事实与裁判】

苏某是某鱼塘的承包人，其于 2013 年、2014 年间向该鱼塘投放了叉尾鱼苗进行养殖。2015 年 8 月 14 日凌晨 2 时许，由于此前雷雨等原因影响，为鱼塘增氧设备供电的公用供电设施发生故障，导致鱼塘增氧设备无法运行。苏某于当日凌晨 2：55 分拨打白云供电局、广州供电局的抢修热线报险，并明确告知停电已经导致鱼塘内的鱼类出现死亡现象，要求抢修人员尽快处理。抢修人员最终于 2015 年 8 月 14 日 10：42 分修复故障，恢复供电。苏某认为抢修人员在 2015 年 8 月 14 日上午到达现场进行抢修，超过白云供电局、广州供电局承诺的恢复电力的时间，从而导致苏某鱼塘内养殖的叉尾鱼因增氧设备瘫痪而缺氧大量死亡。苏某要求白云供电局、广州供电局赔偿无果，遂成诉讼。经评估，涉案鱼塘的鱼类损失为 163800 元。

白云供电局、广州供电局因未能及时抢修，造成了苏某损失的进一步扩大，应承担相应的责任。根据案情可知，大部分鱼的死亡与白云供电局、广州供电局迟延抢修并没有因果关系，一审法院酌定白云供电局、广州供电局承担 30％的赔偿责任并无明显不当，二审法院予以确认。

【案例评析】

《民法典》第 653 条规定："因自然灾害等原因断电，供电人应当按照

国家有关规定及时抢修；未及时抢修，造成用电人损失的，应当承担赔偿责任。"本条中的"自然灾害等原因"，主要是指不可抗力的原因。虽然我国法律规定不可抗力是合同的免责事由，但在不可抗力发生以后，当事人仍应以诚实善意的态度去努力克服，最大限度地减少因不可抗力所造成的损失。这是合同诚实信用原则的要求。因此，因自然灾害等原因断电后，供电人应当按照国家有关规定及时抢修，尽早恢复供电，减少用电人因断电所造成的损失。如果供电人没有及时抢修，给用电人造成损失，供电人应当就没有及时抢修而给用电人造成的损失部分承担赔偿责任。供电人是否尽到了及时抢修的义务，应以国家的有关规定为标准。

第十一章　赠与合同

案例18：谢烈某诉谢某、宋某赠与合同纠纷案

[（2013）丰民初字第18787号]

【法条指引】

《民法典》第657条，赠与合同；第658条，赠与人的任意撤销权。

【案例事实与裁判】

原告谢烈某与被告宋某协议离婚，离婚协议约定将产权在原告名下、属于夫妻共同财产的一套住房归被告女儿谢某所有，谢烈某与宋某享有居住权，贷款由谢烈某和宋某负担，待谢某有经济能力时自行归还。离婚后，谢烈某声称宋某和谢某待其不好，自己没有稳定收入，生活困难，因此未变更产权登记，并要求撤销赠与。两被告主张夫妻对子女的赠与具有道德义务性质，依法不得撤销，受赠人也不存在赠与人可以行使法定撤销权的情形。且原告对该房屋仍有居住权，不存在原告所称生活困难的情形。宋某与谢某已将谢烈某起诉，要求履行过户手续。

法院认为，夫妻就财产归属、子女抚养等问题达成一致意见后，可以向婚姻登记机关申请办理离婚登记。夫妻离婚时，双方对财产问题所进行的约定，具有法律效力，双方均应遵照执行。谢烈某与宋某就房屋产权赠与谢某的合意，本质上是夫妻双方在离婚时对共有财产的分配所作的特殊约定。由于双方在离婚时对财产归属的约定属于离婚协议的一部分，而离婚协议具有身份属性，不单单属于《民法典》第657条所规定的赠与合同，且谢烈某无法证明其在签订财产分割协议时存在受胁迫或受欺诈等情形，故不能被任意撤销。

【案例评析】

虽然我国《民法典》有相关规定，赠与人在赠与财产的权利转移之前

可以撤销赠与，受赠人不得据此要求强制履行，但是离婚协议中约定的房屋赠与条款不适用撤销赠与的规定。夫妻双方达成将房屋产权赠与子女的合意，本质上是夫妻双方在离婚时对共有财产的分配所作的特殊约定。由于双方在离婚时对财产归属的约定属于离婚协议的一部分，此时的合同具有财产和人身的双重属性，所以将该房屋赠与其女的协议不属于《民法典》第657条规定的赠与合同，自然房屋的所有人不能主张撤销该项赠与。

案例19：北京东方某科技股份有限公司诉王某赠与合同案

[（2009）海民初字第11993号]

【法条指引】

《民法典》第661条，附义务的赠与。

【案例事实与裁判】

2008年8月15日，原告北京东方某科技股份有限公司（以下简称东方某公司）与被告王某签订《股份赠与协议》，约定东方某公司赠与王某3%的公司股份，条件是王某承诺在成为公司股东之日起10年内"不因个人原因解除劳动合同"，否则王某应自合同解除之日起无条件退还其持有的公司股份，退还手续办理完毕后，王某才可办理离职手续。2009年2月1日，王某向东方某公司发出解除劳动合同通知书，理由是拖欠工资，随即离职，并未办理任何离职手续。东方某公司称，王某真实的辞职原因是其已在国外另外找到了工作，现王某未按约定履行股份赠与的附随义务，公司有权撤销赠与协议并收回股份。

法院认为，《股份赠与协议》所附义务着重强调了王某为公司服务的年限，以及王某不得因个人原因与公司解除劳动合同。故作为公司对内部员工的激励措施，该义务具有较强的人身依附性，即以王某与东方某公司劳动关系的存续为履行基础。即使东方某公司拖欠其工资，王某也并非无其他救济途径，解除合同并不是唯一的措施，且股东身份的存续亦可使其享有相应的股东权利。即使东方某公司拖欠王某工资，在此情况下，王某理应在单方解除劳动合同和继续持有受赠股份之间作出合理的选择，其不选择解除劳动合同并不意味着对其不公平。据此，王某以东方某公司拖欠

其工资为由单方解除劳动合同的行为，符合《股份赠与协议》中约定的
"因个人原因解除劳动合同"的事由。

【案例评析】

　　附义务的赠与，也称附负担的赠与，是指以受赠人对赠与人或者第三
人为一定给付为条件的赠与，也即使受赠人接受赠与后负担一定义务的赠
与。《民法典》第661条规定了附义务的赠与合同，即赠与可以附义务。
受赠人应当按照合同约定履行义务。赠与人向受赠人给付赠与财产后，受
赠人应依约履行其义务。如赠与人已依约履行给付义务，而受赠人不履行
约定义务时，依据《民法典》第663条第1款第3项的规定，赠与人就有
权请求受赠人履行其义务或撤销赠与。赠与人撤销赠与的，受赠人应将取
得的赠与财产返还赠与人。

案例20：韩某与张某赠与合同纠纷案
[（2015）三中民终字第06146号]

【法条指引】

　　《民法典》第658条，赠与人的任意撤销权。

【案例事实与裁判】

　　2014年10月14日，韩某向张某出具声明书和授权委托书各一份，声
明将涉案房屋中属于自己的继承份额赠与张某，并全权委托张某办理被征
收房屋的所有事宜。2014年10月16日，涉案房屋被征收。依据房屋征收
补偿与安置协议书约定，被征收人获得补偿1948430元，并可选购定向安
置房两套，被征收人同意自房屋货币补偿款总额中扣减限购面积内安置房
购房款作为预付款，故剩余补偿款为680750元；征收单位协助被征收方和
安置房开发建设单位签署《商品房买卖合同》，被征收方同意在签订上述
合同时将其中的A号楼B单元C号房屋登记在购房人张某名下。2015年1
月，韩某将张某诉至法院，称其本人赠与涉案房屋后生活困难，且房屋权
利并未转移，要求撤销其基于赠与协议对定向安置房一套及部分补偿款的
赠与。

　　法院认为，张某已完成选房并可直接与安置房开发建设单位签署《商

品房买卖合同》，此种征收安置利益权利已完成转移，韩某再要求撤销赠与，依据不足。故一审法院判决撤销韩某就涉案房屋被征收所得补偿款对张某的赠与，驳回韩某的其他诉讼请求。二审法院维持原判。

【案例评析】

在赠与合同纠纷中，赠与人要求撤销赠与的情形并不鲜见。本案中，依据韩某所据之理由，其要求行使任意撤销权。故此，在排除特殊情形的前提下，赠与标的物的确定以及是否已完成权利转移就成为本案的审查重点。本案当中，赠与合同的标的物存在着一个有形财产向财产性利益的转化过程，在涉诉房屋被征收后，韩某赠给张某的房屋中的财产份额已转化为征收补偿安置利益。

财产是否完成权利转移，是判断赠与人能否享有任意撤销权的前提。基于赠与标的物不同，权利转移的判断标准也存在区别。对于财产性利益而言，其同样存在着交付和转移登记两种要求。因征收安置所获得的补偿款和安置房选购资格作为赠与合同的标的时，如赠与人已经向征收方支付了相应房款，被赠与人已经完成选购安置房行为并取得了签订正式房屋买卖合同的资格，则应当认定赠与合同的标的物已经完成权利转移，赠与人不再享有任意撤销权。

案例21：张某与张某玮等赠与合同纠纷上诉案
[（2010）沪二中民二（民）终字第2054号]

【法条指引】

《民法典》第147条、第657条，赠与人的任意撤销权。

【案例事实与裁判】

张某与张某慧为夫妻，育有一女张某玮。1998年2月，张某签订商品房预售合同，购买了涉案房屋。2002年4月，张某、张某慧及张某玮登记为该房屋的共有人。2010年4月，在张某与张某慧的离婚诉讼中，经亲子鉴定，排除了张某为张某玮的生物学父亲，判决二人离婚。随后，张某以重大误解为由，于同年7月起诉要求撤销赠与给张某玮的系争房屋1/3份额。张某玮及张某慧辩称：即使张某能够行使撤销权，也仅能撤销其对系争房屋1/6份额的赠与。

一审法院经审理认为，张某对张某玮就系争房屋权利的赠与系基于张某玮为其亲生女儿的认识，张某对其赠与行为内容存在重大误解，其对被告的赠与依法可予撤销。宣判后，张某提起上诉，诉称一审判决实际上只撤销了系争房屋1/6份额的赠与，而事实上应撤销1/3份额的赠与。二审法院经审理认为，对于共同共有财产的处分，需要各共有人一致意见才能作出，故张某要求撤销赠与的效力应及于整个赠与行为。据此，判决：撤销一审判决；撤销张某、张某慧对张某玮就涉案屋房地产权利的赠与。

【案例评析】

赠与人提起撤销赠与的形成之诉，其可能的权利请求基础有二：一是法律关于赠与人撤销权的规定；二是法律关于可撤销合同撤销权的规定。这两种撤销权各有其不同的适用条件，赠与人可视情行使。本案中，受赠人张某玮已登记为系争房屋的权利人，即所赠与财产的权利已经移转，同时本案也不存在《民法典》第663条规定的情形。因此，原告作为赠与人的任意撤销权和法定撤销权在本案中均没有适用条件。原告是以其对赠与合同存在重大误解而主张行使可撤销合同中的撤销权。

对共有财产的处分，共同共有按全体一致原则。夫妻共同共有财产的部分赠与，无疑属于处分行为。张某在订立赠与合同时存在重大误解，表明其不具有和张某慧将夫妻共有的系争房屋部分份额赠与张某玮的真实意思。共同赠与因缺乏共同共有人之一张某的同意而失去了存在的基础。因此，张某行使撤销权的效力应及于张某与张某慧的共同赠与行为。

第十二章　借款合同

案例 22：中国建设银行股份有限公司上海某支行诉曹某、曹锦某、
上海市某区住房保障中心金融借款合同纠纷案

［（2014）徐民二（商）初字第 1045 号］

【法条指引】

《民法典》第 675 条，借款人的返还期限。

【案例事实与裁判】

2010 年 8 月 31 日，原告（贷款人）与被告曹某（借款人）、被告住房保障中心（回购人）等签订《借款合同》，约定被告曹某向原告借款，用于购买涉案房产，借款期限为 10 年，被告曹某以其所购房产为上述借款提供抵押担保，并办理了预告抵押登记手续，预告抵押登记的权利人为原告。合同还约定，贷款发放后，借款人未按借款合同约定按期归还贷款，且累计逾期达到或超过 6 期时，贷款人要求回购人回购的，回购人应当按照贷款人的要求回购该经济适用住房，经济适用住房的权利人及共同申请人应当配合经济适用住房的回购。同时，被告曹锦某向原告出具《共同还款承诺书》，承诺与借款人曹某共同还款。2010 年 11 月 22 日，原告依约向被告曹某发放了贷款，但被告曹某未按合同约定正常履行还款义务，被告曹锦某也未履行共同还款责任。故原告请求判令被告曹某、曹锦某归还个人住房贷款本金和利息；被告曹某应当配合经济适用住房的回购，即住房保障中心按照经济适用住房的原销售价格附加银行定期存款利息进行回购，借款人所得的回购款优先用于清偿贷款债务，由住房保障中心直接划至原告账户。经审理，人民法院支持了原告的诉讼请求。

【案例评析】

借款人、出借人、回购人签订三方合同，约定借款人不如期还款达到

一定条件，出借人有权要求回购人受让房产，并以受让款直接优先偿付贷款债务的回购条款，本质上是一种以房产所有权转移担保贷款债权实现的让与担保。该回购条款将房产所有权转移及清算变价程序合二为一，不含有我国法律明确禁止的流质条款，且不存在《民法典》所规定的无效情形，应尊重缔约人的意思自治，肯定其合同效力。出借人按照借贷法律关系起诉，并要求回购人受让房产并代为清偿贷款的，应予以支持。

案例23：吴某诉陈某、王某及某中建房地产开发有限公司民间借贷、担保合同纠纷案
[（2009）浙湖商终字第276号]

【法条指引】

《民法典》第679条，自然人之间的借款合同。

【案例事实与裁判】

2008年11月4日，被告陈某共向原告吴某借款人民币200万元，借款期限为2008年11月4日至2009年2月3日，并由被告王某和被告某中建房地产开发有限公司提供连带责任担保，当日原告履行了出借的义务。2008年12月14日陈某因故下落不明，原告认为陈某拖欠其他债权人款项数额巨大，已无能力偿还，2008年12月22日陈某因涉嫌合同诈骗和非法吸收公众存款罪被公安机关立案侦查，依照协议，遂要求陈某提前归还，王某、中建房地产开发有限公司承担连带责任，直至开庭时，三被告均未履行还款义务。被告辩称：现陈某的刑事案件并未审理终结。在未确定本案借款的性质是否为非法吸收公众存款时，该案应该中止审理。如果确定陈某是涉及犯罪的情况下，那么被告无须承担保证责任。

一、二审法院认为，本案原审被告陈某触犯刑律的犯罪行为，并不必然导致《借款合同》无效。因为《借款合同》的订立没有违反法律、行政法规效力性的强制性规定。因此，王某、某中建房地产开发有限公司的上诉理由不能成立。

【案例评析】

根据《民法典》第153条规定，违反法律、法规的强制性规定的合同

无效。非法吸收公众存款是指违反国家金融管理法规非法吸收公众存款或变相吸收公众存款，扰乱金融秩序的行为。非法吸收公众存款的刑事法律事实是数个"向不特定人借款"行为的总和。当事人在订立民间借贷合同时，主观上可能确实基于借贷的真实意思表示，不存在违反法律、法规的强制性规定或以合法形式掩盖非法目的。非法吸收公众存款的犯罪行为与单个民间借贷行为并不等价，民间借贷合同并不必然损害国家利益和社会公共利益。因此，单个的借款行为并不构成非法吸收公众存款的刑事法律事实，双方之间建立在真实意思基础上的民间《借款合同》有效，应受法律保护。

案例24：中国信达资产管理公司西安办事处与海南华山房地产开发总公司、中国建设银行股份有限公司西安曲江支行借款合同纠纷案

[（2008）民二终字第118号]

【法条指引】

《民法典》第667条，借款合同。

【案例事实与裁判】

1992年11月14日，海南华山房地产开发总公司（以下简称华山公司）与某信托公司签订《经济合作合同书》，约定合作方式为双方各投资200万元，共同投资并筹措资金进行开发建设，共享投资项目的收益，具体为共同成立工程指挥部进行管理，实行费用共担、房屋共有、获利共享、风险共担的原则。1993年1月9日和19日，双方分别签订《合作兴建"华山新村"合同书》和《合作兴建"石山度假村"合同书》。根据合同约定，某信托公司与华山公司签订了七份《借款合同》，以及某信托公司改建为建行二支行后与华山公司为转贷而签订了《借款合同》。2003年10月8日，中国信达资产管理公司西安办事处（以下简称信达西安办事处）以华山公司为被告，向法院提起诉讼，请求判令华山公司归还借款本金及利息。信达西安办事处以借款合同发生在前、合作合同签订在后为由主张本案借款合同与合作合同之间没有关联性，是两个独立的法律关系。经审理，最高人民法院认为，本案借款合同与合作合同之间联系紧密，信达西安办事处关于本案借款合同与合作合同不具有关联性的上诉主张不能成立，驳回信达西安办事处的诉讼请求。

【案例评析】

依照民法学上的公平原则，双方合作关系中应当遵从收益共享、风险共担的合作原则。借款合同和合作合同是两个相互关联紧密的民事法律关系，用于合作开发项目的借款债务，应当由合作双方共同承担。银行利用自己既是合作一方，又是提供贷款方的特殊身份私自将该《借款合同》的债权转让他人的行为，违反了我国《民法典》规定的公平原则和诚实信用原则。债权已经转让的，如果受让人明知该借款合同与合作合同的关系，则属于恶意串通，损害合作另一方的利益；如果受让人不明知的，可以向债权转让人主张权利。

第十三章　保证合同

案例 25：马鞍山中加双语学校、新时代信托股份有限公司金融借款合同纠纷案

[（2017）最高法民终 297 号]

【法条指引】

《民法典》第 683 条，机关法人、非营利法人不得为保证人。

【案例事实与裁判】

2013 年 5 月 30 日，中加双语学校与新时代信托股份有限公司签订《保证合同》约定，新时代信托股份有限公司（债权人）与中加投资公司（主债务人或债务人）签订《信托贷款合同》，约定新时代信托股份有限公司以新时代信托中加双语学校扩建信托贷款单一资金信托计划募集的资金，向中加投资公司发放信托贷款。为确保《信托贷款合同》项下中加投资公司履行债务，中加双语学校愿意为《信托贷款合同》项下中加投资公司按时依约履行《信托贷款合同》义务提供无限连带责任保证担保。新时代信托股份有限公司经审查同意接受中加双语学校所提供的保证担保。该保证合同所担保的主债权为《信托贷款合同》项下中加投资公司的全部债务。新时代信托股份有限公司在中加投资公司不履行到期债务或履行债务不及时、不适当的情况下，无论新时代信托股份有限公司对中加投资公司的债权是否拥有其他担保（包括但不限于保证、抵押、质押、保函等担保方式），新时代信托股份有限公司均有权要求中加双语学校承担保证责任，而无须先行主张其他权利。中加双语学校保证担保范围包括但不限于主债权及其利息、罚息、违约金、损害赔偿金、保管担保财产和实现担保物权的费用等，以及新时代信托股份有限公司为实现债权而发生的费用，包括但不限于诉讼费（或仲裁费）、律师代理费、差旅费、评估费、拍卖费等。保证担保范围包括但不限于新时代信托股份有限公司对中加投资公司享有的

基于《信托贷款合同》而产生的 1.22 亿元本息债权。具体数额按照《信托贷款合同》约定为准。保证担保方式为无限连带责任保证担保。保证期间为从《信托贷款合同》履行期限届满之日起 2 年。《信托贷款合同》履行期限届满之日自《信托贷款合同》最后一期债务履行期限届满之日起计算。

根据《担保法》第 5 条第 2 款之规定，主合同有效而担保合同无效时的责任承担取决于债权人、担保人是否有过错。案涉《保证合同》及保证条款为无效，人民法院有权在新时代信托股份有限公司请求给付数额范围内，根据各自过错程度，径行判定民事责任，以减少当事人的诉累。

中加双语学校应承担案涉《保证合同》及保证条款无效的法律责任，本院根据当事人的过错程度，酌定中加双语学校责任范围为中加投资公司不能清偿部分的1/2。中加双语学校关于新时代信托股份有限公司并未主张案涉《保证合同》及保证条款无效的法律责任，对于不应超出诉讼请求的范围裁判的理由，法院不予支持。

【案例评析】

本案涉及民办非企业单位作为保证人的保证合同的效力问题。最高人民法院认定中加双语学校的保证合同无效，并根据债权人与保证人的过错，判定保证人承担的保证责任为主债务人不能清偿部分的1/2。也就是说，非营利法人在实际上仍承担了较重的保证合同无效的赔偿责任。

另外，本案裁判的特色在于当事人并未主张《保证合同》无效的赔偿责任。人民法院根据自由裁量，在诉讼请求的金额范围内，仍裁判保证人承担《保证合同》无效的赔偿责任。

案例 26：联储证券有限责任公司、东方金钰股份有限公司合同纠纷案
[（2019）最高法民终 1353 号]

【法条指引】

《民法典》第 691 条，保证担保的范围。

【案例事实与裁判】

2016 年 12 月 26 日，某公司、赵某、王某琰分别作为保证人与昆仑信

托公司签订《昆仑信托·联储东方金钰集合资金信托计划保证合同》《昆仑信托·联储东方金钰集合资金信托计划保证合同》，约定：保证人所担保的主债权，为东方金钰股份有限公司（以下简称金钰公司）在上述《回购合同》项下对昆仑信托公司负有的支付特定股权收益权回购价款的义务，保证范围为金钰公司在主合同项下对债权人负有的全部债务，包括但不限于全部特定股权收益权回购基本价款和行权费、资金占用费、违约金、赔偿金、手续费、保险费，等等，保证方式为连带责任保证，保证期间为自合同生效之日起至主合同项下的债务履行期限届满之日后两年止。

虽然保证人承担保证责任的范围优先适用保证合同的约定，实行意思自治，但因保证合同是主合同的从合同，保证责任是主债务的从债务，基于担保从属性的必然要求，保证责任的范围不能大于主债务的范围。当事人约定的保证责任的范围大于主债务的，应当缩减至主债务的范围。

由于债权人与保证人在保证合同中特别约定的违约金只针对保证人，不属于主债务的范围，故保证人承担保证合同约定的责任后将无法向主债务人追偿，这将使当事人之间的利益关系严重失衡。

【案例评析】

基于保证合同及保证责任的从属性，保证人所承担的保证责任不能大于主债务本身，否则保证人与保证的从属性不符，也不符合保证实现主债务清偿的功能定位。

需要注意的是，保证合同具有从属性，但仍属于债权人与保证人之间的合同关系。至少在逻辑上不排除基于可归责于保证人自身原因，导致保证人减少或免于承担保证责任的可能。对这种情形约定违约责任，应属有效。当然，保证人以其责任财产承担保证责任，基于自身原因减损保证责任承担的可能性不大。

对于保证人与债权人约定保证合同无效情形保证人赔偿范围的效力，应根据是否违反法律的禁止性规定，以及公序良俗等合同无效的事由予以判断。可以确定的是，借助该等条款规避保证合同无效禁止性规定，应认定为无效。

案例27：安徽省外经建设（集团）有限公司诉东方置业房地产有限公司保函欺诈纠纷案

[（2017）最高法民再134号]

【法条指引】

《民法典》第689条，保证人要求债务人提供反担保。

【案例事实与裁判】

2010年1月16日，东方置业房地产有限公司（以下简称东方置业公司）作为开发方，与作为承包方的安徽省外经建设（集团）有限公司（以下简称外经集团公司）、作为施工方的安徽外经建设中美洲有限公司（以下简称外经中美洲公司）在哥斯达黎加共和国圣何塞市签订了《哥斯达黎加湖畔华府项目施工合同》（以下简称《施工合同》），约定承包方为三栋各十四层综合商住楼施工。外经集团公司于2010年5月26日向中国建设银行股份有限公司安徽省分行（以下简称建行安徽省分行）提出申请，并以哥斯达黎加银行作为转开行，向作为受益人的东方置业公司开立履约保函，保证事项为哥斯达黎加湖畔华府项目。2010年5月28日，哥斯达黎加银行开立编号为G051225的履约保函，担保人为建行安徽省分行，委托人为外经集团公司，受益人为东方置业公司，担保金额为2008000美元，有效期至2011年10月12日，后延期至2012年2月12日。保函说明：无条件的、不可撤销的、必须的、见索即付的保函。执行此保函需要受益人给哥斯达黎加银行中央办公室外贸部提交一式两份的证明文件，指明执行此保函的理由，另外由受益人出具公证过的声明指出通知外经中美洲公司因为违约而产生此请求的日期，并附上保函证明原件和已经出具过的修改件。建行安徽省分行同时向哥斯达黎加银行开具编号为34147020000289的反担保函，承诺自收到哥斯达黎加银行通知后20日内支付保函项下的款项。反担保函是"无条件的、不可撤销的、随时要求支付的"，并约定"遵守国际商会出版的458号《见索即付保函统一规则》"。

《施工合同》履行过程中，2012年1月23日，建筑师Jose Brenes和Mauricio Mora出具《项目工程检验报告》。该报告认定了施工项目存在"施工不良""品质低劣"且需要修改或修理的情形。2012年2月7日，外经中美洲公司以东方置业公司为被申请人向哥斯达黎加建筑师和工程师联合协会争议解决中心提交仲裁请求,认为东方置业公司拖欠应支付之已完成施工量的工程款及相应利息,请求解除合同并裁决东方置业公司赔偿损失。2月8日,东方置业公司向哥斯达黎加银行提交索赔声明、违约通知书、违约声明、《项目工程检验报告》等保函兑付文件,要求执行保函。2月10日,哥斯达黎加银行向建行安徽省分行发出电文,称东方置业公司提出索赔,要求支付 G051225 号银行保函项下 2008000 美元的款项,哥斯达黎加银行进而要求建行安徽省分行须于 2012 年 2 月 16 日前支付上述款项。2月12日,应外经中美洲公司申请,哥斯达黎加共和国行政诉讼法院第二法庭下达临时保护措施禁令,裁定哥斯达黎加银行暂停执行 G051225 号履约保函。

基于独立保函的特点,担保人于债务人之外构成对受益人的直接支付责任,独立保函与主债务之间没有抗辩权上的从属性,即使债务人在某一争议解决程序中行使抗辩权,并不当然使独立担保人获得该抗辩利益。

即使存在受益人在独立保函项下的欺诈性索款情形,亦不能推定担保行在独立反担保函项下构成欺诈性索款。只有担保行明知受益人系欺诈性索款且违反诚实信用原则付款,并向反担保行主张独立反担保函项下款项时,才能认定担保行构成独立反担保函项下的欺诈性索款。

【案例评析】

本案裁判观点坚持反担保的独立性。也就是说,不能以担保合同项下的抗辩作为反担保的抗辩,独立反担保的欺诈抗辩应根据独立反担保保函的事实而独立判断。在本案中,只有担保行存在独立的欺诈性索赔,反担保行才可以主张保函欺诈抗辩。当然,本案所涉及的与债权人能否直接向反担保人索赔是不同的问题。

第十四章　租赁合同

案例 28：康某与李某等房屋租赁合同纠纷案

[（2020）黔 23 民终 810 号]

【法条指引】

《民法典》第 703 条、第 708 条，出租人瑕疵担保责任。

【案例事实与裁判】

2009 年 9 月 11 日，康某与李某等签订《租房合同》，李某等将其所有的位于兴仁县房屋（该房产为李某等共同共有，建造于 2009 年）负一楼及一、二楼前后约 1800 平方米的框架房出租给康某作商业经营场所之用，该合同主要条款："第 2 条：租赁期限十年，自 2009 年 11 月 15 日至 2019 年 11 月 15 日止。第 3 条：自 2009 年 11 月 15 日至 2014 年 11 月 24 日期间的租金为每年 148000 元，2014 年至 2019 年 11 月 15 日每年租金为 178000 元。第 7 条：除不可抗力外，李某等和康某双方应严格遵守本合同条款。如李某等违反本合同条款应向康某支付违约金捌拾万元（800000 元），违约金不足以弥补损失的，李某等还应就不足部分承担赔偿责任。"租房合同签订后，康某在承租的房屋内经营家具、家纺生意，并于 2009 年 11 月 13 日在兴仁县市场监督管理局办理了个体工商户营业执照，经营者为康某。2014 年 1 月 1 日，康某友出资 60 万元与康某合伙经营兴仁县皇玛家居，2014 年 5 月 25 日，康某在兴仁县市场监督管理局办理了个体工商户营业执照的注销登记手续。2016 年 6 月 20 日，因下暴雨，涉案房屋负一楼地面渗水，致负一楼展厅第二次受淹。经原告申请，一审法院依法委托贵州皓天价格评估司法鉴定所对涉案受损货物及屋内装修的经济损失进行评估鉴定，2016 年 11 月，该司法鉴定所作出《价格鉴定报告》，鉴定价格结果为：评估 2016 年 6 月 20 日受淹展厅装修损失 173466 元，受损家具损失 415396 元，合计 588862 元，产生鉴定费 23000 元，2017 年 6 月 23 日，又因下暴雨，涉案房屋负一楼展厅再次受淹。该次展厅及家具受淹状况均与 2016 年 6 月 20 日展厅及家具受淹状况一致。

一审法院认为，依法成立的合同，对当事人具有法律约束力。当事人应当按照约定履行自己的义务。李某等将其共同所有的房屋出租给康某，康某承租该房屋后又与其合伙人康人友合伙经营皇玛家居，从事家居经营销售，事实清楚。依照《合同法》第 44 条第 1 款"依法成立的合同，自成立时生效"的规定，案涉《租赁合同》系双方真实意思表示，未违反法律规定，合法有效。康某作为租赁合同的签订主体，其对涉案合同具有利害关系，诉讼主体适格。

出租人应当按照约定将租赁物交付承租人，并在租赁期间保持租赁物符合约定的用途。出租人的基本义务有两项：一是交付租赁物；二是在租赁期间保证租赁物符合实现租赁目的状态，即出租人的物之瑕疵担保责任。出租人瑕疵担保责任不同于出卖人瑕疵担保责任，具有持续性，及于整个房屋租赁合同期限内。本案的涉诉房屋地处低洼，地下室未按规范要求作防水处理，一旦排水沟有积水，整个墙面都会有大量漏水，因此该地下楼层不具备防水功能，康某在租赁涉案房屋遭受第一次水淹后，因再次水淹造成新的损失是否属于出租人的担保责任范围是本案的关键。涉案租赁合同一直未解除，出租人的担保责任在整个租赁期内均存在的，水淹时间发生期间虽系暴雨季节、排水沟道被堵、房屋防水功能不全等原因导致，可能涉及第三方侵权，但在租赁期限内导致屋内损失的责任应由出租人承担，康某有权基于租赁关系要求被告房承担瑕疵担保责任。2014 年 6 月 27 日，涉案房屋负一楼第一次被水淹后，康某明知被告方在未对被淹房屋负一楼采取防水、排水整改、修复措施排除再次发生水淹事件隐患的情况下，又将货物再次存放于涉案房屋并未对涉案房屋进行装修，也具有明显过错。故结合本案实际损失情况、合同的履行情况、当事人的过错程度以及租金收益情况综合评断，经贵州皓天价格评估司法鉴定所评估，涉案房屋负一楼受淹展厅装修及受损家具的损失合计 588862 元，一审法院认为被告方对上述财产损失应承担 60% 的责任，即 588862 元 × 60% = 353317.2 元，康某自行承担 40% 的责任为宜。

康某承租李某等的涉案房屋，按照《租房合同》约定，康某、皇玛家居应当支付 2016 年 9 月 15 日至 2017 年 9 月 15 日期间的房屋租金。对于康某主张被告赔偿其因涉案房屋质量问题导致房屋不能使用面积部分的房租损失 28120 元，因康某并未提交证据证明涉案房屋的质量问题导致其在承租期内不能利用涉案房屋进行经营，故对其此项请求不予支持。

《租房合同》第 7 条规定，被告方违反本合同条款应向康某支付违约金 800000 元，但由于涉案损失的产生系双方原因导致，不能归责于一方的违约行为，因此对康某请求被告方支付其违约金 10 万元的诉请，不予支持。

一审法院判决：限被告李某等于本判决生效之日起 10 日内赔偿原告康某财产损失 353317.2 元；驳回原告康某的其余诉讼请求。

被告李某等不服一审判决，提起上诉。二审法院维持原判，驳回上诉人的上诉请求。

【案例评析】

本案件中人民法院正确应用了租赁合同中瑕疵担保责任的规定，明确指出，出租人"在租赁期间保证租赁物符合实现租赁目的状态，即出租人的物之瑕疵担保责任。出租人瑕疵担保责任不同于出卖人瑕疵担保责任，具有持续性，及于整个房屋租赁合同期限内"。同时本案件还涉及继承人承受被继承人之权利义务的规定，以及承租人与有过失等问题，均属于对相关法律的正确理解与应用，颇值肯定。

第十五章　融资融赁合同

案例29：甲金融租赁公司诉乙造船公司融资租赁合同纠纷案[1]

【法条指引】

《民法典》第735条，融资租赁法律关系的认定。

【案例事实与裁判】

2010年5月17日，甲金融租赁公司与乙造船公司签订《融资租赁合同》，合同约定金额为3080万元，标的物为400t×120M造船门式起重机。《租赁设备委托购买协议》约定乙造船公司有义务告知甲金融租赁公司买卖合同的履行情况，当买卖合同履行完毕后7日内应将买卖合同项下的发票和提单（如有）等整套交易单据交付甲金融租赁公司；本协议项下所有租赁设备装配完毕后3个工作日内，乙造船公司应向甲金融租赁公司出具《租赁物件验收证明》等。2010年5月中旬，乙造船公司向甲金融租赁公司融资3080万元，但是乙造船公司没有购买案涉设备，并未向甲金融租赁公司提供发票原件及复印件、《租赁物件验收证明》等，甲金融租赁公司也没有提出相关主张。甲金融租赁公司与丙公司等分别签订保证合同，为乙造船公司在融资租赁合同项下的有关债务及其他责任提供担保。后因乙造船公司未能按约付款，甲金融租赁公司遂诉至法院，请求判令：乙造船公司偿付所欠租金15532594元及逾期利息31837元；丙公司等承担连带保证责任。2011年12月6日，法院裁定受理案外债权人对乙造船公司的破产申请。

受诉法院认为，本案并非租赁物的买卖。案涉《融资租赁合同》的真实意思仅为资金的融通及分期偿还，而非融资租赁。甲金融租赁公司直接将融资款交付给乙造船公司，故《融资租赁合同》实际为企业间借贷合

---

〔1〕　案例来源：北大法宝数据库，［法宝引证码］CLI. C. 6884227。

同。故判决：确认甲金融租赁公司对乙造船公司享有 11162582 元本金及相应利息的债权，丙公司等承担相应连带保证责任。

【案例评析】

本案涉及对融资租赁合同的认定。根据《民法典》第 735 条的规定："融资租赁合同是出租人根据承租人对出卖人、租赁物的选择，向出卖人购买租赁物，提供给承租人使用，承租人支付租金的合同。"融资租赁交易应具备融资与融物相结合的特征，仅有资金空转的"融资租赁合同"，应当按照实际构成的法律关系处理。本案中，虽然名为融资租赁合同，但实际上并无实际的租赁物，从当事人的权利义务约定上看，仅有资金的借贷，而无租赁物的购买、占用和使用。对此《最高人民法院关于审理融资租赁合同纠纷案件适用法律问题的解释》第 1 条中规定，对名为融资租赁合同，但实际不构成融资租赁法律关系的，人民法院应按照其实际构成的法律关系处理。本案系名为融资租赁合同实为借款合同的情况，应按照借款法律关系处理。

案例 30：建信金融租赁有限公司诉山东润银生物化工股份有限公司等融资租赁合同纠纷案

[（2018）京 02 民初 14 号]

【法条指引】

《民法典》第 737 条，融资租赁合同中的通谋虚伪表示对合同效力的影响。

【案例事实与裁判】

2014 年 11 月 21 日，建信金融租赁有限公司（以下简称建信公司）作为出租人与山东润银生物化工股份有限公司（以下简称润银公司）作为承租人签订《租赁协议》及附表，主要约定：建信公司将附表项下租赁物即设备买卖合同项下的设备，出租给润银公司，租赁期为 4 年，融资金额为 1.26 亿元。承租人向出租人一次性支付相当于该笔租赁物购买价款 10% 的押金。2014 年 11 月 21 日，瑞星公司、孟某银向建信公司出具担保函，主要约定：瑞星公司同意就《租赁协议》及附表项下润银公司的全部债务提供连带责任保证。《租赁协议》签订后，建信公司于 2014 年 11 月 21 日向航天长征化学工程股份有限公司支付设备购买款 1.26 亿元。自 2014 年 11 月 21 日至 2016 年 2 月 21 日，润银公司依约支付了押金 1260 万元和手续费 630 万元，累计支付了 6 期租金 43818091.16 元。润银公司向建信公司出具租赁物接受证书，确认对租赁物满意，于 2015 年 5 月 20 日接受了租赁物。2016 年 5 月 26 日，建信公司作为抵押权人与润银公司作为抵押人签订《设备抵押合同》，建信公司于 2016 年 8 月 5 日取得山东省东平县工商行政管理局颁发的动产抵押登记书。2016 年 8 月 26 日，润银公司作为承租人与建信公司作为出租人签订《补充协议》，主要约定：双方就还款的金额和时间进行调整，如承租人违约，出现连续二期、累计四期延迟支付租金的情况，本《补充协议》提前终止，出租人和承租人继续履行融资租赁合同。2016 年 8 月 26 日，瑞星公司、孟某银分别向建信公司出具确认函，确认已知晓并同意《补充协议》的内容，同意继续为润银公司在融资租赁合同及《补充协议》项下的义务提供连带责任保证。2017 年 12 月 15 日，润银公司收到建信公司发送的《租赁业务违约通知书》。建信公司告知润银公司《补充协议》自动终止，7 日内按照租赁协议的约定支付到期租金等，否则追索合同项下所有款项。

关于建信公司与润银公司签订的《租赁协议》是否构成融资租赁合同的问题，法院认定如下。《合同法》第 237 条规定：融资租赁合同是出租人根据承租人对出卖人、租赁物的选择，向出卖人购买租赁物，提供给承租人使用，承租人支付租金的合同；2014 年《最高人民法院关于审理融资租赁合同纠纷案件适用法律问题的解释》（现已失效，法释〔2014〕3 号）第 1 条规定：人民法院应当根据合同法第 237 条的规定，结合标的物的性质、价值、租金的构成以及当事人的合同权利和义务，对是否构成融资租赁法律关系作出认定。对名为融资租赁合同，但实际不构成融资租赁法律关系的，人民法院应按照其实际构成的法律关系处理。本案中，润银公司与航天长征化学工程股份有限公司签订了设备买卖合同，此后拟与建信公司通过融资租赁方式支付设备购买款，故将买卖合同项下的权利义务转让给建信公司，并经过出卖方认可。建信公司与润银公司亦签订了《租赁协议》及附表，明确约定了租赁物名称、数量、租赁期限、租金构成及其支付期限、租赁期间届满租赁物的归属等。上述交易模式实际变更为：建信公司根据润银公司对出卖人、租赁物的选择，向出卖人购买租赁物，提供给润银公司使用，润银公司支付租金。该模式符合融资租赁合同的特征，故建信公司与润银公司签订《租赁协议》构成融资租赁法律关系。瑞星公司、孟某银主张本案实际系借贷法律关系，缺乏依据，法院不予采信。

【案例评析】

本案涉及当事人的行为是否构成虚伪表示以及融资租赁合同的效力问题。本案中，润银公司与航天长征化学工程股份有限公司签订了设备买卖合同，此后拟与建信公司通过融资租赁方式支付设备购买款，故将买卖合同项下的权利义务转让给建信公司，并经过出卖方认可。建信公司与润银公司亦签订了《租赁协议》及附表，明确约定了租赁物名称、数量、租赁期限、租金构成及其支付期限、租赁期间届满租赁物的归属等。上述交易模式实际变更为：建信公司根据润银公司对出卖人、租赁物的选择，向出卖人购买租赁物，提供给润银公司使用，润银公司支付租金。该模式符合融资租赁合同的特征，故建信公司与润银公司签订《租赁协议》构成融资租赁法律关系。而并非名为融资租赁，实为借贷的关系。如果在某案例中，当事人通过虚伪表示（虚构租赁物）的方式订立融资租赁合同，但实际是借贷关系，对于当事人之间形成的借贷关系是否有效，不能仅依据当事人违反监管规定从事借贷即认定该合同无效，还应当依据民间借贷规定及关于合同效力的规定予以处理。

案例 31：山东新华医疗器械厂与中国华融信托投资公司
清算组融资租赁合同纠纷案
[（2001）民二终字第 17 号]

【法条指引】

《民法典》第 741 条，融资租赁合同中的索赔权规定。

【案例事实与裁判】

1990 年 12 月 7 日，中国工商银行信托投资公司（以下简称投资公司）与山东新华医疗器械厂（以下简称新华厂）签订《融资租赁合同》，约定：投资公司根据新华厂的要求，为新华厂购买一次性注射器设备，租给新华厂使用。租赁期间，租赁物所有权归投资公司，新华厂只有使用权。租赁期限 5 年，租期从租赁物交付之日起计算。投资公司将根据购买合同的索赔规定，将把对卖主的索赔权转让给新华厂。合同还对租赁物的保管、使用、灭损、保险金担保、违约责任等作了约定。1990 年 11 月 29 日，投资公司与供货商英百达国际有限公司签订了《购销合同》，合同中明确约定本合同货物是买方购入用以租给承租人新华厂，有关本合同的货物质量及根据本合同卖方应提供的其他服务和义务，均由卖方直接向承租人负责。新华厂法定代表人在该合同上签字。

1992 年 9 月 5 日，租赁物运抵新华厂。1992 年 7 月 31 日，山东省进出口商品检验局对租赁物进行了检验，发现设备缺少 2165 件套。1992 年 9 月 30 日至 1993 年 2 月 8 日，英百达国际有限公司三次派员对设备进行安装调试，由于缺少配件和有关部件存在质量问题，设备达不到生产要求。1993 年 2 月 15 日和 1994 年 3 月 1 日，新华厂向投资公司和英百达国际有限公司致函，要求维修设备，并向其提出索赔。1993 年 3 月 20 日，新华厂向英百达国际有限公司致函，要求解决设备存在的质量问题，否则视其放弃验收，其后果自负。1994 年 10 月 4 日，新华厂致函投资公司，对购销合同执行情况作了阐明，指出给新华厂造成的经济损失应由英百达国际有限公司负责赔偿，直至向中国国际贸易仲裁委员会申诉。请求投资公司将上述内容转告英百达国际有限公司。但直至 2000 年 3 月 8 日提起本案一审诉讼时，新华厂一直未就此问题申请仲裁。

法院认为，1990 年 12 月 7 日，华融信托与新华厂签订的《融资租赁合同》，系双方当事人真实意思表示，且不违反国家法律法规的规定，应认定为合法有效。华融信托、新华厂和英百达国际有限公司在《融资租赁合同》和《购销合同》中约定将出租方华融信托对租赁物瑕疵的对外索赔权转让给承租方新华厂，故索赔权自合同生效之日起即转让给了新华厂。新华厂发现租赁物质量问题后，虽然在索赔期限内表示过要进行索赔，但因其始终未依据合同约定向外方行使索赔权，导致索赔逾期或索赔不着，其责任在新华厂。华融信托对新华厂未行使索赔权不存在过错，华融信托不应承担责任。

【案例评析】

本案涉及融资租赁合同中的索赔权转让及行使问题。《民法典》第 741 条规定："出租人、出卖人、承租人可以约定，出卖人不履行买卖合同义务的，由承租人行使索赔的权利。承租人行使索赔权利的，出租人应当协助。"本案中，华融信托、新华厂和英百达国际有限公司在《融资租赁合同》和《购销合同》中，约定将出租方华融信托对租赁物瑕疵的对外索赔权转让给承租方新华厂，故索赔权自合同生效之日起即转让给了新华厂。且华融信托没有违反协助义务，而是新华厂自身逾期未向外方主张索赔权，导致其利益受损。所以，在本案中，华融信托不承担责任，由新华厂承担不利风险。

案例32：贵港市第二人民医院、浙江康安融资租赁股份有限公司融资租赁合同纠纷案
[（2020）浙04民终204号]

【法条指引】

《民法典》第747条，融资租赁物的瑕疵担保责任。

【案例事实与裁判】

2016年11月19日，贵港市第二人民法院（以下简称贵港二院）为甲方、蓝海医院公司为乙方签订了《科室标准化建设与技术、人文建设项目服务协议》《眼科室标准化建设与技术/人文建设项目服务协议》。2016年12月16日，浙江康安融资租赁股份有限公司（以下简称康安公司）为甲方（出租方）、贵港二院为乙方（承租方），签订093合同一份，约定：甲方、乙方和蓝海医院公司已签订074协议，乙方意图从蓝海医院公司处获得《设备租赁销售付款协议》中的设备，以用于经营，并对该等设备做了独立的调查。甲方接受乙方委托从供应商处购买上述设备，并出租给乙方。乙方在供应商交付租赁设备时，须签订租赁物验收证明书，对租赁设备进行全面验收，合格后签字确认。乙方确认设备的质量、性能、是否适用等问题，甲方系根据乙方的选择向乙方指定供应商购买上述设备。乙方对租赁设备的任何情况有充分了解，甲方对租赁设备的情况不作任何明示或默示的保证或担保，亦不承担任何责任。如因设备质量、交期及售后服务等状况发生任何问题，乙方应当自担费用直接向供应商要求履行其对租赁设备所承担的质量，以及其他方面的保证责任。合同还对双方的其他权利义务作了约定。

2019年7月9日，贵港市港南区市场监督管理局作出港南市监处字（2019）7号《行政处罚决定书》，载明：1. 没收违法使用的无合格证明

文件的"声阻抗仪"等11套医疗设备；2．没收违法使用的未依法注册的"多导睡眠记录系统""鼻窦镜"2套医疗器械；3．处以违法使用无合格证明文件的11套医疗器械，罚款人民币977.5万元；4．处以违法使用未依法注册的2套医疗器械，罚款人民币85万元。2019年9月6日，贵港市港南区市场监督管理局作出港南市监处字（2019）7号《行政处罚决定书》，载明：1．没收"声阻抗仪"等11套医疗设备；2．给予罚款人民币992.5万元。审理中，贵港二院陈述：合同签订之后，蓝海医院公司陆续交付设备，至2017年5月、6月设备到齐。2017年5月、6月开始使用上述设备。2018年7月，因蓝海医院公司专家撤走，之后未使用设备。蓝海医院公司以贵港二院为被告于2019年6月向珠海市香洲区人民法院提起诉讼，要求解除《科室标准化建设与技术、人文建设项目服务协议》《眼科室标准化建设与技术/人文建设项目服务协议》，贵港二院支付服务费、返还融资租赁代垫款9406815.40元、支付迟延付款违约金合计20602445.83元。

受审法院认为，贵港二院与康安公司签订的合同，贵港二院、康安公司、蓝海医院公司签订的协议，三方设立融资租赁合同关系。根据合同约定，康安公司系根据贵港二院的选择向贵港二院指定供应商购买上述设备，根据《合同法》第244条的"租赁物不符合约定或者不符合使用目的的，出租人不承担责任，但承租人依赖出租人的技能确定租赁物或者出租人干预选择租赁物的除外"的规定，即使租赁物存在瑕疵，康安公司也不承担责任。现蓝海医院公司已提起诉讼，如贵港二院与蓝海医院公司因履行服务合同产生纠纷，双方可另行解决。

【案例评析】

本案涉及融资租赁物的瑕疵担保责任问题。《民法典》第747条规定："租赁物不符合约定或者不符合使用目的的，出租人不承担责任。但是，承租人依赖出租人的技能确定租赁物或者出租人干预选择租赁物的除外。"在融资租赁中，租赁物是根据承租人的选择确定的，此不同于一般的租赁关系，出租人对于租赁物的质量瑕疵与权利瑕疵均不负责任。本案中，贵港二院选择购买的融资租赁物，康安公司对此不承担融资租赁物的瑕疵担保责任。至于贵港二院所称的医疗器械存在质量瑕疵，如其陈述属实，可依法另行向责任人主张。

案例33：周某与田某某等道路交通事故人身损害赔偿纠纷上诉案
——致第三人损害的法律责任[1]

【法条指引】

《民法典》第749条，租赁物致人损害的责任。

【案例事实与裁判】

2013年9月26日，田某某、案外人钟某胜共同与兴平物流公司签订了汽车《融资租赁合同》，合同约定兴平物流公司根据田某某等的要求，融资购买型号为解放牌的汽车，并出租给田某某和案外人钟某胜。在租赁期间，车辆以兴平物流公司名义登记并保留所有权，在租赁期满且承租人付清所有费用后，所有权转移给承租人并办理过户手续。2014年6月29日，田某某与案外人钟某胜签订补充协议，兴平物流公司在协议上盖章，案外人钟某胜退出融资租赁协议，田某某继续履行与兴平物流公司的融资租赁协议。该车辆在中保高安支公司投保了机动车交通事故强制责任保险，责任限额为122000元，其中医疗费用赔偿限额为10000元、死亡伤残赔偿限额为110000元、财产损害赔偿限额为2000元。

2014年8月1日，田某某驾驶重型半挂牵引车与周某驾驶的电动自行车发生碰撞，致使周某受伤，双方车辆受损。事故认定，周某未按交通信号灯规定行驶，田某某未按照操作规范安全行驶，在事故中均有过错，双方负事故同等责任。周某的鉴定结论为因交通事故受伤，使其患有脑外伤所致精神障碍，构成七级伤残，酌情休息10个月、护理和营养各4个月。事故发生后田某某垫付了医疗费1195.70元，支付了周某赔偿款10000元，支出了本方车辆的检测费500元、停车费624元。周某起诉要求中保高安支公司在交强险限额内赔偿，不足部分由田某某和兴平物流公司共同承担60%的赔偿责任。周某诉称田某某与兴平物流公司之间不存在融资租赁关系；在同等责任下，根据机动车与非机动车的不同规定，田某某应承担60%的责任；田某某、兴平物流公司连带赔偿周某损失111888.30元及精神损害抚慰金20000元。

受审法院认为，根据《合同法》第246条的规定，以融资租赁方式购

---

〔1〕 案例来源：北大法宝数据库，〔法宝引证码〕CLI. C. 8919888。

买的机动车发生交通事故造成他人损害的，由承租人承担赔偿责任。在本案中，田某某、案外人钟某胜与兴平物流公司签订了《融资租赁合同》。后钟某胜与田某某签订《补充协议》，钟某胜退出上述《融资租赁合同》。事发时，田某某作为承租人是实际使用人，车辆登记在兴平物流公司名下。田某某提供了《融资租赁合同》《补充协议》、发票等相关证据证明融资租赁关系的存在。周某辩称合同系伪造，不能成为定案依据，但并未提供相关证据予以证明，故其意见不予采信。由于田某某和兴平物流公司之间存在融资租赁关系，因此即使车辆的登记所有人为兴平物流公司，但由于存在合法的租赁关系，车辆的营运权和收益权均不属于该公司，该车辆实际在田某某的控制之下，因此兴平物流公司不应对事故承担赔偿责任。

【案例评析】

本案涉及的是在融资租赁关系中租赁物致人损害的责任承担问题。《民法典》第749条规定："承租人占有租赁物期间，租赁物造成第三人人身损害或者财产损失的，出租人不承担责任。"在融资租赁关系中，出租人对所有权的行使处于消极的状态，出租人关注的是租金的收取及相应的融资利润，其之所以保留租赁物的所有权，则是为了担保租金利益的实现。租赁物在其经济寿命期内是由承租人占有和使用的，且通常是根据承租人的要求选定的，租赁物在合同关系存续期内只归承租人占有，只与承租人直接相关。在本案中，田某某、案外人钟某胜与兴平物流公司之间签订了《融资租赁合同》。后田某某与案外人钟某胜签订《补充协议》，兴平物流公司在协议上盖章，案外人钟某胜退出融资租赁协议。事发时，田某某作为承租人，实际占有与使用租赁物，所以应由田某某承担损害赔偿责任。

案例34：远东租赁公司诉中体公司等融资租赁合同纠纷案
——出租人有权在承租人违约后要求支付全部租金[1]

【法条指引】

《民法典》第752条，承租人支付租金的问题。

---

[1] 案例来源：北大法宝数据库，[法宝引证码] CLI. C. 8919883。

【案例事实与裁判】

2010 年 12 月，远东租赁公司与中体公司签订《融资租赁合同》一份，约定远东租赁公司依据中体公司的要求及其对卖方和租赁物件的完全自主选定，向卖方购买租赁物件，并将租赁物件出租给中体公司，中体公司向远东租赁公司支付相应租金，租金支付分 8 期，每期 536791.51 元，自 2011 年 3 月起每 3 个月支付 1 期，在起租日，远东租赁公司有权以起租通知书的形式要求中体公司按照通知书内容向远东租赁公司支付租金；利率为 6%，银行利率发生变动的，合同项下的租赁利率应进行相应的调整，远东租赁公司并以租金变更通知书通知中体公司，中体公司应根据该通知书支付租金；租赁期间为起租日至第 2 年或 24 个月后的这一日止；如果在租赁期间任何时间，中体公司未按约足额支付远东租赁公司任一期租金，远东租赁公司有权加速到期，要求中体公司或连带责任保证人立即付清全部租金及其他应付款项，并按每日万分之三的标准偿付相应的违约金，向中体公司追回远东租赁公司就中体公司违约行为行使任何权利所发生的律师费用和其他合理支出。

2010 年 12 月，东民集团、李某某、物资公司分别与远东租赁公司签订了《保证合同》，约定对中体公司在《融资租赁合同》项下的全部义务承担连带保证责任，担保范围为主合同项下应向远东租赁公司支付的租金、罚息、违约金、损害赔偿金、其他应付款项，以及其他实现权利的费用（含诉讼费用、律师费用、公证费用、执行费用等），担保期间为《保证合同》生效之日起至《融资租赁合同》项下的债务履行期限届满之日后 2 年止。之后，中体公司支付了远东租赁公司保证金 882898.50 元，远东租赁公司按约购买了中体公司选定的租赁物件共计价值 4018381 元，将其出租给中体公司，并于 2010 年 12 月 19 日向中体公司发出起租通知书，要求其于 2011 年 3 月 19 日支付第 1 期租金，之后，每间隔 3 个月支付 1 期租金，共 8 期，每期租金均为 536791.51 元。中体公司按该通知支付《融资租赁合同》约定的 1、2、3、4 期租金及第 2 期违约金。因银行利率变动，远东租赁公司于 2011 年 11 月 19 日向中体公司发出租金变更通知书，告知第 5 期租金由 536791.51 元变更为 537986.36 元，第 6、7、8 期租金变更为 537502.07 元。中体公司迟延至 2004 年 12 月 27 日支付了第 4 期租金，迟延至 2012 年 3 月 31 日支付了第 5 期租金，以及第 4 期的逾期付款违约金 1127. 26 元。

远东租赁公司于 2012 年 3 月 25 日向中体公司发出函件，告知中体公司因延期支付第 4、5 期租金，故远东租赁公司依约决定《融资租赁合同》加速到期，并要求其在 2012 年 3 月 30 日前支付未付的全部租金及延期违约金，但中体公司未予履行。远东租赁公司据此诉至法院，要求中体公司支付租金 778358. 59 元，及该款自 2021 年 3 月 30 日起至实际支付日止，按每日万分之三利率计算的逾期付款违约金，赔偿律师费损失 74000 元。东民集团、李某某、物资公司对上述款项承担连带清偿责任，被告方承担案件受理费、保全费。

法院经审理认为，原、被告间的《融资租赁合同》《保证合同》均合法有效，被告中体公司逾期支付租金，原告远东租赁公司依据合同有权要求其提前支付全部租金，其未及时支付的，还应当依约向原告支付逾期付款违约金。原告另向被告主张律师费损失，但除一审律师费已发生外，二审及执行的律师费尚未发生，原告不能就其未发生的损失向被告主张赔偿权利，人民法院仅就已发生的一审律师费的损失予以支持。其余三被告应当依照《保证合同》对中体公司上述该债务承担连带清偿责任。原告于 2005 年 3 月 25 日发出通知，要求中体公司于 2005 年 3 月 30 日前支付所有欠款，故中体公司依约应当从该日起支付全部租金，其已交付原告的保证金，可于该日抵销租金及第 5 期租金的逾期付款违约金 1775. 35 元。对抵销后的租金余额未及时支付的，还应自该日起支付原告逾期付款违约金。

【案例评析】

本案涉及的是承租人支付租金的问题。《民法典》第 752 条的规定："承租人应当按照约定支付租金。承租人经催告后在合理期限内仍不支付租金的，出租人可以请求支付全部租金；也可以解除合同，收回租赁物。"本案中，中体公司作为承租人指定了租赁物件及供应商，出租人远东租赁公司根据指示购买了租赁物件并交付承租人使用，已经完成了《融资租赁合同》项下出租人的义务，承租人也应按约支付相应的租金。且当事人约定，中体公司未按约支付租金的，远东公司有权加速合同到期，提前收回全部租金，这与《民法典》第 752 条的立法精神与内容是一致的。且本案中有担保人，所以远东公司要求中体公司及其保证人支付全部租金的请求可予支持。

案例 35：新世纪公司诉某恒证券融资租赁合同纠纷案
——租赁期内租赁物的权属问题[1]

【法条指引】

《民法典》第 757 条，租赁期限届满租赁物的归属问题。

【案例事实与裁判】

2012 年 8 月 6 日，新世纪公司与某恒证券签订《融资租赁合同》，约定由新世纪公司向某恒证券指定的供应商上海君成汽车销售公司支付货款购买某恒证券选定的两辆轿车租赁给某恒证券使用。租赁期为 36 个月，每期（月）租金为人民币 30579.44 元。在租赁期内租赁物的所有权属于新世纪公司，某恒证券对租赁物只有使用权，没有所有权。某恒证券不得于租赁期内对租赁物进行销售、抵债、转让、转租、分租、抵押、投资或采取其他任何侵犯租赁物所有权的行为。《融资租赁合同》的签署经过了上海市黄浦区第一公证处的公证。新世纪公司按约委托某恒证券与上海君成汽车销售公司签订《车辆订购合同》，购买奥迪 A6 和别克 GS 轿车各一辆。某恒证券确认收到车牌号为沪 B96157 的别克 GS 轿车一辆和车牌号为沪 B96153 的奥迪 A6 轿车一辆。由于租赁车辆由某恒证券使用，为便于车辆的日常使用、维修、保养及验车等事项，同时考虑到租赁车辆在租赁期满后，某恒证券将认购租赁车辆的所有权，故双方约定将轿车的机动车辆保险单载明的被保险人为某恒证券华山路营业部，机动车辆保险批单载明的受益人为新世纪公司。后因某恒证券经营发生重大问题，导致上述租赁车辆被冻结办理过户手续。新世纪公司为保障其所有权，提起诉讼，请求确认车辆牌号为沪 B96157 的别克 GS 轿车和车牌号为沪 B96153 的奥迪 A6 轿车所有权在租赁期内归其所有。某恒证券、某恒证券华山路证券营业部共同辩称新世纪公司诉称属实，涉讼车辆登记在某恒证券华山路营业部名下系经新世纪公司同意。认可原告诉请，认为公安机关对车辆的登记并非民法意义上的物权登记，不影响原告作为车辆所有权人的事实。

新世纪公司根据某恒证券对出卖人、租赁物的选择，向出卖人购买租赁物，提供给承租人某恒证券使用，并由某恒证券支付租金。新世纪公司

---

[1] 案例来源：北大法宝数据库，[法宝引证码] CLI. C. 8919888。

与某恒证券之间建立了融资租赁关系。依照《融资租赁合同》的约定，作为出租人的新世纪公司享有租赁物的所有权。当事人对租赁物所有权的约定符合融资租赁相关法律的规定。在融资租赁交易中，租赁物所有权的占有、使用、收益和处分等四项权能存在着分离。本案租赁物两辆租赁轿车虽然登记在承租人某恒证券下属机构华山路营业部名下，但出租人作为《车辆订购合同》的买受人，在支付合同规定的价款后，即取得了两辆租赁车辆的所有权。新世纪公司对租赁物享有的物权可以对抗包括承租人在内的所有人。在《融资租赁合同》存续期间，在某恒证券认购租赁物之前，两辆租赁车辆的所有权始终属于出租人。现因租赁车辆被冻结过户而引发诉讼，由于租赁车辆登记在某恒证券华山路营业部名下，系新世纪公司与某恒证券协商一致后确定，双方对租赁车辆的被冻结均无主观过错，依此酌定案件诉讼费用由原、被告方各半负担。据此，判决确认登记在某恒证券华山路营业部名下的车牌号为沪 B96157 的别克 GS 轿车和车牌号为沪 B96153 的奥迪 A6 轿车所有权在融资租赁期内属新世纪公司所有。

【案例评析】

本案涉及租赁物所有权的归属纠纷。为尊重意思自治原则，法律规定出租人和承租人可以约定租赁期限届满租赁物的归属。在本案中，出租人新世纪公司与某恒证券签订的《融资租赁合同》中明确约定租赁物所有权归出租人所有。为了承租人使用租赁物方便，出租人和承租人约定将车辆登记在承租人名下，该登记虽然具有设权效力，但由于我国不承认物权行为的无因性理论，缺乏债权合意的物权变动效力并不能产生。该登记在本质上仅是公示方法，而非物权归属的依据。所以该登记不能对抗原所有权人（出租人）。但是，如果涉及其他第三人的，则根据善意取得制度，善意第三人有可能取得标的物所有权。

第十六章　保理合同（略）

第十七章　承揽合同（略）

第十八章　建设工程合同

案例36：江苏建设集团公司与北方家具施工合同纠纷案
[（2016）冀民终145号]

【法条指引】

《民法典》第791条、第793条，租赁物致人损害的责任。

【案例事实与裁判】

2009年4月27日，原告江苏集团法定代表人杨某出具授权书，授权何某为公司代理人，以原告江苏集团名义参加某国际家具城（香河）汇展中心的工程投标活动。2009年5月8日，原告江苏集团（乙方）代理人何某与被告香河家具城（甲方）签订《装修工程施工合同》，约定原告江苏集团对香河县某国际（香河）汇展中心扩建工程进行改造装修。

原审第三人何某提起诉讼，认为其与原告江苏集团系借用资质的挂靠行为，其为实际施工人，原告江苏集团并未履行合同约定的义务，请求依法驳回原告江苏集团的诉讼请求，并判令被告香河家具城支付第三人何某工程价款365.3566万元，承担经济损失88.8191万元（自2010年9月28日至2015年1月8日按年利率6%计算），上述合计4541757元；本案诉讼费由被告香河家具城承担。

河北省高级人民法院认为，何某虽与江苏集团没有签订书面挂靠协议，但在具体施工和对外签订合同中，如签订施工班组协议、租赁合同以及与材料商签订供货合同等，大部分以何某个人名义进行。何某对涉案工程进行了具体的管理并实际支付了涉案工程相关费用，应当认定何某为实际施工人。在合同履行中向第三方付款时，虽部分款项经江苏集团账户拨付，但依据全案证据综合判断，不能以此对抗何某为实际施工人的事实。因此，何某主张工程款的实体权益应予支持。

【案例评析】

借用资质的合同无效，借用人实际完成施工、且验收合格的，有权参照合同关于工程款的规定折价补偿给承包人。"实际施工人"是指建设工程施工合同无效时，实际完成施工的人。其范围很广，既包括承包人，还包括次承包人（转包）、分包人，在超越资质、招投标无效等情形下，承包人与实际施工人是同一人，但在转包、分包无效的情形下，承包人与实际施工人不是同一个人。对于后者，《最高人民法院关于审理建设工程施工合同纠纷案件适用法律问题的解释（一）》第43条打破合同相对性原则，例外允许在发包人欠付工程款的范围内可以向发包人起诉。对于前者，则允许实际施工人直接起诉发包人。

在借用资质下，承包人（出借资质的单位）能否起诉发包人，主张工程款？借用资质下的诉讼是必要共同诉讼还是可以单独起诉，司法实践有不同的立场。从最高人民法院判例来看，建设工程经验收合格的，借用人为实际施工人，有权主张工程款，发包人向借用人支付工程款的，可以对抗出借资质的单位。问题在于，出借资质的单位有无权利主张工程款？对此问题，有的法院持肯定态度，有的法院持否定立场。大多数法院并未将借用资质下的诉讼视为必要共同诉讼对待。

本案即属于借用资质签订的建设施工合同，被借用单位起诉工程款，实际施工人作为有独立请求的第三人参加诉讼，法院支持了其诉求，这一做法是值得肯定的。其理由至为明显，仅出借资质而没有参与施工的人是不能主张工程款的。

案例 37：江苏鼎洪建工有限公司、铜陵台新置业

有限公司建设工程施工合同纠纷案

[（2019）最高法民终 1828 号]

【法条指引】

《民法典》第 791 条、第 806 条，租赁物致人损害的责任。

【案例事实与裁判】

2012 年 7 月，铜陵台新置业有限公司（以下简称台新公司）与江苏鼎洪建工有限公司（以下简称鼎洪公司）签订一份《合作框架协议》，约定承包范围：工程图纸范围内的土建、水电安装工程。其中土方工程、桩基、基坑支护、电信、电视、智能化、燃气、供电、供水、消防工程、幕墙、中央空调、电梯、场外景观、综合管网等附属工程由甲方另行分包；铝合金门窗、防火门、防火卷帘门同等条件优先考虑分包给承包单位施工。同月，双方还签订了《桩基工程施工承包合同》和《室内装修工程施工合同》各一份，但鼎洪公司未实际履行。2012 年 8 月，台新公司与鼎洪公司签订了《总包管理协议》，明确鼎洪公司作为总承包管理服务的权利义务，统筹协调管理全部工程。上述合同签订后，陈某等四人进场施工。案涉工程于 2012 年 8 月 19 日正式开工。2018 年 7 月 29 日，陈某等四人与台新公司进行了结算。2018 年 8 月 2 日，台新公司向鼎洪公司发出《解除合同通知书》。截至审判为止，案涉工程已竣工验收并交付使用。

案涉工程项目由台新公司指定陈某等四人承建，陈某等四人参与了鼎洪公司与台新公司签订的案涉一系列合同的签订，并以实际施工人的身份履行鼎洪公司应履行的施工义务以及行使合同权利的全过程，符合没有资质的个人借用其他有资质的施工单位的名义承揽工程的情形，台新公司知晓陈某等四人借用鼎洪公司资质承建工程，且认可由陈某等四人完成案涉工程施工任务。关于"陈某等四人与鼎洪公司之间系挂靠关系，台新公司与陈某等四人之间直接形成承包案涉工程的权利义务关系，台新公司与鼎洪公司之间不存在实际的建设工程施工合同关系"的法律关系认定并无不当。"鼎洪公司关于其与陈某等四人之间系违法转包（分包）法律关系，其与台新公司之间存在建设工程施工合同关系"的上诉理由不能成立，法院不予支持。

【案例评析】

违法分包，是指下列行为：（1）总承包单位将建设工程分包给不具备相应资质条件的单位的；（2）建设工程总承包合同中未有约定，由未经建设单位许可，承包单位将其承包的部分建设工程交由其他单位完成的；（3）施工总承包单位将建设工程主体结构的施工分包给其他单位的；（4）分包单位将其承包的建设工程再分包的。承包人将承包的建设工程非法转包、违法分包的，发包人请求解除建设工程施工合同的，应予支持。

案例38：大连开发区泰乐房地产开发有限公司与中国建筑第八工程局大连公司建设工程施工合同纠纷案

[（2014）民申字第1004号]

【法条指引】

《民法典》第807条，承包人优先受偿权。

【案例事实与裁判】

本案即1999年，中国建筑第八工程局大连公司（以下简称中建八局）承建大连开发区泰乐房地产开发有限公司（以下简称泰乐公司）的涉案工程。在施工过程中，中建八局停工并撤出施工现场，案涉工程并未竣工，双方也未对工程款进行结算。嗣后，中建八局提起诉讼，其中有一诉求为确认其对涉案工程享有工程价款优先受偿权。

最高人民法院认为，本案中建八局因泰乐公司拖欠工程款而停工并撤出施工现场，案涉工程并未竣工，讼争工程的工程款尚未结算，因而不能从竣工之日起算中建八局享有的优先权行使期限。根据双方签订的《补充协议书》约定，案涉工程拟定于1999年11月10日复工，2000年6月30日中建八局完成自有施工内容，正式复工日期以中建八局收到的复工第一批工程款日期为准，完工日期相应顺延。该《补充协议书》约定2000年6月30日是中建八局完成自有施工内容的时间，并非约定案涉工程竣工时间。根据该《补充协议书》关于中建八局复工后，因泰乐公司原因（如提供图纸不及时、资金拨付不及时或不足、材料设备供应不及时、泰乐公司外委工程拖延工期等）造成拖延工期或暂停施工，中建八局除工期顺延外，泰乐公司应承担中建八局因而导致的一切经济损失的约定等内容，不能排除案涉工程存在泰乐公司外委工程项目。且案涉工程确因泰乐公司拖欠工程款等原因，导致中建八局停工并最终退出施工。

鉴于双方对中建八局已完工程造价一直未能达成一致的结算意见，如工程款数额尚未确定时即已认定施工人超过主张优先权的行使期限，显然与优先保障施工人基本利益即工程款这一立法目的相悖，二审法院判决从中建八局起诉之日起计算行使优先权的期限，认定其对案涉工程享有优先受偿权，并无不当。泰乐公司申请再审主张中建八局超出行使优先受偿权期限，缺乏事实和法律依据，不能成立。

【案例评析】

建设工程已经竣工的，承包人的工程价款优先受偿权的行使期限自建设工程竣工之日起6个月；建设工程未竣工的，承包人的工程价款优先受偿权的行使期限自建设工程合同约定的竣工之日起6个月。承包人将建设工程价款债权转让的，建设工程价款的优先受偿权随之转让。承包人在转让工程款债权前与发包人约定排除优先受偿权的，该约定对承包人以外的实际施工人不具有约束力。承包人的优先受偿权范围限于建设工程合同约定的工程价款，包括承包人应当支付的工作人员报酬、材料款、用于建设工程的垫资等实际支出的费用。未用于建设工程的借款以及发包人应当支付的违约金或者因为发包人违约所造成的损失，不属于建设工程价款优先受偿权的受偿范围。

案例39：中国建筑第八工程局有限公司与辽阳亚龙房地产开发有限公司建设工程施工合同纠纷案
[（2016）最高法民终135号]

【法条指引】

《民法典》第799条，租赁物致人损害的责任。

【案例事实与裁判】

2010年9月16日，中国建筑第八工程局（以下简称中建八局）与辽阳亚龙房地产开发有限公司（以下简称亚龙公司）签订了《建设工程施工合同》，根据合同约定，亚龙公司作为发包人，将其开发建设的位于辽阳灯塔市的新建商贸综合体一期工程发包给中建八局施工。案涉工程分为四个单体，包括商业（一期、二期）、酒店、酒店式公寓和剧场。2012年5月20日，亚龙公司与中建八局签订《备忘录》，双方对开工日期、部分人工价款及材料等价款进行了具体约定。对工程款支付约定：分别按照商业、酒店、酒店式公寓、剧场工程竣工的时间支付工程款。本《备忘录》作为双方执行的2010年9月16日签订的本工程《建设工程施工合同》的补充，与其不一致之处，执行该《备忘录》。中建八局于2011年5月18日应亚龙公司要求进场施工。商业部分于2012年10月1日完成施工任务并交付亚龙公司，亚龙公司同日投入使用；酒店、剧场部分于2012年12月1日完成施工任务并交付亚龙公司；公寓部分则于2012年12月25日完成施工任务并交付亚龙公司，亚龙公司另行委托装修后已对外销售。2013年1月12日，亚龙公司向中建八局出具《承诺书》，承诺2013年春节前，尽最大努力筹措资金支付工程款，春节前工程款延期至2013年3月10日前支付给中建八局。付款期限至2013年3月10日。因工程款延期所造成的中建八局财务费用由亚龙公司承担。中建八局要求返还保修金。

最高人民法院认为，涉案工程验收合格之前亚龙公司即以实际使用了涉案工程，依据《最高人民法院关于审理建设工程施工合同纠纷案件适用法律问题的解释（一）》第13条的规定，应当对地基基础工程和主体结构质量以外已使用部分的质量问题自行承担责任，故本院对于其以涉案工程质量不符合约定为由提出的主张不予支持。

【案例评析】

建设工程未经竣工验收，发包人擅自使用后，又以使用部分质量不符合约定为由主张权利的，不予支持；但是承包人应当在建设工程的合理使用寿命内对地基基础工程和主体结构质量承担民事责任。按照双方签订的《建设工程施工合同》中第47条补充条款中关于保修金的预定，尽管亚龙公司存在未经验收合格擅自使用的情形，但是中建八局对地基基础工程和主体结构质量仍应承担民事责任。因此，在5年保修期未满前，中建八局无权要求亚龙公司返还保修金。

第十九章　运输合同（略）

第二十章　技术合同

案例 40：江某与江苏李某化工有限公司技术合同纠纷案
[（2018）苏民终 1344 号]

【法条指引】

《民法典》第 843 条，技术合同的定义；第 851 条，技术开发合同的定义及种类。

【案例事实与裁判】

2016 年 7 月，江苏李某化工有限公司（以下简称李某公司）与江某签订《协议书》约定：由江某使用自有技术负责生产，李某公司负责产品的市场运作及销售，所形成的销售净利润按李某公司 60%、江某方 40% 的比例分配；李某公司聘请江某作为项目核心管理人负责产品的研发、技术转化、生产管理，每月支付江某 1 万元工资；李某公司支付江某 40 万元，若研发成功 10 万元作为奖励不用偿还，30 万元分 3 年偿还；合作期限为长期；合作期间未经协商擅自退出需要承担违约责任，赔偿对方损失并支付 200 万元违约金。同时，签订《补充协议书》约定：江某对李某公司交付的配方负有保密义务，不得违反李某公司的规章制度，不得泄露公司商业秘密等，否则江某需赔偿李某公司损失并支付 200 万元违约金。2017 年 5 月，江某偿还 30 万元，并向甲提交《辞职报告》。

2018 年 2 月李某公司提起诉讼，主张江某未经协商仅提交《辞职报告》就擅自退出合作项目，应承担违约责任。

江某认为，双方为劳动纠纷，要求解除双方之间的协议并由李某公司支付拖欠的工资。

一审法院认为，从双方当事人签订的协议内容来看，其实质是技术合作及开发协议，合同合法有效。李某公司已经按照约定支付工资。江某在与李某公司合作期间，未能研发出相应的技术产品，需要退还 10 万元奖励。江某单方提出辞职应当承担违约责任，对于违约金过高部分予以调整，支付违约金 120 万元。终止双方当事人之间的《协议书》和《补充协议书》。二审法院维持一审判决，并将违约金数额由 120 万元修改为 80 万元。

【案例评析】

《民法典》第 843 条规定："技术合同是当事人就技术开发、转让、许可、咨询或者服务订立的确立相互之间权利和义务的合同。"《民法典》第 851 条第 1 款和第 2 款规定："技术开发合同是当事人之间就新技术、新产品、新工艺、新品种或者新材料及其系统的研究开发所订立的合同。技术开发合同包括委托开发合同和合作开发合同。"本案中，双方当事人签订的合同实质上为技术合作开发合同，而非劳动合同，应当按照技术开发合同相关的法律规定进行处理。

案例 41：广西康华药业有限责任公司、烟台荣昌制药股份有限公司技术转让合同纠纷案
[（2019）桂民终 638 号]

【法条指引】

《民法典》第 870 条，让与人与许可人的保证义务。

【案例事实与裁判】

2009 年 4 月，广西康华药业有限责任公司（以下简称康华公司）与烟台荣昌制药股份有限公司（以下简称荣昌公司）签订《技术转让协议书》及《补充协议》。依据合同约定，荣昌公司将一项自主研发、已获得临床批件、完成临床试验和全部研究工作的技术转让给康华公司，并将该品种新药证书申请前的全部技术及资料转让给康华公司，康华公司按协议约定支付转让费，并负责该品种新药证书及生产申报工作直至取得该品种的新药证书及生产批件，荣昌公司积极配合，协助康华公司实现产品的工业化

生产。合同还对转让费用、技术申报工作、保密义务、技术指导服务等进行了约定。2011 年 8 月、2013 年 4 月、2015 年 6 月，双方陆续签订《补充协议》，并对合同约定进行修改完善。在此过程中，双方依据合同约定履行了支付技术转让费用和交付技术资料的义务。

2014 年双方与第三方一起申请新药注册，2016 年 11 月国家药品审评中心发出《补充资料通知》，2017 年 2 月国家药品审核查验中心对该药物进行临床试验数据核查，指出多项不合格之处。2017 年 5 月，康华公司向荣昌公司发出《解除合同通知书》，荣昌公司不同意解除合同。

一审法院认为，双方签订的《技术转让协议书》以及四份《补充协议》，系真实意思表示，合法有效，双方应依照合同规定全面地履行相应义务。康华公司在荣昌公司的指导下生产出合格的产品，但荣昌公司的临床数据存在部分不规范、不完整的情况。根据法律规定，技术转让合同的让与人应当保证自己是所提供的技术的合法拥有者，并保证所提供的技术完整、无误、有效，能够达到约定的目标。尚无证据表明，本案中临床数据的不规范、不完整，对涉案技术的完整、无误、有效造成了影响。因此，无法认定荣昌公司构成违约，对康华公司解除合同的要求不予支持。

二审法院认为，涉案新药注册申请仍处于评审状态，尚未出现被退审的情况，合同的目的是否无法实现还未确定，合同约定的解除条件尚未成就。因此，对康华公司解除合同的要求不予支持，维持一审法院判决。

【案例评析】

《民法典》第 862 条第 1 款规定："技术转让合同是合法拥有技术的权利人，将现有特定的专利、专利申请、技术秘密的相关权利让与他人所订立的合同。"本案中，涉案合同为技术秘密转让合同，合同所转让的技术秘密属于阶段性的技术成果。《民法典》第 870 条规定："技术转让合同的让与人和技术许可合同的许可人应当保证自己是所提供的技术的合法拥有者，并保证所提供的技术完整、无误、有效，能够达到约定的目标。"荣昌公司所提供的部分实验结果不完整、不规范，应承担违约责任。康华公司签订合同的目的，在于取得该品种的新药证书及生产批件，如果因为荣昌公司所提供技术的完整性、准确性和有效性问题，导致康华公司不能通过新药注册申请评审和审批，将导致合同目的无法实现，此时，结合《民法典》第 563 条关于合同解除的规定，康华公司可以解除合同。但在本案中，国家食品药品监督管理局药品审评中心作出的《补充资料通知》仅是药品审查中的阶段性意见，并非最终结论，涉案药品仍处于审批阶段，在没有其他证据予以佐证的情况下，不能仅以《补充资料通知》认定合同目的已经不能实现。因此，尚不能认定荣昌公司的违约行为导致康华公司不能实现其合同目的而构成根本违约，合同解除的法定条件尚未成就。

案例42：河南辅仁医药科技开发有限公司与被告扬子江药业集团南京海陵药业有限公司技术转让合同纠纷案

[（2014）豫法知民终字第231号]

【法条指引】

《民法典》第873条，被许可人和受让人的违约责任。

【案例事实与裁判】

2011年11月29日，扬子江药业集团南京海陵药业有限公司（以下简称南京海陵公司）与河南辅仁医药科技开发有限公司（以下简称辅仁开发公司）签订《技术转让合同》，约定辅仁开发公司将已获得临床批件的甲磺酸多拉司琼原料及片剂临床药品的生产技术转让给南京海陵公司，并对转让费用、技术情报和资料提交、经费支付、违约责任等进行了约定。2012年3月双方签订《补充协议》，对合同约定进行修改完善。

辅仁开发公司主张已依约全部履行合同义务，向南京海陵公司提供临床批件及申报临床的全套资料、协助南京海陵公司完成了原料药的工艺和质控方法交接、并生产出了合格的样品。请求法院判令南京海陵公司支付拖欠辅仁开发公司剩余的技术转让费189万元。

南京海陵公司辩称：辅仁开发公司未按合同约定履行原料等工艺交接义务；按照辅仁开发公司提供的工艺技术合成得到的化合物涉嫌侵犯第三人专利权；辅仁开发公司未按照合同约定履行质控方法交接义务，辅仁开发公司至今未提交"研究比较不同结晶溶剂和结晶方法对产品结晶特性的影响"资料，导致南京海陵公司无法开展相关临床试验，已严重阻碍了南京海陵公司最终获得药品生产批件合同目的的实现。请求驳回辅仁开发公司的诉讼请求。

法院经审理认为，辅仁开发公司与南京海陵公司签订的《技术转让合同》，系双方当事人的真实意思表示，不违反我国法律、行政法规的强制性规定，为有效协议，双方均应按约定全面履行义务。根据合同约定，南京海陵公司如约支付了前两笔技术转让款84万元和147万元。在小试交接后，南京海陵公司先后以小试样品质量不合格和小试样品部分晶型可能侵犯第三人专利权为由，拒绝支付第三笔技术转让款。但因其无法举出充分证据，应承担相应不利后果。辅仁开发公司多次发函催促南京海陵公司进行临床信息登记及临床试验，南京海陵公司未履行合同约定的义务，致使甲磺酸多拉司琼原料及片剂的《临床实验批件》超过国家食品药品监督管理局批准之期限。因此，南京海陵公司应支付辅仁开发公司后续合同款。

【案例评析】

《民法典》第873条规定："被许可人未按照约定支付使用费的，应当补交使用费并按照约定支付违约金；不补交使用费或者支付违约金的，应当停止实施专利或者使用技术秘密，交还技术资料，承担违约责任；实施专利或者使用技术秘密超越约定的范围的，未经许可人同意擅自许可第三人实施该专利或者使用该技术秘密的，应当停止违约行为，承担违约责任；违反约定的保密义务的，应当承担违约责任。受让人承担违约责任，参照适用前款规定。"本案中，南京海陵公司作为《技术转让合同》的受让人，拖欠支付技术转让费用，并且不配合进行临床信息登记及临床试验，导致甲磺酸多拉司琼原料及片剂的《临床实验批件》超过国家食品药品监督管理局批准期限，应当按照合同约定继续支付费用并承担违约责任。

案例43：安徽昊锐光伏新能源科技有限公司与苏州浩天新能源材料有限公司、孙某技术服务合同纠纷案

[（2017）苏民终2184号]

【法条指引】

《民法典》第882条，技术服务合同委托人义务；第883条，技术服务合同受托人义务；第884条，技术服务合同双方当事人的违约责任。

【案例事实与裁判】

2011年10月，安徽昊锐光伏新能源科技有限公司（以下简称昊锐公

司）与苏州浩天新能源材料有限公司（以下简称浩天公司）签订《太阳能背板生产技术服务合同》，昊锐公司委托浩天公司进行技术服务，并对技术服务的目标、内容、方式、期限、费用、验收方式等作了约定。

2017 年昊锐公司认为浩天公司的履约行为存在瑕疵并构成根本违约，诉请解除技术服务合同。理由如下：浩天公司委派的张某、黄某不具备履职能力，导致其指导兴建的厂房呈负压，且浩天公司并未指导昊锐公司生产出合格的太阳能背板，产品未通过行业内公认的美国 UL 及德国 TUV 认证。

浩天公司主张昊锐公司应支付尾款及违约金。

法院经审理认为，双方签订的技术服务合同合法有效，双方均应遵照合同的约定履行义务。浩天公司委派的技术人员张某、黄某为涉案技术合同的履行提供了大量的技术服务，昊锐公司在这两位技术人员的指导下生产出了为行业认可的合格的背板产品。就 TUV 认证事项，双方在合同中并未对此作细致约定，双方也无补充协议，合同上下文未有其他条款涉及该内容，当时环境下更无关于太阳能背板认证的国家标准或行业标准，因此对于合同中有关认证服务条款的理解只能按照行业内通常的认知进行确定。浩天公司依据合同约定完成已约定认证服务，不构成根本违约。由于合同项目尚未完全结束，支付尾款的条件尚未成就，因此，昊锐公司无须支付尾款及违约金。诉讼过程中，双方当事人协议一致对合同予以解除。合同解除后，对于合同已履行部分互不返还。

【案例评析】

《民法典》第 882 条规定："技术服务合同的委托人应当按照约定提供工作条件，完成配合事项，接受工作成果并支付报酬。"《民法典》第 883 条规定："技术服务合同的受托人应当按照约定完成服务项目，解决技术问题，保证工作质量，并传授解决技术问题的知识。"《民法典》第 884 条规定："技术服务合同的委托人不履行合同义务或者履行合同义务不符合约定，影响工作进度和质量，不接受或者逾期接受工作成果的，支付的报酬不得追回，未支付的报酬应当支付。技术服务合同的受托人未按照约定完成服务工作的，应当承担免收报酬等违约责任。"技术服务合同双方当事人应当按照约定全面履行自己的义务。结合《民法典》第 562 条、第 563 条、第 566 条关于合同解除的相关规定，应允许双方当事人协商一致对合同予以解除，并承担合同解除的后果。

第二十一章　保管合同

案例44：黄某松与黄某芳保管合同纠纷案

[（2019）桂0502民初4966号]

【法条指引】

《民法典》第888条，保管合同的定义。

【案例事实与裁判】

黄某松与黄某芳为兄妹关系。2019年8月，黄某松突发"脑梗死"住院治疗，期间，黄某松将自己的银行卡和定期存单交给黄某芳，卡中和存单中的本金及利息共计342819.04元，由黄某芳负责帮助办理住院相关手续。黄某芳随后将所有钱转入自己的银行账户，并在支付4万元给黄某松治疗后，余下302819.04元拒绝支付和归还。

黄某松诉至法院，请求判决黄某芳归还钱款。

黄某芳辩称：涉诉金额为双方父母的房屋租金，应属于家中几兄妹共有；出具了由黄某松签字的《声明书》一份，其中写明"本人郑重声明，无任何有价证券、银行存款及钱物存放在黄某芳处"。

法院经审理认为，虽然双方没有明确表示保管，但交付与收取保管标的物的实际行为，使双方之间成立了实践性的保管合同关系。《声明书》虽是黄某松本人签字，但当时黄某松在住院重病期间，黄某芳拿来多张打印好的书面材料给黄某松签字，黄某松以为是住院需要填写的资料，没有细看《声明书》上的内容，《声明书》上的内容并非黄某松真实的意思表示。涉诉款项是否为兄妹共有，因属于另一个法律关系，不是本案审理的范围，故不予采纳。因此，根据法律规定，判决黄某芳返还黄某松302819.04元。

【案例评析】

《民法典》第888条规定："保管合同是保管人保管寄存人交付的保管物，并返还该物的合同。寄存人到保管人处从事购物、就餐、住宿等活动，将物品存放在指定场所的，视为保管，但是当事人另有约定或者另有交易习惯的除外。"《民法典》第890条规定："保管合同自保管物交付时成立，但是当事人另有约定的除外。"本案中，双方当事人并未签订保管合同，也没有明确表示保管关系，但是交付与收取保管物的实际行为符合保管合同的特点。

案例45：胡某、赵某等与武汉某物业管理有限公司保管合同纠纷案
[（2020）鄂01民终1901号]

【法条指引】

《民法典》第888条，保管合同的定义。

【案例事实与裁判】

2015年1月4日，胡某生承租武汉某物业管理有限公司（以下简称某公司）服务的小区编码679号的车位，使用年限为40年。同日，胡某生与胡某签订《赠与合同》，约定将该车库的使用权赠与胡某。2018年9月21日，胡某与赵某登记结婚。2018年12月31日，胡某向某公司支付2019年度车位服务费960元。2019年3月，赵某将该车位的登记车辆变更为车牌号为皖M×××××的车辆，该车辆为何某所有，赵某实际占有和使用。2019年3月18日，赵某将该车辆停在679号车位。2019年3月19日，赵某发现车辆丢失并报警。经公安机关帮助，2019年8月14日，赵某取回皖M×××××车辆，但车辆损坏严重，于当日赵某将车辆送往汽车销售服务公司维修，先后一共支付维修费用10200元。

胡某、赵某诉请由某公司赔偿因未履行保管合同义务导致的车辆损失。

某公司辩称：原告主体不适格，车位服务协议的相对方、车辆的实际所有人均非胡某、赵某；根据该公司的《地下车位服务协议》，车辆停泊服务费不包含车辆损失；该公司并非车辆损害的直接侵害人。

一审法院认为，在胡某、赵某婚姻关系存续期间，夫妻二人对该停车场 679 号车位均享有使用权，且该车位登记车辆为赵某实际占有使用的皖 M××××车辆。二人按年向某公司缴付车辆保管费，赵某与某公司达成保管合同，赵某为被保管人和适格原告，某公司为保管人。保管期内，因保管人保管不善造成保管物毁损、灭失的，保管人应当承担赔偿责任。

二审法院认为，胡某、赵某与某公司之间并未达成保管合同，而是达成物业服务合同。虽然双方签订的《地下车位服务协议》约定服务费不包括车辆及财产的保险和保管费，但某公司作为物业公司，胡某、赵某按期支付服务费后将车停入所服务的小区，某公司应尽安全保护义务。本案中，赵某的车辆是由多人推出小区，而某公司未提交其物业人员已履行质询、阻止等安保义务的证据，导致皖 M××××车辆被他人顺利盗走，应承担胡某、赵某实际发生维修费三分之一的损失。

【案例评析】

《民法典》第 888 条第 1 款规定："保管合同是保管人保管寄存人交付的保管物，并返还该物的合同。"《民法典》第 937 条第 1 款规定："物业服务合同是物业服务人在物业服务区域内，为业主提供建筑物及其附属设施的维修养护、环境卫生和相关秩序的管理维护等物业服务，业主支付物业费的合同。"物业服务合同通常会涉及车位停放秩序的管理与维护，业主将车辆停入停车场，物业公司需要承担相应的安全管理责任，但其管理保护义务通常低于一般的保管合同。因为保管合同作为实践性合同，以交付保管物为合同的成立要件，在社区物业停车服务中，通常并不会将车辆钥匙等控制车辆的物品交给物业公司，在发生意外时，物业公司无法及时开走车辆防止损失扩大；而且，在价格方面，有偿保管合同中保管物的价值是保管费用重要的衡量因素，而停车管理服务费通常按时计费，不因车辆的价值有所区别。

司法实践中，对于社区物业停车服务车辆丢失是认定保管合同还是物业服务合同关系，尚存在争议。我们认为，当物业服务合同中对车辆保管有特别约定时，从其约定；若无约定的，按照物业服务合同处理。如果因为物业公司未履行物业服务合同约定的义务，如未安装和保障监控设备的正常运行导致车辆无法追回等，物业公司应当承担违约责任。如果因为物业公司疏忽管理，未尽安全保障义务导致车辆损失，应当承担相应的侵权责任或补充责任。同时，社区物业服务封闭式地下停车场的安全管理义务通常应高于路边临时停车服务。

案例46：深圳市某国际贸易有限公司与被告四川某酒业有限公司、第三人四川省某农业集团有限公司保管合同纠纷案

[（2019）川0683民初1618号]

【法条指引】

《民法典》第899条，保管物的领取。

【案例事实与裁判】

2019年3月22日，深圳市某国际贸易有限公司（以下简称某国际公司）与四川某酒业有限公司（以下简称某酒业公司）签订《白酒储存罐租赁合同》，约定将200吨白酒储存于某酒业公司白酒储存罐中，由某酒业公司负责白酒的安全、防盗、消防等日常管理工作，并将租赁期限暂定为1年。2019年7月某国际公司出具白酒出库委托书，办理出库手续，但某酒业公司以第三人四川省某农业集团有限公司已将白酒质押给某国际公司为由，拒不返还白酒。

法院经审理认为，虽然合同名为《白酒储存罐租赁合同》，但根据合同中双方的权利义务，该合同实为保管合同。某国际公司依照合同约定支付了保管费用，向某酒业公司请求返还白酒，符合法律规定，应予以支持。

【案例评析】

《民法典》第899条规定："寄存人可以随时领取保管物。当事人对保管期限没有约定或者约定不明确的，保管人可以随时请求寄存人领取保管物；约定保管期限的，保管人无特别事由，不得请求寄存人提前领取保管物。"本案中，保管物被第三人质押给其他公司，并不影响某国际公司与某酒业公司之间的保管合同关系，也未影响保管标的物的所有权。因此，某酒业公司仍然需要按照合同的约定向寄存人某国际公司返还保管物。

第二十二章 仓储合同

案例 47：北京某物流有限公司与北京某
国际商贸有限公司仓储合同纠纷案
[（2019）京 0105 民初 51779 号]

【法条指引】

《民法典》第 904 条，仓储合同的定义。

【案例事实与裁判】

2018 年 1 月，北京某物流有限公司（以下简称某物流公司）与北京某国际商贸有限公司（以下简称某商贸公司）签订《仓储合同》，约定某商贸公司将货物存放某物流公司仓库中 1 年，占地 1000 平方米，仓储费用每平方米每天 1 元人民币，按月支付。2019 年 1 月某物流公司向某商贸公司发送《通告函》，催缴 2018 年 10 月至 12 月的仓储费用，续签仓储合同或者腾空仓库。某商贸公司通过微信聊天表明按实际使用面积续租仓库。2019 年 8 月某商贸公司将货物全部运出。

某物流公司请求某商贸公司按照《仓储合同》约定支付拖欠仓储费用，并支付违约金。

法院经审理认为，仓储合同是保管人储存存货人交付的仓储物，存货人支付仓储费的合同。双方签订的《仓储合同》以及后期达成的《补充协议》，系双方当事人的真实意思表示，合法有效。某商贸公司应根据《仓储合同》向某物流公司支付 2018 年 10 月至 12 月期间的仓储费用，并根据实际使用面积支付 2019 年 1 月至 8 月的仓库占用费。由于双方并未就违约金进行约定，对于违约金的请求，不予支持。

【案例评析】

《民法典》第 904 条规定："仓储合同是保管人储存存货人交付的仓储

物，存货人支付仓储费的合同。"《民法典》第 905 条规定："仓储合同自保管人和存货人意思表示一致时成立。"仓储合同为诺成合同、不要式合同，双方当事人的意思表示一致即可成立，法律并不要求订立仓储合同必须采取一定的形式。因此，采用书面形式或者微信聊天方式均可以订立仓储合同。《民法典》第 509 条第 1 款规定："当事人应当按照约定全面履行自己的义务。"本案中，《仓储合同》以及后期《补充协议》成立生效后，双方当事人应当按照约定履行保管义务或者支付仓储费用的义务。

案例 48：冉某与河南省某货源有限公司、王某仓储合同纠纷案

[（2018）豫 0222 民初 3338 号]

【法条指引】

《民法典》第 915 条，储存期限届满仓储物的提取。

【案例事实与裁判】

2018 年 3 月 29 日，冉某与河南省某货源有限公司（以下简称某货源公司）签订《洋葱代储存合同》，约定由某货源公司储存洋葱 650 吨，代存费 280 元每吨，期限从 2018 年 6 月起共计 3 个月，如超期按 380 元每吨每月计算代存费。合同签订后洋葱实际入库 670 吨。2018 年 9 月 1 日，某货源公司向冉某送达《代存洋葱到期通知书》，催告冉某提货，并且将超期费用写为 80 元每吨每月，冉某收到后签字。

之后，某货源公司准备行使留置权，对洋葱处理折抵仓储费。冉某诉至法院，要求继续出库。在法院积极协调下，洋葱于 2018 年 9 月 28 日出库完毕。最终，超期洋葱数量为 438.61 吨，超期储存 1 个月。

某货源公司反诉并请求冉某支付拖欠的仓储费用。

法院经审理认为，双方经友好协商签订的《洋葱代储存合同》，合同成立且生效，双方应当全面履行合同义务。冉某应当根据合同约定按照实际入库洋葱数量支付仓储费用，并根据《代存洋葱到期通知书》变更后的超期费用标准支付逾期使用的仓储费用。

【案例评析】

《民法典》第 915 条规定："储存期限届满，存货人或者仓单持有人应当凭仓单、入库单等提取仓储物。存货人或者仓单持有人逾期提取的，应当加收仓储费；提前提取的，不减收仓储费。"仓储合同成立生效后，双方当事人应当按照合同约定履行合同义务。对于合同变更的部分，应当按照变更后的约定履行合同义务。

案例 49：某蓄电池销售有限公司与北京某物流有限公司仓储合同纠纷案
[（2019）京 0113 民初 680 号]

【法条指引】

《民法典》第 917 条，仓储物损坏时的赔偿责任。

【案例事实与裁判】

某蓄电池销售有限公司（以下简称某销售公司）与北京某物流有限公司（以下简称某物流公司）签订仓储合同，约定某销售公司将汽车配件存放于某物流公司仓库，由某物流公司负责对配件进行装卸、运输、代为保管等事宜，并且负责按照某销售公司要求向北京现代汽车有限公司（以下简称现代公司）配送蓄电池。其后，某销售公司经盘点发现丢失两种型号的汽车电池共计 3681 件。

某销售公司请求某物流公司按照其为现代公司供货的价格赔偿货物损失。

某物流公司主张电池并非丢失而是按照指示出库，即使丢失也应按照电池成本价格赔偿损失，而且某销售公司也拖欠某物流公司相关货物的运费。

法院经审理认为，某物流公司作为提供仓储服务的一方，应当根据提货单据等出库凭证办理提货手续，由于其未能提交现代公司签收确认的送货单及某销售公司签字的提货单据，对于出库数量争议应承担举证不能的不利后果，对于储存期内丢失的电池应当承担赔偿责任。某物流公司应按照某销售公司为现代公司供货的价格赔偿电池损失，可以将某物流公司拖欠的运费抵销扣除。

【案例评析】

《民法典》第 910 条第 1 句规定："仓单是提取仓储物的凭证。"仓储物入库后，保管人应当妥善保管仓储物，并依据合同约定的方式、凭证向存货人交付仓储物。当保管人未按照约定出库或者无法证明已经按照约定出库时，对于所发生的出库数量争议应当承担举证不能的不利后果。《民法典》第 907 条第 3 句规定："保管人验收后，发生仓储物的品种、数量、质量不符合约定的，保管人应当承担赔偿责任。"《民法典》第 917 条第 1 句规定："储存期内，因保管不善造成仓储物毁损、灭失的，保管人应当承担赔偿责任。"本案中，某物流公司不能证明电池已经按照指示出库，对于储存期内丢失的电池应当承担赔偿责任。

第二十三章　委托合同

案例 50：周某均、周某乙诉王某委托合同纠纷案[1]

【法条指引】

《民法典》第 922 条，受托人应依委托人的指示处理事务。

【案例事实与裁判】

原告周某均、周某乙向案外人孙某某借款，并以两人共有的某房屋作抵押。同时，在孙某某的安排下，两原告与被告王某签订委托合同，全权委托王某负责办理该房屋的抵押登记手续、签订买卖合同、领取转让价款、办理产权交易过户登记手续等事宜。该委托书经公证机关公证。后因两原告未按时向孙某某归还欠款，王某在两原告不知情的情况下，按照孙某某的指令，以不足市场价格一半的价款将该房屋出售给案外人薛某某且办理了产权变更登记手续，并将售房款交给孙某某。两原告诉至法院，主张被告王某违反了代理人的善管义务，请求其赔偿损失。

被告作为受托人，依法应当按照两原告的指示处理委托事务，向其报告委托事务的处理情况并转交处理委托事务取得的财产。但被告在出售控江路房屋过程中，事先并未以任何方式告知两原告其将出售房屋，事后也未将售房款转交给两原告。在双方并未约定房屋售价的情况下，被告并未试图听取两原告意见，而是在明知孙某某并非委托合同当事人、并不享有以委托人身份发布指示之权利的情况下，仍然按照孙某某的要求，依据两原告的欠款数额确定房屋售价，并将售房款交付给孙某某。委托书虽列明了被告的权限，但应同时注意到委托书在向交易相对人对外昭示受托人行为正当性方面的作用，而不意味着受托人可以无视委托人的真实意愿与切身利益滥用委托人授予的权利。被告作为受托人，仍应本着诚实信用的原

---

[1]　案例来源：本案引自《最高人民法院公报》2018 年第 3 期。

则，依法善意处理售房事宜，尽到合理的注意义务。然而，在房屋市场价格存在多种公开、便捷的询价途径情况下，纵观被告出售某房屋的过程，其主观上显然具有放任两原告财产利益受损结果发生的间接故意，且该种委托合同项下的主观过错亦不因被告对外法律行为的有效性而受到否定。

综上，王某在出售某房屋时未告知周某均、周某乙，且以不合理的超低价出售，明显存在过错。双方签订的委托书不存在特殊性，王某作为受托人在履行委托事项时未依照委托人指示行事，且具有过错，应当承担责任。

【案例评析】

受托人应当按照委托人的指示处理委托事务。无偿委托合同，因受托人的故意或者重大过失给委托人造成损失的，委托人可以要求赔偿损失。本案中，王某作为受托人在出售该房屋时仅注重孙某某的债权实现，完全无视委托人周某均、周某乙的利益，以超低价进行出售，存在过错，应当承担责任。

第二十四章　物业服务合同

案例 51：某小区业主委员会诉邓某某物业服务合同纠纷案[1]

【法条指引】

《民法典》第 937 条，物业服务合同和物业服务人的概念。

【案例事实与裁判】

2008 年 4 月 23 日，某小区业主委员会成立后，在所在地镇政府做了备案。2011 年 6 月 21 日，该小区新一届业主委员会选举产生，并在所在地镇政府备案。2011 年，该小区业主委员会开始对小区自行管理，同年制定了《自治管理办法（试行）》，明确了自治管理的范围、内容及收费标准等。邓某系该小区业主，其没有按照业主委员会确定的收费标准及收费时间交纳物业服务费用。该小区业主委员会遂将邓某起诉至法院，要求其交纳拖欠的物业服务费用。邓某辩称：本案案由为物业服务合同纠纷，有权主张要求业主支付物业管理服务费的应当是与业主建立物业服务合同关系的物业管理企业。原告作为小区的业主委员会，不是合法的物业管理企业，其作为原告起诉被告主体不适格。

《物权法》第 81 条第 1 款规定，业主可以自行管理建筑物及其附属设施，也可以委托物业服务企业或者其他管理人管理。由此可见，法律赋予业主对所居住的小区的物业管理予以选择的权利，业主有权对所居住小区进行自治管理。出于保护当事人合理诉求的考虑，同时业主委员会自管小区有利于营造舒适安全的环境，有利于维护小区和谐稳定，应当对现阶段业主委员会自管模式中业主委员会的主体资格予以认定。本案中，原告某小区业主委员会受业主大会的委托负责该小区的物业服务，并制定了《自

---

[1]　案例来源：最高人民法院公布 10 起弘扬社会主义核心价值观典型案例。载北大法律信息网，法宝引证码：CLI. C. 8420919。

治管理办法（试行）》，其与业主之间形成了物业服务法律关系。作为小区业主，被告邓某某在接受了相应的物业服务后应该按时交纳物业服务费用。

【案例评析】

原《物权法》第 81 条赋予业主自行管理小区的权利，《民法典》第 937 条亦明确规定，物业服务人不限于物业服务企业，还包括其他物业管理人。因此，业主委员会应在"其他物业管理人"之列。本案中，该小区业主委员会受业主大会委托，负责该小区的物业服务，属于其物业服务人，故诉讼主体适格。

案例52：上海市嘉定区真建六街坊业主委员会诉上海嘉盛物业管理有限公司物业服务合同纠纷案 [沪二中民二（民）终字第222号]

【法条指引】

《民法典》第 946 条，业主对物业服务合同的任意解除权。

【案例事实与裁判】

原告上海市嘉定区真建六街坊业主委员会与被告上海嘉盛物业管理有限公司于 2008 年 12 月 28 日签订物业服务合同，经续期，合同于 2010 年 12 月 31 日到期，后双方未再续签合同。2011 年 4 月 3 日，原告在小区内张贴告示拟继续聘用被告物业公司，聘期为本届业主委员会任期届满，并向全体业主进行了意见征询，获 2/3 以上业主同意。

2012 年 3 月 2 日，原告单方改变续聘的决定，并在小区内公布《关于召开业主大会选聘物业公司的方案》，内容为小区与被告的物业服务合同已于 2010 年 12 月 31 日到期，小区业主委员会将制作选聘方案表决书，采取议标方式选聘物业服务企业。同年 8 月 7 日，原告出具选聘物业公司的表决结果，要求被告 11 月 30 日前撤出小区，退还相关资料。

2012 年 8 月 27 日，该区住房保障和房屋管理局某办事处函告原告，其在未制定选聘方案并经业主大会表决通过前，不得擅自开展选聘物业服务企业，要求原告停止目前涉及选聘物业服务企业的一切活动，并限期改正。原告未予回应。

2012 年 11 月 10 日、27 日，原告又制作通知书要求被告办理移交物业手续。2013 年 2 月 1 日，原告出具公示，要求被告退出小区物业服务，并要求业主在《征询意见表》中签字。2013 年 3 月 1 日，原告再出具公示，内容是关于 2013 年 2 月 1 日《征求意见表》的征求结果：应参加业主 842 户，同意票 783 户（含未返回 257 户）占总投票权户数的 92.99%，其建筑面积占总建筑面积 93.28%；不同意票 26 户占总投票户数的 3.09%，其建筑面积占总建筑面积 2.94%；弃权票 33 户占总投票户数的 3.92%，其建筑面积占总建筑面积 3.78%。同意的户数及其建筑面积均超过半数，本次征询同意的意见获得通过。故原告诉至法院，要求被告退出原告小区并移交物业服务设施和资料等。

原告业主委员会与被告物业管理公司在物业服务合同到期后未续签合同，原告于 2011 年 4 月 20 日明确通过业主大会表决决定继续聘请被告为物业服务企业，期限为本届业主委员会任期届满。本案所涉小区的本届业主委员会任期未届满，故原、被告之间的物业服务合同的期限尚未届满。业主大会有权决定是否解聘物业服务企业。该小区业主大会先后两次召开业主大会，讨论选聘物业服务企业事宜。第一次于 2012 年 3 月 2 日召开，并于 2012 年 8 月 7 日公示表决结果，以选聘其他物业管理企业为由要求解聘被告。但经行政职能部门认定，该表决结果的作出程序违法，故原告依据此次表决结果要求解除与被告之间的物业服务合同关系，法院不予支持。原告于 2013 年 2 月 1 日召开第二次业主大会，要求业主投票决定是否通过诉讼方式解聘被告，并以 3 月 1 日征询结果符合法定解聘条件为由，诉讼要求解除与被告的物业服务合同关系。对此，被告抗辩反驳征询结果的真实性。

为探究业主的真实意思，法院在平衡业主利益的基础上，委托当地政府对该小区业主进行了意见征询，结论为赞成解除合同关系的业主超过了反对的业主。法院根据该征询结果，结合该小区的具体情况，解除原、被告物业服务合同关系。

【案例评析】

业主大会有权决定是否解聘物业服务企业。业主大会解聘物业服务企业的方式有二，直接表决和司法诉讼。前者必须依照法定程序，后者必须符合法定解除条件。本案中，真建六街坊通过业主大会解聘该小区物业服务企业的表决结果的作出存在程序瑕疵，不产生解聘物业服务企业的效力。后经当地政府征询，得出该小区业主赞成解除合同关系的业主超过反对业主的结论，即该小区业主在该物业服务合同届满前明确表示不履行主要债务，符合法定解除条件，故解除原、被告物业服务合同关系。

案例 53：南京宁设物业管理有限责任公司诉董某物业服务合同纠纷案
[(2017) 苏 01 民终 9362 号]

【法条指引】

《民法典》第 949 条，物业服务人的物业交接义务。

【案例事实与裁判】

2011 年 12 月，原告南京宁设物业管理有限责任公司（以下简称宁设物业公司）与金陵世家业委会签订了《物业服务委托合同》，约定由宁设物业公司为金陵世家小区提供物业服务，服务期限截至 2013 年 12 月 31 日。合同到期后，双方未再续约，但宁设物业公司一直在金陵世家小区内提供物业服务。2015 年 8 月 25 日，金陵世家小区召开业主大会，作出了不同意续聘宁设物业公司的决定，并在小区公示和向当地街道物管办备案。同年 9 月 14 日，金陵世家业委会向宁设物业公司发出《关于金陵世家小区物业服务到期函告》，将业主大会决议的结果告知宁设物业公司，并通知其物业服务期限截至 2015 年 12 月 31 日。宁设物业公司向业委会出示了一份签订时间为 2015 年 3 月 1 日的《物业服务委托合同》，该合同约定服务期限自 2015 年 3 月 1 日起至 2020 年 2 月 28 日止，并以此为由拒绝撤出小区。2015 年 10 月，金陵世家业委会诉至法院，要求宁设物业公司于 2015 年 12 月 31 日前撤出小区。法院认定宁设物业公司出示的这份合同未经业主大会决定，故不发生法律效力，判令宁设物业公司于判决生效后十五日内撤出小区并移交物业管理权。宁设物业公司不服一审判决，提起上诉，二审法院于 2016 年 8 月 15 日判决驳回上诉，维持原判。

因宁设物业公司未履行生效裁判文书确定的撤出小区的义务，金陵世家业委会向法院申请执行。2016 年 9 月 14 日，宁设物业公司与金陵世家业委会签订执行和解协议，宁设物业公司实际撤出小区。2016 年 1 月至 8

月期间，宁设物业公司继续留用部分工作人员在金陵世家小区提供了一定的物业服务。董某系该小区的业主，自 2016 年 1 月起，董某未向宁设物业公司交纳房屋物业服务费和停车费。宁设物业公司诉至法院，要求其缴纳物业费。

根据《最高人民法院关于审理物业服务纠纷案件具体应用法律若干问题的解释》第 10 条的有关规定，物业服务合同的权利义务终止后，业主委员会请求物业服务企业退出物业服务区域，物业服务企业拒绝退出、移交，并以存在事实上的物业服务关系为由，请求业主支付物业服务合同权利义务终止后的物业费的，人民法院不予支持。宁设物业公司主张董某支付物业费、停车费所依据的 2015 年 3 月 1 日《物业服务委托合同》，已被生效判决认定不生效，该合同自始无约束力。故宁设物业公司主张业主应按照该合同支付物业费，法院不予支持。2015 年 8 月金陵世家小区已召开业主大会，并作出不同意宁设物业公司留用的决定，宁设物业公司也已知晓该决议，金陵世家业委会亦于 2015 年 9 月 14 日通知宁设物业公司于 2015 年 12 月 31 日前撤出小区，金陵世家业委会与宁设物业公司之间的权利义务关系应于 2015 年 12 月 31 日终止，宁设物业公司应按时退出金陵世家小区并移交物业管理权。宁设物业公司拒绝退出，并以为金陵世家小区提供了服务为由要求业主支付 2016 年 1 月之后的物业服务费，不予支持。

【案例评析】

根据《民法典》第 949 条，物业服务合同终止的，原物业服务人负有物业交接义务。具体而言，原物业服务人应当在约定期限或者合理期限内退出物业服务区域，将物业服务用房、相关设施、物业服务所必需的相关资料等交还给业主委员会、决定自行管理的业主或者其指定的人，配合新物业服务人做好交接工作，并如实告知物业的使用和管理状况。原物业服务人违反该规定的，不得请求业主支付物业服务合同终止后的物业费；造成业主损失的，应当赔偿损失。本案中，原告宁设物业公司与金陵世家小区的物业服务合同于 2013 年 12 月 31 日已届期限，之后双方并未续约。根据《民法典》第 948 条，于此情形，原物业服务合同继续有效，但服务期限为不定期。金陵世家小区可以随时解除该不定期物业服务合同，但应当提前 60 日书面通知对方。金陵世家小区于 2015 年 8 月 25 日召开业主大会，作出不同意续聘宁设物业公司的决定。该小区于 2015 年 9 月 14 日向宁设物业公司发出通知函告此结果，并通知其物业服务期限截至2015年12月31日，宁设物业公司与金陵世家小区的物业服务合同即行终止。宁设物业公司应当在合理期限内退出金陵世家小区，配合新物业服务人做好交接工作。但宁设物业公司违反物业交接义务，直至2016年9月才实际撤出金陵世家小区。因此，其不得请求金陵世家的业主支付2015年12月31日后的物业费。

第二十五章　行纪合同

案例 54：宁波某文化传播有限公司诉林某等行纪合同纠纷案

[（2009）甬北商初字第 805 号]

【法条指引】

《民法典》第 952 条，行纪人负担行纪费用的义务。

【案例事实与裁判】

2007 年底，被告林某等四位艺术家经与原告宁波某文化传播有限公司共同协商，口头约定由原告主办，四被告提供各自水彩画作在宁波市举办画展，四被告在展后以每人赠送三幅画作的方式作为支付原告的展费和其他费用。展览前后原告承担四被告食宿、画作的裱框、展览宣传、画作保管、搬运等费用。2007 年 12 月 31 日至 2008 年 1 月 6 日，该展在宁波美术馆顺利举行，参展作品为四被告的水彩画作。展后，原告为被告保存画作。直到 2008 年 6 月底，四被告各自向原告索回画作，但均不同意留下一幅画作作为费用补偿，致使原告造成重大损失。原告认为其与四被告之间虽然没有书面协议的约定，但根据双方的口头约定，事实上原告已经按约为四被告提供展览服务，展览协议依法成立有效。原告诉至法院，请求四被告依法向原告支付展览费及补偿原告造成的其他经济损失。

原、被告间虽未签订书面合同，但双方的画作展销代理合同客观存在。该合同中，原告为四被告主办画展，四被告将各自画作交由原告展览。原告作为以营利为目的的市场主体，通过画展，以自己的名义出售四被告的画作，将作品售价超出与四被告约定的底价部分作为提成，故该合同性质上应为行纪合同。行纪人处理委托事务支出的费用，由行纪人负担，但当事人另有约定的除外。原告主张当时双方口头约定四被告在展后以每人赠送三幅画作的方式作为支付原告的展费和其他费用，应就此事负有举证责任。但其未就其所主张的事实提供任何证据予以证实，应承担举证不能的法律后果。现四被告的画作未售出，原告对展览中支出的费用应自行承担，故其要求四被告承担展费并赔偿相应损失的诉讼请求无事实与法律依据，不予支持。

【案例评析】

行纪人处理委托事务支出的费用，由行纪人负担，但是当事人另有约定的除外。本案中，原告与四被告之间成立行纪合同关系，约定四被告提供画作，由原告举办画展并以自己的名义出售画作。举办画展的费用等因原告举证不能，认定为双方未作约定。因此，原告举办画展所支出的费用等应由其自行负担。

第二十六章　中介合同

案例 55：李某诉上海某房地产顾问有限公司居间合同纠纷案[1]

【法条指引】

《民法典》第 962 条，中介人的如实报告义务。

【案例事实与裁判】

2012 年 3 月 7 日，原告李某、被告上海某房地产顾问有限公司（以下简称某地产）及案外人周某签订一份《房地产买卖居间协议》，约定经某地产介绍，李某向周某购买位于上海市某处房屋，房屋总价 118 万元。同日，三方签订一份《房地产买卖协议》，约定定金总额为 20 万元，由周某委托某地产代为收取并保管。在周某签约当日将房屋产权证书等文件证明交由某地产保管后，周某可以取回由某地产代为保管的定金。上述协议另对其他事项作了约定。同日，李某通过其配偶刘某某的账户向周某支付了定金 20 万元。周某于当日向李某出具一份定金收据，确认收到李某支付的定金 20 万元。2012 年 3 月 14 日，李某向公安机关报案，称 2012 年 3 月 7 日，其通过某地产与周某签订了房屋买卖协议，并通过银行转账的方式向周某支付了定金 20 万元，准备购买位于上海市某处房屋。后发现周某提供的公证书系伪造，怀疑对方有欺诈行为。同年 3 月 17 日，上海市公安局浦东分局对周某涉嫌合同诈骗一案立案侦查。同年 10 月 17 日，周某因犯信用卡诈骗罪、合同诈骗罪被上海市浦东新区人民法院判处有期徒刑 8 年，罚金人民币 6 万元并被责令退赔犯罪所得，返还被害银行及被害人（即李某）。判决后，周某提出上诉。2012 年 12 月 14 日，上海市第一中级人民法院裁定驳回上诉，维持原判。

原告李某向上海市嘉定区人民法院提起诉讼，认为某地产作为专业的中介

---

〔1〕　案例来源：《最高人民法院公报》2015 年第 2 期。

机构，在提供专业的房屋居间服务时，应尽到基本的审核和调查义务，但其未调查系争房屋是否已被交易、委托人与被委托人的确切信息、房屋产权状况等，给李某造成巨大损失，存在重大过失，应承担损害赔偿责任。

被告某地产辩称，原告李某直接向案外人周某支付定金20万元，并未按约定通过某地产，该损失与其无关。己方在从事居间活动时，系争房屋仍在周某等人名下，且李某在签订协议时也看过房产证，故己方已尽到相关的审核和调查义务。

上海市嘉定区人民法院一审认为，被告某地产作为专业的房屋中介机构，在进行居间服务时应尽到必要的、审慎的审查、核实义务，如核实房源信息、核实卖房人的身份信息、判断交易过程中的合理性等。买房人对于房屋交易也负有注意义务。本案中，某地产虽进行了一定的调查、核实等行为，但未就系争房屋是否存在一房二卖、公证书是否系伪造等事宜进行调查核实。某地产经办本案居间业务的工作人员不具备经纪人资格，未认真核查系争房屋已被出卖情况，未严格按照合同约定履行定金保管义务，使案外人周某得以实施诈骗，继而造成李某损失。而李某也未依约将定金交予某地产保管，而是将定金直接支付给周某，也未对公证书的真实性尽到注意义务，导致定金无法追回。双方在此过程中均有过错，应各自承担相应的责任。现周某已被判处刑罚，并被责令退赔犯罪所得，结合李某、某地产双方的过错程度，确定某地产在3万元的数额范围内承担补充赔偿责任。

双方均不服该判决，向上海市第二中级人民法院提起上诉。李某请求二审法院改判某地产在10万元范围内承担补充赔偿责任。

上海市第二中级人民法院二审判决确认了一审查明的事实，另查明，伪造的公证书中载明的案涉人员的出生日期与其身份证号码记载不一致。对此，双方在一审中均未提及。根据查明的事实，二审法院认为，对于某地产承担补充赔偿责任的范围，应综合本案案情予以判定。伪造的公证书中所涉人员出生日期与身份证号码记载不一致，该事项不需要专业知识即可判断。由于李某、某地产均未尽到前述审慎义务，致使李某本人成为周某合同诈骗的被害人。某地产作为专门从事居间活动的单位，开展经营业务理应尽职尽力维护委托人的利益。某地产经办本案居间业务的工作人员不具备经纪人资格，未认真核查系争房屋已被出卖情况，未严格按照合同约定履行定金保管义务，使案外人周某得以实施诈骗，继而造成李某损失。因此，支持李某的上诉请求。

【案例评析】

如实报告义务是中介人的主要合同义务。中介人应当就有关订立合同的事项向委托人如实报告，不得隐瞒与订立合同有关的重要事实或者提供虚假情况。中介人违反如实报告义务致委托人损害的，不得请求支付报酬，并应当就其故意承担赔偿责任。所谓"如实报告"，就是中介人报告的内容应当是客观真实的；报告的内容应当是"有关订立合同的事项"，这根据所要订立的合同类型的不同而有所不同，须结合具体情况而定。房屋中介应当提供有关房屋的相关信息，具体包括房屋的位置、面积、户型等基本情况，以及房屋的权属状况。本案中，某地产未对案涉房屋的权属状况进行核查，未能就此向李某如实报告，致使李某在相信房屋无权属争议的情况下交付定金，应对其承担损害赔偿责任。因为如实报告义务是中介人的主要合同义务，某地产未尽到该义务，且经办本案居间业务的工作人员不具备经纪人资格，对于李某的损失存在重大过失，应在较大额度范围内承担赔偿责任。

案例 56：万嘉融资咨询私人有限公司、叶某与中宇建材集团有限公司居间合同纠纷案
[（2014）民四终字第 14 号]

【法条指引】

《民法典》第 963 条，中介人的报酬请求权。

【案例事实与裁判】

万嘉融资咨询私人有限公司（以下简称万嘉公司）、叶某于 2009 年 2 月 26 日与中宇建材集团有限公司（以下简称中宇公司）签订《融资服务及保密协议》，约定叶某和万嘉公司为中宇公司募集资金引荐投资者，中宇公司支付实际投资资金总额 9% 的融资服务费，分两个部分支付，其中 4% 于注资完成后的 14 天内以现金或汇款的方式支付，其余 5% 按照投资者的同等条款作为战略投资资金注入中宇公司或指定上市主体。此后，万嘉公司、叶某成功为中宇公司引荐了投资者，但中宇公司未支付报酬，引发纠纷。万嘉公司、叶某向法院提起本案诉讼，请求判令中宇公司支付拖

欠的融资服务费及其利息。

一审法院认为，本案系中介合同纠纷。本案双方签订的合同是《融资协议》，其中虽有"服务"的字眼，但从其约定目的来看，中宇公司是希望通过万嘉公司、叶某所引荐的投资者，为中宇公司募集到资金，用于企业经营；从协议约定的"服务范围"和"融资服务费"的内容看，万嘉公司、叶某需要履行的主要是"介绍潜在投资者"及协助中宇公司履行相应的准备工作的义务。因此，万嘉公司、叶某在本案中需要为中宇公司起到的主要是获取融资机会的报告和媒介作用，在订约双方当事人之间斡旋，从而促成万嘉公司、叶某与投资人达成融资事宜。万嘉公司、叶某既不是融资交易的双方当事人的一方或者其代理人，也不直接参与融资双方当事人的谈判、商洽活动，其仅仅起到中介作用。因此，双方订立的《融资服务及保密协议》属于中介合同，这符合双方的真实意思表示。万嘉公司、叶某全面履行了合同义务，有权根据合同约定获得相应的报酬。

【案例评析】

中介合同是有偿合同，中介人为委托人提供订约机会或者媒介服务的目的就是获取报酬。在中介合同中，向中介人支付报酬是委托人的主要义务，如果中介人促成委托人与第三人之间的合同成立，委托人就应当按照约定向中介人支付报酬。本案中，万嘉公司、叶某与中宇公司存在中介合同关系，万嘉公司、叶某已全面履行了中介人的合同义务，中宇公司应当按照约定支付其相应的报酬。

案例 57：上海中原物业顾问有限公司诉陶某居间合同纠纷案
[（2009）沪二中民二（民）终字第 1508 号]

【法条指引】

《民法典》第 965 条，委托人"跳单"应支付报酬。

【案例事实与裁判】

2008 年下半年，原产权人李某某到多家房屋中介公司挂牌销售涉案房屋。2008 年 10 月 22 日，上海某房地产经纪有限公司带陶某看了该房屋；11 月 23 日，上海某房地产顾问有限公司带陶某之妻曹某某看了该房屋；

11 月 27 日，上海中原物业顾问有限公司（以下简称中原公司）带陶某看了该房屋，并于同日与陶某签订了《房地产求购确认书》。该《房地产求购确认书》第 2.4 条约定，陶某在验看过该房地产后 6 个月内，陶某或其委托人、代理人、代表人、承办人等与陶某有关联的人，利用中原公司提供的信息、机会等条件但未通过中原公司而与第三方达成买卖交易的，陶某应按照与出卖方就该房地产买卖达成的实际成交价的 1%，向中原公司支付违约金。当时中原公司对该房屋报价 165 万元，而某房地产顾问公司报价 145 万元，并积极与卖方协商价格。同年 11 月 30 日，在某房地产顾问公司居间下，陶某与卖方签订了房屋买卖合同，成交价 138 万元。后买卖双方办理了过户手续，陶某向某房地产顾问公司支付佣金 1.38 万元。

中原公司诉称，陶某利用中原公司提供的房屋销售信息，故意跳过中介，私自与卖方直接签订购房合同，违反了《房地产求购确认书》的约定，属于恶意"跳单"行为，请求法院判令陶某按照协议约定支付中原公司违约金 1.65 万元。

被告陶某辩称，涉案房屋原产权人李某某委托多家中介公司出售房屋，中原公司并非独家掌握该房源信息，也非独家代理销售。陶某没有利用中原公司提供的信息，不存在违约行为。

法院认为，中原公司与陶某签订的《房地产求购确认书》属于居间合同性质，其中第 2.4 条的约定，属于房屋买卖居间合同中常有的禁止"跳单"格式条款，其本意是为防止买方利用中介公司提供的房源信息"跳"过中介公司购买房屋，从而使中介公司无法得到应得的佣金，该约定并不存在免除一方责任、加重对方责任、排除对方主要权利的情形，应认定有效。根据该条约定，衡量买方是否"跳单"违约的关键，是看买方是否利用了该中介公司提供的房源信息、机会等条件。如果买方并未利用该中介公司提供的信息、机会等条件，而是通过其他公众可以获知的正当途径获得同一房源信息，则买方有权选择报价低、服务好的中介公司促成房屋买卖合同成立，而不构成"跳单"违约。本案中，原产权人通过多家中介公司挂牌出售同一房屋，陶某及其家人分别通过不同的中介公司了解到同一房源信息，并通过其他中介公司促成了房屋买卖合同成立。因此，陶某并没有利用中原公司的信息、机会，故不构成违约，对中原公司的诉讼请求不予支持。

【案例评析】

委托人的行为构成"跳单"须满足三个要件：第一，委托人接受了中介人的服务；第二，委托人绕开中介人直接订立合同；第三，委托人与第三人订立合同，是利用了中介人提供的交易机会或者媒介服务。其中，判断第三个要件是否符合，往往是问题之关键所在。其要求，如果中介人提供的信息是公开的或者可以被轻易获取，中介人提供的信息并非委托人与第三人订立合同的决定因素，就不能认为委托人利用了中介人提供的交易机会或者媒介服务。本案中，涉案房屋原产权人李某某委托多家中介公司出售房屋，被告陶某及其家人分别通过不同的中介公司了解到该房源信息，又在其他中介公司的积极促成下签订房屋买卖合同。可见，中原公司提供的信息并非陶某与李某某签订房屋购买合同的决定因素。因此，陶某的行为不构成"跳单"违约行为。

第二十七章　合伙合同

案例58：高某、任某彩票、奖券纠纷案
[（2020）鲁15民终1528号]

【法条指引】

《民法典》第972条，对合伙损益分配及其标准的规定。

【案例事实与裁判】

高某经营某福彩销售部，并组建星美交流群。任某多次在高某处购买彩票，亦曾中奖。2019年6月16日，任某在高某处单独购买彩票，中奖后高某通过微信将奖金发给任某。2019年6月21日，高某在群内发布入股购买彩票信息，每股10元，共24股，开奖时中奖346元，任某投资5股，共分红72元，高某通过微信将奖金发给任某。2019年6月23日，高某在群里发布入股购买彩票信息，"今天合买双色球大复试，有愿意参加合买的可以提前报名了，100元一股，以收到红包为准"，任某通过微信支付高某300元、案外人位某出资100元、高某出资200元，三人合伙购买2019072的彩票共计600元。当日19时，高某将600元彩票打出并将彩票拍照发给任某。当晚开奖，当事人双方及案外人位某合伙购买的彩票共中一等奖一注、奖金为6995170元，三等奖30注、奖金为90000元、四等奖107注、奖金为21400元，五等奖62注、奖金为620元。2019年6月25日，高某去福彩中心办理了2019072的彩票兑奖缴纳税费的手续，2019年7月8日，领取中奖奖金共计5708156元。

2019年6月25日，高某再次在群里发布入股购买彩票信息，每股100元，共9股，开奖时中奖1190元，任某投资1股，共分红132元，高某通过微信将奖金发放给任某。2019年7月8日，任某因脑干梗死及高血压三级极高危、高血脂等在聊城市人民医院住院治疗。任某或者其儿子任俊豪用任某的电话或者微信开始跟高某要奖金，高某称资金被监管，最高汇

1949999.99 元。2019 年 7 月 10 日，高某要求任某在身份证复印件上面按其提供的样式，"同意福彩双色球 2019072 期中奖分红 1949999.99 元，本人签字，2019 年 7 月 14 日"格式书写，微信拍照发给自己。当日通过任某的微信将在任某的身份证复印件上面书写好的"同意福彩双色球中奖分红 1949999.99 元，任某，2019 年 7 月 14 日"拍照后发给高某，高某向任某转账 1949999.99 元。任某于 2019 年 7 月 23 日出院。后任某继续找高某要剩余中奖款未果，任某诉至法院。

关于当事人双方及案外人位某是否约定"高某选号、定号、出票属于合伙中的技术股以及中奖后按技术股 30% 的比例分红"。由于各方在微信群中没有明确约定，因此应视为双方未约定技术股及技术股的占比。关于合伙，双方应对利润的分配作出具体约定，其未约定，应参照《合伙企业法》第 33 条第 1 款的规定：合伙企业的利润分配、亏损分担，按照合伙协议的约定办理；合伙协议未约定或者约定不明确的，由合伙人协商决定；协商不成的，由合伙人按照实缴出资比例分配、分担；无法确定出资比例的，由合伙人平均分配、分担，因此应按原被告的出资比例分配合伙收益。据此，任某要求高某返还任某应分剩余奖金之诉求依法应予支持。故一审法院与二审法院均支持了任某请求被告支付剩余奖金的请求。

【案例评析】

根据《民法典》第 972 条的规定，合伙的利润分配和亏损分担，按照合伙合同的约定办理；合伙合同没有约定或者约定不明确的，由合伙人协商决定；协商不成的，由合伙人按照实缴出资比例分配、分担；无法确定出资比例的，由合伙人平均分配、分担。本案中，合伙人之间共同出资合买彩票的行为构成个人合伙，各合伙人之间未对合伙的利润分配予以协商，且在纠纷发生后亦未达成协商，所以应按照合伙人实际的出资比例，即合买彩票的金额决定奖金的分配。

案例 59：李某诉何某、四川某建筑工程服务有限公司合伙协议纠纷案
[（2013）成民终字第 568 号]

【法条指引】

《民法典》第 973 条与第 978 条，合伙人责任的承担与合伙终止后合伙财产的分配。

【案例事实与裁判】

2008年6月12日，四川省某公司分包四川华某建筑工程有限公司（以下简称华某公司）承建的"簇锦家园b区10号、11号楼"劳务施工。原告李某及何某受某公司的委托与华某公司签订了"劳务承包合同"。某公司将该工程劳务在提取1%的管理费后承包给原告及何某。原告遂委托倪某峰与何某签订了《工程施工合作协议》，对合作细节进行了约定。同时经双方确认原告前期投资为556907.7元，何某前期投资为423673元。2010年1月26日，某公司与华某公司达成工程竣工结算协议，总工程款为7381982.7元，何某实际领款6200000元，交某公司代付1500000元，余4700000元，经手实际支出3943608.4元，其余资金未经双方协商，何某实际占用了合作资金756391.6元。双方合作事项完成后结算工程相关账务时，何某称在外仍有债务，故不能进行结算。原告认为，何某不履行合同义务，擅自将属于合作双方的资金占用。因合伙人对合伙财产具有共同管理的权利，原告要求何某按50%比例即364274.3元支付其实际占有的合伙财产。同时，某公司对转款不监督使用，也不通知原告到场，造成何某占用资金，致使原告的投资血本无归。故诉请法院判令二被告支付原告经营收入款364274.3元并承担本案诉讼费用。被告何某辩称：其实际领取了工程款4700000元，原告诉称的前期投资金额不属实，且现在对外尚有债务未履行，不应当分割合伙财产，故请求人民法院驳回原告的诉讼请求。

法院认为，合伙人对合伙经营的债务对外承担连带责任，若有合伙人退伙，其退伙时分割的合伙财产亦包括合伙期间的债权和债务。加之现行法律法规未明文禁止合伙终止后、合伙期间的债权债务清算前不能就已明确的合伙财产进行处理，故本院认为原告可以要求分割合伙财产，且合伙财产的分割不会侵犯合伙债权人的利益。虽李某可以分割已经查清的合伙财产，但是合伙经营期间的对外债权仍由李某和何某共同享有，且双方对尚未了结的债务仍承担连带责任。此外，李某要求某公司支付合伙经营收入款于法无据，本院不予支持。最终，法院判决何某向李某支付合伙经营收入款345989.3元，并驳回了李某的其他诉讼请求。

【案例评析】

对于个人合伙，合伙人共同经营合伙事务，对合伙财产统一管理、使用，合伙人对合伙经营期间产生的债务对外承担连带责任，因此，当合伙事务完成，合伙人关系即归于消灭，合伙契约宣告终止。即使在债权债务尚未清算时，合伙人也有权要求分割合伙财产，分割合伙财产并不会侵犯债权人的权益。《民法典》第978条规定："合伙合同终止后，合伙财产在支付因终止而产生的费用以及清偿合伙债务后有剩余的，依据本法第九百七十二条的规定进行分配。"只有在合伙财产清算后有剩余的，合伙人才有权请求分割财产。

案例60：闫某与车某合伙协议纠纷案
[（2013）庆中民终字第493号]

【法条指引】

《民法典》第974条，合伙财产转让的限制。

【案例事实与裁判】

2010年1月1日，闫某与车某各出资13.8万元，共同贷款11万元（闫某亲戚闫某龙名下3万元、闫某英名下3万元、王某名下5万元），共出资38.6万元，开设庆阳市西峰区蓝箭网吧，企业类型为个人独资企业，法定代表人为闫某。其中：27.3万元用于向原网吧经营者王某支付该网吧转让费27万元及房屋押金3000元，11.3万元用于网吧其他经营支出。2010年10月1日双方补签《蓝箭网吧合伙经营协议》，约定合伙财产处理方式为盈利亏损平均分配。2012年4月1日之前双方账务明确，无盈余。2012年4月1日起，双方各自经营一天，收入归各自所有。2012年9月13日，网吧因经营不善，关门停业。双方各自经营期间，车某收入3万元，支出29333.85元，闫某收入2.8万元，支出10883元。王某名下5万元贷款于2010年5月共同用网吧经营所得还清，闫某龙、闫某英名下贷款闫某于2012年6月独自还清。2013年3月13日，闫某在未经车某同意下将蓝箭网吧的经营手续及60台电脑以108000元转让给孙某焕。车某申请对网吧原有形资产与无形资产价值进行评估。鉴定机构审查认为，因该网吧财产已转让，不具备鉴定条件，无法鉴定。车某提起诉讼称网吧转让市场价在44万元，要求闫某支付其转让分配款22万元及利润16532.5元。闫某辩称网吧停业后其支付贷款利息36000元，归还贷款本金60000元，其他支出27144元，合计123144元，减去转让款108000元，剩余15144元，加上车某应支付其他款，车某应当再付其15263.25元。

法院认为，闫某未经车某同意，擅自转让了合伙资产，违反了"合伙的经营活动，由合伙人共同决定，合伙人有执行和监督的权利"的规定，但基于保护善意第三人的目的，不应直接认定转让协议无效，只是闫某应当承担擅自转让车某合伙资产的赔偿责任。故法院判决，闫某向车某赔偿投资款138000元。

【案例评析】

合伙资产系合伙人共同共有，当合伙人要转让合伙资产时，应征得其他合伙人的一致同意。未经其他合伙人同意，擅自转让合伙资产的行为，一般应认定为无效，但是若受让方系善意第三人，且通过有偿方式取得合伙资产时，则适用善意取得原则，转让行为应当认定为有效，此时，给其他合伙人造成的损失，应当由擅自转让合伙资产的合伙人承担。对此，《民法典》第974条规定："除合伙合同另有约定外，合伙人向合伙人以外的人转让其全部或者部分财产份额的，须经其他合伙人一致同意。"在适用过程中，不能一概而论认定转让协议的效力，而应该考虑善意取得、取得追认对转让协议效力的补正。未经合伙人同意，擅自转让合伙资产给其他合伙人造成损失，应由其承担赔偿责任。

第二十八章　无因管理

案例61：王某春等与王某兴等义务帮工人受害责任纠纷案
[（2020）川1025民初648号]

【法条指引】

《民法典》第979条，管理人受有损失时的损害赔偿请求权。

【案例事实与裁判】

被告张某仙多年前在被告王某兴屋后5米左右种植了一棵柏树，但因被告张某仙长时间疏于管理，柏树枝丫向周围延伸，且发生倾斜，随时有倾倒危险。为防止柏树威胁人身安全、财产安全，被告王某兴、陈某英找到原告王某春帮忙排危将柏树砍掉，并告知原告王某春被告张某仙同意此事。原告王某春考虑砍树是高危作业需要人多才安全，于是拒绝了被告王某兴、陈某英的要求。但是被告王某兴、陈某英多次要求，原告王某春同意去帮忙砍树。在砍树的过程中原告王某春坠落，当时躺在地上不能动弹，准备打电话求助，但是被告王某兴、陈某英阻止原告王某春打电话，原告王某春因伤势过重无力反抗，被告王某兴将其背回家。原告王某春要求去医院检查，被告王某兴、陈某英向其承诺不管花多少钱都会出，并支付了100元现金给原告王某春。王某春经资中资州医院有限责任公司治疗5天后，于2019年10月7日转入内江市中医医院住院治疗，因家庭经济困难，无力支付医疗费，原告之妻严某华要求被告王某兴垫付部分资金，但是被告王某兴拒绝，并要求柏树所有人一起承担责任。经村、社干部协调，被告王某兴支付现金400元，原告王某春在住院期间经多次催促被告王某兴支付了现金500元。原告王某春住院治疗21天后，于2019年10月28日出院。出院后原告王某春多次要求被告王某兴、陈某英承担责任，但是均被拒绝。

受诉法院认为，本案中，被告王某兴、陈某英多次请求原告王某春帮忙砍掉房屋背后被告张某仙所有的柏树，原告王某春答应帮忙砍树，双方没有约定报酬，原告王某春与被告王某兴、陈某英双方形成义务帮工关系，原告王某春为义务帮工人，被告王某兴、陈某英为被帮工人。原告王某春在帮工过程中受到伤害，因此，原告王某春要求被告王某兴、陈某英承担其医疗费等各项损失及被抚养人生活费的请求符合法律规定，本院予以支持。因此，法院判决，在本判决生效之日起10日内，被告王某兴、陈某英赔偿原告王某春医疗费等各项损失46676.35元及被抚养人王某生活费2035.68元，被告张某仙赔偿原告王某春医疗费等各项损失11919.09元，以及被抚养人王某生活费508.92元。

【案例评析】

本案中，虽然被告张某仙不是被帮工人，但是在柏树自身存在一定倾斜，在2019年9月当地地震后柏树存在倾倒的危险，在被告王某兴、陈某英多次要求其砍伐柏树的情况下，被告张某仙作为涉案柏树所有人、管理人，未尽到管理责任，导致柏树存在倾倒的安全隐患。被告王某兴、陈某英在没有法定或约定义务的情况下，为避免被告张某仙所有的、管理的涉案柏树倒下砸到自家房屋或危及他人安全，因而请原告帮忙一起砍树，避免柏树倾倒砸他人房屋或砸伤他人的危险发生。这是一种无因管理行为。《民法典》第979条第1款的规定："管理人没有法定的或者约定的义务，为避免他人利益受损失而管理他人事务的，可以请求受益人偿还因管理事务而支出的必要费用；管理人因管理事务受到损失的，可以请求受益人给予适当补偿。"本案中，被告王某兴、陈某英的行为构成无因管理，张某仙作为受益人。管理人因管理事务而受有损失，可以请求受益人张某仙给予适当的补偿。

案例62：尉某诉罗某等无因管理纠纷案
[（2002）越民初字第767号]

【法条指引】

《民法典》第981条，管理人管理事务的标准。

【案例事实与裁判】

2001年9月23日下午，被告罗某因家庭琐事在自家客厅打开煤气阀欲寻短见，被封某发现大呼救命，原告尉某听到呼救即出门，为救罗某奋不顾身帮封某踹开被告家门，因突然发生爆炸而引起大火，致原告全身严重烧伤。经医院住院53天治疗；后又多次复诊，花去医疗费31246.31元；经绍兴市人民检察院法医鉴定损伤分别构成6级、7级、8级伤残。因原告在无约定和法定义务下营救罗某致伤，故起诉要求赔偿医疗费、误工费、伤残补助费等109729.21元。被告罗某、封某辩称：原告只入门两步而退出，未达到救护目的；但对原告不顾个人安危抢救罗某的行为表示感谢，祝早日康复。原告灼伤系原告在被告家旁放着燃烧的煤炉，门被踢开，使煤炉中的明火与泄漏的煤气接触起火所致；且封某并未呼救；罗某也是本能走出屋后休克。故原告灼伤自己也有一定责任，费用请法院查实，依法公正赔偿。

受诉法院认为，原告尉某在无法定义务或约定义务的情形下，当得知被告罗某在自家客厅打开罐装煤气阀意欲自杀后，即出门帮助救护，其行为完全是为了避免被告的人身利益受到损害而为之，致原告自己也受到损害，当属无因管理，故原告由此直接支出的医疗费用和鉴定费及受到的误工等实际损失，理应由受益人偿付。诉讼中，被告辩称因原告在被告家旁置放燃烧的煤炉，当门踢开，明火与液化气接触起火致原告灼伤，故原告也有一定责任。煤炉非原告置放，且他人在事发前在被告家旁放置燃烧的煤炉，也不可能预见其后被告罗某会放煤气自杀；而原告在救助他人生命的瞬间不能预见周围是否存有明火，故原告在救助过程中无过错，对被告的答辩意见，本院不予采纳。原告在绍兴市人民医院、绍兴第二医院、武警浙江省消防总队医院的医疗费用及自购疤痕消费药和鉴定费，尚属合理；其诉请的误工费也未超出有关规定，由被告偿付，应予以支持。被告已支付原告的费用可予扣除。原告尚需植皮及整形治疗的其他费用及损失可治疗后另行诉讼解决。为保护公民的合法民事权益，弘扬社会正气，依法予以判决。

【案例评析】

根据《民法典》第981条的规定，管理人管理他人事务，应当采取有利于受益人的方法。此处所谓"有利于受益人的方法"，是指客观上有利于被管理人，至于事实上的结果是否有利于本人，则在所不问。是否有利于被管理人，须综合管理事务的性质、管理事务当时的客观条件，根据管理人管理事务的承担、管理方法的采用等是否对被管理人实质有利为客观的判断。本案中，原告尉某无法预知被告所处的现实环境，所以其在管理他人事务时是无过错的，符合有利于受益人的方法的标准，可以按规定向受益人主张治疗费用和适当补偿。

案例 63：宁夏灵武市农村商业银行股份有限公司
与灵武市轩泰保安服务有限公司无因管理纠纷上诉案
[（2017）宁01民终2382号]

【法条指引】

《民法典》第980条，不适法或不适当的无因管理。

【案例事实与裁判】

王某礼于1949年9月12日出生，城镇家庭户，系某市城镇灵活就业人员，社会保险状态为离退休，自2011年5月领取社会养老保险金直至去世。被告灵武市轩泰保安服务有限公司未给王某礼购买工伤保险。2015年1月1日，原告宁夏灵武市农村商业银行股份有限公司与被告灵武市轩泰保安服务有限公司签订《业务外包协议》。约定，被告人员在原告工作岗位或区域，按照原告要求，为原告提供劳务服务，期限自2015年1月1日至2015年12月31日，双方对权利、义务、服务费用、纠纷处理等予以约定。同日，被告与王某礼签订《劳务用工协议》。约定，王某礼按被告工作需要，在门卫岗位工作，每月工资为1690元，双方对其他权利、义务予以约定。合同签订后，王某礼为原告下属郝家桥支行门卫。2015年9月29日早7时，王某礼因突发疾病在灵武市农村商业银行郝家桥支行当场死亡。2015年9月29日，原告与王某礼家属（王某东、吴某、王某明、王某国、马某等）签订协议书。原告自愿补偿王某礼家属26万元。后原告主张其支付赔偿款为代被告管理其赔偿事宜，该赔偿款应由被告承担，并向被告进行追偿。

一审法院认为，原告在王某礼死亡后，自愿向王某礼家属支付补偿金并签订补偿协议。补偿协议中未有被告签字盖章，事后，被告对此不予认可。原告的主张及其行为符合不当的无因管理。不当的无因管理不能当然产生无因管理的法律效果，即原告与被告之间不成立无因管理之债。被告不应向原告支付代偿还26万元。原告主张被告支付垫付赔偿款没有法律依据，法院不予支持。二审法院认为，首先，王某礼系突发疾病死亡，被上诉人对王某礼的死亡不存在过错或造成其损害。故不应适用《最高人民法院关于审理人身损害赔偿案件适用法律若干问题的解释》第11条的规定，被上诉人不应对王某礼的死亡承担赔偿责任。其次，上诉人在王某礼死亡后，上诉人自愿向王某礼家属支付补偿金并签订补偿协议。补偿协议中并无被上诉人的签字盖章，事后，被上诉人对此亦不予认可。被上诉人对王某礼的死亡并无赔偿的义务，故上诉人的行为不符合无因管理的要件，上诉人与被上诉人之间不成立无因管理之债。

【案例评析】

不适法无因管理，也称不当的无因管理，是指管理人没有法定或约定的义务，为他人管理事务，但管理事务不利于本人，或管理事务违反本人明示或可得推知的意思。根据《民法典》第980条的规定，不适法无因管理，因其所管理事务不利于本人，或违反本人明示或可推知的意思，虽然出于为他人管理事务，但不当干预他人的事务，为保护本人的利益，其管理行为为侵权行为，不能阻却管理行为的违法性，管理人与本人之间产生侵权之债或不当得利之债的法律关系，管理人应承担损害赔偿责任。在本案中，原审原告自愿向王某礼家属支付赔偿金，但被告对此并不予认可，故构成不适法的无因管理。

第二十九章　不当得利

案例 64：莫某与水滴筹公司不当得利纠纷案[1]

【法条指引】

《民法典》第 985 条，不当得利的适用情形。

【案例事实与裁判】

莫某与许女士的儿子出生后身患重病。莫某利用"水滴筹"进行网络筹款筹得 15.3 万余元。莫某之子去世后，许女士向水滴筹公司举报称，水滴筹的钱基本没用。水滴筹公司向北京市朝阳区人民法院提起诉讼，要求莫某全额返还筹集款，并按照同期银行贷款利率支付利息。法院认定筹款发起人莫某隐瞒名下财产和其他社会救助，违反约定用途将筹集款项挪作他用，构成违约，一审判令莫某全额返还筹款 153136 元并支付相应利息。

【案例评析】

本案是关于不当得利的适用，根据《民法典》第 985 条的规定，"得利人没有法律根据取得不当利益的，受损失的人可以请求得利人返还取得的利益"。不当得利有四个构成要件：（1）一方面取得财产上的利益；（2）他方受有损失；（3）取得利益与受损失之间有因果关系；（4）没有法律上的依据。本案中，莫某通过水滴筹平台获得的筹款本应用于其儿子的医疗救助，但在其儿子死亡的情形下，该部分筹款却基本未用，符合了不当得利的法律构成。不当得利之债的法律后果是返还取得的利益，本案中法律判令莫某全额返还筹款及相应利息的做法，符合法律规定，且有利于弘扬社会主义核心价值观。

---

[1]　案例来源：2019 年度人民法院十大民事行政及国家赔偿案件。

案例 65：王某与太原市某银行股份有限公司等不当得利纠纷案 [（2017）晋 05 民终 376 号]

【法条指引】

《民法典》第 988 条，不当得利的返还范围、第三人返还义务。

【案例事实与裁判】

被告王某与被告任某、陈某存在买卖合同关系，被告王某欠被告任某、陈某货款若干。2016 年 3 月 26 日 16 时 04 分、05 分，被告王某通过手机银行从其在山东昌邑农村商业银行仓街支行的账户向被告任某在高平市农村信用合作联社分两笔汇款 151000 元（第一笔为 100000 元，第二笔为 51000 元），由于银行系统错误，该两笔款项汇入了原告公司，形成挂账。原告经查证，收款人任某不是原告的客户，故于 2016 年 3 月 27 日 9 时 28 分将该款退回了被告王某原账户。被告王某于当日 9 时 58 分收到了退回的款项 151000 元。2016 年 3 月 28 日 9 时 40 分、41 分，被告王某分两笔向被告陈某在高平市农村信用合作联社汇款 151000 元（第一笔为 100000 元，第二笔为 51000 元）。同日 10 时 21 分、25 分，原告也分两笔再次给被告王某原账户退回 151000 元（第一笔为 100000 元，第二笔为 51000 元）。被告王某于同日 10 时 29 分收到 100000 元、33 分收到 51000 元。同日 11 时 20 分、21 分，被告王某再次分两笔向被告任某在中国农业银行高平市支行汇款 151000 元（第一笔为 100000 元，第二笔为 51000 元），被告王某汇给被告任某、陈某的款项，均成功到账。事后，原告曾向三被告催要多退回的 151000 元，被告陈某也曾答应退还被告王某151000 元，但被告陈某又以被告王某还欠其货款为由，最终未予退还。被告王某也未退还原告。

受审法院认为，根据不当得利制度的立法目的与债法相对性等原理，在确定不当得利之债返还义务主体的范围时应持严格的态度，应当坚持直接因果关系说确定，不能轻易扩大不当得利返还义务主体的范围，以维持社会法律关系的稳定性。况且，根据被告任某的陈述和所提供的证据可知，被告任某、陈某与被告王某之间长期存在买卖合同关系，在被告王某汇款以前，被告王某可能有 32 万多元的货款未付清。因此，即使被告王某对多汇给被告任某 151000 元的钱款享有返还请求权，被告任某、陈某仍可以其对被告王某享有 32 万多元的到期债权为由行使抵销权或提出抗辩。因此，原告请求被告任某、陈某返还其损失的 151000 元，没有事实依据和法律依据，该院不予支持。

【案例评析】

本案涉及的是不当得利第三人的返还义务问题。理论上的通说认为，不当得利受领人将其所受领的标的物无偿让与第三人，则于受领人因此免除返还义务的限度内，第三人对受损失者负返还责任。我国《民法典》第 988 条首次以立法的形式确立了该理论，实际上是对债的相对性原则的突破，以利于将复杂关系简单化。由于上述案件在审理时我国立法尚未确立该规则，所以受诉法院在原有法律规定下的判决并无错误。无偿获益的第三人，原则上在不当得利之中不得保有自己的所得。所以根据《民法典》第 988 条的规定，受损失的人可以直接请求第三人在相应范围内承担返还义务。